中华当代学术著作辑要

出 版 说 明

学术升降，代有沉浮。中华学术，继近现代大量吸纳西学、涤荡本土体系以来，至上世纪八十年代，因重开国门，迎来了学术发展的又一个高峰期。在中西文化的相互激荡之下，中华大地集中迸发出学术创新、思想创新、文化创新的强大力量，产生了一大批卓有影响的学术成果。这些出自新一代学人的著作，充分体现了当代学术精神，不仅与中国近现代学术成就先后辉映，也成为激荡未来社会发展的文化力量。

为展现改革开放以来中国学术所取得的标志性成就，我馆组织出版“中华当代学术著作辑要”，旨在系统整理当代学人的学术成果，展现当代中国学术的演进与突破，更立足于向世界展示中华学人立足本土、独立思考的思想结晶与学术智慧，使其不仅并立于世界学术之林，更成为滋养中国乃至人类文明的宝贵资源。

“中华当代学术著作辑要”主要收录改革开放以来中国大陆学者、兼及港澳台地区和海外华人学者的原创名著，涵盖语言、文学、历史、哲学、政治、经济、法律、社会学和文艺理论等众多学科。丛书选目遵循优中选精的原则，所收须为立意高远、见解独到，在相关学科领域具有重要影响的专著或论文集；须经历时间的积淀，具有定评，且侧重于首次出版十年以上的著作；须在当时具有广泛的学术影响，并至今仍富于生命力。

自 1897 年始创起，本馆以“昌明教育、开启民智”为己任，近年又确立了“服务教育，引领学术，担当文化，激动潮流”的出版宗旨，继上世纪八十年代以来系统出版“汉译世界学术名著丛书”后，近期又有“中华现代学术名著丛书”等大型学术经典丛书陆续推出，“中华当代学术著作辑要”为又一重要接续，冀彼此间相互辉映，促成域外经典、中华现代与当代经典的聚首，全景式展示世界学术发展的整体脉络。尤其寄望于这套丛书的出版，不仅仅服务于当下学术，更成为引领未来学术的基础，并让经典激发思想，激荡社会，推动文明滚滚向前。

商务印书馆编辑部

2016 年 1 月

中华当代学术著作辑要

基督教哲学1500年

（修订版）

赵敦华 著

商務印書館
创于1897 The Commercial Press

图书在版编目（CIP）数据

基督教哲学 1500 年 / 赵敦华著 . -- 修订版 . 北京：商务印书馆，2025. --（中华当代学术著作辑要）. -- ISBN 978-7-100-25237-9

Ⅰ. B503

中国国家版本馆 CIP 数据核字第 2025FX5258 号

中华当代学术著作辑要

基督教哲学 1500 年

（修订版）

赵敦华 著

商 务 印 书 馆 出 版

（北京王府井大街 36 号 邮政编码 100710）

商 务 印 书 馆 发 行

北京市十月印刷有限公司印刷

ISBN 978 - 7 - 100 - 25237 - 9

2025 年 8 月第 1 版　　开本 710×1000　1/16

2025 年 8 月北京第 1 次印刷　　印张 $45\frac{1}{2}$

定价：248.00 元

目　　录

修订版前言

拙著《基督教哲学 1500 年》自 1994 年出版之后，先后被列入“哲学史家文库”、“中国文库”、“当代中国学术精品”等系列丛书，至今已有 28 年了，我国台湾的七略出版社还出版了繁体字版。现在，书已售罄，合同早已到期。为了满足读者需要，商务印书馆把本书列入“中华当代学术著作辑要”出版。高兴之余，我不禁想起十几年前一件事。其时，一位朋友给我拿来一本在路边书摊上买的盗版书，封面与商务印书馆的“汉译世界学术名著丛书”的哲学类书一模一样，书名却赫然印着：“基督教哲学 1500 年，赵敦华著”，全书内容版式也与正版别无二致。我感到一种滑稽感：“汉译世界学术名著丛书”的作者都是外国人，我的中文专著怎么被当成“汉译”的呢？不过，盗版者盗用了商务印书馆“汉译世界学术名著丛书”的鼎鼎大名品牌，无意中把拙著抬举到“世界名著”高度，转念又想，盗版表明正版书销路好，供不应求，这总比书库中那些卖不出去等着做纸浆的书好吧？因此，我没有举报，我知道杜绝盗版的最好举动是正版书保持发行销售渠道通畅无阻。

说来惭愧，本书出版近三十年，我没有做过修改，究其原因，一是坐吃畅销书的“老本”，二是我的学术兴趣使然。写完本书之后，我的兴趣在其他领域游弋，写了一些其他主题的专著。不过，我仍然保持着对基督教哲学的关注，其间写了两本相关的专著：《圣经历史哲学》和《中世纪哲学十讲》，还主持了《西方哲学原著选辑 · 中世纪哲学》（上下卷）的编译。但这次出版的本书商务版，不是原来的再版，而是修订版。

做了哪些修订呢？一是格式的修订：逐一校对了注释，改正了书中错误或过时的说法；二是内容的修改：修订版吸收了我上述那两本专著的相关内容，特别在最后一章“中世纪晚期的哲学思潮”，改动幅度较大，请读者留心。另外，近三十年来，国内外新的论著、译著辈出，我没有更新原版的国外参考文献，因为那些都是经典之作，现在没有过时；国内情况则有所不同，中世纪哲学在中国变成学人开拓的新领域，中青年学者成长为新一代，对于熟悉汉语阅读和研究的读者，汉语译著和专著更值得与本书一起阅读，我尽量收集研究中世纪哲学的汉语书单，增加了国内参考资料栏目。最后，国内通晓拉丁文和希腊文的人越来越多，最后的“中-英-拉丁-希腊文术语对照表”适当扩充条目，把原版希腊文拉丁化拼写改为希腊文字母。通过这些修订，作者希望不辜负读者多年来的错爱，不辱没商务印书馆作为西学顶级出版社的声誉。

作者对迄今的修订仍有遗憾之处，特别是，如今校对近三十年前的注释，当年摘录的引文出处，有些现在找不到了，少数双重注释的外文原文因而阙如。作者真诚地希望读者不吝指教，以便在修订再版时弥补过失，纠正不妥之处。

作者谨识

2022年3月20日于北京大学外国哲学研究所

序

近代哲学家们设法摆脱中世纪特有的神学和基督教学说的“tutela”（庇护）。思想主体现在要求自身的自主性作为一切理性论辩和证明的基础，即使宗教及其内涵也落入“纯粹理性的界限”。任何从启蒙运动的观点（如康德著名论文所示[①]）看待哲学发展的人，都会获得这样的印象：哲学在近代开端处于古代终结时的同样位置；当时，哲学在“基督教智慧”的概念中失去自主性，现在，哲学似乎重新发现了它的自主性，重新讨论古代遗留的重要问题，似乎两者之间没有任何具有哲学重要性的东西。这一段中介时期（正确名称为Medium Aevum，中世纪，轻蔑名称为gothic，即野蛮时期）似乎对哲学的发展没有任何内在的、积极的影响，即使人们普遍认为，它对于古代遗产的持续起到主要的（然而却是工具般的）作用。因此，近代初期的伟大哲学家（如F.培根和R.笛卡儿）认为，若不与“经院人士”的传统彻底决裂，将无任何哲学进展可言；为了理解近代哲学的演进，关于中世纪的离题话毫无用处，浪费时间和哲学上的精力；另外，这一时期的文本如此浩繁，用如此令人生畏的技术风格写成，以至黑格尔说，没有人能够通过第一手研究通晓它们。这种否定中世纪哲学的态度流行了若干世纪。直至20世纪，人们才终于理解了这个长达一千多年的时期对于欧洲思想，包括世俗化、理性化的思想的形成，所起到的重大作用。造成这种认识的部分原因是新

---

① 指康德所著论文《什么是启蒙运动?》。——译者注

经院主义运动和更完好的历史知识。人们现在更好地理解了存在于古代、中世纪和近、现代思想之间的连续性。没有一个严肃的哲学家会提出应该撇开中世纪的理由。（虽然大多数人正是这样做的！）

现今的哲学家很容易承认，一切哲学论辩，即使那些追求普遍的客观真理的论辩，总是与某一个背景、一种历史特殊性相联系。那些近代理性主义者（如笛卡儿、莱布尼茨、斯宾诺莎、黑格尔）受到基督教传统的基本信条的影响比他们本人所承认的程度更加深刻。我们现在即使在西方哲学声称具有的普遍真理之中，也能更好地理解它的“文化相对性”，因而也处在一个恰当的位置来理解“基督教哲学”的意义。这是一个经常遭到理性主义者丑化的概念。进一步的审视表明，哲学与基督教信仰和宗教经验如此长时期的共存和对抗已经深刻地、内在地改变了哲学的概念和旨趣。埃齐厄那·吉尔松在他的《中世纪哲学精神》（1932 年）一书中首次卓越地维护了这一论点：“基督教世界改变了哲学史的进程，通过信仰的中介为人类理性开辟了一个人类理性自身尚未发现的领域。”当然，信仰本身不是哲学，但它包含着可成为哲学反思对象的丰富的认识。吉尔松卓越地证明，近代哲学的主要论点是如何在事实上受基督教思想的激励而产生的，这些论点在古代哲学中从未明显地提出的事实从反面（e contrario）说明了这一点。因此，把历史视为朝向一个终极目的（“上帝之王国”）前进的目的论过程的观点、对人类个体的独特性、对个人价值和权利的强调、道德的内在化、“责任”的道德、“自由和异化”的观念、存在（“创世”）问题的尖锐性，基督教在这些方面对于近代伟大的形而上学体系保持着十分重要的影响。“基督教启示的基体培育了古典形而上学”。如果不知道从奥古斯丁到库萨的伟大的创造性的思想家们发展起来的基督教哲学，笛卡儿、斯宾诺莎、莱布尼茨、康德、谢林、黑格尔这些人奋力解决上帝、世界和灵魂问题的努力简直不可理解。

依我之见，新经院主义和新托马斯主义运动的主要动机乃是反对近代性的决裂，认可从柏拉图和亚里士多德开始的、贯穿中世纪的哲学传统的基本连续性。这一运动在教皇列奥十三世《永恒之父通谕》（1879年）的影响下肇始于上世纪末。在教皇指示建立卢汶大学高等哲学研究所的信中（1889年），教皇希望该所“尽可能地牢牢恪守托马斯·阿奎那的学说”，以此复兴基督教团体内的哲学。哲学史家一直感兴趣的事实是：自17世纪自然科学兴起之后便实际上消失了的托马斯主义在20世纪上半叶逐渐复活。事实上，它在同样受自然科学所支配的文化中变成主要哲学流派之一。新托马斯主义开始时好像是一个周密的复辟计划的特例，我们在19世纪许多领域，尤其在教会内部，都遭遇到试图把被法国大革命瓦解的社会重新置于基督教原则之上的努力。然而，这种分析只有一部分是正确的。如果复辟意味着恢复过去，那么，传统主义的哲学对现代个人主义和理性主义的抵制以及对传统和权威的强调将是教会当局的天然同盟。但教会的观点却是，如果从科学家所接受的同样的理性前提和实验事实出发，便可以发展出一种哲学来总结现代科学的一切见解，但又毫不与信仰相矛盾，这样，便可更好地维护基督教传统的价值，迎接现代时期的挑战。这正是寄希望于托马斯主义复兴的理由。因为托马斯虽然为了更好地理解基督教信仰而发展自己的哲学，但他总是坚持哲学推理的自主性。只有当哲学论证始于信仰者和非信仰者都可接近的理性前提，并遵循自身的方法时，它才能间接地被用来理解和维护信仰。与近、现代哲学流派相比，托马斯主义的一个额外优越处在于提供了一个关于现实全部的形而上学视域，这对于正变得越来越专业化和细碎的自然科学的完整性来说，似乎是必不可少的。当然，托马斯形而上学所依赖的亚里士多德科学业已过时，但仍可以在不摒弃这种形而上学观点要素的情况下，接受并总结现代科学的成就。通过这一形而上学的中介，科学解释和信仰显见之间渐增的鸿沟可望贯通。

卢汶哲学所第一任所长D. 麦西埃说："哲学是在历史进程里世代相连的努力所生成的果实。"连续性意味着生成、发展、变化和复兴，基本原则得以保留。开始于文艺复兴和宗教改革的近代哲学的错误在于，每一个哲学家都认为他必须从零开始建构哲学体系，不必说，没有人能成功地完成这些思想家鲁莽地开创的庞大任务。教皇在《永恒之父》中说，近代哲学是相互矛盾体系的繁衍。每一思想家不去改善、扩大并进一步完成老建筑，宁愿在怀疑和批评的基础上开始着手自己的新建筑。对麦西埃来说，回到经院主义绝不意味着人们应该把某一个过时的中世纪体系作为样板和规范，而应该重新与伟大的哲学传统相联系，自亚里士多德开始，科学观察分析和形而上学综合在这一传统内部携手并进。这一传统不应被当作不可改进的完善理想来崇拜，它可被进一步发展和复兴，特别需要与现代实验研究成果相结合。正是这种调和了传统和现代性的开放的托马斯主义，从一开始就成为卢汶学派的特征。

卢汶哲学研究所在新托马斯主义运动方面的名声传到遥远的中国。10年前，一个年轻的中国哲学家来到我在所里的办公室，告诉我说，他被上级派往卢汶学习中世纪哲学史。我有点惊讶，但很高兴有人从那么远的地方来从事我最感兴趣的研究。我记得，我告诉他这不是一项容易的任务，他需要有拉丁文基础知识，知道历史背景，特别要非常熟悉这种哲学在其中起作用的基督教传统。他告诉我他会非常努力地工作。工作，他做到了！他完善了英文知识，完成了涉及哲学所有主题的全部课程，以优异成绩通过考试，最后进入博士阶段，开始写博士论文，论题是阿奎那或奥古斯丁吗？不，而是B. 罗素和L. 维特根斯坦。这是一部杰出的学术著作，我希望它已被译为中文。[①] 这是精确分析、

① 指本书作者博士论文《罗素和维特根斯坦的对话：论分析哲学问题的起源和发展》（英文），尚无中译本，部分章节被改写为《维特根斯坦》，由香港三联书店1989年出版。——译者注

细致比较以及对一个困难课题的清晰的全面综合的一个榜样。我为这一卓越结果深感高兴，同时也为中世纪哲学失去了这样一个有哲学才能的人而感到一点遗憾。中国对中世纪哲学全面概述的需要大于对论罗素专题研究的需要。但是，当赵教授去年告诉我，他已用中文完成了第一部关于中世纪哲学的实质性著作，一部包含着二百位思想家的中世纪哲学概述，我真是又惊又喜。我没有、也不能阅读这一本书，但我相信这是一本具有清晰性、综合性和教育性的杰作。因此，我非常高兴推荐这本由我们在卢汶最聪明的学生之一所著的书，希望它会拥有众多的读者，促进哲学讨论。读者将发现中世纪对于欧洲思想的形成是何等重要，中世纪关于信仰和理性、传统和自主、理智的统一性、灵魂的不朽性、上帝的存在和世界的永恒性、形而上学的概念、国家和自然律、逻辑和语言、德性和激情，等等问题的讨论，对于现代哲学家仍具有挑战性。

卡洛斯·斯蒂尔（Carlos Steel）

古代和中世纪哲学教授

卢汶大学高等哲学研究所所长

1993年4月3日

前　言

看到本书题目，读者或许会产生一些疑问：什么是基督教哲学？为什么要单单研究2世纪至16世纪这1500年的哲学史？这一时期的西方哲学是否等同于基督教哲学？等等。这些问题涉及本书的思路和框架，关系到它的思想内容与质量，需要先讲清楚。虽然在一本书的"前言"谈论研究的对象、性质、意义和方法等问题似乎已成俗套，但由于国内哲学史界尚未就基督教哲学和中世纪哲学方面的问题展开充分的研究和讨论，这样的谈论对于本书是必不可少的。我们不揣冒昧，就中世纪哲学的界定、"基督教哲学"概念的含义、西方哲学史的连续性和阶段性以及研究中世纪基督教哲学的意义等问题，略陈管见，希望能对读者理解本书的思想有所帮助。

一

公元2世纪至16世纪在世界史中相当于古罗马后期、中世纪和文艺复兴三个历史时期。这三个时期的哲学是西方哲学史的薄弱环节。黑格尔说，他以"穿七里靴尽速跨过这一时期"的方式处理中世纪哲学史[1]，这已成为不少哲学史家的共同做法，比如，这段时间的哲学史在国内教科书中所占篇幅仅在六分之一至十分之一之间。从泰勒斯到黑

---

① 黑格尔：《哲学史讲演录》，第2卷，贺麟、王太庆译，商务印书馆，1959年，第233页。

格尔的西方哲学史共有2500余年，其中1500年的历史所占比例如此之小，难免使人产生不平衡之感。

本来，历史舞台上发生的一切都是高潮起伏、剧情跌宕的，哲学史亦如此。篇幅与时间不成比例的写法未必一定不合理。看来，问题的关键不在于篇幅的多少，而在于这段历史中有多少值得介绍的哲学思想。多则多写，少则少写，这才是实事求是的态度。

能不能说，2世纪至16世纪的哲学没有留下多少史料呢？让我们看一看事实，19世纪末在巴黎由米恩（Migne）神父编辑的《教父学全集》希腊文系列（至1445年）162卷，拉丁文系列（至1216年）225卷。由比利时斯顿布鲁日（Steenbrugge）本笃修道院编辑的《基督教文集》收集8世纪以前的拉丁著作，已编至180卷，《中世纪续编》的篇幅更为丰钜。但是，已被编辑出版的史料只是巨大冰山上露出水面的部分。更多的资料还有待发掘整理。到西欧历史悠久的修道院藏书馆参观的人，看到一排排高达天花板的书架上堆砌的书卷和手稿，大概都会想到中文"汗牛充栋"这句成语。中世纪学者多为僧侣，他们皓首穷经、日夜笔耕。他们著述之丰令现代人难以置信。奥古斯丁、大阿尔伯特、托马斯、邓·司各脱、威廉·奥康等重要哲学家的著作卷帙浩繁。史料学的统计数字可以表明，基督教哲学史料大大超过现存的古希腊哲学资料和近代哲学资料。

当然，史料的数量不等于思想的质量，问题的关键在于这些资料中有多少可供哲学史家利用的成分。能不能说，基督教史料属于神学范围，没有多少哲学价值呢？判断史料的哲学价值的标准无非有三种：第一种是以我们现代人的哲学概念为标准，第二种是以被研究的时代的哲学概念为标准，第三种兼顾两者。必须承认处理基督教思想史料的困难：如果以现代人的哲学概念作为取舍标准，则大部分资料将被划归神学，从中总结不出多少哲学思想；如果以中世纪人的哲学概念作为标准，则这些资料全部或大部具有哲学价值，但从中概括出来的将不是哲学史，而是基督教学说史。解决这个两难处境的办法只能是兼顾两者。原先的问题于是转变成这样一个问题：现代和中世纪的哲学概念有何相符合之处呢？

西方哲学是希腊人留给西方的遗产。中世纪哲学是对古希腊哲学的直接继承，柏拉图主义和亚里士多德主义仍然是左右中世纪哲学的两大传统。近代以来的哲学家并不是从文艺复兴时期开始才认识到希腊哲学的，他们不可避免地通过中世纪遗留的解释、问题和概念来理解、利用希腊哲学遗产。中世纪哲学承上启下的作用为我们现代人评价它的价值提供了一个标准。按照这个标准，中世纪思想中凡与希腊哲学的原则、问题和范畴有关，并对近、现代哲学发生影响的那一部分内容都可归属于哲学史研究范围。比如，中世纪典籍中常见的关于上帝存在的证明或者沿袭了亚里士多德关于神是第一推动者的思想，或者利用了希腊哲学的“存在”“终极原因”“目的”“和谐”和“世界秩序”等观念；并且，这些证明对后世的哲学产生过深远影响；因此，关于上帝存在的证明是中世纪哲学的一个主题。即使像“三位一体”这样一个典型的神学问题也涉及本体与本质、个别与一般、精神与肉体的关系等哲学问题，这可以从哲学史的角度加以研究。

我们说中世纪哲学是古希腊哲学与近代哲学之间的中介，这并不是说中世纪哲学仅仅是古希腊哲学的延续或附庸；相反，应该承认中世纪哲学在历史中的独立地位和特殊贡献。中世纪哲学在基督教文化的背景中改造、丰富和发展了古希腊哲学。中世纪的哲学文献无论从数量上，还是从质量上都不逊于古代与近、现代哲学著作。所谓哲学的“质量”，指问题的深度和广度、思辨的高度和力度、范畴和概念的概括性和充足性、方法的成熟性和连贯性等方面。虽然中世纪哲学经历过长时间的劫难，但它的繁荣期也是哲学史上的辉煌篇章。无论如何，13世纪经院哲学的鼎盛绝不亚于公元前 4 世纪的雅典哲学和 17 世纪哲学体系的气象。

我们在这本书里着重强调了中世纪哲学在形而上学、自然哲学、知识论、伦理学和社会政治学说等方面的特殊贡献。比如，中世纪对亚里士多德“存在”概念意义的辨析演化为关于实体、本质和实在的不同学说，实在论和唯名论的争论把柏拉图与亚里士多德关于共相的不同理解发展为本体论和认识论领域两条路线的分歧，关于质料与形式关系的研究导致了物质实体观，对理智抽象作用的讨论触及感性与理性、思想与现实、个人意识与类意识关系这样一些认识论的基本问题，按照基督教义对希腊哲学灵魂学说进行的改造不但导致了精神实体观，而且包含着对人的心理和生理现象的具体研究。至于中世纪对意志自由、善与恶、自然律等伦理问题的研究，它们与希腊哲学中有关的零星论述相比，更显出中世纪哲学的独创性。就中世纪哲学对后世的影响而言，可以毫不夸张地说，近代形而上学的上帝、灵魂和世界三大主题，物质与精神二元论的实体观，认识论中天赋观念论、经验论和先验论观点，义务论、幸福论和意志论的伦理观等重要理论，在中世纪哲学家的思想中已经相当成熟。只是由于社会历史条件的限制，这些思想在当时不被重视，直到近代才发生影响。

为了表明中世纪哲学的中介作用和独特贡献，我们注意介绍它与古希腊哲学的承袭关系以及对近代哲学的影响，间或指出它的某些思想的现代意义。这些评论力图以公正和谨慎的态度，恢复古代哲学、中世纪哲学和近代哲学三足鼎立的历史面目，把西方哲学史的连续性和整体性表现出来。

二

我们在上面谈到的“中世纪哲学”和“基督教哲学”这两个概念有

何关联呢？这是一个颇有争议而又值得推敲的问题。

先谈“中世纪哲学”的意义。按世界史分期，“中世纪”一般指公元 455 年西罗马帝国灭亡到 15 世纪文艺复兴前夕约一千年的时间。“中世纪哲学”概念可作两种理解。第一种意见认为，哲学史分期应与世界史分期相对应，中世纪哲学即中世纪这段历史时期内的哲学。第二种意见认为，哲学史分期应有不同于世界史分期的标准。比如，世界史上的希腊时期结束于公元前 2 世纪，然而，希腊哲学不是一个时间性或区域性的概念，它也包括在罗马时期希腊本土以外地区的哲学。再如，现代史指 20 世纪，但不少哲学史家倾向于把黑格尔之后的哲学都当作现代哲学。世界史一般以重大政治、军事事件分期，但一个重大历史事件不一定会对哲学产生决定性影响；即使产生这样的影响，也往往是间接、长远的影响，不能设想一次历史事件可以造成两个不同时期哲学的分野。根据这些道理，哲学史中的“中世纪”不完全是一个时间概念，它主要是一个文化概念，指基督教文化。“中世纪哲学”指以基督教文化为背景的哲学。2 世纪至 16 世纪基督教经历了传播发展、取得统治地位、直至影响衰退的过程，与此过程相适应的哲学的诞生、发展、分化与衰落的全过程就是中世纪哲学。在这种意义上所说的中世纪哲学与古代哲学和近代哲学在时间上有交叉关系。2 世纪至 5 世纪是古代哲学与中世纪教父哲学交替时期，15 世纪至 16 世纪是中世纪晚期哲学向近代哲学过渡时期。

比较对“中世纪哲学”概念的两种理解，后一种意见似乎更为合理。若按第一种意见，2 世纪至 5 世纪的教父哲学将被算作罗马时期的哲学，6 世纪之后的教父哲学又属于中世纪哲学，这样就人为地割裂了教父哲学的全过程；并且，连对中世纪哲学产生重大影响的奥古斯丁也不能算作中世纪哲学家；人们也很难从哲学上找到一个理由，解释为什么从 6 世纪开始哲学进入一个新阶段。相比之下，第二种理解突出了古代哲学被教父哲学所取代、教父哲学向经院哲学演化以及经院哲学向近代哲学过渡的历史连续性和内在发展线索。因此，我们采用第二种分期法，把 2 世纪至 16 世纪的西方哲学当作一个独立阶段，即作为基督教文化一部分的中世纪哲学诞生、发展和衰落的过程。这一阶段的哲学史也包括一些非基督教的哲学思想，如 2、3 世纪的新柏拉图主义，15、16 世纪的人文主义等，它们被置于基督教文化背景之中，在与中世纪哲学既相碰撞、又相融合的关系之中加以研究。

把“中世纪”作为一个表示基督教文化的概念，那么可以说，“中世纪哲学”与“基督教哲学”是两个意义基本相同的概念；或者至少可以说，2 世纪至 16 世纪的西方哲学的主流是基督教哲学。法国中世纪哲学史家吉尔松（É. Gilson）第一个断定中世纪哲学的性质是基督教哲学。吉尔松属于新经院哲学派，然而，他的这一论点却在新经院哲学派内部引起轩然大波，遭到以卢汶学派为代表的大多数新经院哲学家的强烈反对。我们不妨先考察一下争论双方所持的理由，然后陈述我们的理由。

反对使用“基督教哲学”这一名称的人说，中世纪哲学虽然与基督教信仰有密切关系，但这种关系只是外在的，即中世纪哲学家即使不依赖信仰，也同样可以运用哲学思辨建立他们的理论，正如从事科学研究的基督教徒不依赖信仰建立科学理论一样。英国哲学史家、耶稣会神父卡普斯顿说：“如果哲学是人类研究和知识的一个合法和自主的领域（‘自主’的意思是哲学家有自身方法和研究对象），那么，它不是、也不可能是‘基督教’的。正如说‘基督教生物学’或‘基督教数学’是荒谬的一样，一个生物学家或数学家可以是基督教徒，但他的生物学或数学却不是基督教的。同样，一个哲学家可以是基督教徒，但他的哲学却不是基督教的。”他承认：“‘基督教哲学’这一词的合法意义最多只是说符合基督教的哲学”，但他又说：“我们并不因为一个科学命题符合基督教而称之为基督教命题。”[①] 因此，结论似乎是：不能因为中世纪哲学符合基督教而称之为基督教哲学，因为这种符合是历史的巧合而非必然的一致性。

另一些反对“基督教哲学”提法的人承认中世纪哲学与基督教信仰有某种内在的、必然的联系；但是，他们争辩说，这种联系恰恰是不利于甚至阻碍中世纪哲学发展的桎梏，中世纪哲学应被视为挣脱信仰与神学桎梏的自我解放运动，而不能把它的精神实质标榜为基督教哲学。美国哲学史家克利斯特勒说：“人们要在经院哲学家的著作中寻找关于一种基督教哲学的概念是徒劳的（对于经院哲学家们——其中包括托马斯·阿奎那——来讲，神学就是基督教的思想，哲学就是亚里士多德学说，问题是如何把两者调和起来）。”[②]

早在 1932 年出版的《中世纪哲学精神》一书中，吉尔松就已经回答了人们对“基督教哲学”这一概念的种种诘难。他指出：“只有启示与理性之间的内在关系，才能够赋予‘基督教哲学’一词积极的意义。”[③] 中世纪哲学与基督教信仰的内在关系表现在，信仰赋予哲学新的内容。正如许多中世纪哲学家公开宣称的那样，若无信仰，他们不可能有效地运用理性，产生不出关于世界和人生的洞见。信仰对他们来说不是外在的指导原则或被迫服从的教条，而是运作在理性思维过程之中的精神动力、目标和操作原则。另外，信仰赋予哲学的不是消极内容，而是积极的促进因素。若无信仰，中世纪哲学不可能完成对古希腊哲学的改造，超越不出亚里士多德主义。吉尔松从各方面说明，中世纪哲学的成果，如存在论、因果观、天命观、人生观、灵魂观、自由观、道德观、自然观、历史观等，都不是对古代哲学的简单重复，而是把信仰

---

① CHP, Ⅱ（Part 2），p. 280. 文献说明请见第 21 页。

② 保罗·奥斯卡·克利斯特勒：《意大利文艺复兴时期八个哲学家》，姚鹏、陶建平译，上海译文出版社，1987 年，第 14 页。

③ É. Gilson, *The Spirit of Medieval Philosophy*, Charles Scribner's Sons, London, 1936, p. 35.（正文中的 1932 年是该书法文版初版时间。）

与希腊哲学结合在一起所产生的新的成果。正是基于基督教信仰与中世纪哲学的内在联系及其积极意义这两点主要理由，吉尔松断定中世纪哲学就是基督教哲学。

吉尔松和他的对手都着眼于信仰与理性关系：一方认为这种关系的性质是内在的和良性的，另一方则认为是外在的，或虽是内在但却是恶性的。双方都持整体主义和绝对主义的观点，即认为信仰与理性的关系在整个中世纪时期保持固定不变性质，在不同的哲学发展阶段、不同的哲学家思想和不同的哲学问题中表现为同一本质。哲学史的事实却告诉我们，中世纪哲学中信仰与理性关系在一个阶段表现为内在的、良性的，在另一个阶段则表现为外在的、恶性的；即使在同一阶段，它可以在一个哲学家思想中表现为内在的、良性的关系，在另一个哲学家思想中表现为外在的、恶性的；即使在同一哲学家著作中，它可以在对一个问题的论述中表现为内在的、良性的关系，在对另一问题的论述中表现为外在的、恶性的。再说，内在的关系并非总是良性的，外在的关系也不总是恶性的，它们之间的交叉、重叠造成了错综复杂的哲学思想。总之，我们应通过对中世纪哲学的具体阶段、人物和问题的分析，决定信仰与理性关系的性质。具体情况具体分析，这才是实事求是的态度。

纵然如此，我们仍然采用“中世纪哲学是基督教哲学”的结论。只不过我们是在与吉尔松所说的不同意义上使用这种提法的。我们以为，外国学者在争论“基督教哲学”概念的合法性问题时，都有意或无意地回避了这场争论的实质，即中世纪哲学是否具有基督教意识形态的特征？赞同使用“基督教哲学”这一概念的人毫不掩饰中世纪哲学的意识形态特征。吉尔松在1950年经院哲学家会议上宣称：“真正的经院哲学家无论过去或将来永远是神学家。”① 反对使用“基督教哲学”

---

① 转引自杜任之主编:《现代西方著名哲学家述评》(续集)，生活·读书·新知三联书店，1983年，第173页。

这一名称的人实际上反对把中世纪哲学看做基督教会（或公教会）的意识形态；如果哲学在中世纪不幸被意识形态所“污染”而下降为神学的婢女，那么就应该为中世纪哲学正名，指出意识形态化是违反哲学思维本性的，不属于中世纪哲学的精神实质。如此看来，围绕“中世纪哲学是否是基督教哲学”问题展开的争论实际上是“哲学是否属于意识形态”这场规模更大争论的一部分。中世纪哲学是西方哲学中意识形态特征最明显的一部分，如果连中世纪哲学都不能被合法地认作基督教的意识形态，那么西方哲学中将再无意识形态的位置。在现代西方哲学界，“意识形态批判理论”深入人心，在这种形势下，无怪反对“基督教哲学”提法的人占了上风。

“意识形态”对于某些人来说是一个不受欢迎的字眼，但它却真实地概括了中世纪哲学的事实。我们这里仅举几个事实说明中世纪哲学是基督教会的意识形态。第一，中世纪哲学崇尚权威，以权威意见为判断是非的标准。然而，中世纪的权威是公教会树立起来的正统。从《圣经》的版本、翻译，到对《圣经》的解释，都要经过教会的认可，才能成为正统教义和学说。教徒的思想和行为只有经过教会的评估，被正式册封为圣徒、教父或有特殊名称的博士之后，才能成为权威人士，他们的言论才能成为被引用为证据的权威意见。公教会树立的权威和规范的正统为中世纪哲学提供了标准。第二，公教会在树立权威的同时推行谴责异端的制度。上至教皇、主教会议，下至主教、教区会议都有权宣判某一思想观点为异端邪说，有权对作者施行各种处分，烧毁其著作，阻止它的传播。与谴责的行政手段相配合的是一套细致的思想控制，包括由教会指定的审查委员会的批判，作者本人检查反省、撤销原先观点，教会人士内部通报批评，等等。教会的谴责和思想控制在很多情况下决定了中世纪哲学的发展方向。第三，中世纪哲学是教会教育的一个方面。教会在中世纪垄断了教育，即使后来的大学也没有真正割断与教会的思想联系。哲学的教育和研究的主要任务是宣传和解释教义和教会政策、法规，哲学与神学有千丝万缕的联系。中世纪流行的哲学观大致有三种：一是奥古斯丁提出的哲学与基督教一体化的概念：基督教就是“真正的哲学”；二是达米安提出的神学概念：哲学是神学的婢女；三是托马斯提出的综合性概念：哲学和神学分属两个独立学科，阐明同一真理。无论哪一种哲学观都没有脱离“基督教哲学”的范畴。

我们说中世纪哲学是基督教会的意识形态，这并不等于说中世纪的一切哲学理论和观点都是被教会认可的正统学说。每一种意识形态内部都充满着矛盾和斗争，基督教意识形态内部争夺正统的斗争尤为激烈。有一些哲学理论和观点虽然被教会谴责为异端，这并没有改变它们的意识形态特征。并且，这些理论和观点往往是由于创新和批判精神而遭到谴责的，它们在哲学史上意义更为重大，更值得引起我们的注意。

综上所述，当我们说中世纪哲学是基督教哲学，我们指两层意思：第一，中世纪哲学是基督教会的意识形态；第二，中世纪哲学是基督教文化的一部分。“基督教哲学”这一概念突出了中世纪哲学的意识形态性质与文化背景。我们以“基督教哲学”为题论述，需要对中世纪哲学的社会历史条件作出更加深入的说明，不但联系教会史而且结合哲学家个人经历来阐述中世纪哲学理论。中世纪提倡“恭谦”，很少为个人作传记，因此，人们往往只能从哲学著作来了解哲学家，而不能从哲学家的生活来理解他的思想。这为中世纪哲学史的研究和理解造成特殊困难。我们尽量利用已知的传记材料，希望能在中世纪通常的枯燥学说中注入一些生活与时代的气息。

三

这本书记录了一个中国人眼里看到的中世纪基督教哲学，它是为中国读者和受中国文化影响的人而写的书。中国人了解一些中世纪的基督教哲学史有什么意义呢？我们以为至少有三方面的作用。

第一，能够帮助我们全面地理解西方文化。有一种说法：西方文明贯穿着希伯来人的宗教精神、希腊人的哲学精神和罗马人的法律精神。这三种精神的融合开始于中世纪，中世纪哲学正是基督教义、希腊哲学和罗马法的一种全面整合，它体现了西方文化的初始状况，是我们理解西方文化的全貌和特征的历史基础。“五四”以来的中国人深感理解西方文明与文化的重要性和迫切性。我们现在强调，学习中世纪哲学有助于克服理解中的片面性。比如，有人说，西方文明贯穿着追求真理的理性主义精神，然而，中世纪的理性主义与神秘主义、求知的思辨与宗教精神是互补互足的，与宗教精神相对立的理性主义只是 18 世纪以来的新近产物。有人说，西方文明重视外观与自然，缺乏人伦道德精神，然而，中世纪哲学家一般都赋予自然和世界以道德属性，研究自然服从于伦理化宗教的目的。有人说，西方文化表现出强烈的反传统、反权威的批判精神，然而，中世纪哲学却是另一个模式，这是一个传统向另一个传统的渐变，老权威与新权威的共同统治。有人说，西方文明有着自由、民主和法治的精神，然而，在中世纪哲学中，我们却可以看到专制主义、教条主义和法的精神的结合。总之，我们不能根据现代西学的一鳞半爪便对西方文化传统的全部作出有利于自己的论断。能对外来文化作出全面、公正评价，这是一个文化的成熟标志。研究中世纪基督教哲学，就是走向成熟的现代化中国文化的重要一环。

第二，能够帮助我们展开中西哲学、乃至中西文化的比较。2 世纪至 16 世纪相当于中国东汉至明代，中国哲学在这一时期经历了魏晋玄学、隋唐佛学、宋明理学等阶段。同一历史跨度中的中西哲学有无可比性？或者用当前时新的话来说，不同“范式”之间有无“可公度性”？这是中西文化比较研究中的一个不容忽视的问题。从事比较研究的目的是促进不同文化背景的人们相互理解，取长补短，促成世界性文化的形成。然而，当代有些人用相对主义的“范式无公度性”理论否认不同语言、不同思想体系和不同文化之间进行比较的可行性。另一方面，中西比较研究的目前状况实在令人气馁。这种研究的相当一部分是超时代、超历史的，因而也是主观任意、不着边际的。它以为可以从中西文化中任取比较对象。这种完全不顾社会历史条件和理论背景的比较，除了告诉人们中西哲学概念的意义有何相似之处以外，大概很少有其他的意义。然而，脱离文化的整体模式比较个别概念的意义，恰恰是“无公度性”论者反对的主要目标。我们认为，有意义的比较应该是整体的、历史的，这样才能显示不同文化的可比性、有公度性与相容性。中世纪基督教哲学与同一时期的中国哲学在整体上有很多可比之处，比如，两者都产生于文化专制主义环境之中，都是封建时代的意识形态，都达到了理性思辨和宗教精神的融合，都有强烈的宗教伦理精神，同时不乏本体论和世界观的理论基础。整体的相似产生出具体问题与观点的相似与可比。作者在写作过程中偶有比较的心得，但自知国学功底浅薄，不敢贸然写入书中，但求这本书能为热心于中国哲学和文化的读者提供素材，能够更多地思索中西哲学和文化的同异，共同关心融会中西、贯通古今的中国现代化文化建设。

第三，能够帮助我们训练理性思辨能力。西方哲学思辨始于希腊人非功利、非实用的智慧，中国哲学的儒道释三家也有静观思辨的精神。但不知从什么时候开始，在我们中间却滋长了一种轻视理性思辨的风气；经院哲学成为这种风气的最大牺牲品，它或是“繁琐哲学”的代名词，或被讥为只讨论“一个针尖上站几个天使”之类问题的无聊学问。我们对待经院哲学的偏见在很大程度上受启蒙运动的影响，启蒙运动“不破不立”“矫枉过正”的做法是可以理解的。然而，如果认为现代化就是功利化、实用等于实惠、思辨理性不如工具理性，那将对文化造成灾难性后果。理性思辨之风过盛固然不好，大家总不能都沉溺于幽思玄想之中而不干实事；但是，一个民族不能没有理性思辨，因为理性思辨关系到民族文化的整体素质和深层内涵。在没有理性思辨的文化环境里，很多功利目标难以达到，很多实事干不成；即使干成了，也要付出过高的代价或产生所料不及的副作用。这是一些民族的教训。我们说，现代文化是与中世纪的"神圣文化"相对立的世俗文化，这是对的。然而，两者的对立不是思辨精神与功利主义的对立：世俗文化充满着理性思辨，神圣文化亦不乏功利主义的追求。以狭隘的功利标准和实用价值排斥理性思辨的文化是俗文化，而不是世俗文化。两者只有一字之差，却有主次之分。世俗文化是现代文化的主流，俗文化是世俗文化的一个部分，是一种群众消费文化、商业性文化。我们并不反对俗文化，也不提倡按经院哲学的模式做学问，只是想在理性思辨之风衰微之际，借他山之石，攻我之玉。经院哲学对论题的详尽区分、对概念意义的缜密分析以及逻辑推理的严密性都是可以借鉴的做法。因此，我们在书中不但介绍问题的答案和观点，而且对一些具有重要意义的哲学问题，还要再现问题的提出与分析、解决问题的论证过程；这方面的内容读起来可能不太轻松，它们是为有思辨兴趣和习惯的读者准备的，没有这种兴趣的读者可略去不读，不会因此而影响对全书基本内容和线索的理解。

作者谨识
1993 年 12 月于北京大学畅春园

本书引用文献说明

1. 如无特殊注明，本书的《圣经》引文均引自《新旧约全书》（和合本）。

2. 中世纪拉丁文哲学典籍的现代译本往往不止一种，且译法不一。为了便于读者核查原文，本书大多数引文出处采用双重注释：首先注明所引著作的卷、篇、章、节，其次注明该著作现代译本或转引著作的页码。

3. 本书经常引用的中世纪哲学著作现代译本和哲学史著作用缩语表示。下面是这些缩语所代表的著作名称。在具体注释中，缩语后罗马字母代表卷数，阿拉伯数字代表页码。

ANF　*The Ante-Nicene Fathers*, Vol. Ⅰ～Ⅷ ed. by A. Roberts and J. Donaldson, Christian Literature Company, Buffalo, 1885.

CHP　*A History of Philosophy*, Vol. Ⅱ～Ⅲ, by F. Copleston. Image Books, New York, 1962.

CEM　*The Cambridge History of Later Greek and Early Medieval Philosophy*, ed. by A. H. Armstrong, Cambridge University Press, Cambridge, 1967.

CLM　*The Cambridge History of Later Medieval Philosophy*, ed. by N. Kretzmann, Cambridge University Press, Cambridge, 1982.

CRP　*The Cambridge History of Renaissance Philosophy*, ed. by C. B.

Schmitt, Cambridge University Press, Cambridge, 1988.

DS *Duns Scotus,* by E. Bettoni, Greenwood Press, Westport, 1978.

HCP *History of Christian Philosophy in the Middle Ages*, by É. Gilson, Random House, New York, 1955.

PMA *Philosophy in the Middle Ages*, ed. by A. Hyman and J. Walsh, Hackett Publishing Company, Indianapolis, 1973.

PNF *A Select Library of the Nicene and Post-Nicene Fathers of the Christian Church*, Vol Ⅰ～ⅩⅣ, ed. by P. Schaff and H. Wace, Christian Literature Company, Buffalo, 1886～1900.

RPM *The Renaissance Philosophy of Man*, ed. by E. Cassirer, Chicago University Press, Chicago, 1954.

SMP *Selections from Medieval Philosophers*, Vols Ⅰ～Ⅱ, ed. by R. McKeon, Charles Scribner's Sons, New York, 1929.

STP *Saint Thomas Aquinas: Philosophical Texts*, ed. by T. Gilby, Oxford University Press, New York, 1960.

第一章　基督教哲学的思想来源

基督教哲学有两个主要思想来源：一是古代希腊哲学的遗产，一是基督教的经典《圣经》。为了理解基督教哲学的诞生和后来的发展，我们需要把两者作为背景知识，同时应比较它们的异同，了解它们何以能够汇合到基督教哲学中去的原因。

第一节　古希腊哲学概要

古希腊哲学形态丰富，派别繁多，哲学家之中最卓越者莫过于柏拉图和亚里士多德，他们的思想构成希腊哲学的主体；基督教哲学继承的古代遗产主要是柏拉图主义（包括其变种——新柏拉图主义）和亚里士多德主义。我们以这三个派别为主，概述希腊哲学的精神。

1. 柏拉图主义

柏拉图（Plato，427BC ～ 347BC）出生于雅典贵族家庭，苏格拉底的学生，雅典学园的创始人。柏拉图著作以对话体写成，现存的 40 余篇对话中有 28 篇为真品。柏拉图的对话在中世纪几乎全部失传，只有《蒂迈欧篇》大部留存，《美诺篇》与《斐多篇》在 12 世纪也被译为拉丁文。但柏拉图主义在中世纪的影响并不局限于少数已知著作；中世纪学者通过间接材料了解柏拉图学说的原则、概念与方法，从中吸取了培育自己思想的丰富养料。我们对柏拉图学说中与基督教哲学相关部分作一择要介绍。

（1）苏格拉底的原则和方法

柏拉图的对话主角多为苏格拉底。他说："现在和将来都不会有柏拉图写的著作，现在的署名作品都属于苏格拉底、被美化与恢复了原来面目的苏格拉底。"[①] 这些话固然出于自谦，但另一方面也说明柏拉图始终恪守苏格拉底的原则和方法。

苏格拉底原则之一是"德性就是知识"。苏格拉底生活在以教授修辞、论辩为职业的智者中间。智者着重演说、诉讼能力，而不只是传授一门知识，他们的目标是在政治活动中取胜，而不是寻求真理。虽然智者思想成分复杂，但他们中很多人相信"知识就是感觉"的相对主义，"强权就是正当"的约定主义，以及"每一事情都有两种正相反说法"的怀疑主义。他们把语言技巧当作智慧，以功利为真理标准，变对话为文字游戏，使"智者"成为"诡辩"的代名词。苏格拉底把智者斥之为"精神食粮的批发与零售商"，[②] 声称对于"那种认为不可能发现我们未知之物，也没有必要去寻找知识的观点"，"决心尽我所能，用语言和行动与之斗争"。[③]

"德性就是知识"的原则为知识规定了可靠不变的标准，这就是善。只有善才是认知者亲自践履的真理，只有被践履的真理才是知识。苏格拉底相信，"无人有意作恶"；当人可以较少作恶时，必不会作更大的恶。一个人知道什么是善，必然行善，没有人的行为会违背他相信是最好的东西。反之，一个人没有行善的原因在于知识上的缺陷，"无知即邪恶"[④]。如果一个人声称他知道什么是善，但却不准备履行它，他的

---

① 柏拉图：《信件集》，第二封信，314c。

② 《普罗泰哥拉篇》，313a。

③ 《曼诺篇》，86c。

④ 《拉刻斯篇》，194d。

行为恰恰说明他并不知道善的好处，他的声称是自相矛盾的。“德性就是知识”原则包含的知识确定性、真理实践性、道德可塑性的思想，对理性主义知识论和伦理观都发生了影响。

苏格拉底原则之二是“认识你自己”。他用德尔斐神庙的这句铭文扭转了希腊哲学的方向。他以前的哲学家都以自然为研究对象，他指责自然哲学家只是注意外界，却没有首先审视自己的心灵；他们想要找到一个新的支撑世界的天神，却不知道这个支撑世界、包罗一切的力量就是善，它就存在于人的心灵之中。他主张首先在心灵中寻找这些内在原则，然后再依照原则规定外部世界。

为了帮助人们在自己心灵中发现真理，苏格拉底设计了一种对话的方法，他称之为“助产术”，因为两者有以下类比关系。

首先，正如仍能怀孕生育的妇女不允许给人接生，苏格拉底在对话中只提出问题，但却不回答任何问题，因为他一无所知。承认自己无知，这正是苏格拉底的智慧所在。这种无知态度是真诚的，他的问题并不是事先设计的圈套，他的反诘亦不是显示机智的讥诮，他以无知态度提问与反诘避免先入为主的信条，使对话双方站在同等地位互相启发，同受教育。

其次，正如助产术可施行流产，苏格拉底对话的目的是使人们放弃原来确定不疑的观点，或者分清原来意见中正确与错误的成分，经过多次去芜存菁的过程，逐渐接近真理。

最后，正如生育者在阵痛之中产生新的生命，真理要由作答者自己发现。苏格拉底深信，每个人心灵中都蕴含着真理，只是被谬误和偏见所蒙蔽。问答法的作用是清除蒙蔽，使真理在心灵之中自行显示。他的任务是引导人寻找真理，而不是越俎代庖，告诉人们什么是真理。这大概是他从未给所涉的概念一个完满定义的原因。然而，他始终坚持，真理是对普遍、不变的本质的把握，需要用一般定义表达。正如亚里士多德后来所说:“引导论辩和一般定义完全归功于苏格拉底。这两样东西都是科学的出发点。”[①]

(2)理念论

柏拉图把苏格拉底追求的心灵内在原则和德性的一般定义客观化,使之成为独立于人的心灵并与人的知识相对应的实在对象,这种实在被称作理念,希腊文为*idea*,在《斐多篇》里开始用*eidos*这个词。*idea*和*eidos*出自动词*idein*(看)[②],原意是“看到的东西”,柏拉图所指系“用心灵的眼睛所看到的东西”。中世纪拉丁文与希腊文“理念”相应的词有“idea”、“forma”(形式、型相)、“exemplar”(原型)等。中文“理念”的译法有强调所见对象为独立于人的心灵的纯理智实在之意,“型相”或“原型”的译法有强调所见对象为统摄个别感性事物的普遍本质之意。不过,这两个意义是相关的:一般概念所指称的对象的普遍性同时也是心灵所认识的对象的实在性,反之亦然。

柏拉图设定理念的主要理由是:不同的认识能力有不同的认识对象;人有感觉和理智两种能力。与感觉相应的对象是变动不居、暂时、个别的,因而是相对的现象,或者说,介于变与不变、是与不是、在与不在之间;与理智相应的对象是不变、永恒、普遍的,因而是绝对的存在。柏拉图用“四线段”比喻把“不同的认识能力与不同的对象相对应”的图式具体化。与人的知识和意见相对应的对象分别是(理智)可知世界与(感觉)可见世界。意见包括主观想象和共同感觉两部分,分别与影像和变化事物相对应;知识包括推理与纯理智两部分,分别与数学理念和本原理念相对应。这种两类四部的区分把认识与实在安排为由下向上的等级秩序。就实在等级而言,善之于理念,

① 《形而上学》,1078b27～29。

② 本书正文中希腊术语用拉丁化字母斜体表示,希腊原文见本书最后一部分的“中-英-拉丁-希腊文术语对照表”。

犹如太阳之于万物。虽然柏拉图有时称善为最高的理念，但在《理想国》中，他明确表示，善不属于理念世界，而是安排理念秩序的最高原则："知识的对象不仅从善获得它们的可知性，并且从善得到它们的存在和本质，而善本身却不是本质，而是超越本质、比本质更尊严、更强大的东西。"[①]

柏拉图把理念与现象、型相与个体分离开来，又用"分有"和"摹仿"说解释它们之间的联系，说明理念与个别事物之间是本原与派生、原型与摹本、绝对与相对、普遍与特殊的关系。比如，"美的东西之为美，是因为它分有了美本身"[②]。从语言意义的角度看问题，"分有"的意思是：一个专有名词的意义来自类概念。依柏拉图的理解，词的意义在于指示外部实在；因此，专有名词指示的个别事物必定分有类概念指示的理念。分有什么样的理念，就有什么样的性质，分有到何种程度，就相似到那种程度。但无论如何，分有不能穷尽理念的完满，个别事物只是理念的摹仿或影像。

（3）灵魂学说

柏拉图关于灵魂和肉体的区分是两个世界区分的推论。人的肉体属于感性世界，灵魂属于理念世界。灵魂与肉体关系不同于理念与个体关系之处在于灵魂和肉体可以相互作用。柏拉图在《理想国》里把灵魂分为理性、激情和欲望三部分，相应于智慧、勇敢和节制三种德性。但灵魂的"部分"（*meros*）的说法仅是比喻，只在一处使用。在其他地方，他用"理念"（*eidos*）表示灵魂的三要素。在《斐德罗篇》中，灵魂被比作两驾马车：理性是驭马者，激情是驯服的马，欲望是桀骜的马。他在《蒂迈欧篇》中说，理论存于头部，激情在胸部，欲望在腹部。所有这些说法都强调理性在灵魂中的支配地位以及情感与欲望支配肉

① 《理想国》，508e。

② 《斐多篇》，101a。

体的作用。总的说来，柏拉图认为人的本质是使用身体的灵魂。灵魂不但赋予肉体生命力，而且犹如船长掌舵那样指挥身体活动，利用身体达到自己的目的。然而，身体对灵魂也有反作用，不好的体育以及身体的坏习惯也会败坏灵魂，使之成为身体的奴隶。

柏拉图认为灵魂与身体的结合是理念堕落的结果。灵魂原先生活在理念世界，只是有些灵魂由于活力不强，或未能用理性控制欲望，从理念世界跌入尘世，附着于身体，这样才开始了人的生命。灵魂生前对理念有所观照，因此具有先天知识，只是由于肉体的污染与干扰，致使灵魂忘记了这种与生俱有的知识。经过合适的训练，可以使灵魂回忆起见过的理念。苏格拉底的对话法就是提示灵魂、促使它回忆的过程。在此意义上，“学习就是回忆”。灵魂在回忆过程中越来越清晰地观照到理念，最后进入惊喜交集、不能自制的狂迷境界。此时灵魂已摆脱肉体束缚，和理念重新融合。

柏拉图说，“学习就是回忆”这一事实说明灵魂在人之前已经存在。“回忆说”是“灵魂不朽说”的一个证据：“如果我们的灵魂不是在投生为人以前已经在某处存在过，这种回忆是不可能的。”[①] 并且，人死之后，灵魂以转世投生到另一个身体之中的方式继续存在。柏拉图把灵魂分为九等，最高三等是哲学家、爱美者、音乐家的灵魂，最低的两等是智者和暴君的灵魂。清白的哲学家如果在三个时期都选择这种生活，灵魂就会返回理念世界。其余灵魂在生命结束时要受到审查，根据生前行为或上升到较高等级，或下降到较低等级，甚至转入动物。他并不掩饰“灵魂转世说”的神话色彩，但更清楚它的惩恶扬善的伦理目标。

（4）辩证法

在《理想国》里，柏拉图把认识纯理念的方法称作灵魂辩证法。这

---

① 《斐多篇》，72e。

种方法“一步一步上升，从一个理念到另一个理念，不用任何事物帮助，单凭理念本身就可以达到结论。它从理念出发，通过理念，最后归结到理念”。[①] 柏拉图的基本原则是：灵魂辩证法与理念世界的等级秩序是一致的。在较早时期写作的对话里，柏拉图强调，每一个理念都是独立存在的；同时，单个理念又是理念世界的一部分，服从整体秩序。他把理念之间关系归结为部分与部分的关系。

从《巴门尼德篇》开始，柏拉图的关注点由理念之间外在的实在关系转向内在的逻辑关系。换而言之，理念的内涵之间相互区分又彼此相容的关系不是部分与整体或部分与部分的关系，而是类与类、普遍与特殊的关系。辩证法因此包含着更多的语言逻辑分析的内容。《智者篇》里的“通种论”分析了三对六个最普遍的种（*genos*）之间相容或不相容的逻辑关系。通过两两相比，是者与不是者、运动与静止、相同与相异六个种之间，除了运动和静止不相容之外，其余皆相容。因此可以说：“运动是同，亦是异”，“是者为一（同），又为多（异）”，“所是者存在，不是者亦存在”。从方法论角度看，柏拉图的辩证法与爱利亚派的悖论方法都是对概念意义所作的逻辑分析，但方向却完全相反：后者利用概念的矛盾制造意义的悖论，柏拉图却在字面上相反的概念之间找出相同相容的意义。

“通种论”是在种属的层次上进行的逻辑分析，同一对话里提出的“二分法”则是从属到种的逻辑分析。这种方法是这样的：为了确定一个种概念的定义，从包容它的最高的属概念开始，把这一种概念分析为两个普遍性较低的属概念，撇开其中与所需属的意义无关的一个，把意义相关的另一个分析为普遍性更低的两个种概念，以此类推，逐步下降，直至所需的种概念出现，分析过程中的一切相关概念构成了

① 《理想国》，511e。

它的定义。[①]

“二分法”实际上是一种“从属到种”的定义方法。在晚期写作的对话《斐利布篇》中，柏拉图超越了形式逻辑，提供了一个用辩证法解决问题的范例。对于“什么对人有好处”的问题，有“快乐”和“思想”两种回答。解决的方法取决于对“好处”“快乐”“思想”等概念意义的分析。“好处”指灵魂的幸福状态，没有思想的快乐和不快乐的思想都不是幸福的。对人有好处的生活是快乐与思想的混合状态。但两者所起的作用不是相等的，思想比快乐更接近于对人最有好处的状态。因为即使没有快乐，思想也可以无限地接近幸福，但如无思想，快乐远远离开幸福。辩证法在这里起到调和不同意见的作用：先分析每一种意见中正确与错误因素，然后综合正确因素，并对它们的正确程度作出比较，得出全面结论。这种方法已接近现代意义的辩证法。

从上述各种用法来看，柏拉图辩证法的基本特征是：正确地区分论题和概念，全面列举和辨析概念的意义，在相对立的意义中寻求一致，通过分析的全过程达到意义的综合。

（5）《蒂迈欧篇》

《蒂迈欧篇》是柏拉图最后写作的对话之一，内容涉及数学、天文学、物理学以及解剖学、生理学各方面知识，柏拉图以丰富的想象力把这些知识同神话奇妙地结合在一起，描述了宇宙生成的全景。

蒂迈欧是来自意大利南部的一个毕达哥拉斯主义者。柏拉图借他

① 两分法的一个例子是“钓鱼者”的定义：

- 技人
  - 攫取者
    - 靠强力攫取者
      - 猎人
        - 捕活物者
          - 捕水生动物者
            - 捕鱼人
              - 白天捕鱼人
                - 用钓者
                - 用叉者
              - 夜晚捕鱼人
            - 捕水鸟人
          - 捕陆地动物者
        - 寻死物者
      - 战士
    - 靠交换攫取者
  - 生产者

之口表达了以数学理念为原型的创世说。蒂迈欧说,可感的世界是生成的世界,任何生成的东西皆有原因。世界的原因是一个造物主。正如工匠按照模型制作产品一样,造物主按照一个精美、永恒的原型创世。只有数学和哲学才能确定这一原型,蒂迈欧的学说既有数学原型论的确定性,又包含着一些"可能的故事"。

造物主创世的目的是善。造物主是至善,他不愿仅仅维持自身的善,而且要使一切不完善的东西接近自身。在创世之前,已有混沌的物质。既然秩序比混乱完善,心灵比物质完善,他即以秩序整治混沌,将心灵置于物质之中。再者,心灵(*nous*)只能存在于灵魂(*psycho*)之中,他于是创造出灵魂。按希腊哲学术语,心灵指独立于形体的纯粹精神,灵魂则是在形体内部推动形体运动的能动力量。被创造的世界的运动由弥漫其间的"世界灵魂"推动。

世界灵魂有两个成分:一是不可分割的、不变的存在——"同";另一是可分割的、生成性的存在——"异"。"同"和"异"的运动轨道是圆,两者直径以 90° 角相交。"同"位于外圈,向右旋转;"异"位于内圈,被分割为六个同心圆,它们都向左旋转。这两个圆在运动中相交的角度发生倾斜,它们实际上分别代表着恒星赤道与黄道,它们的运动分别代表着星空的周日运动和太阳与黄道带行星的轨道运动。

造物主在创造世界的同时创造了时间。被造世界虽不是永恒的,但必须尽量与永恒的原型相似。时间是"永恒的运动的影像",可感世界的一切都在时间中延续。时间的度量需要按齐一规则运动着的天体,于是造物主创造出天体,将它们置于"异"的圆周上。地球位于中心,依次向外为月亮、太阳、金星、"赫尔默斯星",以及外层的三个星。

造物主接着创造了各种动物,它们按居住领域分为四类:天上的神,空气中有翼动物,水栖动物与陆地动物。神由火构成,实际上是在

“同”的圆周上作周日运动和自转的星球。

造物主最后创造出人的灵魂，这些灵魂的数目与星球一样多，并陪伴着星球。在适当时候，灵魂降生为人。如果灵魂在身体里生活得好，它们将返回所属的星球；如果生活得不好，将按下降顺序，转生为妇女和各种动物。

造物主委托被造的神创造人的身体。神造出圆形头颅，作为灵魂寓所，躯干和四肢为保护头颅的目的造出。灵魂和身体的运动方式不同：灵魂作圆周运动；身体作吐故纳新的直线运动，视力是体内光线，与外部可见物体相遇产生视觉。开始这两种运动节奏不协调，灵魂处于混乱状态，这就是为什么人在儿童时代知觉不成熟的原因。经过一段时间的适应，灵魂恢复正常运转，但只有通过正确的教育，灵魂的运转才能进入完全自主的完好状态。

在说明造物主创造过程之后，蒂迈欧又解释了创世的模式。他把毕达哥拉斯的“数字本原论”和恩培多克勒的“四根说”结合起来，解释元素的几何结构。造物主在把原初的混沌变成有形状的元素的过程中，以两个三角形为原型。第一个是正方形的一半，三边平方比是1∶1∶2；另一个是等边三角形的一半，三边平方比是1∶2∶3。这些是最简单、最基本的比例。用四个第一种三角形构成一正方形，六个这样的正方形构成立方体（正六面体），这是土元素的形状。用六个第二种三角形构成一等边三角形，这种三角形可构成正四面体、正八面体、正二十面体，分别为火、气、水元素的形状。除此之外，还有正十二面体形状的第五种元素。然而，构成正十二面体的五边形不可能来自原型三角形。造物主使用它是“为了整体，用它装饰星座”。[①] 这意味着，正十二面体元素天衣无缝地把宇宙组合为圆球状，犹如用五边形缝制

① 《蒂迈欧篇》，55b。

的足球一般。

《蒂迈欧篇》其余篇幅（58c ～ 87b）从物理学转入人体生理学和医学讨论。由于中世纪的拉丁文译本只保留了前面三分之二篇幅，这些内容的介绍可略去。柏拉图的宇宙观包含的创世说、灵魂学说和原型论都对中世纪哲学产生了深远影响。

2. 亚里士多德主义

亚里士多德（Aristotle，384BC ～ 322BC），17 岁时进入雅典学园，师从柏拉图二十余年。曾任马其顿王子（后来成为亚历山大大帝）的老师。公元前 335 年，回到雅典建立吕克昂学园，他的弟子被称作逍遥派。

亚里士多德将知识分为理论知识（包括逻辑学、物理学、数学和形而上学）、实践知识（包括伦理学和政治学）、艺术知识（包括修辞学和诗学）三类，他在每一知识领域都有著作。他的著作集希腊哲学之大成，对基督教哲学有十分重要的影响。

（1）逻辑与科学方法论

亚里士多德是形式逻辑体系的创始人，对范畴、定义、判断、推理作了详尽论述。他认为逻辑不是一门独立知识，而是一切知识的工具，特别是一切科学知识的方法。他说，科学以普遍本质为研究对象，没有关于个别对象的科学。科学是以陈述普遍本质的一般命题为前提的演绎系统，科学的方法就是三段式的演绎方法。

三段式的规则确保推理过程的可靠性，但却不能保证三段式前提的可靠性。这些前提是先前的观察、归纳和抽象的产物，如此产生的命题有些是确定的，有些是不确定的。依三段式前提的性质，亚里士多德在《前分析篇》里区分了两类推理：证明和论辩。"证明的前提不同于论辩的前提，因为证明的前提乃是在两个矛盾的命题中假定一个（因为进行证明的人只假定某种东西，而不提出问题），但论辩的前提却有一个两个矛盾的前提何者为真的问题。这并不妨碍它们在每一种情况下都有一个三段式。进行证明的人和提出问题的人都在作假定某谓项属于或不属于某物的推理。”[①] 证明的推理并不证明前提的真实性，它只是证明在前提为真的情况下结论必然为真。论辩推理的目的是确定两个矛盾的前提何者为真；如果一个前提的推论达到的结论比从另一前提辩论出的结论更可靠、更确定，那么便达到了为前一个前提真实性论辩的目的。亚里士多德在《正位篇》中把论辩推理称作辩证法，他说："辩证法是一个批判的过程，其中有探求一切根本原理的途径。"[②] 这里的辩证法被理解为通过三段式推理检验并确定三段式前提（即"根本原理"）的方法。

亚里士多德对证明的重视甚于论辩。他的"科学"概念是以几何学为理想的"证明科学"。证明科学的前提是自明的、确定的命题，如同几何公理那样，科学是以必然命题为前提的演绎系统，它是必然的知识。辩证法是科学的辅助手段，适用于日常生活和政治生活中的偶然命题。在《形而上学》中，亚里士多德暗示了他与柏拉图在方法论上的分歧："哲学与辩证法所要求的能力有着不同的性质……辩证法只是批判的，但哲学却要求知识。"哲学的原则"必须是最可理解而非假定的"。[③] 他的意思似乎是，科学不能、也无需证明自身的前提，只是在以一般人意见为原则的研究领域，才需要辩证法的批判。

（2）形而上学

亚里士多德说："有一门科学研究是者自身及其凭着自己的本性具有的各种属性。"[④] 这就是被他本人称作"第一哲学"、后人称作"形而

① 《前分析篇》，24a22 ～ 27。

② 《正位篇》，101b3 ～ 4。

③ 《形而上学》，1004b25，1005b5。

④ 同上书，1003a。

上学”的学问。“是者”（*to on*）一词来自希腊文“是”动词。巴门尼德和柏拉图通过对“是”的意义的分析，说明“是者”指示着一个永恒不变、与自身等同的存在。亚里士多德却认为：“我们可以在很多意义上说一件东西‘是’，但一切‘是’的东西都与一个中心点发生联系。”[①]对他来说，“是”既不是单义词，也不是歧义词，而是一个有中心意义的多义词，这个中心意义就是“实体”（*ousia*）。逻辑分析可以说明这一点。亚里士多德逻辑的基本判断形式为“S是P”，亚里士多德逻辑的基本范畴有十个：其中“实体”回答了“主词S是什么”的问题，其余九个“属性”范畴（数量、性质、关系、地点、时间、所有、状态、活动、受动）回答了“谓词P是什么”的问题。两相比较，“实体”的意义更基本，一切“属性”的意义归向“实体”的意义，它们都因“是”某一实体的属性而存在；但反过来却不是这样，实体并不因“有”某一属性而存在。实体若无属性仍不失“是”其自身。因此，作为形而上学首要研究对象的“存在自身”即“是”的中心意义——“实体”。

以上分析的“实体”意义仅是对判断中“是”动词中心意义的归结。当亚里士多德继续追问“实体是什么”的问题时，他必须讨论“是”动词所指示的外在于判断的实在。对此，亚里士多德用了两个不同的概念。

第一个概念是“这一个”（*tode ti*）。他在《范畴篇》中说：“实体在最严格、最原初和首要的意义上是既不表述一个主词，又不在一个基体里的东西。”[②]他把实体的这一意义概括为“这一个”。在语言里，“这一个”的名称只充当判断主词，而不反过来表述谓词，它是指示代词，而不是个别事物的专名。因为在现实中，“这一个”是一个独立的基体（*hypokeimenon*）。“基体”是属性的基础、归属或依托，而不反过来依赖

① 《形而上学》，1003a30。
② 《范畴篇》，2a11。

属性，也不依存于其他基体。基体并不等于个别事物，而是个别事物在被扣除一切属性之后的剩余，这便是事物之中不依赖属性的基础，即实体的自身存在。对于这样的东西，我们已不能用专名来指示它，只能用直接指称（如用手指示）的方法，说它是“这一个”。

第二个概念是“其所是”（*to ti en einai*）。这个术语包含着一个过去式的“是”动词不定式，直译为“曾经是的什么东西”，它表示一个事物是原来那样。这一术语也被缩写为“*ti-estin*”，意思是：是它所是的那样，故译作“其所是”。亚里士多德在《形而上学》中说：“尽管‘是’有多种意义，但‘其所是’是首要的‘什么’，因为它指这个事物的实体。”[①] 这里的“实体”已不是只能直指的基体，而是可用定义表述的一个事物的本质，故黑格尔把它译作德文的Wesen（本质）。实体定义表达的本质回答了“实体是什么”的问题。

我们可以立即看出上述两个概念的意义差异。“这一个”是对实体的直接指称，它是个别的存在。“其所是”是实体定义，按亚里士多德的逻辑，定义的构成是“种+属差”，它是普遍的本质。亚里士多德说，“其所是”表示的是“这一个”的本质，这一本质是专属于它的自身存在，两者必然等同。虽然亚里士多德从原则上承认了个别的本质的可能性，但他的理论贯穿着这样一个思想：本质是形式，理智的抽象概念表示它，定义中的种和属表述它。他实际上并没有真正解决形式何以能够成为个别的本质、如何认识与表述个别本质的问题。在“何者为第一实体”的问题上，我们看到了两种不同的说法：《范畴篇》明确地将“这一个”说成第一实体，种和属为第二实体；但《形而上学》Z和H卷讨论的结果得出形式（*eidos*）是先于个别事物的第一实体的结论。亚里士多德的实体观与柏拉图的理念论既相对立又相联系。当他把实

---

① 《形而上学》，1028a15。

体理解为“基体”，他强调实体不是一般概念表示的理念，而是只能用指称代词“这一个”指示个别的、终极的存在；当他把实体理解为“本质”、“形式”，实体的意义接近于理念。在后一种情况下，唯一可以区别亚里士多德与柏拉图的界线在于，前者的形式寓于个别的感性事物之中，后者的理念与这些事物相分离。因此，后人常把“普遍本质究竟在个别事物之外抑或之中”的“共相问题”作为区别两者的界线。事实上，亚里士多德并未坚持自己的立场，他最终还是承认了脱离个别事物的形式的存在。

亚里士多德对“什么是实体”的回答是多层次、多方面的。除了逻辑和语言意义的分析之外，他还对构成实体的原因进行了分析。他认为，原因是对“为什么”问题的回答。“实体是什么”的问题可用“四因说”回答。质料因指示实体的基本材料，形式因陈述实体的本质，动力因表示实体运动或静止的缘由，目的因解释实体运动变化的方向。他说，后两种原因实际上可归结为形式因，实体的基本要素是质料和形式。后人把这种关于实体构成的观点称作“质型论”（hylemorphism，hyle 为质料之意，morph 为型相、形式之意）。但质型论并不是普遍有效的，并不适用一切实体，它只适用于一切运动的实体。从运动论的角度看问题，实体可分为三类：可朽的运动实体，永恒的运动实体，永恒不动的实体。第一类是地面上的实体，第二类是天体，第三类是神。它们构成了从下到上的实体等级系统。

实体的等级可由实体构成的变化说明。质料与形式的静态构造在运动中表现为潜在与活动的动态关系。实体向着完善的目的运动，故而被动的质料或潜在性越来越少，能动的形式或现实性越来越多，因而有上述三类实体的区分。最高的实体是实现了一切潜在的不动的推动者、没有任何质料的纯形式、脱离了一切感情特征的纯思想，这就是“神”的意义。第一哲学以神为最高的对象，因此也是神学。

（3）物理学

物理学即自然哲学，研究对象是自然（*physis*）。古希腊文“自然”指事物运动的本原和原因。亚里士多德认为运动是偶性的变化。运动分为质的运动、量的运动和位移三类。他用质料、缺乏、形式解释运动本原，用“四因”说明运动原因，用潜在与活动关系表示运动本质。这些对一般运动（*kinesis*）的研究与形而上学相交叉，他对特殊运动形式位移（*thora*）的研究才是物理学的独特内容。

亚里士多德用位置的变化解释位移性质。位置被定义为“包容物体的内层界限”①。位置总被物体所占据，但不会被一物体固定占据；当一物体从一位置移出，另一物体立即移入该位置，不会有虚空存在。每一物体都有自己本性规定的“自然位置”，如气、火的自然位置在上，水、土的自然位置在下。只是在外力推动下物体才被迫离开自然位置，并把其他物体挤出它们的位置。同时，离开自然位置的物体依其本性趋向自己的自然位置移动。位置是物体依外力或自己本性彼此交换位置。位移既不可能无限伸展，也不会终止。因此，宇宙的整体位置必然是球形，物体才能作无休止的循环位移。

亚里士多德认为时间是运动的度量，度量者是人的心灵，度量的尺度是数目。时间就是心灵用均匀计数方式分辨运动前后状态，时间被定义为“依先后而定的运动数目”②。每一个运动数目是一个“现在”，时间是无数可辨认的“现在”的均匀流逝。时间虽是人的心灵辨别运动先后状态的产物，但也是永恒的。因为对亚里士多德而言，没有“人之前是否有时间”的问题，人被认为始终存在着，不是创造或进化的产物；也没有“心灵不度量时有无时间”的问题，因为人类心灵的理智是统一的，不是单个人的任意行为。时间的永恒性意味着物体运动无始

---

① 《物理学》，211a23。

② 同上书，219b23。

无终。亚里士多德用这种方式论证了世界的永恒性，与柏拉图的创世说截然有别。

时间的永恒性是一般意义的无限性的一个特例。亚里士多德认为无限性不是现实，只是一种潜在。潜无限有三种：一是体积无限可分的可能性；一条线段不是由无限点构成的实在，但却可以在想象中无限分割，因此，体积有最大而无最小。二是数目无限相加的可能性；但数目不可能无限分割，因此，数目有最小而无最大。三是时间的无限性；时间的单元（现在）既有被无限分割的可能性（因为我们想象不出最短暂的现在），也有无限延伸的可能性（因为我们想象不出时间的终点）。

根据上述观点，物体在永恒时间与有限位置里进行连续的位移运动。亚里士多德认为最完善的位移运动是圆周运动，作圆周运动的物体不改变速度与自然位置。与之相反，作直线运动的物体没有这些优越性。他进而区分了作圆周运动的天界和作直线运动的地界。地球是宇宙的不动的中心，地界物体由火、气、水、土四元素构成，作不匀速的直线运动。天界由第五种元素以太构成。据当时天文学家加里甫斯（Calippus）的意见，天界有33个球层，围绕在星体周围。亚里士多德在这些球层之间又加了22个反向球层，以防止同行球层运动相互影响。这55个球层的运动由不动的推动者启动。不动的推动者即《形而上学》所论证的神。亚里士多德关于不动推动者的数目的说法不一，有时说每个球层都有一个推动者，有时说只要一个第一推动者即可。

（4）灵魂学说

亚里士多德《论灵魂》一书属于自然哲学，因为他认为灵魂是一种特殊运动方式——生命的本原，或者说，灵魂是有生命事物的形式。按有机物的等级，灵魂分为三类：最低一类是营养或植物灵魂，执行消化与繁殖的功能；第二类为动物或感性灵魂，执行感性知觉、欲望和位移等活动，可以发展为想象和记忆；第三类是人类的理性灵魂，它的活动包括认知和实践两方面。高一级灵魂包括低一级灵魂的功能，人类的理性灵魂亦有植物与动物灵魂的功能。因此，他给人下了一个典型的定义：人是有理性的动物。

亚里士多德用形式与质料、活动与潜在关系解释人的灵魂和身体关系。他不像柏拉图那样把完善性完全归诸灵魂，把身体看做囚禁灵魂的墓穴。他认为人是灵魂与身体的完满结合，身体固然需要灵魂以获得生命，灵魂也不能离开身体执行功能。每个人作为单个实体是灵魂与身体的统一，两者合则人生，分则人死。

亚里士多德的灵魂学说除了关于生命现象的生理学内容之外，还包含着认识论的研究，这一部分内容充满着形而上学的思辨。他认为，人的灵魂有感觉和理智两种认识能力；两者都是形式，都需要一定的质料才能展开活动。感觉的质料是感觉器官，外界可感事物也由形式与质料构成。在感觉活动中，对象的质料作用于主体的质料（感觉器官），对象的形式作用于主体的形式（感觉），因此，"感觉能够撇开感觉对象的质料而接受形式，正如蜡块接受戒指的印迹而撇开铁或金"。[①]"蜡块"的比喻说明了个人感觉内容的后天性和普遍性，带有重视感觉经验的倾向。

亚里士多德对理智的论述却表现为另一种倾向。理智的活动把握可感事物的本质，它不但撇开了事物的质料，而且撇开了感觉印象，抽象出无形的、纯粹的本质。如何从可感的东西中抽象出不可感的东西，这对古人是一个谜。亚里士多德对此作出猜测。他设定理智的形式为主动或动力理智，理智的质料为被动或消极理智。主动理智认识纯粹本质，被动理智接受感觉印象，两者关系犹如光之于视力，它们的结合才产生了理智的活动。亚里士多德虽然从原则上肯定了主动理智和被

① 《论灵魂》，424a17。

动理智之间存有形式与质料、活动与潜在的关系，但他的论述相当混乱。比如，关于主动理智的纯粹性，他写道："当理智摆脱了它现有条件，它只是自身，而不是任何东西，它是不朽、永恒的（我们不要忘记它先前的活动，因为理智在这一意义上是主动的，理智在消极意义上是可朽的），没有它什么也不能思想。"[①] 这里的"永恒"（*aidios*）指在个人生活之外的永存。这段话说明，主动理智是外在于人的灵魂的思想实体，它从外部供给人的灵魂进行理智活动的动力。但他在同一地方又说："如同整个自然之中的每一种存在物里都有一潜在原则和一个把它们带入存在的动力因，如同一种制作与质料关系一样，因此，在灵魂之中必然可以找到这些不同原则。"[②] 这段话似乎说明被动理智和主动理智都在灵魂之中。但文中"灵魂之中"这一短语的希腊文*en te phyche*，也可被译为"于灵魂这一方面"，若按后一种译法，仍不能肯定主动理智是否内在于人的灵魂。亚里士多德语焉不详，不仅没有解开"抽象作用"之谜，而且造成了关于主动理智性质及其与被动理智关系的千古争议。

（5）实践哲学

亚里士多德所谓实践指以善为目的和导向的行为。实践哲学包括研究个人之善的伦理学和研究国家之善的政治学。他认为每一个人都自然地倾向于幸福。幸福被定义为符合德性的生活。一切值得称道的德性都是"过度"和"不及"的中道；过度是主动的恶，不及是被动的恶，中道是与所有恶相对立的善，并不意味两者的折中。

亚里士多德把德性分为理智的与实践的两类。前者包括智慧、聪颖，后者包括自由、节制、正义、富贵、荣誉、友谊等；前者通过教育获得，后者是实践和习惯的产物。审慎把两者联系在一起，故称作"实践

---

① 《论灵魂》，430a22 ～ 25。

② 同上书，430a11 ～ 14。

智慧”。审慎是灵魂活动这样一种倾向，它以可欲对象为目的，对达到目的之手段进行理性的思虑，根据思虑的结果选择德性。亚里士多德认为一般人的德性主要是靠习惯培养的德性，只有少数人能通过纯思辨生活获得最高的德性——智慧。他说，人的最高幸福是纯思辨生活。在思辨中，人最大限度地实现了自己的本性——理性，达到自满自足的快乐和闲暇，并通过知识接近了神。只有哲学家才是最幸福的人。

亚里士多德认为人在本性上是政治动物。个人只有在城邦公共生活中才能实现道德的与思辨的最高目的。国家是以至善为目的的自满自足的社会组织。他和柏拉图一样认为最好的政体是贵族制，但最好的政体只是理想，只能在少数城邦实行。现实中可行的最佳方案是立宪制，这是寡头制和民主制的中道，它的统治者是中产阶级。他心目中的理想公民是年青时的武士、中年时的执政者、老年时的祭司。农、工、商人虽然是必要的，但不应享有公民权。

3. 新柏拉图主义

柏拉图死后，他的弟子和追随者统称学园派，包括公元前3世纪流行的第二学园派、公元前2世纪中叶建立的新学园派、公元1、2世纪的中期柏拉图主义。公元3世纪出现的新柏拉图主义充分发挥了柏拉图学说的本体论、创世说与灵魂观，比以前的柏拉图主义派别更有新意和感染力。

新柏拉图主义的创始人普罗提诺（Plotinus，204～270年）出生于埃及，244年之后一直在罗马讲授哲学。死后由他的弟子波菲利（Porphyre）将遗稿编为六集，每集由九篇论文组成，故称作《九章集》。

普罗提诺的思想围绕着世界的起源与归宿展开。他认为最高的本原是“太一”，太一超越一切的本体，故不能用范畴限定。它的内涵是绝对的完满性。一切完满的东西不仅自足，而且必然外露。太一的绝对完满性的“流溢”创造了世界而无损自身至善，正如太阳放射光芒而无损自身一样。流溢的阶段性构成了世界的等级。首先流溢出的存在是“理智”，从理智再流溢出灵魂。理智与灵魂的区别在于理智是纯粹的、与可感事物相分离的本体，灵魂是可以与肉体结合、可被物质分割的本体。灵魂充当着联结理智世界与可感世界的中介作用，它分两部分，高级部分叫“自然”，以理智为追求目标，低级部分叫“秩序”，与质料相结合产生可感世界。但原初质料不是流溢的产物，它是与太一的透明透亮相反的黑暗混沌。灵魂堕落在原初质料之中才产生出有规定性的形体。

与太一流溢相反的过程是灵魂归复。灵魂的中介性也是善恶双重性，善在于归复高于灵魂的理智，乃至太一，恶在于留恋低于它的肉体、物质。灵魂归复所能达到的最高境界是神秘的*ekstasis*，这个词既指从肉体中的“解脱”，又指与神圣本体与太一相融合的“狂迷”。

据波菲利在《普罗提诺生平》的传记中记载，普罗提诺的理论与实践富有宗教精神，在他们相处的六年之中，普罗提诺就有四次解脱与狂迷的经历。他在罗马组织了一个以贵族为主的宗教团体，他们从事净化灵魂的修行，普罗提诺充当导师与监护人。他教导门徒要爱护他人，从精神和物质上帮助人。据说，受他影响的元老院贵族有的放弃财产，计划在坎帕尼亚修建隐居所。

普罗提诺提倡的宗教精神主要是道德修行，他本人不愿参加神庙的仪式，强烈反对巫术和占星术。但他之后的新柏拉图主义者的宗教实践越来越多地带有多神崇拜和迷信色彩。波菲利引用“自然喜欢隐藏自己”的格言说明神话里神人同性的形象有利于阐发哲学真理。更后一些的新柏拉图主义相信，哲学思辨发现的纯粹本体和世人崇拜的神是同一的，可以用流行的法术达到神人交融的神秘境界。

扬布利柯（Iamblichus，250～325年）一方面论证了一个与多神崇拜相适应的繁杂的世界图式，另一方面采用了迦勒底神谕这种起源于古巴比伦的秘法修行。扬布利柯说，整体与部分的关系只能是整体或先于、或包含、或寓于部分。先于部分的整体是不能被分有的，包含部分的整体是被分有的，寓于部分的整体是行动中的。根据这个标准，他把普罗提诺世界图式中的理智和灵魂三重化，繁衍出不能被分有的理智和灵魂、被分有的理智和灵魂、行动中的理智和灵魂，并分别给这些理智和灵魂配上传统神话宗教里神祇与英雄的名称。罗马皇帝朱利安（Julian）根据新柏拉图主义提倡太阳神崇拜。他在《太阳皇帝的赞美诗》中说，希腊神话里的太阳神赫利俄斯（Helios）是第一本体"善"，波斯宗教的太阳神密特拉（Mithras）是第二本体"理智"，天空中的太阳才是可见的神。

5 世纪的尤里皮斯在《智者生活》一书中记载的女哲学家索斯帕塔娜（Sosipatra）的生平也反映了新柏拉图主义的迷信色彩。据说她在五岁时被交托给异人，学会迦勒底法术，得到一件法袍和一本封存在胸中的书。成年后嫁给新柏拉图主义哲学家尤斯塔修（Eustathuis）。出嫁时她当众预言丈夫命运："你的星象是月亮，只能再当五年哲学家，这是你的幽灵告诉我的。"五年后丈夫果然死去。她回到家乡传授灵魂学说，兼哲学家与预言家于一身，与扬布利柯的得意门生阿德修（Aedesius）齐名。她的一个亲戚施巫术使她堕落情网，被阿德修派来的学生马克西姆用更高明的法术解救出来。这个马克西姆后来成为皇帝朱利安的法术教师，还写过亚里士多德《范畴篇》的注释。这些记载清楚地表明当时的新柏拉图主义理论与法术实践如何奇怪地混合在一起。

晚期新柏拉图主义者中思辨性较强者是普罗克鲁斯（Proclus，412～485 年），著有《神学要义》《柏拉图的神学》。《神学要义》是新柏拉图主义的教科书，提出 211 条命题，内容是：太一（1～6 条）、创世（7～112条）、太一的特征（113～158条）、存在（159～161条）、理智（166～183条）、灵魂（184～211条）。《柏拉图的神学》认为柏拉图除有理念论哲学之外，还有一个秘密的神学。理念既是神圣本体，又是人格神。他建立了新柏拉图主义观念与人格神的对应关系：太一是严格意义上的神，存在是可理解的神，生命是理智之神，灵魂是超自然之神，自然是宇宙之神。他认为，一切分有了太一的东西都是一个单一体。分有是单一体的三重化过程，即每一个单一体生成与之相似单一体，三个这样的单一体组成一个三联体。第一个三联体是"存在、生命、理智"，它的三重化分三级进行，得到9+7+81个单一体，每一个都是希腊神祇。三重化原则实际上是把新柏拉图主义概念体系与神的谱系结合起来的方法。

新柏拉图主义发生于基督教传播时期，它对基督教的影响是复杂多样的。有一些柏拉图主义者依据希腊哲学反驳基督教义，如波菲利和塞尔修斯写过这样的著作；有一些新柏拉图主义者将多神崇拜和迷信作为希腊、罗马宗教，抵制基督教的一神论，如朱利安企图用太阳神教取代基督教；新柏拉图主义的思辨化宗教影响了基督教内部的诺斯替派；它的神秘主义影响了基督教神学。

4. 希腊哲学的衰落

罗马晚期与基督教并存的希腊哲学派别除了学园派、新柏拉图主义以外，还有伊壁鸠鲁派、斯多亚派和怀疑论。与基督教兴旺发达的势头相对照，这些派别呈现出衰落、颓败景象。

伊壁鸠鲁派以快乐为哲学目的。快乐指身体健康与心灵安静。伊壁鸠鲁认为心灵快乐高于身体快乐，主张通过知识与智慧寻求心灵的安静。因为唯有原子论哲学才能消除对死亡、神以及天命的恐惧与不安，他采用原子论作为理论基础。伊壁鸠鲁虽然提倡节制、朴素生活，但不禁欲，也不完全反对纵欲。按照快乐主义原则，如果纵欲能够使身心满足，纵欲并非邪道，应当避免的只是纵欲可能造成的痛苦后果。后人夸大伊壁鸠鲁勉强容许纵欲的观点，把快乐主义歪曲为纵欲主义，把唯物主义等同为追求物质利益。这种庸俗化的伊壁鸠鲁主义在罗马晚期成了对贵族放纵无度的享乐生活的辩解与安慰。

斯多亚派也以伦理学为核心。它的基本精神是“过顺应自然的生活”。所谓自然，指受“逻各斯”支配的元素、事物与周期性循环的生成与毁灭过程。“逻各斯”既是神圣的本原（火），又是内在于事物的“种质”（*logoi spermstikoi*）。“逻各斯”也是决定自然与社会的理性秩序。按自然生活就是正确地按理性生活。斯多亚派区分了心灵中理性与非理性状态。理性状态是“不动心”（*apathy*），非理性状态是激情，如恐惧、痛苦、欲望、快乐等情感。斯多亚派要求排除激情，但容许平稳、柔和的情感，如愉悦、谨慎、希望等。服从理性还包括服从社会秩序，履行社会责任。罗马时期的斯多亚派已成为一种“官方哲学”，他们宣扬节制、忍让、服从命运、安分守己、热爱他人的说教与罗马统治者残暴、穷奢极欲、争权夺利的行为形成鲜明对照。斯多亚派的学说遂丧失道德哲学必需的实践性与说服力，成为贵族们的清谈和空想。

怀疑论始于学园派，被皮罗发展到极端。皮罗把一切思辨与实践的学说当作独断论排拒，认为一切判断都不能摆脱与之相反判断的困扰，于是提出“悬搁判断”的口号。他的论辩虽然依赖逻辑驳论，但动机仍然受伦理目的支配，企图达到一种无所用心、毫无作为的安宁状态。皮罗主义的泛滥摧毁了一切理论的基础。

希腊哲学各派为什么会在罗马晚期衰落呢？亚里士多德在《形而上学》开头说，哲学起源于诧异。哲学家追求非实用的智慧，哲学是为知识自身而知的自由活动，它以闲暇的生活为条件。亚里士多德的观点固然是贵族式的，但也表达了希腊民族特有的思辨精神。正是这种精神使希腊人创造出高于周围民族的文化。希腊哲学也有非理性因素和现实针对性，但它的基本精神是理性的沉思与超脱的静观。希腊化时期，希腊哲学传播到东方地区，不可避免地接受了东方民族的宗教精神与实用态度的影响。罗马人征服希腊化地区之后，又以务实的精神接受和改造希腊哲学。这些原因造就了希腊哲学伦理化和宗教化倾向。伦理化和宗教化哲学表达了人们期待安宁与幸福生活的社会心态。一旦它不能满足民众的道德追求，就会面临全面崩溃。我们在罗马后期看到的就是希腊哲学的这种结局：伦理化哲学成为虚伪的说教和空洞的清谈，怀疑论流为诡辩和文字游戏，宗教化的新柏拉图主义与巫术迷信相掺杂。事实表明，面临着社会环境的变化和内部怀疑精神的破坏，希腊哲学已丧失了自身的活力，它已不能作为独立的意识形态而存在，必须被吸收在另一种意识形态之中才能保存自身的价值。历史证明，这种意识形态就是新兴的基督教。

第二节　《圣经》观念的历史演变

基督教脱胎于犹太教，它的经典《圣经》包括希伯来人的经典《旧约》和记载基督耶稣及其门徒言行的《新约》。《旧约》凡39卷，《新约》27卷，中世纪流行的通俗拉丁文译本还收集了《后典》7卷。对于《圣经》的性质，历来有不同说法。最初人们将其奉为受到上帝启示的人们传达的神谕；启蒙运动的一些成员把它贬为由古代祭司与基督教会编造的谎言。现在的学者一般认为，《圣经》记载的犹太民族的历史基本上是可信的，圣经考古学已证实了其中一些历史事件的真实性。至于《圣经》记载的神迹和奇迹，它们虽然无法被证实，但至少能够真实地反映出犹太民族的宗教信仰以及他们对现实世界的真实体验。即使人们有理由对《圣经》描写的故事持存疑态度，也不妨碍把《圣经》反映的犹太民族的观念史（宗教观、宇宙观、社会历史观、伦理观等）当作历史事实来研究。自古到今对《圣经》的解释不可胜数,《圣经》解释学的原则千差万别。我们选择《圣经》里与哲学有关的观念，按照观念史研究方法，作出自己的解释。

1. 上帝耶和华的形象

《旧约》首篇《创世记》用上帝六天创世、人类祖先亚当和夏娃的原罪、毁灭人类的洪水与挪亚方舟等传说为开端，树立了一个创造一切、统治一切、至高无上的上帝的形象，这就是希伯来人信仰的耶和华。耶和华与希伯来人祖先亚伯拉罕及其后代立约的故事表明了他们信奉的一神教高于周围民族的多神教的优越性。他们在与耶和华的特殊交往关系之中处处看到他的意志、情感与力量。

《旧约》中的耶和华虽然表现出对以色列人的特别厚爱，但在更多场合显示的是严厉而又公正的形象。犹太教的创建者摩西说：耶和华“是信实的神；向爱他、守他诫命的人，守约施慈爱，直到千代；向恨他的人，当面报应他们，将他们灭绝”（《申命记》，7 章 9 ～ 10 节）。在以色列人的心目中，耶和华的严厉多少带有一些嫉妒与怨恨。当他们叩拜他神，“耶和华的怒气向以色列人发作”；当他们不堪外族欺压，向耶和华求救时，耶和华的回答近乎幸灾乐祸：“你们去哀求所选择的神；你们遭遇急难的时候，让他救你们吧！”当他们悔过自新，“除掉他们中间的外邦神，侍奉耶和华。耶和华因以色列人受的苦难，就心中担忧”（《士师记》，10 章 7 ～ 16 节）。犹太教把民族的兴衰成败、个人的生死荣辱都归诸耶和华的生杀予夺，因此，当犹太民族经历灾难或社会危机、个人遭到不公正待遇之时，不免产生“天威难测”之感。《约伯记》述说耶和华让恶魔撒旦试探义人约伯的故事。约伯在家毁财尽、身陷绝境的情况下，埋怨命运不公，甚至对耶和华也有微辞。耶和华回答说，人不能理解他的安排的奥秘，并且，他的公正也不是对人的回报："谁先给我什么，使我偿还呢？天下万物都是我的。"（《约伯记》，41 章 11 节）《圣经后典》中有一段也能说明这一观念。以色列人经历"巴比伦之囚"的劫难时期，文人以斯拉抱怨与上帝订立合约的以色列人得不到赏赐和收益，而根本不遵守上帝诫命的列国却繁荣昌盛，上帝派来的天使乌瑞尔说："你小小的头脑怎么理解得了至高上帝的方式方法呢？一个业已被腐朽世界弄得筋疲力尽的人怎么能够理解得了不朽上帝的方式方法呢？"（《圣经后典·以斯拉下》，4 章 11 节）[①] 犹太教的"合约"观念从一开始就隐伏着一个矛盾。"合约"的应有之义是双方都向对方作出承诺。但与上帝订立合约的以色列人却只能无条件地崇拜上帝；"无条件"意味着不能有试探上帝的能力，不能因得不到回报而放弃信仰。另一方面，上帝不受人的意愿的约束，没有满足人的期待的义务，或者把惩恶扬善的报应推到不可预测的未来。基于这样的矛盾，以色列人只能敬畏上帝的威严，对上帝的公正俯首听命。正如《诗篇》所云："耶和华啊，你的工作何其大！你的心思极其深！畜类人不晓得，愚顽人也不明白。"（《诗篇》，92 篇 5 ～ 6 节）

耶和华的人格表现于他的意志、情感与欲望，他的这种人格足以使他与人交流。他不需要人的形象，也没有露出任何具体形象。他始终在隐蔽处与人交谈。当摩西问及耶和华的名称，他以一句极其简练而又富有哲理的话作答："我是我所是。"（《出埃及记》，3 章 14 节）[②] 摩西恳求他显出真相，他说："你不能看见我的面，因为人见我的面不能存活。"（同上，33 章 20 节）据说，自摩西之后，再没有人能与耶和华直接对话。以后的先知或通过灵感，或通过神的使者的传达，或在虚无飘渺之处听到耶和华的声音。例如，耶和华在何烈山召见先知以利亚时，

---

① 《圣经后典》，张久宣译，商务印书馆，1994 年。

② 和合本译为"我是自有永有的"。

“在他面前有烈风大作、崩山碎石，耶和华却不在风中，风后地震，耶和华却不在其中；地震后有火，耶和华也不在火中，火后有微小的声音”（《列王纪上》，19 章 11 ～ 12 节）。犹太教反对偶像崇拜的诫令不仅针对外邦神祇，而且也禁止把耶和华作为偶像来崇拜。这样不仅维护了耶和华至高无上、令人敬畏、不可窥测的形象，而且有效地防范了多神论的影响。多神论以自然物或氏族祖先为崇拜对象，神必须有具体形象与日常语言的名称。犹太教是处于众多的多神教包围之中的唯一的一神教，如果它也赋予耶和华具体形象与日常语言的名称，耶和华势必沦为诸神的一员。当然，并非所有的一神教都信奉一个没有具体人形、人名的神；古代宗教的一般特征是人神同形同性。与其他宗教相比，犹太教虽然承认上帝的人格，但使他的意志与情感超越人性，又使他避免人的形象。这样的神更接近于抽象的力量与原则，易于成为哲学思辨的对象。基督教哲学中充满着关于上帝的证明与说明，不能不说与耶和华的超越形象有关。

2. 一神教的崇拜

据《旧约》记载，上帝多次与人订约，最重要的有三次。第一次在洪水之后，上帝与挪亚立约，保证不再以洪水灭绝地上生物；第二次耶和华与亚伯拉罕立约，保证他的后裔繁盛；第三次耶和华以十诫与以色列人立约，保证他们有自己的国土。这三次合约有不同的意义。第一次合约说明上帝是全人类的主宰，人类支配其他生物的权利由上帝赋予；第二次合约确立了希伯来人的“誓约民”的身份，说明上帝与这个氏族有特别密切的关系；第三次合约规定了以色列人必须遵守的诫律和礼仪，奠定了犹太教的基础。摩西再三告诫的要义是上帝与以色列人的约法关系：“耶和华专爱你们，拣选你们，并非因你们的人数多于别民，原来你们的人数，在万民中是最少的。只因耶和华爱你们，又因要守他向你们列祖所起的誓，就用大能的手领你们出来。”（《申命记》,7章7～8节）就是说，上帝并非因为以色列人优越而与他们立约，相反，以色列人因为与上帝立约而优越。只有一神教的崇拜才能维持他们的这种优越性。

然而，一神教崇拜并非犹太教的唯一内容。从十诫的内容看，前四条（不可崇拜别的神，不可崇拜偶像与妄称耶和华的名字，以安息日为圣日）是规定人与上帝关系的诫律，后六条（孝敬父母，不可杀人、奸淫、偷盗、作假证、贪恋他人所有）是规定人与人关系的道德律。把道德准则当作与宗教承诺并列的神圣义务，并不是犹太教特有的本质。按黑格尔的说法，一切宗教都有道德内涵：“宗教的概念本身内即包含宗教不仅仅是关于神的知识，关于神的特性的知识，以及关于人与神的关系、世界与神的关系和人的灵魂不灭等等的知识”，宗教“乃是一种令我们的心灵感兴趣，和决定我们意志的东西。一方面因为我们的道德义务和规律从宗教那里获得一种强有力的敬畏之情，从而被我们看做神圣的义务和规律；另一方面因为上帝的崇高性和至善的观念使我们内心充满仰慕之意以及卑谦和感恩的情感”。他还断言：“从宗教中取走了道德的动因，则宗教就成了迷信。”①

我们在《旧约》中可以看到犹太教内一神教崇拜与道德实践之间的不协调情况。犹太民族是一个小民族，它自觉或不自觉地从周围民族的先进文化中接受多神教与偶像崇拜的影响。《旧约》中有关以色列人背逆耶和华的恶行记录不绝如缕。以色列人相信，他们所遭受的苦难是耶和华对背逆行为报复性的惩罚，重新获得耶和华庇护的做法是摒弃其他神祇与偶像，严格遵守传统的敬神仪式。在早期先知书（即《约书亚记》《士师记》《撒母耳记》《列王纪》）之中，我们看到的一

---

① 黑格尔：《黑格尔早期神学著作》，贺麟译，商务印书馆，1988年，第3、10页。

般倾向是，“十诫”中的一神教规优先于道德准则，一神教的崇拜压倒道德实践，耶和华的全能掩盖了至善。这一时期很少有仅仅因为违反道德准则而受耶和华惩罚的记录，但却看不到有触犯耶和华权威而能幸免者。人们不能确定道德上的善与恶是否会得到相应的报偿，但却可以肯定，只要以谦卑的态度、丰厚的祭礼、频繁而庄重的仪式便可取悦耶和华。即使曾经背逆他的人也可用这种方式得到宽恕。比如，国王亚哈“行惹耶和华眼中为恶的事，比他以前的诸王更甚”，但他表现出恭顺的态度，耶和华便说：“因他在我面前自卑，他还在世的时候，我不降这祸。”（《列王纪上》，16 章 30 节；21 章 29 节）一神教崇拜脱离了道德实践流于外在的形式，造成道德堕落、人心涣散、国力衰落的危机。以色列人屡屡问上帝为何不护祐崇拜他的子民。这个问题的答案其实应该在他们中间寻找。

3. 伦理的宗教化

《以赛亚书》之后的晚期先知著作对犹太民族危难的原因作了新的反思。犹太民族的灾难仍然看做耶和华的惩罚，但他们传出了与以前先知言论不同的信息：耶和华并不在乎外在的仪式与表面的恭谦，他要求人心的正直和纯洁。耶和华对先知何西阿说：“我喜爱良善，不喜爱祭祀；喜爱认识神，胜于燔祭。”（《何西阿书》，6 章 6 节）先知弥迦大声呼吁：“世人啊，耶和华已指示你何为善，他向你所要的是什么呢？只要你们行正义，好怜悯，存谦卑的心，与你的神同行。”（《弥迦书》，6 章 8 节）以色列人激怒耶和华的恶行主要是社会的不公正、道德之沦丧。先知们站在宗教与社会改革者的立场，为了实现上帝所要求的善与公正而呼喊泣号，为民请命。先知阿摩司斥责的社会罪恶是：“他们为银子卖了义人，为一双鞋卖了穷人。他们见穷人头上所蒙的灰，也都垂涎。”（《阿摩司书》，2 章 6 ～ 7 节）先知以赛亚以耶和华的名义要求用社会公正代替繁缛的敬神礼仪。"你们所献的许多祭物，与我何益呢？……作罪孽，又守严肃会，我也不能容忍。你们的月朔和节期，我心里恨恶，我都以为麻烦。我担当，便不耐烦。""你们举手祷告，我必遮眼不看，就是你们多多的祈祷，我也不听。你们的手都沾满了杀人的血。你们要洗濯、自洁，从我眼里除掉你们的恶行；要止住作恶，学习行善，寻求公平，解救受欺压的，给孤儿申冤，为寡妇辩屈。"（《以赛亚书》，1 章 11 ～ 17 节）先知们要求的实质是把道德实践作为宗教信仰的真谛，把以取悦耶和华为目的之一神教崇拜转变为实现民族的自我改善之宗教化伦理。

宗教化伦理的特征是以神的名义推动社会的教化。先知们肯定耶和华的公正在于惩恶扬善，犹太民族的解放与复兴的前提是自身的道德净化。他们再三发出耶和华将进行最后审判的预言，把善恶报应推向不久的未来。届时，耶路撒冷的罪恶将被清算，外来之敌也要受到惩罚。"耶和华的日子临近了"的呼唤应被理解为激发人们道德追求迫切感的催促，但却被普遍当作依赖耶和华的万能而获救的预言。人们不愿积极地改善自己与社会，却消极地等待弥赛亚（救世主）的降临，这不能不说是犹太民族的一个历史悲剧。

先知们虽然没有实现宗教和社会改革的影响，但却对犹太教的发展方向产生了深远影响。犹太教不得不正视他们提出的问题，努力把宗教戒律与伦理规范紧密地结合起来。祭司们制定了系统的律法，其范围深入生活的一切方面：从如何播种到怎样对待奴隶，从对强奸的惩罚到防止异教葬礼的警告，从契约合同的效力到管理外邦城市的规则，连一些生活细节也要服从这些繁缛的条文。但是，按照这种律法实现的宗教与道德的结合与其说是宗教的伦理化，不如说是伦理的宗教化。负责律法的法利赛派把日常生活也变成宗教仪礼，把遵守戒律作为虔诚的标准。取消了生活的道德内涵与信仰的善恶是非标准。他们和以前的祭司一样用表面的、外在的仪礼限制发自内心的道德实践。黑格尔在谈到这一时期的犹太教时说:"他们的宗教主要地充满了无数毫无意义的、一套一套的礼节仪文,这种学究式的带奴性的民族精神还为日常生活无关重轻的行为制定一套规则,使得整个民族看起来好像都在遵守僧侣式的清规戒律。注重道德、崇拜上帝是受一套死板公式支配的强迫性的生活。除了对这种奴隶式地服从非自己建立的法规之顽固的骄傲外,已没有任何精神生活之可言。"① 正是在这样的环境里,耶稣降生了。

4. 耶稣基督的教导

基督教的创始人耶稣本人并没有创立一个独立于犹太教的新宗教的意向。他既是与以前的先知一样的宗教改革者,又有先知们从未有过的作为弥赛亚的神圣使命感。

作为宗教改革者的耶稣抨击律法的条分缕析与法师的玄虚议论,多次与法利赛人发生冲突。耶稣与门徒在安息日途经麦地时掐麦穗充饥,法利赛人指责他们不守安息日规矩,耶稣回答说:"安息日是为人设立的,人不是为安息日设立的。"(《马可福音》,2章27节)他特别鄙视关于洁净的清规戒律,因为它们给人带来生活不便。法利赛人因耶稣门徒不洗手便吃饭而指责他们不守古训,耶稣回答说:"从外面进去的,不能污秽人,惟有从里面出来的,乃能污秽人。"(同上,7章15节)这一内外之分确实击中了犹太教律法注重外表、忽视内心的弊病。

耶稣说,他不是要废除律法,而是要成全律法。他看到订立律法的目的本来是为了教人虔诚,但虔诚不能被迫服从,它是内心的诚服。心悦诚服不仅表现为守法行为,更重要的是在内心根除违反戒律的意

---

① 黑格尔:《黑格尔早期神学著作》,贺麟译,商务印书馆,1988年,第166页。

念。耶稣说:“你们听见有话说:‘不可奸淫。’只是我告诉你们,凡看见妇女就动淫念的,这人心里已经与她犯奸淫了。”(《马太福音》,5章27～28节)在禁食时,要心甘情愿地作奉献,不要唯恐别人不知而装出愁容满面的模样。耶稣要人们认识到律法的内在价值在内心的纯洁与善良,他谴责置献祭于道德之上的伪善做法。这一切都表明,他与以前的先知一样,把道德修养和实践置于宗教的核心地位。

在众人眼里,耶稣是拿撒勒的先知。希律王手下的人说他“正像先知中的一位”(《马可福音》,6章16节)。但耶稣意识到,他不只是传达弥赛亚降临消息的先知,他就是弥赛亚。他问门徒:“你们说我是谁?”西门彼得回答说:“你是基督,是永生神的儿子。”耶稣说:“西门巴约拿,你是有福的!因为这不是属血肉的指示你的,乃是我在天上的父指示的。”但耶稣嘱咐门徒不要透露这一秘密(《马太福音》,16章15～20节)。

犹太教有把上帝当作父亲的传统。犹太人心目中的耶和华是威严、有绝对控制权的父亲。耶稣突出地宣扬了上帝作为慈爱的、广施恩惠与庇护的父亲的形象。如果说,普通民众是不知感恩的孩子,上帝就是充满爱心、宽宥他们过错的父亲。耶稣的山上宝训以“虚心的人有福了”等一系列的祝福宣告了人与上帝的亲密关系的新开端。他传播的是上帝将给人们带来福分的福音,他的举手投足体现了上帝对人的慈爱。他既不嫌弃罪人、妓女、税吏等被社会遗弃的人,也不敌视那些有意或无意冒犯自己的人,他对妇女、儿童等弱者的爱护,以及施行的驱鬼、医治不治之症的奇迹,所有这些都表现了上帝的关怀所产生的非凡力量。

在耶稣看来,只有爱才是连接人与上帝的纽带。合约的强制以及对上帝报复的恐惧都不能使人产生全副身心的爱。然而,人们一旦体会到上帝对他的爱,就会报之以发自内心的热爱。有人问他第一要紧的诫命是什么，“耶稣对他说：‘你要尽心、尽性、尽意爱主你的神。这是诫命中第一，且是最大的。其次也相仿，就是要爱人如己。这两条诫命是律法和先知一切道理的总纲’”（《马太福音》，22 章 37 ～ 40 节）。这两条不仅是对十诫的宗教精神和道德精神的简明总结，而且深化、强化了十诫的道德内涵。“爱人如己”又作“爱邻居如同自己”。耶稣在回答“谁是我的邻居”问题时，用了一个撒玛利亚人的事例暗示，他所说的“邻居”没有性别、种族（犹太人与撒玛利亚人）、宗教（正统与异教）与国家（本国人与外国人）的区别（《路加福音》，10 章 30 ～ 37 节）。

耶稣以“爱”为戒律的核心，协调了困扰犹太教的宗教崇拜与道德实践的关系。他强调，对弱者的爱护就是对上帝的崇敬，对弱者的冷漠，就是对神的损害。神对义人说：“我饿了，你们给我吃；渴了，你们给我喝；我住客旅，你们留我住；我赤身露体，你们给我穿；我病了，你们看顾我；我在监里，你们来看我。……我实在告诉你们，这些事你们既做在我这弟兄中一个最小的身上，就是做在我身上了。……这些事你们既不做在我这弟兄中一个最小的身上，就是不做在我身上。”（《马太福音》，25 章 35 ～ 45 节）《约翰一书》中也说，凡不能救赈穷乏者必不能爱上帝，“凡有世上财物的，看见弟兄穷乏，却塞住怜恤的心，爱神的心怎能存在他里面呢？”（3 章 17 节）耶稣还提出了一些道德准则把爱的戒律具体化。基督教把这些道德归结为恭谦、宽恕、仁慈、信仰和忍受。

耶稣意识到自己就是弥赛亚，他直截了当地宣告：“神的国临近你们了。”（《路加福音》，10 章 9 节）他的门徒以为天国来临是一个外在的事实，已经在争论在天国所能得到的位置。然而，耶稣传播的是福音，但不预言事实。他要求人们对“末世审判”之类预言持谨慎态度，不要受“假先知”、“假基督”的迷惑。他说，天国来临的日子是没有人知道的，“所以，你们也要准备，因为你们想不到的时候，人子就来了”（《马太福音》，24 章 44 节）。他对那些消极等待救世主的人明确地说：“神的天国就在你们心里。”（《路加福音》，17 章 21 节）可见，“天国来临”与其说是外在的事件，不如说是内心世界的改变。内心的精神才有永恒的价值，而现世中一切被当作最有价值的东西都是暂时的、行将消失的。财富是累赘，“骆驼穿过针的眼，比财主进神的国还容易呢！”（《马太福音》，19 章 24 节）名誉也不值得追求，“凡自高的，必降为卑；自卑的，必升为高”（同上，23 章 12 节）。不要与人争勇斗胜，“不要与恶人作对。有人打你的右脸，连左脸也转过来由他打”（同上，5 章 39 节）。他要求门徒不为家庭义务所累，“任凭死人埋葬他们的死人”（同上，8 章 22 节）；还要割断家庭人伦纽带，“我来是叫人与父亲生疏，女儿与母亲生疏，媳妇与婆婆生疏。人的仇敌就是自己家里的人”（同上，10 章 35 节）。这些话应从宗教与道德的精神价值与现世的物质价值的对立的角度理解，耶稣的意思无非是教导人们轻视乃至抛弃现世生活的外在价值，转而追求伦理化宗教的内在价值，实现人生观的根本转变。他的“天国来临”的福音与先知的“末世审判”的预言在本质上是一致的：先知把犹太民族的道德改善作为解放与复兴的先决条件，耶稣把人的灵魂拯救作为进入天国的必由之路。两者都要求通过改变人的心灵来改变外在世界。

耶稣对他的门徒说，他所说的天国的奥秘是民众不能明白的（同上，13 章 11 节）。事实正是如此，犹太人期待的弥赛亚是一个能把他们从外族统治解救出来的强有力的军事首领，他们很难把性格“柔和谦卑”（同上，11 章 29 节）的耶稣同他们心目中的弥赛亚联系在一起。犹太公会以“假先知”、“假基督”的罪名羞辱他，罗马总督彼拉多把他与两个小偷一起钉死在十字架上。他们的错误在于低估了耶稣的精神力量。他们不能理解，使耶稣成为基督的正是他的人格与教导；也是这种精神力量，使基督耶稣的教导发展成为遍布罗马帝国的基督教。

5. 保罗神学

耶稣的信徒、包括与他朝夕相处的门徒，始终没有理解弥赛亚作为灵魂拯救者的意义，没有理解耶稣所承诺的天国的内在性。因此，当他们看到耶稣束手就擒，轻而易举地被处死，他们惊慌失措地离散了。当他们听到耶稣复活升天的消息，他们恢复了对耶稣的信仰，重新聚集起来。但他们信仰耶稣的主要原因是相信他的超自然的力量，他们把希望寄托于耶稣重返人间进行最后审判。据当代学者克埃（H. Clark Kee）的社会学研究成果，同观福音书[①]的共同来源是在巴勒斯坦与叙利亚地区的最早基督徒中流行的末世观。末世观在同观福音书的蓝本《马可福音》有充分表现。他说："《马可福音》给予我们的是一个基督教启示派的基本纲领。虽然现在只有不多证据假定它的出处，但这些事实都集中在叙利亚南部的农村小镇"，时间约在公元65年左右。[②]他们的末世观是现世的临时观点。他们放弃房屋、田地和家庭，组成经济上平等互助、精神上相互鼓励的团体。《使徒行传》有这样的记载："信的人都在一处，凡物公用，并且卖了田产、家业，照各人所需用的分给各人。"（2章44～45节）早期犹太民众的基督教团体的行动仍受犹太律法与风俗的影响，仍没有脱离犹太教重物质献祭、轻精神追求的传统和狭隘的民族观念。

在基督教与犹太教分离、成为独立自主的宗教这一进程中起决定作用的人是保罗。保罗有纯犹太血统，是"便雅悯支派的人，是希伯来人所生的希伯来人"（《腓立比书》，3章5节）。他在希腊化地区受过

---

① 指《马太福音》《马可福音》《路加福音》这三部内容大体相同、可相互对照的福音书。

② 参见H. C. Kee, *Christian Origins in Sociological Perspective*, Westminster Press, 1980, p. 113。

良好教育，兼有犹太教徒与罗马公民双重身份。他曾积极参与迫害基督徒的活动，因基督向他显示的奇迹而皈依基督教。保罗的特殊身份和经历使他抓住了耶稣教导的核心——灵魂的拯救，从而把"最后审判"的承诺转变为"灵魂不朽"的承诺，把进入基督天国的意义理解为达到人神一致的精神境界。

保罗将基督教从犹太教的一个分支扩展为各民族的统一宗教，依据在于，基督耶稣是全人类的救世主："你们因信基督耶稣都是神的儿子。你们受礼归入基督的，都是披戴基督了。并不分犹太人和希腊人，自由人和奴隶，男人和女人，因为你们在基督里都成为一了。"（《加拉太书》，8 章 26 ～ 28 节）保罗提出了耶稣在十字架上献身为人类作出牺牲的"赎罪说"。"赎罪说"的前提是"原罪说"。他说，人类因为亚当的罪过都有罪："这就如罪是从一人入了世界，死又是从罪来的；于是死就临到众人，因为众人都犯了罪。……亚当乃是那以后要来之人的预象。"（《罗马书》，5 章 12 节）自耶稣被钉在十字架上之后，人类摆脱了原罪和必死的命运，因为人与上帝的关系发生了一个根本的变化："我们作仇敌的时候，且借着神的儿子的死，得与神和好；既已和好，就更要因他的生得救了。"（同上，5 章 10 节）

保罗强调人的拯救是灵魂的拯救。他在与身体的死亡相对照的意义上谈论灵魂的永生。他说："你们若顺从肉体活着，必要死；若靠着圣灵治死身体的恶行，必要活着。"（同上，8 章 13 节）根据灵魂与肉体相对立的二元观，保罗认为灵魂的拯救要以肉体的牺牲为代价。"所以弟兄们，我以神的慈悲劝你们，将身体献上，当作活祭，是圣洁的，是神所喜悦的。"（同上，12 章 1 节）"活祭"的比喻的意思是摒弃肉体情欲。他明确地说，灵魂的净化与肉体的放纵是格格不入的，"圣灵和情欲相争，这两个彼此相敌"，"情欲的事都是显而易见的；就如奸淫、污秽、邪荡、拜偶像、邪术、仇恨、争竞、忌恨、恼怒、结党、纷争、异端、嫉妒、醉酒、荒宴等类”（《加拉太书》，5 章 17 ～ 21 节）。

犹太教和耶稣都不赞成放纵情欲，但他们也没有把一切不道德和不虔诚的行为都归结为肉体情欲。然而，保罗极端地否定人的肉欲，却达到了把犹太教与基督教的两种拯救观对立起来的目的。犹太教所说的拯救是民族或个人实际地位的上升，耶稣所说的拯救是人的精神境界的升华；因此产生出两种不同的拯救途径，犹太教依靠外在手段，包括身体的动作争取拯救，基督教主张依靠圣灵在灵魂内部实现拯救，为此必须排斥肉体的影响。保罗把犹太教律法对人的约束视为依靠肉体求拯救的做法，其结果恰恰是死亡，而不是拯救。“因为我们属肉体的时候，那因律法而生的恶欲就在我们肢体中发动，以致结成死亡的果子。”（《罗马书》，7 章 5 节）相反，保罗主张“因信得救”，即依靠灵魂对神的信仰与热爱而被拯救。他认为，犹太教律法曾经起过启蒙作用，但这一作用已被基督的教导所取代。“律法是我们训蒙的师傅，引我们到基督那里，使我们因信称义。但这因信得救的理既然来到，我们从此就不在师傅的手下了。”（《加拉太书》，3 章 24 ～ 25 节）保罗的拯救观冲破了犹太教律法的藩篱，推动基督教迈出了脱离犹太教决定性的一步。保罗宣称，一切人都可因信得救，不服从犹太教律法与习俗的外族人凭借心灵圣洁也可成为“誓约民”，“那以信为本的人，就是亚伯拉罕的子孙”（同上，3 章 7 节）。反之，“外面作犹太人的，不是真犹太人；外面肉身的割礼，也不是真割礼。唯有里面作的，才是真犹太人；真割礼也是心里的，在乎灵，不在乎仪文”（《罗马书》，2 章 28 ～ 29 节）。保罗的教义使基督教最终摆脱了使徒彼得等人坚守的犹太民族习俗，[①]使之发展成为各民族的普世宗教。

保罗清楚地认识到这样一个事实：一般人很难放弃官能享受，专一

① 保罗对彼得的责备见《加拉太书》，2 章，11 ～ 14 节。

追求拯救。他于是强调："我们的软弱有圣灵的帮助……他预先所知道的人，就预先定下效法他儿子的模样"，"神若帮助我们，谁能敌挡我们呢？"（同上，8 章 26 ～ 31 节）既然人的拯救已由上帝预先决定，那么人的积极追求是否必要呢？保罗的回答是肯定的。上帝预先所做的只是把肉身的罪恶与灵魂的圣洁相区别，耶稣献身已经为人的肉身原先从亚当传下来的罪恶赎清，但人仍然面对着或耽于情欲而继续犯罪，或净化灵魂而得救的选择。保罗说："律法既因肉体较弱，有所不能行的，神就差遣自己的儿子，成为罪身的形状，作了赎罪祭，在肉体中定了罪案。"（同上，8 章 3 节）从此之后，人摆脱了"原罪"而获得了自由地选择得救的机会，"只是不可将你们的自由当作放纵情欲的机会"（《加拉太书》，5 章 13 节）。总之，保罗既强调上帝预定的恩典，亦肯定人的发自内心的自由追求的价值，他并不十分强调选民与弃民的预定。

从上面可以看出，保罗神学的理论基础是灵魂与肉体相对立的，这种二元论来自非犹太教的东方神秘宗教，在希腊哲学中采取了思辨形式。保罗把外在于犹太教传统的宗教和理论引入基督教，他的教义已经包含着一些引起后来神学家争论的问题的萌芽。保罗一方面说物质肉体是"虚空"、"败坏的"（《罗马书》，8 章 20 ～ 21 节），另一方面又提出人的肉身具有神圣意义。后者的原因不仅在于基督的形象、赎罪、复活都通过肉身化实现，而且在于人们能"在身子上荣耀神"（《哥林多前书》，6 章 20 节），他说："岂不知你们的身子是基督的肢体吗？""岂不知你们的身子就是圣灵的殿吗？"（同上，6 章 15、19 节）保罗谴责肉体情欲，却不反对身体的功用，提倡禁欲，但不反对婚姻。他的立场既可以引申为禁欲主义、苦行主义，也可以解释为提倡身体力行地践履、节制、爱护身体等品德。

保罗对肉体的双重态度还反映在他对圣事的评价。针对犹太教律法的外在性与形式化，他提出"因信称义"说，但另一方面，他又阐述了洗礼、圣餐等宗教仪式的神秘性，指出内在信仰不可脱离外在圣事。

更重要的是，保罗的上帝观念也受到他对肉体态度的影响。保罗教义的中心是宣扬被钉在十字架上的基督。但基督毕竟是上帝的儿子，如何看待神圣的父子关系呢？一说是：基督耶稣是万物之主，上帝"叫一切在天上的、地上的和地底下的，因耶稣的名，无不屈膝，无不交口称耶稣基督为主，使荣耀归与父神"（《腓立比书》，2 章 10 ～ 11 节）。另一说是：基督耶稣只是上帝的临时代理人，当基督为王之时，"就把国交与父神"，"那时，子也要自己服从那叫万物服他的，叫神在万物之上，为万物之王"（《哥林多前书》，15 章 24、28 节）。这两种不同的说法涉及圣父与圣子是否同一、无形的上帝与肉身的耶稣的关系等至关重要的问题。

6. 约翰神学

《约翰福音》是四部福音书的最后一部。它在开篇就显示出与同观福音书的不同之处。后者都以记叙耶稣家世为开端。耶稣的凡人身世引起了圣父与圣子关系的问题。保罗依照一般人的"父尊子卑"的观念回答了这一问题："他本有神的形象，不以自己与神同等为强夺的；反倒虚己，取了奴仆的形象，成为人的样式；既有人的样子，就自己卑微，存心顺服，以至于死，且死在十字架上。"（《腓立比书》，2 章 6 ～ 8 节）《约翰福音》抛开历史记叙与常识观念，对耶稣与上帝关系进行理论阐释，这就是著名的"道成肉身"的学说。"太初有道，道与神同在，道就是神。这道太初与神同在。万物是藉着他造的；凡被造的，没有一样不是借着他造的。"（1 章 1 ～ 3 节）"道成了肉身，住在我们中间，充充满满的有恩典有真理……恩典和真理都由耶稣基督来的。从来没有人看见神，只有在父怀里的独生子将他表明出来。"（1 章 14、18 节）"道"是希腊文 *logos* 的意译。*logos* 的原意是"言辞"，故在英文中译作

Word。犹太教相信，耶和华的言辞有创造世界和奇迹的力量。《创世记》中对创世的一般的描述是，“神说”应该有什么，于是什么就有了。《旧约》中还可以看到这样一些句子：“诸天借耶和华的命而造”，“因为他说有，就有；命立，就立”（《诗篇》，33篇6、9节）。“他发命医治他们，救他们脱离死亡”（同上，107篇20节），“以我口中的话杀戮他们”（《何西阿书》，6章5节），等等。《约翰福音》里的“道”既是上帝的精神力量，又是神圣的实体。它把圣父与圣子联为一体。首先，上帝与道不是两个神，“神与道同在”；其次，道与基督耶稣也不是两个神，圣子是道的肉身化。因此，“基督是上帝之子”的说法的含义是：上帝以基督的肉身显示自己。上帝与基督不是两个神，而是同一个神的不同显现。道是上帝的存在、真理与恩典的显现。在基督诞生之前，上帝以光显示自身，“那光是真光，照亮一切生在世上的人”（《约翰福音》，1章10节）。但“世界却不认识他”（1章11节）。于是，显现上帝的道便成了基督肉身，“住在我们中间”，使人们“见过他的荣光”（1章15节）。就是说，道之所以要肉身化为基督，目的是以人所能看见的方式，将神“表明出来”。道的肉身化使上帝具有耶稣的人格人形，使人们可以通过耶稣的言行事迹认识上帝。

如果人们追问，上帝为什么要向人显现呢？《约翰福音》的答案是：出自上帝的恩典。上帝并不因为人不认识他而受损，也不因人认识他而获益。基督之所以要降临人间，完全是为了拯救世人。如他所说：“我就是道路、真理、生命；若不藉着我，没有人能到父那里去。”（14章6节）“我不撇下你们为孤儿，我必到你们这里来”；“爱我的必蒙我父爱他，我也要爱他，并且要向他显现”（14章18、21节）。

我们从《旧约》里耶和华的形象谈起，看到经过历史的演化，到《约翰福音》成书之时，上帝的观念已发生了很大变化。耶稣向人们显现了与人朝夕相处、充满爱心的亲切的形象，他与陌生、威严、满怀报复心的耶和华形象大相径庭。两者与人的关系也不一样。联系人与耶和华的关系是誓约，誓约使人承担义务，产生敬畏之心，但却产生不了爱。基督耶稣说："我赐给你们一条新命令，乃是叫你们彼此相爱；我怎样爱你们，你们也要怎样相爱。你们若有彼此相爱的心，众人因此就认出你们是我的门徒了。"（13 章 34 ～ 35 节）爱不仅是联系人与基督的关系，而且把基督徒联结成一个和睦的大家庭，成为伦理化宗教的基本要求。《约翰福音》中的上帝既有超越万物的神秘性，又有亲近人类的可感性，也满足了信仰与道德两方面的要求。

第三节　碰撞与融合

如果说基督教与希腊神话是分别属于希伯来与希腊文化传统的两种宗教，希腊神话与哲学是同一文化传统的两种形态，那么希腊哲学与基督教就是分属两种文化传统的两种文化形态。然而，早期基督教在向希腊化地区传播的过程中产生出融基督教与希腊哲学于一体的神学-哲学理论。从两种文化传统、两种文化形态的碰撞到融合为一种新型的文化形态，这看起来是令人惊异的现象，它的秘密在希腊哲学与《圣经》的异同。两者的比较可以揭示出基督教哲学的逻辑机制与西方文明思想史的内在线索。下面从四个方面比较希腊哲学与《圣经》的异同。

1. 神的观念

古代文明的一个普遍特征是神的崇拜。古代哲学与宗教的区别不在是否相信神的存在，而在于两者赋予神不同的意义，具有不同的关于神的观念。

我们先从古希腊哲学与神话的差别谈起。希腊神话里的奥林匹斯诸神有着凡人般的形象、意志、感情和欲望，但拥有人类缺乏的超自然力，彼此之间争斗不休。希腊神话被罗马人所承袭。古希腊、罗马宗教是把自然力与人的命运加以人格化的多神崇拜。神是希腊文化的最初形态，哲学诞生在已经成熟的、系统化的神话传统之中，哲学家一开始就面临着摆脱神话影响的任务。公元前6世纪的克塞诺芬尼（Xenophanes）首先批判了“神人同形同性论”。他说，神话的作者只不过按人的形象造神，“把人间认为无耻的丑行的一切都加在神灵身上：偷盗、奸淫、尔虞我诈”。他嘲笑说，假如牛、马和狮有手，它们就会照着自己的模样，分别造出牛形的、马形的和狮形的神了。他的批判的中心点是，有人格的神缺乏绝对、完善、超越这些神必需具有的特征，因而他得出这样的结论：“有一个唯一的神，是诸神和人类中间最伟大的；他无论在容貌上或思想上都不像凡人。”“神是全视、全知、全闻的。”[①]后来的希腊哲学家大多采取了这种理神论的立场。他们所说的神是非人格化、理性化的神。神的存在由理性设定，是理论的起点或归宿。神或被等同于纯粹的精神（如亚里士多德所说的“纯形式”、“思想的思想”，普罗提诺所说的“太一”）、最高的理念、原则（如柏拉图所说的“善”），或者被看做自然的本原和运动的终极原因（如“逻各斯”、“第一推动者”），或是高踞天上、与自然和人事无关的虚设（如伊壁鸠鲁所说的“神”）。柏拉图说：“很难发现宇宙的创造者和父亲；即使发现了他，也不可能对所有人谈论他。”[②]亚里士多德更清楚地表达了对神敬而远之的态度，他说人与神之间无友谊可言，因为神不会报答人对他的爱，人也不可能爱神。

希腊哲学家普遍相信的一个前提是，自然和人的存在与本质需要

---

① 北京大学哲学系外国哲学史教研室编译：《西方哲学原著选读》，上卷，商务印书馆，1982年，第29页。

② 《蒂迈欧篇》，28c3～5。

用一个最高的超越原则来解释，这个超越原则具有最高的完满性，包括存在的完满性。但它的存在是不可感知的，只能用理智去理解它、说明它。“神”就是这个最高原则的代名词，就其内涵而言，神必然是非人格的。然而，希腊哲学的“神”的观念包含着一个根本矛盾：神一方面超越了人形、人性等感性特征；另一方面，能够解释一切的神应有显而易见的合理性，应是为人所熟悉的存在者。因此，无论哲学思辨构造出来的神的观念何等高深神秘，这一观念却往往不得不借助想象、比喻、类比等感性方式被表达出来。巴门尼德用诗的语言想象智慧女神。柏拉图在《斐德罗篇》中使用宙斯率领尊神乘马车赴酒宴的神话，惟妙惟肖地描写理念世界。普罗提诺虽说“太一”是不可言说的超越理念，但同时也用处女对父亲的爱形容人与太一的关系。这些想象、比喻、类比并不是神的观念的内涵的外在装饰，它们是构成神的观念的一个要素。当代哲学家德里达（J. Derrida）认为以希腊哲学为源头的形而上学传统是逻各斯中心主义，即把逻辑思维置于哲学中心，把修辞作为辅助手段。但当哲学家作出中心与边缘的区分之后，又不得不借助被弃置在边缘的修辞和文学等感性内容说明被供奉在中心的逻辑思辨的理性内容。哲学写作本身就是中心边缘化的自我否定的过程，哲学的边缘包含着摧毁中心的隐喻与潜能。德里达对一些经典著作的分析为他的批判提供例证。在我们看来，希腊哲学“神”与“人”的观念注定要受中心与边缘的“怪圈”的困扰。哲学家一方面树立了超越的、理性的、非人格的神，把它置于哲学的核心；另一方面又不得不用人的语言描述它，按人的形象比附它，最高原则等同于人的理性，超越的神被还原为世俗的人。

使我们感兴趣的是，在希伯来宗教传统里，“神”的观念也包含着类似矛盾。耶和华是人格神，但只是《创世记》里说他“照着自己的形象造人”（1章27节）的提法暗示耶和华也有人形，《旧约》始终没有描述他的具体形象，并极力打消人们眼见耶和华的愿望。这样做的目的无非是维护上帝至高无上的超越性。在《新约》里，耶和华的超越形象被耶稣活生生的形象所代替。如果说，耶和华体现的是超越人类的威严与公正，耶稣则体现了人类之爱。这两种形象是互补的，否则作为超越之神的耶和华不足以唤起人们对他的亲近感，作为历史人物的耶稣不足以唤起人们对他的神圣感。因此，《旧约》的先知书强调耶和华贴近、关怀人生，《新约》使徒书信强调耶稣超越人世，这些都可解读为上帝两种形象的互补性。互补并未消除矛盾；相反，基督教始终面临着上帝的神性与人性、超越性与可知性的关系问题。

从原则上说，希腊哲学里非人格的、理性化的神并不排斥被人格化的可能，基督教信奉的人格神也不排斥被抽象为最高理性原则的可能。但从可能到现实要经过漫长的历程。当希腊哲学家最初听说耶稣这一历史人物被说成神的化身时，我们可以想象他们的反感是何等强烈。《使徒行传》记载了保罗在雅典与伊壁鸠鲁派和斯多亚派哲学家的辩论。保罗说：“众位雅典人哪！我看你们凡事很敬畏鬼神。我游行的时候，观看你们所敬拜的，遇见一座坛，上面写着‘未识之神’。你们所不认识而敬拜的，我现在告诉你们。”（17章22～23节）他抓住希腊哲学的“神”的观念的一个根本缺陷：非位格的神缺乏宗教崇拜所需要的感性特征，人不能崇拜他无法感知的东西。他进而宣称，希腊人不能认识的神就是基督教的上帝。这已暗示了希腊哲学理神论观念与基督教位格神崇拜相结合的可能性。

2. 伦理观

基督教作为伦理化宗教与伦理化的希腊哲学都关心人的幸福以及达到幸福的途径，但两者的伦理教导显著不同，甚至根本对立。我们可以把它们的差异概括为五个方面。

（1）两种责任观：公民政治义务与个人道德修行

希腊的道德哲学是希腊城邦政治的产物，道德实践主体是公民，而不是游离于社会之外的个人。亚里士多德说，人是天生的政治动物；人只有在城邦公共生活中才能达到至善。斯多亚派创始人芝诺第一个使用“责任”（*kathekon*）这一概念，其意义包括孝敬双亲、敬重兄弟、热爱国家、对朋友忠诚等义务。除了逃避社会生活的犬儒派，大多数希腊哲学家都承认公众政治生活对于道德实践的必要性，即使常被人指责为只关心个人幸福的伊壁鸠鲁也有要遵守社会契约的教诲。

按照耶稣的教导，人们很难主动承担社会政治的责任。法利赛人似乎抓住了耶稣的弱点，用“我们该不该给该撒纳税”的问题刁难他。如果他的回答是否定的，那么他冒犯了国家统治者；如果回答是肯定的，那么他把国家法律置于犹太戒律之上。耶稣机智地回答了这个两难问题：“该撒的物当归给该撒，神的物当归给神。”（《马可福音》，12章17节）耶稣没有否定个人对国家应负的义务和责任，但只要这种义务和责任归世俗统治者管辖，它们就与道德无关。道德才是基督徒在上帝面前应负的责任与义务。耶稣作出这样的区分并不困难，因为当时国家统治者是异教徒。当基督徒取得国教的统治地位之后，基督教积极参与公共管理与政治事务，公众义务与个人道德修养很难明显地区别开来。但问题转变为另一种形式被提出：国家管辖的政治公众事务与教会管辖的精神道德事务是平等关系，抑或统辖与被统辖的关系？这一问题是中世纪教权与王权斗争的焦点。在斗争过程中，基督教道德越来越多地吸收希腊哲学的政治学。

（2）两种价值观：现世幸福与来世拯救

希腊哲学家一般认为人生价值在现世，人生追求的目标是现世可以实现的幸福。柏拉图虽然持有人的灵魂的由来和归宿在另一个世界的观点，也主张人应该在现世实现灵魂的固有本性，在求知和政治活动中实现“善”。新柏拉图主义者追求的人神合一的神秘境界也是在现世可以达到的目标。

基督教认为人生的目的在于拯救，现世的价值在为进入天国作准备。虽然基督教包含着对人的幸福的承诺，但它所提倡的道德观与希腊人的幸福主义有根本区别。基督教承诺的幸福是对人们的宗教信仰与道德实践最终的回报，它并不是人生积极追求的目标；但它也并非一定需要人们以牺牲现世利益为代价。耶稣说：“我实在告诉你们，人为我和福音撇下房屋，或是弟兄、姐妹、父母、儿女、田地，没有不在今世得百倍的，就是房屋、弟兄、姐妹、母亲、儿女、田地，并且要受逼迫，在来世必得永生。然而，有许多在前的，将要在后；在后的，将要在前。”（《马可福音》，10 章 29 ～ 31 节）幸福只是德性在现世和来世得到的回报，但对现世幸福的积极追求本身并不构成德性。比如，希腊人提倡“勇敢”、“自信”、“富有”、“荣誉”等美德，基督教却以“忍让”、“恭谦”为美德。即使有些德性，如节制、正义等为双方共同认可，但赋予它们的价值不尽相同。希腊哲学家从它们带来的好处入眼评定其价值，如正义使社会和谐、节制使人身心健康；基督教的评价基于来世拯救的考虑，如正义使人趋善避恶，节制使心灵纯净。但基督教和希腊哲学的价值观都有把精神追求置于物质利益之上的共同倾向，两者都包含着以理性压抑激情与肉欲的道德要求，它们之间的通融是完全可能的。

（3）两种道德标准：理性主义和信仰主义

希腊哲学以思辨追求真与善的统一。希腊人伦理观的理性主义精神表现在两点：一是以纯思辨为最高的幸福生活，二是以理性为判断善恶是非的标准。苏格拉底说：“德性就是知识”，亚里士多德说：德性是符合实践理性的中道，斯多亚派说：“按照自然生活就是正确地按照理性生活”，这些都是理性主义伦理观的著名例证。

基督教的道德准则采取了“这是你应当做的”直言命令的形式，它是必须无条件地接受的信仰和启示，不能用理性的考虑权衡它的后果，或用论辩对它的合理性提出质疑。耶稣传教的对象是文化水平不高的普通民众，他强烈地反对垄断知识的法师、文士和法利赛人。使徒在传教时也遭到希腊化的知识分子的攻击。保罗对此作出了强烈的反应："就如经上所记：'我要灭绝智慧人的智慧，废弃聪明人的聪明。'智慧人在哪里？文士在哪里？这世上的辩士在哪里？神岂不是叫这世上的智慧变成愚拙吗？世人凭自己的智慧，既不认识神，神就乐意用人所当作愚拙的道理拯救那些信的人；这就是神的智慧了。"（《哥林多前书》，1 章 18 ～ 21 节）他还警告信徒不要让人"用他的哲学和虚空的妄言，不照着基督，乃照着人间的遗传和世上的哲学，就把你们掳去"（《歌罗西书》，2 章 8 节）[①]。理性主义与信仰主义的冲突既是由两种思想体系的内在差别造成的，又有社会历史方面的原因。这种冲突在早期基督教传播时期表现得尤为突出。当基督教哲学与神学成熟之后，基督教也不反对用理性的方式衡量、论证和表达道德准则。理性主义伦理学在中世纪大有回旋余地。

（4）两种人性观：个人与团契

希腊哲学家一般认为，德性是人性的实现。他们的人性观是一种自然主义的天赋论。柏拉图和亚里士多德都认为人的自然本性是不平等的，人性的不平等决定了道德上的不平等，只有少数天赋卓越的人才会拥有完满的德性。斯多亚派持另一种立场，他们认为："我们每个人的本性都是整个宇宙的一部分"[②]，每一个人都具有"世界公民"的平等资格，人应该相互敬爱。即使存有这种区别，希腊哲学的总倾向是个人主义，道德的基本要求是关心个人本性，而不是他人的利益。

---

① 译文略有改动，第二个"哲学"和合本译为"小学"。

② 北京大学哲学系外国哲学史教研室编译：《西方哲学原著选读》，上卷，商务印书馆，1982 年，第 29 页。

基督教以上帝的崇高名义取消了人在自然上和道德上的不平等。人的本性有共同来源，人性都被打上“原罪”的烙印，又因耶稣的赎罪而获得解脱。人能否取得最终拯救，取决于是否热爱上帝，并遵循他的教导爱人如己。基督教道德的基本要求是利他主义的爱，这是扩大了的父子之爱、兄弟之爱。“爱神的，也当爱他的弟兄，这是我们从神那里接受的命令。”（《约翰一书》，4 章 21 节）爱把教徒组织为大家庭式的组织——教会。从原则上说，教徒在教会的地位是平等的。早期教会尚未实行教阶制度，对《圣经》解释也不强调“选民”的先定特权，教徒地位在事实上也是基本平等的。它的教义和实践与贵族化的个人主义的希腊道德哲学格格不入。但是，基督徒对个人拯救的关切亦可作个人主义的理解，人在自然和道德上的平等并不意味着政治和社会地位的平等，而政治和社会地位的不平等又反过来否定自然和道德上的平等。因此，虽然中世纪生活以集体主义为特征，基督教伦理学仍然保留了希腊文化的个人主义传统。

（5）两种道德情感：友爱与圣爱

我们借用 20 世纪初德国哲学家舍勒（Max Scheler）在《论妒恨》一书所作的区分说明这一问题。舍勒认为任何道德与宗教实践都需要情感力量的推动。基督教之爱是一种既有别于前基督教之爱、又区别于后基督教之爱的特殊的道德情感。所谓前基督教之爱主要指希腊哲学家推崇的爱。希腊人普遍把爱视为由较低层次向较高层次的趋附，由于神在人之上，希腊人提倡的爱是对神的期待、企盼与欣羡；并且，由于高层次的东西总与理性相联系，理性是自足的，对神的爱是一种理性活动，通过对神的完满性的思辨而获得，这就是柏拉图、普罗提诺所说的“狂迷”、亚里士多德所说的“最高幸福”。基督教的爱是一种先于并高于理性的精神活动，它源于上帝对人类之爱。基督教之爱与希腊人之爱的显著区别在于，前者是由上到下的俯就，后者是由下到上的仰承；或曰，前者表现为卑谦的服务，后者表现为热忱的企求。上帝化身为耶稣基督，“自愿地屈尊降到人间，变成一个仆人，在十字架上承担‘恶仆’名声而死去”。[①] 耶稣的服役与赎罪为基督徒的爱树立了榜样。基督教之爱推动的道德、宗教活动应是对世界与他人的主动、积极的关怀，让正在受苦难的众生获得解脱。然而，这种爱又不是没有宗教前提的“人道主义之爱”。人道主义盛行于基督教之爱衰微时代，故被当作“后基督教之爱”。这种爱源于自我怨恨：怨恨自己的无能、脆弱与困苦，试图在爱他人的活动中表现自己的优越，减轻自卑感，这种爱说穿了是自私的爱。舍勒说，尼采猛烈地抨击基督教之爱，其实是误把“后基督教之爱”的妒恨与虚伪当作基督教之爱的本质，尼采没有看到，基督教之爱与世俗道德的根本区别在于它设定“上帝王国”为精神来源。对于基督徒来说，人的生活与生命并不是终极目的，对他人与现世的爱只有跟随上帝的教导与榜样才有真正的价值，才能升华为无私的爱。按舍勒说法，基督教之爱既有超越性（以“上帝王国”为目标），又有内在性（以他人和世界为服务对象）。希腊人的爱缺乏内在性，人道主义的爱缺乏超越性。然而，我们应看到另一方面：基督教哲学更强调爱的超越性，它在希腊哲学，尤其在柏拉图主义中汲取了丰富养料。

3. 自然观

希腊哲学最初是对自然的思考，自然哲学是与神话世界观相决裂的产物。神话中的世界受神的意志与感情任意支配，自然力被人格化为诸神，自然和人受神的品行与脾性的主宰。哲学家所说的自然有着与神话世界观相对立的特殊含义。亚里士多德说：“所谓自然，就是最初因自身本性而非偶然地存在于事物之中的、关于运动和静止的本原

---

① M. Scheler, *Ressentiment*, trans. W. Holdheim, Free Press of Glencoe, 1961, p. 87.

和原因。”（《物理学》，193b4）在希腊哲学里，“自然”（*physis*）与“宇宙”（*cosmos*）意义不同，后者指天地之间有序的事物之总和，前者指事物运动的本原、原因。两者都强调世界万物的有序性和必然性。世界被看成一个按照符合事物本性的原则生成和运动的整体。神有超自然的力量，但不是存在的创造者。自巴门尼德始，希腊哲学家都相信，无不能生有，非存在不能产生存在，存在是永恒的。神的创造只是利用既有的质料生成新事物，或给予已经存在的事物推动力。神的活动不能违反他自己规定的原则，不能违反必然性。

不难看出，希腊自然哲学与神话的差距比它与基督教的创世说差距更大。因为基督教信仰的上帝拥有希腊诸神不可比拟的力量。上帝是世界的完全创造者，他从无中创造出世界，因而也是世界的绝对支配者。上帝能随意改变自然进程，创造自然奇迹。《旧约》中有大量关于自然界奇迹的记载，如耶和华使河水变血水，尘土变虱子，白昼变黑夜，等等。

《新约》记载的奇迹都与人身的突变有关，如玛丽亚无孕生耶稣，耶稣驱污鬼、治绝症，用七个饼喂饱四千人，耶稣死后三天尸首消失，复活显灵，等等。这些奇迹是耶稣神性的见证，无需理性的说明。然而，后来保罗对基督肉身和人的肉身的关系作出神学解释。他说：“我们若在他死的形状上与他联合，也要在他复活的形状上与他联合；因为知道我们的旧人和他同钉十字架，使罪身灭绝，叫我们不再作罪的奴仆，因为已死的人是脱离了罪。我们若是与基督同死，就信必与他同活。”（《罗马书》，6章5～8节）他回答了尸身如何能复活的问题：“或有人问：‘死人怎样复活，带着什么身体来呢？’无知的人哪！你所种的若不死就不能生。并且你所种的不是那将来的形体，不过是子粒，即如麦子，或是别样的谷；但神随自己的意思给他一个形体，并叫各等子粒各有自己的形体。”（《哥林多前书》，15章35～38节）他还相信基督肉体可以转化为其他事物形体，如圣餐的饼和酒，“不按理吃主的饼，喝主的怀，就是干犯主的身，主的血了”（同上，11章27节）。如前所说，保罗关于灵魂与肉体关系的看法与《旧约》的自然奇迹观结合在一起，与希腊哲学的灵魂观形成鲜明对照。

希腊哲学灵魂观的基本精神是理性主义、自然主义。这种评价并不否定它的神秘主义因素。毕达哥拉斯首先提出并为柏拉图主义者承袭的“灵魂不朽”、“灵魂转世”、“灵魂净化”之说在希腊哲学占有重要位置。但即使这些最富有神秘色彩的部分也渗透了理性主义精神。如柏拉图为“灵魂不朽说”提出至少六个哲学论证。[①] 他还为灵魂转世设计了有标准可依、有规律可循的周期。他往往用神话表达灵魂观，但并不诉诸理性无法解释的奇迹。亚里士多德把生命看做肉体与灵魂相结合的自然过程，死亡是肉体与灵魂的分离。他虽然猜测人类灵魂以一个永恒的理智为共同来源，但并没有得出“个人灵魂不朽”的结论。

尽管希腊哲学家对灵魂是否不朽有不同意见，但他们无论如何都不会相信尸身复活的奇迹。死亡之后尸身朽灭几乎成为大家的共识，因此他们从来没有为死后可能遭受的身体痛苦而担忧。智者普罗狄库斯（Prodicus）说，对死亡的害怕是不必要的，当我活着的时候，死亡尚未到来；当死亡到来之时，我已不在。原子论的唯物主义者更是无所畏惧。卢克莱修说：“当那使我们成为一个人的身体和灵魂已到了分离时，说实话，那时候对于已不存在的我们，就没有什么能够发生，能够挑动我们的感觉。”[②]

基督教从犹太教那里继承来的“最后审判”教义不但要求个人灵魂不死，而且要求个人尸身复活，非如此则无奖惩的承受者。在这样

---

① 参见CHP，Ⅰ（Part 1），pp. 236～240。

② 北京大学哲学系外国哲学史教研室编译：《西方哲学原著选读》，上卷，商务印书馆，1982年，第210页。

一个关系到基督教信仰可靠性的问题上，早期基督教与希腊哲学之间的冲突是尖锐的，但也并非不可调和。柏拉图的“灵魂不朽”、“灵魂转世”说归根到底也有惩恶扬善的伦理目的。正如康德后来所说，灵魂不朽是道德的必要公设。至于依靠理性抑或信仰来设定它，这是基督教哲学始终面临的问题。对于一些人来说，这是一个“非此即彼”的问题，对于另一些人来说，这是“亦此亦彼”的问题，因此而生发出基督教与希腊哲学在灵魂、形式、实体等一系列问题上的碰撞与融合。

4. 逻各斯与道

希腊哲学的“逻各斯”概念与《圣经》里所说的“道”在希腊文中是同一个词“*logos*”，但意义不同。“逻各斯”在希腊哲学中有“理性”、“智慧”、“规律”等含义。赫拉克利特最早使用这个词指万物本原的变化“分寸”、隐而不露的智慧。在后来斯多亚派的用法中，“逻各斯”既是超自然的神圣智慧，又是弥漫于自然之中的气息。虽然并非所有希腊哲学家都使用这一概念，柏拉图和亚里士多德也未把它当作重要概念来使用，但希腊哲学总的倾向是把一切有待解释的对象都归结为只有理性可把握的本原。在此意义上，德里达以“逻各斯中心主义”概括希腊哲学的传统。基督教“道”的概念来自《旧约》中“耶和华的话”的说法，后者是对上帝全知全能的一个形象描述。

首先把希腊哲学的逻各斯中心主义与希伯来宗教精神结合起来的人是犹太哲学家菲洛（Philo Judaeus，25BC ～ 40AD）。菲洛与耶稣是同时代人，生活在希腊文化的中心——埃及的亚历山大城，是那里的犹太社团的领袖。他的思想反映了希腊哲学与犹太教的调和。他相信，犹太教经典和柏拉图著作的精神实质是一致的，只是两者使用了不同的语言。《旧约》使用隐喻语言，它可以被“翻译”成哲学语言。

他在解释上帝和世界与人关系时，使用了斯多亚的逻各斯概念和柏拉图的原型论。斯多亚派的逻各斯有内外之分。内在逻各斯是思想和理性，外在的逻各斯是表达思想的语言。菲洛说《旧约》中谈及上帝智慧之处，如："耶和华以智慧立地"（《箴言》，3章19节），"耶和华啊，你所造的何其多！都是你用智慧造成的"（《诗篇》，104篇24节），等等，都是对内在逻各斯的歌颂；《旧约》中谈及上帝言辞之处（如我们在介绍"约翰神学"时引用过的那些话）是对外在逻各斯的歌颂。菲洛说：逻各斯是上帝的长子、上帝的人身、上帝的影像、仅次于上帝的神，就是说，逻各斯具有外在于上帝的存在，它是上帝在时间中创造出来的。

菲洛之所以在上帝之外又设定一个神圣实体，因为他感到在上帝和世界与人之间需要中介。耶和华是至高无上、不可窥测的。"上帝如何支配万物"，"人如何认识上帝"这些问题对犹太教徒来说是个谜。菲洛说："为了把握上帝，我们必须首先变成上帝，这是不可能的。"[①] 当人们认真考虑这些问题时，需要一个既能代表上帝、又能为人所接近的中介。菲洛认为，这个中介就是逻各斯。为什么呢？

首先，逻各斯是上帝创世的工具。上帝用话语创世，他说出的一切话都能立即变为现实。菲洛说："当上帝说话时，他在创造。两者在时间上无间隔。如果需更好地说明这一真理，我们可以说，上帝的言辞就是行动。"[②] 但上帝的言辞表达了上帝的思想，上帝的思想被说成柏拉图式的"理念的理智世界"，逻各斯就是这个世界的所在之处。

其次，逻各斯又是上帝与人的中介。逻各斯一旦被上帝说出，就成了决定万物秩序的本质，人们在认识事物本质的同时也在不同程度上把握神圣的逻各斯。人的理性是对逻各斯的"分有"，但不能完全

---

① CHP, I (Part2), p. 203.

② CEM, p. 143.

把握逻各斯。菲洛于是更强调人对逻各斯的“效仿”，即道德实践的意义。人的道德生活以上帝的至善为目标，道德修养越高，越接近于逻各斯。通过执着的灵魂净化活动，最后可导致灵魂与逻各斯相通的神秘境界。菲洛的这一思想后来在新柏拉图主义著作中得到进一步发挥。他对早期基督教影响尤其重要，以致有人说：“基督教哲学的历史不是以一个基督徒，而是以一个犹太教徒，即亚历山大的菲洛为开端的。”①

菲洛的思想是基督教“道成肉身”教义的重要来源。《约翰福音》成书时间较晚，其佚名作者大概是公元2世纪生活在亚历山大城的犹太人。虽然没有证据说明作者与菲洛的直接关系，但两者思想的亲缘关系是很明显的。作者强调上帝的道创造世界，道的化身是上帝之子，道向人显示上帝的存在、恩典和真理，这些说法的意义都在阐明道所起的中介作用。但“道成肉身”的思想更彻底地解决了“人如何认识上帝”的问题。菲洛的逻各斯是与上帝不同的实体，且无具体形象，他亦承认人不能充分认识它。《约翰福音》把上帝、道以及基督认作同一神，以基督形象为上帝显现，这样就消除了菲洛设置的障碍。道虽然起到了菲洛所说的逻各斯的中介作用，但却无后者所有的外在于上帝的实体性。基督教“圣道”的观念通过被菲洛神化了的“逻各斯”观念间接地与希腊哲学的逻各斯中心主义相联系。它是基督教与希腊哲学碰撞与融合的最初产物。新教神学家哈纳克（A. Harnack）说：“基督教学说史中最重要的事件发生于2世纪开端，在基督教使徒们揭示出‘道是耶稣基督’的等同关系之时。”天主教哲学家吉尔松却说：“天主教史学家的一般立场并不否定希腊哲学在基督教义的形成与解释中所起的重要作用，但他们强调，如此形成与解释的东西总是维持着基

① CEM，p. 137.

督的真正教导，并通过天主教神学传统留传给我们。依照这一观点，没有一个希腊哲学观念在其精确的哲学意义上变成基督教信仰自身的构成要素。"[①] 这两种立场的区别在于，前者强调基督教对希腊哲学的利用，后者强调对希腊哲学的改造。利用与改造、碰撞与融合的关系问题是说明基督教哲学诞生的关键所在，这也是下章所要说明的一个中心问题。

---

① HCP，p. 5.

第二章　教父哲学

公元 2 至 6 世纪是基督教传播、发展并取得统治地位的阶段。使徒时期的基督教组织松散，各地组织使用不同的经文和语言，对经文和信仰有不同的理解。经过四个多世纪的经文规则化、组织制度化、信仰正统化的过程，形成了以罗马教会为首的、被称作“公教会”的统一教会。[①]“公教会”这一名称来自希腊文*Katholikos*，有“普遍”或“大一统”的意思。公教会的大一统地位依靠继承使徒地位的合法性。罗马教皇被当作使徒彼得的传人。在思想上直接继承了使徒教导的基督徒被称作教父。

教父是基督教实现大一统过程中教义的传播者、解释者和教会的组织者。一般认为，教父有四个特征：持有正统学说，过着圣洁生活，为教会所认可，活动于基督教早期（主要集中在 2 至 4 世纪）。按使用语言区分，教父可分为希腊教父与拉丁教父。希腊教父与拉丁教父各有最著名的“四大博士”，他们是：希腊教父纳西盎的格列高利、巴兹尔、约翰·克里索斯顿、阿塔纳修斯，拉丁教父安布罗斯、哲罗姆、奥古斯丁、大格列高利。按年代区分，可以 325 年召开的尼西亚会议为界，把教父分为前、后两期。

---

① 公教会在 16 世纪宗教改革之前为西方的基督教会，与被称作“正教会”（Orthodox）的东方基督教会有别。我国一般称公教会为天主教，称宗教改革后的新教各派为基督教。本书中“基督教”一词从国际通用意义，包括天主教与新教、东正教。本书论述的基督教哲学主要指 16 世纪之前的公教会（16 世纪之后被译为天主教）中流行的哲学思想。

教父时期开始了基督教和希腊哲学最初的碰撞与融合，产生了基督教哲学。教父并没有建立完整的哲学理论，人们一般也不称之为哲学家。但是，教父在建立神学理论时，用不同的方式处理他们所知的哲学理论，或排斥、或求同存异、或改造利用。人们把教父著作包含的哲学因素，如他们提出的哲学问题，使用的哲学概念和思辨方法等抽取出来，概括为教父哲学。然而，现代读者为了理解教父的哲学思想，还是需要把它们放在神学背景之中，放在正统与异端的斗争中加以理解。

"正统"（*ortho-doxy*）的意思是"正确的信仰"。任何宗教都有信仰是否正确之争，但这种争论对基督教意义尤为重要，表现得更为激烈。教父和他们的敌手都深信：只有依靠正确的信仰才能得救，错误的信仰使一切宗教活动失去意义；正确的信仰只能有一个，违反它就是异端。在争夺正统的争论中，教父取得了与使徒教导乃至《圣经》教义一以贯之的合法权威。被他们谴责为异端的派别包括：否认《旧约》、只采用保罗与路得福音书为经文的马谢安派（Marcionism），调和罗马人多神崇拜与基督教、认为只有少数人靠神赋的灵性获得神秘的知识而得救的诺斯替派（Gnosticism）[①]，否认耶稣基督的独立神格的神格唯一论（Monarchism），认为圣灵与圣子都是被上帝创造出来的阿里乌斯派（Arians），否认耶稣基督的人性的涅斯多留派（Nestorians），在处理叛教者问题上从事分裂教会活动的多纳特派（Donatism），以及强调意志自由和道德行为、否认原罪与恩典的佩拉纠派（Pelagians）。我们需要在与这些异端思想的对照之中看待教父著作的要旨、问题和意义。

---

① 这一名称来自希腊文"*gnosis*"（知识），其词典意义应为"唯知论"。但该派主张的知识指一种神秘的、无法言传的灵性体验，故又译为"灵智论"。为避免与其他被称作唯灵论的思想混淆，我们这里采用音译的名称。

第一节 希腊护教士

早期教父大多为护教士。他们的辩护主要针对犹太教和希腊、罗马文化这样两个目标。他们往往以基督教优于两者为由来捍卫它的生存与传播的权利。

公元135年,罗马人摧毁了耶路撒冷,将犹太人驱赶到希腊化地区。犹太人内部基督徒和犹太教徒的争论影响到基督教的发展。现代学者佩利康(J. Pelikan)指出,希腊化地区的异教徒把基督教看做犹太教的分支,抱着反犹情绪反对基督教,比如,"塞尔修斯和其他异教的批评者嘲讽说,上帝总是在犹太地区的某个角落露面,朱利安皇帝把犹太教和基督教的上帝奚落为'原始的、未开化的部落的神祇',皈依基督教的非犹太人要求知道他们在多大程度上必须保留犹太传统"。[①] 护教士一方面需要划清基督教与犹太教的界线,使基督教能为希腊化地区的各民族所接受;另一方面,在推崇远古起源的希腊文化传统中,护教士也要表明基督教具有继承摩西、亚伯拉罕乃至亚当的历史悠久传统。因此,他们既反对恪守传统的犹太教,也反对完全抛弃犹太教传统的马谢安派。

护教士更为艰难的任务是抵御罗马统治者的政治迫害和文化歧视。罗马帝国实行政教合一制度,信仰基督教被视作对国家政权的挑战。罗马统治者在300年间实行排斥、压制基督教的政策,全国性的迫害计有10次,在尼禄、德修斯、戴克里先和朱利安等皇帝执政期间尤为酷烈。即使有最明智的罗马皇帝之称的斯多亚哲学家马可·奥勒留也实行了不宽容政策。他的《沉思录》有对基督徒殉道行为的冷峻评论:"时刻乐意在需要时刻从肉体中解脱、熄灭、与肉体分离或结合的灵魂是怎样一种灵魂啊!但这种乐意应来自人的内心判断,而不是产生于

---

① J. Pelikan, *The Christian Tradition*, Vol. 1, University of Chicago Press, 1971. p. 14.

单纯的反抗（如基督徒所做的那些事），它必须和思虑与尊严为伴，而与那些让人们信服的舞台英雄无关。”[①]

奥勒留的话表达了受古希腊、罗马文化熏陶的罗马公民的偏见。他们把基督徒当作愚昧狂热的群氓。当时指控基督徒的两个常见的罪名是吃人肉、喝人血以及乱交乱伦，这大概是出自对圣餐仪式和夜间集会的误解。指责基督教荒诞不经、亵渎神灵的批评意见往往来自哲学家，因而更富有挑战性。一位名叫塞尔修斯（Celsus）的柏拉图主义者于179年写了《真逻各斯》一书。这本书后来被皈依基督教的罗马帝国作为禁书烧毁。据神学家反驳该书时所引用的观点看，塞尔修斯认为希腊哲学只是在清除了神人同形同性的神话之后才得到了关于神的真知识，真逻各斯是纯粹的精神实体；基督教的上帝观念，特别是“道成肉身”的教义是向神人同形同性论的倒退，基督教的圣道是伪装逻各斯的凡人。

面对统治者的政治压力和精神压力，处于被奴役地位的基督徒的最初反应自然是对统治者享有的知识和哲学持敌对态度。有些护教士反映了下层群众的情绪，排斥哲学思辨，直接诉诸信仰进行辩护和驳论，表现出强烈的原教旨主义倾向。但更多的护教士采取了理性辩护主义的态度。他们或诉诸健全的常识和逻辑推理，证明基督徒是遵守公共道德的好公民，或援引希腊哲学解释《圣经》教义，说明基督教的圣道学说是希腊哲学的净化与精华。护教士中间原教旨主义和理性辩护主义两种倾向表现了信仰与理性的矛盾，这一矛盾始终困扰着以后的中世纪哲学。我们将围绕基督教与哲学、信仰与理性的关系问题，对早期教父思想作一概览。

1. 查士丁

查士丁（Justin，约100～165年）不是最早的护教士（最早的护教

---

① M. Aurelius, *The Meditation, Loeb Classical Library*, trans. C. R. Haines, Harvard University Press 1916, p. 295.

士可追溯到圣保罗的同时代人圣克莱门[约30～100年]那里),但查士丁是最早把希腊哲学与基督教结合起来的护教士,因此现在有一种意见,认为查士丁思想是“基督教哲学真正的第一开端”。[1]

查士丁生于巴勒斯坦撒玛利亚地区。现在可以确定为他的著作有《辩护辞》两篇,分别写给罗马皇帝安东尼和奥勒留,以及《与蒂尔弗的对话》。他在奥勒留时期殉道而死,是被教会推崇的烈士之一。

查士丁在皈依基督教之前曾热衷哲学。在与犹太人蒂尔弗的对话中,他谈到自己由哲学转向基督教的经历。他始终坚信哲学的真正使命是探求神圣的道理。他首先向一个斯多亚派哲学家求教这一道理,没有得到任何答案。接着询问一个逍遥派学者,后者向他收取学费,他认为赚钱的生意绝不是哲学,于是转向一个毕达哥拉斯主义者。这位学究劝他先学几何、天文和音乐,然后才能思考神的道理。他不愿走这条漫长的道路,又向一个著名的柏拉图主义者学习。柏拉图关于理念和灵魂不朽的学说起先使他感到满意,但后来一位基督教的长老告诉他,灵魂并非凭着自己的本性而能不朽,灵魂的生命是上帝造成的。因为“它的生命应为其他东西的原因,而不是自身的原因,如同运动推动它物而不推动自身一样。……灵魂不是生命自身,而是对生命的分有;但分有者与被分有者不同。如果上帝要灵魂活着,它才分有生命”。这一论辩最后说服了查士丁,他终于明白,使灵魂追求上帝的根本原因在于“上帝之爱”,在基督教中找到了寻觅已久的神圣之道。他把基督教等同为哲学,他说:“我发现只有这个哲学才是可靠、有益的,我因此而成为哲学家。”[2]

查士丁故事的主题是基督教与希腊哲学的关系。他意在说明,两者都是追求神的事业。只是希腊哲学半途而废,只有基督教才完成了

---

① CEM, p. 160.

② 《与蒂尔弗的对话》,6～8章。ANF, I, p. 198。

这一未竟事业。他说，圣道是基督，但在基督诞生之前，圣道之光已经部分地照亮了希腊人的心灵，他们的哲学是上帝的礼物。苏格拉底之所以看出希腊宗教的神的虚假，因为他已经在某种程度上认识了上帝，斯多亚派所说的逻各斯是对圣道的比喻。在这种意义上，在基督诞生之前就有了基督徒。圣道之光还以另一种形式在希腊以外地区传播。犹太先知更早、更全面地接受了这份礼物。“摩西是第一个先知，比希腊作者要早得多”，“柏拉图的创世说是从摩西那里学来的”。[①] 在此之后，圣道才肉身化为耶稣基督。基督教义来自耶稣的真传，因而比其他哲学更全面、真实地认识了圣道。但即使有了基督教，也需要把希腊哲学中的正确部分吸收进来。他在比较了基督教与希腊哲学的共同点之后，自豪地对罗马皇帝奥勒留宣称：“一切被人们正确地说出的东西，都是我们基督徒的财产。”[②]

查士丁是第一个以哲学家名义著述的教父。公元 3 世纪的神学家优西比乌在《教会史》中说：“查士丁在哲学家的外衣下宣扬上帝之道。”[③] 查士丁本人大概并没有把哲学仅仅当作伪装的“外衣”，他相信：“哲学是最大的财富，最为高尚，把我们引向上帝并支配着我们。”[④] 他第一次明确地提出了“基督教哲学”的观念。

2. 塔堤安

塔堤安（Tatian，约 110 ～ 172 年）生于亚述地区，在罗马成为查士丁的学生。查士丁死后，他受到诺斯替派影响，脱离教会，在安条克建立了名为“自主派”的苦修主义组织。他的主要著作为《致希腊人》

---

① 《申辩辞之一》，59 章。ANF，Ⅰ，p. 182。

② 《申辩辞之二》，13 章。ANF，Ⅰ，p. 193。

③ ANF，Ⅰ，p. 194，note2.

④ 《与蒂尔弗的对话》，2 章。ANF，Ⅰ，p. 195。

《四福音书合论》。

塔堤安的辩护书《致希腊人》表达了生活在基督教发源地和最初传播地区的东方民族反对民族压迫的心理。这种反抗情绪导致了对希腊文化的敌视态度。针对希腊人对东方民族的偏见，他在一开始不无揶揄地说："哦，希腊人，不要对野蛮人表现出如此敌意，也不要恶意地对待他们的意见。你们哪一项建制不是来自野蛮人的呢？"[①] 比如，希腊人向巴比伦人学到天文学，向埃及人学到几何学，向巴勒斯坦人学巫术，向腓尼基人学到拼音文字，在音乐、文艺方面也莫不如此。他自称为"野蛮人哲学的门徒"[②]。所谓"野蛮人哲学"指与摩西的经典一脉相传的、来自天启的东方智慧。他说："我们的哲学比希腊人的体系更早"，因为希腊文化的始祖荷马生活年代比摩西晚得多。[③]"希腊人从一个源泉汲取学说，但却意识不到这一点。他们中的很多智者在好奇心驱使下，致力于剽窃从摩西和与摩西相似的哲学家那里学来的东西，他们先将之窃为己有，然后用修辞手法把不理解的部分掩盖起来，把真理误当作寓言。"[④] 希腊人根本不懂关于神的学问，如亚里士多德说，只有天界才能受到天意的惠顾，地球上那些不美、不富、无体力、门第低的人都不能得到幸福。基督教却"把宇宙的统治集中于一个存在者"，这将"结束世界上的奴隶制度，把我们从众多的统治者和成千上万暴君手中解放出来"。[⑤] 塔堤安在这里明确地揭示了"野蛮人哲学"与希腊哲学对立的政治意义。

塔堤安看到，希腊人对"灵魂不朽、尸身复活"等基督教义的批评主要出自把灵魂与肉体、精神与物质截然分开的哲学观念。他于是提

① 《致希腊人》，1 章。ANF，Ⅱ，p. 65。
② 同上书，42 章。ANF，Ⅱ，p. 81。
③ 同上书，31 章。ANF，Ⅱ，p. 77。
④ 同上书，40 章。ANF，Ⅱ，p. 81。
⑤ 同上书，29 章。ANF，Ⅱ，p. 77。

出了一个“物质性灵魂”的观念。他说:“有两类精神,一类叫灵魂,另一类高于灵魂,是上帝的影像与摹本。两者都存在于人之中,它们在一种意义上是物质的,在另一种意义上高于物质。理由如下:我们知道世界的全部结构与创造都来自物质,物质存在是上帝的创造,因此一方面,物质在被分离之前是原初混沌的,另一方面,它在被分离成各部分之后被安排得美妙、有序。”[①] 塔堤安作出这种区别目的是为了证明,人死之后物质性灵魂仍然存于尸身之中,因此尸身能够复活。抛开其神学意义不论,“物质性灵魂”的观念突破了传统哲学的灵魂观,是基督教哲学的独特创造。

3. 阿萨纳戈拉斯

阿萨纳戈拉斯(Athenagoras,2世纪下半叶),雅典人,著有致奥勒留及其子的辩护书《为基督徒祈求》以及《论死者的复活》。他自称为“雅典哲学家”,充分利用哲学理性表明基督教的合理性。

《为基督徒祈求》称奥勒留及其子为哲学家,他的祈求是一个哲学家向另一些哲学家据理力争。他反驳了对基督徒的三项指控:吃人肉、乱伦、无神论者。前两条是“毫无根据的传闻和无中生有的诽谤,来自邪恶对美德的反抗”。[②] 他着重反驳“无神论者”这项指控。他说,基督徒不崇拜罗马诸神并不等于不敬神。许多诗人和哲学家心目中的神是没有人形、唯一的神。比如毕达哥拉斯的神是“一”,柏拉图的神是唯一的造物主,亚里士多德的神是运动的终极原因,斯多亚派的神是物质中统一原则。同样,基督教的神也是唯一和统一的。他说:“神的统一性几乎被所有人承认,即使那些不情愿承认这一点的人在研究宇宙第一原则时,也要承认神的统一性。我们也断言安排这个宇宙的是上

---

① 《致希腊人》,12章。ANF, Ⅱ, p. 70。

② 《为基督徒祈求》,3章。ANF, Ⅱ, p. 130。

帝。为什么人们可以泰然无事地写下他们乐意说出的一切关于神的道理，而当我们用证据和合乎真理的推理来证明我们所领悟并正当相信的东西，即只有一个上帝时，却要遭到法律的反对呢？”[①] 他认为，基督教与希腊哲学的关系比后者与罗马宗教的关系更密切，基督徒理应有与哲学家一样的不相信多神教的权利。他指责多神崇拜自相矛盾：“那些指责我们为无神论者的人为什么不像他们自诩的那样只承认同样的神呢？他们为什么没有一个关于神的一致看法呢？”[②] 他说，这些神实际上来自埃及人的发明，他们只是人的化身罢了。

在说明一神论与多神论的区别之后，阿萨纳戈拉斯接着说明了基督教和希腊哲学的一神论的区别，后者仅是一种猜测，基督教以信仰为出发点，并且进一步寻求“我们信仰的论证基础”[③]。即使一般人看来最不可信的基督教信仰，也能用哲学加以论证。以“死者复活”的教义为例，他作了这样的哲学论证：“根据柏拉图和毕达哥拉斯，有形物由无形物组成，是无形物与理智相结合的产物，可感的东西由可知的东西组成，既然如此，那么当一个肉体消解之后，有什么东西可以阻止那些原先构成肉体的（无形）成分再组成同一肉体呢？”[④]

在《论死者复活》一文中，他又提出了几个独立论证。首先，凡是一切不与理性相矛盾的事件都被哲学家当作可能的。既然大多数哲学家都承认人的生命是人在诞生时由神赋予的，那么，神也可能在人失去生命之后再把它交还给人。其次，上帝创造的不只是灵魂，而是人。人有灵魂和肉体两部分。这两部分的起源、活动过程和目的是完全相同的，理性活动不专属于灵魂，理性的永存不只要求灵魂不朽，而且要求

---

① 《为基督徒祈求》，7 章。ANF，Ⅱ，p. 132。

② 同上书，14 章。ANF，Ⅱ，p. 135。

③ 同上书，8 章。ANF，Ⅱ，p. 132。

④ 同上书，31 章。ANF，Ⅱ，p. 148。

人的永存。既然哲学家都承认理性的永恒性，他们也必须承认人的永恒，包括灵魂与肉体两方面的永恒。再次，被上帝创造出来的人必须接受上帝的公正审判。审判以人的行为为依据，人的行为责任应由灵魂与身体共同承担。上帝的公正不仅要求灵魂不朽，而且要求肉身复活。[①]

现在看来，阿萨纳戈拉斯的论证是幼稚的，但这毕竟是现存的最早利用希腊哲学为基督教义所作的论证。现代学者鲍曼伽特纳（M. Baumgartner）指出，阿萨纳戈拉斯思想的重要意义在于：第一，他首先区别了基督教神学的两个原则：直接肯定信仰的真理性以及必须对信仰作理性论证。第二，他首次说明了基督教关心的是人，而不仅仅是灵魂。这大概可以说明基督教哲学为什么最终采用了以灵魂和肉体的结合说明人的本质的亚里士多德学说，而不用把人的本质归结为灵魂的柏拉图学说。[②]

4. 提奥菲勒

安条克的提奥菲勒（Theophilus，约 115 ～ 181 年），生于中亚幼发拉底河流域，169 年就任当时基督教中心安条克的第六任主教。现存著作只有三卷本的《致奥托莱托》。

奥托莱托是一个“偶像崇拜者和轻蔑基督教的人”，提奥菲勒以他为目标，全面地批判了希腊、罗马文化。奥托莱托以“眼见为实”为由，提出“把你的神显给我看”，提奥菲勒回答说：“把你自己显给我看，我把我的神显给你看”，因为上帝“只让那些睁开了灵魂的眼睛的人看”。[③] 基督教的上帝是肉眼不可见、语言不可描述的，但灵魂可以由上帝的名称和工作得到有关他的知识。首先，灵魂可以由上帝名称知

---

① 《论死者复活》。ANF，Ⅱ， pp. 149 ～ 165。

② 参见 F. Ueberweg, *Grundriss der Geschichte der Philosophie*, Band 2, Ernst Siegfried Mittler, Berlin, 1928, p. 68。

③ 《致奥托莱托》，1 卷 2 章。ANF，Ⅱ， p. 89。

道他的属性："如果我说他是光，我指他的工作；如果我称他为心灵，我在谈他的智慧；如果我说他是精神，我在谈他的气息；如果我称他为智慧，我在说他的产物；如果我称他为力量，我在谈他的权力；如果我称他为权力，我提及他的行动；如果称他为天意，在说他的善；如果称他为王国，在说他的光荣；我称他为主，是在谈他的仲裁；称他为裁判，是说他的正义；如果称他为父亲，意思是说一切事物都来自他；如果称他为火，我在谈他的愤怒。"[①] 我们引用这段文字是为了说明当早期基督徒使用各种美好的名称称呼上帝时，他们所理解的比喻意义。其次，人的心灵可以透视世界的现象，认识到世界主宰的存在："正如每一个看见大海波涛中船只驶向港湾的人，一定会推断出有一个舵手在操纵着船，我们同样可以觉察到上帝是整个宇宙的舵手，只是我们的肉眼看不到他。"[②] 提奥菲勒提出通过上帝的名称和工作认识上帝的原则成为基督教神学的基础。

提奥菲勒所谓的"睁开灵魂的眼睛"指信仰。他提出的口号是："不怀疑，只相信。"[③] 信则能见，不信则不见。奥托莱托说，指出一个死而复生的人让我看看，我才相信"死者复活"的教义。提奥菲勒则说，如果有了这一信仰，那么"看一看月亮每月的盈亏、消失和升起的往复，你就会有美妙的眼见证据，证实不仅地上的事物往复不已，天体也是如此"。[④] 如果我们比较提奥菲勒的"信仰见证"和阿萨纳戈拉斯对同一信仰作出的哲学论证，不难看出素朴的信仰主义和理性辩护主义之间的反差。

提奥菲勒对希腊哲学竭尽贬低之能事。他在斯多亚派的芝诺、克

---

① 《致奥托莱托》，1卷3章。ANF，Ⅱ，p. 90。
② 同上书，1卷5章。ANF，Ⅱ，p. 90。
③ 同上书，1卷14章。ANF，Ⅱ，p. 93。
④ 同上书，1卷13章。ANF，Ⅱ，p. 93。

里尼雪斯和弟欧根尼等人著作中看到的是食人肉、生人祭的记载，在柏拉图著作中看到的是“共妻”观念，在伊壁鸠鲁著作中找出无神论的证据，用这种手法把人们指控基督徒的三项罪名反扣在哲学家头上。他说：“那些捏造出上帝不存在或乱交、群交哲学的人理应被他们自己的教导所谴责。”① 这种偏激之词不只是出自以攻为守的辩护策略，它毋宁说反映了对希腊哲学的偏见。在申辩的结尾处，他明确表达了藐视态度：“希腊人只是到最近年代才参与文字知识活动……他们已经并且正在犯不提上帝、只提空洞无用问题之罪。”②

提奥菲勒是第一个对创世六天的经文进行注释的人，开创了以“创世六天注”方式表达神学自然观的中世纪传统。他明确指出柏拉图和基督教的创世观之间的分歧：“柏拉图和他的学派承认上帝不是被造的，而是一切事物的父亲和制造者，但他们也认为物质和上帝一样不是被造的，断言物质和上帝同在。……按照柏拉图主义者的说法，上帝就不成其为一切事物的造物主，他的君主统治地位也不能确立。再者，上帝唯其不被创造而不可变化，如果物质也不是被造的，它也和上帝一样不可变化了。”他还说，上帝不同于“工匠”意义上的制作者，工匠只能造出无生气的东西，“上帝的作品被赋有理性、生命和感觉。在所有这些方面，上帝比人更有力，他从无创造出任何他所喜欢的东西”。③ 他承认，创世需要准备和条件，但所需要的不是既存的物质，只是一个内在于上帝的原则——道：“上帝包含自己的道于内，道招致他的智慧在万物之前外溢。道是他所造的事物的助手和他创造事物的助手，因而被称作‘统治的原则’。”④ 这些论述与菲洛的思想如出一辙，是柏拉图

---

① 《致奥托莱托》，3卷8章。ANF，Ⅱ，p. 113。
② 同上书，3卷30章。ANF，Ⅱ，p. 121。
③ 同上书，2卷4章。ANF，Ⅱ，p. 95。
④ 同上书，2卷9章。ANF，Ⅱ，p. 98。

的理念论与斯多亚派“内在逻各斯”观念的综合。事实说明，不管提奥菲勒如何藐视希腊哲学，他的思想不可避免地带有他所处时代的哲学烙印。

不过，提奥菲勒对《圣经》的注释与那些自觉地利用希腊哲学的注释者的解释有明显差异。他恪守文本原意，严格按照字面意义进行解释。比如，对《圣经》第一句话：“起初神创造天地。地是空虚混沌，渊面黑暗”，他作这样解释：“‘起初’指创造天的第一原则。‘地’指地面和基础，‘渊面’指水层，‘黑暗’说明上帝用天像盖子一样笼罩着水和地。”①这种解释和以后的神学家把“天、地”自由地解释为精神和物质的思辨大相径庭。提奥菲勒代表了按字面解释《圣经》的安条克派的观点。

5. 伊里奈乌

伊里奈乌（Irenaeus，约120～202年）出生于小亚细亚的士每拿城。177年任里昂主教。著有五卷本的《驳异端》，这部长篇著作保留了有关诺斯替派的大量资料。

《驳异端》的希腊原文的标题是《揭露和批驳伪知识》。“伪知识”特指以“知识”相标榜的诺斯替派的观点。据伊里奈乌介绍，诺斯替派不是一个统一派别，只是当时的一种思潮。其特征是折中主义，把哲学、天文学等知识和各民族的宗教信仰搅和在一起。诺斯替派起先在基督教外活动，后来有些成员参加基督教，形成基督教内的异端。据说：“第一个采用‘诺斯替’名称作为异端原则的人是瓦伦提诺（Valentinus）。他认为，造物主包括有某种不可命名的‘二元’，其中之一叫‘不可说’，另一叫‘沉默’，从这个二元中产生出第二个二元，其

① 《致奥托莱托》，2卷8章。ANF，Ⅱ，p. 98。

中之一叫‘父亲’，另一叫‘真理’。从这个次二元生成出‘逻各斯’和‘生命’，‘人性’和‘神性’。这些构成了最初的神祇。他还说，从‘逻各斯’与‘生命’中又产生出十种力量……”[①] 这段引文可以说明诺斯替派思想沿袭了新柏拉图主义将概念划级分组，用大概念派生小概念的做法，并效仿后期的新柏拉图主义者把这些概念分派给神祇作名称的做法，吸收了多神崇拜、巫术和迷信等形形色色因素。诺斯替派把“上帝”、“大天使”、“小天使”与《圣经》中的耶和华、基督，以及希腊哲学的“心灵”、“智慧”混合成一个庞杂的宗教体系。有些派别把耶和华说成七个或十二个天使之一，他造出本性不变的善人与恶人，他和其他天使用肉体囚禁人的灵魂，用戒律约束人的行为，让善、恶两类人处于永恒的斗争状态。耶稣基督是全善的神，但他只能解救那些本性为善的人。善人必然与基督灵感相通，可以通过这种神秘的认识获得拯救。正是在这种“拯救”观念的刺激之下，一些信徒陷入离奇怪诞的妄想，构造出滋蔓繁杂的体系。[②]

面对纷纭繁杂的异端观点，伊里奈乌强调教会信仰的正统与一致。所谓正统指“教会虽然遍布全世界，即使到了大地尽头，也只从使徒及其门徒那里接受信仰”。[③] 关于信仰的统一性，他写道：“信仰永远只是一个，并且是相同的。能就信仰说得很多的人不能增加它，不能说的人不能减少它。人们不能因为理智不同便变更信仰的对象，想象其他的神。”他使用“公教会”这个词表明基督教信仰的正统与统一性：“全世

① 《驳异端》，1卷11章1节。ANF，Ⅰ，p. 332。

② 伊里奈乌笔下的诺斯替派观点之荒谬与混乱很难使现代读者理解它们当时如何对很多人、包括知识阶层具有相当大的吸引力。《公元二、三世纪教会史》一书作者凯雅（Kaye）说，想用理性原则理解诺斯替派是“无比费力且毫无希望的工作”（该书第524页）。但据伊里奈乌著作编者前言解释：“诺斯替派的主要目标是解决宗教哲学的两个主要问题：如何说明恶的存在？如何调和有限和无限。”我们如果不能理解诺斯替派的问题，也无法理解他们的观点。

③ 《驳异端》，1卷11章1节。ANF，Ⅰ，p. 330。

界的公教会只有一个同样的信仰。”[①] 由此可知，“公教会”一开始就是以正统为异端相对立为原则的，信仰的统一性更是中世纪神学与哲学不可动摇的原则。

伊里奈乌知道，诺斯替派因不满足于《圣经》的朴质教义而构造出更为复杂的体系。大概正是在解释奥秘、满足好奇心这种意义上，他们推崇知识。伊里奈乌说，人不可能解释一切奥秘，且不说神秘的上帝，“即使那些近在咫尺的事物（我指我们操作、看见、密切联系的世间事物），也超越了我们的知识，也应归于上帝”。[②] 比如，尼罗河泛滥、候鸟迁徙、风雨雷电等现象的原因是不可知的，只能相信上帝是一切事物的主宰，无需作进一步解释。并且，不同的信仰体系包含不同的知识，基督教和诺斯替派的对立不是信仰和知识的对立，而是两种信仰、两种知识之间的对立。伊里奈乌不愿让诺斯替派独占“知识”的名分，他有一句名言：“真知识是十二使徒的教导。”[③] 诺斯替派的信仰是伪知识。他对诺斯替派的反驳以及对基督教义的阐释已经有意识地利用希腊哲学的知识。比如，针对马谢安派认为“上帝有两个，一个为善，另一个为仲裁”的论点，他说：“柏拉图比这些人更信教，因为他让上帝同时为善和正义。”[④]

伊里奈乌的灵魂观充满着理性论辩和证明。他反对亚里士多德关于精神灵魂、动物灵魂和植物灵魂的三重区分，认为人的灵魂有物质性。他把灵魂和身体关系比作水之于容器：“正如水一旦注入容器就有了容器的形式，如果它恰在这一时候凝结，它就与这一形式不分离，同样，灵魂也具有身体的形状。”[⑤] 正因为灵魂一旦与一个身体结合，就保

① 《驳异端》，1 卷 10 章 2 ～ 3 节。ANF，Ⅰ，p. 331。
② 同上书，2 卷 28 章 2 节。ANF，Ⅰ，p. 399。
③ 同上书，4 卷 32 章 8 节。ANF，Ⅰ，p. 508。
④ 同上书，3 卷 25 章 5 节。ANF，Ⅱ，p. 459。
⑤ 同上书，2 卷 18 章 6 节。ANF，Ⅰ，p. 386。

持着它的形状，每一个身体都有一个专属灵魂。他说："可以明确地宣布：灵魂在人死后继续存在，不会从一个身体转移到另一个身体，它仍然具有一个人的形式，因此可以被辨认出来。"[①] 他说，柏拉图为脱离了身体的灵魂准备了一碗"迷魂汤"，使它忘记生前的一切，转移到另一身体开始新的生命。他出于肉身复活的信仰摒弃了柏拉图的灵魂转世说。他坚持灵魂的物质性和个别性，但也没有把灵魂等同于身体。他认为，人的知觉、认识和理性就是灵魂的存在。当他说灵魂具有身体的形式，他不过在说，每一个人的灵魂都有一个与他的身体相适应的活动模式，即使离开身体之后，也能按这一模式活动，"参与生命的灵魂是活着的"。[②]

6. 希波利特

希波利特（Hippolytus，170 ～ 236 年）是伊里奈乌的学生，曾任罗马附近的台伯河港口城主教，长期生活在罗马，于罗马皇帝色雷斯人马克西姆（235 ～ 239 在位）统治时期殉道。希波利特是罗马的第一个教父，他把伊里奈乌的"公教会"观念从里昂带到罗马。相传伊里奈乌是圣徒波利卡普（St. Porlycarp）的门徒，波利卡普又是圣约翰的门徒。如此看来，早在罗马主教宣称他们是使徒彼得的合法继承人之前，希波利特早就为罗马教会取得了来自使徒约翰的正统继承权。希波利特的主要著作是《批驳所有异端》，此外还存有一些论争性与注释性文章的残篇。

《批驳所有异端》的思想内容与伊里奈乌的《驳异端》相似，以诺斯替派为主要批判目标，但希波利特的批判更有系统性。他把所有异端按照时间顺序排列成拜蛇教、西蒙派、巴西莱德派、基督幻影派和诺

① 《驳异端》，2 卷 34 章 1 节。ANF，Ⅰ，p. 411。
② 同上书，2 卷 34 章 4 节。ANF，Ⅰ，p. 412。

图派五大派别，它们的共同特征是以“灵通”般的神秘知识与神相交感，因此都可看做为诺斯替派的来源或分支。希波利特认为，所有这些异端都可以追溯到希腊哲学理论。他对异端的批驳首先是批判希腊哲学。全书凡 10 卷，第 1 卷是对希腊哲学批判性的总结，第 2 ～ 4 卷（其中第 2、3 卷已失传）揭露埃及、巴比伦的巫术、星象术的迷信观念，第 5 ～ 9 卷联系希腊哲学与东方迷信批驳所有异端，第 10 卷为总结。

希波利特把希腊哲学家分为“自然哲学家”、“道德哲学家”、“逻辑哲学家”三类，第一类指前苏格拉底时期的哲学家，第二类指苏格拉底和柏拉图，但柏拉图学说包括这三类哲学，第三类指亚里士多德和斯多亚派。唯一例外的是伊壁鸠鲁，他的观点与其他人都不同。希波利特虽然对希腊哲学家作了较为详细的介绍，但他的目的并不是写一部希腊哲学史。他说，所有的异端都与《圣经》或古代圣贤的教导无涉，“他们的理论源于希腊人的智慧，来自那些构造了哲学体系的人的结论，来自天文学家神秘预测与异想天开”。[①] 他介绍希腊哲学的目的是为了暴露基督教内部异端的“无神论”真相。

他接着一一说明了异端各派与希腊哲学各派的联系。诺斯替派的首创人是西蒙的门徒，他的学说来自柏拉图和毕达哥拉斯。他的创世说按照一元生二元这种数目图式进行，这是毕达哥拉斯的“数目本原论”和柏拉图《蒂迈欧篇》的“数学原型论”的翻版。巴西莱德（Basilides）说，上帝是非存在，创造出非存在的“种子”，从这些种子演化出存在的事物。任何存在的事物都可命名，上帝及其最初创造的种子不可命名，故曰“非存在”。希波利特说，这种看法来自亚里士多德的《范畴篇》，在那里实体被分为种、属、个体三个层次。其中个体最为原初与基本，它们既不述说、又不存在于种属之中，但又以集合方式构

① 《批驳所有异端》，1 卷导言。ANF，Ⅴ，p. 10。

成了属和种。这种东西岂不正是巴西莱德的"非存在"？基督幻影派认为造物主犹如无花果种子，正如种子生根、叶、果，造物主演化为三种"移涌"（Aeon）。"移涌"是永恒不灭的不可见的本原，它们聚则成像，散则无踪。基督肉身也是移涌聚合而成，故为幻影。幻影派采用的是自然哲学的元素论原则，把可见的生灭与变化解释为不可见的本原的运动。诺图（Noetus）是士每拿人，他的说教来自赫拉克利特。后者认为"相反相成"是一切事物的原则，诺图用这一原则说明上帝的可见与不可见、生成与非生成、父亲的身份与儿子的身份，他甚至说上帝会遭难与死亡，因为遭难与幸福相反，死亡与生活相反相成。

希波利特联系异端与希腊哲学的做法是牵强附会的，目的是为了树立基督教信仰的唯一权威。他说，上帝在创世过程中确实首先创造了火、精神、水、土等元素，希腊哲学家把这些元素当作本原，没有看到上帝的力量。诺斯替派进而把这些元素当作神来崇拜，冠以"二元"、"非存在"、"移涌"、"对立"等名称，否认了上帝之道的作用。他说："唯一的最高的神运用思想首先产生了道，道不是指声音的运作，而是指宇宙的理性化。"[1] 道就是唯一的真理，所有民族都要服从它。他重申了伊里奈乌所说"即使到大地尽头"也只有一个正统信仰的"公教会"观念："人们啊！希腊人与野蛮人，迦勒底人与亚述人，埃及人和利比亚人，印度人和埃塞俄比亚人、凯尔特人，还有你们，领导着军队的拉丁人，以及所有居住在欧洲、亚洲和利比亚的人……不要专注于人为的言语谬误以及异端剽窃来的空洞许诺，专注着确定的真理的可贵的简明性吧。"[2] 希波利特的目的不仅是消除基督教内部的异端，而且要用基督教信仰这个"唯一的真理"取代一切民族的宗教。理解这一点，我们也就不难理解他将异端、希腊哲学以及东方宗教联系起来的不寻常的举动了。

① 《批驳所有异端》，10卷29章。ANF，Ⅴ，p. 150。
② 同上书，10卷30章。ANF，Ⅴ，p. 152。

第二节　亚历山大城的希腊教父

埃及的亚历山大城在希腊化时期已是著名的文化中心，各民族思想在这里交汇，政治气氛较宽松，学术思想很活跃。柏拉图主义者在这里建立学派，犹太哲学家菲洛也是在此地首次把《圣经·旧约》引进哲学。公元2世纪后期，基督徒成立了亚历山大城教理学校。首任校长是皈依基督教的斯多亚派哲学家潘陀纽斯（Pantaenus，约180～189年在职）。经过他的继任者克莱门特和奥立金的努力，亚历山大城的教理学校在3～4世纪成为基督教神学中心，主导着教会的思想，被人誉为“教会的母亲和主妇”。

1. 克莱门特

亚历山大城的克莱门特（Titus Flavius Clement，约153～217年）出生地一说为亚历山大城，一说为雅典。早年是异教徒、哲学家，曾游历希腊、意大利、埃及、巴勒斯坦求学，最后师从潘陀纽斯，并皈依基督教。189年前后接任教理学校校长职务，兼任教会执事。他以博学和雄辩吸引了众多学生。罗马皇帝谢维路斯（193～211年在位）迫害基督徒期间，他被迫出走，漂泊在耶路撒冷、安条克等处。克莱门特的主要著作为《规劝异教徒》《训导者》《杂文集》，现存著作还有《哪些富人能得救》以及《福音书同观》的片断。

克莱门特的著作有浓厚的理性思辨与探索色彩。《规劝异教徒》主要揭露希腊、罗马宗教的偶像崇拜和祭祀仪式的荒谬。他利用希腊哲学批判神话、宗教，认为哲学家“虽然神化一些妖魔，但却有真理的梦想”。[1] 他使用历史资料对比证明希腊哲学来自东方宗教的智慧，最后

---

① 《规劝异教徒》，5章。ANF，Ⅱ，p. 190。

得出结论：基督教是东方智慧的发扬光大，上帝部分显示于古代东方人的真理已由耶稣基督完全揭示。他的规劝使用历史证据和合理解释，以信仰为前提又不留直接诉诸信仰的痕迹，有相当透彻的说服力。

他采用了塔堤安提出的“野蛮人哲学”的概念，但没有局限于摩西的思想。他认为，野蛮人哲学是上帝赐予远古时代人类的礼物。古犹太人、巴比伦人、埃及人和印度人的历史典籍表明，当时人类知识是融会贯通的，有着共同的来源，这就是上帝的启示。他也展示了希腊文化与东方文化的亲缘关系，并以希腊文化晚起为理由，得出了希腊哲学取自野蛮人哲学的看法。他说希腊人并无承蒙天启的幸运，他们只能“窃取”东方人的智慧，希腊哲学只是二手货。但克莱门特并不因此而像塔堤安那样全盘否定希腊哲学。他对希腊哲学作了这样的评价：“在（希腊）哲学里虽然只有如同普罗米修斯窃取的火种那样微弱的光芒，但也能够燃成大火，显现上帝的智慧和力量。”① 克莱门特在著作中大量引用了希腊哲学家的观点，着眼点在于表明东方宗教、希腊哲学和基督教之间源远流长的关系：希腊哲学来自野蛮人哲学，两者又一起汇入基督教这条大川。如果把这种观点与希波利特用基督教信仰对抗希腊哲学和东方宗教的观点作一比较，可以看出教父中间存在着的对待异教文化的不同态度。克莱门特对人类古代知识统一性的猜测不仅缩小了基督教与东方宗教和希腊哲学之间的差距，而且为后世铸成了追溯人类知识神秘起源的“远古神学”的信念。②

克莱门特以反对异教的同样热情纠正基督教内部的原教旨主义的非理性倾向。他说：“‘训导者’是‘圣道’的恰当名称。”③ 言下之意是，

---

① 《杂文集》，1卷17章。ANF，Ⅱ，p. 320。

② “远古神学”（prisci theologi）是文艺复兴时期开始流行的考证学问，认为赫尔默斯、琐罗亚斯德、俄尔西斯等人秘传是人类智慧的共同起源。

③ 《训导者》，1卷1章。ANF，Ⅱ，p. 209。

基督徒的行为都要受理性（logos）的支配。他的《训导者》一书把理性原则应用于社会生活的各个方面。针对当时下层群众中出现的争相"殉道"的狂热，他提倡冷静和克制，不赞成故意激怒统治者以达到殉道的目的，或祈求上帝对迫害者施行报复，因为基督徒道德应出自对上帝的认识与热爱，而不来自对天堂的向往和对地狱的恐惧，炫耀功德是低级的精神。针对独身、素食、禁欲等行为，他说婚姻和美酒是上帝的礼物，应该愉快地接受。荒淫和奢侈不是婚姻和美食本身的过错，禁欲对于信仰的虔诚是不必要的。针对一些基督徒摒弃财产和家庭、过平等生活的做法，他在《哪些富人能得救》一文中说："这是最无理性的做法"，"因为有的东西在灵魂之内，有的在灵魂之外，如果它们被灵魂利用得好，就会赢得美名，如果利用得不好，就会有恶名"。[①] 这就是说，物质财富和精神财富一样，它们的价值取决于灵魂如何运用它们，而不在于多寡。善于使用财富的富人和善于使用思想的智人一样可以得救。这一观点反映了大批进入教会的富人的利益，与早期基督徒信奉"骆驼穿过针眼比财主进天国还容易"（《路加福音》，18 章 25 节）的教导大相径庭。但他的理智态度在禁欲主义和宗教狂热的气氛中是难能可贵的。

克莱门特的理性思辨大量表现在《杂文集》里，这部著作的希腊文题目原是：《克莱门特关于真正哲学的思辨笔记的杂录辑》。在这部 7 卷本的著作中，他详尽讨论了信仰、智慧、知识、哲学、实践之间的关系。他的一些论述即使按照现代标准衡量也是相当深刻的。

克莱门特关于知识（*episteme*）的概念相当广泛，包括下列类别："理论（*eidesis*）是从属到种的知识；经验是研究每一事物本性的全面知识；理解（*noesis*）是关于理智对象的知识；综合（*synesis*）是比较的知

① 《哪些富人能得救》，14 ～ 15 章。ANF，Ⅱ，p. 595。

识；……灵通（*gnosis*）是关于事物自身的知识。”[①] 这种分类可以帮助我们理解古代和中世纪哲学概念的准确意义。按这种分类，“灵通”是最高的知识。基督教视诺斯替派为异端，但不排斥灵通，相反，基督徒才是真正的“灵通派”。克莱门特还说，基督教与诺斯替派的区别在于基督教承认灵通之上还有智慧（*sophia*）。他所说的智慧比知识更广泛，包括开端、中介和结束。智慧的开端是信仰，中介是可以传授交流的知识，结束是爱。他提出这样一条思想路线：“知识加诸信仰，爱加诸知识，传统加诸爱。”[②] 信仰是出发点，最后产生出爱上帝的教会传统。

克莱门特认为，哲学是联结知识与信仰的纽带。他说：“哲学是一项准备工作，为那些在基督教中完善的人铺平道路。”他引用菲洛的话，把哲学当作其他学问的“主妇”，但又接着说：“既然哲学是文化的先导，智慧是哲学的女王。”[③]“智慧”这里指神学。克莱门特在此处把哲学当作神学（女王）与世俗学问（婢女）的中间人（主妇）。但在另一处，他把神学与哲学比作亚伯拉罕妻子撒拉和她的使女夏甲的关系（见《创世记》16、21章）。中世纪的一些神学家后来干脆宣布哲学是神学的婢女。

克莱门特不仅在原则上规定了信仰先于知识、高于哲学，而且作出了较为详细的论证。

第一个理由是：“知识如果如某些人所说是以推理证明为基础的，那么应该清楚，第一原则是不能证明的。”然而，知识的第一原则又必需具有确定性，否则的话，随它而来的推理证明便不能成为确切的知识，它是一种信仰。“信仰是从不可证明的导向普遍、单纯的东西的情理”；并且信仰不是猜测，“猜测是微弱的设想，它与信仰的反对关系，犹如阿

---

① 《杂文集》，2卷17章。ANF，Ⅱ，p. 364。
② 同上书，7卷10章。ANF，Ⅱ，p. 539。
③ 同上书，1卷5章。ANF，Ⅱ，pp. 305～306。

谀者之于朋友，狼之于狗”。因此“信仰高于知识，是知识的标准”。[①]

第二个理由是：知识由命题表达，任何命题都是对一个问题的回答。他接着说：“所有问题都包含着已知的成分，即被相信为自明而无需证明的东西，它们必须被用作研究的起点和显而易见结果的标准。”关于问题的已知前提，他说是一种“先在的知识”，即先于研究对象的本质。[②] 他援引柏拉图和亚里士多德证明，人的心灵是从外部理智获得关于本质的知识。在他看来，外部理智就是上帝的道和圣灵，人们只有靠着启示和信仰，才能提出问题，研究问题。

还有一些理由在克莱门特思想中尚未充分展开。比如，他从语词的角度说明对不可表达的对象的信仰先于可表达的知识。他说：“在定义、证明和区分之前必须提出陈述问题的方式，要处理歧义词，按意义使用同义词。”[③] 但词项是心中观念的名称，观念是外部对象的印象。思想和语言的内容只是外部对象近似、模糊的反应，如果不相信外部对象的真实存在就会导致否认知识可靠性的怀疑论。另外，他还从原因的角度看问题，把原因分为间接的、直接的、协同的和不可缺少的四类。如父亲是学生的间接原因，教师是直接原因，学生的本性是协同原因，时间是不可缺少的原因。“在原因中，有些是明显的，有些可被推理所把握，有些是隐秘的，有些用类比推导出来。”[④] 并非所有原因都是可知的，真正的隐秘原因的定义是隐秘的，与任何认识模式都不相适应。他用这些理由论证了超越知识的信仰的必要性。除去克莱门特论辩的神秘宗教色彩，我们发现他对信仰与知识关系的论说在现代也未完全失去意义。现代认识论也把“相信”作为“知识”的必要条件，承认任何

---

① 《杂文集》，2 卷 4 章。ANF，Ⅱ，p. 350。
② 同上书，8 卷 3～4 章。ANF，Ⅱ，p. 560。
③ 同上书，8 卷 6 章。ANF，Ⅱ，p. 562。
④ 同上书，8 卷 9 章。ANF，Ⅱ，p. 567。

知识体系都以无可置疑的信念为前提。比如，海德格尔在存在论领域也肯定问题的导向作用，将存在的问题作为“基础存在论”的开端，他对认识和语言“前结构”的看法最终也通向神秘主义。古今哲学家的思辨总有“灵犀之通”之妙。

2. 奥立金

奥立金（Origen Adamantinus，185 ～ 254 年）生于亚历克山大城的基督徒家庭。其父是修辞学教师，在谢维路斯迫害期间成为烈士。他曾向柏拉图主义者阿曼纽斯学习哲学，但与普罗提诺不同时。年轻时期读到《马太福音》中“并有为天国的缘故自阉的”（19 章 12 节）这句话，竟实行自阉，终生节食少眠，过着禁欲、贫困的生活。他于 18 岁起接替克莱门特在亚历山大教理学校的职务，讲学十余年，赢得很高的威望。罗马皇帝安东尼（211 ～ 217 年在位）迫害基督徒时，亡命巴勒斯坦地区，在凯撒城继续讲学，并被任命为当地神父。但亚历克山大城的主教出于嫉妒没有批准这项任命，还和一些神学家谴责他的学说。奥立金在德修斯迫害期间被捕，多次受刑，出狱后老死于迦太基的提尔城。奥立金是一个多产的著者，哲罗姆在《杰出人物传》中说他的著作任何个人都读不完，据说有 6000 册之多。现存著作大多为对《圣经》的注释与文字修订。主要著作为《第一原则》和《反塞尔修斯》。

《第一原则》被认为是第一部神学著作，共四卷，主题分别为上帝、世界与人、自由意志、《圣经》解释原则，建构了第一个完整的神学体系，神学与哲学的融合已见端倪。

奥立金代表了以索隐方法解释《圣经》的亚历山大城教父的观点，与提奥菲勒为代表的安条克教父抠字解词的方法截然不同。他区分了《圣经》字句的隐义与显义：“《圣经》为圣灵所写，其意义不仅是一眼可看出的，也有大多数人都没有注意的意义。因为这些文字是某种神秘的形式与神圣事物的影像。”[①] 奥立金的解释原则是，当一句话的文字意义导致逻辑上的不可能性、违反事实的荒谬性和有损上帝的结论，它的意义应被解释为隐喻。比如《圣经》提到上帝的“手”、“脸”、“声音”等，这只是一种隐喻，因为上帝不可能包含物质或作物质运动，其理由是：任何物质都在变化，变化蕴含着衰亡的可能性。从“一切变化的东西都是不完善”的前提可以推出“上帝是精神”的结论。他保留了柏拉图关于上帝是无形的、不动的、超时空的、超越世界的观念。《圣经》记载的历史事件也要按“精神意义”去理解。他说：“圣灵解释者的主要目标是保留精神意义在应当做的或已经做的事情中的一致性。如果他发现历史中发生的事件可以适合一个精神意义，他以述事的风格组合这两者，把精神意义隐藏在事件深层；在历史传说不能与事件的精神一致性相适合的地方，他有时插入没有发生或不会发生的事件以及可能发生但未发生的事件，他这样做时所使用的文字依据它们的‘形体’意义，这并不包含真理。”[②] 就是说，《圣经》记载的事件并不都是真实发生的，上帝选用了一些历史传说传达他的戒律和秩序，这才是贯串历史记载的精神意义。奥立金提出理解“上帝”概念的隐喻意义和揭示历史记载的精神意义的主张要求用哲学思辨深掘《圣经》的精神实质，不要拘泥字句，把它的话当作违反理性、不可理解的教条。

按照精神意义解释法，奥立金第一次对“圣父、圣子、圣灵”的意义作出哲学解释。“圣父”即作为纯粹精神的上帝，他超越物质与时空，也超越了人的思想与语言。他说：“上帝是不可把握、不能测定的。因为不管我们用知觉或反思能获得什么样的关于上帝的知识，我们必然会相信他比我们所能感知到的好得多。”[③] 奥立金否认人类知识可以

① 《第一原则》，导言，8 节。ANF，Ⅳ，p. 241。
② 同上书，4 卷 1 章 15 节。ANF，Ⅳ，p. 364。
③ 同上书，1 卷 1 章 3 节。ANF，Ⅳ，p. 243。

穷尽“上帝”的本体，但承认可以知道上帝的存在。耶和华对摩西说：“我是我所是”，这句话揭示了上帝是无所不是的存在者。一切事物都从上帝那里“分有”存在，或者说，都由上帝创造出来。但上帝首先创造的是他的独子——圣子。圣子是上帝智慧的本体化，用他的话来说：“如果把上帝的独生子正确地理解为他的智慧的本体性的存在，那么我知道这一本体不含有任何形体的性质。”[①] 这里应当注意，奥立金用希腊文*hypostasis* 表示“本体”，这个词曾被新柏拉图主义者用来表示“太一”及其流溢出来的理智、灵魂，其意当然不包括形体。奥立金使用“本体”一词有两个用意。其一是说明圣父与圣子是本体之于存在的内在关系。他说圣父产生圣子“犹如太阳产生光明”，“不凭任何外在活动，而凭他自身的本性”。[②] 其二是说明圣父与圣子是纯粹精神与其型相之间的相互映照关系。圣子是“道”，是上帝无所不在的精神凝聚而成的型相，在此意义上，奥立金说，圣子是上帝“自身的影像”，但他如同上帝一样是“不可见”的。[③]“不可见的影像”指人的眼肉不可见的精神存在，“不可见的上帝”则指不可见的精神本体。奥立金用“本体”与“存在”的关系说明了圣父与圣子是两个形态不同的同一个上帝。

奥立金引用《圣经》里“圣灵所结的果子就是仁爱、喜乐、和平……”（《加拉太书》，5 章 22 节）的话，说明圣灵是上帝的情感，表达了上帝的善。总之，圣父、圣子、圣灵是上帝的本体、存在和善的统一体。从这三个方面看，上帝都是一个精神实体（*ousia*），都是人所不见、不能感知的对象。上帝出于让人感知他的恩典，将圣子的不可见影像肉身化为耶稣基督，显示于人。然而，耶稣的活动只是上帝揭示其精

① 《第一原则》，1 卷 2 章 2 节。ANF，Ⅳ， p. 246。

② 同上书，1 卷 2 章 4 节。ANF，Ⅳ， p. 247。

③ 同上书，1 卷 2 章 6 节。ANF，Ⅳ， p. 248。

神意义的历史事件。奥立金没有完全肯定上帝与耶稣基督的同一性，也没有充分评价耶稣活动的自身价值，这与他崇尚精神、贬低肉体的柏拉图主义倾向有关。他的解释并不完全符合后来的正统教义。

奥立金之所以坚持上帝是纯粹精神，一个很重要原因是这一说法有利于用柏拉图的“分有说”解释人与上帝的关系。他争辩说，被分有者不可能有形体，否则，“分有”便成了分有者对被分有的形体的分割。“既然很多圣徒分有了圣灵，圣灵不能理解为是一形体，被每一个圣徒分成各个有形部分。”[①] 因此，上帝只能是精神实体。另一方面，上帝又必须有三种形态[②]，这样才能被不同的事物从不同方面分有他。他说，被造物“首先从上帝即圣父那里获得存在，其次从圣道那里获得他们的理性本性，第三从圣灵那里获得他们的圣洁”[③]。三者发生在不同的层次上：对存在的分有最为广泛，一切被造物，包括有理性的和无理性的事物，都分有圣父的存在；但只有理性动物——人才能分有圣子的道或精神存在；最后，只有人群中的善者才能分有圣灵的圣洁。这种逐步升级的分有是事物等级秩序的原因。

奥立金认为除了上帝之外的一切存在都是有形体的。形体可分物质的与精神的两类。物质形体是由质料与性质组成的实体。他说：“我把质料理解为形体的基质，性质赋予或加诸基质，形体由此而存在；我们说有四种性质——热、冷、干、湿，它们加诸质料之上，产生出各种形体。虽然质料依自身特性没有这些性质而存在，但从未见没有性质的质料存在。”[④] 他设想上帝从无到有创造出质料，然后附加上他所意愿的

---

① 《第一原则》，1卷1章3节。ANF，Ⅳ，p. 242。

② 奥立金承认圣父与圣子的“位格”，但没有明确肯定“圣灵”的位格。他的“三位一体说”还不是后来神学家所说的“一个本体，三位位格”，似可用“一个实体，三种形态”来概括它。

③ 《第一原则》，1卷3章8节。ANF，Ⅳ，p. 255。

④ 同上书，2卷1章4节。ANF，Ⅳ，p. 269。

性质，构成了物质形体。并且，物质形体与理性是不可分离的。他说："逻辑推理的必然性迫使我们认为理性最初是被造物，但是，在思想与理解中，我们可以把物质实体与理性分离。物质实体为了理性，在理性之后形成，但理性不能离开它而生活。"[①] 奥立金接着推论说，形体依与理性结合的紧密程度而转化，它可以疏远理性而下降为更粗糙、更坚实的形体，也可以追求理性而上升为"精神形体"，或者说，脱离了质料的形体外壳。奥立金提出"精神形体"的概念的一个目的是解释"死者复活"的教义。他说，人死之后，组成肉体的质料散落，但精神形体仍然存在，散落的质料最后还会聚集在这个外壳里复原为以前的身体。"精神形体"与前述的塔堤安的"物质性灵魂"观念一样，模糊了希腊哲学中形体与灵魂、物质与精神的分野，对中世纪的物质观和灵魂观产生了深远的影响。

奥立金认为人有两种本性："可见的、有形的本性和不可见的理性。"[②] 前者是支配身体欲望和活动的动物本能，后者是影响灵魂的目的与自由意志。奥立金指出，人的动物本能是通过自由意志起作用的，而不是相反："理性动物的本性是这样的：发生于我们人类的事情有些来自外部，它们与我们的视觉、听觉或其他感觉相接触，刺激或促使我们向好处运动，或者相反。从它们的外部来源看，阻止它们影响的力量并不在我们内部。但是，决定并同意应该如何利用这些如此发生的事情，乃是我们内部的理性的责任，它是我们的判断。"[③] 奥立金作为一个禁欲主义者，以对女人的态度为例说明了自由意志的作用。他说，女性的美貌和引诱所引起的性欲冲动是无法阻止的，但意志可以自由地决定依冲动行事，抑或克制自己的欲望。他说："意志的自由在于，没有任何

---

① 《第一原则》，2卷2章2节。ANF，Ⅳ，p. 270。
② 同上书，3卷6章7节。ANF，Ⅳ，p. 347。
③ 同上书，3卷1章3节。ANF，Ⅳ，p. 303。

从外部发生在我们身上的事情可以刺激我们行善和作恶。”[1] 善恶只是意志的自由选择，正是我们自己选择了屈从或抗拒来自外部的不利影响。惟其如此，上帝才能根据人的选择对他进行公正的审判。按照这种说法，人的命运取决于自己的意志，并不出于上帝事先的安排。后来的神学家用上帝的恩典补充和限制人的意志自由，这才发展出正统的“意志自由说”。

奥立金的《反塞尔修斯》是对塞尔修斯《真逻各斯》一书的反驳，这是一场基督教与希腊哲学的全面交锋。塞尔修斯所谓的“真逻各斯”指只有哲学思辨才能达到的神圣理性，他指责基督教为承袭犹太教的落后宗教，基督徒愚昧、无知，基督教义违反“真逻各斯”。奥立金反对将上帝的道（即逻各斯）与哲学思辨相等同，他的基本理由是，圣道之光照耀着每一个人，但哲学只为少数有教养的人独享。哲学对于天启并不是必不可少的，因此耶稣基督选择的使徒是渔夫而不是哲学家。但这并不表明基督徒的哲学教养低于异教徒。事实上，不论在基督徒或在异教徒中间，哲学家都是少数人。基督徒对哲学的兴趣并不低于异教徒；相反，哲学对于基督教纵然不是必不可少、也是十分珍贵的。奥立金建议基督徒像犹太人掠夺埃及人的珍宝那样使用希腊人的哲学。[2]

奥立金反驳塞尔修斯的一个重要论辩是，希腊哲学所能达到的理性（逻各斯）只是人的智慧，基督教宣扬的圣道是神的智慧。神的智慧高于人的智慧，但这并不意味着信仰高于理性；因为不能把神的智慧等同为信仰，人的智慧等同为理性，他明确指出：“神圣智慧不同于信仰，它是上帝首要的‘传世能力’，随后的第二性能力见之于那些知道如何准确地辨认传授下来的道理的人中间，即所谓的‘知识’，第三能力见之于更简单的被拯救的人等，他们在力所能及的范围内坚持服务于上

① 《第一原则》，3 卷 1 章 5 节。ANF，Ⅳ，p. 304。

② 该典故见《圣经·出埃及记》，12 章 36 节。

帝，它就是信仰。”[1] 奥立金把知识置于信仰之上，认为以天赋理性获得知识比单纯的信仰更接近于上帝，这种观点在几乎众口一词地强调信仰高于知识的教父中间可以说是空谷足音。

塞尔修斯是站在柏拉图主义立场批评基督教的，奥立金并没有因此而否定柏拉图主义。相反，他对塞尔修斯的反驳包含着对柏拉图哲学的积极评价。首先，他指出柏拉图思想来自犹太先知，因此与基督教继承的历史传统并不矛盾。我们在前面已经看到，这是当时流行的一种辩护。其次，他显示出比塞尔修斯更加熟悉柏拉图著作的学术水平。比如，他指责塞尔修斯旁征博引，但却“有意不提柏拉图在给霍尔米斯和戈里斯科的信中关于圣子的言论”[2]，他站在基督教立场对柏拉图著作重新解释，他说：“在那些看到圣经高贵特性的人的眼里，先知们的秘传包含着比塞尔修斯所敬仰的柏拉图著作更值得敬重的东西。”[3] 奥立金的反驳可以看做早期教父利用、改造柏拉图哲学的一个成功的尝试。

奥立金是一个易遭非议的教父。他生前已遭到教会当权派的批判。4 世纪后期教会的主要神学家哲罗姆批评他的学说，6 世纪时，罗马皇帝查士丁尼又颁布了谴责他的观点的禁令。另一方面，他的学说被卡帕多奇亚的教父所继承。如果我们追溯中世纪源远流长的柏拉图主义传统的源头，那么无疑要提到奥立金的名字。

第三节　早期拉丁护教士

基督教在罗马帝国疆域内的传播是由东向西进行的。东部地区通

---

① 《反塞尔修斯》，6 卷 13 章。ANF，Ⅳ，p. 579。

② 柏拉图的这段话是：“要看到万物的上帝，现在和将来事物的统治者、原因的父亲和主宰。如果我们真是哲学家，我们都会清楚地认识他，因为这是幸福的人所能达到的知识。”（见“柏拉图第 6 封信”。）

③ 《反塞尔修斯》，6 卷 18 章。ANF，Ⅳ，p. 581。

行希腊语，西部通行拉丁语。因此，早期基督教会以亚历山大城与安条克为中心，罗马教会到2世纪末期还不起领导作用。19世纪的英国历史学家弥尔曼（H. Milman）曾这样谈论希腊教父的地位："西方的全部教会都是希腊人的宗教殖民地。它们使用希腊语和希腊化的组织，它们的著作家是希腊人，它们的经文和仪式也是希腊式的。通过希腊文，西方教会团体牢固地维系于东方。"[①] 直到3世纪中期，罗马教会才开始使用拉丁语，逐渐成为西方教会的中心。最早的拉丁教父出现于2世纪后期的北非。正如最早的希腊教父都是护教士，最早的拉丁教父也是一批护教士。

1. 德尔图良

德尔图良（Tertullian，145 ～ 220 年）生于北非一个异教徒家庭，早年在罗马受教育，做过律师工作。回到北非后于185年加入基督教，并成为教会的执事，但于199年左右参加了孟他努派异端[②]，后来脱离教会建立自己的组织。德尔图良是第一个拉丁教父，著述很多。现存著作38部，现代编者把它们分为参加孟他努派之前写作的与此后写作的两类。前一类反映了教会的正统观点，后一类著作的观点良莠相杂，但尼安德尔（Neander）和凯雅（Kaye）两个版本分类不同。据尼安德尔本，德尔图良的正统著作有：《论悔过》《论反异教的信条》《论灵魂的见证》《论显现》《论偶像崇拜》《论演说》《论洗礼》《申辩篇》《致国民》《致烈士》《致乌克西奥姆》等16部。

德尔图良把哲学视作与基督教格格不入的异教徒的智慧，哲学家比其他异教徒对基督教更为危险。在他的《申辩篇》中，他把基督徒

① H. Milman, *History of Latin Christianity* Vol. 1, New York, A. C. Armstrong amd son, 1899, p. 28.

② 孟他努派（Montanism）相信一个自称为先知的名叫孟他努的人的预言，把公元177年当作世界末日，此后又不断将末日推迟到不久的未来的一个确切日期。

与哲学家进行了比较。他说，哲学家公开地摒弃了希腊、罗马宗教的神，并且反对宗教迷信，甚至违背统治者的命令，但却没有人强迫他们参加祭祀或宣誓敬神，相反却对哲学家大加赞赏，付给他们薪金和奖赏。为什么统治者不能容忍基督徒不敬异教神祇的行动呢？早期护教士常用这种辩护来争取基督徒的平等权利。但其他护教士往往强调基督徒和哲学家的平等权利，以此反衬基督徒受到的不公平对待，德尔图良却强调两者的差异，指出应该让哲学家与基督徒交换他们的地位，用迫害基督徒的方法对付哲学家才是公正的。他愤愤不平地说：哲学家“没有被送去喂野兽，其实完全有权利这样做，因为他们是哲学家而不是基督徒”[①]。他的理由是：哲学家出于不敬神的态度反对罗马宗教，基督徒出于对真正的神的虔诚而不信罗马宗教，两者不可同日而语：基督徒和哲学家之间哪有什么相似之处呢？在希腊人的信徒与上天的信徒之间、在以名声为目标的人与以生活为目标的人之间、在言说者与行动者之间、在建设者与摧毁者之间、在错误的朋友与敌人之间、在真理的毁坏者与维护、传授者之间、在它的统领与囚徒之间难道有什么相似之处吗？[②]

如果说，上述观点仅仅笼统地表达了哲学与基督教的分歧，那么在《论反异教的信条》一书中，我们可以看到反对哲学的详细论述。首先，哲学是“人和魔鬼的学说”，“哲学的素材是现世的智慧，是对自然和上帝旨意的草率解释”。其次，“异端是哲学教唆出来的”，比如，诺斯替派瓦伦提诺属于柏拉图学派，马谢安出身于斯多亚派，伊壁鸠鲁派否认灵魂不朽，所有的哲学派别都反对肉体复活，斯多亚派的芝诺将上帝等同于物质，任何把火当作上帝崇拜的派别都与赫拉克利特有关。此外，异端分子和哲学家在“恶是从哪里来的？为何容许恶存在？人

① 《申辩篇》，46章。ANF，Ⅲ，p. 50。

② 同上书，46章。ANF，Ⅲ，p. 51。

的来源是什么？”等问题上观点一致。第三，哲学的理性方法是错误的。他嘲笑说：“不幸的亚里士多德！他为这些人发明了辩证法，即上溯和下推的艺术。这种艺术的命题含糊其词，猜测远不可及，论证太苛刻，争论极易产生，以至于它迷惑了自己，它包容一切，但事实上什么也没有解决。”他看到哲学思辨过分繁琐，结果陷入自相矛盾、互相攻讦的困境，因此断言不可能通过哲学认识上帝。最后，他直接援引《圣经》里反对哲学的言论：“你们应该小心，勿使他人用哲学、用虚诞的妄言把你们掳走”（《歌罗西书》，2 章 8 节），号召基督徒抵制哲学。他大声疾呼：“雅典与耶路撒冷有什么关系？学园与教会、异端与基督徒之间有什么关系？”“让斯多亚派、柏拉图、辩证法与基督教相混合的杂种滚开吧！我们在有了耶稣基督之后不再要奇异的争论，在欣赏了福音书之后不再需要探索！”[①] 德尔图良把“雅典还是耶路撒冷”的非此即彼的选择提交在教会面前，毫不含糊地排拒了任何调和基督教与希腊哲学的企图。

值得注意的是，德尔图良的“哲学”概念就是指希腊哲学，他并没有像其他护教士那样提倡希腊哲学以外的“野蛮人哲学”，或把基督教说成“真正的哲学”。他对哲学所持的强烈的敌对态度扎根于原教旨主义的信仰。他用《圣经》中“寻找，就寻见”（《马太福音》，7 章 7 节）这句话为信仰至上的立场作了下列辩解：“这句话的理由有三点：分别与问题、时间和限度有关。问题指你要寻找的是什么，时间指什么时候你要寻找，限度指寻找多长时间。你所要寻找的是基督的教导。当你尚未寻见时当然要继续寻找，直到寻见为止。但是，当你已经相信时，你即已成功地寻见了。……信仰阻止你进一步拖延寻找与寻见。你寻找的结果决定了寻找的限度。”[②] 就是说，基督教信仰是一切探索的目

① 《论反异教的信条》，7 章。ANF，Ⅲ，p. 246。
② 同上书，10 章。ANF，Ⅲ，p. 248。

标和限度，达到这一目标之后不需作新的探索。另外，探索的目标决定了探索的手段，他说：“在这里，目标仔细地决定了与理性保持一致的言语意义，它是所有解释的指导原则。”[①] 德尔图良甚至否定了对既已确立的信仰作进一步理解和解释的必要性。他有一句名言：“惟其不可能，我才相信。”这句话出自《论基督的肉身》一书，这句话是针对那些为基督被钉死在十字架上而感到羞耻的人而说的，他说：“上帝之子被钉在十字架上，我不感到羞耻，因为人必须为之感到羞耻。上帝之子死了，这是完全可信的，因为这是荒谬的。他被埋葬又复活了，这一事实是确实的，因为它是不可能的。”[②] 如果德尔图良的意思是说信仰的真理不能用人之常情、常识和理性衡量，那么他只是重复了很多教父已经说过的意见；但是，如果他在说上帝的本性既是圣父也是上帝之子，那么这个观点与后来被肯定的“基督神人两性”的正统教条就没有什么差别了。

不过，在当时的历史条件下，德尔图良激烈反哲学、反理性的态度是可以理解的。正如德尔图良著作的编者考克斯（A. Coxe）指出：“我们必须认可初期毫不妥协的纪律。教会正在为生存而斗争，不能允许任何人成为它的主人，越有聪明才智的人对贫困的教会越有违反戒律之危险。面对异教各派别，基督教在公开场所不能允许出现两种声音。教会的正统派与它的孩子们一样，正在经受火的煎熬。”[③] 通观德尔图良的著作，应当公正地说，他的极端原教旨主义与其说是贯彻始终的原则，不如说是在对抗激烈的场合临时使用的武器。在大多数场合，他的著作不乏说理充分、论辩严密、注重证据的哲学风格。即使在反驳一些希腊哲学家时，他也自觉或不自觉地利用另一些哲学家的观点，不可避

① 《论反异教的信条》，9章。ANF，Ⅲ， p. 247。
② 《论基督的肉身》，15章。ANF，Ⅲ， p. 525。
③ ANF，Ⅲ， p. 4。

免地运用他所鄙薄的辩证方法。他的著作在哲学史中的地位似应受到更多的重视。

德尔图良相信末世即将来临（这一信念导致他最后参加孟他努派），人在最后审判中的命运成为他思想的一个焦点。希腊哲学家普遍持有的观念是人死之后身体朽灭，灵魂转世，完全否认了个人灵魂为生前行为承担责任和人的身体在炼狱受折磨的可能性。德尔图良对希腊哲学家的灵魂观，特别是毕达哥拉斯和柏拉图的灵魂转世说进行了详细的批驳，论证了灵魂的物质性与物质的不朽性。

德尔图良援引斯多亚派的观点反对柏拉图，他说："我召来斯多亚派帮助我，他们使用几乎与我们一样的语言宣称说，虽然灵魂是一个精神本质（因为气息和精神在本性上是非常接近的），但可以毫不困难地证实灵魂是一个物质实体。事实上，芝诺把灵魂定义为和身体一起产生的精神。"[①] 德尔图良也是在灵魂的气息运动及其与肉体的共生共长的关系等意义上，把灵魂说成物质实体。他对实体的定义是："产生于上帝的气息，不朽的、占据着身体、具有形式的简单实体，本性中有理智，用各种方式发展它的力量。"[②] 使人感兴趣的是，他为自己的观点提供经验证据。他说，灵魂在母体子宫里和胎身一起生成，并和胎身同时接受性别特征。那些宣扬灵魂是从外面降临到身体的哲学家一定会遭到妇女们的反对，"在这个问题上，没有什么东西可以比与之密切相关的性活动更能成为有用的教师、裁判和见证"。[③] 至于人一生中灵魂和身体的共体性，那更是人所皆知的道理。那么，人死之后灵魂是否保持着物质性呢？德尔图良承认人死意味着灵魂和肉体的分离，但分离之后的灵魂仍然保留着身体的踪影，绝不会像柏拉图所说那样忘记以前

① 《论灵魂》，5 章。ANF，Ⅲ， pp. 184 ～ 185。
② 同上书，22 章。ANF，Ⅲ， p. 202。
③ 同上书，25 章。ANF，Ⅲ， p. 205。

的身体到新的身体转世。他的证据是梦的经验。梦是暂时脱离身体的灵魂状态，梦中保留着对身体的记忆。人死之后的灵魂犹如在做一个长梦，直到身体与它重新结合之时。至于死人复活的证据，请看昼夜交替、月盈月缺、暑去寒来、花草枯荣的类似事实。他的结论："所有事物在眼前消失之后都归复以前的状态，所有事情在结束之后重新开始，它们走向结束的目的正是为了重新存在。"[①] 从上面介绍可以看出，德尔图良主要是凭借经验与常识论证灵魂的物质性的。

德尔图良看到，希腊哲学家倾向于分裂灵魂与肉体的缘由在于否认肉体和物质的价值。他说："按柏拉图的说法，肉体是监狱，但按使徒的说法，肉体是'上帝的殿堂'[②]，因为它在基督之中。"[③] 他用上帝用泥土造人，用生气造就灵魂的故事说明"人首先是泥土，只是到了后来才成为完整的人"[④]。他还说，肉体本身是善，而且永恒。人的罪恶出自灵魂的选择，并非如柏拉图主义者所说的那样是由肉体造成的。总之，他把希腊哲学家归属于灵魂的完善性同样归诸肉体。在灵魂与肉体关系的问题上，他比当时的任何哲学家都更接近于唯物主义，受到18世纪法国唯物主义者拉美特利的高度赞扬（详见《心灵的自然史》第一章）。

原教旨主义和唯物主义在德尔图良思想中的结合反映了下层基督徒的素朴宗教意识。他们对统治阶级意识形态的敌视态度以及对"最后审判"的急切盼望和直观理解在很大程度上支配了早期教会、尤其是边远省份教会的主导思想。但是，基督教会的长远目标是取得有教养的上层人物的支持，成为占统治地位的意识形态，因此，教会最终采

---

① 《论肉身复活》，12章。ANF，Ⅲ，p. 553。

② 出自《哥林多前书》3章16节，6章19节；《哥林多后书》，6章16节等处。

③ 《论灵魂》，53章。ANF，Ⅲ，p. 230。

④ 《论肉身复活》，10章。ANF，Ⅲ，p. 549。

用了理性辩护主义而不是原教旨主义的主张，吸取了柏拉图主义而不是唯物主义的灵魂观。

2. 菲力斯

米努西乌·菲力斯（Minucius Felix，2 世纪后期），德尔图良同时代人。在皈依基督教之前曾在罗马当律师。他的生卒年月及历史不详。据现代学者研究，德尔图良的《申辩篇》受到他的对话篇《屋大维》的影响，因此可推测他的著作写于 166 年左右。

《屋大维》记叙了基督徒屋大维和异教徒塞西里之间的对话，作者本人在对话中充当仲裁角色。这是教父典籍中不可多得的富有古典拉丁文典雅风格的作品。弥尔曼在《基督教史》中评论说："以后不论基督徒或异教徒写的著作大概都不会像米努西乌·菲力斯的《屋大维》那样令我们感到回到了拉丁散文的黄金时代。"[①]

塞西里是有良好哲学教养的罗马公民。他认为世界的奥秘是无法知晓的，人的知识是可疑的。只有少数哲学家才具备讨论上帝、世界、命运等问题的资格和能力，大多数没有文化教养的人只要信仰传统的宗教即可。他说："如果你们有从事哲学的愿望，你们中任何够得上伟大的人都要尽可能地效仿苏格拉底这个智慧王子。……承认无知是最高的智慧。从这个源泉产生出阿尔克西劳以及以后的卡尔内亚德和学园派很多人的可靠怀疑，在这一类哲学里，无教养的人谨慎行事，有教养的人做得光荣。……依我所见，不确定的事情让它们待着吧。当许多伟大人物在沉思时，我们不要轻率鲁莽地发表不同的意见，更不要说引进幼稚的迷信和摒弃所有宗教了。"[②] 塞西里提及的阿尔克西劳（Arcesilas）是中期学园派代表人物，卡尔内亚德是新学园派代表人物，

---

① H. Milman, *History of Latin Christianity* Vol. 1, Armstrong, 1899, p. 28. Vol. 4, Chapter 3.

② 《屋大维》，13 章。ANF，Ⅳ，pp. 179 ～ 180。

他所说的“学园派”指皮罗式的怀疑论者，这些人反对“独断论”，要求拖延或“悬搁”判断。塞西里意在说明，那么多有智慧的人尚且不能对神圣东西作出决断，无知识的基督徒岂能断言他们的信仰是终极真理。至于基督教信仰与罗马宗教信仰的优劣比较，这不是一个理论争论的问题，应该由传统来确定。塞西里攻击基督教实践违反传统道德（如“乱伦”）和宗教仪式（如不设神位祭坛），同时赞扬罗马人由于自己的宗教而获得胜利与光荣，以此渲染罗马宗教高于基督教的优越性。

屋大维从理论和实践两个方面进行了反驳。他首先驳斥了哲学家垄断知识的贵族偏见。他说，塞西里不应为“无教养、贫困、无技巧的人民争论天上事物而感到遗憾。他应知道所有人出生时有相似的理性、情感、能力和功能，没有年龄、性别或地位的优越性。他们不是靠幸运获得智慧，智慧是自然赋予的”。并且，穷人不像富人那样只关心财富，他们“不但已经发现了智慧，而且把它传送给别人”。[①]

屋大维接着追溯了希腊哲学中与怀疑论相反的传统。他说，苏格拉底提倡“认识你自己”，但人只有在世界范围内才能认识自己。如果人们放眼世界，他们不能不感到和谐、合理的世界后面的支配者。因此虽然哲学家在其他问题上意见不同，但都异口同声地坚持只有一个上帝。他在列举了泰勒斯、阿那克西曼德、阿那克西美尼、毕达哥拉斯、克塞诺芬尼、亚里士多德、赫拉克利特、芝诺、克里尼雪斯、克吕西普、柏拉图等人的一神论之后说：“几乎所有的哲学家的光荣在于指出了只有一个上帝，虽然用了不同的名称。有人因而认为，或者基督徒就是现在的哲学家，或者过去的哲学家已经是基督徒。”[②] 屋大维用事实证明，希腊哲学的主流不是怀疑论，而是一神论的独断论。他把怀疑论者斥

---

① 《屋大维》，16 章。ANF，Ⅳ， pp. 180 ～ 181。

② 同上书，20 章。ANF，Ⅳ， p. 184。

之为“腐化者、骗子和暴君，他们对自己观点的反驳倒更有说服力”①。

屋大维在实践领域揭露罗马宗教仪式的荒诞与野蛮，指出罗马人种种不道德的行为。他说：“罗马伟大的原因不在于他们的宗教，而在于他们的亵渎。”②罗马人信奉的神祇是从被他们征服的民族那里借来的，如果这些神能庇护罗马人，他们为什么未能庇护最早崇拜他们的民族呢？

屋大维和塞西里的争论虽然针锋相对，但却大有现代绅士“费厄泼赖”（fair-play）的风度。作者米努西乌以仲裁者身份在争论中插入一段话：“你不要在发言顺利时得意，问题还要被双方更充分地争议；因为你的论理追求的是真理，而不是赞扬。……双方在任何事情上都有自己的论证。真理在大多数时候是模糊的，但另一方面，语言有时充满的不可思议的敏锐是被认可的证明有信心的范示，我们尽量仔细地审视每一方，便可在欣赏精确性的同时挑选、批准并采用正确的东西。”③按照这一标准进行的争论最后以塞西里信服基督教的结果告终。米努西乌最后说：“我们高兴而欢快地分手，塞西里为他的信仰而欢欣，屋大维为他的胜利而欢欣，我为一个人的信仰和另一个人的胜利而欢欣。”④他不仅表达出以说理方式说服异教徒的信心，而且表现了当时以及随后的中世纪很少见到的宽容态度。他的娓娓而谈的轻松笔调与德尔图良的咄咄逼人的强硬气势形成鲜明对照。中世纪哲学史学者吉尔松是这样比较两者的：“德尔图良强烈要求基督教在一个异教徒帝国中实现他们的宗教权利，他是不会允许异教徒在基督教帝国里的信教自由的。在他皈依基督教之后，德尔图良似乎完全忘记了他自己为什么

---

① 《屋大维》，38 章。ANF，Ⅳ，p. 197。
② 同上书，25 章。ANF，Ⅳ，p. 188。
③ 同上书，14 章。ANF，Ⅳ，p. 180。
④ 同上书，40 章。ANF，Ⅳ，p. 198。

曾是异教徒的理由。这正是米努西乌·菲力斯从未遗忘之处。在公元2、3世纪的所有护教士中,米努西乌·菲力斯是唯一向我们展示出问题的两个方面的人。"[①]

3. 阿诺毕乌斯

阿诺毕乌斯(Arnobinus,260～327年)曾是北非努米底亚地区的西加城的雄辩术教师,296年皈依基督教,著有七卷本的《反异教徒》,前二卷主要为基督教辩护,后五卷主要批判罗马宗教。他的著作表明了护教士的立场由自卫转向主动进攻的变化。

在《反异教徒》第2卷里,阿诺毕乌斯论及希腊哲学与基督教的关系。他指出,希腊哲学与基督教一样,归根到底也是建立在某种信仰之上的,差别仅在于基督教公开承认自己的信仰,哲学家及其信徒却掩饰这一点。对此他质问道:"这些学派的领袖和创始人发表的这些意见岂不都依靠他们的信念?赫拉克利特看见过火的变化产生事物吗?泰勒斯看见过水产生事物吗?毕达哥拉斯看见过数目生成事物吗?德谟克利特看过原子的组合吗?柏拉图看见过无形体的形式吗?"[②]既然希腊、罗马人如此热衷于哲学家的信念,基督徒为什么不能相信基督的教导呢?根据这个道理,他提出了信仰自由的主张:"你相信柏拉图、毕达哥拉斯、纽曼内斯或任何你喜欢的人;我们相信并信赖基督。"[③]

阿诺毕乌斯虽然要求给予基督徒和其他信仰者同等的权利,他并不承认其他种类信仰、尤其是哲学家的信念同样包含着真理。他从灵魂观入手,证明希腊哲学为错误的信仰、基督教为正确的信仰。他的

---

① HCP, p. 46.

② 《反异教徒》,2卷10章。ANF, Ⅵ, p. 437。

③ 同上书,2卷11章。ANF, Ⅵ, p. 437。

笔锋直指希腊哲学家的一些共同信念，即：灵魂是神圣的，是人的理性本质所在，以转世方式在人体之间轮回，因而是不朽的。阿诺毕乌斯指出，如果灵魂的本性确是如此，“那么还有什么必要从事哲学呢？希腊哲学以净化灵魂为目标岂不是无的放矢？”他说：“灵魂的中性特征和非决定、不确定的本性给哲学留下地盘，为哲学的追寻提供理由。”① 所谓“中性特征”指灵魂本身既非善也非恶，既非有理性也非无理性，所谓“非决定、不确定的本性”指灵魂并非注定不朽，只有那些追求上帝的灵魂才是不朽的，背离上帝的灵魂的命运是毁灭。他认为，只有这种灵魂观才能教诲人们趋善避恶、虔诚信神，只有基督教才达到了希腊哲学不可能达到的目标。

为了说明人的灵魂的中性特征，阿诺毕乌斯指出人的本性并非理性动物，因为人并没有比动物更高的理性。人和动物一样有着七情六欲、生老病死，终生为生存与温饱操劳。如果说人的理性在于理解自己的职责、恪守自己的义务，我们在动物群体中也可观察到类似举动；如果说人的理性在于制作衣物器具，动物挖穴筑巢的活动可与之媲美；如果说人的理性在于语法、音乐、雄辩、几何等技艺，那么这只是说人能学习适应环境的技巧，但任何动物都可以经过训练获得后天的技巧。他得出结论：“这就是人这个宝贵存在者，他被赋予理性这一最崇高的力量，被说成是小宇宙，按照整个宇宙式样造成，但我们看到他并不比野兽更高明，比岩石或石块更加昏昧。”②

为了反驳柏拉图天赋理念的“回忆说”，他设想了一个“隔离的人”的实验，即把一个刚出生的婴儿放在一个与世隔绝的房间，只让一个沉默的、无感情的人抚养他，那么，即使他是柏拉图式的超群绝伦之人的后裔，即使他已经长成三四十岁，试问他有什么知识呢？“在这种情况

① 《反异教徒》，2 卷 31 章。ANF，Ⅵ，p. 446。

② 同上书，2 卷 25 章。ANF，Ⅵ，p. 443。

下，他岂不像一头驴、猪或更昏昧的动物。”[1]

阿诺毕乌斯“隔绝的人”的设想被近代经验论者用作反驳“天赋观念论”的证据。法国唯物主义者拉美特利也有“人是动物”、“人是植物”这种类似的说法。[2] 当然，类似的说法在不同的历史条件下有不同的意义。阿诺毕乌斯要把人的动物性提升到神性，认为只有基督教信仰才使人由动物转变为人。近代唯物论者正是为了抹去人性中的神圣光圈才把人又还原为动物，认为教育和环境造就了人。

4. 拉克坦修

拉克坦修（Lactantius，约 260 ～ 330 年）出生地不详，现在可以确定他是阿诺毕乌斯在西加城的学生，由此可推测他生于北非。他的雄辩术成就超过了老师，以致罗马皇帝戴克里先邀请他去尼科梅迪亚教授雄辩术。大概他在那里信奉基督教，在戴克里先迫害基督徒时失去工作，过着贫困生活。313 年君士坦丁皇帝颁布米兰敕令之后，他被召到高卢，并委以教育君士坦丁之子克里斯普的重任。拉克坦修著作具有凝重典雅的风格，在教父典籍中占有重要地位。代表作是致君士坦丁的辩护辞《神圣的原理》（又称《真正宗教导论》），其他论文包括驳伊壁鸠鲁派和斯多亚派的《上帝的愤怒》、论人神关系的《论崇拜上帝》和反对迫害者的《论迫害者之死》。

《神圣的原理》仍然具有辩护辞的特点，但拉克坦修此时已经无需为基督徒洗刷实践方面的罪名，他集中论述了基督教高于希腊哲学的

---

① 《反异教徒》，2 卷 23 章。ANF，Ⅵ，p. 443。

② 拉美特利说：“把人和动物列入一类对人还是一种荣誉。在未到一定年龄之前，人实在比动物更是一个动物，因为他生而具有的本能还不及动物。……只有教育才把我们从动物的水平拉上来，终于使我们高于动物之上。但是我们不能把这份荣誉给予聋子、先天盲人、白痴、疯子、野蛮人或在森林里和野兽一起长大的人。”（见北京大学哲学系外国哲学史教研室编译：《十八世纪法国哲学》，商务印书馆，1979 年，第 255 ～ 256 页。）

理论优势。他在著作开始宣称自己的目的是使“有学问的人为真正的智慧所指引，无学问的人受真正的宗教所指引”。[①] 真正的智慧与真正的宗教是同一的，因为“没有智慧不能从事任何宗教，没有宗教无法证实任何智慧”。[②] 他指责希腊、罗马文化以宗教与智慧的分离为特征。他在第一、二卷说明希腊、罗马宗教脱离智慧的错误，在第三卷说明希腊哲学家追求智慧但却脱离宗教的错误，第四卷说明基督教将智慧与宗教相结合的优越性，后三卷继续说明基督教是幸福生活的指南，全书以智慧与宗教关系为中心构成了一个严谨的论证。

拉克坦修承认，希腊哲学家已经知道只有一个上帝存在，因此没有参与多神教与偶像崇拜活动。他说：“哲学家已经达到了人类智慧的顶峰，因为他们知道什么东西不存在，但他们却没有能力说出什么东西真实存在。”[③] 因为真正的知识来自上帝智慧，希腊哲学家恰恰缺乏对上帝的信仰，依靠自己的智慧寻求知识，结果无不走入迷途。他说：“哲学包含两个主题：知识和猜测，此外再无其他。知识不可能来自理解力，也不会被思想悟出；因为知识不是人所特有的财富，它属于上帝。可朽者的本性只能从外部接受知识。”[④] 哲学家虽然不承认这一点，但却明白人的理性的缺陷，苏格拉底知道人不可能达到知识，后来的怀疑论者进一步排除了哲学的猜测，阿尔克西劳最后建立的是“一个不再从事哲学的新哲学”[⑤]。人类智慧最后走上了自我毁灭的道路。

拉克坦修接着分别讨论了自然哲学和道德哲学的命运。他说，人对自然的认识介于知识和无知之间，“我们的知识来自起源于天上的灵

---

① 《神圣的原理》，1 卷导言。ANF, Ⅶ, p. 9。

② 同上书，1 卷 1 章。ANF, Ⅶ, p. 11。

③ 同上书，2 卷 3 章。ANF, Ⅶ, p. 44。

④ 同上书，3 卷 4 章。ANF, Ⅶ, p. 71。

⑤ 同上书，3 卷 4 章。ANF, Ⅶ, p. 72。

魂，无知来自起源于地下的身体”。[1]应该说，人既不能知道自然的一切，也并非对自然一无所知。希腊自然哲学家以他们所知的部分推论全体，声称他们知道一切，阿尔克西劳以他们不知道的那一部分为由，说明他们一无所知。这两种意见陷入了“梦的信念”的悖论：如果一个人做了一个不相信任何梦的梦，试问他是否应该相信这个梦呢？如果他相信这个梦，则他不相信梦；如果他不相信任何梦，则他相信了这个梦。希腊哲学犹如是一场“反对自己、毁灭自身”的噩梦，“如果并非所有东西都可知，如自然哲学家所想的那样，也并非一无所知，如学园派所说的那样，哲学完全熄灭了”。[2]

道德哲学以最高的善和美德为目的，相信哲学是人生的指南。因此塞内卡有这样的定义：“哲学仅仅是生活的正确方法，或诚实生活的科学，或过幸福生活的艺术。我们可以无误地说，哲学是很好地、诚实地生活的准则。”拉克坦修说，哲学家自己的生活驳倒了他们的理论，因为他们甚至不能按照他们提倡的方式生活，他辛辣地说：“过去和现在都有无数没有学问的好人，但哲学家中很少有人在生活中做过任何值得赞扬的事情。”[3]他举了一个例子，库兰尼派创始人阿里斯底甫（Aristippus）与科林斯的著名美人拉尤斯有不正当关系，他说自己与拉尤斯的其他情人根本不同，因为拉尤斯占有他们，而他却占有拉尤斯。拉克坦修不禁喟然长叹：“哎，多么杰出的智慧，还要被好人们所效仿呢！你们真的放心让他来教育孩子如何占有一个妓女吗？”[4]除了对哲学家人格的攻击之外，他还着重攻击了哲学家学说的不道德的社会效果。伊壁鸠鲁和德谟克利特的原子论使人耽于生前享乐、毫不顾忌死

---

① 《神圣的原理》，3卷6章。ANF，Ⅶ，p. 73。
② 同上书，3卷6章。ANF，Ⅶ，pp. 73～74。
③ 同上书，3卷15章。ANF，Ⅶ，p. 83。
④ 同上书，3卷15章。ANF，Ⅶ，p. 84。

后报应;毕达哥拉斯和斯多亚派的灵魂转世说诱导人自杀;即使在哲学家中最有智慧的苏格拉底在败坏了传统宗教的声誉之后,却以狗和鹅起誓,引进了埃及人的动物崇拜;柏拉图的“理想国”蓝图是推翻国家政权的图谋。再说,哲学是经过长期学习之后才能理解的学问,只有少数能受到良好教育的人才能掌握哲学,“哲学背离了多数人”,除了个别例外从来没有人教妇女和奴隶学哲学。[①] 凡此种种,说明哲学家根本没有实现教人过良好生活的诺言;他们无法实现这一诺言,因为只有从上帝那里才能获得生活的真谛。

拉克坦修最后得出结论:“在哲学和神的宗教体系相分离的情况下,从有智慧的教授那里得不到对神的探讨,从宗教祭司那里学不到智慧,这就表明一个不是真正的智慧,另一个不是真正的宗教。……但在智慧与宗教不可分离地结合在一起时,两者必然都是真正的,因为我们在崇拜中是明智的,知道崇拜合适的对象以及崇拜的方式,同时,我们在智慧中崇拜,用举动和行为成全我们的知识。”[②] 这里所说的智慧和宗教分别指理论和实践两个方面。拉克坦修看到希腊哲学缺乏对大众生活的影响力,希腊、罗马宗教缺乏理智与合理性。他也看到基督教的生命力在于它能够提供一种满足人们精神追求的确定性和指导大多数人生活的道德准则,填补希腊哲学自我毁灭的怀疑精神和空洞贫乏的道德说教造成的空白。虽然他对希腊哲学的评价充斥着偏见,但还是指出了基督教取代希腊哲学和宗教的原因与趋势。不知君士坦丁大帝是否在读过他的上书之后才颁布了米兰敕令?但不管如何,《神圣的原理》一书已经从理论上宣布了基督教统治时代的开始,从查士丁到拉克坦修的护教士们终于完成了历史使命。

---

① 《神圣的原理》,3 卷 25 章。ANF, Ⅶ, p. 95。

② 同上书,4 卷 3 章。ANF, Ⅶ, p. 102。

5. 小结：二、三世纪教父与希腊哲学

2、3世纪是基督教哲学的诞生时期。不管当时的基督徒是否情愿，他们都只能从既存的思想材料出发，只能面对希腊哲学遗产创建基督教学术理论。在基督教内部产生了三种不同的立场。一种是诺斯替派，他们无条件地吸收希腊哲学和宗教，将其与基督教义相掺和，臆造出庞杂的体系。虽然这些体系充满着迷信和荒诞，但却是使用哲学解释神、人和世界三者关系的产物。诺斯替派的口号是“因理解而信仰”，他们抹杀了希腊哲学、宗教与基督教之间的原则区别，这些观点遭到早期教父的一致反对。另一种是原教旨主义，持有这一立场的人要求以《圣经》教导的“灭绝”、“废弃”的态度对待希腊哲学，完全听信使徒教诲，至多再添加些东方民族的智慧。原教旨主义是对希腊哲学挑战的不妥协反应，反映了早期基督教下层群众中间普遍存在的反迫害、反歧视的心态。如果说，上述立场代表了两个极端，那么理性辩护主义便是中间路线。这种主张承认希腊哲学的合理性，改造它的异己成分，使之与信仰相调和，用它作为基督教理性化的工具。在宗教与哲学、信仰与理性关系问题上形成的三种立场作为一种理论模式从一开始就被植入基督教哲学之中。我们以后将会看到，在基督教哲学发生转折的关头，这三种立场都会以不同的方式被表达出来。

应该说明的是，早期教父的原教旨主义和理性辩护主义并不是泾渭分明的两个派别，两者都是与诺斯替派异端相对立的正统派。即使最坚定的理性辩护主义者如查士丁、克莱门特等人对希腊哲学的总的评价也是贬多于褒；即使极端的原教旨主义者德尔图良也自觉或不自觉地利用希腊哲学进行思辨和论证。实际上，早期教父受到希腊哲学影响的程度比他们愿意承认的程度要大得多。他们对希腊哲学进行了批判性的总结，对其起源、性质、内容和结局作了广泛的反思，对各派

哲学以及它们之间的关系作了历史性的研究。在以后的中世纪哲学和神学著作中，很少再见到对希腊哲学如此全面的认识。早期教父对希腊哲学的介绍和反思不仅为后来的神学家的改造、利用提供了依据，而且为他们留下了解希腊哲学的资料。

早期教父利用希腊哲学对教义作了初步论证。虽然奥立金已经建立了较为系统的神学理论，但大多数早期教父主要着眼于“肉身复活”、“灵魂不朽”等个别的神学问题，以适应一般基督徒对“最后审判”的期待与理解。他们的论证突破了希腊哲学的灵魂观与物质观，提出了灵魂物质性、个体性以及质料与精神不可分离性等对后世产生深远影响的观点，并且为以后的争论埋下了伏笔。

第四节　“三位一体”问题的哲学意义

325 年的尼西亚会议标志着基督教史的一个重要转折点。参加这次会议的主教在君士坦丁大帝的支持下批准了“三位一体”教义，宣布违反该教义的阿里乌斯派为异端。尼西亚会议不但开创了主教会议判决异端做法的先河，而且开启了长达一个多世纪的神学争论。“三位一体”说本不见诸《圣经》，它的正统性不仅需要教会使用行政手段，而且也要通过神学家的论证才能得以维持。在尼西亚会议之后，教会又先后召开了君士坦丁堡会议（381 年）、弗弗所会议（431 年）、查尔西登会议（451 年），最后才形成了“圣父、圣子和圣灵是同一实体（*ousia*）、三位人格（*hypostasis*）”、“基督的神性与圣父的本质相同（*homoousia*），基督的人性与人的本质相同”、“按人性而言，基督为童贞女玛利娅所生”等正式说法。从哲学的角度看问题，“三位一体”教义引起的神学争论在很大程度上是哲学概念之争。尼西亚信经以希腊文写成，使用了两个重要概念：*ousia* 和 *hypostasis*。这两个词都有“真实的存在”之意，它们在拉丁文中被不加区别地译为substantia，既表示“本体”，又表示“本质”。这是因为在尼西亚信经原文中，这两个词是不加区别地使用的。这封信经全文如下：

> 我们信独一上帝，全能的父，创造有形无形万物的主。我们信独一主耶稣基督，上帝的儿子，为父所生，是独生的，即由父的本质（*ousia*）所生的。从神出来的神，从光出来的光，从真神出来的真神，受生而非被造，与父同质（*homoousia*），天上、地上的万物都是借养他而受造的。他为拯救我们世人而降临，成了肉身的人，受难，第三日复活升天。将来必再降临，审判活人死人。我们也信圣灵。

信经还附有一段谴责阿里乌斯派观点的文字：

> 凡说“曾有一段时间还没有他，在被上帝所生之前他尚未存在”，或说上帝的儿子所具有的是与上帝不同的本体（*hypostasis*）或本质（*ousia*），或是被造的、或是会改换或变化的，这些人都被公教会所咒诅。①

“*ousia*”和“*hypostasis*”作为两个哲学概念，在不同哲学家的著作中有不同的用法。*ousia* 在柏拉图《斐多篇》中意味着“本质”（见该书 65d），在《斐德罗篇》中的意思相同于“定义”（见该书 245e）。亚里士多德用“*ousia*”表示实体。但“实体”也有不同的意义，当亚里士多德认为实体是形式、定义表达的对象、事物的“其所是”时，他和柏拉图

---

① ANF, Ⅷ, p. 262.

一样在“本质”的意义上使用*ousia*这个词的。但另一方面，亚里士多德又用这个词表示个别对象，事物的“这一个”，在此意义上，实体不是本质，而是本体（*hypokeimenon*）。“本体”的字典意义是“躺在……之下”，与“*hypostasis*”（站在……之下）的意义相似，两者都表示“基本的存在者”、“性质和活动的承受者”之意，故译作“本体”。普罗提诺在《九章集》中用“*hypostasis*”表示真实存在着的东西，即太一、心灵和灵魂（见卷2，9章1节；卷5，2章1节，卷6，7章42节等处）。普罗克鲁斯在《神学要义》中也用它表示存在者（见该书命题20）。从上述用法可以看到这样一个大致的区分：*ousia*一般指普遍的、抽象的存在，*hypostasis*一般指具体的、个别的存在。故可用“本质”和“本体”之分表示两者的区别，但这种区别只是相对的、大致的，并没有严格的界定。比如，亚里士多德所说的*ousia*在最原初、最基本、最严格的意义上等同于“本体”（*hypokeimenon*），而新柏拉图主义者所说的本体亦是无所不在的精神实体。当尼西亚信经作者不加区别地使用这两个词时，他们显然也未觉察“本质”与“本体”的哲学意义。

然而，早在尼西亚会议之前一个世纪，奥立金已经使用这两个词区别圣父与圣子。我们在前面已经谈到，奥立金认为作为圣父的上帝是纯粹的精神本体，圣子是上帝的具体形象，是为圣父的精神本体所生、与圣父有别的精神存在。奥立金的区分是以新柏拉图主义的本体高于存在的思想作出的。尼西亚信经宣布圣父与圣子不但本质相同，而且本体也相同，这样就产生了如何区别圣父、圣子乃至圣灵的问题。尼西亚会议之后围绕“三位一体”问题展开的神学争论的哲学意义在于，神学家按照对“本体”和“本质”关系的不同理解来解决问题。比如，若按柏拉图学说，把本体与本质理解为个别分有普遍的关系，那么，圣子和圣父的本质就不可能完全相同（*homo*），只能是相似的（*homoi*），因此就产生了“本质相似论”（*homoiousia*），与尼西亚信经“圣子与圣父本质相同”虽然只有一个字母之增，但却遭到正统派的强烈反对。再如，若按照亚里士多德学说，本质（*ousia*）在严格的意义上等同于本体，那么，圣父、圣子、圣灵在本质和本体两方面都是同一的，它们之间关系便是个体与个体的平等关系，为了说明三者的统一，又要设定一个普遍的精神。于是，亚历山大城主教西里尔及其追随者涅斯多留派把三者统一归结为圣道，违反了“圣子是道”的教义。再者，若说圣子与圣父、圣灵具有共同的本质，那么他就不能具有神性以外的性质，耶稣基督因此也不能具有人性。这样就产生了尤提立斯派的异端观点。

出于对“本体”与“本质”这两个希腊文哲学概念的不同理解，“三位一体”问题的争论在希腊神学家中间进行得尤为激烈。拉丁教会用拉丁文“实体”（substantia）代替了希腊文的“本体”（*hypostasis*）和“本质”（*ousia*），避免了关于本体与本质关系问题的争论。当拉丁教父说上帝是同一实体时，他们坚持了尼西亚信经所说上帝为同一本体和本质的基本立场，同时，他们使用“位格”（persona）这一概念区别了上帝的各别形相（hypostasis），即圣父、圣子和圣灵。然而，“一个实体，三个位格”的说法只是避开了希腊文“本体”与“本质”的歧义所造成的混乱，它却不能避开本体与本质关系问题的哲学内涵。首先，本体与本质关系问题涉及个体与普遍的关系，拉丁教父用“实体”表示上帝的存在和本质，用“位格”表示上帝三个各别的形相和功能，个体与普遍的关系问题以上帝的实体与位格的关系问题的形式被保留下来。其次，“本体”与“本质”的歧义涉及对“是者”（即希腊文*to on*）概念的不同理解。争论上帝的本体与本质是否等同实际上反映了本体与本质何者为先，两者关系如何等一系列形而上学重大问题。这些问题在解释“是者”概念时是不可避免的。《圣经》记载，耶和华对摩西说：“我是我所是”（Ego sum qui sum）（《出埃及记》，3章14节）。对上帝的“是”或“我所是”应该作何解释呢？可以解释为“自在的本体”，也可以理解为“自有的本质”。[①]拉丁教父于是发现他们又回到了本体与本质的关系问题。

根据我们的分析，中世纪哲学的两个基本问题：共相与殊相关系问题以及“是者”的意义问题可以追溯到4、5世纪进行的关于“三位一体”的争论，这就是我们所说的“三位一体”问题的哲学意义。虽然这些问题在当时的争论中还没有明确地提出，神学家对“三位一体”的教义进行论证时已经意识到他们使用的概念的哲学意义。希腊教父阿塔那修斯和拉丁教父普瓦蒂埃的希拉里在神学领域对“三位一体”的维护最为坚决，拉丁学者维克托里纳斯在哲学上对“三位一体”作了全面的论证。他们都或多或少地涉及上述哲学问题。

1. 阿塔那修斯

阿塔那修斯（Athanasius，296～373年）出生于亚历山大城。319年开始任该城教会执事。325年作为主教亚历山大的助手参加尼西亚会议。亚历山大是“三位一体”教义的首倡者之一，早在321年他就革除了阿里乌斯的教籍。328年之后，阿塔纳修斯继任亚历山大的主教职务之后，忠实不渝地恪守“三位一体”教义，拒不接受罗马皇帝的调停，为此多次被罢黜、放逐，但他以不屈不挠的努力赢得了大多数主教的支持。他的名字是“三位一体”正统派的象征。他的著作有《反异教》《论肉身化》《反阿里乌斯谈话录》以及《圣安东尼生平》。

《圣安东尼生平》一书把安东尼的苦修生活奉为真正基督徒的榜样，对隐修制度的兴起发生了很大作用。阿塔纳修斯借助圣安东尼的威望维护尼西亚信经。书中有这样记载：“他说他们的异端是最坏的反基督的急先锋，他教导人们说，上帝之子不是被造的，他也不是从非存

① 现在的《圣经》中译本将这句话译为“我是自有永有”，或“我是自有者”，似没有考虑到“我是自在者”这种译法。

在而来的存在，他是圣父本体的永恒的道与智慧。”[①]

阿塔纳修斯坚持按照文字本义理解教义的原则。比如，他不允许把尼西亚信经中“本质相同”一词解释为“本质相似”。他的信仰以教会认可的权威为准绳，表现了中世纪信仰的典型特征。一般来说，阿塔纳修斯的立场处于理性辩护主义与原教旨主义之间。他认为阿里乌斯派之所以从本体上区分圣父与圣子，根源在于寻求理性解释：他们的依据是哲学本体论，以“两个个体不可能为同一本体”的原则，推导出圣子是圣父创造出来的本体的结论。他说，理性思辩不能达到信仰的神秘深处，“三位一体”、“圣子肉身化”等教义是理性不可理解、但必须无条件接受的信仰。另一方面，他也不赞成完全依赖《圣经》而放弃理性解释，他认为理性的作用在于使信仰避免“无理性”，信仰的神秘性不等于无理性；信仰的可靠性虽然不来自理性，但却可以毁于无理性，因此它需要理性的维护。阿塔纳修斯是希腊教父的典型人物，当代的一本教科书中有这样的评价：“阿塔纳修斯是东方教父的精华，前四个世纪教会学术、政治和精神方面的问题自然地集中反映在他身上。”[②]

2. 希拉里

普瓦蒂埃的希拉里（Hilarius de Poitiers，约 315 ～ 366 年）生于高卢地区的普瓦蒂埃，345 年受洗礼入教，353 年左右任普瓦蒂埃主教，与阿里乌斯派进行不调和的斗争，被罗马皇帝放逐。在 356 ～ 360 年流放生活中，写成《论反阿里乌斯的信仰》著作（又称《论三位一体》），后回原地复位。

希拉里在论证“三位一体”教义时，第一次对《圣经》里上帝的名

① 《圣安东尼生平》，69 节。PNF 2，Ⅳ， p. 214。

② D. L. Carmody, *Christianity: An Introduction*, Wadsworth Publishing Company, Belmont, 1983, p. 99.

称“我是我所是”作了解释。他如此说明了为什么要参加基督教的理由。在皈依基督教之前，他一直在寻求真正的幸福，并且已经明白了这样一个道理：能给予人真正幸福的神不可能为了终止人的生命而给予人生命，这样的神必然是“唯一的、永恒的、全能与不动的”[1]，但在哪里才能找到这样的神呢？直到他读到《圣经》里“我是我所是”这句话时，他才恍然大悟：他苦苦寻求的神原来就是基督教的上帝。上帝说“我是我所是”这句话意味着他的存在是永恒、无限、完满、不可思议的。他肉身化为耶稣基督是为了给人以永恒的生命；希拉里因此在基督教中实现了对真正幸福的追求。希拉里以自己的经历说明坚持“三位一体”教义与人的真正幸福的现实联系，他指出圣父与圣子统一于上帝的“我在”，从而把“存在”概念引入关于“三位一体”问题的讨论。后来的中世纪哲学家大多都是从“我是我所是”这句话的诠释开始他们的形而上学沉思。

3. 维克多里

马里留·维克多里（Marius Victorinus，300 ～ 363 年）出生于北非，在家乡完成学业之后，来到罗马开设雄辩术学校，在哲学与其他学科方面取得成就，353 年罗马人在广场上为他树立了塑像。他曾是基督教的激烈反对者，他对西塞罗雄辩术的注释里有对基督教的揶揄。但终于在 355 年皈依基督教。361 年朱利安命令他在基督教与他的学校之间作出选择，他以关闭学校的决定证实了信仰的忠诚。他的神学著作有《论圣道的产生》《反阿里乌斯》《论本质的交互性》，以及对圣保罗的《加以太书》《以弗所书》和《腓立比书》的注释等。

据奥古斯丁说，维克多里曾翻译过柏拉图著作以及亚里士多德及

---

① 希拉里：《论三位一体》，1 卷 1 章。HCP，p. 579，note 68。

其注释者波菲利的逻辑著作，他在《上帝之城》反驳波菲利时提到，“老圣徒辛普里西安、后来的米兰主教曾经告诉我，有一位柏拉图主义者认为”，虽然《约翰福音》第一段应该为教会所推崇，但后来的“道成肉身，住在我们中间”的说法却不应被采纳。[①] 据信，这里系指维克多里的观点。一个现代研究者也指出：“他的皈依纯粹是或主要是理智上的皈依。”[②] 维克多里面临的困难是如何调和他所熟知的柏拉图理论和他所信仰的基督教义。他的神学著作反映了他按照形而上学的“存在”观念来理解“三位一体”教义的努力。

《论圣道的产生》一文是致阿里乌斯派神学家甘地德（Candidus）的答辩。甘地德依据柏拉图的《蒂迈欧篇》，说明神是永恒不变的、他的存在不是生成。如果圣道由圣父产生，那么圣道就不可能是神。他于是说圣道是上帝首要的创造物，并由此否认了尼西亚信经中圣子“受生而非被造”的说法（注：圣子即圣道）。

圣子或圣道究竟是由圣父或上帝产生还是创造的？这一问题关系到圣子与圣父是否同质共体。上帝的创造是从无中生有，若圣子是被造的，则他的存在来自非存在；但若圣子为上帝所生，则他的存在来自上帝，因而必然与上帝的本质及本体相同。维克多里竭力解决这样一个问题：在什么意义上可以说圣子的存在是生成的？在《蒂迈欧篇》中柏拉图利用巴门尼德的论辩，证明神的存在不可能是生成的，否则的话，他要么生于非存在，要么生于前存在，这两种情况皆不可能。[③] 维克多里却试图证明，圣子的存在既可以生于非存在，也可以生于前存在，关键在于澄清“存在”、“非存在”、“生成”等概念的意义。

维克多里以新柏拉图主义的口吻说，上帝是不可言喻的“一”，他

---

① 奥古斯丁：《上帝之城》，10卷29章。PNF，Ⅱ，p. 200。

② 参见HCP，p. 587，note 2。

③ 关于存在既不可能来自非存在，也不可能来自前存在的论证，见巴门尼德《论自然》（《西方哲学原著选读》，上卷，第32页）。

高于存在、先于存在。如果人们要用“存在”概念理解上帝，那么可以说上帝既是存在又是非存在。他说：“我们应该如何谈论上帝，说他是存在抑或非存在？我们当然可以称之为存在，因为他是所有存在的东西的原因。然而，只要以他为父亲的东西尚未存在，这个父亲就是非存在。另一方面，我们也不能说，甚至不可能想象非存在是存在的原因，因为原因总是高于结果。上帝因而是最高的存在，并且正是因为最高，他又可称作非存在，其意义不是说上帝缺乏所有存在东西的存在，而是说这个同时为非存在的存在应该与仅仅是存在东西的那个普遍性相区别。与那些被生成的东西相比，上帝是非存在；作为生成存在东西的原因，上帝是存在。”[①] 维克多里说上帝是“前存在”（*pro-on*），他不是一个存在的东西（aliquid），而是这一切东西的原因。当然，作为存在者的原因，他必须是所是的一切，但必须把作为原因的存在和作为结果的存在者相区别。在《反阿里乌斯》一书中，他用“是”动词（拉丁文esse或希腊文*to einai*）表示上帝的存在，用“是”的动名词（希腊文*on*）表示事物的存在。两者区别不言而喻：上帝是一切东西的力量和活动，存在的事物是这种力量和活动产生的结果。[②]

维克多里还从“是”动词的意义入手区别“存在”与“非存在”的意义。“存在”就是一切“真正是”和“似乎是”的东西，“非存在”就是一切“真正不是”和“似乎不是”的东西。“真正是”的东西是自在的实体，它们是精神（*pneuma*）、心灵（*nous*）、灵魂（*psyche*）、思想（*noema*）、学理（*paideia*）、德性（*arete*）、理性（*logos*）等。“似乎是”的东西是把握上述实体的“内理智”（intellectualia），它们是上述“外理智”（intellectibilia）在人的灵魂上留下的印迹；人的理智观念是对外部理智对象的模仿，故被当作“似乎是”的东西。“真正不是”的东西是不可

---

① 维克多里：《论圣道的产生》，4 章。HCP，p. 68。

② 维克多里：《反阿里乌斯》，4 卷 19 章。HCP，p. 588，note 4。

能、自相矛盾的，因而是不可想象与表达的非存在。“似乎不是”是潜在的质料，它没有自身规定性，但与形式在一起构成存在事物的规定性，因而是可以想象与表达的非存在。维克多里指出，上帝不属于上述四个层次的存在或非存在，因为不能说上帝是存在或不存在的某个东西；他作为造成一切东西是或不是如此这般的原因，只能有“是”本身的意义，即蕴含着“存在”的“非存在”。

上帝产生圣子就是产生他自身的存在。他说：“圣道的定义是存在。”[①] 这里的“存在”用了“是”的动名词*to on*，以示圣子的存在是圣父的生成活动。“生成”在这里应理解为“自我显露”。他说：“上帝是隐蔽的东西，圣子是上帝得以显现的形式。”[②] 就两者的隐显关系而言，圣父是前存在的“非存在”，圣子是存在，圣父产生圣子意味着非存在生成存在；就两者的因果关系而言，圣父是无规定性的活动，圣子是活动的确定后果，圣父生圣子意味着前存在生成存在。维克多里认为这样便驳倒了阿里乌斯派关于神的存在不可能生成的论证，证明了圣父生圣子的共体性。

维克多里把“三位一体”的神学推广为“三位一体”的灵魂观。他认为，正如圣道是上帝的显相，人的灵魂是圣道的显相，或者说是上帝显相之显相，因此也有“三位一体”的结构。人的灵魂有这样的结构：“神圣灵魂寓于物质性精神之中，物质性精神寓于物质性灵魂之中（即在物质性身体的灵魂之中），物质性灵魂寓于肉欲的身体之中。后者要以前三者净化，才能接受永恒的光、永恒的生活，这就是信仰基督要做的事情。”[③] 人的灵魂包含神圣灵魂、物质性精神和物质性灵魂三个层次。神圣灵魂是圣道的产物，享有圣道的存在；“物质性精神”（*hylico*

---

① 维克多里：《反阿里乌斯》，1 卷 53 章。HCP，p. 588，note 4。
② 转引自 CEM，p. 334。
③ 维克多里：《反阿里乌斯》，1 卷 62 章。HCP，p. 588，note 10。

spiritu）这一概念取自斯多亚派的“普纽玛”，它是有生命力的气息；“物质性灵魂”指与身体结合在一起的理解能力。人的灵魂的“三位一体”表现为人的存在、生命和理解共存一体。但灵魂的“三位一体”与上帝的“三位一体”有本质区别：后者是永恒不变的神圣实体，前者却处于变动之中。他说：“灵魂是一种理性（*logos*），处于精神、理智和物质之间的理性，它能使心灵朝向两个方向活动：或者成为神圣的东西，或者下降到理解的层次。”[①]“神圣”指摆脱肉欲，与圣道融合，“理解”指受身体约束的一般见识。这种说法把新柏拉图主义的灵魂观与基督教“三位一体”说结合起来，体现了“三位一体”教义对哲学的影响。

第五节　卡帕多奇亚的希腊教父

尼西亚会议以后，位于小亚细亚的卡帕多奇亚地区成为继亚历山大城之后的神学中心。卡帕多奇亚的凯撒城在4世纪号称“学术大都会”，在这里出现了三位关系亲密的神学家，他们是大巴兹尔及其弟尼斯的格列高利、他的密友纳西盎的格列高利。

1. 大巴兹尔

大巴兹尔（Basilius Magnus，330～379年）生于凯撒城的一个富有基督徒家庭。年轻时在君士坦丁堡和雅典等地学习雄辩术、医学和哲学。359年回到卡帕多奇亚，在庞蒂克沙漠边缘建立修道院隐居。370年被推选为凯撒城主教。著有《驳罪恶的优诺米的辩解》《创世六天说》《诗篇说》《论利用希腊文学》。

《驳优诺米》是一篇反阿里乌斯派的论文。优诺米说，圣父是“非

---

① 维克多里：《反阿里乌斯》，1卷62章。CEM，p. 338。

生”的,圣子是“被生”的,根据逻辑规则,“非生”不可能等同于“被生”,因此圣父与圣子不可能为同一本体。巴兹尔反对用逻辑规则判断上帝的性质。他说,以辩证法为最高思维准则的人不是神学家,甚至连基督徒也称不上。他明确地提出了圣父与圣子统一于“是者”的观点。他的论证是:虽说上帝是“非生”的,但这种否定性的提法并不表明上帝的实质。上帝的实质(*ousia*)正是他的“所是”(*to einai*)。同样,圣子或圣道的实质也不是“被生”,而是“是者”,由此可证圣父与圣子本质相同。

《创世六天说》由9篇布道演说构成。大巴兹尔遵循字义解释方法,与奥立金揭示有形物的“精神意义”的索隐方法有所不同。他说:“当我听到‘肉体’时,我作如此理解。我按照文字意义理解植物、肉体、野兽、家畜。”[①] 他的解释利用了一些植物学、天文学、气象学和自然史方面的知识。但他的解释仍保留有奥立金方法的踪迹。他认为,上帝在创造我们这个世界之前,已经规定了符合理性的事物秩序,这一秩序是无形的理智实在。上帝之所以把有形的世界附加在理智实在之上,为的是创造一个“教育人的灵魂的学校和训练地以及一切注定要有生有灭的存在物的寓所”。[②] 人的理性要在可见的世界中把握不可见的秩序。他把宇宙的秩序称作“友谊律”:“虽然宇宙整体由不同的部分组成,但它以一个必然的友谊律把这些部分联结为统一、和谐体,即便那些占据着最遥远位置的部分也处于宇宙和谐之中。”[③] 正是这种对宇宙和谐的猜测使他的解释从简单的解文说字走向深邃的哲学思辨。

大巴兹尔认为物质不是潜在的质料,而是世界的基本元素。他设想把事物的一切性质,如颜色、重量、温度、气味等全部分离出去,那

---

① 《创世六天说》,9讲1节。HCP, p. 582, note 75。

② 同上书,9讲1节。HCP, p. 582, note 75。

③ 同上书,1讲5节。HCP, p. 582, note 75。

么所剩的将不是质料，而是虚无；因此，事物的基础不是无规定性的质料，而是有自身特性的物质。它们就是《圣经》中提到的“天”和“地”。“天”指火，“地”指土，它们分别代表最高和最低的物质，由此可以推断另外两个居中的物质：气和水。火、气、水、土分别具有热、湿、冷、干的特性，它们由于性质的彼此接近而混合在一起：干与冷的接近使土与火结合在一起，湿与冷的接近使水必定与气结合，热与湿的接近使气必定与火结合，干与热的接近使火与土结合在一起。这样形成了四种物质彼此联结的循环，从中产生出自然界万物。

大巴兹尔认为不同的世界有不同的物质。按传统的天界与地界的区分，他把宇宙分为神圣世界和自然世界。自然世界由上述四种物质构成，并被包围在由最高物质——火所组成的天空里。天空之外的神圣世界的物质是光。光不是可感的，而是可知的物质，它可以透过天空照射自然世界。因此，光弥漫于整个宇宙，它是宇宙和谐的物质基础。人的灵魂也是在光的照耀下认识到宇宙的秩序。

大巴兹尔还思考了世界与时间的关系。他认为神圣世界是永恒的，因而超越时间，在世界之外，自然世界与时间一起被上帝创造出来，因而处于时间之中，有生有灭。这在他的宇宙图式中意味着时间被封闭在天空之内。由此他作了两个关于时间性质的推论：第一，时间是天空旋转运动的尺度，也是自然界事物位置变化的尺度，时间、空间和运动密不可分地联结在一起。第二，时间随天空旋转一起循环。他说：“上帝创造了时间的本性，指定‘日’为它的量度与标记，以‘周’的重复计算时间的运动。一周是一日的七次重复，这是始于自身，归复自身的循环。它像是永远回归自身的万古之期。因此，他（指摩西）不把时空的开端称作第一天，而是一天，这说明了时间接近于永恒。”[①]

---

① 《创世六天说》，2 讲 8 节。CEM，p. 436。

时间的循环不是永恒的，它是被创造的，因此有开端，它在经过万古长期循环之后也可能终结。针对“时间被创造出来之前有无时间？”的疑问，大巴兹尔强调，上帝不是在时间中创造时间，上帝创造了可以继续重复的“一天”，而不是作为直线系列的起点的“第一天”。如果把时间想象为直线系列，那么在直线的任意一点都可以想象一个在它之前的点，因此想象不出时间的开端。如果把时间想象为循环的周日，那么则可以说，上帝从无中创造出“一天”之时，就是时间的开端。大巴兹尔是第一个对时间问题作出详细论述的神学家，他已经提出了问题的关键，即时间有无开端？世界是否永恒？以后的神学家对时间的思考都以此为焦点。

2. 纳西盎的格列高利

纳西盎的格列高利（Gregorius Nazianzenus，329 ～ 389 年）生于卡帕多奇亚西南部的纳西盎区一个基督徒家庭。在凯撒城与雅典求学期间与大巴兹尔结为密友。357 年回到家乡后，被其父纳西盎主教任命为神父，后升任萨西默主教与纳西盎主教，与大巴兹尔一起与阿里乌斯派展开争论。381 年出席君士坦丁堡会议，曾被提名为君士坦丁堡主教，但未获批准。他的主要著作为 45 篇布道演说，其中尤以第 27 ～ 31 篇被他称作“神学演讲”的五篇最为重要。

纳西盎的格列高利又称作“神学家格列高利”，以示与其他著名的格列高利有别。他是第一个明确地区分神学与哲学、自觉地以神学家身份思考哲学问题的神学家。他说，神学家（*theologoi*）就是与神圣的道（*theologos*）相通的人，或者说，神学家是对上帝作出哲学思考的人。并非所有人都能成为神学家，只有那些在沉思中净化了心灵的人，那些有能力把握论辩、不至于让论辩迷惑信仰的人才能“对上帝作出哲学思考”。并且，也不能对所有人谈论上帝的哲学，特别不能与那些怀着敌意系统地搜集神学缺点的人谈论与讨论神学。[①]他反对阿里乌斯派神学家优诺米的一个重要论点是，优诺米公开地和辩证法学者讨论“三位一体”问题，结果让辩证法的论辩削弱、否定了信仰。格列高利说，除了“三位一体”问题之外，其余的哲学问题都可以公开讨论，使用辩证法自由辩论，比如，“用哲学思考这个世界或其他世界的问题，物质的问题，灵魂的问题，理性的本性、善与恶的问题，复活、审判、奖赏的问题，基督受难问题。在这些问题上，击中要害并无大用，失之也无大碍。但我们在今生只能在很小程度上认识上帝，或许将来会完满一点”。[②]格列高利是按照研究的问题与方法区别哲学与神学的：神学研究上帝，哲学研究世界和人；逻辑推理的辩证法专属于哲学，但哲学思辨的一般特征是理性，并不囿于辩证法。神学使用除辩证法之外的理性思辨，在此意义上，神学是“对上帝的哲学思考”。格列高利关于神学与哲学划界思想长期支配着神学家的立场，直到13世纪托马斯主义兴起之后，人们才对两者的界限有了新的认识。

格列高利的神学以“三位一体”问题为中心。他说，上帝是无限的。这意味着不能给定上帝的定义，因为任何定义都是一种界定。那么，人应当如何称呼上帝呢？他说，上帝有两个名称：“存在”（*on*）与“存有”（*ousia*）。但“存在”并没有告诉我们他是什么。“存有”是上帝所说“我是我所是”的意义，是天启昭示于理性的最高的神圣名称。他说：“准确地说，存有专属于上帝，完全属于他，不因在前在后而受限或减少，应当说，他没有过去或将来。”[③]上帝的无限性表现为两个方面，其一指他好似“存有的大海，无限又无际”；第二指上帝名称不可定义，人只能通过

---

① 《神学演讲录》，27讲3节。HCP，p. 580，note 72。

② 同上书，27讲8节。HCP，p. 580，note 71。

③ 同上书，30讲18节。HCP，p. 581，note 71。

拟人化的方式，或通过被造物所分享的“有”间接地认识上帝。因此，《圣经》里上帝的其他名称都是人造的，仅有比喻意义。比如，“神”这一名称*theos*来自希腊文的*theein*（跑）和*aithein*（照），这一名称表示上帝普及万物的外延意义；其余名称如“永生者”、“造物主”、“圣父”、“圣子”、“圣灵”等都表示“存有”这一神圣名称的内涵意义。

在《神学演讲录》第 31 讲，格列高利又从“是者”（*on*）与“言语”的关系入手说明了理性与信仰的关系。他把一切所是的东西分为四类：被人们谈论的非是者，不被人们谈论的是者，不被人们谈论的非是者以及被人们谈论的是者。第一类是拟人化的神，第二类是非生成的是者，即上帝的“存有”，第三类是上帝创世之前的“无”，第四类是在历史上发生的真实事件。他说：第一类对象在理性之外，第二类对象高于理性，第三类对象低于理性，只有第四类对象才在理性之中。他在另一地方谈到：“要以信仰而不是以理性为指导，认识到你在最接近事情上的弱点，就能判断理性的价值，并知道有一些东西在理性之外。”[①] 理性只能以拟人化的方式间接地思考上帝，只有在爱和信仰之中才能达到与上帝直接相通的神秘境界。他借助了光和镜子的比喻，人的灵魂好比一面镜子，净化灵魂犹如把肉体造成的污染擦拭干净。神学家就是这样的人，他们的灵魂与神圣的道相通犹如“光加叠在光亮之上，我们的黑暗向着光开放，从下面的反射通向上面的光源，等待着极乐的观照，把影像融会于真理之中”。[②] 这样的语言在他的布道演讲中处处可见，给他的思想涂上了神秘主义的色彩。格列高利似乎没有想到，如果说理性不得不借助拟人化的比喻，那么他的信仰不也要借助隐喻吗？不也仍然陷入他要超越的理性与语言的窠臼之中吗？事实上，哲学与

① 《神学演讲录》，28 讲 4 节。CEM， p. 440。

② 同上书，20 讲 1 节。CEM， p. 443。

神学、理性与信仰的区别并不如他预期的那样明显。他对“存有”和“是者”所作的哲学思辨与表达神学信仰的神秘隐喻之间的差异只是语言风格的不同，正如中世纪理性主义与神秘主义的差异往往表现为不同的语言风格一样。

3. 尼斯的格列高利

尼斯的格列高利（Gregorius Nysenus，约335～394年）是大巴兹尔之弟。青年时代入隐修院，曾一度还俗结婚，当修辞教师，后再入隐修院。371年被大巴兹尔任命为尼斯城主教，375年被阿里乌斯派教会罢黜，后又复职。381年在君士坦丁堡会议中积极维护正统教义。主要著作为《论人的构成》《创世六天注》《关于灵魂与复活的对话》《论基督教义》《主教堂讲演录》《摩西的生活》《伟大的教义》等。

尼斯的格列高利在《创世六天注》开端说，他的解释与巴兹尔的《创世六天说》并不对立，但是遵循着不同的秩序。所谓不同的秩序实际上代表了两种不同的解释理论，尼斯的格列高利继承了奥立金揭示隐喻意义的方法，巴兹尔遵循按文字意义的解释。

他说，创世是上帝在时间之外的活动。上帝在瞬间创造出所有事物潜在的种质，并让种质在时间中演化为现实存在的万物，上帝不需要随时干预种质的演化过程。至于《创世记》所写的六天过程，不能按照字面理解它。“六天说”只是隐喻着“灵魂的哲学，说明演化的必然顺序以完善的被造物为最后结果”。[①]“完善的被造物”指人，“演化的必然顺序”指宇宙的形成过程。上帝创世按照从宇宙到人的顺序进行。他凭着思辨，自由地发挥了对宇宙和人的解释。

他说，《创世记》第一句话：“起初上帝创造天地”是“一种概括方

① 《创世六天注》。CEM，p. 447。

式”。“天”和“地”分别代表了“光”和“物质”，上帝在瞬间创造出以光和物质为基本材料的全部宇宙，包括有生命和无生命的存在物以及它们的力量、原因与过程，所有这一切都被凝固在事物的种质之中。物质是不透光的坚固体，光围绕着物质形成天空，并射向天空之外。他的宇宙图式有四个层次，最里层是被天空包围的物质世界，天空是第一重天，天空之外是由星辰日月等天体构成的第二重天，第二重天之外还有第三重天，但《圣经》中没有提到第三重天，因为它“包含着无法用语言描述的天堂的美丽”[①]。

尼斯的格列高利说，人性是在第二重天被创造的，因此人性是无形的理智，这就是《创世记》所说的上帝按照自己形象造人的意思。这还意味着，人性最初是统一的，多样性和个别性只是后来随着肉体附加于人性之上的。《圣经》中说，上帝于第六天造人，意思是：上帝在创造出整个宇宙之后，用物质世界的“土”和第二重天的“人性”创造了人，这是上帝的第二次创造。他的《论人的构成》是中世纪传统中少有的一本充分肯定人的尊严与价值的著作。他把人的尊严归结于人的无主性或自主性，每个人都有支配自身的权威，在此意义上，他是自立的王，正如上帝是王一样。不仅如此，人还是整个物质世界的王，因为他分属两个世界，即身体所在的可见物质世界以及人性所在的精神世界，人处于联结两个世界的特殊地位，他是一个“小宇宙”；他像上帝统治着整个宇宙一样统治着可见的物质世界。

尼斯的格列高利的人论没有采用灵魂与肉体两要素的简单模式。纯粹的人性包括精神和灵魂，人的身体和情感属于可见世界。它们都是人的道德生活不可缺少的因素。人的身体以及由此产生的激情和情欲本身并不是邪恶，它们是在动物王国中保存生命的必要手段。灵魂

---

① 《创世六天注》。CEM，p. 448。

和肉体的关系应从两个方面考察。首先考察情感是否服从灵魂。当情感为理性所驾驭时，“激情产生勇敢的德性，情欲追求神圣与不朽”。反之，当情感支配着理性，“灵魂转向我们在动物身上看到的那种情感”。[①] 从人的情感到动物情感是人的罪恶与堕落的根源。另外还要考察身体对灵魂的作用。他从理性与言语的关系入手考察身心关系。他说，灵魂是理性知识的内在原因，但任何理性知识都离不开言语，灵魂终归以身体器官为求知的工具。并且，身体是灵魂不可弃置的工具，即使人死之后，身体器官发出过的语言声音仍然存留在灵魂的知识内容中。灵魂因而得以保持个性，不至于像柏拉图所说那样忘记生前知识，转移到其他身体，失去专属于某一个人的个性。尼斯的格列高利在知识论中独辟蹊径，为“肉身复活”教义所需的个人灵魂不朽说找到一条新的理由。

尼斯的格列高利把人性的“精神”因素说成联结人与上帝的纽带，精神引导人遵从上帝的戒律过完善的生活。人的精神生活是情感服从理性、灵魂追求上帝的上升道路，它包括放弃婚姻、净化尘念、面对上帝这样三个阶段。他说：“排除了尘世的欺骗与虚幻的人将维系于事物的本体，成为光之子。”[②]“本体”指上帝，“光”指圣道。一旦人的灵魂与圣道相通，就会进入这样一个神秘的境界：“至乐的观照下的美丽越来越清晰，神圣主宰越来越逼近在灵魂面前。在超越的境界，新的快乐层出不穷，每一次都上升到新的高度……那些真正上升的人将永远上升，朝向主的人将永远在广阔的空间沿着神圣的道路行进。”[③] 用神秘主义的语言表达柏拉图主义的灵魂归复观念，这是卡帕多奇亚教父的共同思想倾向。这种倾向上承亚历山大教父思想之余绪，下开

---

① 《关于灵魂与复活的对话》。CEM，p. 451。

② 《赞歌注》，6 章。CEM，p. 453。

③ 同上书，10 章。CEM，p. 456。

中世纪神秘主义之先河。尼斯的格列高利在卡帕多奇亚教父中著述最多，思想较系统，他第一个在哲学上全面论述了上帝、世界和人三者关系这一中世纪哲学的恒常主题，在此意义上，有人说："尼斯的圣格列高利是第一位基督教哲学家。"[①] 这并不是说，基督教哲学开始于尼斯的格列高利，而是说，直到他的著作中，基督教哲学才形成承上启下的传统。

① CEM，p. 156.

第三章　奥古斯丁主义

奥里留·奥古斯丁（Aurelius Augustine，354～430年）生于北非努米底亚省的一个名叫塔加斯特的村镇（现位于阿尔及利亚境内）。其父是异教徒，母亲是基督徒，幼年时从母亲加入基督教。他在罗马教育制度下受到良好的教育，先后在家乡马德拉城的文法学校和迦太基的修辞学校学习文学、语法、修辞、逻辑和哲学。19岁时，奥古斯丁接受摩尼教对恶的解释，成为摩尼教追随者。从修辞学校毕业后，先在迦太基城、后到罗马和米兰任修辞与雄辩术教师。在米兰期间，受大主教安布罗斯的影响，脱离了摩尼教，一度醉心于柏拉图主义和怀疑论的著作。他在《忏悔录》中曾这样记述自己信奉基督教的转变过程：某天正当他在住所花园里为信仰而徬徨之时，耳边响起清脆童声："拿起，读吧！拿起，读吧！"他急忙翻开身边的《圣经》，恰见使徒保罗的教诲赫然在目："不可荒宴醉酒，不可好色邪荡，不可争竞嫉妒，总要披戴主耶稣基督，不要为肉体安排，去放纵私欲。"（《罗马书》，13章13、14节）奥古斯丁年青时生活放荡，先后与两名妇女同居，还生有一子。他觉得这段话击中自己要害，"顿觉有一道恬静的光射到心中，驱散了阴霾笼罩的疑云"。[①] 这段经历就是基督教史上著名的"花园里的奇迹"。387年的复活节，奥古斯丁受米兰主教安布罗斯的洗礼，正式加入基督教。此后他决心放弃教职、返回家乡，母亲死于归途中。在家乡隐居3

① 《忏悔录》，8卷7章29节。PNF，Ⅰ，p. 128。

年之后，于 391 年被当地教徒推选为努米底亚省城希波城教会的执事，395 年升任主教。在任职期间，他以极大的精力从事著述、讲经布道和组织反对异端等活动，他建立的神学堂吸引了远近各地主教，他所在修会成为北非教会的中心，并成为以他姓名命名的修会的前身。他在晚年目睹了汪达尔人的入侵，死于汪达尔人兵临希波城之际。希波沦陷之后，汪达尔人控制的北非脱离了罗马帝国。但奥古斯丁的著作传到西方教会，成为公教会以及 16 世纪之后的新教的精神财富。

奥古斯丁是教父思想的集大成者，他的著作是神学的百科全书。这些著作可分为 5 类。

（1）自传。包括《忏悔录》（397 年）、《回顾》（428 年）以及 270 封信（386 ～ 429 年），这些信的理论部分被编入各种《问题集》和《答复》。

（2）哲学著作。包括《反学园派》（386 年）、《论幸福生活》（386 年）、《论秩序》（386 年）、《独白》、《论自由选择》、《论灵魂不朽》、《论灵魂的量》（387 年）、《论音乐》、《论教师》（387 ～ 389 年）、《灵魂及其起源》（419 年）等。

（3）神学著作。[①]《论真正的宗教》（390 年）、《论信念的用处》（392 年）、《信仰与象征》（393 年）、《基督教学说》（397 年）、《教义基础》（400 年）、《教义手册》（421 年）、《论三位一体》（399 ～ 420 年）、《上帝之城》（413 ～ 426 年）。

（4）反异端著作。包括反摩尼教的著作《公教会之路与摩尼教之路》（388 年）、《反摩尼教论创世记》（389 年）、《论灵魂二元》（392 年）、《反佛图纳论争集》（392 年）、《反佛图纳的摩尼教》（400 ～ 404 年）、《论好的自然》（404 年）；反阿里乌斯派的《论三位一体》（406 ～ 416 年）；反佩拉纠派的《论罪与罪恶的丧失》、《婴儿洗礼》

---

① 奥古斯丁哲学著作和神学著作的内容很难区分，我们只能依著作所要解决的问题作这种区分。

（412年）、《论精神与文字》（413年）、《论自然与恩典》（415年）、《论佩拉纠行动》（417年）、《论基督的恩典和原罪》（418年）、《论婚姻与性欲》（419年）、《论恩典与自由意志》、《论纪律与恩典》、《反艾克兰的朱利安》（412～419年）、《论圣徒的归宿》（428年）、《论坚毅的赠与》（429年），以及反多纳特派的著作《反多纳特派论洗礼》（400年）、《反克里斯康》（406年），等等。

（5）圣文注释和布道。《创世六天文字注》（401年）、《诗篇讲演集》，以及对约翰福音、圣徒信件的大量注释，还有大量的布道演说，涉及日常生活伦理。

在上述卷帙浩繁的著作里，《忏悔录》《论三位一体》《上帝之城》等被公认为奥古斯丁的代表作。其余作品的价值因研究者观点的不同而不等。例如新教神学家对奥古斯丁反佩拉纠派著作尤为重视。虽然奥古斯丁并没有建立完整的哲学体系，但他的著作中包容的丰富哲学思想使他在哲学史上占据着不可磨灭的重要位置。

第一节　“基督教学说”

奥古斯丁生活在古代社会向中世纪社会过渡的转折时期。他目睹了罗马帝国的分裂、衰落和异族入侵，经历了基督教取得统治地位的过程。罗马教会在西罗马帝国皇帝狄奥多修一世（379～395年在位）时期取得了国教的地位，但基督教尚未取得精神上的绝对统治权，它仍然面临来自古代文化传统和新近入侵的异族信奉的原始宗教的挑战，其内部也存在不同教派之间的斗争。奥古斯丁一生的精神生活可以看做各种不同传统、信仰和学说的缩影。我们着重看一看哲学对他的影响。

奥古斯丁在罗马教育制度培育之下通晓古代各科知识。18岁时，他开始读西塞罗著作，对哲学发生兴趣，他把这一经历称作“皈依哲学”。哲学引导他脱离了修辞或雄辩术的局限，追求不朽的智慧。然而，哲学理性的思考却引起他对基督教义的怀疑，使他接受了摩尼教对“恶”的解释。15 年之后，他在米兰受到基督教强烈感染同时，又读到柏拉图学派的著作，发现两者都包含着关于神和道、创世和光照的学说。虽然后来他更强调两者之间的差别，但总的说来，他仍然坚持柏拉图哲学是福音书的前身。两次接触哲学的不同结果使奥古斯丁看出基督教与古代哲学的异同。如果说，以前的护教士往往出于辩护的目的利用古代哲学，或多或少地将这一利用当作权宜之计，那么，奥古斯丁则从自己亲身经历中感受到改造和利用古代哲学的必要性；他的神学是融合基督教义与古代哲学的结果。

在奥古斯丁生活的时代，哲学和宗教之间的区别并不像现代人所想象的那样明显。“哲学”这一概念在罗马后期已成为“幸福生活指南”的代名词。当时一个名叫伏洛（Varro）的人曾写过一本哲学手册（现已失传），他在其中区分了 288 种哲学，它们全都是对于“如何取得幸福生活”这一共同问题的不同回答。奥古斯丁根据这种流行理解，把基督教看做是“真正的哲学”，因为它所关心的也是这样一个问题，并且提供了达到幸福生活的唯一正确途径。在此意义上，他称自己皈依基督教的行动是“到达哲学的天堂”。[①]

奥古斯丁认为，一般人所谓的哲学和作为真正哲学的基督教虽然都以幸福为目标，但两者对于什么是幸福、如何达到幸福等问题有着不同的理解。哲学家视人类的智慧为幸福，以为依靠个人的思维能力和前人的知识遗产便可以获得最高的智慧。他说，事实上，“即使具有极高才智和充裕时间的少数人精通深刻的学问，他们只能研究灵魂的不

---

① 《论幸福生活》，1 卷 1 章 5 节。CEM，p. 345。

朽，而不能找到灵魂的可靠的、真正的幸福”。[1] 哲学家依靠辩理很难得到真理，他们的探索产生各派意见的争论，这非幸福的状态。基督教认为，人的幸福是上帝赐予的福分，只有被上帝拯救的人才会有幸福，只有认识或践履上帝智慧的人才能获得拯救。上帝的智慧和真理已被铭刻在《圣经》之中。《圣经》的作者们才是“哲学家，圣者、神者、先知、真正与虔诚的教师”[2]。除了从人与上帝的关系的角度界定人的幸福之外，奥古斯丁还从价值观角度区别了两种幸福观。基督教认为永恒的幸福在来世，哲学家则只承认现世的幸福，把来世看做不可知或不确定的命运。基督教和古代哲学家的区别不是宗教和哲学的区别，而是“真正的哲学”与“现世的哲学”之间的区别。[3] 因此，使徒保罗在《歌罗西书》中提醒信徒防范现世哲学，并不是反对哲学本身。

即便是普遍流行的现世哲学，也能为基督教所利用。奥古斯丁提出“基督教学说”的概念，目的在于吸收和采纳古代文化遗产，特别是哲学，建立基督教神学理论。他说：“如果那些被称为哲学家的人，特别是柏拉图主义者说了一些确实为真的、与我们的信仰相一致的话，我们不应该害怕，而要把这些话从它们不正当的主人那里拿过来，为我们所用。”[4] 这段话表明了奥古斯丁对古代哲学的态度，有两点值得我们注意。第一，根据他的说法，某些哲学家的观点之所以能够为基督教服务，原因在于它们不是哲学家本人的发明，它们是上帝恩赐给人类的精神财富，但却被“邪恶、不正当地奉献给恶魔”，基督徒“应该取回它们，用于传授福音”。他强调指出：“异教徒各科学问不只是错误和迷信的幻觉、殚思劳神的谜团，……也含有适合真理之用的自由学科

---

① 《论三位一体》，13 卷 9 章 12 节。PNF，Ⅲ，p. 173。
② 《上帝之城》，18 卷 41 章。PNF，Ⅱ，p. 385。
③ 《论秩序》，1 卷 11 章 32 节。CEM，p. 346。
④ 《论基督教学说》，2 卷 40 章 60 节。PNF，Ⅱ，p. 554。

教育、极为卓越的道德规则以及一神崇拜的真理。”[①] 第二，奥古斯丁指出，古代哲学需要经过一番改造，才能被基督教所利用。他虽然以《出埃及记》里以色列人掠夺埃及人财宝为例，说明基督徒也可以合法使用异教徒的精神财富，但他接着指出：“以色列人在出埃及时带走的金银衣物与他们后来在耶路撒冷所罗门王统治的鼎盛相比是贫穷的，同样，从异教徒书籍中搜集到的有用知识与神圣典籍的知识相比也是贫乏的。不管人们从其他来源学习到什么东西，都要谴责有害的，包容有用的。”[②] 当然，“有害”与“有用”是按《圣经》为标准作出的价值判断，基督徒应在信仰指导下对古代知识进行去芜存真的清理。

奥古斯丁提出的“基督教学说”的概念是对以往教父关于理性与信仰关系思想的一个总结。他指出，理性和信仰并不是对立的两极，两者存在着彼此交叉的关系：“并非一切思想都是信仰，因为人们常常为了拒绝信仰而思想；但是，一切信仰都是思想”；信仰属于思想范畴。奥古斯丁于是给信仰下了一个著名的定义：“以赞同的态度思想。”[③] 奥古斯丁看到，思想或对思想对象持怀疑、批判和否定态度，或持赞同态度，这两种态度都是合乎理性的。任何怀疑与批判都是从某些无可置疑的前提出发，这些前提就是信仰的对象；另一方面，信仰并非无思想的盲从，它是以相信权威为前提的思想；若无被信仰的前提，也就不会有对信仰的进一步思考和理解。上述分析说明，在人的思想过程之中，否定、信仰、理解彼此交叉，那么，如何界定信仰与理性的关系呢？

奥古斯丁从信仰与理解的先后关系入手区别了三种不同的思想对象：第一种是只能相信、不能或不需要理解的东西，如历史事实；第二

① 《论基督教学说》，2 卷 40 章 60 节。PNF，Ⅱ， p. 554。

② 同上书，2 卷 42 章 63 节。PNF，Ⅱ， p. 555。

③ 《论圣徒的归宿》，5 章。PNF，Ⅴ， p. 499。

种是相信和理解同时起作用的对象，如相信数学公理和逻辑规则的同时也是理解它们；第三种是只有先信仰、然后才能够理解的对象，这些是关于上帝的道理。他说："有些东西必须在相信上帝之前被理解；但是，对上帝的信仰帮助一个人理解得更多。……因为信仰来自聆听，聆听得自基督的布道，人们若不理解布道者的语言，何以能够相信他的信仰呢？另一方面，有些事情必须先被相信，然后才能理解，正如先知所说：'除非你相信，否则你将不会理解'，因此，心灵由相信进而理解。"①一方面，理性为信仰作准备，语言的意义、权威的地位都需要通过理性被接受；另一方面，信仰为理解开辟道路，信仰不是基督徒精神生活的终点，而是一个新起点，他们从这里出发踏上了智慧的旅途。或者说，信仰为理性打开了理性凭自身无法进入的领域，帮助理性理解那些凭自身无法理解的对象。奥古斯丁虽然坚持"信仰，然后理解"的基本立场，但两者的先后关系不是绝对的。如上所述，在信仰之前，亦需要某种程度的理解，否则人们将不会"以赞同的态度思想"；在信仰之后，更需要对信仰作更深入的理解。奥古斯丁后期似乎更加强调信仰对理性的依赖。他在一封信中写道："上帝不可能憎恨他所创造的、使我们优于其他动物的东西。让我们把信仰看做迎接与追寻理性的序曲，因为如果我们没有理性的灵魂，我们甚至不能信仰。"②

综上所述，奥古斯丁"基督教学说"包含着神学与哲学，信仰与理性关系的论述。这些论述对中世纪思想产生了重大影响。首先，基督教学说是基督教的理性主义基础，集神学与哲学于一体，构成了中世纪意识形态的基本模式。信仰与理性的关系问题在这一模式中具有重大意义。其次，奥古斯丁为以后的神学家提供了如何利用和改造古代哲学的榜样。比如，13世纪的托马斯以同样的方式对待亚里士多德哲学，

---

① 《布道辞》，18章3节。PNF，Ⅵ，p. 314。

② 《信件集》，120件3节。EMP，p. 532。

他看得很清楚:“圣奥古斯丁充分地利用了柏拉图主义者的学说,每当他在这些人的教诲中发现与信仰相符合的东西,他采用之;当他看到与信仰相反的东西,则修订之。”[①] 最后,用历史主义的眼光看问题,奥古斯丁的基督教学说一方面压制了古代哲学中业已衰败、失效的怀疑、批判精神;另一方面又在神学的形式下保存和发展了古代哲学的某些前提、原则以及论证、求知的理性方法。有位现代研究者评论说:“他的态度代表了一种对衰败的古代世界的有效的、重要的认识,……代表了那个时代人文主义的最后阶段。”[②] 如果我们把这里所说的“人文主义”理解为古代教育传授的各科知识的总汇,而不是以人为本的价值观,那么,这种评价是可以接受的。

第二节 光照论

奥古斯丁对待基督教经历了从怀疑、背弃到信仰的曲折反复过程,并有“蒙主召唤”的奇迹般体验。根据个人的经验,他把人的认识看做从低级到高级、最终达到信仰上帝的过程。他的认识论围绕着神学问题展开,即,人如何能够确信上帝?

奥古斯丁解决这一问题的出发点是肯定人的日常知识具有确定性。当时的怀疑论者认为,一切知识都不可靠,感觉和理性不能确信任何对象。奥古斯丁在《反学园派》中指出,即使怀疑论者也有自己确信的真理,比如,他们不能怀疑形式逻辑的矛盾律,否则不能表达自己的怀疑。即使最初步的认识——感觉也是可靠的。比如,当船桨在水中被看成弯曲的时候,眼睛并没有欺骗我们;只是当心灵把船桨判断为弯

---

① 托马斯:《神学大全》,1 集 84 题 5 条。PMA, p. 510。

② H. I. Marrou, *Saint Augustin et La Fin de La Culture Antique*, E. de Boccard, Paris, 1938, p. 353.

曲的时候，错误才会发生。感觉的作用只是把事物的外形呈现给我们，不能“要求感觉提供它们所不能提供的东西”，即，要求感觉提供判断真假的标准。

在《论自由选择》一文中，奥古斯丁针对“一切都可以怀疑”的说法，提出了一个有力的反诘。他说：“我问你：‘你存在吗？’你是否害怕被这一问题所欺骗呢？然而，如果你不存在，你也就不可能被欺骗了。”[①] 希腊哲学中最彻底的怀疑论者莫过于皮罗，皮罗主张“悬搁判断”，因为对任何一个问题的肯定和否定都能同时成立。奥古斯丁的反驳针对的正是这一主张，他说，怀疑是为了避免被欺骗，但只有相信自己存在的人才会害怕被欺骗，才会从事怀疑。换而言之，“我怀疑，故我存在”，这是任何人也不能怀疑的真理。奥古斯丁继续推论：“既然你确实存在，那么你只有活着才能知道这一点，因此你也确实活着，你知道这两件事绝对为真。”[②] 他的论辩说明，至少有三件事是我们确信不疑的：我存在，我活着，我在理解。如果怀疑论者怀疑这些，他们的怀疑将无法进行。现在的哲学史家普遍注意到，被称作“近代哲学之父”的 17 世纪哲学家笛卡儿的第一命题是“我思故我在”，他也是用这种“釜底抽薪”的方法排斥“普遍怀疑”的：怀疑论者不能怀疑我在怀疑，我在怀疑（“我思”）表明了我的存在。当然，两者在单个论证方面的相似不足以说明他们哲学的联系。笛卡儿的“我思故我在”是一切确定性的基础，奥古斯丁的“我怀疑，故我存在”只不过是确定性的一个表征，其依据和基础需要继续探讨。

奥古斯丁关心的主要问题并不是知识的确定性。对他来说，人类已经把握的知识的确定可靠性是显而易见、不容置疑的事实。他竭力探究的问题是：人的确定知识是从哪里来的？人的理性有无凭借自身

---

① 《论自由选择》，2 卷 3 章 7 节。PMA，p. 34。

② 同上书。PMA，p. 34。

发现真理的能力？通过对这些问题的讨论，他把上帝的恩典引进认识论。不过，他并没有直接诉诸教义宣扬上帝的全知全能，而是以缜密的推理论证了人的认识依赖上帝的必要性。

奥古斯丁论证以柏拉图主义的知识等级观念为基础。他把人们获得知识的能力分为感觉和理性两种。感觉又分以身体为感官的外感觉和以心灵为感官的内感觉。人凭着外感觉把握外界有形事物，凭着内感觉把握外感觉，凭着理性把握内、外感觉，即，用理性对感觉的内容进行判断。这样，有形事物——外感觉——内感觉——理性构成了一个由低级到高级的等级。在这一等级中，高级者与低级者的关系是认识与被认识、判断与被判断、把握与被把握的关系。奥古斯丁说："很明显，有形事物被身体感觉所感知，身体感觉不能感知自身；内感觉不但可以感知被身体感觉所感知的有形事物，而且可以感知身体感觉自身；理性却认识所有这一切，并且认识自身。因此，理性拥有严格意义上的知识。"① 所谓"严格意义上的知识"指确定的真理。按照柏拉图主义的解释，"确定"者为永恒不变的、绝对的，与处于流动变化状态的、相对的感觉内容截然有别。奥古斯丁说，人的理性包含的数学命题和像"人人都追求幸福"等哲学命题都属于确定的真理。奥古斯丁问道：理性与真理的关系如何？这个问题有三种可能的答案：真理低于、等于或高于理性。奥古斯丁依次讨论了这三种可能性。

首先，真理不可能低于理性。论证如下：在先前已确定的认识对象与认识者的等级之中，认识者总是处于判断认识对象的优越地位。如果真理低于理性，它将被理性所判断，"我们将不能用它作为判断的标准，而要对它加以判断"。如果理性不以确定的真理为标准，那么它将不会有确定的知识；因为确定的知识有这样的特征："我们的心灵使我们不

---

① 《论自由选择》，2 卷 12 章 31 节。PMA，p. 46。

仅知道如此这般，而且知道应该如此这般。”“应该如此”是一个依规则进行的判断。理性知识不只是事实判断，它必然包含着某些高于自身的判断规则。如果否认了理性的规则，也就否认了理性知识的确定性。因此，真理作为确定的规则，如数学、逻辑规则，不可能低于理性。

其次，真理也不可能等于理性，或者说，理性不可能于自身中制造出确定的规则。因为，理性是人的心灵状态和过程，处于流动变化之中，“如果真理等于理性，那么它也将是变动的”；但真理不可能随着人的理智状态的变动而变动，“我们的心灵有时认识得多，有时认识得少，因而证明了自身的可变性。但真理却固守自身；它不因我们认识得多而夸张，也不因我们认识得少而短缺”。真理是永恒不变的，而人的理性却是变动不居的，两者不可能相等。

奥古斯丁的结论说：“如果真理既不低于、也不等于我们的心灵，它必然比心灵更高级、更优越。”[①] 在认识的等级系列上，处于最高级的是真理，处于最低级的是被认识的外部对象，人的感性知识和理性知识居于中间。这是一个经奥古斯丁修改的柏拉图主义的认识图式。

“真理”这个词有广义与狭义之分。广义的真理指确定知识表达的对象，它们相当于柏拉图所说的“理念”；狭义的真理指知识的最高对象和来源，相当于柏拉图所说的“太阳”的喻义。奥古斯丁使用神学语言，把广义的真理说成“光”，把狭义的真理等同为“上帝”，《圣经》中已有道是“普照一切生在世上的人的真光”，是“恩典和真理”（《约翰福音》，1 章 9、17 节）的说法，奥古斯丁将这一教义理论化，提出了“光照论”。我们可以把他的论述分解为神学意义、比喻意义和心理学、语言学的意义加以理解。

奥古斯丁的真理观可以说是对上帝存在的认识论证明。他说：“如

① 《论自由选择》。PMA，p. 46。

果你发现有一个永恒、不变的东西高于我们的理性，你还能不称之为上帝吗？”[①]“真理就是我们的上帝。”[②] 这些话也可作这样的理解：一切真理都存在于上帝之中；并且，真理以光的形式照耀出来。“光照”（illuminatio）是人类获得真理的途径。奥古斯丁对这一途径作了这样的解释：“规则除了写在被我们称作真理之光的书上还能在哪里呢？一切真理的规则被铭刻在这里；并且从这里被移植到正直的人的心灵。但是，这种转移是无形的，正如印章的图形被压在蜡上而无损于图章自身，这些规则在人的心灵上留下自身的印记。”[③] 奥古斯丁用“蜡块”的比喻表达了“天赋真理”的思想：他并不认为，一切知识都需要感觉经验，真理是上帝之光在人心镌刻的痕迹。在此意义上，光照是上帝惠顾人心的恩典。因此，一切有理性的人都或多或少地拥有真理。但是，只有那些信仰上帝、热爱上帝的人才能把真理之光的印记集合起来，使这些最初是模糊的印记凸显为清晰、完整的观念，形成对上帝的认识。他说：“谁认识真理，即认识这光，谁认识这光，即认识永恒，唯有爱才能认识它。”[④] 他把光照、恩典、信仰和拯救等主题串联起来，从神学角度解释人的认识。

“光照”的概念来自柏拉图所用的比喻，柏拉图所说的“理念”的原意是“看见的对象”，引申为“心灵的眼睛”看见的对象，最高的理念“善”是“看”所需要的光源，被喻为太阳。同样，奥古斯丁把上帝比作真理之光，人的心灵好比是眼睛，理性好像视觉。正如只有在光照之下眼睛才能有所见，心灵只有在上帝之光的照耀下才能有所认识。正如没有光线，视觉只是一种潜在的能力，没有真理规则的指导，理性也

---

① 《论自由选择》，2 卷 6 章 14 节。PMA，p. 38。
② 同上书，2 卷 14 章 37 节。PMA，p. 48。
③ 《论三位一体》，14 卷 15 章 21 节。PNF，Ⅲ，pp. 194 ～ 195。
④ 《忏悔录》，12 卷 10 章 10 节。PNF，Ⅰ，p. 178。

不能进行活动。奥古斯丁既把光照作为人类知识的源泉，也把它当作认识活动的先决条件。另一方面，理性与光照的区分只是一种理论上的抽象，在实际中，没有不受光照的理性；理性依其本性自然地趋向光照，正如视觉依其本性自然地趋向光线一样。“光照”这一概念的意义在于首次明确地在认识者和认识对象之外设定了认识的先决条件。认识不仅是主体和对象两者之间的关系，这种关系的建立需要一定的条件。奥古斯丁用“光照”的比喻形象地说明，认识的先决条件是先验的、外在的。近代以来的哲学家则认为，先验的认识条件内在于人的理性，从而突破了“光照论”的神学形式。

奥古斯丁的光照论还包含着对人的认识过程的较为细致的心理分析。如前所述，他把人的认识能力分为感觉和理性。记忆是联系这两种能力的中介，在人的认识过程中起着重要的作用。就其本性而言，记忆属于人的内感觉，它保存着外感觉和其他内感觉的材料。他说，记忆好似一个库房，“在那里，一切感觉都被分门别类，一丝不乱地储藏着，而且各有门户，如光亮、颜色以及各种物象属于双目，声音属耳，香臭属鼻，软硬、冷热、光滑粗糙、轻重、不论身内或身外，都属于身体感觉，记忆把这一切全都纳之于庞大的仓库，保藏在不知哪一个幽深屈曲的处所，以备需要时取用”。[①] 记忆对感觉材料的保存既然是一种“分门别类”的处理，它是按照一定的规则活动的，奥古斯丁说，记忆的规则不来自感觉：“记忆容纳着的数的规则、衡量规则以及无数法则都不是感觉铭刻在我们心中的，因为它们是无色、无声、无臭、无味、无从捉摸的。”[②] 根据他的光照论，这些规则是真理之光压入记忆体内的痕迹，记忆按照一定的规则区分、辨别，安排感觉材料，与理性判断活动相似相通。因此，记忆是依理性方式活动的内感觉。记忆体有两部分内容，

① 《忏悔录》，10 卷 8 章 12 节。PNF，Ⅰ，p. 145。
② 同上书，10 卷 12 章 19 节。PNF，Ⅰ，p. 147。

一是来自感觉的材料，另一是来自真理之光的规则。知识就是两者的结合。奥古斯丁说，“知识”（Cogitare）这个词来自“集合”（Cogere），“知识是理智所擅有的，专指内心的集合工作”。[①] 所谓集合，指心灵根据规则对感觉材料进行分析、综合，从记忆上升为概念的过程。奥古斯丁说：“概念的获得，是把记忆所收藏的零乱混杂的部分通过思考加以搜集，再用注意力把概念引置于记忆之前。这样，原来因分散、疏略而躲藏的东西与我们的思想相稔，很容易呈现在我们思想之中。”[②] 他认为，概念是从记忆体中抽象出来的，记忆对感觉材料的加工处理是概念的基础，通过记忆的中介作用，感觉材料被集中在概念之中。奥古斯丁以记忆为中心环节对人的认识过程所作的分析基本符合从感性到理性发展的自然过程，光照论的神学色彩已被淡化为这一过程的背景。

奥古斯丁是一个修辞学者，对语言现象有着特殊兴趣。他的光照论包含着语言与知识、行为以及心理活动关系的内容。在《忏悔录》中，奥古斯丁曾如此记叙他童年时喃喃学语的经历：“我的长辈并未用任何系统的方法教我词语，……当他们说出一事物名称，并在说话同时移身于该事物时，我看见并猜到：他们想要指出的事物被他们发出的声音称呼。他们的意图由他们身体的动作显示出来。所有人的自然语言是他们的面部表情、眼睛神态。身体各部位的动作，以及表达他们期待、满意、反对或回避的心情和态度的声调。因此，在不断听到位于不同句子的词语的过程中，我逐渐知道它们是哪些事物的符号。在学会说出这些符号之后，我可以表达自己的意志。”[③] 现代分析哲学家维特根斯坦在其名著《哲学研究》开端引用了这段话，把这段话的意义归纳为长期统治着人们对语言看法的“奥古斯丁图画”，这就是：每一个词的

① 《忏悔录》，10卷11章18节。PNF，I，p. 147。
② 同上书，10卷11章18节。PNF，I，p. 147。
③ 同上书，1卷8章13节。PNF，I，p. 49。

意义就是它所指示的事物。然而，奥古斯丁的真实用意与其说是联结词与事，不如说是强调事物独立于词汇、符号。他的《论教师》一书在教育儿子阿德奥达图学习语言意义的过程中说明，事物可以不假语言符号或身体动作而由光照传递到人的心灵之中。

奥古斯丁说：词语的意义在于它们所指示的事物，在语言交谈过程中，"我们应该把握与记住给予词语意义的事物。对事物的把握依赖的不是词语，而是我的眼睛"。[①] 词语的作用在于提醒心灵注意它们所指示的事物，但这种提醒并不是必不可少的。当人们用眼睛把握事物时，所需要的只是光照。奥古斯丁说："不通过任何符号，以显示自身方式发生于我的心灵的事物何止一、两件，而是成千上万件。……正是由于太阳，光弥漫、笼罩所有事物，月亮、星辰、地球、海洋以及它们承载的无数事物，岂不都由上帝将它们显示于注视它们的人们？"[②] 奥古斯丁在这里还只是谈及太阳光芒对视力的作用。但他接着以类比的方法推及心灵对内在真理的把握。他说，正如眼睛在阳光的照耀下看见可感事物或"俗物"，心灵在"真理的内在的光照"之下把握可见事物或"灵物"。关于"内在的光照"，他作了如此阐述："在记忆的厅堂，我们觉察到事物的印象，这些记忆物可以在心中沉思，可在良心中谈及，不用任何谎言。但这些记忆物属我们私人所有。如果任何人听到我谈到它们，如果他也曾见过它们，那么他不是通过我的语言，而是通过他的记忆中的印象认识到我所说的真理。"[③] 我们在这里再次看到他援引记忆在认识中的作用，说明人的心灵中有内在的真理，这是"我们真正的导师，即驻扎在灵魂中的上帝的不变的力量和永恒的智慧"。[④] 换言之，

① 《论教师》，10 章 35 节。PMA，p. 31。
② 同上书，10 章 32 节。PMA，p. 30。
③ 同上书，12 章 39 节。PMA，p. 32。
④ 同上书，11 章 37 节。PMA，pp. 31 ～ 32。

光照赋予语言以意义和生命，人们通过内在观念、印象来使用与理解语言。维特根斯坦反对把语言的意义归结为心理现象的“私人语言”，认为这是“奥古斯丁图画”的翻版。确实，奥古斯丁的语言观具有很大的影响，即使与之相关的光照论早已成为历史陈迹之后，人们还是自觉或不自觉地接受了他对语言意义所作的解释。

第三节　神学世界观

奥古斯丁始终关注的主题是上帝和人。一般说来，他并没有专门研究自然的兴趣。他在《基督教学说》一书中说，关于自然的知识“可被用来解决《圣经》里的困难”①。他反对自然宗教的迷信，认为自然物的效用在自身的本性，并没有神奇力量或神圣意义。例如关于“星辰的知识”，即天文学和星象学，他的看法是：“虽然这类知识自身并不是迷信，但对《圣经》的解释很少、甚至完全没有帮助；相反，对它的无益的关注还是一个障碍，它与占术士的致命错误有密切关系。”② 奥古斯丁不反对为了实用的目的研究自然，但并不因此把自然看做满足人类需要的实物。他对上帝创造的自然怀有深不可测的敬畏心情。他本人对自然的关注在很大程度上出自两个目的，一是为了解释《创世记》，二是为了证明道德秩序与自然秩序的一致性。我们分专题介绍他对自然世界的解释。

1. 自然的秩序

《圣经》说，上帝创造了自然世界，并以“度、数、衡”安排着自然的秩序。奥古斯丁多次引用这句话，并在不同的场合解释了“度、数、衡”

① 《基督教学说》，2 卷 29 章 45 节。PNF，Ⅱ，p. 549。
② 同上书，2 卷 29 章 45 节。PNF，Ⅱ，p. 550。

的秩序。

所谓“衡”，指以物体的重量安排它们在自然中的位置。奥古斯丁说：“物体因其重量倾向于合适的位置。重量不只是下坠，而是移向适合于它们之处。火倾向上升，石头往下坠。事物为重量所移动，寻找它们的正当位置……在它们的位置之处是不会静止的，只是在进入正当位置之后才停止不动。”[①] 奥古斯丁“正当位置”与亚里士多德“自然位置”的概念相似。这种理论以物体趋向或被迫放弃专有的自然位置解释位移。但亚里士多德的“自然位置”是由物体自身的本性规定的，而奥古斯丁的“正当位置”是由上帝通过赋予物体重量的方式指定的。用“正当”代替“自然”，暗含了奥古斯丁研究自然的伦理动机。我们在后面将看到，“衡”的秩序同样也适用于人的道德生活。

所谓“度”，指按照完善性的程度把事物排列成一个等级系统。《圣经》中说：“上帝最初创造天地。”按奥古斯丁的解释：“一个近乎上帝的天，一个近乎空虚的地；一个上面只有你，另一个下面什么也没有。”地离上帝最遥远，故黑暗不透光，天最接近上帝，故透明光亮。天和地分别处于自然世界的顶端和底端。“地”代表着不定型的物质，构成万物的原始材料，“天”代表了完全脱离物质的精神。天地之间的万物依与“地”的远近（或依与“天”的近远）被排列成从高到低的等级。

奥古斯丁对“天、地”所作的解释在中世纪引起激烈争论，主要原因在于“物质”概念之歧义。拉丁文matter取自希腊文*hyle*，具有“质料”和“物质”双重含义。如果把“地”解释为原初的“质料”，那么它就不具任何形相；如果把“地”解释为“物质”，那么它就是由质料和形式结合而成的有形物体。奥古斯丁考虑到这两种可能的解释，他似乎面临着两难处境：一方面，地既然是上帝创造的，就必然有某种完善

---

① 《忏悔录》，13卷9章10节。PNF，I，p. 153。

性，它不可能完全没有形相；另一方面，《创世记》用“空虚混沌、黑暗深渊”形容地，它似应为无有形相、不可认识的东西。为了解决这一问题，奥古斯丁说，最初的物质虽然“未赋形相，近乎空虚，但已经具有接受形相的条件”，它虽然没有形相，但却“能够接受形相”[①]，他强调，物质不是虚无，而是“近乎虚无”。形相已经潜在地存寓于最初的物质之中。上帝并非先创造质料，然后创造形相，最后使两者结合；上帝在创造物质同时已经使质料和形相潜在地结合于其中，这些潜在的成分随着时间的推移逐渐显现出来、成为现实，于是从无形的物质生成出有形的事物。

按照奥古斯丁的解释，天和地的对立是精神和物质的对立，但却不是形式和质料的对立。无论物质的东西（“地”），还是精神的东西（“天”），都包含着形式和质料，只是物质的形式和质料是有形的（在最初是潜形的），精神的形式和质料是无形的（最终是纯粹现实的）。奥古斯丁本人并没有使用亚里士多德语言（他似乎更熟悉柏拉图主义的语言）阐述形式与质料、潜在与现实的关系。后人用亚里士多德观点解释奥古斯丁的“天地学说”，称之为“普遍质型论”，意思是：世界中一切事物都是由质料（*hyle*）与型相（*morph*）构成，没有脱离形式的物质，或脱离质料的精神。亚里士多德虽然承认个别实体为质料和形式的结合，但他也承认精神实体为“纯形式”，运动的载体、性质的基质为“纯质料”，他的“质型论”不是普遍的。奥古斯丁与亚里士多德观点的差异导致了中世纪围绕着“质型论”是否普遍适用于一切实体（上帝除外）问题展开的争论。

最后，所谓“数”，指事物原型的数列。奥古斯丁说，上帝的称谓“我是我所是”意味着上帝是绝对的存在，与自身等同的存在，所以上

---

① 《忏悔录》，12 卷 8 章 8 节。PNF，Ⅰ，p. 178。

帝也是绝对的"一"。"一"包含着"多",这就是上帝创造万物的原型理念。奥古斯丁吸收了柏拉图、毕达哥拉斯等人关于"数是秩序"、"原型是数"的思想,认为不同原型的完善性程度可以数目加以规定。具有数的规定性的原型按照数列次序排列成完善性渐增的等级。比如,"地"近乎虚无,因此接近于"零","天"接近上帝,因此接近于"一",天地之间的事物原型按照不同的完善性程度,介于"零"与"一"之间。奥古斯丁之所以要在"度"的秩序之外增加"数"的秩序,是为了强调事物的等级与原型的等级的区别。前者由"度"规定,后者由"数"规定。一事物的性质可在一定的范围内适度变化,但它的本质却是不变的,因此有着固定的数的规定性。他说:"理念是事物固定的原初形式和不变的本质。理念没有变化,永恒地包含在上帝的思想之中。"①

奥古斯丁关于原型数列的观念包含着被后人推演出来的"多型论"。在一个递增数列中,后面的数包含着前面的数。如果原型的等级秩序可由数列规定,那么可以想象,高一级的原型必然包含低一级的原型,被高一级原型规定的事物必然同时也享有低于它的事物的原型。例如,最低级的事物只有"形状"原型,高一级事物除有"形状"之外,还有"颜色"、"声音"、"气味"、"硬度"等等,事物越高级,它所分享的原型就越多。一般说来,一个事物有多少可辨认的特质,它就有多少原型。这种原型观念与亚里士多德的"形式"概念不同。亚里士多德认为,形式决定一事物的本质属性,一个事物只有单一的形式。两者的分歧造成了后来实体论中"多型论"与"单型论"的争论。

2. 种质论

奥古斯丁在解释《创世记》时,运用古代形而上学和自然哲学的概

---

① 《问题集》,46 题 2 节。CHP, Ⅱ(Part 2), p. 75。

念解决一些神学难题。种质论正是在这种背景之中被提出的。在后期写作的《创世六天文字注》里，奥古斯丁在《圣经》里看到关于创世过程的两种不同说法：一是《创世记》中上帝在六天之内创造世界的说法，另一是《德训篇》中上帝在瞬间创造一切（18 章，1 节）的说法。奥古斯丁采用了“瞬间说”，认为“六天说”只是一个帮助人们想象的比喻。但“瞬间创世”似乎有悖于事物有生有灭的自然现象。对此，奥古斯丁解释说，创世是“潜在地”、“不可见地”进行的，是从“原因”与“种质”上的创造，或者说，潜在的、不可见的种质是万物生成的原因，上帝通过瞬间创造出一切事物的种质控制了万物的生成。“种质”这一概念因此成了他的世界观的关键所在。种质（rationes seminales）概念取自斯多亚派所说的“种子理性”（*logoispermatikoi*）。“种子理性”是斯多亚派按照生物学法则对事物的生成、繁衍和发展所作的解释。他们认为，每一事物都在自身内包含着特殊的“种子”，种子规定该事物的本质属性。当一事物的形体生成另一事物时，也将自己的种子植入后者，犹如父亲的赋性传给儿子一样。奥古斯丁认为，上帝最初创造出全部事物的种质，让它们以后在时间中复制、展开，表现为各种性质的有形事物，这是一个由潜在到现实的发展过程，始终受着世代交替的种质的控制，在此意义上，上帝通过种质控制了自然的进程。奥古斯丁说：“自然的正常进程服从于自身的自然律。据自然律，一切有生命的被造物具有特殊的禀性，无生命的物质元素同样也有特定的性质和力量。它们按照自己的功能活动，在活动中发展，除此之外不服从其他方式。一切事物都按照最初的原则，在恰当的事件中，在合适的时间里出现，并且每一个都按照它的本性衰败消亡。”[①] 引文中“自然律”、“最初的原则”指种质。种质是决定自然事物的直接原因，但不是自然的终

① 《创世六天文字注》，9 卷 17 章 32 节。CEM，p. 399。

结原因。终结原因是最初创造种质的上帝。

奥古斯丁说："从事物的内部，从全部原因网络的最高处创造与管辖被造物是一回事——只有上帝造物主可以这样做；但外在地运用他所赋予的力量和能力，在某一时间，以某种方式使被造物存在又是一回事。所有事物最初并从一开始就被编织进要素的网络，它们已被创造，但等待显现的合适机会。如同母亲携带着胎儿，世界携带着将要存在的事物的原因。"[①] 奥古斯丁在这里区别出后来经院哲学所说的"第一位原因"与"第二位原因"。根据这种区分，世界的原因可以从两个层次加以解释，在自然律的层次上，可以根据事物的物理或生物的常规功能解释自然现象，需要研究事物内在的属性、特质。但自然律自身亦有原因，它是上帝按照意志创造出来的。这种区分衍生出这样一个问题，第一位原因只能通过第二位原因起作用，抑或可以直接作用于任何第二位原因起作用的事物？如果强调上帝的意志是绝对自由的，不受他所创造的第二位原因的约束，可以随时地、任意地干预和改变事物的原因，第二位原因实际上失去作用，没有有效的意义。但如果让上帝在创造出第二位原因的一瞬间之后便不再起作用，这又似乎会剥夺上帝统辖世界的权力。中世纪的世界观始终在意志主义与自然理性两种解释的纷争中徘徊。

就奥古斯丁而言，他似乎已经考虑到这一问题的两个方面。他对自然界奇迹的态度表明了一种中间立场。在《上帝之城》中，针对否认尸身复活等奇迹的异教徒，他为自然界的奇迹作了有力的辩护。他说："我们无需理睬那些不承认不可见的上帝制造可见的奇迹的人。因为连他们也相信上帝创造了世界，世界当然是可见的。不管世界有什么奇迹发生，也比不上世界自身这一整个奇迹，我指天、地以及其间的一

① 《论三位一体》，3卷9章16节。PNF，Ⅲ，p. 62。

切。上帝创造了这一切，造物主以及他的创造方式都是人所不可思议之谜。虽然在看惯了自然界的一些奇迹之后，我们很少思索它们，但如果唤起我们去沉思它，他们是比最罕见、最怪异的奇迹更大的奇迹。因为人本身就是一个比任何通过人产生出来的奇迹更大的奇迹。”[①] 不过，奥古斯丁只是在“可见而不可思议”这一意义上谈论奇迹的。在人类看来是“奇迹”的地方恰恰隐藏着某种深不可测的秩序和目的。在他的术语里，“奇迹”并不是一个与“秩序”相对立的概念。在日常语言中，人们把奇迹说成“违反自然”，奥古斯丁纠正了这种说法：“既然造物主的意志是被造物的本性（nature），根据上帝意志发生的事情怎么可能违反自然呢？因此，奇迹并不违反自然，只是违反我们所知道的自然。”[②]

同样，对于上帝的意志与自然律的关系，也可作两种不同的解释。奥古斯丁一方面说：“上帝统治被造物的方式是让它们以合适的运动发挥作用、进行活动。”[③] 在《创世六天文字注》中，他说得更清楚，上帝的全能不是任意的力量，而是智慧的力量。然而，另一方面，他又说，上帝创造另外一些自然并不是不可能的，“上帝把他所创造的自然改变为任何他乐意的东西也不是不可能的，他可以散布大量的被称之为怪物、异物、奇观、非凡的不可思议的东西，……没有规定他的范围的自然律”。[④] 总之，奥古斯丁兼顾了按自然律解释自然和用上帝意志解释自然两种主张。如果把他的所有论述都归结为一种主张，未免失之偏颇。

3. 时间学说

奥古斯丁对时间的性质所作的解释主要是为了应付对《创世记》

---

① 《论三位一体》，10卷12章。PNF，Ⅲ， pp. 188～189。
② 同上书，21卷8章。PNF，Ⅲ， p. 459。
③ 同上书，7卷30章。PNF，Ⅲ， p. 140。
④ 同上书，21卷8章。PNF，Ⅲ， p. 460。

的诘难。比如，摩尼教徒问道：为什么上帝要选定某一时刻，而不在此前或此后创造世界呢？上帝在创世之前在干些什么呢？另外，《创世记》说，上帝在第一天结束时创造了昼夜，这也会使有头脑的基督徒困惑不解："一天"为一个昼夜，在昼夜被创造出来之前，何来"一天"之说呢？奥古斯丁清楚地认识到，如果创世包括创造时间，那么，为了避免逻辑上的自相矛盾，便不能说创世是在时间中进行的。这也是他为什么采用"创世瞬间说"的一个原因。但是，"瞬间说"违反一般人的时间观念。所谓时间，指过去、现在和将来，而"瞬间"只是表示当下的现在。说包括时间在内的世界在瞬间被创造出来，岂不是说"现在"包含着"过去"与"将来"。

奥古斯丁开玩笑说，他准备为提出这些问题的人下地狱去寻求答案。但他不得不正视这些困难。他在《忏悔录》第 11 卷集中讨论"什么是时间"的问题。首先，他提出了这样一个问题：时间流逝不定，稍纵即逝，我们如何把握时间呢？我们把握时间的方式规定了时间的本性。他说："当时间流逝时，它可以被知觉与度量。"[①] 问题的关键在于：时间是如何被知觉与度量的？一般认为，我们在运动中知觉时间，当我们看到物体的运动（比如星移斗转），便有了时间概念。奥古斯丁反驳说，时间是运动的度量，而不是相反；物体在时间中移动，而不是相反。因此，时间是我们观察运动的先决条件，它不应该反过来被运动所规定。再说，即使我们没有看到外部物体的运动，我们在心灵中也可以知觉到时间的流逝。我们体验到的某一心理状态的持续过程就是我们所能知道的时间的量度。奥古斯丁说："正是在我的心灵里，我度量时间。我不管那些（内心的）喧嚣，即不管众多的印象，我只度量时间。流逝的事物留给心灵的印象之持续，是我对现在时间的度量；时间的量度

---

① 《忏悔录》，11 卷 16 章 21 节。PNF，Ⅰ，p. 169。

不是流逝的事物，而是它们造成的印象。"① 这里所说的印象，指知觉状态。知觉虽由外物的作用引起，但它的持续却不取决于外物。外物消失之后，知觉仍能持续。奥古斯丁把知觉的持续称之为现在。

"现在"不只是时间的一部分，而是全部。奥古斯丁的理由可被归纳为两条。第一，任何时间都是可以度量的，"但是，过去的时间已不复存在，将来的时间尚未存在，谁能度量它们呢？除非有人胆敢说，他能够度量不存在的东西"。② 奥古斯丁把时间的存在（esse）与对它的知觉（percipi）等同起来，凡是不被知觉到的时间都不存在。在这里应注意的是，奥古斯丁指知觉的过程而不指知觉到的内容，知觉当然包含过去和将来的内容，但它总是一种当下发生的过程，总是现在的体验。过去或将来的心理过程或体验都不能被说成是现实的存在。第二，一般人所说的过去和将来可以被归结为奥古斯丁所说的现在。他说："很明显，将来与过去都不存在。说过去、现在和将来是三种时间是不妥的。妥当的说法或许是：'有三种时间：过去事物的现在，现在事物的现在和将来事物的现在。'因为这三者存在于灵魂之中，否则我并不认为它们存在。过去事物的现在是回忆，现在事物的现在是看视，将来事物的现在是期望。只是在此意义上，我们可以承认认识到三种时间，有三种时间存在。"③ 就是说，如果按照心理过程的内容区分，那么确有过去、现在与将来之分，即回忆、看视和期望的区别。但这些心理状态都是现在的知觉和体验；或者说，都是对同一现实的度量，即对"现在"的度量。过去和将来都从属于"现在"的时间范畴，它们并没有现实性，只是知觉（或度量）现在的一种方式，只存在于心灵之中。确切地说，过去只是过去的现在，将来只是将来的现在，一切时间都可以归结为现在。

---

① 《忏悔录》，11 卷 27 章 36 节。PNF，Ⅰ，p. 173。
② 同上书，11 卷 16 章 21 节。PNF，Ⅰ，p. 169。
③ 同上书，11 卷 20 章 26 节。PNF，Ⅰ，p. 170。

基于上述讨论，奥古斯丁提出了一个关于时间的定义："对我来说，时间似乎只是延伸（distentio）而已。但我不能确定它是什么的延伸。如果它不是心灵自身的延伸，那就太奇怪了。"①这段话严格地说并不是一个定义。它留下了一系列的问题：奥古斯丁似乎肯定，时间是心灵的延伸。但"心灵"这一概念在古代和中世纪并不专指人的心灵，它也指超越人类的精神（即希腊人所说的"奴斯"）。奥古斯丁似乎不可能仅把时间定义为人的心灵的延伸，否则，时间就只是人的主观状态，而不是上帝的创造物了。上文中的"心灵自身"似应被理解为"上帝的心灵"，这是纯粹的、单一的、不变的心灵，只有"现在"一种时态。上帝创造的时间保持着"现在"的原型，是"现在"的连续延伸，这也是上帝为什么能在瞬间创造出持续长久的时间的道理。其次，时间也是人的心灵的延伸。根据光照论，人的心灵留有上帝思想的印迹，因而可以感受上帝心灵的延续性，因而才有记忆、当下感觉和期望这样三种心理状态的区别与联系。但过去、现在和将来的区分只是人的心灵度量上帝心灵延伸的不同方式。现实存在的时间只是"现在"的延续，因为它是以不变的上帝的心灵为原型的。这些只是我们对奥古斯丁的时间观所作的解释，它可以消除一些因奥古斯丁语焉不详所造成的疑点。

奥古斯丁的时间学说是西方哲学史的重要篇章。现代英国哲学家罗素把《忏悔录》第 11 卷评定为"圣奥古斯丁著作中最好的纯哲学著作"②。现代德国哲学家海德格尔充分评价奥古斯丁时间学说对西方形而上学的深刻影响。他指出，西方形而上学传统的核心是将时间归结为"现在"的观念。他在《存在与时间》第 81 节引用了亚里士多德与奥古斯丁关于时间的定义说明这一时间观的特征。他在另一部著作中指出，亚里士多德与奥古斯丁提出的"时间的两种古代的解释后来成

---

① 《忏悔录》，11 卷 26 章 33 节。PNF，Ⅰ，p. 172。

② B. Russell, *A History of Western Philosophy*, Allen & Unwin, London, 1946, p. 351.

为标准，”他们“对时间现象自身作出了当时堪称为最广泛、真正的主题化研究”。[1] 海德格尔是从批判形而上学的角度介绍奥古斯丁时间学说的。在奥古斯丁的思想体系中，时间学说是他解释“瞬间说”和“种质论”的关键所在，构成了神学世界观的一块基石。

4. 人的自然本性

在奥古斯丁时代，希腊化的异教徒和基督徒都认可了人由灵魂与肉体构成这一观点。但奥古斯丁的思想并没有停驻在这一点上。在一篇早期著作中，他提出了一系列问题：“人们普遍认为，我们由灵魂和肉体构成。出于我们当前讨论的目的，这一共识可视作理所当然。我们在此基础上继续问：人究竟是什么？他是两部分呢，还是只是肉体，或者只是灵魂？因为，虽然灵魂和肉体是两个东西，任何一个缺少了另一个都不能被称作人（一个肉体若不以灵魂为生命便不是人，一个灵魂若没有承受其活动的肉体也不是人），但是，它们中的一个却有时被单独地当成或算作人了。我该说人是什么呢？他是灵魂与肉体的共同体，犹如一对马，或半人马那样的复合动物？或者说他只是肉体，被灵魂使用、统辖着的肉体？如同我们称泥制的灯为‘光’，我们并不是说泥制的器具和火焰一起构成光，我们称灯为光，指的只是火焰而已。或者，我只把灵魂称作人，并考虑到它统辖的肉体？正如我称一个人为骑士，并不指一个人和他的马，但考虑到他所骑的马。解决这些问题是困难的，需要长篇的解释才能使它们易于理解。”[2]

上述三个假定的答案代表了当时流行的三种观点。一是摩尼教的观点，把灵魂和肉体看做势均力敌、相互平行的两个独立部分，分别代

---

① M. Heidegger, *The Basic Problems of Phenomenology*, trans. A. Hofstandter, Indiana University Press, 1982, p. 231.

② 《论公教会之路》，4章6节。PNF，Ⅳ，p. 4。

表着光明和黑暗两种势力。人既是它们展开斗争的战场，又是被它们争夺的对象。二是一些基督徒的看法，他们基于肉身复活的信念，认为人的肉体是灵魂不可离开的寓所，人是包含着灵魂的肉体。三是柏拉图主义的观点，认为人的实质在于灵魂，肉体缺乏自身的独立存在，只是被灵魂暂时利用并终将抛弃的工具。奥古斯丁反对灵魂和肉体平行的二元论，认为灵魂起着统辖肉体的主导作用，但又没有像柏拉图主义那样，完全否定肉体的实体性，总的说来，他的观点是对上述二、三种观点的综合。他采用了柏拉图主义的传统定义，将人定义为“一个使用可朽及世间肉体的理性灵魂”①，另一个意思完全相同的定义是：“人是被赋予理性并适合于统辖一个肉体的实体。”②他的定义把人的本质归结为理性灵魂，同时又肯定灵魂具有统辖肉体的本性，一个缺乏肉体的灵魂不成其为人。然而，肯定灵魂对肉体的主导地位是希腊哲学的共同倾向，奥古斯丁是否仅仅重复了一些过去哲学家说过的话呢？在某些场合，奥古斯丁确实借用柏拉图和亚里士多德的说法。比如，他把灵魂与肉体解释为形式和质料的关系：“灵魂是肉体这一质料的形式，使肉体生活在一个和谐的统一体中，确保和维持它的完整。”③这一说法基本承袭了亚里士多德把灵魂视为肉体的形式的观点。

但是，在奥古斯丁著作中出现了另外一种解释：灵魂和肉体是有主从关系的两个实体，两者的结合是“不相混合的联合”。他说：“我的灵魂的肉体是不同于灵魂的另一个实体，虽然两者在同一个人之间的关系不同于一个人与另一个人的灵魂之间的关系。”④这种解释显示了奥古斯丁思想有别于其他哲学家的特殊之处。亚里士多德不承认人的灵

---

① 《论公教会之路》，27 章 52 节。PNF，Ⅳ，p. 55。

② 《论灵魂的量》，13 章 22 节。CEM，p. 357。

③ 《论摩尼教之路》，7 章 9 节。PNF，Ⅳ，p. 72。

④ 《论三位一体》，1 卷 10 章 20 节。PNF，Ⅲ，p. 29。

魂与肉体在分离时的实体性，柏拉图主义者不承认肉体的实体性。奥古斯丁看到，不承认肉体的实体性不能适应“肉身复活”的教义。他在反驳波菲利等柏拉图主义者时指出，只把肉体看做灵魂临时使用的工具的观点使得柏拉图主义者选择了“灵魂转世论”。他强调：“一个灵魂占有一个身体，造成一个人，而不是两个人。”[①] 灵魂和肉体的个性即它们的实体性，两个实体结合为人，但都没有失去各自的独立性。这样方能解释死人的灵魂和肉体何以能在“最后审判”的时刻重新结合。

奥古斯丁表达肉体与灵魂“不相混合的联合”关系的形象说法是“双重人格论”，即每一个人都是一个“外在的人”和“内在的人”。前者是人的外形、表象，即被灵魂统辖的人体。“内在的人”是“理性灵魂的深幽之处”[②]，关于内在的人与外在的人之间的关系，奥古斯丁写道：“本质自身并不是本质，我们至少可以这样说，被称之为本质的东西是相对内在的东西。当我们说起主人的本质时，并不指内在的东西，而是相对于他与奴隶的关系而言的。然而，当我们谈及人，或者任何只与自我、不与他人有关的东西，他的本质就是内在的。因此，当人被称作主人，他是他的本质，但只是相对的主人。因为相对于自身，他被称作人；相对于奴隶，他被称作主人。回到我们开始所说的观点，可以说，相对而言的本质不是本质。进而言之，纵然不谈关系，相对而言的本质总是其他的东西，如一个作为主人的人，一个作为奴隶的人。”[③] 奥古斯丁这句话堪称黑格尔《精神现象学》中“主人与奴隶”这一章杰作的先声，只是黑格尔的学说具有历史、社会意义，奥古斯丁的论述只强调人的内在意义。他在这段文字中讨论了在何种意义上把“内在的人”，即人的灵魂说成人的本质。就灵魂与肉体的主从关系而言，内在的人只

---

① 《约翰福音注》，19 卷 5 章 15 节。CHP，Ⅱ（Part 2），p. 93。

② 《论教师》，1 章 2 节。PMA，p. 21。

③ 《论三位一体》，7 卷 1 章 2 节。PNF，Ⅲ，pp. 105 ～ 106。

是相对的本质,"总是其他的东西",即不能离开外在的人,亦即人的肉体谈论人的本质。但奥古斯丁强调,内在的人是不与肉体相混合的灵魂,这使得他得以研究灵魂自身的本质,即"只与自我,不与他人相关"的本质。这一本质与"无形的、永恒的理性"相通,它是上帝之光的受体、道德实践的主体。奥古斯丁的人性论有两种倾向:在形而上学和自然观领域中,他出于维护"肉身复活"等教义的考虑,主张参照肉体的实体性来解释灵魂,兼顾人的内、外两方面,反对贬低肉体的柏拉图主义;然而,在伦理观中,他主张在人与上帝的关系中考察灵魂,推崇灵魂纯洁、贬低肉体的柏拉图主义倾向表现得十分明显。

第四节 恶与爱

奥古斯丁说,"内在的人"是上帝的影像,灵魂具有记忆。理解和意志是对上帝"三位一体"的模仿。记忆和理解能力与光照的结合构成人的认识活动,意志的能力与恩典的结合构成人的道德实践。奥古斯丁所说的意志主要指爱,他的恩典说则与恶的解释有关。他的伦理观的主题因此可归结为爱与恶。

1. 恶的性质和原因

恶的性质和起源问题在奥古斯丁的思想发展过程中占据重要地位。他最初以为基督教无法解决这一问题,因此采用了摩尼教的解释。摩尼教的教义为二元论,它用代表善的光明之神与代表恶的黑暗之神的永恒斗争说明恶的普遍性与永恒性。基督教信奉唯一的至善而全能的主宰,于是产生出一系列的问题:上帝造出的人为什么会犯罪?世间的罪恶与邪恶来自何处?如果它们是上帝的创造,这些不与上帝的至善相矛盾?如果它们不是上帝的创造,上帝为什么不阻止、消除它们?

如果上帝不能消除恶，这岂不与上帝的全能相矛盾？等等。这些问题一直困扰着神学家。奥古斯丁在皈依基督教之后，面临的一个重要任务是排斥摩尼教的影响，合理地解释恶的性质与起源而又不违反基督教义。

在奥古斯丁之前，普罗提诺已经把恶定义为“缺乏”。“缺乏”是亚里士多德使用的一个哲学概念，它既非质料，又非形式，既非实体，又非属性，而是指实体与实体之间的过渡状态。“缺乏”不是“虚无”，它是应该有的没有，应该存在的非存在。普罗提诺的观点的意义在于否认恶起源于至善的神。神创造的一切具有存在的本质，恶之缺乏存在的性质恰是对神的创造的违背。

奥古斯丁接受了上述新柏拉图主义的解释，他把恶定义为“背离本体，趋向非存在的东西。……它倾向于造成存在的中断”。[①] 这是从本体论高度对恶的性质作出的解释，应当注意，“趋向非存在”并不等于“非存在”，这一定义并未简单地把现实中的恶化为虚影幻相。在奥古斯丁看来，“存在”与“非存在”是一组相对的概念。上帝创造的世界是存在的等级系统，在其中，低一级事物的存在是相对于高一级事物的非存在。高一级事物的存在是低一级事物存在的根据。如果一事物放弃这一根据，趋向于比它更低级事物，它就是“趋向非存在”、“倾向于存在的中断”。但这一趋向或倾向毕竟是实在的关系、真正的事实。只不过“恶”这种实在和事实的原因不在于另外的实在和事实，而在于自身的缺陷。奥古斯丁说：“我们不应寻找邪恶意志的动力因，而是它的缺陷因。因为这种意志不是其他东西的动力，而是一个缺陷。从最崇高的存在者到不足的存在者之间有差距，由此开始有了邪恶的意志。寻求这些差距的原因，如我所说，不是动力因，而是缺陷因，犹如

---

① 《论摩尼教之路》，2 章 2 节。PNF，Ⅳ， p. 70。

在黑暗处看，于沉默处听，但两者都能为我们所知。前者通过眼睛，后者通过耳朵，所知的不是正面的现实性，而是它们的缺乏。”[①] 希腊哲学里的“动力因”本指一事物对另一事物的作用。当亚里士多德把“动力因”与“目的因”当作同一原因，这种作用特指高一级事物（“目的”）对低一级事物的吸引，或低一级事物对高一级事物的追求。奥古斯丁的“缺陷因”反其意而用之，指低一级事物对高一级事物的拖累，或高一级事物向低一级事物的堕落。在正常的自然秩序中，高一级事物是低一级事物的目的和动力；背离了这一秩序，低级事物反倒成为高级事物追求的目标，它起到与动力相反的作用，故曰“缺陷”。

奥古斯丁运用上述对恶的性质与原因所作的本体论解释分析、说明了各种被称作恶的现象。他在《教义手册》中的分析最为全面，他在这里从三个方面阐述了恶的性质。

第一类恶的现象可称作“物理的恶”，指事物的自然属性造成的损失与伤害，自然灾害，人由于生老病死等生理原因造成的身心痛苦等皆属此类。这一类恶的原因是缺乏完善性。上帝创造的世界包含着具有不同完善性的事物，没有一个具有造物主那样十全十美的本性。但从整体上看，它们都服从完善的秩序。自然界局部的恶在整体上可以是善。他说：“在宇宙中，即使那些所谓的恶，只要能够加以控制，使它处于应处之地，也能增加我们对善的景仰，因为善若和恶比较，就显出更有价值，更可羡慕。……事实上我们所谓恶，岂不就是缺乏善吗？在动物的身体中，所谓疾病和伤害，不过指缺乏健康而已。”[②] 就每一事物而言，它的本性是不完善的，它的存在将会丧失，这些都是“缺乏”意义上的恶。但只要它的本性和存在都处于自然进程，这种恶就只是相对的、局部的、表面的。在此意义上，“如果没有善，也就没有所谓的恶。

① 《上帝之城》，12 卷 7 章。PNF，Ⅱ，p. 230。
② 《教义手册》，11 章。PNF，Ⅲ，p. 240。

一个完全没有恶的善是完善，一个包含着恶的善是善的功能或不完满的善”。[①] 奥古斯丁说，自然界的善可以不借助恶的衬托而存在，但恶却不能不为显扬自然整体的善而存在。它们的存在根本不能否认上帝的善。

第二类恶可以称之为“认识的恶”。这是一种悖理：“把错误当作正确接受，把正确当成错误拒绝，将不确定当作确定固守。”[②] 认识上的错误是真理和谬误、确定与不确定的认识秩序的颠倒，因此也是“缺乏”意义上的恶。认识上的恶的原因是人的理智之不完善，与自然界的恶的原因基本相同。但是，从后果上看，认识上的恶比自然界的恶更危险。有一些人由于认识上的错误背离了对上帝的信仰。比如，学园派为了避免认识错误而否认一切信仰的必要。信仰上帝的人所犯的认识错误虽然不影响被拯救的命运，但“应被看做现世生活的错误，它使我们屈从于虚荣”。[③] 奥古斯丁认为，认识上的恶虽然不是罪，或只是细小、不足道的罪，但比自然的恶更接近于罪。

第三类恶即“伦理的恶”，只有这类恶才称得上罪恶。他说，罪恶是“人的意志的反面，无视责任，沉湎于有害的东西”。[④] 所谓“意志的反面”并不是说罪恶与意志无关，而是说罪恶是意志的悖逆：选择了它不应该选择的目标，放弃了不应放弃的目标。这更是正当秩序的“缺乏”或“缺陷”了。奥古斯丁说，伦理的恶和认识的恶是相关的，“错误与苦难一起产生。当他们在内心感觉到畏缩，这就是恐惧；当心灵为可欲事物所占据，不管它们是如何有害与空洞，错误阻止心灵觉察它们的真实本性，或者说，病态的欲望遮掩了觉察力，沉浸于愚蠢的快乐”。[⑤]

---

① 《教义手册》，13 章。PNF，Ⅲ， p. 241。
② 同上书，21 章。PNF，Ⅲ， p. 245。
③ 同上书，21 章。PNF，Ⅲ， p. 245。
④ 同上书，24 章。PNF，Ⅲ， p. 246。
⑤ 同上书，24 章。PNF，Ⅲ， p. 246。

奥古斯丁把“缺乏”的意义具体化为三种不同类型的恶，它们程度不同，但性质是一致的，都是上帝创造的完善秩序里的缺陷与反常，并且上帝有理由允许这类缺陷与反常。自然的恶与认识的恶可以用被造物相对的完善性解释，对伦理的恶的解释则较为复杂，构成了奥古斯丁思想中最有特色的部分之一。

2. 意志自由与上帝恩典

奥古斯丁认为，伦理的恶起源于人的自由意志，根据不完善事物服从较完善事物的原则，上帝、灵魂与肉体三者的秩序应该是肉体服从灵魂、灵魂服从上帝。然而，由于意志自由是灵魂的禀性，灵魂可以作出服从或违背这一秩序的自由选择。伦理的恶在于秩序的颠倒。“当意志背离了不变的和共同的善，追求个人的善，即外在于自身、低于自身的善，他便在犯罪。”[①] 按照这一说法，人的肉体本身并不是恶，它具有自身的完善性。善恶是灵魂的伦理属性。灵魂的本性是追求比自身更高的完善性，如果反其道而行之，趋向较低的身体的完善性，沉溺于官能享受和肉体快乐，那就是恶。

如果人们继续追问：既然人的自由意志包含着犯罪的可能性，上帝为什么会赋予人自由的意志，他为什么不创造更完善的人，不赋予人只会行善、不会作恶的意志呢？对此，奥古斯丁的回答是：如果是这样，那么，行善或作恶将不再是人的意志的自由选择，而是上帝代替人所作的选择。他说：“不是有意做的事既不是恶，也不是善，因此，如果人没有自由意志，则将不会有公正的惩罚和奖赏。然而，赏罚的公正来自上帝的善，它必然存在。因此，上帝必然赋予人自由的意志。”[②] 这就是说，虽然人的自由意志包含着恶的可能，但却服从上帝的公正这一最

① 《论意志选择》，2 卷 19 章 53 节。PMA，p. 55。
② 同上书，1 卷 1 章 3 节。SMP，Ⅰ，p. 13。

高的善。为了显示上帝惩恶扬善的公正，必须赋予人意志自由，让他们承担自己选择的责任。奥古斯丁在早期著作《论自由选择》一书强调，灵魂的“背离与皈依是自愿的，而不是被迫的”[①]。他的观点可作如此解释：上帝并不干预人的意志的自由选择，上帝只是对自由选择所产生的善、恶后果进行奖惩。上帝的恩典主要表现为赏罚分明的公正，而不在于帮助人们择善弃恶。

奥古斯丁后来的观点发生了明显的变化，产生变化的理论背景是他与佩拉纠教派的斗争。后者的基本立场是坚持性善论，否认原罪说，认为人的命运取决于自己的选择，人只要充分发挥自己的本性，便可以择善从流，获得拯救，不需要上帝的恩典。奥古斯丁在反驳佩拉纠派的论争中似乎已经认识到他的早期观点可能被佩拉纠派所利用，在逝世前几年写的《回顾》一书中，他说，早期著作为反驳摩尼教而作，主要讨论恶的起源，“这些著作没有谈及上帝的恩典”，但“探究恶的原因是一回事，探究我们如何返回原初的善，或达到更大的善，则是另一回事”。佩拉纠派混淆了两者，“最近的佩拉纠异端所说的意志自由论没有上帝恩典的位置，因为他们认定恩典与人的功德相当，这一观点别想得到我的支持”。[②] 奥古斯丁在后期著作，尤其在反佩拉纠派著作中强调，没有上帝的恩典，人的意志不可能选择正当的秩序和真正的幸福，即使戒律也不能强制意志选择善。“因为戒律的教导和要求如果没有恩典便无法实现，这向人们表明了他们的弱点所在。人看到这些弱点才诉诸救世主，他弥补意志的薄弱，使之能够做它认为不可能之事。”[③]

奥古斯丁后期的“自由意志说”受到“原罪说”与“恩典说”的限制。他说，上帝在造人时曾经赋予人自由意志，但自亚当“原罪”之后，

① 《论自由选择》，2 卷 19 章 53 节。PMA，p. 55。
② 《更正》，1 卷 9 章 2 ～ 3 节。PMA，p. 65。
③ 《信件集》，145 封 3 节。PNF，Ⅰ，p. 496。

人的意志已被罪恶所污染，已经失去了自由选择的能力，人已经为罪恶所奴役。在这样的条件之下，只有依靠上帝的恩典，人才能恢复意志自由，或者说，在非奴役、非强制的条件之下作出善的选择，舍此别无他途。奥古斯丁说，自原罪之后，人已不可能依靠自己的行为或抉择获得拯救："他们能够靠自己的善行获救吗？自然不能。人即已灭亡，那么除了从灭亡中被救出来以外，他还能行什么善呢？他能够由意志自行决定行善吗？我再说不能。事实上，正因为人用自由意志作恶，才使自己和自由意志一起毁灭了。一个人自然是在当他还活着的时候自杀；当他已经自杀而死，自然不能自己恢复生命。同样，一个人既已用自由意志犯罪，为罪恶所征服，他就丧失了意志的自由。"[①] 当奥古斯丁说"人已经死了"，他指人已经丧失了善的本性和自由选择的能力；当他说上帝的恩典，他指上帝之子耶稣牺牲自己，为人类赎罪。自基督教诞生之后，人类已经摆脱了自亚当以降的罪恶的奴役，人的意志恢复了选择善或恶的能力，这就是作基督徒或作异教徒的选择。奥古斯丁并没有像后来的"先定论"那样强调"选民"和"弃民"的区别。上帝的恩典表现为赎罪，恢复自由选择的原初条件与能力。至于人们作出何种抉择，那不是上帝预先决定的事项。但同样重要的是，他强调人依靠恩典、而不靠事功与自由意志获得拯救，这里包含着上帝预定，或至少预知人的选择的结果这层意思。韦伯在《新教伦理与资本主义精神》一书中指出，自奥古斯丁之后，基督教中有一种把恩典看作外来的礼物而绝非取决于个人价值的信念，由此而"产生的极度轻松感使罪恶感造成的巨大压力得以缓解"。[②] 可以这样认为，奥古斯丁的恩典说表达了正在取得统治地位的基督教的乐观主义的信念。中世纪教会采用的奥

---

① 《教义手册》，30 章。PNF，Ⅲ，p. 247。

② 马克斯・韦伯：《新教伦理与资本主义精神》，于晓等译，生活・读书・新知三联书店，1987 年，第 77 页。

古斯丁主义是“自由意志说”与“恩典说”的调和。直到宗教改革时，新教神学家才从奥古斯丁反佩拉纠著作中引申出彻底的“前定说”。

3. 爱的伦理学

《圣经》说：“有信、有望、有爱：这三样其中最大的是爱。”（《哥林多前书》，13章13节）奥古斯丁的伦理学是围绕信、望、爱展开的。他对恶的解释巩固了基督教信仰，恩典说鼓舞了基督徒的期望，他把爱作为首推的美德，对基督教之爱作了淋漓尽致的哲学阐述，这就是下面所介绍的“爱的伦理学”。

奥古斯丁说：“就我而言，美德最简单、最真实的定义是爱的秩序。”[①]“爱的秩序”也是一个形而上学概念，指宇宙万物间永恒不变的秩序，因此也被称为“神律”、“永恒律”，它对人心的作用造就了道德规则。他说，虽然神律“固定不变地永驻在上帝之中，但又像是铭刻在贤者的灵魂之中，因而他们知道：心灵对神律的沉思以及维系神律生活的热忱与生活的善和崇高成正比例关系”。[②]铭刻在人心的神律又被称作“自然律”。“自然律”这一概念主要是从人的理性灵魂的自然本性方面对道德律所作的概括。根据光照论的原则，外部世界的秩序必然会以某种天赋的方式，在人的理性上面刻下内在的法律。奥古斯丁说：“理性的判断标准不是实用。理性根据真理之光判断，正确地使低级事物服从于高级事物。实用听从方便的经验的指引，时常把较高的价值赋予那些理性认作较低等级的事物。”[③]他认为人的道德准则是理性的天赋内容，不是为了方便实用的目的从经验中总结出来的行为准则。任何有理性的人只要正确地使用他们的自然能力，都会自觉或不自觉

① 《上帝之城》，15卷22章。PNF，Ⅱ，p. 303。
② 《论秩序》，2卷8章25节。CEM，p. 388。
③ 《论自由选择》，3卷5章17节。PMA，pp. 63～64。

地服从与整个世界的秩序相和谐的道德准则，这里不需要任何实用的考虑与经验的理由。反过来说，每一个犯罪的人都出自某种实用的动机，但即使在犯罪的时刻，他的理性也会在内心告诉他，他不应该这样做。当我们说起天良未泯的罪人，在基督教神学家看来这指自然律即使在罪人的理性里也在起不自觉的、非主导性的作用。

奥古斯丁是最早提出自然律概念的神学家，但在更多场合，他用“爱的秩序”这类术语代替“自然律”的概念。两相比较，“爱的秩序”这种提法更加强调价值取向问题。从历史渊源关系看问题，基督教的自然律概念来自斯多亚派，后者在使用这一概念时也涉及价值取向问题，他们确立了价值的三重标准：可悦、可用与正当；其中“正当”为最高价值，“可悦”的价值最低。奥古斯丁把这三条标准简化为“有用”与“正当”两条，并且作了新的解释。他说：“正当（honestum）是为自身缘故而欲求的东西，有用（utile）是为其他事物的缘故而欲求的东西。”两者的价值不同，需要不同地对待。正确对待正当的东西的方式应该是“享用”（frui），正确对待有用的东西的方式应该是“使用”（utimur）。他说：“我们享用满足我们欲望的东西，使用我们所获取到的东西来满足我们的欲望。”如果仅从字面上看，奥古斯丁对事物的用途以及使用者的态度所作的“正名”努力未免迂腐，但他作出这些区别的良苦用心是为了解决一个重大的伦理学问题，即精神生活与物质生活的关系问题。“享用”和“使用”分别指这两种生活的方式。“享用”的对象是“正当的东西”，但同样是可欲的对象。不过，对它的欲望不是肉体的官能需要，而是心灵的渴望与追求。奥古斯丁说，心灵的正当欲望追求“理智的美丽，即被我们称之为精神的东西”。[①] 如上述引文所示，心灵的欲望和满足都是为了自身的缘故，在自身范围内进行的活

① 《问题集》，83 题 30 节。CEM，p. 390。

动，其结果是达到更高的精神境界，与外部的名利地位与物质享受无关无涉。“使用”的对象是物质生活资料，使用的目的不在自身，即不是为了肉体的满足与享受，而是为了心灵的欲求与享用。

总之，正当与有用、享用与使用、精神生活与物质生活是伦理秩序的两个层次，不能混淆或颠倒。奥古斯丁说：“所有被称之为恶的人类的背逆都在于使用理应被享用的东西，享用理应被使用的东西。所有被称之为美德的秩序在于享用理应被享用的东西，使用理应被使用的东西。”[①] 我们或者可以这样说，使用理应被享用的东西是利用精神生活获取物质利益，是对精神的亵渎；享用理应被使用的东西是以物质享受慰藉心灵的拜物主义。两者都违反了道德准则。道德生活存在于爱的秩序，这就是：全心全意地爱有精神价值的对象，并使用物质资料和肉体的价值为此目标服务。奥古斯丁并未说，人们不能爱好、甚至必须完全抛弃物质与肉体，他的意思只是，对物质、身体的爱好必须服从对精神、神圣对象的爱戴。

与“享用”与“使用”相关的另一区别是“清心”（charitas）与“贪心”（cupiditas）。奥古斯丁在《论三位一体》中指出：“清心是对造物主的爱，贪心是被造物对自身的爱。”[②] 奥古斯丁于是碰到这样一个问题，《圣经》中有“爱你的邻居”的诫命，对他人的爱也是“被造物对自身的爱”，是否也应列为不道德的“贪心”范畴呢？奥古斯丁的解决方法是在被造物中区分了“低于自身或等同于自身”，人对低于自身的事物的爱是贪心，对等同于自身的“他人”之爱可分两种情况：若是为自己而爱他人，则为贪心，若为上帝而爱他人，则为清心，用他的话来说：“我们只能于上帝之中享用那些相同者。”这种补救性的解释捉襟见肘，暴露了奥古斯丁爱的伦理学的一个弱点。他所说的爱主要指个人对神

① 《问题集》。CEM，p. 390。
② 《论三位一体》，9卷8章13节。PNF，Ⅲ，p，131。

圣的精神境界的热忱追求，神学家和隐修士容易在思辨生活中感受到这种爱；但一般基督徒需要兄弟同胞般的集体之爱。奥古斯丁并没有充分考虑人与人的关系，“他人”在其伦理学中既不是能享用的精神对象，又不是被使用的工具，他于是把“他人”列为“在上帝之中”被享用的对象，这种含糊其词反映了他的伦理学的个人主义特征。我们在下面将看到，即使在社会历史领域，他也是在个人与上帝的关系中看待人与人的关系，而不是在人与人的关系中看待个人与上帝关系的。希腊哲学的个人主义精神之所以能够历经中世纪教会大家庭的生活方式而不衰落，实与奥古斯丁的个人主义伦理精神的倡导有一定的关系。

第五节　上帝之城

奥古斯丁的不朽名著《上帝之城》表达了对人类历史和社会的神学说明。他的神学历史观蕴含着“圣史”与“俗史”的区分。俗史是古代史学家记载的历史事件，圣史是上帝启示于人的事件，《圣经》就是一部圣史的记录。《圣经》记载的历史可分为六个阶段，与创世六天相对应。圣史开始于创世第六天人被造出来之后，《旧约》描述的以色列人的历史构成了圣史的前五个阶段，《新约》记载的耶稣活动史是圣史的新阶段，圣史终结于天国来临。俗史发生的时间与圣史的时间平行。奥古斯丁提出圣史与俗史区分主要出自反对齐利亚派（Chiliasm）的实际考虑。该派按照字面意义理解《彼得后书》里“主看一日如千年，千年如一日”（3 章 8 节）以及《启示录》所说基督在一千年之后第二次降临这些话，推断创世六天代表着人类只有六千年历史，其后再过一千年将是世界的末日。奥古斯丁以圣史和俗史的区分取代了对《圣经》历史观的文字解释。圣史结束于天国来临的观点意味着俗史在天启之外，世界末日是不可预测的。奥古斯丁的神学历史观表明当时的教会已经摆脱了早期基督教盼望最后审判的急切心理状态，积极地从事现实活动。

《上帝之城》写于 413 ～ 427 年，它是对 410 年西哥特人洗劫罗马城这一历史事件而引起的思考。为什么罗马城的劫难会引起奥古斯丁如此强烈的反应呢？这是一个涉及基督徒对罗马帝国的感情的问题。罗马统治者对早期基督教的迫害在基督徒中间曾引起强烈的反罗马情绪。《启示录》以“七头巨兽”隐喻罗马（古罗马坐落在七座山丘之上），以身穿紫红衣服、喝圣徒与烈士血的淫妇影射罗马皇帝（罗马皇帝的袍服为紫红色）。然而，基督教在 4 世纪取得合法地位之后，罗马城逐渐被涂上了神圣的色彩。罗马历史学家、基督徒尤西比乌（Eusebius）盛赞君士坦丁大帝在人类历史进程中实现了基督的救世意愿，罗马帝国是上帝用以治疗人类分裂与堕落的工具，当这种看法在基督徒中间普遍流行的情况下，不难想象罗马城的沦陷在基督教内部引起的沮丧气氛以及在异教徒中产生的幸灾乐祸心理。罗马的劫难对基督徒意味着罗马所担负的拯救人类的历史使命的破灭，对异教徒意味着背叛本民族护祐神、转而崇拜基督教的罗马人应得的报应。

奥古斯丁写作《上帝之城》的直接动机是重新评价罗马的历史地位，在此基础上解释了基督教与国家的关系，用乐观主义的神学社会观清除基督徒对世俗政权的依赖心理以及由于世俗政权被挫败而产生的悲观情绪。他力拒尤西比乌的观点，把罗马的兴衰排除在圣史之外。他指出，人类的拯救依赖上帝的恩典和启示，而不维系于罗马的命运。为了打消罗马在人们心目中的神圣形象，他列数罗马城早先对基督教的迫害以及长期流行的骄奢腐化的风气，但他的用意并不是将罗马贬斥为基督教的敌人，他只是说明，罗马只是一个世俗之城，并不是担负着神圣使命的上帝之城。他说，“罗马是一个值得称颂的民族”，但又接着说：“如果你们的天性中有任何优越的品质，那么只是真正的虔诚净化、完善了它，不虔诚扭曲并损害了它。……你们的价值不在自身，而在无瑕疵的真正的上帝之中。你们已经分享了世间的荣誉，但依照上帝的秘密天命，真正的宗教并未提供给你们。”[①] 奥古斯丁的意思似乎是，罗马的光荣来自他们的优越禀性，但他们的多神崇拜毁坏了他们的光荣；罗马的衰落不在于皈依基督教，而恰恰在于对基督教信仰不够虔诚。

“上帝之城”与“世俗之城”的区分的意义不只是解释一个历史事件，它包含着一个完整的国家和社会学说。奥古斯丁所说的“城”（civitate）即“社会”的意思。社会是人的群体，但不是无序的集合。他说：“一个人的群体是一群有理性的存在者就他们所爱的事物达成共同协议而结合在一起。因此，为了知道一个群体的性格，我们只需了解什么是他们所爱。”[②] 根据这一标准，“两种爱组建了两座城，爱自己、甚至藐视上帝者组成地上之城，爱上帝、甚至藐视自己者组成天上之城，前者荣耀自己，后者荣耀上帝”。[③] 这是按照伦理标准所作的区分。按照国家的经典定义，亦可作出同样的区分。奥古斯丁说，国家的目的是“提供现世生活所需要的利益，即使得我们能够在现世生活中享受健康、安全与人类友谊的世间和平。为了维持与恢复这一和平，我们的外部器官需要适宜的东西：光亮、夜晚、空气和水以及保持、遮盖、治疗、美化身体所需要的一切”。[④] 这一看法与亚里士多德对国家的政治、经济功能所作的论述大致相同。但奥古斯丁从中引申出亚里士多德从未想过的结论。引申的关键是对“和平”的解释。他说：“一切事物的和平都是秩序的平衡。”比如，“身体的和平在于各部分之间合比例的排列，非理性灵魂的和平是欲望的平静与和谐，理性灵魂的和平是知识与

---

① 《上帝之城》，2 卷 29 章。FNF，Ⅱ，p. 41。
② 同上书，19 卷 24 章。PNF，Ⅱ，p. 418。
③ 同上书，14 卷 28 章。PNF，Ⅱ，pp. 282 ～ 283。
④ 同上书，19 卷 13 章。PNF，Ⅱ，p. 410。

行动的和谐，身体与灵魂的和平是有序与和谐的生活以及生命物的健康，人与上帝的和平是信仰服从永恒律的秩序，人与人的和平是有序的合作，家庭和平是当权者与从属者的有序合作。社会和平是公民间类似的合作。神圣之城的和平是以完善的秩序与和谐的方式欢悦于上帝，以及在上帝之中人与人之间的彼此欢悦。”[①] 奥古斯丁说，“地上的和平”，即世俗社会里的和平都与事物的“使用”有关，而上帝之城的和平是享用正当的对象的结果，“享用”即上述“欢悦于上帝”以及“人与人之间的彼此欢悦”。联系到他对“享用”与“使用”的意义作出的区分，可以把“上帝之城”理解为人们的精神生活群体，“世俗之城”则是物质生活的群体。

很明显，一个社会的精神生活与物质生活不是彼此隔离的两个部分，因此，“上帝之城”与“世俗之城”也不是相互独立的两个政治实体或社会群体。奥古斯丁说，两座城只是“隐喻式”（mystice）[②] 的说法，其意是：“一部分人命定与上帝一起进行永恒的统治，另一部分人与魔鬼一起永遭磨难。但是，这只是他们的结局。”[③] 就是说，两者的区分关系到不同人的命运，而不是他们的实际处境。“实际上，这两座城在现世相互交织、混合，直到最后审判才把两者分开。”[④] 由于这两部分人生活在同一个国家，他们经历着同样的历史命运。“天上之城和地上之城在世间的进程自始至终交织在一起。……双方享受同样的世间利益，或被世间邪恶所折磨，但伴随着不同的信、望与爱。”[⑤] 可见，在现实与历史中，没有任何外在标准或地域界限可以区分上帝之城和世俗之城，

① 《上帝之城》，19 卷 13 章。PNF，Ⅱ， p. 409。

② 一般将 mystice 翻译为英文的“mystically”（神秘地），未能表达出原文“神话般”、“秘密”等意思。

③ 《上帝之城》，15 卷 1 章。PNF，Ⅱ， p. 284。

④ 同上书，1 卷 15 章。PNF，Ⅱ， p. 21。

⑤ 同上书，18 卷 54 章。PNF，Ⅱ， pp. 395 ～ 396。

区分两者的标准完全是内在的生活态度(信、望与爱)。

奥古斯丁把“地上之城”称作“另一个巴比伦”,在《上帝之城》前五卷还把罗马城描述成地上之城。很明显,地上之城指异教徒的群体,那么上帝之城是否指基督徒的教会呢?如果是这样,区分两城的标准岂不是外在的?但这不符合奥古斯丁的本意。他明确地说:有些人参加教会的圣事,“但却没有永久保持圣徒的精神。他们中的有些人已被识破,有些人表白自己,但又毫不犹豫地与我们的敌人一起反对上帝。圣事只不过是他们佩戴的徽章。我们今天看到那些出入教会的人,明天拥挤在无神的剧场”。[①]“上帝之城”只是真正虔诚的基督徒心目中朝拜的目标,并不等于从事圣事的场所——教会。另外,“上帝之城”也不是与世俗政权分庭抗礼的另一政权。他要求遵循《圣经》,“该撒的当归给该撒,神的物当归给神”(《马太福音》,22章,21节)。就是说,基督徒亦应服从世俗的权力与法律,承担世俗社会的义务,如纳税、服役等。但世俗统治者和其他基督徒一样,应服从上帝的法律,以“上帝之城”为朝圣的目标。但“上帝之城”高于“世俗之城”的优越性并不意味着教会应统摄国家,因为上帝之城并不等同于教会,世俗之城不等于异教徒的国家。至于在一个基督徒的国家中,教会与国家政权的关系如何?这尚且不是奥古斯丁面临的问题。他的目的是要求基督徒不要将信仰与希望寄托于国家,这在当时条件下更多地意味着教会与国家政权的分离,而不是对国家事务的积极参与。他并不像后来的中世纪神学家那样提倡教权高于王权的政治主张。

《上帝之城》还包含着对政府、法律、财产制度与奴隶制等现实问题的讨论。我们在此着重介绍奥古斯丁对奴隶制的态度,看他是否如有些人所说那样维护奴隶制。他说,上帝“只想让他的有理性的被造

---

① 《上帝之城》,1卷35章。PNF,Ⅱ, p. 21。

物统治非理性的被造物，人统治野兽，而不是人统治人。因此，原始时期义人是牧人，而不是人中之王。上帝试图教导我们各种被造物的相对位置以及对它的背离是罪恶。我们可以正当地相信奴隶制的条件是由罪产生出来的。这就是为什么'奴隶'这一词直到义人挪亚为他儿子的罪命名时方才出现。这一名称产生于罪，而不是自然"。[①] 奥古斯丁认为，人的本性适合于统治野兽，并服从上帝，奴役或屈从他人都不属于人的自然本性，它们只是违背伦理秩序的罪的产物，同时也违背了较低事物只服从较高事物，而不是地位相同的事物的自然秩序。奴隶制和罪一样都是违反上帝意志的产物，但也是人类必须为滥用自由意志所不得不承担的后果。基督徒对世俗法律的服从包括对奴隶制的服从，处于奴隶地位的基督徒应以爱心服从、伺候他的主人。但基督徒作为"上帝之城"的成员不能在内心对奴隶制持赞同态度，不能在现世生活中奴役他人。全面理解奥古斯丁的意思，可以看到他虽然不赞同奴隶制，但也不主张以暴力推翻奴隶制。他把公正交给上帝，让服从留在人间，表现了克制、忍让、等待的基督教精神。

小结：奥古斯丁主义的哲学特征

奥古斯丁的集哲学与神学为一体的"基督教学说"影响了中世纪全部的思想进程。它在 13 世纪亚里士多德主义兴起之前，一直支配着基督教神学与哲学。从哲学史的角度看问题，奥古斯丁主义与柏拉图主义有承袭关系，因此人们也称奥古斯丁主义为"教父的柏拉图主义"，或用"柏拉图–奥古斯丁主义"的说法表示一种源远流长的哲学传统。然而，奥古斯丁的哲学不是柏拉图哲学的重复，他提出了一些独特的创造性思想。据现代学者芒东内的概括，奥古斯丁主义有下列一

---

① 《上帝之城》，19 卷 15 章。PNF，Ⅱ，p. 411。

般性特征：（1）在神学与哲学之间不作正式的区分；（2）认为原初质料（物质）具有某种形式或现实性；（3）种质论；（4）普遍质型论；（5）多型论。[①] 中世纪哲学史专家德·沃尔夫认为除了种质论之外，奥古斯丁主义还有下列三个显著特征：（1）把善与意志自由作为首要问题；（2）认为灵魂与肉体是两个独立的实体；（3）承认感性认识（主要是记忆）的能动作用。[②] 两者都没有把"光照论"作为奥古斯丁哲学的特征。但据我们的解释，"光照论"的神学、心理学以及语言学的意义大大拓宽了柏拉图主义认识论的范围，应当算作奥古斯丁的一个创造。上述八个方面加上"光照论"构成了奥古斯丁哲学的主要内容。

---

① P. Mandonnet, *Siger de Brabant*, Institut Supéreur de Philosophie de l'Université, Louvain, 1911, pp. 55 ～ 57.

② M. De Wulf, *Le Traité "De Unitate Formae" de Gilles de Lessines*, Institut Supéreur de Philosophie de l'Université, Louvain, 1901, pp. 16 ～ 19.

第四章　黑暗时代的哲学

公元455年，汪达尔人攻陷罗马。这一事件标志着早已分崩离析的西罗马帝国的灭亡。西欧历史进入了黑暗时代。“黑暗时代”这一概念特指中世纪的文化蒙昧和倒退的特征。一般认为，黑暗时代开始于4世纪末期日耳曼蛮族大举入侵罗马帝国、摧毁古代文明之时。历史学家对黑暗时代的下限却有不同看法。把整个中世纪都看做黑暗时代的人将下限定为1450年；把黑暗时代当作古代文明与基督教文明交替时期的人认为黑暗时代结束于1050年；认为黑暗时代是封建制度前夜的人将它的下限定为800年。但有一点可以肯定，6世纪到11世纪初期这段历史是中世纪一段最蒙昧的时期，我们采用海斯《世界史》的分期，用“黑暗时代”专指这段历史时期。[①]

在黑暗时代，哲学处于濒于灭绝的悲惨境地。在漫漫长夜里依稀地闪烁着几朵理性的火花，延续着古代哲学的火种。黑暗时代出现的少数几个哲学家都属于古代文化教育培养的最后一代人。他们仍然通晓希腊文，他们的拉丁文著作或译著是中世纪学者了解希腊哲学与文化的通道。这是一条非常狭窄的通道，但在黑暗时代却是唯一的通道。当时，学校与教育制度被扫荡殆尽，大量希腊文与拉丁文典籍在战火中毁灭、失落。公元529年，信奉基督教的罗马皇帝查士丁尼封闭了雅典学园，迫使那里的哲学家流亡中东伊斯兰教统辖地区。没有

---

① 海斯、穆恩、韦兰：《世界史》（上册），中央民族学院研究室译，生活·读书·新知三联书店，1975年，第417页。

毁灭的希腊典籍大多收藏在小亚细亚的城市。这些城市在中世纪是拜占庭帝国的属地，与西方世界的交通断绝，直到13世纪十字军东征，特别是15世纪拜占庭帝国灭亡之后，西方人才有机会获得并看懂这部分文献。

修道院在黑暗时代对文化教育作出了贡献。自5、6世纪之交起，西欧普遍建立的本笃会修道院把抄写文献作为僧侣的日常工作之一。修士和神父在传经布道的同时担负起传授语言和文化知识的义务。因此，教会与修道院也是文化教育中心。教会统治者对待古代文化遗产的态度影响着文化教育的水准。

罗马教会以钦定的“四大博士”的著作，即哲罗姆翻译的《通俗拉丁文圣经》、奥古斯丁的神学著作、安布罗斯和大格列高利写的通俗教规与赞美诗作为教育神职与世俗人员的教材。教会统治者不赞成、甚至禁止使用其他著作。6世纪高卢地区有一位主教使用古典文学著作讲授拉丁文语法，教皇大格列高利写信指责，他对拉丁文作了神圣与世俗之分。世俗拉丁文是古典作家的语言，神圣拉丁文是拉丁教父使用的“基督教拉丁文”。教会只应传授后者，“因为我们的说明来源于神圣的经典，犹如子女之于母亲的相似关系”。[①] 其实，所谓“基督教拉丁文”是简化语法与修辞的语言。当文艺复兴时期把中世纪流行的拉丁文与古典拉丁文相比时，不禁得出了前者为“野蛮的拉丁文”的结论。当时的僧侣与神父只会文理半通的拉丁文，看不懂经典拉丁文献。6世纪末的学者都尔的格雷戈里在《法兰克人史》中记载了当时的文化落后局面：“当前，在高卢的城市里，当人们对文字的运用每况愈下，不，更确切地说是已告终结的时候，那里已找不到一个在层次分明的写作艺术方面训练有素的学者，来把发生过的事情以散文或韵文的形式描

---

① HCP，p. 109.

绘出来。……因此之故，悲叹的声音不断地迸发出来，人们说道：‘哎！我们这个时代啊！学问的研究已经离开我们而消逝’，在我们各族人中间也找不出一个能够把当代的事件写成一本书的人了。”①

黑暗时代曾出现过短暂的文化复兴。9 世纪初，法兰克王国的查理大帝为了提高僧侣和贵族的文化水准，下令各修道院与教区开办学校，恢复古代教育制度传授的语法、修辞、逻辑等学科。当时在欧洲大陆已找不到合格的教师，不得不延聘当时在文化上居领先地位的英国僧侣。卡罗林王朝的教育改革奠定了中世纪教育制度的基础。可惜文化复兴的萌芽被新一轮的蛮族入侵所扼杀。黑暗时代又持续了两百余年。直到 11 世纪初，从 9 世纪创建的教育制度的基础之上才产生出经院哲学。

第一节　波埃修的哲学

阿里西·曼留·塞伏林·波埃修（Anicius Manlius Severinus Boethius，480 ～ 525 年），出身于显赫的罗马贵族家庭，早年在雅典学习哲学。5 世纪末，狄奥多里克率领的东哥特人占领罗马，建立了王国。从 510 年起，波埃修在东哥特王朝任大臣。523 年被控叛国罪下狱，二年后被处死。波埃修在他所生活的时代是一个罕见的学识渊博的人。他热衷于古代哲学，计划将柏拉图和亚里士多德的全部著作翻译为拉丁文，但实际上只翻译了亚里士多德的《工具篇》，包括《范畴篇》以及波菲利对之所作的注释，还撰写了《范畴篇》《解释篇》的注释各两篇，这些译著与注释在中世纪早期被广泛用作逻辑学教材，后人称之为“旧逻辑”；他翻译的《前分析篇》《后分析篇》《论辩篇》《正位篇》被埋没到 12

① 格雷戈里：《法兰克人史》，寿纪瑜等译，商务印书馆，1991 年，第 1 页。

世纪才被人发现，它们被称作“新逻辑”。波埃修还著有算术、几何、音乐等学科教科书，在中世纪学校中被广泛使用。他的另一部分著作是神学论文，由五篇讨论“三位一体”问题的论文组成。这些神学论文被包括拉波里的吉尔伯特与托马斯在内的神学家们所重视，成为他们注释的对象。波埃修在狱中写作的《哲学的安慰》以对话与诗的形式写成，大量地介绍了古代哲学观点，这也是一部广泛流传的著作。波埃修的著作不仅保存了古代哲学的一些重要材料，而且将一些重要哲学概念由希腊文译成拉丁文，并规定了它们的标准定义。他对希腊哲学概念拉丁化所作的贡献仅次于西塞罗。

1. 逻辑思想

波埃修接受了亚里士多德关于学问的分类，将“思辨科学”分为物理学、数学和神学三门。思辨科学即哲学，它与逻辑有密切关系。他说，两者的关系犹如手与身体：正如手既是身体的工具，又是身体不可分割的一部分，“逻辑学科也是哲学的一部分，因为哲学才是它的主人；然而，逻辑也是工具，因为它研究如何要求真理”。[①] 哲学的论辩需要逻辑，但逻辑概念与命题的性质亦需要哲学的解释。共相的性质问题就是一个关于逻辑的哲学问题，或者说，是形式逻辑范围内无法解决的高级逻辑问题。

3 世纪的新柏拉图主义者波菲利在《亚里士多德〈范畴篇〉导论》中首先提出了共相问题：“种和属是否独立存在，抑或仅仅存于理智之中？如果它们是独立存在，它们究竟是有形的，抑或无形的？如果它们是无形的，它们究竟与感性事物相分离，或者存于感性事物之中，并与之相一致？”波菲利说：“这些问题是最高级的问题，需要下功夫研

---

① 《波菲利导论注释之二》，1 卷 1 章。SMP，Ⅰ，p. 77。

究。"[1]但他却没有提出任何答案或提示。波埃修援用亚里士多德的哲学，试图解决波菲利遗留的问题。

波埃修首先由实体理论入手，指出种和属不可能是实体。因为属是为一类个体共同所有的东西；如果属是实体，那么，每一个体和属的关系都是实体与实体间的关系，于是便不能解释为什么多个实体能够同时占有同一个实体？同理可证种也不是实体。如果种和属不是实体，它们是否仅仅存于人的理智之中呢？波埃修的回答也是否定的。因为假设种和属仅仅是心灵的概念，那么，当我们运用这些概念时，何以会涉及心灵之外的实体呢？我们同样也不能解释：为什么心灵之外的实体能够同时归属心灵之中的种、属呢？

面对实体理论带来的两难困境，波埃修从认识论入手另辟蹊径。他认为，当外部的个别实体作用于人的心灵时，心灵具有把这些事物分解为要素，并且重新组合这些要素的能力。种和属是心灵将存在于事物之中的要素加以重新组合的产物。比如，心灵将"苏格拉底"和"柏拉图"等人的印象分解成各种要素，然后把相同要素组合成"人"这一属概念。同样，心灵把"人"、"牛"、"羊"等种概念分解成各种要素，然后从这些要素中挑选出共同的要素，用它们构成"动物"这一属概念。波埃修所说的要素指一事物的可感性质，他设想心灵可以将一可感事物的整体印象分割为各种可感性质，把它们与通过同样方式获得的其他事物的可感性质相比较，抽象出相同的性质组成种属概念。因此，种和属这些共相虽然是抽象概念，只存在心灵之中，但组成共相的要素材料却在心灵之外，它们是存在于事物之中的性质。因此，心灵之外的个别事物可以归属于心灵之中的共相，因为以集合方式存在于心灵的共相原先已经以分散方式存在于可感事物之中。这也是为什么很多实

---

① 《波菲利导论注释之二》，1卷10章。SMP，I，p. 91。

体可以同时占有一个共相的原因。波埃修对共相性质作了一个著名论断:“它们的存在和可感事物联系在一起,但它们在与(可感事物)形体相分离的情况下被理解。”①

回到波菲利问题,我们可以看到波埃修的答案是:种和属不是独立存在,但亦非仅仅存在人的心灵之中,它们以无形的性质的方式存在于有形事物之中,以概念的方式存在心灵之中,因此,共相概念与可感事物的性质相一致。波埃修的答案有两点值得我们注意。首先,他肯定了种和属在心灵之外的实在性,即,外部事物的性质之存在;其次,他认为种和属的存在不是独立的,因而不属于“实体”范畴,而属于“属性”范畴。这就是说,种和属在现实中不能与个别实体相分离,仅仅在心灵之中,它们才被分离出来,表现为单独的概念。这两点构成了后来称之为“温和实在论”的基本观点。在当时的条件下,实在论与唯名论的分野尚未出现,波埃修主要是从亚里士多德与柏拉图的分歧的角度来理解共相问题的意义的。他看到:“柏拉图认为,种和属等不仅被理解为共相(概念),它们离开形体也能独存,而且是实体;至于亚里士多德,他则认为种和属虽然作为无形的、普遍的东西来理解,但它们却仅存于可感事物之中。”②波埃修说,如果他的答案符合亚里士多德思想,那仅仅因为他的答案属于对《范畴篇》的注释,必须忠于原著作者的思想,并非因为他赞成亚里士多德而反对柏拉图;就是说,他并不认为共相的性质问题已获得最终的解决。事实上,波埃修在其神学著作与《哲学的安慰》中的思想更接近于柏拉图的理念论。比如,他在《哲学的安慰》一书区分了人的四种认识能力:“感觉辨别固定在基础质料之中的形体,想象离开质料认识形体,理性更加高级,以共相辨别表现在单独个体之中的特殊形式本身。但理智的眼睛更进一步,它超过了对

① 《波菲利导论注释之二》,1卷11章。SMP,Ⅰ,p. 97。

② 同上书,SMP,Ⅰ,p. 98。

一个东西的全部的关注过程，以心灵的纯粹目光看待单纯形式自身。”他的认识原则是：“理解的高一级能力包含着低级能力，但低级能力不能上升到高一级能力”，因此，把握了单纯形式的理智同时“知道理性的共相，形象的形状以及感觉到的物质，但却没有使用理性、想象与感觉”。[①] 他在这里区分了“单纯的形式”与“共相”，前者是理智直观的对象，是心灵之外的独立存在。如果说，他对理性认识共相的认识过程的解释符合亚里士多德学说，他对理智与形式关系的论述则表达了柏拉图主义观点。当然，这两种解释并不一定相互矛盾，因为两者处于不同的层次。在波埃修之前，人们往往忽视柏拉图与亚里士多德之间的分歧，或不清楚两者分歧的焦点所在。波埃修通过对共相问题的讨论，较确切地概括了两种哲学的分歧。他的逻辑著作的广泛传播是引发中世纪实在论与唯名论争论的一个重要原因。

2. “存在”概念的辨析

我们已经看到，关于“三位一体”问题的神学争论涉及“是”与“有”、“本体”与“本质”、“实体”等希腊哲学存在论的概念。波埃修并不是一个神学家，但在与东方教会交往的政治生涯中，他与希腊神学家讨论“三位一体”问题，并于 512 ～ 522 年间写作了五篇神学论文。他在这些拉丁文著作中引入并定义了希腊哲学的存在论概念，开辟了中世纪形而上学的新阶段。他因此被誉为“最后一位罗马哲学家和第一位经院神学家”。

波埃修所作的一个最重要的区分是“存在”与“是这个”。他说：“存在与是这个的东西是不同的。因为单纯的存在等着显现，但一个东

① Boethius, *Theological Tractates, The Consolation of Philosophy*, trans. H. F. Stewart, E. K. Rand, S. J. Tester, Loeb Classical Library, Harvard University Press, 1973, pp. 412 ～ 413.

西只要已经获得赋予它存在的形式，它便是这个，并且存在着。”[①] 这里的“存在”（esse）与亚里士多德所说的“是”（*to einai*）相当，“是这个”（id quod est）与“这一个”（*to ti*）相当。我们知道，亚里士多德用这两个概念区别了“存在”的普遍意义与具体意义，前者指实体的形式，后者指个别的实体。我们也知道，他对“实体的本质是什么”问题的回答动摇于两者之间，反映了他的哲学与柏拉图主义既相联系、又相区别的特征。波埃修对亚里士多德的术语作了符合柏拉图主义的解释，他把“存在自身”解释为纯形式、具体的存在，或分别实体的存在则是对纯形式的“分有”。他说：“纯形式不是观念，而正是存在以及存在的来源。因为所有的存在都依赖形式。比如，一座雕像并不因其青铜质料而被说成为活物的摹本，而是因为压制这一摹本的形式；青铜自身并不因其土的质料，而因其形式而被说作青铜。同样，土并不因为没有质的规定性的质料，而是因为干燥、重量等形式被说成土。”[②] 波埃修基本沿袭了亚里士多德的“高一级事物的质料因是低一级事物的形式因”的思想，但他的论点不是说明形式因对个别事物的本质的决定作用，而是说明纯形式对一切事物共同本质的决定作用。在他看来，“存在”是所有被称作事物的共同本质，它是最普遍的形式，即纯形式的规定性。波埃修区分的“存在”与“是这个”之间的关系是普遍形式与具体事物之间的分有关系。他说：“是这个可以分有，但单纯存在不以任何方式分有任何东西。因为只有当某物已经存在时分有才能进行，但只有当某物已经获得存在时它才是这个。”[③] 波埃修在这里看出“分有存在”说的一个矛盾：被分有者在分有存在之前已经是某一事物；既然每一事物的本质是存在，那么，被分有者

① 《实体为何因存在而善》。Boethius, *Theological Tractates. The Consolation of Philosophy*, p. 41。

② 《三位一体是一神而不是三神》。同上书，pp. 10 ～ 11。

③ 《实体为何因存在而善》。同上书，p. 41。

在分有存在之前就已经具有某种存在。为了解决这一矛盾，波埃修又区分了绝对的存在与具体的存在。他说："任何单纯事物具有存在与自身具体存在的统一。在任何复合事物中，存在是一回事，它的具体存在是另一回事。"[①]"单纯事物"指"纯形式"，它没有存在与"是这个"的区分；"复合事物"指具体的、个别事物，它们包含着存在与自身的存在（"是这个"）的区分。综上所述，"存在"与"是这个"的区分既是普遍形式与具体事物的外在关系，又是具体事物之中两种存在之间的内在关系。

应该注意的是，不管外在关系抑或内在关系对波埃修来说都是分有关系。"存在"与"是这个"的外在关系说明具体事物的存在是对一个普遍存在的形式分有的产物，两者于具体事物内部的区分则是分有的两种不同方式。他说："仅是某物与因存在而是某物不同，前者指示一种偶性，后者指示一个实体。"[②]意思是：事物的存在有个性与共性、偶然与必然之分。前者因对"存在"的纯形式的分有方式的差异产生，后者是对"存在"的共同的、绝对的分有。波埃修对"实体"概念的分析以"存在"意义的辨析为基础，对希腊哲学概念作了更为精细的阐明。

我们说过，拉丁神学家在开始讨论"三位一体"问题时，倾向于将*ousia*与*hypostasis*不加区别地译为Substantia。希腊神学家如奥立金、纳西盎的格列高利分别使用这两个术语表示"本质"与"本体"，"有"与"在"的意义未能在拉丁文找到相应的表达，阻碍了拉丁学者形而上学思想的深入。波埃修主张用Subsistantia表示与*ousia*相关的词，用Substantia专门表示与*hypostasis*及其关联词。关于两者的区分，他有这样一段论述：

> 当一事物无需偶性而存在时，它具有Subsistantia；当它支撑另外一些东西、即偶性时，它为Substantia，即一个使它们存在的基体；因

---

① 《实体为何因存在而善》，p. 43。

② Boethius, *Theological Tractates. The Consolation of Philosophy*, p. 41.

> 为它站在这些东西底下(sub-stat),“置于偶性之下”(sub-iectum)。因而,种和属只有Subsistantia,因为无偶性附加于种和属。但个体不仅有Subsistantia,而且有Substantia,因为它们的存在并不依赖于偶性,它们已经拥有专门的属差,作为偶性的基体而使偶性存在。①

根据这段话的意思,我们将subsistantia译为“实质”,表示种和属这类性质的实在性;将substantis译为“实体”,表示个别事物的基体以及附着其上的偶性的实在性。实体包含着实质,但实质却不一定为实体。不难看出,实质与实体的区分是“存在”与“是这个”区分的运用与伸展。波埃修认为“存在”的纯粹、绝对、自身的意义在于实质,因此,他主张把拉丁文“是”动词“esse”(即希腊文的*einai*)的意义归结为“本质”(essentia),即希腊文的*ousia*,这些词和上面所说的“实质”的基本含义都是“存有”,即,它们为一切事物所有,但又外在于事物,以“分有”的方式赋予每一事物。另一方面,“是这个”、“实体”以及“位格”(Persona,相当于希腊文的*hypostasis*)的基本含义是“存在者”,即,它们是个别的、具体的、不可归诸其他事物的存在物。“存有”与“存在者”的区别是普遍与个别、必然与偶然、形式与形体、单纯与复合的区别。波埃修思想的基本倾向是强调前者对于后者的决定作用,表现了柏拉图主义在中世纪早期哲学思想中的主导地位。另一方面,波埃修借助亚里士多德哲学中丰富而又严格的哲学概念与逻辑范畴表达他的思想观点,规定了中世纪形而上学概念的基本含义以及在“存有”与“存在者”关系中辨析与规定“存有”意义的基本框架。

必须承认,波埃修使用形而上学概念的目的不是为了建立形而上学理论,而是为了解决“三位一体”的争论;他之所以按照柏拉图主

---

① 《反尤提克斯派》,3章。Boethius, *Theological Tractates. The Consolation of Philosophy*, p. 89。

义的精神解释这些概念，也是因为这种解释适应"三位一体"的教义。按照他的哲学解释，上帝的存在既属于"存有"，又属于"存在者"范畴。如果上帝是存有的本质，那么他有三位人格。他给"本性"与"位格"的定义是："本性是任何实体的特性，位格是本性为理性的个别实体。"[①] 根据这一定义，涅斯多留派所坚持的"基督双重位格论"是荒谬的。如果上帝是存在的实体，那么他有三重关系：圣父、圣子、圣灵表示同一实体的三个方面与该实体的关系。根据关系内在于实体的道理，阿里尔斯派的"三神论"是荒谬的。波埃修的深厚哲学修养使他看出围绕"三位一体"问题的神学争论中的概念混乱。他由澄清词义、定义概念入手讨论问题，才把形而上学引入神学领域。

3.《哲学的安慰》

《哲学的安慰》一书共五卷。第一卷叙述了作者的经历与不幸的命运，第二、三卷说明命运的变幻莫测，第四卷解释善与恶的性质，第五卷解释天命决定论与人的选择自由的一致性。值得注意的是，波埃修援引柏拉图、斯多亚派以及新柏拉图主义观点阐释这些主题，完全脱离了基督教义的影响，与他的神学著作风格迥异。中世纪神学家认为，波埃修对"三位一体"教义的正统辩护致使在神学争论中持中立态度的蛮族国王狄奥多里克怀疑他与东罗马帝国的联系，造成了他的冤死，他们因此把他视为殉道的烈士。18、19 世纪的学者认为，他在生命最后关头用哲学、而不用基督教信仰慰藉心灵，这一事实本身就说明了波埃修不是基督徒。这两种不同解释持续到现在。有人说，《哲学的安慰》是一部"由信仰基督教的柏拉图主义者写作的著作，但不是一部基督教的著作"。[②] 有人说，波埃修先于经院哲学家作出了信仰与理性的区

---

① 《反尤提克斯派》，4 章。Boethius, *Theological Tractates. The Consolation of Philosophy*, p. 93。

② M. Haren, *Medieval Thought*, Macmillan Education, 1985, p. 51.

分，因此才有神学著作与《哲学的安慰》的主题与风格的差别。还有人认为，波埃修在绝望的困境中，不得不运用他已获得的知识恢复理智与希望，但这并不意味着背叛了他终生的信仰。

我们认为，第三种解释比较合理。波埃修在这部著作里仍然表达了对唯一的位格神以及天命统治着宇宙的信仰。他虽然没有用《圣经》与神学的语言表达这一信仰，但他援引的哲学观点是为这一信仰服务的。波埃修说，他从政的目的是为善良的人们服务，做了良心认为是正确、合法的事情，最后反遭恶人诬告，身陷囹圄，他因此问道：

> 无物摆脱你（造物主）的原初命令，
> 或不完成自己的专有的责任。
> 人按照统辖与引导事物的确定目标行动，
> 你不受强迫，但可以正当地服从。
> 为什么另有变幻莫测的命运？
> 无辜者遭难，正当者受惩罚。
> 恶道称王，恶者得到不公的回报，
> 善者在他的蹂躏下呻吟。[①]

波埃修的问题是：世道的命运为何与自然的秩序不一致？神的公正与善是否仅展现于自然之中，而游离在社会之外？引导波埃修解决这一问题的是哲学女神，她说："你是吮我奶汁、吃我食物长成的人，你若不离弃我将保持坚定与安全。"[②] 可以说，波埃修的问题是基督教长期面临的问题，神学家们、特别是奥古斯丁已经提出了一些解决方案；但

① 《哲学的安慰》，1 卷，第 5 首诗。Boethius, *Theological Tractates. The Consolation of Philosophy*, p. 161。

② 同上书，1 卷 2 章。同上书，p. 139。

波埃修的教养使他只能在哲学领域解决这一问题，正如他曾以哲学家使用的词义辨析法解决“三位一体”问题一样。重要的是路殊归同，波埃修最后达到的结论是符合基督教神学的。

波埃修首先指出，人生的命运与自然的秩序都是同一的，它们支配着万物万事的流逝往复，不依人的愿望停驻于某一处。他借命运女神之口说：“如果你对所失去的有所抱怨，如果不真正属于你的永远不会失去，我还能行使我的权利吗？晴天后面是阴霾，鲜花与收获的季节过后是雨雾时节，大海有权平静地微笑，也有权在风暴与巨浪里咆哮。我岂能因人的贪得无厌欲望而固守恒常。恒常不是我的本性，我的本性是一场不停的游戏；我的轮盘快速飞转，高兴地把低者抬高，让高者降低。”[①] 波埃修从命运无常的本性中引申出一个结论：一切依命运降临的东西都不是真正的幸福。因为人生追求的幸福是“这样一种善，人一旦获得了它，就不再有进一步的欲望。它是善中之至善，包含着一切善”。[②] 显然，官职、名誉、门第、财富、享乐都不是至善，它们会引起更大的欲望。唯一能最终满足欲望的幸福是美德，美德使人自满自足、不假外物，超越一切外在幸福。只有美德才是人通过自己追求、不依赖命运即可获得之幸福，才是一切人应当追求的目的。人以美德为目的符合万物实现自身本性的自然秩序。在这样的背景之中，波埃修要求哲学女神解释恶的存在。他得到的回答是：“恶是无”，因为“恶无真实的本性”。[③] 意思是：恶是缺陷，但是，恶是人们能力的缺陷，而不是意志的缺陷。他说：“意志与能力是造成人的行动的两样东西，缺一不能完成任何事情。如果所缺的是意志，那么人甚至不能开始行动，因为他不

① 《哲学的安慰》，2卷2章。Boethius, *Theological Tractates. The Consolation of Philosophy*, pp. 181 ～ 182。

② 同上书，3卷2章。同上书，p. 233。

③ 同上书，3卷12章。同上书，p. 305。

愿意行动；如果所缺的是能力，意志将受挫折。”[①] 他认为，人们不乏行善的意志，但往往缺乏行善的能力，不知道什么是真正的幸福或至善，误把外在幸福作为善来追求。他相信苏格拉底“无人有意作恶”的论点，相信柏拉图所说：“只有智慧的人才能达到他们意欲，恶人可以做使他们快乐的事，但却不能达到他们的意欲。”[②]

波埃修最后提出了这样的问题：具有或缺乏行善的能力是否天命的安排？如果回答是肯定的，那么善、恶便不再是人的自由选择，人也无需承担道德责任；如果回答是否定的，那么天命不能控制善、恶，不能显示神的至善与全能。波埃修回答说，天命是对必然性的预知，但不是必然性的实现。神所预知的合乎至善的必然秩序通过人对善与恶的自由选择实现，他把天命的必然与通过人的偶然（自由）活动实现的必然概括为两种不同的永恒。他说：“永恒是全部、同时、完善地拥有无限的生活，这与暂时事物有明显不同。生活在时间里的东西进行于现在，来自过去，走向未来；在时间中不可能同样地拥有全部生活过程，明天是尚未把握的，昨天是已经失去的，一天天的生活不过是变动、过渡的时刻。因此，时间条件之下的一切虽如亚里士多德所说，是既无开端又无结束的世界，虽然它的生命在无限的时间里伸展，但它不是我们正确相信的永恒。”[③] 我们可作这样的解释：天命是对不变的世界整体的全部预知，它规定着世界的秩序，但不决定世界中的具体事件；后者在时间系列发生，有其前因后果。人的道德生活是时间里的偶然事件，通过人的自由选择实现。但是，现实生活中的邪恶即使暂时胜过善良也改变不了天命，改变不了惩恶扬善的必然性。

《哲学的安慰》记叙了作者对命运从哀叹到相信的转变过程。作者

---

① 《哲学的安慰》，4 卷 2 章。Boethius, *Theological Tractates. The Consolation of Philosophy*, p. 319。

② 同上书，p. 329。

③ 同上书，5 卷 6 章。同上书，p. 423。

结合个人遭遇与思想变化探讨世界观与人生观的问题，著作富有时代感与感染力，优美的散文与诗体增加了它的艺术魅力，是一部中世纪不可多得的文情并茂的哲学作品。有人将它评价为“可与柏拉图与西塞罗著作相媲美的金色篇章”。[①]

4. 古代文化知识的保留

波埃修在古代文化消失的时代代表着罗马教育体制的自由学科传统。据公元前1世纪的罗马学者伏洛记载，自由学科共分语法、逻辑、修辞、几何、代数、天文学、音乐、医学和农学九门。5世纪初的学者马提安·卡贝拉（Martianus Capella）在《语言学与墨耳库里的婚姻》一书中介绍了自由学科概况。这部著作以散文与诗体形式写成，被认为是《哲学的安慰》的前身。文中叙述语言学女神与雄辩之神墨耳库里在天堂的婚姻（第一、二卷），以后的七卷分别是语言学女神对语法、逻辑、修辞、几何、代数、天文学和音乐七门自由学科的介绍。波埃修把这七门学科分为两类：几何、代数、天文学和音乐组成“四艺”（quadrium），拉丁文原意为“四条道路”，波埃修的定义是：“通向智慧的四条途径。”语法、修辞和逻辑组成“三科”（trivium）。他的几何、代数、音乐与逻辑著作在中世纪被当作上述学科的教科书。波埃修把哲学作为知识的总汇。哲学包括思辨哲学和实践哲学。思辨哲学是关于存在的学问，存在有神智、理智与自然三个领域，相应于神学、生理学（即现在所说的心理学）和物理学。实践哲学包括伦理学、政治学和家政学，分别研究个人、国家和家庭的行为。三科是哲学的工具，其中的逻辑又是思辨哲学的一部分，四艺属于思辨哲学。波埃修对人类知识所作的分类，符合古代知识状况，为中世纪的教育规定了基本框架。古代知识在这种

---

① H. F. Stewart, “The Life of Boethius”, Boethius, *Theological Tractates. The Consolation of Philosophy*, p. xii.

结构中以百科全书的形式被保存下来。中世纪早期流行着两部知识汇总著作:《神圣与人类学识概览》与《词源》。

《概览》的作者为卡西奥多(Cassiodorus,约477～约565年)。他曾与波埃修一起在东哥特人王朝供职,后隐居在意大利南部一修道院指导僧侣学习与抄写典籍。《概览》为这一工作的成果,第一卷为僧侣必读的神学著作概要,第二卷为七门自由学科概要,并有书目。书籍的分类法反映了当时人们对学问的观念,中世纪学校一直实行神学与"七艺"分列的制度。

《词源》作者为伊西多尔(Isidore,约560～636年)。他的家庭原在迦太基,为避战乱迁至西班牙。他于599年任西班牙塞尔维亚地区主教。他的三卷本的《教义撮要》是教父著作选编,在12世纪以前一直被西方教会用作神学教材。《词源》一书凡20卷,汇总当时被人们当作知识的一切思想观念,20卷的内容分别是:语法、修辞和辩证法(逻辑)、四艺、医学、自创世到公元627年的宇宙史、教会的经典与职位、上帝与天使及教会成员、教会、语言及人民和国家及家庭、字典、人、动物学、宇宙发生学、地理学、纪念及联络方式、岩石与矿物学、农业与园艺学、军事与战争及游戏、船只及住宅与装饰、营养与家庭艺术。这并不是一个知识系统,各部分的区别和联系只是由名词的类别所规定的,这也是为什么这部书以《词源》为题。他的原则是:名词的原初意义指示事物的本质特征,因此是事物分类的标准;这些意义不是约定俗成的人工产物,而是神圣与自然的东西压入人的灵魂的痕迹。但他并未对知识的原则作明确解释,这是一个留给早期经院哲学家解决的任务。

第二节　神秘主义的滥觞

西罗马帝国灭亡之后,罗马教会的独立性增强,成为与世俗政权平行的一个权力中心。519 年，罗马公教会与东罗马帝国统辖下的正教会正式分离。东、西部教会分离后的相当长的时间里，双方仍有磋商与往来。比如，公教会支持正教会内部的隐修士反对皇帝废除圣像的禁令，因此而遭到迫害的隐修士逃亡西方，带来了神秘主义的神学。公元 6 世纪兴起的神秘主义派别是继 3 世纪的亚历山大城神学与 4 世纪的卡帕多奇亚派之后的第三代柏拉图主义的希腊神学家。神秘主义神学著作被译为拉丁文之后，被罗马教会认作正统，它们不但加强了西方中世纪的柏拉图主义传统，而且对西方哲学的发展发生了深远影响，后来的神秘主义哲学思想大都可在中世纪早期的神秘主义神学中找到雏形。

1. 伪迪奥尼修斯著作

亚略巴古的迪奥尼修斯（Dionysius Areopagite）是雅典法官（“亚略巴古”为雅典最高法院名称），据《新约·使徒行传》记载，他是使徒保罗在雅典传教时所收的弟子（见 17 章 34 节）。公元 6 世纪初，伪托圣迪奥尼修斯的著作在东部隐修院流行。[①] 这些伪托著作传至西方后，被教皇马丁一世于 649 年钦定为正统神学著作。中世纪的人们没有怀疑过它们的真实性。直到文艺复兴时期，爱拉斯谟指出，这些长期被教会奉为经典的著作可能是伪作。19 世纪末，德国学者斯蒂格尔马雅（J. Stiglmayr）和考诃（H. Koch）考证出这些著作明显带有 5 世纪的新柏拉图主义者普罗克鲁斯思想的痕迹，因此推定它们不会早于 5 世纪末之前被写成，并推测它们的真实作者可能是生活在叙利亚的隐修士。这些著作包括《神圣名称》《神秘神学》《天国等级》《教会等级》《信件十札》等。

伪迪奥尼修斯著作作者并未区分神学与哲学。他说，神学是“我们（基督徒）的哲学”，故又称作“关于上帝的智慧”（theosophy）[②]。他的

---

① 另一说为：被伪托者指 3 世纪的圣徒、巴黎第一位主教，英文译作 Denis（《丹尼斯》）。

② 《神圣名称》，2 章 2 节。HCP，p. 597，note 46。

神学从内容到形式都采用新柏拉图主义的“一分为三”的结构。对应于“神圣的本源”（thearchy），他的神学分成肯定的（cataphatic）、否定的（apophatic）与神秘的（mystic）三部分。肯定神学把上帝作为形式的动力因研究，通过形式研究上帝属性；否定神学把上帝作为一切事物的目的因研究，通过可感的与可知的象征上升到神圣的实质；神秘神学研究上帝自身，由不可知、不可言的超越性上升到与上帝的超理智的融合。

肯定神学的方法“从最普遍的陈述开始，通过一些中项到达特殊的称号”。[①] 但他不同意新柏拉图主义者将上帝称作“太一”，因为上帝是一个有开端与终结的过程，有“一”与“多”，“合”与“分”两重性。他认为，肯定上帝的最普遍陈述是：“除上帝之外，无物为善。”[②]“善”是最高的范畴，是肯定神学的起点。“光从善中来，光是善的印象，因此，上帝可被描述为‘光’这一名称。”[③] 最后，光所显示的上帝的印象是“超级的美”，因此，善又可用“美”的名称指示。善、光、美代表了一个过程的开端、连贯与终结，构成了原初的神圣的三元，从中又生成出中间的神圣三元“智慧、生命、存在”，以及特殊的神圣三元“智慧、力量、和平”。作者强调，当人们用这些名称指示上帝时，其意义与日常使用的意义完全不同。两者是“被分有”与“分有”的关系：我们之所以能用这些词汇描述其他事物，因为它们分有了上帝的属性。这些词汇不是单义词，有“超越”意义与日常意义之分。

如果说，肯定神学研究理念原型世界，那么，否定神学研究按原型创造的世界：肯定神学强调上帝超越被造物，否定神学则强调被造物类似于上帝。作者写道，被造世界被分为事物、人与天使三个领域，分别与奥义、学问与精神相对应，“奥义、学问与精神尽可能地接近神

---

① 《神秘神学》，2 章。CHP，Ⅱ（Part1），p. 108。

② 《神圣名称》，2 章 1 节。CHP，Ⅱ（Part1），p. 109。

③ 同上书，4 章 4 节。CHP，Ⅱ（Part1），p. 109。

圣的构造，依其摹仿上帝能力之不同程度朝向上帝射向它们的光照上升”。[①] 被造世界的等级秩序展示了上帝的圣道，因此可以通过揭示象征意义的方法接近圣道。奥义、学问与精神分别是事物的律法等级、人的教会等级与天使的天国等级的昭示。律法等级表现为外在的仪式，仪式的象征意义由可感事物表达，是对《圣经》字面意义的解释。教会等级的象征意义由一系列的三元结构表示：新教徒、老教徒与僧侣的等级表达了“被洁净、被启迪、被成全”的意义；助祭、神父和主教表达了“洁净者、启迪者与成全者”的意义；圣事具有“洗礼的洁净、圣经的启迪与圣餐的成全与统一”的精神意义。天国等级的象征意义是光照，天国的天使或理智是“不可言的神圣的通报者”，举着“照亮了神的不可接近的居处的火炬”。[②] 天国等级象征着神圣实体的三元结构：上座天使、至爱、普智第一班天使象征“本质、精力和活动”的三元理智。宰制、大能、统权第二班天使象征“发射体、载体和受体”的光照结构。第三班天使首领、总领、奉使象征“真理、美德、力量”的知识结构。[③] 否定神学从世界三种结构里发掘出哲学概念和神学概念的意义。

否定神学的方法是否定方法，否定方法从离上帝最遥远的事物开始，把其中带有人类思想局限性的因素一一排除，留下不可言说的神圣因素，沿着世界的等级秩序逐步上升，获得的神秘因素越来越多，越来越明显。作者用比喻说明否定方法“如同人们在大理石上雕刻塑像，他把所有遮掩着潜在形象的纹理统统除去，使这个形象清晰地显露出来；仅用清除的方法，他便可以展现隐蔽形象里被掩盖着的美”。[④] 18世纪的德国哲学家莱布尼茨使用同样的比喻说明人的认识中后天经验与天赋观念的关系。20世纪的哲学家波普认为逼近真理的唯一正确方

① 《天国等级》，3章1节。CEM，p. 464。
② 《神圣名称》，4章2节。CEM，p. 466。
③ 天使名称系我国天主教会译名。
④ 《神秘神学》，2章。CHP，Ⅱ（Part1），p. 110。

法是否定性的证伪方法。虽然没有证据表明他们读过伪迪奥尼修斯著作，但后者的否定方法在神秘主义的形式下表达了一种与亚里士多德提倡的演绎证明方法截然不同的认识路线，对后来哲学与科学认识论有启发作用。

伪迪奥尼修斯著作作者的神秘主义原则是：人类不可能以思想和语言为媒介把握上帝。肯定神学以范畴与名称指示上帝的属性，但不能用语言解释这些范畴与名称的"超越意义"；否定神学在世界中追寻上帝的印迹，但只能以象征、类比方式间接地体会上帝。神秘神学是对肯定神学与否定神学的综合。它把否定方法运用于指示上帝的那些范畴和名称，在它们之前加上"超"这一前缀，把上帝当作"超存在"、"超善"、"超生命"等等。"超"的意义在于提醒人们，上帝超越世界与本质，不是知识的对象。人们只能通过专一的爱与坚韧的苦修才能产生神秘的洞见，感受心灵的震颤，上帝的"超越"意义便清晰可见，达到与上帝融合的神秘体验。神秘神学不是理论，而是体验，不是认识之路，而是苦修途径，它是隐修制度的产物，反映了隐修士的思辨与情感、玄想与苦行相结合的精神生活。

2. 马克西姆

克里斯普利士的马克西姆（Maximus de Chrysopolis，约 580 ～ 662 年）是君士坦丁堡的神学家，同时讲授柏拉图与亚里士多德的哲学。因公开申明反对皇帝关于基督一性论的敕令被割舌砍手，因此他的名号是"申明者"（Confessor）。马克西姆是伪迪奥尼修斯著作与纳西盎的格列高利的注释者。著有《迪奥尼修斯与格列高列疑难句解》《神学家格列高利著作的多种解释》《论灵魂》等。马克西姆的注释与伪迪奥尼修斯著作在中世纪并列为经典。现代学者普遍认为，流传至今的《申明者马克西姆注释》的很大一部分为拜占庭学者斯克塞普里士的约翰（John of

Scythopolis）在530年左右撰写。现在已很难分辨马克西姆和约翰的著作。我们现在谈到的马克西姆注释不可避免地包括约翰的观点。

马克西姆的注释保留了新柏拉图主义者用三元结构法建构概念系统的做法，但他把某些新柏拉图主义的概念"转译"为亚里士多德的哲学概念。原初的神圣三元不是"善、光、美"，而是"存在、力量、活动"。他说，上帝的本质（*ousia*）就是存在，但他又说，上帝高于存在自身。关于存在的肯定与否定两种说法同时适用于上帝，形式逻辑的矛盾律不能限制上帝的本质。用他的话来说："否定与肯定相互对立，但于上帝之中相互调和、相互融合。否定的说法'上帝不是存在而是非存在'与肯定的说法'这一非存在是存在'相一致；肯定他存在并未肯定他是什么，这与否定他是某一事物相一致。肯定与否定表示相互对立的关系，但两者在与上帝关系之中表示两极相通。"[①] 马克西姆看到"存在"概念的歧义，它既指本质，又指具体的存在者。上帝在第一种意义上是无限的本质，在后一种意义上是非存在。"非存在"是对存在着的一切的超越，但并非与存在者隔绝；相反，上帝的本质存在于具体的存在者之中。他说："上帝的无限性是特有的优越性，因而是不可表达、不可领悟的，……但他在一切来自他的事物中显示、多重化，他的善不同程度地在事物之中，他把所有事物都保存于自身。"[②]

马克西姆要求在上帝与事物的关系之中把上帝的存在理解为力量：他是存在的赋予者、生成的创造者和第一推动者。上帝的力量即意志，意志有整合与分化两种：整合的意志是天命，保持世界的协调性，分化的意志保持事物的个别性。他接着从上帝意志推导出"活动"的概念，上帝的意志与活动是等同的，在全能的上帝中没有"愿意做"与"做"的区别。上帝的活动把"存在"与"生成"这两个对立面统一起

---

① 《神学家格列高利著作多解》，30章。CEM，p. 493。

② 同上书，3章。CEM，p. 494。

来。他说:“上帝是他所是,并在事物的存在与生成中变成一切事物和人。但上帝于其自身既不是存在又不是生成,因为无论用何种方式都不能把他归结为任何本质,……如果我们理解上帝与被遗物的差异,那么,我们对超本质的肯定就是对存在的否定,对存在的肯定就是对超本质的否定。”① 马克西姆把上帝的本质与存在理解为纯粹活动,不是事物的具体本质,故曰“超本质”,但纯活动在所有事物的存在与生成之中,因此可以说,上帝既超越事物,又内在于事物,这里肯定与否定再次调和一致。马克西姆把亚里士多德的“纯活动”概念神秘化,但依然保留了这一概念的超越与内在双重意义。

马克西姆与伪迪奥尼修斯著作作者一样区分了上帝自身、理智领域与可感领域三个层次。上帝的“存在、力量、活动”神圣三元在下一层次被分有成“定在、善在、永在”的理智三元,在更下一层次被分有为“生成、运动、静止”的偶然三元。然后他又叙述了可感领域中的人的灵魂如何逐层上升,归复理智领域并进而与上帝融合。他的神秘主义观点十分典型:“她(灵魂)在单纯观照中与上帝融合,不用思想、知识或语言,因为上帝不是与她的认识能力相对应的认识对象,他不是关系,而是超越知识的统一体,不可言说与解释的道,只有上帝知道他,并将这一不可说的恩典赋予一切值得消受的人。”②

3. “圣像哲学”

神秘主义思潮在一定程度上反映了希腊语地区隐修院的圣像崇敬活动,因此有人也把它称作“圣像哲学”。伪迪奥尼修斯著作的作者认为上帝本身是不可理解与言说的,但可以通过律法等级中的可感事物、教会等级中的既可感又可知的事物、天国等级中的可知事物的象

---

① 《神秘学问》。CEM, p. 494。

② 《神学家格列高利著作多解》,2 章。CEM, p. 504。

征意义领悟上帝。人们在达到直接与上帝沟通的神秘境界之前，必须经过由下到上的等级的象征意义的熏陶，象征意义是达到神秘境界的梯子。我们可以看到这样一些论述："高于我们的本质与秩序（天国等级）……是无形的、理智的、超宇宙的，但我们的等级（教会等级）充满着多种多样的可感的、适合我们条件的象征，通过这些象征，我们经过这些等级上升到神圣化的统一体。……我们通过可感的印象上升到对神圣奥秘的沉思。"① "我们等级的首领靠着可感象征给予我们超天国的神秘，靠着人类事物给予神圣事物，靠着有形的东西给予无形的东西，靠着我们熟悉的东西给予超本质的东西，通过文字和无文字的启示。"② 根据这些说法，使用圣像是完全必要的。圣像虽是用物质材料造成的人工图像，但象征着无形的、神秘的境界。圣像与《圣经》以及神学经典著作同样具有启示作用，或许对不识字的人们的启示更大。但伪迪奥尼修斯著作作者并未明确地将教会等级中的可感象征说成圣像，因为在 5、6 世纪之交圣像崇敬并无障碍，没有必要专门为圣像的象征作用辩护。从 8 世纪开始，拜占庭帝国的皇帝采取废除圣像的强硬措施。隐修士运用伪迪奥尼修斯著作的权威维护圣像崇敬的合法性。

大马士革的约翰（Johannes Damascenus，约 675 ～约 749 年）是"圣像哲学"的代表人物。他是耶路撒冷的圣示巴修道院修士，后被任命为那里的神父。曾公开抵制利奥三世皇帝推行的废除圣像运动，著有《论圣像》《知识之源》等书。《知识之源》的第三部分"正统信仰的精确说明"于 12 世纪被译为题为《论真信仰》的拉丁文著作，被经院学者广泛阅读。

大马士革的约翰的名言是：没有一个人的天性里不包含着上帝存在的知识。但这并不等于说，每一个人都有关于上帝存在的实际知识，

① 《天国等级》，1 章 2 节。CEM，p. 514。

② 同上书，1 章 5 节。CEM，p. 514。

那些天性未被发挥或被败坏的人是《圣经》里所说的不承认上帝存在的"愚人"(见《诗篇》,14 篇 1 节)。因此,"上帝存在"是需要证明的知识。约翰提出这样一个证明:我们所知的是感觉到的变动的东西,通过变化而产生的东西是被造的,因此,我们知道的东西都是被造的,由此推出它们的创造者存在。约翰接着说:"上帝的存在是明显的,但就他的本质与本性而言,我们完全不能把握或知道他是什么。"[①]"存在"的本意为"是",肯定上帝存在应验了上帝所说"我是我所是"这句话,但并没有告诉我们上帝是什么。本质与本性是对"是什么"问题的回答。人们对"上帝是什么"的回答使用否定性概念,如"非生"、"不动"、"不朽"、"无形"、"无限"、"不可知"等等,它们的定义不是对本质属性的肯定性陈述。人们从"我是我所是"这句话所知的只是:"他于自身拥有并集合了存在的全部,如同实有的无限、无际的汪洋。"[②]

大马士革的约翰一方面否认人类可以通过语言、概念认识上帝的本质,另一方面又肯定感觉(主要是视觉)直观可以体察上帝。思想概念与感觉直观对他来说不是认识的两个阶段,而是知识的理解状态与宗教、审美体验的区别。他以神秘主义的态度强调后者高于、超越前者。在此意义上,他把视觉对象——形象称作"无字的书",圣像更有不可言说的神秘作用:"我们到处建立上帝的可感形象,把第一感觉——视觉神圣化,……通过它我们在精神上与上帝融合。"[③]787 年第七次尼西亚会议确立了圣像崇敬的合法性,大马士革的约翰的学说成为正统。但他的学说的意义并不局限于对圣像尊严的维护。他把感觉直观以及形象神圣化的论点引起了一个更重要的问题:既然人工的圣像使人感受神圣的真谛,自然的现象是否具有同样的象征意义呢,是否

---

① 《论真信仰》,3 章。HCP, p. 92。
② 同上书,1 章 9 节。HCP, p. 92。
③ 《论圣像》,1 章 17 节。CEM, p. 514。

也是通向上帝的必经之途呢？或许出于这样的思考，才出现了“自然是一本无字的大书”的流行观念。

4. 拜占庭学者对神秘主义的反应

由于神秘主义与圣像崇敬活动的密切联系，可以想象出拜占庭帝国的世俗统治者对神秘主义的疑虑与不安。帝国的御用学者则对神秘主义与新柏拉图主义的密切联系作出批判性的反应。慑于圣迪奥尼修斯的威信，他们没有直接批判他的著作，而是抓住新柏拉图主义、亚里士多德主义与基督教义分歧的关键，挑起了关于世界是否永恒、灵魂何以能够不朽等问题的争论，从而在神秘主义者著作里挑剔出“异教哲学”的因素。

约翰·菲洛浦诺（Johannes Philoponus，约 480 ～ 565 年）为亚历山大学派的重要成员，著有《论创世》《反普罗克鲁斯论世界永恒性》《亚里士多德〈论灵魂〉第三卷注》等。其中《反普罗克鲁斯》为配合查士丁尼关闭雅典学园之举而写。该书着重反驳柏拉图主义关于理智世界与感觉世界的区分。按基督教义，全部世界为上帝所造，只有上帝才是永恒的；柏拉图承认理念世界的永恒性，亚里士多德也从物理学角度论证了天界的运动与物质的永恒性。菲洛浦诺把普罗克鲁斯的理智世界斥为多神教的系统，但着重批判了古代人等同理智、天体与神的观念。他指出，天体的物质与地面上的物质并无区别，“天文学家已经说明每一星体都有自己的特殊运动，并不都围绕宇宙中心旋转，因此，它们的运动不是单纯的，可以观察到它们的上下运动”。[①] 他争辩说，既然天界与地界、理智世界与感觉世界在构造与活动方面都一致，没有理由认为后者可朽而前者却能永恒。菲洛浦诺的目的在于否认世界的永恒性，但他第一次在天文学中取消了天界与地界的区分，因此被一些科

---

① 《论天》，32 章 2 节。CEM，p. 479。

学史家所赞赏。有人评价说:"菲洛浦诺在科学思想史上的特殊地位在于第一次体现了科学宇宙论与一神论的对应。所有一神论宗教的基本观念都包含着上帝创世的信仰,并由此认为在天上与地下事物之间无本质区别。"[①]

菲洛浦诺对《论灵魂》的评注提出了中世纪哲学的一个关键问题:如何理解"能动理智"与"可能理智"的区分?他指出了四种可能的解释:(1)能动理智是上帝的普遍理智,可能理智为人的特殊理智;(2)能动理智介于上帝与人之间,类似柏拉图所说的"造物神";(3)这两种理智并存于人的灵魂之中,能动理智推动可能理智;(4)两者为人的灵魂的同一理智,它在某一时刻活动,在另一时刻潜在。菲洛浦诺赞同最后一种解释,因为它能说明个人理智的特殊性。他说,除非每一个人都有自己的理智,个人的不朽才有可能。其余解释都不符合基督教义,第三种解释还有导致"灵魂转世说"的危险。

继亚历山大学派之后的戈萨学派[②]的创始人艾尼阿斯(Aeneas)及其同伴查齐里阿斯(Zacharias)都著有反驳柏拉图的著作。艾尼阿斯说:"柏拉图自己说过,除非有人表现出比他更有智慧,否则必须追随柏拉图。然而,没有人比上帝更有智慧。"[③]查齐里阿斯反驳柏拉图说:"我们的上帝是实体自身的创造者,而你的造物神只创造了形式,只是赋予无形式、无区别的质料形式与区别。"[④]在君士坦丁堡,列奥尼提(Leontius,475～543年)运用亚里士多德哲学推翻了柏拉图的一些观点。他作出了"本性"与"位格"的区分:位格是个体,本性是个体的本质,又被称作"内位格"(*enhypostasis*)。个人是个体,个人灵魂是本

---

① S. Sambursky, *The Physical World of Late Antiquity*, Routledge and K. Paul, London, 1962, p. 174.

② 戈萨(Gaza)为叙利亚城市。

③ 《论灵魂不朽和身体复活》。CEM, p. 484。

④ 《论创世》。CEM, p. 487。

性，因此，人并非如柏拉图所说仅是灵魂，而是身体与灵魂组合而成的个别本体。个人的不朽包括灵魂不朽与身体复活两方面的结合。

拜占庭帝国统治者与学者对柏拉图主义的排斥有力地抵制了具有新柏拉图主义色彩的神秘主义思潮的影响。因此，神秘主义虽然起源于东方，但却在西方收获。排斥柏拉图主义的另一后果是削弱了希腊教父与神学家的理论基础。虽然东部教会拥有丰富希腊典籍，但却未能发展出丰富的神学体系，其因盖在传统中断之故。与此相反，传至西方的神秘主义加强了已经体现在奥古斯丁学说中的柏拉图主义，为神学与哲学的发展准备了条件。

小结：希腊教父的柏拉图主义传统

亚历山大城的早期教父、卡帕多奇亚的神学家，直至东部教会的神秘主义隐修士中间延续着一脉相承的柏拉图主义传统。他们在不同的历史条件下，把柏拉图和新柏拉图主义者的一些观点纳入基督教神学。这些观点主要是：造物主创世论，天命决定论，理智世界神圣论，可感世界分有理智世界说，灵魂纯粹论，灵魂与上帝相通说，灵魂摆脱身体的净化论，灵魂不朽说等等。柏拉图的“造物神”、“理智”（“奴斯”）、“世界灵魂”分别被对应为“圣父”、“圣子”（“道”）和“圣灵”。

柏拉图提倡灵魂对神圣领域的热忱追求，新柏拉图主义者以灵魂超脱的迷狂为追求目标，这些主张与基督教信仰结合形成神秘主义。吉尔松指出：中世纪有形形色色的神秘主义，“有些非常显要的神秘主义者不通文墨，有些非常显要的神秘主义者虽受过一些教育，但却把知识同神秘的生活分开，那些学识渊博的神秘主义者则渴望把知识本身转化为神秘的沉思”。[1] 柏拉图主义的神秘主义属于最后一类，它没有流行于下层群众中间的神秘主义异端的素朴、直观特征，也不是带有浓

① HCP, p. 170.

厚宗教狂热的粗鄙信仰，它充满着繁琐的论辩、精致的思辨和系统的论述。只是在经历了思维的全过程，竭力穷尽人类知识之后，它才最后展现出神秘境界，故而它采取了神学体系的形式。

第三节　卡罗林文化复兴

自伊西多尔之后的200年间，欧洲大陆文化凋零，在西北隅的爱尔兰尚且有一息文化生气。耶若与约克的修道院在7、8世纪是欧洲最好的图书馆，藏书目录包括亚里士多德、西塞罗、维吉尔、琉善、波埃修等人的著作。耶若的伯达（Bede，约673～735年）和约克的阿尔琴（Alcuin，约735～804年）是当时享有盛名的学者。

欧洲的文化复兴开始于法兰克国王查理大帝统治时期（768—814年在位）。查理大帝认为信仰需要知识，他说："对我们和忠诚的朝臣来说，基督指定的、我们所信赖的主教管区和修道院的管理不应满足于常规的奉献生活，而应教育那些从上帝获得学习能力的人，根据各人不同的能力施教，这将有很大的好处，有利于政权……虽然善功比知识更好，但没有知识就不可能行善。"他于789年颁布的法令说："在每一主教管区和每一修道院里，都必须讲授赞美诗、乐谱、颂歌、年历计算和语法。所有使用的书籍都要经过认真审订。"813年召开的查伦主教会的决议也说："根据我们的查理皇帝命令，主教要建立学校，讲授文化与经文的学问。"修道院也作出类似决定，比如佛洛伊利修道院院长提奥多尔夫指示："在村庄和城镇，神父要办学校。如有信徒把孩子们送来学文化，不要加以拒绝，而以慈善态度教育他们……承担此项工作的神父不要索取报酬，但可从他们父母处收些小礼物。"[①] 卡罗林王朝建立的学校分三类：最高级的是宫廷学校；第二类是主教坐堂里的学校，培

① D. Knowles, *The Evolution of Medieval Thought*, Longmans, London, 1962, pp. 71～72.

养神父与教士，讲授神学；最普及的学校是修道院办的学校，课程分两类，基础课程为“七艺”，是所有学生的必修课，修完这些课程的学生少数被挑选继续学习神学，大部分则从事世俗职业。“七艺”的范围实际上比它们的名称所指示的学科内容更宽泛。语法包括语言与文学，逻辑包括哲学问题的论辩，修辞包括散文、诗与法律知识，几何包括地理和自然历史，代数涉及历法，音乐包括声学，天文学包括物理学与化学。它们实际上是人们当时所知的世俗知识的总汇。中世纪教育制度的建立是卡罗林文化复兴的最重要成果。

在文化复兴中出现了一批学者，他们的核心人物是阿尔琴。他先在约克修道院主持学校工作，782 年接受查理大帝邀请，到当时法兰克王国首都埃克森主持宫廷学校。阿尔琴虽然不是有创见的思想家，但他积极推动逻辑研究，组织学术讨论，对哲学发展有一定贡献。他的逻辑教科书《论辩证法》以及对伪奥古斯丁著作《十大范畴》的研究包含着对逻辑中的哲学问题以及哲学论辩的逻辑规则的思考。最近在慕尼黑发现的一批中世纪手稿据研究是阿尔琴及其学生所著。这些手稿表明，他们已经运用逻辑推理与论证讨论“存在”、“潜在”、“意念”等问题，已初步显示了经院哲学的“辩证法”风格。阿尔琴的学生莫鲁斯（Rhabanus Maurus，约 776 ～ 856 年）为美茵兹地区主教，他大力推行“七艺”教育，编写内容广泛的教材。另一学生甘地德（Candidus）为慕尼黑手稿的主要作者。还有一位名叫弗里德基斯（Fredegisus de Tours，？ ～ 834 年）的学生写了一封《论虚无与黑暗》的信，为虚无的实质性辩护。这封信已失传，但据里昂主教阿戈巴尔（Agobard）写的反驳他的回信，他所说的“黑暗”指灵魂认识之前的蒙昧，“虚无”指柏拉图创世说中“世界灵魂”被创造之前的“前存在”状态。

卡罗林文化复兴促进了学术争论。查理大帝曾要求学者们对东方教会围绕是否应崇敬圣像问题展开的争论作出答复。他们于 790 年左右写成的著作的手稿被称为《卡罗林藏书》。藏书作者认为，圣像不应被捣毁，但也不应被崇拜。他们反对圣像崇拜的主要理由是语言高于形象，形象只是象征、表象，只有语言才涉及不可见的精神实质；崇拜形象会掩盖语言的意义，但在不能进行语言交流时，可使用形象作为辅助的启示手段。查理大帝的继承者鼓励学术争论与批评。虔诚者路易采纳阿戈巴尔的建议，摒弃了战前的请神仪式。阿戈巴尔争辩说，这种仪式以一次战役的胜败试探上帝是否灵验，以人事之成败衡量上帝意志的善恶混淆了人神的界限。秃头查理于850年提出一些神学问题供学者们讨论，但不强求一致的答案。在他统治时期发生的学术争论皆由对权威性著作的不同解释引起，带有后来的经院学者在争论中诉诸权威的诠释性特征，并具有哲学背景。

拉特拉姆诺（Ratramnus，830～868年）是考比尔的本笃会僧侣，他与另一个不知名的僧侣围绕人的灵魂是个别的抑或普遍的问题展开争论。这一问题来自奥古斯丁《论灵魂的量》，该书提出了三种灵魂观：第一，所有人的灵魂都属于同一种属；第二，个人灵魂相互分离，各不相同；第三，人的灵魂既是普遍的种属，又是个别的实体。奥古斯丁在这篇早期著作中并没有作出确定答案。那个不知名的僧侣在这里看出一个悖论：第一种观点不能成立，因为同一灵魂不能同时感到幸福与不幸，但不同的个人却能如此；第二种观点也不能成立，因为不同的个人在很多情况之下有共同的感觉、感受；第三种观点违反逻辑。拉特拉姆诺运用波埃修关于共相与个体的理论解决了这一矛盾。他指出，灵魂作为种属，不是独立的实体，只能作为心灵的概念与个人的灵魂相分离。个人灵魂是相互分离的实体，既有种属的共性，又有自身的特殊性。他的结论是：个人灵魂是个别的，但有共同属性。拉特拉姆诺是第一个运用关于共相的逻辑理论解决形而上学问题的人。

卡罗林文化复兴时期最著名的哲学家无疑是约翰·斯各脱·爱留

根纳（John Scotus Erigena，810 ～ 877 年）。除了他的姓氏之外，现已没有更多的证据可以说明他是爱尔兰人（当时爱尔兰人与苏格兰人尚无区分，Scotus 后来指苏格兰人，但在当时指爱尔兰人）。他现在为人所知的一切活动都发生在欧洲大陆。他在 30 余岁时在秃头查理宫廷中任语法教师。他参与了两次争论。

爱留根纳在授课中引用马提安《语言学与墨尔库里的婚姻》一书中的神话以及 5 世纪初的罗马作家马可罗比乌斯（Marcrobius）《西庇奥之梦》一书中的灵魂遨游天堂的梦，表达了一系列的柏拉图主义观念，比如，普遍的神是世界灵魂，个别的神是天体星辰，灵魂在天堂得到净化，然后返回人间，除了宇宙之外没有其他奖惩灵魂的场所。他甚至引用马提安的话说："除了哲学之外，无人能进入天堂。"爱留根纳的言论遭到特洛伊斯主教普鲁登提（Prudentius）的反驳。后者写了《反爱留根纳论命运》的文章，指责他恢复古代多神崇拜，将人的命运维系于自然世界，否认上帝恩典和最后审判，等等。爱留根纳反批判的手稿直至现代才被编辑出版。在这篇题为《马提安著作注》的手稿中，他除了修改某些提法之外，仍然坚持古代的自然宗教观。马提安被解释为柏拉图主义者，太阳被看做灵魂世界，从那里放射出无理性和有理性的生命力，推动宇宙运动。他把整个宇宙看做围绕太阳旋转的星系。爱留根纳的早期手稿为我们理解他后来的自然体系学说提供了线索。

爱留根纳参与的第二次争论具有广泛的社会影响。富尔达修道院的僧侣戈特沙尔克（Gottschalk，约 808 ～ 868 年）根据奥古斯丁反佩拉纠著作提出"双重前定论"，认为人的两种命运：被拯救与遭劫难都由上帝事先安排，这种观点反映了未受教化的贵族青年对隐修生活的反抗，这些人借口隐修苦行不能改变前定的命运而追求世俗生活。尽管戈特沙尔克引经据典，还是遭到莫鲁斯与另一位主教辛克马（Hincmar）的反对，848 年召开的美茵兹主教会议谴责了他的学说。由于秃头查理关注这一场争论，爱留根纳写了《论命运》一书反驳“双重前定论”，他引用奥古斯丁反摩尼教著作，说明了恶并非实质性的存在，善恶是人的意志的自由选择，上帝预知人的选择结果，但不事先干预等观点。我们已经看到，奥古斯丁的前、后期著作对恩典与自由意志的关系有不同解释。他在后期所写的《更正》中已承认前期思想可被佩拉纠派利用。中世纪教会的正统立场是调和这两种解释，既反对以自由意志否定上帝恩典的半佩拉纠主义，又反对以恩典取消自由意志的极端的前定论。爱留根纳的论点矫枉过正，在855年和859年两次地方主教会议上受到谴责。不过，卡罗林文化复兴时期气氛较宽松，他并未因此受到迫害，仍受秃头查理重用。

827年拜占庭皇帝迈克尔二世把圣迪奥尼修斯著作抄本赠与法兰克国王虔诚者路易。由于圣迪奥尼修斯被认作巴黎的守护圣徒丹尼斯，当秃头查理将卡罗林王朝首都从埃克森迁至巴黎之后，这批著作的翻译具有特殊的宗教和政治意义。秃头查理把这项工作交给爱留根纳。他在完成这批著作及马克西姆的注释的翻译之后，还为波埃修的《哲学的安慰》作注释。862～866年，完成了他最重要的著作《自然的区分》。877年秃头查理死后，爱留根纳离开宫廷，传说他在一修道院任院长时被僧侣们谋杀。

第四节　爱留根纳的《论自然的区分》

上述爱留根纳思想的背景介绍表明，《论自然的区分》[1]是卡罗林文化复兴的产物，它是中世纪第一个完整的哲学体系。在哲学与神学不分的理论条件下，我们强调这部书的哲学性质，理由有二：第一，爱留

---

① John the Scot, *Periphyseon on the Division of Nature*, trans. M. L. Uhlfelder, Wipf and Stock, 1976. 以下缩写为DN。

根纳思想的依据是理性，而不是权威。这部书以教师与学生的对话形式写成。其中有这样一段对话，教师指出，上帝的本性是不可言说的，一切名称都是不充分的。学生要求拿出教父的论述作为论据。教师回答说，这一要求颠倒本末，“因为权威来自真正的理性，而理性却肯定不来自权威。不被真正的理性所支持的权威是软弱的，而理性却以自身力量保持牢靠与稳定，并不要求以任何权威的赞同作为认可”。[①] 通观全书，爱留根纳的思想虽然不可能脱离神学内容，但他已摆脱了对神学的依赖。他的哲学体系在一直匍匐于神学权威下的中世纪哲学之中是一朵理性的奇葩。第二，爱留根纳自觉地运用辩证法探讨问题。他认为，辩证法不仅是思想方法，而且是自然运动的本性。他说：“辩证法是一门把种分析为属以及把属融合于种的艺术，它不是人工制作的东西，而是由所有真正的艺技的那个作者在事物的本性之中创造出来，它被有智慧的人发现，被有技巧的研究所采用。”[②] 这段话表明，爱留根纳认为辩证法适用神学在内的一切学问，并给辩证法涂上了神圣的光圈。按照传统观念，辩证法属于世俗学问。教父们一般反对运用辩证法研究神学与哲学。卡罗林文化复兴时期虽已出现辩证法与神学结合的端倪，但只是在经院哲学中才完成了这一结合。在此意义上，爱留根纳被一些人当作第一个经院哲学家。

1. 自然及其区分

《论自然的区分》共分五卷。爱留根纳一开始解释了他所说的自然的意义：“自然是关于一切存在的东西和一切不存在的东西的普遍名称。”[③] 这一定义把“自然”推为最高的哲学概念，比形而上学的“存在”

---

① 《论自然的区分》，1 卷 69 节。DN. p. 91。
② 同上书，4 卷 4 节。DN，p. 215。
③ 同上书，1 卷前言。DN，p. 1。

概念的意义更加广泛：它包括了“存在”和“非存在”两个方面。

柏拉图为了克服巴门尼德因“存在”与“非存在”的矛盾而引起的悖论，在《智者篇》中提出“存在”与“非存在”为意义相互蕴含的两个通种。但后来的哲学家只是把柏拉图的论点看做一种逻辑练习或文字游戏。他们都强调“存在”是高于“非存在”的实在。亚里士多德认为“非存在”的意义依赖于“存在”，新柏拉图主义者认为“非存在”是处于世界最低层的物质。在这样的背景中理解“自然包括存在和非存在”这一命题，我们应认识到爱留根纳的贡献在于承认非存在也是实在领域，并且在一定条件下比存在更加实在；存在与非存在的相互依赖不仅是概念与概念间的逻辑关系，而且也是构成自然的事物之间的实在关系。他从五个方面说明了存在与非存在的实在关系。第一，人们区分存在与非存在标准是人能否认识它们：一切可以被感觉和理智认识的对象是存在，否则是非存在。但是，非存在的不可知并不等于非实在。比如，上帝超越人的理解，在此意义上可以说上帝是非存在，但不能由此否定上帝的现实性。再如，人们能够通过偶性认识个别事物，但却不能把握它们的存在原因和一般本质。在此意义上，事物的本质也是非存在，但却是实有。第二，自然是由低到高的事物等级，“正如否定了低一级的事物是对高一级事物的肯定，肯定了低一级事物也是对高一级事物的否定”。[①] 比如，对人的生死的肯定蕴含着对天使的不朽的否定，后者相对于前者而言属于非存在，但天使却是高于人的实在。第三，实在的事物是潜在的种质的展开，展开是存在，种质是非存在，但种质决定了实在的事物。第四，物质服从于生灭、变化，赋予它的形式是静止不变的。物质属于非存在，形式属于存在，但既然两者共同构成现实的事物，物质也为实在。第五，上帝按照自身形象造人，上帝的禀

① 《论自然的区分》，1 卷 4 节。DN，p. 4。

性决定人的存在。原罪之后，人已失去上帝禀性。在此意义上，人是非存在，但仍不失其实在。

爱留根纳论辩的关键是区分存在与实在，或实体与实有，前者属于“本体”范畴，后者属于“本质”范畴。一切存在都是实在或实有，但并非一切实在都是存在。因为实在或实有不仅是可感、可知的事物，而且也是不可感或不可知的性质。爱留根纳所说的自然不是事物的整体，而是实在、实有的整体，包括存在着的实体以及非存在的实质。根据基督教观念，存在与非存在的区别是创造与非创造的差别。实体或事物处在创造活动之中，有生灭、变化。实质或本性是不变、永恒的，不受创造活动影响。

爱留根纳的“自然的区分”首先是逻辑的区分，即，对“自然”这一概念的意义作出分析。从逻辑观点看问题，“自然”是最普遍的种概念，包括存在与非存在两个方面，这两方面的意义分别等于“创造”与“非创造”。后者的意义可被继续分析，包括能动与被动两个方面：“创造”的意义是“能创造”或“被创造”；“非创造”的意义是“不能创造”或“不被创造”。这四种意义两相组合，可构成四种复合意义，它们是“自然”概念的全部可能意义，或者说，它所包含的四个属概念。它们是：(1)能创造而不被创造的自然；(2)能创造而且被创造的自然；(3)被创造而且不能创造的自然；(4)不被创造而且不能创造的自然。①

在概念分析的基础上，爱留根纳从创世说的角度区分了自然生成

① 四种意义的组合可由下图表示：

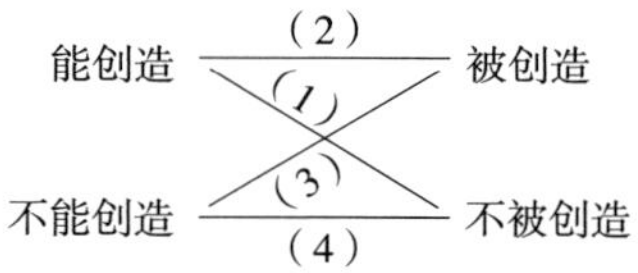

这是两组相反意义的组合。“能创造”与“不能创造”，“被创造”与“不被创造”为矛盾意义，不能组合。

与发展的四个阶段。每一个“自然”的属概念相应于自然的一个发展阶段。从“自然”的逻辑概念向自然的创世过程过渡的根据是自然等于上帝，因为只有上帝才是无所不包的整体，才是“自然”这一最普遍的名称所指称的对象。上述概念（1）指示作为自然最初原因的上帝，他能创造，但不被任何其他东西所创造，否则他就不是最初原因了。概念（2）指示上帝创造的原型理念，它被上帝所创造，作为上帝创造的工具，它也能创造其他事物。概念（3）指示上帝按照原型创造出来的事物的总和，这些被造物只能生灭、变化，不能再创造其他事物。概念（4）指示作为自然最终目的之上帝，他不被创造，是一切事物朝向的归宿，但并不需要主动地作用事物，故而不能创造。

创世说的自然区分把自然分为起源、原型世界、可感世界、归宿四个阶段的运动。运动的起源与归宿是唯一的上帝，这意味着这是一个循环运动。并且，原型世界与可感世界是自然运动的产物，也发生在上帝之中。爱留根纳于是强调，自然的运动是上帝的自我运动：“上帝是开端、中介和终端。他是开端，因为一切分有本质的事物皆来自他；他是中介，因为这些事物在他之中，并且通过他存有与运动；他是终端，因为这些事物都朝向他运动，追求运动的静止与完善的稳定。”①

逻辑学中“自然”概念的区分是人的认识过程，创世说中自然的阶段性区分是实在的运动过程。爱留根纳以他特有的方式表达了人的认识过程和自然运动过程的一致性。他把自然的循环运动以及认识它的方法称作辩证法。柏拉图的辩证法指认识理念的概念运动（理念自身不运动），亚里士多德将一种类型的逻辑推理称作辩证法。一般说来，古代辩证法局限在人的认识领域。爱留根纳首次把自然的运动过程称作辩证法。他认为，辩证法的根本特征是两个相反相成的运动，或者

---

①《论自然的区分》，1卷11节。DN，p. 14。

说，包括下行运动和上行运动。自然的下行运动从最初原因出发，经过原型世界，下降到可感事物；然后从可感事物开始上行运动，经过原型世界的中介，到达终极目的。因为最初原因与终极目的相重合，因此，下行运动与上行运动互为逆运动，构成圆圈式的自我运动。同样，人的认识的下行运动是区分的方法，即从最高的原则和范畴出发，经过中间命题和概念，到达最后的结论和名称；反之，认识的上行运动是分析的方法，由复合的结论、名称上溯简单的原则和概念，最后到达意义最单纯、适用范围最普遍的最高原则和范畴。可以看出，区分的起点是分析的终点，反之亦然。区分与分析是互为逆推理的圆圈式自我构造体系。[①] 爱留根纳天才地猜测到辩证法的实质是圆圈式的自我运动过程，这一过程既是合乎逻辑的认识运动，又是自然的自身运动。黑格尔关于辩证法、逻辑和历史相一致的思想在爱留根纳的体系中已见端倪。

2. 上帝与世界

爱留根纳在创世说的背景中表达关于自然的理论，他所说的自然既包括创世的上帝，又包括被上帝创造的世界，包括原型世界和可感世

---

① 如图所示

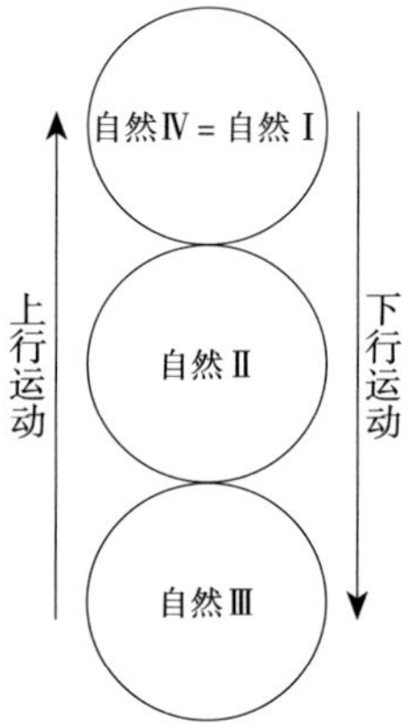

界。但另一方面，自然又不是上帝与世界的简单相加，自然即是上帝。这一立场迫使他得出世界内在于上帝的结论，使他的理论带有难以洗刷的泛神论色彩。

泛神论是这样一种思想：它认为神寓于世界万物之中，或是世界自身的生成变化原则，或是事物的本质、本性，因此，神无处不在，每一事物都包含神的本质，甚至存在。爱留根纳从创世过程内在于上帝，以及上帝内在于被造物两方面表达了上帝与世界的内在关系。他说："上帝的运动不外在于自己，他使自己运动，在自身内运动，朝向自己运动。"① 就是说，创世运动的动力、产物和目的都包含在上帝之中。这种说法并不违背基督教的无所不包的全能上帝的形象。然而，爱留根纳更换了表达方式，把"创世的产物在上帝之中"更换为"上帝在创世的产物之中"。他明确地说："当我们听说上帝创造了一切事物，我们必须作如此理解：除了上帝之外，没有其他任何东西存在事物之中。就是说，上帝是一切事物的本质，因为只有上帝才是真正的存在，那些被认识到的真实存在于事物之中的东西只是上帝而已。"② 我们不要以为爱留根纳用"上帝内在于事物之中"替换"事物内在于上帝之中"犯了偷换命题的错误。他以存在的统一性为由明确地论证了上帝存在与事物存在的互为表里内外的道理。如上述引文所示，事物的本质来自上帝的存在；只是由于上帝存在，人们才能认识到事物有如此这般的本质存在。人们所认识的事物本质的存在与上帝的存在是同一的，正是在此意义上，爱留根纳得出这样的结论："造物主和被造物是同样一个东西，因为被造物除非是上帝的自我显示，什么也不是。"③ 这段话被看做爱留根纳泛神论的最明显的证据。但我们应该看到，爱留根纳是从存在

① 《论自然的区分》，1 卷 11 节。DN，p. 14。
② 同上书，1 卷 72 节。DN，p. 97。
③ 同上书，1 卷 72 节。DN，p. 98。

论的角度论述上帝与被造物的同一性的。他强调事物“是”上帝之所“是”，这里的“是”即存在的意思。

当爱留根纳从本质论的角度论述上帝与世界的关系时，他基本遵循柏拉图的“分有说”与新柏拉图主义的“流溢说”，非但没有等同上帝与世界，而且强调了两者的差异。比如，他说，希腊文“分有”（*methexis*）的意义是“第二性本质”（*metaousia*），指示它来源于第一性的本质。他还说，万物分有上帝与上帝流溢万物是同一意思。万物犹如喷泉的水珠，这喷泉就是它们的原型，上帝是供给喷泉水流的源泉。当然，水珠、喷泉和源泉的说法仅仅是比喻，即使在本质论范围内，爱留根纳仍然坚持原型内在于事物。他引用伪迪奥尼修斯的话为依据，说原型“创造万物，在万物之中被创造，并且是一切事物”。[①] 这不啻在说，原型世界不是与感性世界相分离的，上帝按照原型创造的过程即把原型移植在被造物之中，作为它们的本质。至于原型与上帝的关系问题，可以肯定原型内在于上帝，因为上帝和原型都是永恒的，上帝并不在时间中创造原型。但爱留根纳始终没有说过上帝内在于原型的意思。否则的话，人们便可以推导出上帝内在于原型，原型内在于事物的彻底的泛神论的结论。爱留根纳承认原型既内在于上帝，又内在于事物，这可作两种解释：第一，因为上帝的存在与事物的存在的同一性，存在于事物之中的本质亦即存在于上帝之中的原型。第二种解释是：上帝包容着事物，事物包容着本质，因此，本质即以属性方式存在事物之中，又以原型形式存在上帝之中。无论哪一种解释都不带有明显的泛神论观点。

如果仅从字面上理解“上帝即自然”的观点，很容易得出这是泛神论观点的结论。我们应当理解，爱留根纳所说的自然不等于我们今天

① 《论自然的区分》，3 卷 4 节。DN，p. 139。

所说的自然界，不仅仅是事物及其本质的总和，这种意义上的自然相同于自然区分中的第二、三两重自然，即上帝创造的世界。上帝作为第一、四重自然，既内在于世界，又超越世界。说他内在于世界，因为他不脱离世界而存在，说他超越世界，因为他是外在于世界的最初原因和终极目的。前者可由“存在”意义的统一性证明，后者可由“分有”、“流溢”之说证明。爱留根纳用火中的烙铁比喻上帝既内在于、又超越世界的关系：烙铁存在于火之中，同时又保持着独立于火的本性。“上帝即自然”的命题常常被人理解为泛神论，原因在于忽视了这句话包含着上帝超越自然事物总和的意思。无独有偶，17 世纪的荷兰哲学家斯宾诺莎也因把“上帝”、“实体”、“自然”作为同义词而被人称作泛神论者。斯宾诺莎所说的自然包括两个层次：“产生自然的自然”（natura naturans）与“被自然产生的自然”（natura naturata）。他说，前者是自然的自因、本质，后者是在自然之中存在的一切事物的总和。[①] 前者是超越事物的自然，后者是内在于事物的自然。斯宾诺莎借用的中世纪经院哲学对自然的区分实际上是爱留根纳四重区分的简化：第二、三重自然被简化为被产生的自然；第一、四重自然被简化为不被产生的自然。上帝作为前者是内在的，作为后者是超越的。泛神论认为上帝仅仅存在于自然界事物之中，没有超越自然界的独立性，这显然既不为爱留根纳、也不为斯宾诺莎所承认。总的来说，爱留根纳体系使用了泛神论的一些表达方式，但从上下文全面理解这些表达的意义，似不能把他的体系归结为泛神论。

不过，爱留根纳学说是否泛神论的问题不仅是一个学术问题，而且也是一个历史问题。中世纪的泛神论异端确实利用了爱留根纳思想。12 世纪末巴黎的神学家贝纳的阿马尔里克（Amalric de Bena）创立的神

---

① 斯宾诺莎：《伦理学》，第一部分，命题 29。北京大学哲学系外国哲学史教研室编译：《十六—十八世纪西欧各国哲学》，商务印书馆，1975 年，第 263 页。

秘主义异端的理论根据之一就是爱留根纳的学说。为此，教皇奥诺留斯三世于 1225 年谴责爱留根纳学说为“危险的学说”，下令焚烧他的著作。这一事件久为人知。但最近的研究也找出了他的著作在此之前被不少正统神学家评注的证据。[①] 可见对他的学说作截然不同的理解或解释古已有之。

3. 自我显示说

爱留根纳体系是中世纪早期柏拉图主义传统的重要组成部分，带有明显的神秘主义色彩。他受伪迪奥尼修斯著作影响，主张用否定的方法把握上帝。他说，亚里士多德的逻辑范畴只适用于被创造的自然，不能用来描述不被创造的自然，即上帝。上帝超越了存在和本质，在此意义上，上帝是“非存在”或“无”。但“无”不是虚空，他对“无”的解释是：“不可言说的神圣的善，无法把握、不能接近的光明。”[②] 然而，上帝并不总是停留在这种超越状态，上帝创世的过程使他内在于世界，同时也向人显示自己；世界向上帝的归复表现为人的灵魂对上帝的追求与融合。自然的区分与神学的阶段性是一致的。否定神学的内容是上帝的非存在，肯定神学是上帝的自我显示，神秘神学是与上帝的融合。人对上帝的认识经历了“否定、肯定、既否定又肯定”这样一个辩证法的过程。

爱留根纳的神秘主义表现在对否定神学与神秘神学的推崇。但他不得不承认，只有肯定神学才能理解并表达上帝；因此，他用很大篇幅讨论了人何以能够认识上帝的可能性，提出了“创世即自我显示”的观点。他把“上帝从无到有地创世”的教义解释为上帝的创世是一个从

---

① J. Marenbon, *From the Circle of Alcuin to the School of Auxerre*, Cambridge University Press, 1981, pp. 80 ～ 109.

② 《论自然的区分》，3 卷 19 节。DN，p. 199。

无走向有、从非存在走向存在，从不可言说走向自我显示的过程。他认为，人类认识的对象只是运动着的东西；上帝的运动是创世活动；结论是：在创世之前或之外，上帝是无法被认识的。他从词源学的角度论证这一结论。他说，希腊文的“神”（*theos*）来自两个动词“我见”（*theoro*）和“我跑”（*theo*）。“当动词‘我见’演变为‘上帝’时，上帝的意义是‘见’。他在自身内见到一切存在，在他之外见不到任何东西。根据动词‘我跑’的意思，上帝被正确地理解为‘跑’。他跑经一切事物，并在跑的过程中不断地深入一切事物，正如经书所说，他的言谈快速地跑。”[①] 早在很久之前，纳西盎的格列高利已经对“上帝”的意义作了词源学的考察，但他只是说明人类称呼上帝的语言的比喻意义。爱留根纳认真地对待这些比喻意义，认为“跑”的意思是创造，“见”的意思是显示，上帝创造的意思便是“自我显示”（*theo*）。自我显示是“不显露东西的显相，隐蔽东西的昭示，否定东西的肯定，对不可把握东西的把握，对不可言说东西的表达，对不可接近东西的接近，对不可理解东西的理解，无形东西的现形，超本质东西的本质化，无形式东西的形式化。”[②] 一言以蔽之，上帝在创世的同时揭示了自身的秘密。

“自我显示说”的实质是要求人们在上帝创造的世界追寻上帝的踪影。上帝并未、也从未向人们显示自身，但上帝之光普照世界，认识了世界也就接受了上帝之光。《圣经》对上帝之光有不同说法。使徒雅各说：“每种最好的礼物和完善的赏赐都来自上面，从众光之父那里降下来。”（《雅各书》，1 章 17 节）使徒保罗说：“一切能显明的，就是光。”（《以弗所书》，5 章 13 节）第一种说法认为上帝是照耀万物的光源，人的认识是上帝的恩典。奥古斯丁的光照说即以此为据。爱留根纳采用第二种说法。按照他对上帝、原型和事物关系的解释，原型分有上帝的

① 《论自然的区分》，1 卷 12 节。DN，p. 15。
② 同上书，3 卷 4 节。DN，p. 140。

神圣本质，同时内在于事物之中。因此，每一事物的本质都闪耀着上帝之光。如果说上帝是太阳，那么事物就是万盏明灯，它们内部包含的本质是发光体。上帝之光通过事物折射到人的心灵，因此人们只能通过事物及其本质间接地认识上帝，而不能在上帝之光的直射中看到上帝本身。这种间接认识即象征。他说："可见的与有形的事物无一不象征着无形的与不可见的东西。"① 他认为每一事物都闪烁着上帝之光，象征着上帝不可见的形象与特征，这种思想是中世纪美学的一个重要特点。

爱留根纳还从历史发展的角度说明"自我显示"的三个阶段。第一阶段从原罪到基督诞生，这是理性时代。人的理性既受上帝之光启迪，在自然事物内发掘神圣本质，又自以为是地将原型、本质当作上帝自身，不知道上帝超越世界的神秘性。第二阶段开始于基督诞生之后，福音书的传播把人们带入信仰的时代。人们通过启示认识真理，信仰高于理性，并指导着理性。爱留根纳并不认为真理终结于信仰。信仰的作用在于净化人的道德，纠正理性的偏差，为理性与信仰的融合作准备。真理的第三阶段以理性与信仰、哲学与神学、认识与德行的合一为特征，真理直接显现在心灵之中。不难看出，真理三阶段分别于肯定神学、否定神学与神秘神学的阶段性相符合。他提出真理三阶段的目的在于调和理性与信仰。在这一方面，他继承了从奥立金开始的理性神学的传统。他的神秘主义并不排斥理性，而是用"肯定、否定、既肯定又否定"的辩证法态度对待理性。

---

① 《论自然的区分》，5 卷 3 节。DN，p. 277。

第五章　经院哲学的诞生

“经院哲学”（即英文Scholasticism或Scholastic philosophy）一词来自拉丁文“Scholasticus”，原意为“学院中人的思想”，因此也被译作“士林学术”。这个词原来也并不专指哲学；中世纪学院的学术研究主要包括哲学与神学，两者的界线不是很清楚，“经院学术”既是哲学，又是神学：它作为哲学史研究对象是经院哲学，作为神学史研究对象是经院神学。因此，“经院哲学”的确切含义应是：在公教会（或天主教）学校里传授的、以神学为背景的哲学。经院哲学之所以构成哲学史的一个阶段，原因是它是教父哲学思想的直接承袭，并且与教父哲学一样继承与发展了古希腊哲学；另一方面，它又直接影响了近代哲学。

一般认为，经院哲学终结于17世纪（它在此后的变种被称作“新经院哲学”）。但对它的开端却有不同说法，有人倾向于把“经院哲学”当作中世纪哲学的代名词，因此将爱留根纳、甚至波埃修称作第一个经院哲学家。另有一些人以经院哲学的独特风格（以问题为中心的演绎论辩文体）和独特内容（以亚里士多德主义为论点、论据）为标准，将经院哲学的开端定在13世纪。我们同意另一种意见，认为11至12世纪是经院哲学的诞生期。

我们的理由是，经院哲学有两个基本特征：一是它以“经院”（即教会或修道院办的学校）为生存环境，二是它以“辩证法”（即亚里士多德所说的论辩推理）为操作原则。11至12世纪的西欧为这样的哲学的诞生提供了物质条件和精神准备。蛮族入侵的浪潮到 11 世纪初已基本结束，西欧的封建制度被巩固地建立起来，文化教育开始复苏。从克吕尼修道院开始的改革运动从改造隐修制度、纯洁僧侣生活的目的开始，到 11 世纪已发展成为全面清除世俗影响、反对王权干预的斗争。改革为教会与修道院注入生机，增强了教皇全面、独立地管理教会的权力。教会在政治上和组织上的统一需要统一的思想。所有这些都刺激了学校教育和学术研究的发展。卡罗林文化复兴时期建立的“七艺”教育随着时代的变化也发生了变化。“四艺”的教育由于缺乏社会需要的刺激逐渐衰落。与此相反，“三科”中的语法和修辞教育在公元 1000 ～ 1150 年间的文学复兴的形势下首先获得较快的发展。但自 11 世纪下半期起，逻辑教育成为学校的主课，这种情况与神学教学的进展有关。神学课程使用的教父语录式的教科书往往不能满足学生的需要，教师与学生经常在课堂展开讨论，教师根据学生提出的问题进行研究，提出解决问题的途径和答案。神学教育和研究需要恰当地提出问题、严谨地辨析词义、正确地进行推理的能力。它越来越多地依赖逻辑手段。神学与逻辑的结合不但强化、深化了神学的内容，而且使人们能够重新认识教父典籍中涉及的哲学问题、命题与概念，产生出新的哲学风格和思想，使教父哲学过渡到经院哲学。如此产生的哲学由于未能从希腊哲学中直接吸收丰富的材料，它的内容一开始显得单薄、贫乏。直到亚里士多德主义传入西方之后，它才获得了蓬勃发展的机遇。然而，在机遇到来之前，它已奠定了自身的基础。经院哲学不是某一个人创建的，我们现在也很难说谁是第一个经院哲学家。经院哲学的诞生是一个相当长的历史事件。本章的目的是阐明参与这一事件的诸多因素与环节，一一介绍对经院哲学的诞生作出贡献的思想家。

第一节　辩证法与反辩证法的争论

在 970 ～ 1040 年间，人们主要通过波埃修对亚里士多德逻辑著作的翻译与评注学习逻辑。波埃修的逻辑教科书除了《范畴篇》《解释篇》的译作与评注之外，还有《论区分》《论别题》《论直言推理》《直言推理导论》《论假言推理》。后面几本书包含着对亚里士多德《正位篇》《前分析篇》的介绍。通过这些介绍，人们了解到证明推理与论辩推理的区分。关于这一区分，波埃修写道："一个表达被普遍接受的观念的命题是公认的。这些命题可分为两类：一类是完全显而易见的，比如，'两个等式相减，其差仍为等式'就是这样的命题。凡理解它的人都不会否认它。另一类命题虽然也来自同样的共同观念，但它只是对有学问的人才是显而易见的，比如，'无形者不能占有空间'就是这样的命题。有学问的人明白地知道它，普通人则不然。"[①] 第一类命题相当于证明推理的前提，第二类命题相当于论辩推理的前提，它不像第一类命题那样，可以不加审查就被当作真理来接受。波埃修认为神学的命题属于第二类，神学家认为它们是明白无误的真理，一般人却不能确信它们的正确性。因此，神学家要用论辩推理的方法，从他们的命题出发，推导出确定无疑的真理。波埃修在讨论神学问题与哲学问题时已经自觉地运用了这种方法。但神学家直到 11 世纪才认真考虑是否在神学领域运用辩证法的问题。

中世纪人理解的辩证法一般地说是对话的艺术，严格地说是论辩推理。辩证法的基本要求是以一个普遍流行的意见为考察对象，列举赞成和反对这一意见的理由，然后使用辨析词义、区分种属的定义、概念的方法与三段式推理的方法审查正、反两方面的理由，得出肯定或否定的答

---

① PMA, p. 128.

案。在中世纪早期，辩证法的运用并未形成固定的程式，但人们已经遵循辩证法的基本要求，从正、反两个方面考察一个问题，审视一个意见。

早在 10 世纪时伦巴底地区（现意大利北部）已出现一批自称为“逍遥派”的学者，他们多为逻辑与修辞教师，在教学过程中尽量显示自己的论辩技艺，将辩证法作为训练智力的工具。这种风格接近于古希腊的智者，但也开始运用辩证法解决一些简单的哲学问题。比如，一位名叫甘诺（Gunzo）的辩证法教师于 965 年左右在解答德国圣伽仑修道院僧侣的疑难时指出，真正的学问并不总是对一个问题的确切答案。他以波埃修关于共相问题的讨论为例说，波埃修列举了柏拉图肯定共相的独立存在与亚里士多德否定其独立存在这样两种对立的意见；当权威的观点相冲突时，人们无法决定取舍。他还说明了正确区别概念的重要性，因为按二元对立的原则区分概念并非普遍有效。一般认为，可将一切事物分为“实体”与“偶性”两个方面。甘诺指出事物的“属差”既不属于实体，也不属于偶性；因此不能用两个对立的概念概括事物的所有方面。

11 世纪上半叶的意大利辩证学者贝塞特的安瑟尔谟（Anselm de Besate）在《修辞方法》中指出，逍遥派的辩证法是在两种对立的意见之中找到一个比较可信的结论的逻辑手段，这与从一个确定的前提推导出确定的结论的逻辑手段不同。辩证法处理两种对立意见的原则本身就是辩证的，即本身就是两个对立的原则。第一个原则是肯定一种意见并否定另一种，这个原则的依据如波埃修所说，两个属的组合不能产生第三个属；我们观察到的统一体都不包含两个对立的因素。第二个原则是综合两种意见，对其中每一种都既不完全肯定，也不完全否定。他举出一些事例为第二个原则辩护，如人包含着理性的和可朽的两种对立本质，他的肤色是黑与白的组合，等等。在书的跋中，他还以自己亲身经历的一次教士会议为例，说明两种对立因素调和的可能性。

这次会议的参加者对议题既不赞同，也不反对。这种中立态度实际是赞同与反对的综合，即，他们同时沿着赞同与反对两个方向想问题，这正如白色与黑色同时在一处出现，组成了既不白又不黑的颜色。有人说中立态度是对议题的否定，贝塞特的安瑟尔谟反驳说，否定的范围是无限的，因而不包含任何内容。一个人不需要为单纯的否定辩护，但却要为中立的态度辩护。

早期意大利的辩证学者强调对立的两种意见的并存与合理，因为他们并不想运用辩证法获得确定的知识。他们把辩证法作为显示自己论辩技艺的手段，在这一点上与古代智者与怀疑论者的做法接近。但在一个以恭谦为美德的环境里，仅把辩证法作为技巧加以炫耀和传授的做法是难以推行的。只有当神学家把辩证法用作解惑、求知的工具时，辩证法的使用才成为一种风尚。

1. 吉伯特

最早本着亚里士多德关于辩证法"是探求一切根本原理的途径"的精神对待辩证法的神学家是吉伯特（Gerbert，约 945 ～ 1003 年）。他出生于法国西南部的阿刻泰尼，是奥里拉克的僧侣。曾去西班牙北部，接触到阿拉伯人的科学知识。972 年被任命为兰斯主教坐堂学校的校长，991 年成为兰斯大主教。他也是神圣罗马皇帝奥托三世的老师，在后者支持下，吉伯特于 999 年成为第一个担任教皇的法国人，即西尔威斯特二世。吉伯特是他那个时代最有学问的人，著有《几何学》《天文学》课本，对《范畴篇》《正位篇》的注释，以及论文《论理性与使用理性》。他在教学中试图把各科知识联系成一门关于世界的知识，即哲学。这种用"七艺"等世俗知识、而不用神学来建立哲学的企图遭到一些神学家的反对。奥托二世宫廷的教师奥特里克（Otric）与他在奥托二世面前展开了一整天辩论。据说，辩论程度十分激烈，以致奥托二世不得不亲自干预才结束了这场辩论。奥特里克质问哲学作为世俗知识总汇有无存在的必要。吉伯特根据波埃修关于波菲利《导论》第一篇注释的思想，指出哲学不仅是世俗学问，它包括神学、数学和物理学三门理论学科，是一切世俗与神圣学问的总汇。奥特里克于是质问这些不同的学问何以能够统一为一门学问。吉伯特似乎认为知识的统一性在于语言，因此可以通过逻辑达到哲学的统一。然而，奥特里克指出，逻辑甚至不能给一个专名下充分定义，何以能够适用于一切事物呢？辩论至此结束。

吉伯特在辩论之后写的《论理性与使用理性》一文反映了他就如何定义一个概念的问题作出的思考。就"人是有理性的动物"这一定义而言，困难在于并非所有人都表现出理性；有的人一生都未使用过理性，上述定义是否适用于这些人呢？有人主张区分"理性"（rationale）和"理性的使用"（uti ratione），用后者进一步限制前者。但两者关系如何呢？有人说是种和属的关系，有人说是潜能与现实的关系。吉伯特认为没有必要在人的定义中引入"理性的使用"这一概念，因为任何一个属概念已经包含了种概念的一切可能性。"理性"概念已经包含了"使用理性"和"不使用理性"两种可能性。需要区分的应是本质属性和偶然属性。定义使用种概念与本质属性（种差）概念即可概括一切事物。他的言下之意似乎是，奥特里克提出逻辑不能给专名下定义的原因在于定义不包括偶然属性，这并不能削弱逻辑的普适性。归根到底，这篇论文是为逻辑是哲学的统一方法的立场辩护的。[①]

吉伯特与奥特里克之间的争论可以看作辩证法与反辩证法两个阵营的最初较量。这场争论涉及哲学与世俗学问、逻辑与哲学的关系问题。随之而来的争论意义更加重大，它涉及辩证法能否适用于神学领

---

① 参见 N. M. Brown, *The Abacus and the Cross*, Basic Books, 2010。

域这一核心问题。

2. 贝伦加尔

首先将辩证法运用于神学讨论的是图尔的贝伦加尔（Berengar de Tours，1010～1088年）。他是法国著名的夏特尔学校创始人福尔伯特的学生，其后一直在图尔的圣马丁教堂学校任教。他宣称，辩证法是艺术的艺术、理性的杰作；辩证法适用于一切事物，包括神圣的事物与来自神秘启示的信仰。他说："理性应被用于一切地方，正因为人被赋予理性，他才是唯一按上帝形象被造之物"，在探讨真理的时候，"理性不知比权威高多少，它才是真正的主人与裁判"。[①] 他的《论圣餐》一书将辩证法运用于关于圣餐性质的神学讨论。这场争论始于卡罗林文化复兴时期。科比修道院的僧侣帕斯卡修·拉德伯尔图（Paschasius Radbertus）在831年左右写作的《论主的身体与血》的论文中，首次提出了被后人总结为"实质转化论"的观点。根据这一观点，圣餐中的饼和酒虽然外形未变，但实质已奇迹般地转化为基督的身体和血。同院僧侣拉特拉姆（Ratramus）于844年著文反驳这一观点，他认为饼和酒的本质在圣餐前后并无变化，但它们有象征基督的身体和血的作用，信徒通过象征作用领受圣灵。拉特拉姆著作伪托爱留根纳之名流传。贝伦加尔反对实质转化论，不仅出于对爱留根纳的崇敬，更重要的是由于他依据亚里士多德思想得出了同样的结论。

贝伦加尔分析了耶稣在最后晚餐上所说"这是我的身体"，"这是我立约的血"（《马太福音》，26章26、28节）的意义。他说，指示代词"这"表示个别的实体，即饼和酒的存在，它们是饼和酒的各种性质的基体。根据性质附着于基体的道理，基体改变必然引起性质改变，

---

① D. Knowles, *The Evolution of Medieval Thought*, p. 97.

不可能出现饼和酒的基体（或实质）已转变为基督的身体和血而仍保持着原有的外形、颜色等性质不变。贝伦加尔的论辩依据亚里士多德关于实体的基本意义是“这一个”、它表示基体这样一些思想，他的对手却认为实体的基本意义是无形的实质，它不依赖于可感性质。这种解释同样可以在亚里士多德著作找到根据。不过，当时只有《范畴篇》保存下来，其中对“实体”的解释是符合贝伦加尔论辩的。但他的对手亦可以用柏拉图主义为实质的无形与独立存在辩护。关于圣餐性质的争论虽是一场神学争论，但已孕育着唯名论与实在论这一场哲学争论的萌芽。

3. 兰弗朗克

贝伦加尔的主要反对者是兰弗朗克（Lanfranc，约 1010 ～ 1089 年）。他曾是伦巴底地区的律师，精通语法和逻辑，并曾在图尔当过贝伦加尔的学生。但他后来进入诺曼底地区贝克修道院，并最终成为坎特伯雷大主教，他强调神学必须凌驾于辩证法之上。他指责贝伦加尔“用理性解决一切问题，完全摒弃了传统”。他并不完全反对运用辩证法讨论神学问题，但却明确地规定，辩证法的结论不能与教义和信仰相矛盾。他说：“辩证法不是上帝的神秘性的敌人，相反，如果它正确地被运用，将在适当的时候确认上帝的神秘性。”[①] 贝伦加尔的错误在于，他在不适当的时候与场合，不正确地运用辩证法，看不到圣餐仪式中实质转化的神秘性，兰弗朗克并没有或者根本不能指出贝伦加尔的论辩的错误所在，他只是引用权威言论表明实质转化论无可置疑，一切与之相矛盾的结论必然错误。这就是反辩证法的“逻辑”。

贝伦加尔与他们对手的争论与其说是理性之间的较量，不如说是

---

① 《哥林多前书注》，1 章。D. Knowles, *The Evolution of Medieval Thought*, p. 98。

理性对权威的抗争。他的失败是不可避免的。他的观点遭到一系列地方主教会议的谴责。枢机主教亨伯特甚至强迫他签字认错。但他一再作翻案文章，有一次把他被迫认错比作亚伦屈从以色列群众而同意铸造金牛犊的典故[①]。他抗辩道，兰弗郎克的言论与他受教育的身份不符，亨伯特缺乏个性和教育。但他在1079年拉特兰主教会议上最终放弃以前的观点。1215年召开的第四次拉特兰主教会议确认了“实质转化说”为正统教义。

兰弗郎克只能算作辩证法的温和反对者，他毕竟在原则上同意辩证法在一定条件下可以被运用于神学领域。11世纪神学家的反辩证法阵营的基本立场是完全否认辩证法在神学领域的应用。比如，圣艾莫拉姆修道院的僧侣奥托罗（Otloh，1010～1070年）指责辩证学者把波埃修教导置于《圣经》之上，他希望能够禁止僧侣学习世俗学问。路滕巴赫的马奈哥尔德（Manegold de Luttenbach）反对调和神学与世俗学问。他认为波埃修《哲学的安慰》中的宇宙观因袭柏拉图的《蒂迈欧篇》，是与基督教格格不入的异教学说。逻辑、修辞对信仰是无用的。他举例说，西塞罗把“不交媾则不怀孕”作为确定无疑命题的例证，然而，童贞女玛利娅生耶稣的神秘事实却否证了这一命题。

4. 圣达米安

反辩证法最力者是达米安（Petrus Damiani，1007～1072年）。他有一句名言：“哲学应当像婢女服侍主人那样为神圣的经典服务。”[②] 这句话后来被改写为“哲学是神学的婢女”（Philosophia ancilla theologiae）的说法在中世纪广泛流行。达米安所谓的哲学指以“七艺”为主体的世俗学问。单从这一句话还不能看出他反辩证法的立场，相

① 该典故见《出埃及记》32章。

② 《论神的全能》。D. Knowles, *The Evolution of Medieval Thought*, p. 96。

反，还有可能认为他在主张利用包括辩证法在内的哲学为神学服务。全面理解他的思想，我们可以看出这句话的意义在于规定了哲学必须服从的规范（如“应当”这个词所表示的那样），辩证法恰恰因为不符合这一规范而不能服务于神学，它连“婢女”的资格也没有。反过来说，如果辩证法被运用于神学，那么就会有哲学变成神学的主人的危险。这里的关键是理解达米安对辩证法的基本评价。他认为辩证法是依照逻辑规则独立运用理性的方法。正因为它不依赖天启和信仰，运用辩证法的能力不是上帝赋予的。他甚至说，第一个辩证法和语法教师是引诱夏娃犯罪的蛇。蛇说：“你们便如神能知道善恶。”（《创世记》，3 章 5 节）蛇第一次使用了“神”的复数形式（divus），暗示上帝不是唯一的神，人依靠自己也可成为神。他认为，人类语言中包含着误导信仰的因素，逻辑规则不能用来表述上帝的行为。辩证法相信逻辑规则，神学信仰上帝的启示与奇迹，两者是不相容的。他说，逻辑不可能性不适用于上帝。上帝是任意的、全能的主人，他可以使逻辑上看来是不可能的东西成为可能，甚至成为事实。他讨论了这样一个问题：上帝是否能使过去的事件没有发生过？比如，他能否使埋没在罗马城地下的古代遗址消失，使古罗马城从未存在过？达米安运用奥古斯丁的时间理论肯定上帝有这样的能力。他的论辩是：过去、现在和将来的区分只是相对于人的理性而言的；对上帝而言，一切事件、事物都是现在的存在，他可以任意抹煞一个东西的存在，或使相互矛盾的东西并存。当人们说：“相互矛盾的事物不可能同时存在”，或者说：“已经发生的事件不可能不发生”，他们的判断依据的“同时”、“过去”的观念对于上帝是无效的。他说：“正确地肯定这种事情的不可能性仅仅与自然的无能有关，然而，神圣的全能却不允许我们用这种方式谈论上帝。”[①] 早期

---

① Peter Damian, *St. Peter Damian: Selected Writings on the Spiritual life*, trans. P. McNulty, Faber and Faber, London, 1959.

教父德尔图良提出“惟其不可能，我才相信”的信仰主义口号。达米安要人们相信逻辑的不可能性乃是神学的可能性，与德尔图良思想如出一辙。

辩证法能否运用于神学？这是早期中世纪的神学家面临的新问题。在教父时期，虽然神学家对于是否利用希腊哲学存有异议，但却一致排拒辩证法。我们在第二章已经看到，早期护教士认为精巧繁琐的辩证法非但无助于信仰，而且会掩盖直指人心的真理。4 世纪的神学家反对运用辩证法讨论“三位一体”问题。11 世纪后期，随着辩证法在“七艺”教育中地位的提高，它与神学的关系问题再次被提到议事日程。在此问题上有三种立场。贝伦加尔代表了用辩证法审视神学信条、以理性为标准解决神学问题的立场，达米安代表了完全排斥辩证法的审视和证明作用的信仰主义立场，第三种立场是上述两个极端的折中，兰弗郎克主张把辩证法的作用限制在证明和解释的范围，辩证法不得用来怀疑、批判信仰。需要注意的是，辩证法与反辩证法的争论之焦点并不在于是否需要学习和传授辩证法。事实上，辩证法的反对者大多是逻辑、语法教师。这场争论涉及信仰与理性、神学与哲学的关系的问题，它可以看做教父时期围绕如何对待希腊哲学问题而展开的争论的继续和发展。如果说，在教父时期，人们对“哲学”、“理性”尚有较为宽泛的概念，那么到了十一二世纪，辩证法成为哲学与理性主要特征的体现者，它与神学、信仰的关系成为关注的焦点。同样，两场争论中都表现出三种倾向。历史证明，理性辩护主义的中间立场最终成为正统。基督教哲学史展现的按照一个固定模式的重复性可用中世纪精神生活的单调性、滞缓性解释。

12 世纪神学家与 11 世纪辩证法和反辩证法争论的代表人物有明显的师承关系。吉伯特、福尔伯特与贝伦加尔是三代师生，福尔伯特创建的夏特尔学院是哲学或世俗学问教学的中心，阿伯拉尔的辩证法继承了贝伦加尔的批判精神。另一方面，安瑟尔谟是兰弗郎克的学生与继承人，他发展了以辩护主义为特征的辩证神学。这些人的思想是早期经院哲学的主流。反辩证法的思想的继承者是贝纳尔，但他所坚持的神秘神学最终还是汇入经院哲学的主流。这种现象是不难解释的：即使最坚定的反辩证法者也不得不使用逻辑，他们对信仰的维护与对辩证法的排斥不能违背论辩的理性，不管多么神秘的神学也需要用一般意义上所说的辩证法（即“论辩的艺术”），才能为人所理解、信服。比如，马奈哥尔德虽然力主划清基督教义与世俗学问的界限，但当他帮助教皇格列高利七世反对亨利四世时，重新解释《圣经》里“要顺服人的一切制度，或是在上的君王，或是君王所派罚恶赏善的臣宰”（《彼得前书》，2章13～14节）这句话时，他说“君王”的意义不是指人的自然属性，而是指一个人由于信仰上帝而能获得的位置。这一位置也会因失去信仰而被剥夺。因此，被革除教籍的亨利四世不再是君王。他的论辩以词义辨析为基础，开创了以辩证法为教权辩护的先例。同样，我们看到达米安在反对用矛盾律判断上帝行为时所进行的论辩完全遵守矛盾律。在理性被精确地规定为狭隘的逻辑推理之时，谁还能真的排拒理性或辩证法的使用呢？因此，应该说，即使反辩证法的一方也自主或不自主地对经院哲学的诞生作出了贡献，我们没有理由把经院哲学家仅仅看做自觉地用辩证法解决哲学和神学问题的人。

第二节　坎特伯雷的安瑟尔谟

安瑟尔谟（St. Anselmus，1033～1109年）生于意大利北部奥斯塔的一个贵族家庭。年青时弃家到法国求学，先是兰弗郎克主持的贝克修道院的一名世俗学生，1060年加入本笃会，先后任学校校长、修道院院长。1093年被任命为坎特伯雷大主教，为维护教会自主权与英王威廉二世和亨利一世多次冲突。1494 年被教皇追谥为圣徒。安瑟尔谟在贝克修道院讲学三十余年，他的著作《论语法》《独白》《宣讲》《论真理》《论选择自由》《论魔鬼的堕落》《论协调》等是他教学成果的记录与总结。在任大主教期间，著有《上帝为何化为人》《论三位一体的信仰》等。

安瑟尔谟被一些人说成"经院哲学之父"。① 其实在他之前，贝伦加尔已经将辩证法运用于神学。安瑟尔谟的贡献在于，他推广了这一方法，并以教会所认可的研究成果表明辩证法可用作解决神学问题的理性工具。他与兰弗郎克、贝伦加尔和阿伯拉尔一起，共同创建了辩证神学的新形式。

1. "信仰寻求理性"

安瑟尔谟遵从兰弗郎克的师训，反对滥用辩证法，辩证法的应用必须增强信仰，而不能损害信仰，但他放弃了兰弗郎克对辩证法应用范围的保留态度，把辩证法运用于神学家认为理性无法理解的神秘领域，特别是上帝存在、三位一体、基督的肉身和赎罪、命运与意志自由等问题。他相信理性可以达到与《圣经》和教父教导相符合的结论，因此，在运用辩证法的推理时，可以把教义当作有待证明的结论，而不是证明的前提。他说："在思考中不能靠经典的权威来论辩，……要简练地证明理性必然性，不管宣称什么样的研究结论，都要公开地显示出真理的明晰性。"② 安瑟尔谟著作的一个显著特征是，他不像中世纪大多数神学家那样旁征博引，以权威意见为前提；他以逻辑所要求的简明性和必然

---

① M. Grabmann, *Die Geschichte der Scholastischen Methode*, B II, Herdersche Verlagshandlung, Freiburg, 1909, p. 58.

② 《独白》，前言。*Anselm of Canterbury*, ed. J. Hopkins and H. Richardson, S. C. M. Press, London, 1974, p. 3。

性论证信仰的真理性。他相信:“我们信仰所坚持的与被必然理性所证明的是同等的。”[①]

安瑟尔谟并不否认逻辑推理可以达到与信仰不相符合的结论。贝伦加尔的学说就是这样一个危险的例证。他于是考虑到两个问题:第一,当辩证法结论与信仰不符合时,如何判断是非?第二,如何能够防止辩证法与信仰发生矛盾?关于第一个问题,他的回答是:以权威意见为是非标准。他在《独白》中说:“如果我在此次研究中说了一些权威没有提及的话,即使我的述说对我说来是理性的必然结论,我愿以这样的方式接受这一述说,即,它不被说成绝对必然的,只被说成现在看来似乎是必然的。”[②] 在原则上说,必然理性不可能与信仰相矛盾;如果发生矛盾,则说明理性并不是必然的。在这种情况之下,应以权威意见为准,因为权威意见比个人意见更接近于必然理性。出于这种恭谨的态度,安瑟尔谟不相信个人理性的必然性,那么如何能够避免理性在应用辩证法过程中的错误呢?他在《宣讲》的开头表明了他的看法。他向上帝祈祷道:“主啊,我并不求达到你的崇高顶点,因为我的理解力根本不能与你的崇高相比拟,我完全没有这样做的能力。但我渴望能够理解你的那个为我所信所爱的真理,因为我决不是理解了才信仰,而是信仰了才理解;因为我相信:‘除非我相信了,我决不会理解。’(《以赛亚书》,7章9节)”[③]“信仰,然后理解”的说法似与《独白》中“不能靠经典权威来论辩”的说法有出入。实际上,这两种说法针对不同的问题而发:前者说明思想认识的顺序,后者说明语言论辩的顺序。他在《独白》中区分了辨认一个外部对象的三种方式:一是通过语言符号,二是通过思想观念,三是直接辨认。[④] 如果被辨认的对象是上帝,那么

① 《论三位一体信仰》,4章。D. Knowles, *The Evolution of Medieval Thought*, p. 101。

② 《独白》,前言。*Anselm of Canterbury*, p. 5。

③ 《宣讲》,1章。《西方哲学原著选读》,上卷,第240页。

④ 《独白》,8章。CEM, p. 624。

上述第三种方式便是信仰，第二种方式是理解，第一种方式是论辩。只有已经信仰上帝的人才能在思想中形成关于上帝的观念，通过这些观念理解上帝。语言表达观念，论辩是运用语言表达被理解的观念，终归要以信仰为理解的条件。然而，在论辩过程中，我们以被理解的命题为前提，证明信仰的真实性。论辩不过是人的实际认识过程的逆向运动，它不以信仰为前提并不等于说在进行论辩之前人们对论辩的对象没有信仰和理解，相反，论辩按照语言的逻辑顺序，把理解和信仰的内容清楚地表现出来。安瑟尔谟说，人类语言以抽象和概括为基础，不能完全表现在信仰中直接认识的上帝，这就是为什么论辩常常会出差错、推导出与信仰不相符合的结论的原因。但他又说，语言的中介犹如一面镜子，能够在一定程度上反映出信仰的真实性。

既然信仰在理解和论辩之前已经由使徒和教父确立，那么，用逻辑论辩的方式重新理解和表达信仰还有什么作用呢？安瑟尔谟回答说，上帝的真理无比崇高，人的生命都是有限的。没有人能在有限的时间里穷尽上帝的真理，即便使徒与教父们也不例外。他说："不把信仰放在第一位是傲慢，有了信仰之后不再诉诸理性是疏忽，两种错误都要加以避免。"[①] 如果说第一种错误是滥用理性、辩证法的错误，第二种错误是反辩证法的错误，那么他居理性辩护主义的中间立场。他用奥古斯丁"信仰寻求理解"的口号概括了信仰与理性的关系：信仰是理解的出发点，没有信仰就不会有理解；另一方面，有了信仰，不一定总会有理解，理解不会因信仰而自发产生，而是理性积极寻求的产物。

安瑟尔谟还根据奥古斯丁的"光照论"说明理解的必不可少作用。他说，心灵受上帝之光的启示而信仰真理是认识上帝的最初阶段。但在此之后，上帝从来没有停止照耀他的信徒，每一个已经受到他启示的

---

① 《上帝为何化为人》，1 章 2 节。HCP，p. 126。

人都不会满足于初步的信仰，相反，都会由于信仰而产生越来越清晰地看到上帝的愿望和动力。实现这一愿望的途径是殚精竭虑地理解，逐步达到直接见到上帝的最高境界。因此，他说："理解信仰占据着洞察上帝与盲目信仰之间的位置。"[①] 理解的起点和终点都是信仰，是一个不断深化信仰、把信仰由盲目推进到神秘洞见的过程。安瑟尔谟相信这一过程与辩证法的推理相一致。基于这一信念，他使用辩证法表达对信仰的理解。他的辩证法不仅以信仰为起点和目的，而且不断接受信仰的检验和督促。他在逻辑推理过程中，经常插入虔诚的祈祷。这在外人看来似乎是赘述或装饰，但对他来说却是必要的提醒，使心灵不至于沉醉于思辨而忘记信仰。他认为，信仰之所以寻求理解，并不出于某种逻辑必然性，而是出自对上帝的热爱。理解并不是冷静、枯燥的逻辑思维，它伴随着信仰的感情因素。随着理解的深化，对上帝的热爱与崇敬之情会情不自禁地表露出来。安瑟尔谟富有感情色彩的论辩风格与奥古斯丁《忏悔录》的散文体相似，与后来经院哲学家"大全"式、"论题"式的辩证法固定程式迥然有别。

2.《独白》的柏拉图主义观点

《独白》原来的标题是"对信仰的理性基础进行沉思的一个例证"。他的例证是对上帝的存在、创世与至上的理性证明。这些证明与奥古斯丁的观点有密切联系，表现出柏拉图主义的精神。

与《宣讲》提出的上帝存在证明相比较，《独白》中的证明可被称作"后天证明"。所谓后天证明，指从公认的经验事实出发推导出上帝必定存在。安瑟尔谟的这些证明可归结为下面三个。

（1）安瑟尔谟说："虽然我们感觉所知觉到的以及心灵所辨认的各

---

① 《论三位一体信仰》，前言。HCP，p. 617，note 45。

种好的东西简直不可胜数，但一个人可以问自己这样一个简单的问题：我们应相信存在着这样一个东西，通过它，所有好的东西才成其为善，或者相信不同的善通过不同的事物而成为善？”[①] 对于这个问题，他的论辩是：“所有好的东西都通过一个不是自身的东西而成为善，这个不是它们的东西通过自身而成为善。另外，通过其他东西而为善的东西不等于或大于通过自身而为善的东西。因此，只有通过自身的善才是至善。”[②] 至善即上帝，这一论辩采取了三段式推理形式，它的大、小前提的依据是柏拉图的理念论：一切被称作 x 的东西都是由于分享了理念 x 而具有不同程度的性质 x。

（2）一切事物虽然属性千差万别，但它们的存在却是程度相同的完满性。现在的问题是：事物存在的原因是一个还是多个。设想存在的原因是多个，那么有这样三种可能性。第一，所有这些原因有着一个共同原因；第二，这些原因都是不通过其他事物而成其为原因的，这意味着，它们都有因自身而存在的能力，这一能力必然来自一个自因。或者说，这些原因由于分享了自因而成其为原因；第三，这些原因互为原因，这是不可能的。说“x 因 y 而存在”和说“y 因 x 而存在”是自相矛盾的。所有这些推论都得到一个共同的结论：“有一个东西，不管它被称作存在者、实体或本性，它在所有存在事物中是最好、最大与最高的存在。”它通过自身而存在，其余一切都通过它而存在。[③]

（3）一切事物的属性表现出不同程度的完满性，可以排列成为一个由低到高的完满性等级系列，于是产生了这样一个问题：这个系列上的事物是有限的，还是无限的？假设它们的数目是无限的，那么，我们便不能肯定存在着一个比已知的一切事物都更加完善的事物，但这

---

① 拉丁文中的“好”与“善”是同一词：Bonum，即英文的 good。

② 《独白》，1 章。*Anselm of Canterbury*, pp. 5 ～ 6。

③ 同上书，3 章。*Anselm of Canterbury*, p. 6。

意味着，我们不能肯定这些事物是否是被创造的，因此这一假设不能成立。被造物的数目是有限的，必然存在着最完满的事物。由此又产生出第二个问题：最完满的事物是一个还是多个。如果是多个，那么它们的完满性是相等的，或者说，它们以最高完满性为共同本质。但这个共同本质不可能外在于它们、被它们所分有，否则的话，被分有的东西将与分有的东西相等。这样只剩下一种可能性：通过自身而成为最高完满性的东西是同一的，最高的完满性是唯一的。它就是上帝。

上述证明被称作"后天"的，这是因为它们的问题是从经验事实概括出来的。但它们的原则却不来自经验，而在柏拉图–奥古斯丁主义框架里被确立。这些原则包括：一切事物按照完满性程度被排列成一个等级系列；较高事物是较低事物的原因；所有事物都以一个最完满的东西为原因，或分有它；分有物必然低于被分有物，等等。安瑟尔谟把这些原则作为逻辑推理的前提的做法不但以更加精确的方式表达了柏拉图主义的观念，而且把它们抬高为自明的、无可置疑的真理，并指出了它们必然导致关于上帝存在的信仰。

《独白》在论证上帝存在之后，又讨论了物质的存在问题。安瑟尔谟证明物质存在不是独立于最高存在的质料基体；否则的话，最高存在将不是一切存在的原因，这与上述证明（2）相矛盾。物质存在也不是最高存在的质料，因为质料是变化的基础，而最高存在的完满性意味着它是不变的，因此它不可能有质料。总之，物质不是质料；物质是上帝创造的存在，质料是缺乏存在的虚无。他的论辩是针对阿尔琴的学生弗里德基斯《论虚无与黑暗》一书的影响提出的。后者认为虚无也有实在性，它是创世之前的质料，上帝从无到有的创造即为使用质料的创造。这一观点接近于柏拉图《蒂迈欧篇》的创世观。安瑟尔谟则利用了柏拉图主义创世观的另一面，即"原型创造摹仿"的思想。他说，创世之前的实在是存在上帝的思想（或圣道）之中的原型。造物主根据原型创造万物，在此意义上，他的创世类似工匠的制作。但不同的是，工匠的制作依赖于手头的材料，上帝的创世不需要任何质料。“从无到有”的过程指原型被上帝“想出”的过程，并不指从质料到事物的制作。

《独白》的其余部分（15～80 章）讨论了如何认识最高存在的问题。其中使人感兴趣的篇章是对如何陈述最高存在的论述。他说，关系格的词，如“最高”、“至善”、“最完满”等都是形容词，它们一般表示属性，不适宜表示实体。因此，他建议用非关系格的词，如“通过自身的存在”、“通过自身的善”、“通过自身的完满性”等，表示“在每一方面它的‘是’都优越于‘不是’的东西”。[①] 这个在一切条件之下都能用“是”动词对之加以陈述的东西才是完全的、纯粹的存在，这就是“实体”的意义所在。《独白》最后讨论了最高存在和其他实体的关系问题。根据《范畴篇》，实体被分为个别的与普遍的两类，但最高存在既不是普遍实体，也不是个别实体，“因为它既不是许多实体的共同性，也没有与其他任何实体相同的本质”。[②] 或者说，它既不是种、属，也不是分享了种、属的个体。安瑟尔谟已经证明，这个最高存在是单纯的（《独白》17 章）、无始无终的（18 章）、无所不能的（20 章）、不在时空之中的（21～24 章）、不变的（25 章）。这样的东西其实是新柏拉图主义者所说的“太一”。按新柏拉图主义的原则，太一超越一切逻辑范畴、包括“实体”这一范畴。安瑟尔谟也说，当称最高存在为实体时，不应把它理解为各类实体中的一个。“即使它和其他东西有共同名称，无疑要在一个完全不同的意义上理解其名称。”[③] 他之所以不得不称上帝为实体，大概有两个原因。第一，“实体”是亚里士多德逻辑学中最高的概念。只有使用这一概念，才能运用辩证法认识上帝。他说：“既

---

① 《独白》，15 章。*Anselm of Canterbury*, p. 6。

② 同上书，27 章。同上书，p. 42。

③ 同上书，28 章。同上书，p. 41。

然它不但是最确切的存在，而且是最高的存在，既然任何东西的存在通常都被称作实体，那么，最高存在如若被当作一样东西，没有理由不称之为实体。”[①] 这里的“东西”（quisquam）有“认识对象”之意。这句话的意思是，认识对象的存在只有通过“实体”概念才能把握。第二个原因是，这一概念有助于理解上帝的“三位一体”。他说，只有用“人格”和“实体”的概念才能说明与表达这一信仰，“因为‘人格’这一词只表示有理性的个体性质，‘实体’表示存在于多样性之中的个别东西”。[②]“上帝是有三个人格的实体”的陈述表示上帝是表现为三种独立本性的单一存在，这样的陈述符合“三位一体”教义。《独白》虽然使用亚里士多德逻辑的概念与推理形式认识上帝，但它充满了柏拉图-奥古斯丁主义的精神，他对上帝与事物关系的说明和对事物的“原型”独立存在以及普遍实体的肯定都表现了极端实在论的立场。我们将看到，他的立场与罗色林对“三位一体”的极端唯名论解释之间的直接对抗构成了实在论与唯名论的首次交锋。

3. 上帝存在的“本体论证明”

在《宣讲》的开头，安瑟尔谟说，他的学生们提出的问题使他考虑这样一个问题：“能否找到一个独立的、充足的关于上帝存在的证明？”经过长期的考虑，他突然想到问题的答案，这就是哲学史上著名的上帝存在的“本体论证明”。“本体论证明”是康德后来赋予它的名称，其意义是仅依赖于概念的分析而不依赖于经验事实的证明。与《独白》中上帝存在的证明相比，《宣讲》中的证明是一种先天证明。它的先天性表现在两点：第一，它是对“上帝”概念的意义所作的逻辑分析；第二，“上帝”概念是证明的出发点，不像后天证明那样只到结论中才出现。照安瑟尔

---

① 《独白》，26章。*Anselm of Canterbury*, p. 41。

② 同上书，26章。同上书，p. 85。

谟看来，人人都有“上帝”的观念，只要弄清这一观念的意义，就能理解上帝必然存在的道理。这就是他所说“独立的充足的证明”的意思。

《宣讲》中的证明被表述为下面一个三段式推理：

> 大前提：被设想为无与伦比的东西不仅存在于思想之中，而且也在实际上存在。
>
> 小前提：上帝是一个被设想为无与伦比的东西。
>
> 结论：上帝在实际上存在。

小前提对于安瑟尔谟来说是无可置疑的。“被设想为无与伦比的东西”意思是“不能设想有比它更伟大的东西”。它仅仅是思想中的一个观念，不等于实际存在着的无与伦比的东西。安瑟尔谟说，即使那些不相信上帝存在的“愚人”[①] 也不能否认在他们心中有一个“不能设想比之更伟大的东西”的观念，他们可以不把这一观念称作上帝，但他能够完全理解这一观念。或者说，虽然他没有意识到这一观念，但一俟别人向他提起，他立即会承认这一观念的确实可靠性。其次，“不能设想比之更伟大的东西”的意义不等于“可设想的最伟大的东西”。“最伟大的东西”的观念是在一切人的观念中通过比较得到的一个最高观念。由于不同的人有不同的“最伟大的东西”的观念，这种比较很难进行。基督徒、异教徒和无神论者心目中有不同的“最伟大的东西”的观念。但他们不能否认，任何人在心目中都有这样一个观念，它比他所有的其他观念都伟大。“不能设想比之更伟大的东西”是在一个人的心目中通过他的观念的比较得到的结果，这一观念并不是对“什么东西最伟大”问题的正面回答，因此避免了各种不同“最伟大的东西”观念之间的比较而产生的歧见。“不可设想比之更伟大的东西”的观念比“可设想的最

---

① 该典故来自《圣经·诗篇》，14 篇 1 节：“愚顽人心里说，没有神。”

伟大的东西”的观念更加普遍，适用于一切有思想的人，而后者仅适用于有着共同信仰的人们。安瑟尔谟企图向包括不相信上帝存在的愚人在内的一切人证明上帝的存在，因此他采用了他认为是最普遍的观念作为证明前提。

对于证明的大前提，安瑟尔谟作了这样的论辩："被设想为无与伦比的东西不能仅仅在心中存在，因为假使它仅仅在心中存在，那么被设想为在实际上也存在的东西就更加伟大了。所以，如果说被设想为无与伦比的东西仅在心中存在，那么，被设想为无与伦比的东西与被设想为可与伦比的东西就是相同的了。但这根本不可能。因此，某一个被设想为无与伦比的东西毫无疑问既存在于心中，也存在于现实中。"[①]安瑟尔谟这段推论省略了一个前提：被设想为仅在心中存在的东西不如被设想为同时在心中与现实中存在的东西伟大。简要地说，这里涉及两个观念完满性的比较，而不像有些人所理解的那样涉及观念与现实的比较。"无与伦比的东西"如果被设想为仅在心中存在，那么，心灵就会设想另外一个观念，设想它在心中与现实中都是无与伦比的，那么，前一个观念逊于后一个观念，"被设想为无与伦比的东西与被设想为可与伦比的东西就是相同的了"。就是说，"被设想为无与伦比的东西"的观念的完满性不仅指思想内容，而且指它的实际存在。若无后者，这一观念就不成其为"无与伦比"，而陷入自相矛盾。由此可见，只要一个人在思想中有一个"无与伦比的东西"的观念，逻辑必然性就会使他同时承认这个东西的实际存在。并且，不管他把这个东西称作什么，这个东西的实际意义只能是基督教信仰的上帝。安瑟尔谟最终表明了他的信仰："如果一个人能设想有一个比你更好的存在者，那就是把被造者抬高到造物主之上并要裁判造物主了，这是极端荒谬的。实

① 《宣讲》，2 章。HCP，p. 150。

际上，除了你以外的所有其他的存在者都可被设想为不存在。只有你，你的存在才是比其他存在更为真实的、更高的存在。”[①] 安瑟尔谟从“不能设想比之更伟大的东西”的观念推导出“能被设想的最伟大的东西”存在，它必须被等同为基督教的上帝。他的证明是“信仰寻求理解”的绝好写照。

安瑟尔谟从“上帝”观念的意义分析出上帝必定存在的结论的证明方式从一开始就遭到人们反对。当时法国马牟节的僧侣高尼罗（Gaunilon）写了《就安瑟尔谟〈宣讲〉的论辩为愚人辩》的反驳文章，高尼罗并不反对安瑟尔谟证明的结论，但他认为这样的证明并不能使不相信上帝的愚人信服，他设想愚人可能提出的种种反驳意见。首先，他说理解一样东西和承认它的实际存在是两码事。一个画家在作画之前构思的观念与实际画出的图画是不同的两件事。同样，愚人可以完全理解“被设想为无与伦比的东西”这些词的意义，但却不承认这些词指示着一个真实存在的对象。事实上，他只是为着否认这样东西的存在而理解这样东西的。其次，观念内容的完满性并不包含实际存在。举例来说，传说有一个谁也没去过的最完美的海岛，人们可以理解传说中一切美好的内容，但却不能因此而推定传说中的海岛必定存在。高尼罗说，安瑟尔谟的证明就好像是这样一个推理：“如果它并不存在，那么其他任何真实存在着的岛屿都会比它更完满，这样，那个被你理解的比其他岛屿都更完美的岛屿也就不会是更完美的了。”[②] 他尖锐地指出，作这样推理的人如果不是在开玩笑，就是一个真正的愚人。最后，高尼罗还用“我存在”与“上帝存在”这两个观念的比较说明，观念内容本身不能保证观念对象的真实存在。他引用奥古斯丁的话说，“我存在”是我首先能够确定的观念，试问：能否怀疑这样一个观念呢？如果

① 《宣讲》，3 章。HCP，p. 150。
② 《为愚人辩》，6 章。HCP，p. 154。

答案是肯定的，那么愚人当然更有理由怀疑“上帝存在”观念的真实性；如果答案是否定的，那么愚人可以用安瑟尔谟证明上帝存在的方法来证明“我存在”，这样一来，上帝存在的首要性就失去了。

安瑟尔谟把高尼罗的反驳附在自己的证明之后，然后对《为愚人辩》作出答辩。他承认，一般而言，被心灵所理解的观念并不全都指示实际存在的事物，观念的完满性不包括真实存在性，不能仅仅因为观念的确切性便推导观念表示的对象必定存在。然而，这些一般规则不适用于“被设想为无与伦比的东西”的观念。这个观念不同于“最完美的海岛”之类的观念，在后一种情况下，我们可以设想出一个比之更完满的其他东西；然而，“被设想为无与伦比的东西”比一个心灵所能设想的其他一切观念都伟大，如果能够设想它不存在，那么就不能设想其他任何东西存在了。如果“上帝存在”是不真实观念，则“我存在”也不可能是真实观念，但反之则不然。同样，我们设想的“最完美的海岛”可以被设想为不存在的海岛而不致违反矛盾律，但“被设想为无与伦比的东西”若被设想为不存在的东西必定自相矛盾。

高罗尼与安瑟尔谟之间的争论反映了哲学史上对观念与存在关系问题两种对立的立场。高罗尼代表的观念认为观念与存在是两个不同的序列，不能作出从观念到存在的跳跃。安瑟尔谟代表的观点则认为，能够解释一切的最高原则必定达到了观念与存在的同一性。哲学史上围绕着上帝存在的“本体论证明”而展开的争论延续不绝。圣波那之都、笛卡儿、莱布尼茨和黑格尔赞同并修改了这一证明，圣托马斯、洛克、康德则否定了这一证明的有效性。笛卡儿在《形而上学的沉思》提出的上帝存在的证明也是从“上帝”观念的完满性出发的。其大意是：“上帝”是一个无限完满的观念，而“自我”却是一个有限的观念，根据“原因的真实性不小于结果的真实性”的道理，有限的“自我”不可能是无限的“上帝”的原因，“上帝”观念必定是一个至少与它同等完满的存在压入"自我"之中的。[1]笛卡儿把安瑟尔谟证明中"上帝"观念与存在之间的逻辑必然性修改为结果与原因之间的必然联系，但保留了"本体论证明"的基本精神，即从"上帝"观念的绝对完满性推导出他的实际存在。康德在《纯粹理性批判》一书中把"理性神学"对上帝存在所作的一切证明都归结为"本体论证明"。他的批判的大意是："存在"不是一个宾词，它并不表示属于一个对象的性质，不能仅用思想判断一个对象是否存在。"存在"是知性的纯范畴，它是我们认识事物的方式，其客观有效性在于把被认识的事物作为感觉经验的对象。就是说，不能把我们缺乏感觉经验的对象判断在为存在的事物。另一方面，我们关于已被感觉经验到对象的存在的判断并没有给这一对象增加新的属性，正如我们看到桌上摆着100枚钱币时，我们关于它们存在的观念并未给它们增加任何价值。[2]

自康德以来，人们一般认为上帝存在的本体论证明企图已彻底失败。但20世纪著名神学家巴特（K. Barth，1886～1968年）在1931年发表的《寻求理解的信仰——圣安瑟尔谟关于上帝存在的证明》一书中指出，人们对安瑟尔谟的批判把"本体论证明"作为一个单独的论题，没有考虑到它在安瑟尔谟思想中的位置，似乎安瑟尔谟完全依赖理性建立一个本体论的真理。其实，他的"证明"是对信仰的理解。证明的前提（关于"上帝"概念的定义）以及证明的结论（"上帝存在"）都是信仰，他的证明用辩证法形式把这两个信仰联系起来，这是一条"从信仰到信仰的进程"。[3]以后的批判者抛开他的信仰，着眼于证明的理性因素，可谓避重就轻，无的放矢。巴特的辩护遭到施密特（F. S. Schmitt）的反批评。施密特指出，不能过分强调证明中的信仰因素，看

---

① 笛卡儿：《形而上学的沉思》，沉思四。

② 康德：《纯粹理性批判》，A592～600，B620～628。

③ K. Barth, *Fides Quaerens Intellectum*, Kaise Verlag, München, 1931, p. 49.

不到安瑟尔谟以严密的逻辑推理证明信仰的企图。依赖信仰不是本体论证明的本色，恰恰是狗尾续貂的败笔。他说："他的论证一方面以理性推理寻求与信仰相区别的概念的意义，另一方面由于掺入信仰成分而失去逻辑严密性，这正是圣安瑟尔谟的悲剧所在。"[1] 关于本体论证明是否有效的争论还会继续进行下去，不管最后的结论如何（也许不会有最后的结论），这一证明在哲学史上的地位是不可磨灭的。

4. 真理即正当

《论真理》以教师与学生之间的对话形式写成，讨论的主题有：真理的本质（1，10，13章）、陈述与语义的真理（2章）、思想的真理（3章）、意志的真理（4章）、行为的真理（5章）、感觉的真理（6章）、事物的真理（7章）、世界的秩序（8章）、真理与正义（12章）。从讨论内容看，安瑟尔谟的"真理"概念不仅是关于思想和语言的认识论概念，而且是关于意志和行为的伦理学概念，更是关于世界秩序与上帝的形而上学和神学的概念。

安瑟尔谟继承了奥古斯丁的真理观，认为上帝是最高真理，真理是永恒、绝对、统一的。但他也看到，真理毕竟不是一个自在的实体，一个东西只有与心灵发生关系才能成为真理。因此，必须在与心灵的关系之中考察真理。他对"真理"下了这样的定义："真理是只有心灵才能觉察到的正当。"[2] "正当"（rectitudo）一词来自"正直"（rectus），因此也有人译为"正直"。但在安瑟尔谟文章中，rectitudo 指秩序的正确与依据，具有"应当如此"之意。"正直"一词一般表示状态（如 status rectitudinis）和行为（如 operatio rectitudinis）。"正直"作为形容词的用

---

① F. S. Schmitt, "Die wissenschaftliche Methode in Anselms 'Cur Deus Homo'", in *Spicilegium Beccense*, Vrin, Paris, 1959, p. 369.

② 《论真理》，11章。SMP，Ⅰ，p. 172。

法在教皇大格列高利著作中已出现，但名词“rectitudo”首次被安瑟尔谟用来表示正确的秩序，故“正当”的译法较为确切。

真理是心灵对于世界秩序的正确认识。安瑟尔谟根据柏拉图–奥古斯丁主义的世界图式，认为一切事物都处于高低有序的等级之中，高一级事物是低一级事物的根据，上帝是一切事物的根据。心灵认识到世界的秩序，认识到一事物占据着应有的位置，因此把“正当”的属性赋予它，或者说，它具有真理。上帝作为世界秩序的创造者与维系者，是一切正当的根据，真理的缘由，在此意义上，上帝是最高真理。但我们不能反过来用“正当”的概念说明最高真理，因为上帝是秩序的规定者，又不处于秩序之中。我们只能说，依据上帝的秩序，一事物是正当的，但却不能说出上帝应当遵循的道理。他说：“最高真理不是正当，因为它不服从任何东西，所有一切都归诸它，它却一点也不能被归诸为任何东西。它除了自身之外没有任何别的理由。”[①] 一切其他的真理都因为服从最高真理而获得它们的正当性。这是安瑟尔谟真理观的柏拉图主义因素。

安瑟尔谟真理观的特殊贡献在于对“真理”这一概念作了多方面的分析。真理虽然是一个等级系统，具有被最高真理所规定的统一意义。但“真理”不是一个单一的概念，而是类概念。心灵觉察到的秩序是多样的，真理依心灵对象的不同而不同。不管人的判断、思想、感觉、意志、行为，还是外在的事物都有是否正当，或是否为真的问题。安瑟尔谟首先从最基本的真理——判断的真理谈起。他说，只有当判断是一个正当行为时，判断才有真理的属性。他说：“当判断把是者表示为是，它做了它应当做的事。”[②] 判断是用语言表示出来的意义，语言意义的正确性由判断行为的正当性，即“是者为是，非者为不是”的正

① 《论真理》，10 章。SMP，Ⅰ，p. 170。
② 同上书，2 章。SMP，Ⅰ，p. 155。

当性来保证。判断行为是思想过程，因此，判断的真理可归结为思想的真理。但思想本身不能决定判断的正当性，思想的功能是感觉和理性，它们是作出正当或不正当判断的能力。思想是否正当的依据应到思想行为和功能之外去寻找。他说，思想的正当在于按照事物的本性来看待事物。那么，事物的本性又是什么呢？安瑟尔谟说，事物的本性就是它的正当存在，“因为，如果所有事物都是它们所是的东西，那么毫无疑问它们是它们应是的东西”。[1]“所是”仅说明事物以何种方式存在，“应是”则进一步说明它们为什么能以这种方式存在。在安瑟尔谟看来毫无疑问的原则是，没有“应是”的根据，事物便不能按它们“所是”的方式存在。毋庸赘述，“应是”不过是事物在存在的等级序列中应有的位置，它是由万物的创造者决定的。安瑟尔谟按照语义的真理、思想的真理、事物的真理、最高真理层层递归的推理，最终证明了上帝是一切真理的来源的信仰。

按照基督教神学，人的行为与事物存在一样服从上帝创造的等级秩序。“正当即真理”的标准不仅适用于人对事物的认识，而且适用于人的实践活动。思想和意志都是人的行为，思想的真理和意志的真理都是行为的正当性。但按一般说法，行为与意志有善、恶之分，却无真、假之分。安瑟尔谟辩解说，《圣经》中有“作恶”和“履真”不相容的说法（《约翰福音》，3 章 20 节），“如果作恶与履真相对立，……履真与行善是一回事，因为行善也是作恶的对立面，行善与履真由于和同一个东西相对立而彼此相同，它们的意义并无差别”。[2]不过，为了适应日常语言习惯，他把意志的真理称作正义。正义是意志决定做或不做一件事的正当性，它与思想判断一事物是或非的正当性一样，最终的根据在最高的善，或最高真理之中。真与善、是非观念与正义感在“正

① 《论真理》，7 章。SMP，Ⅰ，p. 164。
② 同上书，5 章。SMP，Ⅰ，p. 158。

当”的基础上达到了统一。

5. 自由意志论

安瑟尔谟在《论选择的自由》开头借学生之口提出了这样的问题："自由选择似乎与上帝的恩典、命定与天意相对立。我想知道自由的选择是什么，以及我们是否总有自由的选择。有些人常常说，选择的自由是犯罪或不犯罪的能力，如果果然如此，如果我们总有这种能力，为什么我们有时需要恩典？如果我们不总是具有这种能力，犯罪不会出自我们的自由选择，为什么我们还要承担罪责。"[①] "意志自由"说与恩典说的矛盾在奥古斯丁思想中已见端倪，他所反对的佩拉纠主义并未绝迹。安瑟尔谟把如何调和人的意志自由与上帝恩典作为重要的神学问题，辩证法的运用使他得以用细致的辨析和缜密的思考来克服以前神学理论的不圆满、不协调之处。

安瑟尔谟首先对"意志"概念的意义作了分析。他指出"意志"有三重意义：它首先指灵魂的一种功能，如同视觉是眼睛的功能一样，意志是使灵魂自由并作出选择的功能；其次，"意志"指选择功能的倾向性，比如，父母热爱子女是他们意志的一般倾向；再次，"意志"指选择功能的实际运作，即有意的行为。安瑟尔谟区分意志的功能和意志的选择的目的是为了进一步区分选择的自由和选择的倾向。他说，"正当"是意志所追求的目的，选择作为意志的功能是实现这一目的所需的能力，即自由的能力，"任何自由都是一种能力，选择的自由是为了正当本身而保持意志的正当的能力"。[②] 简单地说，意志自由是行善的能力。奥古斯丁和其他神学家都认为，人滥用了意志自由选择恶而犯罪，安瑟尔谟则否认了意志自由会被滥用的可能性。他认为意志就其

---

① 《论选择的自由》，1 章。*Anselm of Canterbury*, p. 105。

② 同上书，3 章。*Anselm of Canterbury*, p. 110。

本性（选择功能）来说绝无选择恶的可能，但意志在外界因素的影响下，可以倾向于善或恶。选择善或恶只是意志的一种倾向，而不是意志的本性。按照他的分析，意志有两种倾向：一种倾向于有用的东西，另一种倾向于正当的东西。前者是受外物影响而产生的倾向，某些外物之所以可以吸引和驱动意志，正是因为它们看起来是有用的。意志倾向于正当的东西的原因可能有两种：一种是因为正当的东西有用，这仍然是外部原因；另一种是为了正当本身，这是出自意志本性的倾向。安瑟尔谟说，为正当本身而选择正当的倾向不是意志的必然倾向，因为意志必然会被有用的东西所驱动；但它却是最可贵的倾向，因为它是保持意志之正当和自由的倾向，即善的倾向。倾向于有用的东西则是中性的倾向：如果有用的东西同时也是正当的东西，那么，它就是善的倾向；反之，它就是恶的倾向。

安瑟尔谟的分析看起来似乎追究细枝末节，但却是他调和“意志自由”说与“恩典”说的关键所在。按照奥古斯丁说法，人在“原罪”之后，已丧失了自由意志，需要上帝恩典才能恢复行善的能力。他于是面临这样的问题：人们何以要为自己不能自由选择的行为承担责任？按照安瑟尔谟的区分，人在“原罪”之后并没有丧失自由意志的能力，他们丧失的只是自由意志向善的倾向，丧失了自由意志的运用。好比一个自由人在他选择作他人的奴仆之时，他并没有放弃他的自由权，他的选择是和他的自由权相抵触的。同样，当亚当选择犯罪时，他屈服于外来的诱惑，未能运用自由意志而作出恶的选择。“原罪”之后，人类并没有丧失自由意志，但已不能够运用自由意志，丧失了向善的选择倾向，需要上帝的恩典才能运用自由意志，恢复向善的选择倾向。自由意志是上帝赋予人的不可更改与剥夺的能力，但能否运用它却是人的责任。“原罪”是人类由于亚当没有运用自由意志而承担的罪责。上帝的恩典使人类摆脱了这一罪责，但意志仍然有向善或向恶两种选择倾向，他们按照何种倾向行动将决定他们自己能否得救。总之，自由意志出自上帝的恩典，意志的选择倾向和行为决定了人自身的命运。人既需要上帝的恩典，也要对自己的选择承担责任。恩典说和奖善惩恶的“意志选择说”是协调一致的。

安瑟尔谟晚期在《上帝为何化为人》的神学著作中提出了神学史上著名的“补赎”说，其目标一方面反对上帝不能有肉身的犹太教观念，另一方面反对在基督教内长期流行、并在当时拉昂学校盛行的“回赎”说。这一说认为，上帝化为人是为了以牺牲基督肉身的代价把人类从魔鬼的控制下赎回。安瑟尔谟说，基督献身是对上帝自身的补偿。人不欠魔鬼什么债。人的“原罪”是对上帝尊严的冒犯，上帝的正义需要人作出补偿，但人类无力还清这笔债，上帝于是化为人，以“人–神”共同体的面目出现，用基督肉身所代表的共同人性对上帝作出补赎。安瑟尔谟补赎说的哲学基础是实在论。他相信人性是存在着的普遍本质，并把它实体化为基督肉身。这当然是一种神秘的说法，但他没有停止对人性和灵魂的神秘性的理解。相传他在临终前说：“如果这（指死亡）是主的意愿，我乐意遵命。但如果他愿意给我足够的时间解决一直悬在我心头的关于灵魂起源的问题，我将怀着感激之情接受这个机会，因为我怀疑在我之后其他人还能够解决这个问题。”[①] 他按照“信仰寻求理解”的方向度过了一生。

第三节　阿伯拉尔

彼得·阿伯拉尔（Petrus Abailardus，1079 ～ 1142 年）生于法国南特的巴莱的一个骑士家庭。据他在自传《我的苦难史》中说，他放弃了

① M. Charlesworth, *St. Anselm's Proslogion: With a Reply on Behalf of the Fool*, Clarenden Press, Oxford, 1965, p. 21.

骑士封号的继承权，为的是参加“辩证法的比武大赛”。他四处寻访名师，但每次都以对老师的激烈批评而结束。他于 1094 年向当时闻名遐迩的逻辑学家罗色林学习，因不满意后者的极端唯名论立场而于 1100 年到巴黎向著名的实在论者香浦的威廉学习，但实在论同样不能使他满意。由于他的批评，威廉不得不修改自己立场，乃至辞去教职。1113 年他转向当时享有盛誉的神学家拉昂（Laou）的安瑟尔谟（圣安瑟尔谟的学生）学习神学，但他发现他的老师名不副实，便批评安瑟尔谟像一棵光长叶不结果的树、光冒烟不发火的炉子。他在巴黎附近的默伦开始教学生涯，1115 年在巴黎圣母院的主教学校任神学教师，受到学生热烈拥戴。39 岁时结识了他的同事、管堂神父富尔贝尔的外甥女爱洛伊丝（Heloise），不久俩人陷入热恋。为了不妨碍阿伯拉尔的神学教师前程，17 岁的爱洛伊丝与他秘密举行结婚仪式，并生有一子。富尔贝尔拒不承认这桩婚姻，指使人对阿伯拉尔施行阉割私刑。1118 年，爱洛伊丝被送进修女院，阿伯拉尔成为巴黎郊区圣丹尼斯修道院的修士。他在修道院写了一系列逻辑论文，其中《论神圣的三位一体和整体》在 1121 年召开的索松主教会议上被谴责为否认上帝独立位格的撒伯里乌主义。[①] 此后，他考证本院崇拜的圣丹尼斯传说中的错误之处，激起僧侣群起攻之，迫使他出走，隐居乡间。很多学生慕名而来，他在法国西北部的一所保惠修道院为这些学生设立学校，写了《是与否》《基督教神学》《神学导论》等著作。他的教学活动引起教会精神领袖贝纳尔的敌意性的关注。不安全感迫使他逃离至偏远的布列塔尼地区，1126 ～ 1132 年在简陋的鲁伊修道院任院长，他力图改变那里愚昧习俗的努力使他差点被僧侣所谋害。《我的苦难史》至此为止。但他在此后的遭遇更为悲惨。1136 年他回到巴黎主教坐堂学校任教，写了伦理

① 撒伯里乌（Sebellius）是早期教会的一位主教。他于 260 年提出圣父、圣子、圣灵只是同一神的不同表现，三者关系如同人的灵、魂、体一样。

学著作《认识你自己》。他的一系列著作激怒了贝纳尔。1140 年召开的桑斯主教会议谴责他的学说，贝纳尔专门写了《阿伯拉尔的错误》一文，列举 16 条罪状。他的《神学导论》被焚烧。阿伯拉尔不服从判决，准备到罗马上诉。他还在途中时教皇英诺森二世已批准贝纳尔报告，宣判他的学说为异端。他被克吕尼修道院长彼得收留，在生命最后几年里，写了《辩证法》《一个哲学家、一个犹太人和一个基督徒之间的对话》等著作。死后葬在克吕尼，彼得为他写的墓志铭称他为“高卢的苏格拉底”，“一个多才多艺的、精细的、敏锐的天才”。

阿伯拉尔无疑是中世纪哲学家中最有个性与传奇色彩的人物之一。他是禁欲主义与思想专制主义的牺牲品。19 世纪初，拉姆萨特（de Ramusat）在《作为一个人、一个哲学家和神学家的阿伯拉尔》一书记述了他的不幸遭遇以及与爱洛伊丝的坚贞爱情，阿伯拉尔与爱洛伊丝通信集的出版引起强烈反响。1817 年，他俩的遗骸被移至巴黎拉雪尔兹神父公墓合葬，他们的爱情故事成为文艺创作的不衰主题。最近美国还以此题材拍摄了电影《天堂窃情》。然而，哲学史家却以冷静的态度评价阿伯拉尔。德国学者德·沃尔夫说：“阿伯拉尔坚持辩证法在神学领域内的权利，根据理性主义原则建立哲学与神学的联系。”[①] 法国学者波塔利则说：“阿伯拉尔从不想对信仰的神秘作出哲学的证明，他更没有自称为理性主义者。”[②] 关于阿伯拉尔与贝纳尔之间的争执的性质，很多人认为这是宗教专制主义者对一个自由思想家的迫害，但也有人认为这仅仅是阿伯拉尔的性格所造成的悲剧。英国学者劳尔斯（D. Knowles）说：“他具有各种才能，但自负过高、敏感而不克制、不安分，以自我为中心，从不怀疑自己的智力。他写道：‘我认为自己是还活在这个世界上的唯一的真正哲学家。’弗雷森的奥托补充说，他是如此傲

---

① De Wulf, *History of Medieval Philosophy*, vol. l, Dover, New York, 1926, p. 202.

② Eugène Portalié, *Des Philosophies médiévales*, Paris, 1945, p. 281.

慢与自信，几乎不能屈尊同意任何老师的话。”[①] 美国学者麦克科恩（R. Mckeon）则为贝纳尔辩护说：“教会并不因为阿伯拉尔是过激分子或创新者而谴责他，他在一批思想家中有影响力，他的思想似有导致异端的危险……阿伯拉尔并不在为理性怀疑主义而战。12 世纪对他进行的谴责是公正的、无可置疑的，在今天也具有同等效力。”[②]

我们认为，无论对阿伯拉尔理性主义、批判精神的赞扬，或对他悲剧性格、异端思想的指责，都应在当时辩证法与反辩证法斗争的背景中考察他的思想与性格。12 世纪初期，辩证法已被顺理成章地推广到神学领域，保守的神学家已不再一般地反对运用辩证法讨论神学问题，但特别看重辩证学者的态度。他们只能允许辩证学者以恭谦的态度对传统的权威意见作出解释与辩护，但不能容忍怀疑和批判权威，这将被视为“傲慢”、“狂妄”和“炫耀”。阿伯拉尔无疑是当时最有批判精神的辩证学者，他不满意用辩证法为既定的权威意见辩护，主张用辩证法探索和理解信仰的真理。但是，他的探索不过是在权威意见相左的情况下确定哪一种意见更为合理；他的批判不过是对另外的权威意见的不合理性的揭露；他从来没有全盘怀疑和否定一切权威意见。他的信仰的真诚与坚定是毋庸置疑的。他向爱洛伊丝表白信仰说：“如果做一个哲学家意味着反对圣保罗，我将永远不做哲学家；如果亚里士多德能把我与基督分开，我将永远不当亚里士多德。我的构思建立在基督用来建立他的教会的岩石之上……暴雨来临时，我不动摇；狂风大作时，我不害怕……我所依靠的岩石是不可动摇的。”[③] 这完全是一个虔诚基督徒的心声。阿伯拉尔的悲剧在于，他的锋芒毕露、爱好辩论的性格使得他的辩证法的批判精神比它实际达到的程度显得更加激烈，他的论敌

① D. Knowles, *The Evolution of Medieval Thought*, p. 121.

② SMP，p. 207.

③ *The Letters of Abelard and Heloise*, trans. B. Radice, Penguin Books, 1974, p. 270.

与其说是反对他运用辩证法的成果，不如说是反对他表现出来的态度与技巧。连阿伯拉尔的同情者索尔兹伯利的约翰也称他为“逍遥派”，说他及其追随者“对无助于他们的文字曲解到连铁石心肠的人也会感到不平”[①]。“逍遥派”的称号使人们想起11世纪最初的辩证学者玩弄文字游戏、炫耀辩论技巧的风格。在以贝纳尔为代表的正统神学家看来，阿伯拉尔对著名长者的毫不留情的抨击以及对年青学生的吸引力足以证明他的“逍遥派”身份。“逍遥派”不仅指研究方法与表达方式的错误，而且指信仰与品德的错误。贝纳尔因此说，当阿伯拉尔处心积虑地把柏拉图装扮成基督徒时，他不过证明了自己是异教徒。把柏拉图说成基督徒并不是什么惊世骇俗之论。早在2世纪，基督教的烈士查士丁已把受到圣道启示的希腊哲学家看做基督诞生之前的基督徒。激怒贝纳尔的与其说是阿伯拉尔的论点，不如说是他那“处心积虑”地论辩的方式。教会谴责他的其他一些学说也出自大致相同的原因。这些学说只是从他的著作中摘录的只言片语；相反，对他的主要著作，如《是与否》以及讨论共相性质的文章等，并未加以谴责。这一事实从反面说明，不能把阿伯拉尔思想的基本精神评价为批判、怀疑信仰的理性主义，这种理性主义直到18世纪才在阿伯拉尔的故乡出现。另一方面，我们也要看到，阿伯拉尔与贝纳尔的冲突并不只是他的个人性格招致的悲剧，它的实质是辩证法的探索精神与反辩证法的保守主义的斗争，也是宗教专制主义对一个虔诚基督徒的不公正的迫害。

1. 辩证神学

阿伯拉尔通过间接的来源了解到亚里士多德关于辩证推理和证明推理的区分。他说：“根据西塞罗和波埃修的权威意见，逻辑包括两部

① *The Metalogieon*, PMA, p. 167.

分，即发现论据的科学和判别论据，或认可与证明被发现的论据的科学。有两件事对于从事论证的人是必要的，首先，找到他所要论证的论据，然后在可能的情况下批判论据的缺陷或不足以认可之处。因此西塞罗说，发现在本性上是在先的。现在从事的科学讨论逻辑的两部分，但主要讨论发现。”辩证法是发现论据的学问，它在从事逻辑证明之前寻找论据，探索论据是否确实，只有在确定了论据的真理性之后，证明推理才能进行。上面这段话表明，辩证法的首要任务不是证明、解释，而是探索、批判。

辩证法之所以能够被运用于神学，原因在于信仰中有不确定之处。阿伯拉尔在《是与否》一书中列举 156 个神学论题，每个论题都有肯定与否定两种意见；这些意见都从教会认可的使徒和教父著作中摘录出来，具有同等的权威性。这些论题涉及根本的教义和信条，包括：是否只有一个上帝？圣子是否没有开端？上帝能否做一切事情？上帝是否知道一切？人类第一对祖先在被造时是否是有朽的？亚当是否得救？彼得、保罗和所有使徒是否是平等的？基督是否是教会的唯一基础？圣徒的工作能否使人正义？是否不准杀人？是否所有人都被应允许结婚？等等。阿伯拉尔在所有这些重大问题上列举出“是”与“否”两种意见却不表明自己的立场，这种以疑问方式提出论题而不对疑问作出解答的做法可以作两种解释。新教神学家哈纳克说，阿伯拉尔这种做法意在表明信仰在本质上是自相矛盾的、不可理解的，应当让位于理性。《是与否》采用了用理性反对信仰的“曲笔”手法。我们认为，把阿伯拉尔的基本精神说成理性主义是夸大其词的评价，也不符合历史事实。从《是与否》的实际效果看，它并没有起到动摇信仰与神学的作用；相反，它使神学获得了“辩证神学”的标准形式。虽然阿伯拉尔的其他一些著作遭到教会谴责，但这部著作却成为后来神学家效仿的楷模。经院哲学的经典著作，如伦巴底的彼得的《箴言四书》、托马斯的

《神学大全》等等，都有"论题"与"论辩"两种形式。论题包括赞成与反对两种意见。论辩则用逻辑分析和推理的方法证明其中一种意见之正确和另一种意见的错误。《是与否》没有"论辩"这部分内容，但它用分歧意见表达论题的形式已经满足了亚里士多德在《正位篇》中对辩证法提出的第一个、也是最重要的步骤：合适地提出问题。

阿伯拉尔在《是与否》的序言中回答了权威的意见何以会相矛盾的问题。他的目的并不是借此否定权威意见的合理性，而是说明用辩证法进一步探讨权威意见的必要性。他说，教父和使徒都会犯错误。例如，奥古斯丁写了《回顾》一书纠正自己的错误。不过，他们的错误并不是由于信仰引起的。有些错误是由于引用伪托的权威著作或有誊写错误的《圣经》而产生。他们的教训告诉人们，对一切未辨真伪的权威著作"都要有充分的自由进行批判，而没有不加怀疑地接受的义务，否则，一切研究的道路都要被堵塞，后人用以讨论语法和论述难题的优秀智慧就要被剥夺"。至于真正的权威著作为什么会显得自相矛盾，阿伯拉尔说，这涉及人们对语言的不同理解以及教父著作使用语言的歧义。语言的歧义以及由此产生的理解错误是不可避免的，因为，"同样一个词可以有不同的意义，它有时被用作一种意义，有时被用作另一种意义。一个意义也可用很多词表达。这种情形以及表达的异常方式严重阻碍我们获得充分的理解。正如人们所说，重复是腻厌之母，就是说，它引起苛刻的反感。因此，最好用各种词语表述同一事物，而不要用同样的、通俗的词语表述一切事物"。[1] 无论考证著作之真伪，还是消除语言的歧义，都需要辩证法这一逻辑工具的审查。把理解教父著作时的疑问以论辩的论题方式提出来，便是运用辩证法的首要步骤。阿伯拉尔说得很清楚，他的目的是通过疑问方式获得信仰的真理。他

---

① B. Boyer and R. Mckeon, (ed.), *Sic Et Non: A Critical Edition*, University of Chicago Press, London, 1977, p. 94.

说："这种疑问使青年读者最大限度地探索真理，这种探索使他们心灵敏锐。坚持不懈的、经常性的疑问确实是智慧的第一关键。在所有哲学家中最有眼光的亚里士多德促使学生热情地从事疑问工作。他说：'如果不深入讨论，可能很难对自己所谈及的问题有信心。对具体的论点的怀疑不是无疑的。'因为通过怀疑，我们开始探讨，通过探讨，我们按照主自身的真理来知悉真理。主说：'寻找，你将发现'，'推敲，它将向你敞开'。"[①] 阿伯拉尔所说的"疑问"并不是怀疑信仰的真理性，而是针对信仰的某种理解和表达提出的，其结果是"按照主自身的真理"来理解信仰。他也没有完全排斥教父言论的权威性，他用辩证法探讨教父言论的目的是为了维护教父的权威。如他所说："在同一问题有各种论断的情况之下，为确定哪些具有预期的规则的力量，哪些是宽容的让步，哪些是对完善的劝勉，不懈的讨论是必要的，以便我们可以在权威们不同的意图中找到解决矛盾的办法。如果规则出了问题，那么就要问：这一规则是普遍的还是个别的？……对规则运用的时机和理由作出区分也是必要的，因为通常在一定时间里被允许的东西在另一时间里被禁止，按严格标准的一般要求有时也会有例外的松动。这些都是在运用教义、教规时特别需要加以区分的要点。如果我们能确定同一语词在不同著者使用中有不同意义，那么，争论一般是容易解决的。细心的读者将会试用这些方法去解决圣徒著作中的矛盾。但如果发生矛盾过于明显而无法以论辩消除的情况，那么，权威意见必须通过比较，使其中更好地被验证并更多地被确证的意见保持优先地位。"[②] 阿伯拉尔相信，辩证法考查的结果或使看起来相互矛盾的权威意见保持一致的真理性，或使其中一种意见保持正确性。无论如何，辩证法最终确立了权威意见的可靠性。

① B. Boyer and R. Mckeon, (ed.), *Sic Et Non: A Critical Edition*, p. 103.

② 同上。

虽然《是与否》并没有摆脱相信权威的中世纪的思想方式，但它与安瑟尔谟的《独白》《宣讲》相比较，却代表了对辩证法更为积极与自由的理解。安瑟尔谟提倡的“信仰寻求理解”的精神要求把辩证法作为证明推理的工具，即从确定的前提出发证明信仰的确定性。阿伯拉尔则借学生之口要求与之相反的过程：“他们要求可理解的东西，而不仅仅是词语。事实上，他们说词语若不被理解就是无意义的。若不首先理解，没有任何东西能被相信。”① 阿伯拉尔的意思似乎是，信仰必须通过词语表达，如果词语未被理解，信仰也无法被接受，因此，只有通过理解词语才能接受信仰。辩证法是理解词语的必由之路。阿伯拉尔主张“理解导致信仰”的途径更符合亚里士多德的“辩证法”原意，即由不确定到确定的过程。保守的反辩证法神学家指责阿伯拉尔从疑问、而不从信仰出发从事理性探索，最终导致违反信仰的结论。阿伯拉尔对此作了如下反驳：“如果他们认为一门学艺是反对信仰的武器，那么他们无疑拒不承认任何知识了。因为知识是对事物真理的把握，即智慧，其中包括信仰这一类别。它（指智慧）是对尊贵与有用的东西的辨别。但真理不会反对真理。真理不会像错误被用来反对错误那样反对真理，善不会像恶被用来反对恶那样反对恶；所有善的东西是和谐的、一致的。所有知识都是善，即使关于恶的知识也是义人所需要的。义人在反对恶之前必须知道什么是恶，不知道恶就不能避免恶。……我们由此可证一切知识都来自上帝，作为他的礼物，因而是善……但这门学问的研究（指辩证法）对于表示更大的真理尤为重要，辩证法的主题是辩认真理和错误，它的主要规则中存有一切哲学，是学问的全部领域的领袖。”② “真理不会反对真理”是用来调和辩证法与信仰、哲学和神学的口号，它在 12 世纪显得与圣达米安“哲学是神学的婢女”的口

---

① *The Letters of Abelard and Heloise*, trans. B. Radice, Peuguin Books, 1974, p. 78.

② L. De Rijk（ed.），*Petrus Abaelardus Dialectica*, Van Gorcum, Assen, 1956, pp. 469 ～ 470.

号相抵触，但到 13 世纪，这两个口号被托马斯融为一体。

安瑟尔谟和阿伯拉尔的观点分别代表了经院哲学家对辩证法的两种理解。经院哲学中使用的辩证法既包括辩证推理，又包括证明推理，两者并不像亚里士多德设想的那样泾渭分明。在当时反辩证法势力占据正统地位的情况下，阿伯拉尔的方法所冒风险更大。他在《基督教神学》中论辩说，上帝的至善必然使他创造出一个最好的世界，这被谴责为限制上帝意志自由的异端。他在《罗马书评注》中反对“回赎”与“补赎”说，认为耶稣献身出于使人解脱肉体产生出的罪与罚的爱心，这又被谴责为否认“原罪”的佩拉纠主义。

2. 理性伦理学

阿伯拉尔《认识你自己》一书被认为是中世纪最早在理性基础上探讨伦理学的著作，他和同时代的人一样，把善或恶定义为对上帝的尊敬或藐视，但他在进一步讨论“善、恶是由什么决定的”问题时，不再像奥古斯丁、安瑟尔谟等神学家那样从“自由意志”、“原罪”、“恩典”等教义出发，而是以理性和事实为根据。他说，他的伦理观以下列四重区分为公设：

1. 灵魂的不完善性，它使我们倾向于犯罪；
2. 罪恶本身，它产生于对邪恶的赞同、对上帝的藐视；
3. 邪恶的意志或欲望；
4. 邪恶的行动。[①]

其中 1 是罪恶的倾向，2 是罪恶的意图，3 是罪恶的表现，4 是罪恶的后

① 《认识你自己》，7 章。PMA，p. 197。

果。阿伯拉尔强调，只有罪恶的意图才是罪恶本身，罪恶既不能被归结为先于它的罪恶倾向，也不能用它造成的表现、后果来衡量。他的观点一方面反对把人的意志的倾向说成罪恶根源的正统神学家观点，另一方面也反对以实际效果和影响定罪的法律观点。

关于第一方面，阿伯拉尔把灵魂不完善性看做人的缺陷，但“缺陷”和“罪恶”是两个概念。前者是人所共有的自然倾向，后者是实际已有的意图，由倾向变为意图是一个自觉的选择过程，只有自愿与心中犯罪倾向同流合污的人才是真正意义上的罪人。他说，人们不能为他们无法自主的自然禀赋承担道德责任，比如，软弱的天性使人屈服于邪恶势力，但只要不在心底里赞同邪恶势力，屈服就不能算作犯罪。“他们可以支配我们的身体，但只要我们的心灵是自由的，真正的自由不会受到威胁。”[①] 再如，一个主人毫无道理地企图杀害他的仆人，仆人在走投无路的情况下杀死他的主人，他的行动受求生本能驱使，但非自愿所为，也不能算作犯罪。阿伯拉尔争辩说，如果把内心不自觉的倾向与自觉自愿的意图混为一谈，那么，善恶的区分还有什么意义呢？人们抵制内心的犯罪倾向的道德修养和思想斗争还有什么价值呢？须知，犯罪的倾向是可以抵制的，犯罪的意图则是对之不加抵制或抵制未能成功的结果，善是抵制成功的奖赏，抵制所付出的代价越大，奖赏越高。阿伯拉尔在区分自然倾向与主观意图时，特别指出不能把人的意志、欲望作为犯罪意图的根源。按照他的区分，邪恶的意志或欲望不是犯罪意图的原因，相反，意志或欲望因犯罪意图而变得邪恶。他的理由是：第一，“在没有邪恶意志的情况下也会犯罪，因此罪不能被定义为‘意志’”。[②] 他的意思是，意志是行动的动力，但不是意图的动力。在犯罪意图尚未付诸行动之时，邪恶的意志还不起作用，但意图本身已构成犯

---

① 《认识你自己》，1 章。PMA, p. 189。

② 同上书，3 章。PMA, p. 191。

罪。第二，人的自然欲望，如性欲、食欲等本身并不是邪恶的。比如，一个男人看见美丽的女人会萌发爱慕之心，一个路过邻居花园的人看到成熟的硕果时，会有馋涎之感，这些欲望是正常的，但如果产生出占有她或偷窃水果的意图，那就是在犯罪了。阿伯拉尔说，把邪恶欲望等同于犯罪本身的前提是把人的自然欲望看作邪恶，这种禁欲主义者的立场是荒谬的，"如果他们能够证明身体的快乐本身就是一种罪恶，或者不犯罪就不会有这样的快乐，那么，夫妻运用他们的身体行使结婚的特权，一个人贪婪地吃着属于他自己的果实，都不能免于罪恶"。禁欲主义者的论调是，人的自然欲望虽然无法否定，但只能在没有快乐的情况下被满足，比如，性生活的目的是生育，吃饭的目的是生存，它们都不是为了追求快感。阿伯拉尔反驳说："如果确实如此，那么，这些活动只是在它根本无法进行的条件下才能被允许去做"，这实际上剥夺了人们的自然欲望。因此，"既然肉体的自然满足很明显不是罪恶，那么这种满足必然伴随着的快乐感情同样也不能称之为罪恶"。[①] 第三，邪恶的意志和欲望是犯罪意图的直接结果，不能把结果反过来当作原因。阿伯拉尔详细分析了犯罪的心理过程：首先是犯罪意图的酝酿产生，随后，在这种意图的提示之下，想象出犯罪将会产生的快乐，煽动和刺激了邪恶的欲望，邪恶的欲望占据心灵便产生邪恶的意志，最后由意志而实施邪恶行动。犯罪的意图是一种诱惑力，它使自然的欲望和意志转变为邪恶的欲望和意志；相反的理解是错误的，即认为自然的欲望和意志诱使心灵产生犯罪的意图。前一种观点谴责对心灵犯罪倾向的认同，鼓励人们积极地抵制犯罪倾向；后一种观点以自然欲望和意志为谴责对象，鼓励禁欲主义的实践。阿伯拉尔以"意图决定论"反对"意欲决定论"的主要动机是反对后者的禁欲主义精神。

① 《认识你自己》，7章。PMA，p. 193。

“意图决定论”所反对的另一个目标是“效果决定论”，或被现代人称作功利主义的伦理观。阿伯拉尔坚持认为意图决定善恶与否，意图的实施或不实施、实施成功与否都不能加重或减轻善恶的价值，效果大小与否不能改变意图本身。他反对以动作的效果衡量意图的善恶的主要理由是，一个同样的动作可以同时出自善和恶的意图。比如，两个人共同杀死一个恶人，一个人出自对罪恶的义愤，另一个人则出自个人报复的企图。阿伯拉尔将行为的善恶与命题的真假作了一个类比。他说，正如亚里士多德所说，“苏格拉底坐着”这句话在一定时间内为真，在一定时间内为假，一个人在不同的时间与地点作出的同样的事情既可以为善，也可以为恶；正如判断命题的真假有一个固定的标准，判断行动的善恶也有一个固定的标准，这就是意图。我们现在来评价阿伯拉尔的“意图决定论”，如果抽象地看问题，可能会得出“意图决定论”与“效果决定论”同样片面的结论。但如果把他的观点放在当时历史现实中考察，不难看出，他的观点具有反对只按行动效果与公众意见惩罚罪犯的落后习俗的进步意义。他说，集体总是根据犯罪的效果、场所等外部环境惩治罪恶的。比如，一个人在教堂里玷污妇女，引起人们愤怒的是他玷污神圣的场所，而不是他对上帝子女的冒犯。按社会效果决定罪恶大小，其结果是微小的过错被量以重刑，秘密的或内心的罪恶却不受任何惩罚。当然，阿伯拉尔并非主张对犯罪意图进行法律上的审判。他的意思是说，对犯罪活动的司法判决不能代替对犯罪意图的道德评判；前者是社会群体的工作，后者是上帝的工作。只有上帝才能根据人的意图对他的善恶作出公正的赏罚。阿伯拉尔把人的意图看做他在上帝面前作出的尊重或藐视上帝的选择，人不能自主地决定他的行动和外部环境，但却能自主地决定他的意图，这就是为什么意图决定善恶的道理所在。

阿伯拉尔最后谈到“尊重上帝”的意义。他指出，这并不意味着做取悦上帝的事，否则的话，那些出自宗教狂热而迫害基督教的罗马人也是善良的了。他似乎用早期基督徒受迫害的历史提醒现在的基督徒不要出于宗教信仰而迫害异教徒。他指出："意图被称作善良，不只是因为它看起来善良，而是因为它尊重善良。"[①] 他把"尊重上帝"看做"尊重善良"的同义语，他说，两者对于心灵的眼睛都是自明的意图。这种自明的善良意图类似于后来伦理学家所说的"良知"。既然尊重上帝的善良意图并不取决于宗教信仰，那么，善良意图不应只是基督徒的特权。阿伯拉尔在《基督教神学》中公开挑明了隐藏在《认识你自己》这本书中的结论。他在那里说，有些犹太人和异教徒也能获得上帝的恩典。在异教徒中，希腊哲学家首先得救，因为希腊哲学家已经知道如何幸福地生活，他们的高雅生活足以使一些自称为基督徒的人为自己的卑劣而感到惭愧。他说："我们看到，他们的生活和学说表达了合乎福音书以及使徒教导的最高程度的完善性，他们与基督教相差甚少，甚至根本不差。他们和我们的统一性不仅在于生活方式，甚至还在于名义。我们因为真正的智慧而自称为基督徒，因为圣父的智慧乃是基督。如果我们真正地热爱基督，我们对于哲学家的称号是当之无愧的。"同样，我们也无法不把真正的哲学家称作基督徒，或许仅仅因为他们的国籍，而不是因为他们的信仰与我们有别，他们才被称作异教徒。[②] 这些言论被当时的教会看做离经叛道，但与教父时期流行的"基督教是真正哲学"的观念并不相悖。只是他把希腊哲学家称作基督徒的大胆言论所依据的理由基于他关于善良意图自明性的观点，这与教父们的主张大相径庭。奇怪的是，教会谴责了他的那些与教父观点相类似的说法，但却没有谴责这些说法所依据的那些与教父主张不相符合的理由，这种情况也许说明，当时人们根本不理解他的伦理学的意义。

---

① 《认识你自己》，12章。PMA，p. 202。

② 《基督教神学》。HCP，p. 162。

第四节　关于共相性质问题的争论

阿伯拉尔以逻辑论辩的敏锐而著称，他所论辩的主题是共相性质问题。这一问题在 12 世纪时已成为神学家关注的焦点，其原因主要有两点：首先，波埃修在对波菲利的《导论》所作的注释中讨论了共相性质问题，并说明这一问题对于逻辑基础乃至整个哲学的重要意义。由于波埃修的逻辑著作被作为教科书使用，共相性质问题自然引起学生和教师的兴趣与关注。其次，11 世纪神学家在运用辩证法讨论神学问题时，已自觉或不自觉地触及共相性质问题，如贝伦加尔反对圣餐的“实质转化说”的前提是不承认具有独立于饼和酒的某些普遍实质的存在，圣安瑟尔谟关于上帝存在的证明以及“补赎说”等神学理论都以承认普遍实质的独立存在为基础。随着辩证神学的深入发展，对共相性质的两种不同解释不可避免地发生正面交锋。总之，逻辑和神学的研究都使波菲利提出的古老问题获得了新的现实意义。下面，我们对围绕这一问题而展开的争论中的重要观点依次作一介绍。

1. 罗色林与安瑟尔谟

罗色林（Roselin，约 1050 ～ 1125 年），生于法国贡比涅，他先后在家乡以及布列塔尼的劳切斯任学艺教师。1092 年索松主教会议上，他被谴责为犯了“三神论”的错误。但他没有认错，且查无实据，因此仍然赢得一些支持者，他还担任了伯桑松大教堂的管堂神父，与图尔的圣马丁教堂有密切联系。

罗色林曾师从一位名叫约翰的学者学习辩证法，他从约翰那里学到的基本观点是：逻辑是关于词的精巧艺术。这里所说的“词”（vox）仅指词的物质载体，确切地说，词即声响（flatus vocis）。罗色林根据

《范畴篇》的思想，认为真正的实体只是个别事物，一切词都表示个别事物，殊相（个别概念）表示单个事物，共相（普遍概念）表示一群个别事物。当人们用词表示事物时，他们并没有改变个别事物的实在，但发出的声音也是一种实在。针对那种认为共相表示个别事物之外的某种实在的观点，罗色林说，这种实在不过是声音而已。他的观点被称作唯名论，"唯名论"这个词来自"名称"（nomina），意思是，一切词都是个别事物的名称，共相不表示个别事物之外的实在。与之相对立的实在论则认为，不同的词与不同的实在相对应，殊相表示个别实在，共相表示普遍实在。罗色林的唯名论观点若被运用于解释"三位一体"的意义，便会得出"圣父、圣子、圣灵是三位神的名称，上帝并不表示他们的共同实质或实体"的结论。虽然罗色林本人并没有作出这样的推论，但他很难否认这一推论的逻辑有效性。他只是反驳说，他的对手才会犯"三神论"的错误。他作了这样的归谬推理：如果类与个体都是存在，并且个体分有类的存在，那么上帝的三个人格只是一个存在；这样，当圣子获肉身存在时，圣父和圣灵也获得肉身存在，他们成了三个有形的神。因此，当罗色林被指责为"三神论"时，他说，他关于三位一体的看法与兰弗郎克和安瑟尔谟其实是一致的。

安瑟尔谟在索松会议前夕知悉罗色林的辩解，他在随后所写的《关于肉身化的信》中反驳了罗色林的唯名论。他说，罗色林的根本错误在于把感觉印象当作理解的出发点，缺乏把握抽象观念的能力，甚至不能把颜色与它所附属的事物区别开来。他说，有形世界并不是个别事物的总和，个别事物需要普遍原则，如时间与空间规则的组织，方能被联系在一起。这些普遍原则也是实在的。他以尼罗河为例，说明尼罗河的源泉、河流、湖泊三部分组成一种自然现象，即尼罗河水，尼罗河水存在于这三个部分之中，它是这些部分共有的实在。安瑟尔谟把罗色林称作"辩证法的现代教师"的代表，说他们不能理解几个人何以能够结合成一个统一的人类，他们当然也不能理解一个上帝何以会有三个不同的人格。他指责罗色林是“使用辩证法的异端”。[①]

25 年之后，罗色林在致阿伯拉尔的信中承认安瑟尔谟的智慧与虔诚，同时批评他对拯救必然性的论辩，但却没有针对他在“三位一体”问题上的批评提出辩护，似乎已默认了安瑟尔谟的上述批评。罗色林与安瑟尔谟的争论是唯名论与实在论的第一次较量。争论的焦点是共相是否具有实在性，罗色林认为，共相除了声音之外什么也不是。安瑟尔谟倾向于把共相等同为柏拉图主义的理念，这是两种极端的立场。在后来的争论中，唯名论和实在论逐渐接近，但仍坚持各自基本立场。

2. 阿伯拉尔的温和唯名论

阿伯拉尔讨论共相问题的著作《波菲利集注》是现存的关于早期唯名论与唯实论争论的最完整的资料。阿伯拉尔的讨论从波菲利关于共相性质的三个问题出发。他把波菲利问题理解为关于一般名词与事物的关系问题。他说，这一问题涉及“设立一般名词的共同原因的问题，即，不同的事物相一致的原因是什么？以及对一般名词的理解问题，如一般名词似乎不包括特殊因素，它们似乎也与任何特殊事物无关，以及许多别的困难问题”。为了解释波菲利提出的种、属是否与感性事物相一致的问题，他增加了第四个问题：“种和属是否必定具有因命名而来的事物？或者说，如果那些被命名的事物消失了，那个共相是否仍然具有概念的意义？”[②] 第四个问题的实质是：共相是否是一个普遍实在的名称，其意义是否在于指示事物？这一问题并不是波菲利问题之外的新问题，它从名词与事物的关系的角度，对波菲利问题作了新的解释。波菲利提出的第一个问题“种、属是否是独立实体”被转变为

① 《关于肉身化的信》，1 节。CEM，p. 636。
② 《波菲利注集》。SMP，Ⅰ，p. 219。

“一般名词是否必定指称普遍的事物”；第二个问题“种、属的存在是有形或无形的”被转变为“设立一般名词的原因是感觉的对象，还是理智的对象”；第三个问题关于种、属与感性事物的关系，它可以被转变为一般名词的意义与特殊名词所指称的个别事物之间的关系问题。在把共相性质问题转化为名词的意义问题之后，阿伯拉尔可以完全依赖逻辑和语法知识进行探讨，摆脱了神学教义的约束。

阿伯拉尔把“理念”与“共相”相区别。他并未否定理念是先于个别事物的创世的原型，但他以人不能与上帝享有同等知识为理由，把理念排除在人类知识之外，共相和理念的区别在于，共相是以一般名词表示的种、属，它们不能像理念那样脱离个别事物而存在。因此，阿伯拉尔并不把极端实在论算作一种关于共相性质的观点，因为它回答的问题是“理念是否独立于个别事物而存在”。真正的实在论者应回答的问题却是“存在于个别事物之中的种、属如何成为与个别事物相区别的实体。”他着重批判了香浦的威廉对这一问题的解答。

香浦的威廉（Guillaume de Champeaux，1070 ～ 1121 年），讨论共相问题的著作《〈解释篇〉集注》已失传，我们只能从阿伯拉尔的批判中了解到他的观点。威廉最初的观点是，共相是事物的相同本质，本质同时存在于一类事物之中，这些事物的差别则由它们各自的偶性造成。阿伯拉尔反驳说，如果本质是实体，那么，同一实体存在偶性不同的事物之中，必然会自相矛盾。比如，如果同一个“动物”实体同时存在有理性的人与无理性的马之中，那么岂不是可以说有理性的动物等于无理性的动物？为了应付这一批评，威廉不再坚持共相存在的同一性，而说共相以“无差别的方式”存在于一类事物之中。阿伯拉尔分析了“无差别”的意义可能有两种：第一种可能的意义是说“本质不同但无法辨别”，在此意义上，说“柏拉图和苏格拉底无差别”与“柏拉图和石头无差别”并无不同，共相在语言中失去了辨别不同种类事物的功能。第二种可能的意义是指“相似因素的集合”，或者说，不同个别事物中的相似因素构成属，不同属的相似因素构成种。这种观点实际上也是波埃修对共相性质的解释，有着很大影响。阿伯拉尔在批评它时提出了一个重要的区分：普遍与个别的区分不是整体与部分的区分。共相不可能是由部分组成的集合体，因为集合体不能同时、全部地分布在组成它的各个部分之中，而共相却能同时、全部地分布在归属它的各个事物之中。比如“柏拉图是人”、“苏格拉底是人”这些话中，“人”的同一、完整的意义同时适用于所有人。如果“人”这一共相由柏拉图、苏格拉底等等单个人的相似因素共同组成，那么在上述话中，每一个“人”都是这样一个单独的因素，无论它们怎样相似，也不能说明“人”的概念的完整意义。

阿伯拉尔的结论是：“不论单一的事物，还是集合的事物都不能被称作共相，因为这些事物不能表述众多的事物。能够表述众多事物的共相只能被归诸词。”[①] 他紧紧抓住“一表述多”这一共相的逻辑特征讨论共相性质。根据亚里士多德《解释篇》的定义，共相就是能够表述众多事物的东西。很明显，一个事物不能用来表述其他的众多的事物。只有名词才能具有表述事物的功能。殊相是表述一个事物的特殊名词，共相是表述众多事物的一般名词。共相的性质就是一般名词的表述功能。根据这一立场，阿伯拉尔同时批评了罗色林的观点。当阿伯拉尔说，共相是名词的性质时，他所说的词是sermo，而不是罗色林所说的词“vox”。后者指词的物质形态，即词的语音部分，前者指词的意义（nominum significatio），即词的逻辑部分。阿伯拉尔从两方面区分了语音和意义。一方面，语音是可感的、外在于人的对象，意义是不可感，但可知的、内在于人的观念；另一方面，语音属于语言的语法学构造，

① 《波菲利注集》。SMP，I，p. 232。

意义是语言的逻辑学构造，语法上正确的构造不等于正确的逻辑表述。如“人是石头”和“人是动物”在语法上都是正确的，但“动物”正确地表述“人”，“石头”却不然。阿伯拉尔认为，仅从语法学构造角度考察名词不需要知道词与事物的联系，但逻辑学的研究必须从事这方面工作。意义就是词与事物的一种关系。

阿伯拉尔于是提出这样的问题：使得一个词成为共相的原因是什么？为什么有的词具有表述众多事物的功能，而另外一些词却没有这种功能？他回答说，造成共相的原因必定在被表述的事物之中。因为，第一，共相不可能由人的心灵无中生有地制造出来；第二，共相也不能从词的物质形态产生；于是，剩下的唯一可能便是：共相因为外在于它的事物而产生。探讨事物如何成为共相的原因的问题，必须弄清两个问题：首先，事物的哪些因素与共相的表述内容相对应？其次，心灵如何根据事物的相关因素把握共相？关于第一个问题，阿伯拉尔说，共相表述的是众多事物共处的“状态”（status），状态是事物的存在状态，它不能与事物存在相分离而存在，因此，它不是实在论所主张的实体。状态也不是本质。阿伯拉尔说：“我们不求助任何本质。”[①] 比如，在“苏格拉底是人”这句话中，“是人”表述苏格拉底的存在状态，而不指称任何实体、本质。阿伯拉尔说：“‘是人’不等于‘人’或任何事物。”[②] 意思是：共相虽然是一个名词，但它的逻辑功能却不是名称，即不是指称事物、属性，而是一个命题的谓语表述。用现代逻辑的语言说，共相是命题的逻辑函项。如“x是人”，“x大于y”等。阿伯拉尔相信，个别事物之中没有什么共同本质，但它们的存在却表现为共同或相似状态。共相是对一类事物存在状态的陈述，这一陈述消除了事物在实体、本质上的差异；就是说，与所谓的“普遍实体”、“共同本质”毫无关联。

---

① 《波菲利注集》。SMP，I，p. 238。
② 同上书。SMP，I，p. 237。

不过，共相却与心灵之中的一般印象相关联，就是说，人们在使用共相名词时，心灵中有一个相应的形象。它是对事物相同或相似的存在状态的感性认识。这种认识涉及众多事物的比较而忽视单个事物的生动、具体、清晰的形象，因此，与共相对应的一般形象必然是模糊的、细节不清楚的。阿伯拉尔说，理解一个共相就是“想象众多事物的一个共同的、模糊的印象”[①]。但它与梦中出现的或任意想象出来的印象不同，因为它是外部事物在心灵造成的结果。另一方面，它与纯思辨的观念，如“理性”、“父权”等也不相同，因为它是通过感官产生的知识。阿伯拉尔把与共相对应的印象称作“意见”。

根据上述讨论，阿伯拉尔解答了波菲利的问题：第一，只有个别事物才是独立存在的实体，共相不是实体，也不表述个别实体以外的实体；第二，共相作为名词是有形的，作为名词的意义是无形的，但心灵中有关于它的印象；第三，共相表述的事物存在的共同状态在感性事物之中，但共相把握这一状态的方式却在理智之中，表现为心灵中的一般印象；最后，个别事物是产生共相的原因，但共相一旦产生，便有了不依赖个别事物的心灵印象。即使个别事物消失，印象仍然存在。比如，在“这里没有玫瑰”这句话里，“玫瑰”的意义不表示实存的玫瑰，只表示心灵中的印象。即使没有相应的事物，共相仍有意义。

阿伯拉尔的观点一般被称作“概念论”，即认为共相是逻辑概念与心灵中的观念。但这一名称并不能表明他在唯名论与唯实论争论中的立场，因为概念论既可以属于唯名论，也可以属于唯实论。如果认为一般概念表示普遍的实在，这就是实在论的概念论；反之，认为概念不表示个别实在之外的实在的观点是唯名论的概念论。阿伯拉尔认为共相概念表示个别事物的共同存在状态。他明确指出，共同存在状态并不

---

① 《波菲利注集》。SMP，Ⅰ，p. 240。

是与个别存在有别的另一种存在，存在状态不能与存在相分离。但是，为什么个别事物的存在是个别的，却存在于共同状态之中？阿伯拉尔并未解决这一问题，他只是从逻辑学和认识论的角度指出共同存在状态与概念的普遍逻辑功能以及心灵中一般印象的对应关系。他坚持共相表示的共同存在状态既不独立于、也不有别于个别事物的存在，这是一种唯名论的概念论观点。但他没有从本体论的角度说明个别存在与共同存在状态之间的关系，这为后来的实在论者保留了一块地盘。后者说明个别事物的共同存在状态即它们之中的普遍本质或一般存在，发展起实在论的概念论。总的来说，阿伯拉尔既坚持了共相是一般名词的性质这一唯名论基本立场，又未彻底否认共相与外部某种一般性相对应的实在论观点，他的概念论是一种温和的唯名论。

3. 吉尔伯特的“天然形式”论

普瓦提诺的吉尔伯特（Gilbert de la Porrée）是夏特尔学校的主要代表人物，我们将在下节介绍他的柏拉图主义存在论，这里先介绍他在对波埃修《论三位一体》的评注中的实在论思想。我们已经看到，波埃修认为种、属是实质，但不是实体。吉尔伯特进一步阐述了这一区分。他指出，实体有两类，原型理念是单纯实体，个别事物是复合实体。个别事物是物质和形式的复合物，物质是质料及其承受的偶性，形式则是规定一个事物特殊本质的实在。“实质”这一词表示形式的实在，它和“实体”同样实在。吉尔伯特指出，个别事物都有各自的“天然形式”（native forme），它们来自理念，是以理念为原型的摹本。天然形式决定某一个别实体是“这一个”，而不是那一个的特殊性，因而它是个别的、特殊的。并且，天然形式是摹本、影像，因此也是可感的。

共相是个别事物的种、属，它是由存在于个别实体之中的相似的自然形式组成的。由自然形式构成共相的过程是心灵的抽象。心灵把自然形式与它们所属的实体分开，比较它们的异同，把相似的形式组合成共相。因此，"共相是形式的集合（Collectio）"。

吉尔伯特认为共相指示与个别实体有别的实在的形式，这是一种实在论的观点。但他同时认为共相不是独立存在的理念，共相也不是存在于个别实体的实质，它作为种、属是存在于人的心灵中的概念，可以说，这是一种温和的实在论的概念论观点。吉尔伯特把共相指示的对象说成个别形式的集合，这似乎难以摆脱阿伯拉尔对"共相集合论"的批判。但吉尔伯特认为自然形式都是对原型理念的摹本，这使得他能够借助一个理念的普遍性来说明集合在共相中的相似形式的统一性。正如后来索尔兹伯利的约翰所说，吉尔伯特"把普遍性归诸天然的形式，致力于证明这些形式与共相的一致性"。[①] 在他看来，共相与形式之间的集合和部分的关系与理念与形式之间的普遍和特殊关系是一致的。他和阿伯拉尔一样区分了共相和理念，但阿伯拉尔强调两者的差异，他却强调两者的联系，为实在论争得了一席之地。

4. 索尔兹伯利的约翰的总结

索尔兹伯利的约翰（Joannes de Salisbury）在12世纪中叶写的《为逻辑学辩》（*Metalogicon*）之中对共相性质问题的讨论作了总结。他说，解决这一问题的路途如此漫长，连世界在此过程中也将变得古老，花费在这一问题上的时间比凯撒征服世界的时间还要长，花费在其上的金钱比克雷兹棺材[②] 里的钱还要多。他列举出争论各方的论点，计有六种。第一种观点"认为共相是词的声音，这种观点已随同他的作者罗色林的消失而几乎完全消失了"。第二种观点"坚持说共相是词

① *The Metalogicon*. PMA, p. 169.

② 克雷兹（Croesus）是公元前6世纪小亚细亚吕底亚的国王，以富有夸耀于世，被波斯人所杀。他的棺材填满生前搜刮的金钱，作为对他的折辱。

的概念”，以阿伯拉尔为代表，“他曾经有、且至今仍有一些追随者和支持者”。第三种观点认为“共相是事物……坚持这一观点的意见多而杂”；有的人根据西塞罗、波埃修和亚里士多德的话，从认识途径论证共相实在，他们说，共相在直观中被理解，直观的对象不可能是不存在的事物；有人援引毕达哥拉斯主义说，共相和个别事物一样，在数量上是单独的“一”，因此是单独的实体；最普遍的意见是把共相完全等同于柏拉图主义的“理念”，其代表人物是夏特尔的贝纳尔，他认为共相是普遍概念表示的永恒不变的理念，理念是变化着的个别事物的原型、摹本。第四种观点认为共相是“内在于被造物的天然形式”，与外在于被造物的原型理念不同，这是吉尔伯特所持的观点。第五种观点为索松主教约色林所持，他“把共相的性质归之于事物的集合，但又否认它和个别事物一样是一事物”。第六种观点认为种和属是事物的样式（maneries），但没有对“样式”的意义作出解释。[①] 上述六种观点的分野是相当清楚的，第一、二种观点是唯名论，第三、四种观点是实在论，第五、六种观点动摇于唯名论与实在论之间。在唯名论中又分罗色林的极端观点与阿伯拉尔的温和观点，同样，在实在论中也有夏特尔的贝纳尔的极端观点与吉尔伯特的温和观点之分。

索尔兹伯利的约翰力图站在超然于各派之外的立场评论。他说，这场争论往往陷入咬文嚼字的无谓之争，争者竞相炫耀，听众却不知所云。他发现巴黎的学者们在 20 年间争论同样的问题，说同样的话，他们没有学到什么新东西，也不教人以新东西。他不无感慨地说：“很多我们在年青时代所学的东西真该为今后的更高级的哲学研究所武装。”[②] 争论的分歧使他怀疑关于共相的存在问题是否能够解决。他说，我们不能知道共相本身究竟以何种方式、状态存在，并且这样的知识也

---

① *The Metalogicon*. PMA, pp. 167 ～ 169.

② Ibid., p. 167.

无用处,但我们至少能够知道我们自己认识的方式。因此,不要讨论“共相是否存在,如何存在”之类的问题,但要讨论“如何认识共相”的问题。他看到了 12 世纪关于共相性质讨论的一个弱点,争论各方似乎都同意理智具有认识共相的抽象作用,但对抽象能力没有深入研究,便对抽象认识的对象的性质作了仓促的判断。他要求从认识论入手讨论共相的性质,符合共相问题讨论的趋向。13 世纪经院哲学家大多以“抽象理论”为基础建立关于共相的学说。

第五节　夏特尔的经院学者

夏特尔(Chartres)是位于巴黎西南约 90 公里处的城镇,设有主教坐堂。990 年在任主教福尔伯特(Fulbert)建立主教坐堂学校。夏特尔学校继承了福尔伯特老师吉伯特开创的传统,把教育重心放在古代文化和世俗知识上,内容包括古典文学、亚里士多德逻辑学、柏拉图的宇宙学以及从阿拉伯传播来的科学知识。夏特尔的经院学者自称“热爱柏拉图的人”,他们的思想代表了早期中世纪哲学和科学所能达到的水平。正如一位现代评论家指出,这些思想构成了“西方学术和中世纪人文学科连续发展过程中的一个阶段”[①]。

1. 夏特尔的贝纳尔

夏特尔的贝纳尔(Bernard de Chartres,? ～ 1030 年)于 1119 ～ 1124 年间任夏特尔学校校长。他是古代文化的推崇者,他对学生说:“我们像是站在巨人肩上的矮子。我们看到更多、更远的事物,并非我们视力好或身材高,而是因为巨人的抬举,他们的崇高增加了我们的高

① R. W. Southern. *Medieval Humanism and Other Studies*, Basil Blackwell, Oxford, 1970, p. 78.

度。”索尔兹伯利的约翰称他是“我们时代最卓著的柏拉图主义者”①。其实，他的存在论是柏拉图理念论与亚里士多德的实体论的结合。他说，“存在”的真实意义是“其所是”（即拉丁文的 quo est，相当于希腊文的 *ti estin*）。“其所是”指两种东西的存在，即形式与质料的存在。他说：“我用以说明存在的‘其所是’不指形式与质料两个部分组成的复合物的存在，‘其所是’分别存在每一部分之中，在希腊文中，一部分叫 *idea*（形式），另一部分叫 *hyle*（质料）。”② 由形式与质料组成的复合物是个别事物，它们每一个都是“这一个”（即拉丁文的 quod est，相当于希腊文的 *tode ti*）。夏特尔的贝纳尔按照柏拉图主义的精神解释“其所是”与“这一个”之间的关系：前者是“真正的存在”，后者是“似在而不在”。原因在于存在于个别事物中的形式不是“纯粹形式”的理念，而是必然与质料相结合的“天然形式”；天然形式是对理念的摹仿，不能独立存在，因此推断出它所规定的个别事物也不能独立存在。他以“白”这一词的不同用法说明理念、天然形式与个别事物的关系。“白”的名词形式 albitudo（即英文的 whiteness）指示理念“白”；“白”的使动词形式 dealbare（即英文的 whiten）表示使一定质料变白的天然形式；“白”的形容词形式 albus（即英文的 white）指示个别的白色的东西，它是由于天然形式把质料变白而产生的。夏特尔的贝纳尔首次讨论了“其所是”与“这一个”的关系问题，这一对概念的正式提出对中世纪形而上学的发展起到很大的推动作用。

2. 普瓦提诺的吉尔伯特

拉波里的吉尔伯特（1076 ～ 1154 年）是夏特尔的贝纳尔的学生

---

① *The Metalogicon of John of Salisbury*, trans. D. McGarry, University of California, Berkeley, 1962, p. 150.

② Ibid., p. 259.

和继任者，他于1124～1140年间任夏特尔学校校长，1141年在巴黎任教，1142年起任普瓦提诺主教，因此他被称作普瓦提诺的吉尔伯特。在1148年召开的兰斯主教会议上，圣贝纳尔指责他的学说可以导致一些异端神学观点，经他极力辩白，才逃脱被谴责的厄运。索尔兹伯利的约翰对他作了很高的评价："他是一个有着极其敏锐心灵的人，他阅读一切。我相信他在50年间的阅读和批判的实践使他在人文学科中成为世间无与伦比的人，他超过了一切人。"[①]

我们在前面看到，吉尔伯特把实体与实质之区分作为解决共相性质问题的关键。这一区分与"其所是"和"这一个"的区分彼此交叉。每一个实体都是"这一个"，它或者就是自身的"其所是"，或者包含"其所是"作为内在规定性；在前一种情况下，"这一个"是单个的理念，它既是实体又是实质，在后一种情况下，"这一个"是单个的事物，它的实体性被实质所规定。这些区分体现了实质决定实体，本质（"其所是"）决定存在（"这一个"）的柏拉图主义精神。

吉尔伯特曾被当作一本在中世纪广为流传的教科书《论六范畴》的作者，现在一般认为这本书是伪托之作。这本书将亚里士多德逻辑的十范畴分为"内形式"与"外形式"两类：前者是不能与实体相分离的范畴，即实体、数量、质量和关系前四个范畴，剩下六范畴被称作外形式，因为它们可以和实体相分离，它们是地点、时间、所有、状态、活动、受动。该书内容与吉尔伯特的区分相衔接，"内形式"相当于实体及其天然形式，"外形式"相当于由质料支撑的偶性。人们把这本书的作者说成是吉尔伯特的误解应用"空穴来风"来解释。

3. 索尔兹伯利的约翰

约翰（1125～1180年）生于英国索尔兹伯利，在法国受教育，后

---

① *Ioannis Saresberiensis Historia Pontificalis*, ed. M. Chibnall, Nelson, Lodon, 1956, p. 26.

回英国任坎特伯雷大主教的秘书和顾问，积极参与了教会反对英王的活动。被逐出英国之后，于 1176 年被选为夏特尔的主教。著有《政治学指南》《为逻辑学辩》《主教史》等。

索尔兹伯利的约翰在政治上站在世俗政权的对立面，在思想上却偏爱世俗知识。他崇尚西塞罗式的学园派的风格，他所理解学园派风格是存疑、谦和、不走极端。存疑不是怀疑一切。他肯定知识有三个来源：感觉、理性和信仰。不相信自己感觉的人连动物也不如，怀疑自己理性的人甚至不能肯定自己是否在怀疑，拒绝信仰的人失去知识和智慧的基础。但是，人必须承认自己知识的局限。他既反对专横的信仰，也反对独断的理性。在辩证法与反辩证法的争论中，他首先肯定辩证法的重要意义，他说："辩证法之于哲学，犹如动物灵魂之于身体。"[①] 但是，辩证法作为一种论辩的技巧、文字的功夫，本身并不产生知识，他据此指责那些自负的辩证学者企图用辩证法衡量世界，让天空也服从逻辑规则，他们在立足之地跌倒，在自作聪明时讲废话。正如巴比伦人建造的通天塔坍塌在语言混乱之时，哲学家反对上帝的理论陷入思想混乱的绝境。他认为理性依赖辩证法而产生的争论是不可解决的。我们已经看到他对共相性质问题所持的存疑态度；其他类似问题还有：灵魂的实体性和起源，命运、机遇和自由意志，物质、运动和元素，数字的无限性，量的无限可分性，时间和空间，语言的起源和性质，善恶的起源和归宿，等等。大海潮汐、尼罗河泛滥周期、动物生育周期等自然现象的原因也在可存疑问题之列。他还说，"天使有无肉身"、"什么是上帝" 这些神学问题也没有确切答案。索尔兹伯利的约翰并不是要取消这些问题，他要求人们不要仅以思辨与辩证法解决问题，以免陷入空洞的玄想和无谓的文字争论。对于现有知识范围之

① *The Metalogicon of John of Salisbury*, trans. D. McGarry, University of California, Berkeley, 1962, p. 55.

外的问题；或暂时中止判断，或把它们变换成一些知识可以解答的问题。他把共相性质问题由“共相是否存在”转换为“如何认识共相”就是一例。

他在《政治学指南》中提出了教权高于王权的理论。他援引西塞罗等罗马哲学家们关于自然律的学说，认为上帝创造了管辖世界的自然法，教会教导人们追随自然法，并把惩治罪犯的法律功能转让给君主，这就是世俗法的起源。君主可以不服从他所掌管的世俗法，但他却不能不服从自然法，他的权威来自自然法，因此必须服从负责解释和执行自然法的教会。他说：“君主从教会那里接受剑柄……教会拥有它，但却通过君主使用它，因此君主实际上只是神圣权力的臣仆。因为所有与神律有关的职务都是宗教与圣洁的，用以惩治罪犯的法律是低级的，由代理执法者管辖，圣职中不值得由神圣权力掌握的部分交付给君主行使。”① 他用“自然律”理论来论证“君权神授”、“教会代表神权”的政治主张，这种做法一直为中世纪的教权主义者所沿袭。

4. 宇宙观

夏特尔学校区别于其他经院学校的一个显著特征是重视“四艺”方面的教育。夏特尔的学者们以柏拉图的《蒂迈欧篇》、波埃修的《哲学的安慰》、马提安的《语言学与墨耳库里的婚姻》、马可罗比乌斯的《西庇奥之梦》等当时留存的几部反映古代宇宙观的著作为资料，结合基督教创世说，描绘出一幅幅关于宇宙的图景。“宇宙”（Cosmos）这一概念不仅指世界一切事物的总和，更重要的是它所蕴含的“秩序”的观念。被造物按照什么样的自然秩序被安排成一个生成变化的整体？夏特尔学者对这一问题的思考是中世纪自然哲学的重要内容，在自然

① 《政治学指南》，4 卷 3 章。PMA，p. 688。

科学史中也应占有一定的地位。

（1）夏特尔的狄尔里

狄尔里（Thierry de Chartres，？～1155年）是夏特尔的贝纳尔的学生，继吉尔伯特之后担任夏特尔学校校长。他编写过一本七艺汇编，但以“四艺”方面的成就著称。“四艺”是以数学为基础的知识。他试图把数学的原则推广到神学，把《蒂迈欧篇》与《圣经》创世说结合起来。他说，对创世说的理解需要数学。数学的原则是“统一”。上帝创世是创造元素并把它们统一成一个整体的过程。狄尔里把《创世记》里的“地”和“天”分别解释为“土与水”和“气与火”四元素，组成天的火与气包围着组成地的土与水，火使土凝固为坚固的大地，水和气之间交替地进行着蒸发与凝固运动，火与气围绕着大地作圆周运动。狄尔里用“冲力”（impetus）解释元素的运动。他说：“当投掷一块石头时，投掷的冲力来自投掷者的力量，他弯身的力量越大，投掷力越大。”[①] 冲力是元素统一的原因，它使干与湿、轻与重、上与下、内与外、明亮与黑暗、旋转与直行作交替运动，使元素在这些运动中组成世界万物。狄尔里把冲力归之于上帝的神性。如果说，变化的事物是杂多，表现为数字的增值，那么，这些数字都统一于上帝的神性。他用“本质形式”（forma essendi）这一概念表示统一的神性，甚至得出“上帝是本质形式”的结论。[②] 有人解释说，这句话的意思是说上帝以冲力的方式存在一切事物之中，它反映了“夏特尔的泛神论”。但大多数学者认为，“冲力”概念的主要意义不在神学，而在自然科学史领域。把冲力归于上帝的思想是牛顿的“上帝是第一推动力”思想的先声。事实上，近代物理学的“力”的概念受柏拉图主义的影响。夏特尔的柏拉图主义宇

① HCP，p. 147.

② HCP，p. 148.

宙观最早反映出这样的联系。

（2）阿拉斯的克拉恩鲍德

克拉恩鲍德（Clarenbaldus de Arras）是狄尔里的学生，任阿拉斯教会学校校长和主执事。他在对波埃修神学著作的注释里发挥了狄尔里关于“上帝是本质形式”的说法。他从本质论与存在论两方面评论《圣经》里上帝所说“我是我所是”这句话的含义。对他来说，这句话意味着上帝是纯形式、纯活动、纯实体、纯粹与单一的存在。他指出，上帝是本质与存在、实质与实体的统一：“正如哪里有白色，那里就有白的形式，哪里有黑色，那里就有黑的形式，哪里有事物，那里就有本质形式。事物无所不在，本质形式因而也无所不在。上帝就是本质形式，因此上帝依其本质是无所不在的。这就是为什么这一行动的形式既是真正的形式又是存在本身的原因，即，他是第一实体，存在的来源，被所有东西分有的单纯实体。”[①] 他在“行动的形式”（opifex forma）的基础上统一实体与本质、存在与形式，并说上帝无所不在，这些言论需要和狄尔里的“冲力”思想联系起来加以理解。

（3）康克斯的威廉

生于诺曼底地区的康克斯的威廉（Guillaume de Conchese，1080～1154年），1110～1120年间在夏特尔学习，后来一直在巴黎任教。他的主要著作是《世界哲学》。他对哲学的定义是“对可见与不可见的存在事物的真实理解”。哲学是一切学问的总汇。全书共四卷，后三卷包括当时天文学、气象学、地理学、生物学和医学各门知识。第一卷主要讨论了世界的本原、动力等哲学问题。在阐述关于上帝存在和性质之后，康克斯的威廉解释了《蒂迈欧篇》中的“世界灵魂”概念，他提出三种观点：第一种观点认为世界灵魂是圣灵；第二种观点认为它是“上帝置于

---

① 《论三位一体》，59 章。HCP，pp. 149～150。

事物之中的自然力（vigorem），它使一些事物具有生命，另一些事物在生命之外还有感情和辨别力”；第三种观点认为它是“某种无形实体，它全部存在个别的形体之中，但由于某些形体缺乏生气，它在形体中所起到的作用不同”。[①] 第二种解释包含着“生命力”概念的萌芽，康克斯的威廉援引古希腊医学家盖伦和当时传到欧洲的阿拉伯医学著作说明它的意义。第三种解释大概指狄尔里的“冲力”概念。

（4）贝纳尔·西尔威斯特

贝纳尔·西尔威斯特（Bernardus Silvestris）又被称作图尔的贝纳尔，约在 1145 年左右写成《宇宙图》（*Cosmographia*）的著作，以诗与散文文体表达宇宙学观点，从风格与内容两方面都体现了《哲学的安慰》《语言学与墨耳库里的婚姻》等著作的影响。

第六节　正统的神秘主义

12 世纪之际，经院哲学尚未成为公教会的统一的意识形态。教会主要统治者仍然对辩证法在神学领域的应用持疑虑态度。神秘主义的神学占据着正统地位。神秘主义神学承袭奥古斯丁等拉丁教父和尼斯的格列高利、伪迪奥尼修斯等希腊教父的柏拉图主义传统。它与经院哲学家所从事的辩证神学的差别主要在于对待辩证法的态度。早期神秘主义神学家对辩证法与其他世俗学问持敌视态度，视之为神学的对立面；后来的神秘主义神学家承认辩证法在神学中的有限运用，同时坚持辩证神学不能达到最高的神学真理；12 世纪末期，为了反驳异教徒的攻击，正统的神秘主义者自觉或不自觉地援引辩证法阐明教义，这标志着正统的神秘主义与经院哲学合流，经院哲学最终成为占支配地位

---

① M. Harren, *Medieval Thought*, Macmillan, London, 1985, p. 115.

的意识形态。上述正统神秘主义演变的三阶段分别体现在圣贝纳尔、圣维克多学校的神学家以及里尔的阿兰的思想之中。

1. 明谷的贝纳尔和西多会

12 世纪初建立的西多会继克吕尼改革运动的余绪，推行以反对奢侈，提倡俭朴、纪律和劳作为教规的隐修制度。圣贝纳尔（Bernard de Clairvaux，1091 ～ 1153 年）出生于第戎地区的枫丹的一个骑士家庭，1112 年加入西多会，1115 年在明谷建立修道院，一直担任该院院长至死，因此也被称作明谷的贝纳尔。他以极大的宗教热忱和献身精神推行纯洁隐修生活、巩固教会统治的理想。他把明谷变成西多会的中心，他通过书信对教皇、主教和各国君主、诸侯施加精神和政治影响，他实际上是西欧的精神领袖，也是中世纪最重要的圣徒之一。但他严厉镇压异教、异端的政策在历史上留下难以洗刷的污迹，如组织第二次十字军东征，参与组织教会武装条顿骑士团，倡导成立宗教裁判所，等等。在很多人眼里，他是中世纪专制主义的象征。他对 12 世纪两位最著名的辩证学者——阿伯拉尔和吉尔伯特的迫害更加深了人们对他的这一印象。

从表面上看，圣贝纳尔和他的对手争论的焦点是“三位一体”问题，但实际上，根本的分歧在对待辩证法的不同态度。圣贝纳尔按西多会教规裁决思想的是非，他认为只有虔诚的祈祷和神秘的沉思才是朴素无华的精神追求，辩证法的论辩是思想的奢侈品。他指责阿伯拉尔和吉尔伯特把神圣的三位一体解释为共相与殊相的逻辑关系，用只能解释人的概念的共相理论解释上帝的存在与本质。他大声疾呼：“神圣的本质、形式、属性、至善、智慧、美德与力量中的每一个都是真正的上帝，用铁把这个道理浇铸在金刚石上，把它镌刻在磐石上吧！”[①] 与此相反，阿伯拉尔在《论神圣的三位一体和整体》中说，上帝

① D. Knowles, *The Evolution of Medieval Thought*, p. 134.

的三位人格分别代表上帝的力量、智慧与慈爱，他们代表神圣的性质，但不等同于上帝自身。吉尔伯特也说，神圣人格是实体，上帝是其中的实质。不论阿伯拉尔所作的性质与本体的区分，还是吉尔伯特所作的实体与实质的区分都是相对于人的概念而言的，他们都承认，就上帝自身而言，他是一个绝对的统一体。然而，既然教义已经使用了“三位一体”的称谓，用不同的逻辑概念解释“位”与“体”的区别应当是合法的。圣贝纳尔一方面允许使用不同的概念称呼上帝，另一方面不允许对这些概念作出进一步解释。他深知任何解释都需要区别意义，因而不可避免地需要使用辩证法。在他对阿伯拉尔与吉尔伯特“异端”观点指控的背后隐藏着反辩证法的动机。他的同时代人索尔兹伯利的约翰在《主教史》中作了较为公正的评价，他写道：“对贝纳尔的看法众说不一。他追击阿伯拉尔与吉尔伯特这两位非常卓越的学者的行为也引起不同的评价。他的敌意使其中一人遭谴责，他的努力使另一人遭诋毁。就我而言，我不相信那个如此圣洁的人会缺乏对上帝的真正热忱，那个如此博学和有德的主教会写出错误著作。”[①] 他还说，圣贝纳尔与他们的分歧在于对待世俗知识的不同态度，圣贝纳尔的“世俗学问甚少，而一般人认为主教（指吉尔伯特）这方面的知识在我们时代是无与伦比的”。[②]

圣贝纳尔并不完全排斥理性，他不满意世俗知识中理性与宗教情感的分离，这种冷静、无情的理性不能促进对上帝的知识。只有沉浸在热爱上帝的情感之中的理性才能进行神秘的思辨，这种思辨是“认识耶稣，即钉在十字架上的耶稣”的哲学。在《卑谦与傲慢的层次》一书中，他说明了炽热的宗教情感如何产生神秘思辨的过程。他说，对上帝

① *Ioannis Saresberiensis Historia Pontificalis*, ed. M. Chibnall, Nelson, London, 1956, p. 26.

② Ibid., p. 16.

的热爱表现为卑谦的态度。卑谦分三个层次：最初的卑谦是自卑，自卑使人感到自身的弱点和痛处，由己推人，即可感受他人的痛苦，产生同情心。这样，自卑便上升到卑谦的第二个层次——博爱。博爱使人正直，净化了自私的心灵，引导人们探寻摆脱人类痛苦的拯救之路，最后达到忘我境界，圣贝纳尔称之为“神化”。他使用隐喻描述神化境界：“一滴水溶解在大量酒之中便与酒的色、味毫无区别，通红的烙铁失去原来的形式，变得如同火一般，飘浮在阳光之中的空气变得透亮，以至它好像不再是被照亮的事物，而是光自身。圣徒所具有的人的情感也是如此，它最后消失了，溶化在上帝的意志之流中。”① 卑谦的反面是傲慢，傲慢是企图凌驾于他人之上的态度，它最终导致对上帝的不恭。信仰并不与理性相矛盾，因为信仰是以卑谦的态度运用理性，它的对立面是傲慢的理性。在圣贝纳尔的心目中，阿伯拉尔就是具有傲慢的理性的典型人物。这就是为什么他如此强烈反对阿伯拉尔的真正原因。然而，历史证明，圣贝纳尔的神秘主义比阿伯拉尔的辩证神学更接近于异端。前者宣扬的“神化”境界与爱留根纳的思想不无渊源关系。“神化”取消了人与上帝的区别，它既可以被解释为人上升到上帝的高度，也可被解释为上帝下降到人或万物之中。如果采取后一种解释，神秘主义便成了泛神论。事实上，12 世纪后期出现的异端大多以神秘主义的泛神论形式出现，这是圣贝纳尔料所未及的。

2. 圣维克多学校

圣维克多修道院位于巴黎塞纳河畔。1108 年，香浦的威廉在与阿伯拉尔的争论中失败之后退隐在这里，他在这所修道院开办了一所学校，继续向他的追随者传授知识，直到 1113 年被任命为查尔伦主教后

① 《论神的精密》，10 章。HCP，p. 165。

才离开。圣维克多学校后来发展成为神秘主义神学的中心，这主要通过雨果与理查德两位学者的努力。

圣维克多的雨果（Hugo de Sancto Victore，约 1096 ～ 1142 年）生于弗兰德地区的伊普雷（现比利时境内）的一个下层家庭，曾在萨克森当教士。1125 年之后，一直在圣维克多学校教学，1133 年开始任该校校长。他为后人留下了两部集大成的著作：《讲授学》和《基督教圣事论》。《讲授学》副标题为“论阅读的学问”。雨果把人皈依神圣智慧的过程分为阅读、沉思、祈祷、执行、洞察五个阶段。《讲授学》论述第一阶段，实际上包括一切用文字记载的知识。他把知识分为两类，一类是世俗知识，另一类为经文。前者包括四种：理论学问追求智慧，实践学问指导行为，机械学教人使用有用的技能，逻辑学告诉人们如何正确使用语言。理论学问再被分为神学、数学（包括“四艺”）、物理学三个分支；实践学问被分为个人、家庭和公共伦理学，机械学包括编织、军械、航海、农业、狩猎、机器、演戏七门技术，逻辑学包括“三科”。雨果把所有这些世俗知识都称作哲学。“哲学”这一概念的内涵是一切通过理性获得的知识。根据这一定义，神学中可被理性证明的部分（即后来所说的“自然神学”）也被列为哲学的理论学问之一。《基督教圣事论》论述依靠信仰和启示达到的教义（即后来所说的“教理神学”），包括创世、教会、复活、善人与恶人的最后命运等部分，在创世部分论及神圣知识、预知、天意、神圣本性与意志、三位一体、精神实体、人的自由意志和原罪等主题。雨果开创了编撰知识大全的风气，但他的著作与 13 世纪各种“大全”风格不同，后者多以围绕论题的论辩形式写成，雨果没有采用辩证法形式总括内容，这与他的神秘主义观点有关。

雨果认为，神秘的境界只有在穷尽世俗知识之后才能达到。他教导说：“尽可能地学习一切，你而后会发现，没有一种知识是多余的”，

“所有的人文学科都能为神学学生服务”。[①] 他不赞成从信仰开始学习知识，他对信仰下了一个独特的定义：信仰是“意志以大于意见的确定性和小于直接知识的确定性肯定不可见的东西”。[②] 这里所说的直接知识指哲学，它的对象是直接、可见的东西，理性以抽象方式把握这些直接对象。雨果认为一切直接知识都要通过理性的抽象途径。信仰依靠权威，带有盲目性，故而信仰的确定性小于直接知识的确定性。但雨果并不准备以理性克服信仰的盲目性，理性的抽象本质使它不可能理解信仰的看不见的对象。信仰的盲目性既然来自服从权威的意愿，它也要靠意志去克服。热爱上帝的热忱会将盲目的信仰转变为神秘的洞见，把对看不见的对象的不确定的肯定上升为对它们的直接、清晰的把握。神秘洞见的确定性高于知识的确定性，但它属于意志状态，不再是可以通过学习、传授所能达到的认识水平，因此，神秘洞见不再被称作知识。雨果说：“如果每一个人都按上帝意志行事，那么他就会在心中知道他所信仰的真理的意义。”[③] 洞见是在热忱的行动中个人与上帝意志的通融。雨果的区分以信仰、洞察为一方，以知识、哲学为另一方，这一区别建立在意志与理性的区分基础之上，它不是神学与哲学的区分。从上面说明可以看到，在信仰、知识和洞察三阶段上都有神学因素，它们类似于伪迪奥尼修斯著作中的肯定神学、否定神学和神秘神学三阶段。不过，它用“知识”代替否定神学，使神秘主义适应了12世纪知识的发展水平，同时也接近了经院哲学，雨果的思想对后来的经院哲学家、特别是圣托马斯产生了较大影响。

圣维克多的理查德（Richard de St. Victor，1123～1173年）是苏格

---

① 《讲授学》，6卷3章。HCP，p. 170。

② 《基督教圣事论》，D. Knowles, *The Evolution of Medieval Thought*, p. 144。

③ 同上书，p. 144。

兰人，雨果的学生和继承人，著有《论三位一体》、《灵魂玄思之先导》（小著作）、《玄思的恩典》（大著作）等。他的思想反映了神秘神学与辩证神学的合流。《论三位一体》按照圣安瑟尔谟的“信仰寻找理解”的精神，以“必然理性”论证神秘的信仰。他在书的前言中说：“仅把信仰作为永恒存在的真理来坚持是不充分的，我们还应当建立支持信仰的理性见证。不要把信仰当作充分的、关于永恒真理的知识，我们还要用理解把握这一知识，虽说我们还不能经验到它。”① 他争辩说，既然上帝是必然的存在，理性也应有相应的必然论证：“对于其存在是必然的实在，应该不但有或然的论证，而且有必然的论证解释它，虽然在当前我们可能还达不到这一步。”② 在理查德的必然论证中，值得注意的是他从“存在”意义出发所作的论证：“一个东西若既无自身存在的力量，又不能从其他东西那里获得存在的力量，则它不能够是什么，不能够是什么的东西什么也不是，因此，事物为了存在，必然从存在的力量获得力量去存在。”“存在的力量”就是“第一存在”——上帝。他把“上帝”的概念与“是”（est）动词的意义联系起来，与把“上帝”把“真”、“善”、“伟大”等谓词联系起来的柏拉图主义有所不同。理查德后期写的大、小两部著作描述了人和上帝关系的六阶段，它们是：感觉、想象、推理、沉思、洞察、狂迷。“必然论证”属推理和沉思阶段，它将为“爱的意志”所超越，在最后的阶段达到对上帝的忘我的爱。这些论述反映出他的神秘主义的根本立场。

3. 里尔的阿兰

里尔的阿兰（Alanus de Insulis，1128 ～ 1202 年）在 12 世纪后期

---

① G. Salet（ed. ），*La Trinité: texte latin*, Éditions du Cerf, Paris, 1959, pp. 64 ～ 65.

② Ibid., pp. 70 ～ 71.

以批判异端闻名，后来加入西多会。但时代已不允许他像圣贝纳尔那样恪守保守思想。12 世纪后期，伊斯兰教和犹太教开始侵入基督教王国，阿尔比派的神秘主义异端已成为罗马教会的心腹大患。为了反驳这些宗教势力，正统的神学家、包括原来反对使用辩证法的人，不得不拿起辩证法这一论辩武器。阿兰在《公教会信仰的艺术》一书中认为，诉诸权威的信仰对于根本不承认这一权威的异教徒来说是无效的，他们也可以诉诸自己的权威来排拒基督教信仰，只有理性的论辩才能区分两种信仰的是非优劣。他说："我仔细地按照或然理性的顺序，使之有助于我们的信仰。这种理性是一个明晰的心灵很难拒绝的。因此，那些拒绝相信先知和神圣经典的人，至少可以被人类的理性不可避免地赋予这种信仰。"[①] 他所说的"或然理性"指探索不确定的问题的辩证法，他把辩证法理解为几何证明的方法。他的神学体系从"原因"、"实体"、"质料"、"形式"、"运动"等概念的定义开始，接着提出公设和公理，比如，"形式和质料的组合是实体的原因"，"每一个实体的原因也是它的属性的原因"等等，最后从这些公设、公理中推导出关于神学的定理。在《论神学公理》一书中，阿兰从"上帝是单子"的最高公理出发。"单子"是纯粹的整体，不可言状的"一"，是自身的原因和结果，是起点与终点相重合的封闭系统。他说："上帝是一个无处不在的理智领域，它的中心无处不在，无处是它的圆周。"[②]"单子"的概念与新柏拉图主义的"太一"甚相契合。在《自然的哀歌》的哲学诗里，他表达了信仰高于自然理性的观点。他说，自然的悲哀在于她不得不受到不洁的物质的污染。他借自然女神之口说："记住，我的力量与神的知识相比是软弱无力的，……向神学请教吧！他的可信性比我的理性可靠性

① 《公教会信仰的学艺》。HCP，p. 176。

② 《论神学公理》，7 章。HCP，p. 174。

更有权得到你的认定。”“自然说，就我而言，我因知而信，神学因信而知；我依靠知识而赞同，他依靠赞同而认知。”[①] 这些话表达了神秘主义观点。总之，他的神秘神学已经和经院哲学相融合了。

① HCP，p. 176.

第六章　亚里士多德主义的传播

从12世纪后期开始，亚里士多德著作从阿拉伯世界流入西欧，这一时期诞生的大学为亚里士多德主义的传播提供了场所。亚里士多德主义与新生的大学为经院哲学提供了新的思想材料和新的活动天地。在介绍经院哲学在13世纪的发展之前，我们首先说明引起它发展的原因。

第一节　中世纪阿拉伯哲学概要

阿拉伯哲学虽然不属于西方哲学的范围，但中世纪西方哲学与阿拉伯哲学的双向交流是古希腊哲学遗产保存、流传和发展的途径。阿拉伯哲学家的译作和注释是经院哲学家了解亚里士多德著作的重要媒介，前者不仅向后者提供了思想素材，而且提供了处理这些材料的角度、方法，还提出了由于不同的解释而产生的问题。13世纪在西方传播的“亚里士多德主义”并不是古代思想的直接沿袭，而是经过阿拉伯哲学家解释的成果。为了理解中世纪亚里士多德主义的特征，首先应从阿拉伯哲学入手。

公元5世纪中期，一批希腊典籍被译为叙利亚文。后来，由于东罗马帝国内围绕“三位一体”问题引起的争论发展到对涅斯多留派与基督一性论者的政治迫害，属于这些派别的希腊学者流亡东方，他们经过美索不达米亚地区进入波斯，然后来到叙利亚。这些地区相继成为学习和研究希腊文化的中心。不少希腊哲学与科学著作被译为叙利亚文。公元7、8世纪伊斯兰教兴起，征服了东起印度、西至西班牙、北到中亚、南止北非的广袤地区。伊斯兰教的征服者对希腊文化的传播持宽容、鼓励态度。一位现代研究者说："希腊思想在一个完全不同的传统中被开放的、卓有远见的代表人物卓有成效地吸收，经过他们认真的努力，这一外来因素终成为伊斯兰传统的一个组成部分。"[①]750～1258年间的阿拔斯王朝的文化政策尤为开明。第二代哈里发曼苏尔（al-Mansur，754～775年在位）时期，亚里士多德逻辑著作从叙利亚文被译为阿拉伯文。继任的哈里发如拉西德（al-Rashid，786～809年在位）和马门（Ma'mun，813～833年在位）推进了希腊文献的收藏与翻译工作。830年在巴格达建立了"智慧所"（Bayt al-Hikmah），著名翻译家伊本·伊萨克（Ibn lshaq，809～873年）和他的儿子及侄子在智慧所把大量叙利亚译本转译为阿拉伯文，并对以前译本加以修订、补齐。他们的工作是翻译希腊文献的第二次高潮，对希腊哲学著作的翻译所作的贡献尤为重大。现在已知，伊萨克之子是亚里士多德《形而上学》、《伦理学》（部分）、《论生灭》以及柏拉图《智者篇》《蒂迈欧篇》等阿拉伯文译本的译者。到11世纪中期，亚里士多德的著作，除《政治学》与《伦理学》的一部分之外，都已被译为阿拉伯文，被翻译的柏拉图著作还有《理想国》《法律篇》《菲多篇》《克力同篇》等。普罗提诺《九章集》卷四至卷六以及普罗克鲁斯的《神学要义》被误作亚里士多德的著作，分别被编译为题为《亚里士多德神学》和《论原因》的著作。

阿拉伯学者在翻译的过程中对亚里士多德著作进行研究与注释。关于"主动理智"的性质问题从一开始就引起研究者的注意。我们在介绍亚里士多德《论灵魂》时已提及主动理智在个人灵魂之中抑或之外的疑问。亚里士多德在《动物志》中更明确地说，理智"来自外

① R. H. Walzer, *Greek into Arabic: Essays on Islamic Philosophy*, B. Cassirer, Oxford, 1962, p. 11.

部”[①]。亚里士多德在吕克昂学园的继承人德奥弗拉斯托（Theophrastus）调和两种不同说法，认为主动理智既超越个人灵魂，又内在于个人灵魂。后来的注释者则各执一端。阿佛罗底西亚的亚历山大（Alexander of Aphrodisia，200 年左右）认为主动理智在外推动灵魂，它就是“第一推动者”。德米斯特（Themistius，360 年左右）认为主动灵魂是人的灵魂一个组成部分，即灵魂的不朽部分。这两种观点都被吸收在阿拉伯学者的注释里，成为经院哲学关于理智性质问题争论的根源。虽然阿拉伯哲学往往被称作“穆斯林的亚里士多德主义”，但这并不意味着阿拉伯哲学局限于亚里士多德的思想。正如一位评论家所指出的那样：“他们相信只有一种哲学，它的两位大师是柏拉图和亚里士多德。”[②]当一些阿拉伯哲学家把哲学等同于亚里士多德的教导，把哲学家作为亚里士多德的代名词，这只是出于没有区别亚里士多德与柏拉图的思想之缘故。

中世纪阿拉伯哲学与西方哲学有不少相通之处。从思想来源上看，两者都继承了古希腊哲学的遗产；从性质上看，两者都有神学背景，都贯穿着理性与信仰的关系问题。伊斯兰神学被称作“穆台凯里姆”（Mutakallimūm），来自“言语”（kalām）一词，原义有“交谈者”、“辩证学者”的意思。它的基本精神是使用言辞技巧和逻辑论辩解释、证明《可兰经》教义。伊斯兰神学有两个主要派别，一为“穆尔太齐拉派”（Mu’tazila），这一名称来自“分离”（tanzih）。这一派在新柏拉图主义影响之下从正统神学之中分离出来，其成员否认安拉与人同形同性，认为人区分事物的名称和概念都不能被用来描述安拉的性质。安拉的可认识的本质只是统一与公正。“统一”是创世的源泉，是神的全能所在。神赋予人以辨别善恶的理性和选择善恶的自由意志。神按照

---

① 《论动物的生殖》，736b27。

② M. M. Anawati, *Avicenne et le dialogues Orient-Occident*. HCP, p. 182.

每个人的道德行为决定他的命运，这是神的公正所在。因此，神的全能和个人的自由是相一致的。人们应该运用安拉赋予的理性自由地思考、讨论教义，检验自己的行为。另一派为艾什尔里派，其宗师艾什尔里（al-Ash'ari，873 ～ 935 年）因不满穆尔太齐拉派的"意志自由"说而自立派别。他强调安拉的绝对自由，神的意志不受人所谓的"公正"的约束。人的命运和世界万物都由神任意支配，一切都由神直接安排，间接的原因不存在。自然现象的重复性并不表示因果关系的必然性，只是出自神的"习惯"或"常情"。人虽然不能自由选择，但却可以在内心中对前定的命运持情愿或不情愿的态度，人将因他的态度而受到公正的报应。艾什尔里派在 10 世纪取得正统地位。不难看出，艾什尔里派与穆尔太齐拉派的斗争是神学中信仰与理性的矛盾的表现。阿拉伯哲学家的研究有着强烈的宗教动机，他们的观点深受神学争论的影响。神的存在与性质、世界的起源与变化、人的灵魂与意志、善恶与命运等问题是他们关注的焦点。他们在这些问题上的观点表现为理性主义或信仰主义的倾向。

与西方中世纪的学术状况相比，伊斯兰神学与哲学的联系既不紧密，也不广泛。阿拉伯世界的教育体系中并无哲学科目，哲学研究主要限于个人活动范围。阿拉伯哲学家大多是世俗学者，他们的研究成果并未被神学家重视，也未被吸收进正统的神学理论。哲学著作的翻译与研究主要依赖于学者的私人兴趣与个别统治者的支持。一旦失去这两个条件，哲学便无可挽回地衰落下去，虽然阿拉伯哲学向西方哲学提供了宝贵的古代遗产，但古希腊哲学的收获地却在西方世界。阿拉伯哲学有两大流派，一是于 10 ～ 11 世纪在阿拔斯王朝统辖区域流行的"东部亚里士多德主义"，另一流派是 12 世纪继起的在西班牙流行的"西部亚里士多德主义"。下面，我们分别介绍主要的阿拉伯哲学家。

1. 阿尔金底

阿尔金底（Al-Kindi，约 800 ～ 873 年）是巴格达宫廷教师，博学的学者。著有 350 多篇著作，广泛吸收了希腊文化，他的主要成就在科学与数学方面。他的一些科学与逻辑著作在 12 世纪时被译为拉丁文。他在哲学上的影响主要在于首次澄清了“理智”这一概念的意义。他基本同意古代注释者阿佛罗底西亚的亚历山大的解释。在《论理智》一书中，他认为主动理智外在于人的灵魂，并从外部作用于人的灵魂，他认为这是柏拉图和亚里士多德的共同立场。他在人的灵魂之中区分了“潜在理智”（即接受主动理智外来作用的能力）、“现实理智”（即潜在理智被转化为现实状态）、“显现理智”（即把潜在理智转变为现实理智的功能）。[①]

2. 阿尔弗拉比

阿尔弗拉比（Al-Farabi，约 875 ～ 950 年），出生于土耳其，是第一位“伊斯兰的亚里士多德主义者”，在阿拉伯世界被看做是仅次于亚里士多德的“第二位大师”。他的思想实际是柏拉图主义与亚里士多德主义的结合。他在逻辑、物理学、伦理学领域追随亚里士多德，按照新柏拉图主义精神解释亚里士多德的形而上学，相信柏拉图的政治学说，著有一百余篇著作。

阿尔弗拉比论理智性质的著作的拉丁文译本题为《论理智与理智对象》。他认为理智的基本能力是亚里士多德《伦理学》所阐述的实践理性，最高能力是《形而上学》阐述的神圣理性。他对《论灵魂》里的“理智”概念意义作了四重区分：（1）潜在理智是人的灵魂的思维能力，

---

① 参见 J. E. Gracia, T. B. Noone, ed., *A Companion to Philosophy in the Middle Ages*, Blackwell , 2003, pp. 124ff.。

潜在地寓于身体之中;(2)现实理智是从事认识活动的理智,它从外部实体抽象出形式、本质作为理解对象,或者说,它是可理解的本质的对应物;(3)获得理智是现实理智的内容,它是可理解的本质以及现实理智活动之间对应关系产生的知识;(4)动力理智是一个外在、永恒的精神实体,它既赋予质料以形式,又给予潜在理智以活动力量,并且因此造成了两者的对应关系,产生出获得理智。阿尔弗拉比把动力理智置于亚里士多德物理学体系中考察。他说:"天体是首要的活动形体(原因),它们为动力理智提供活动的质料与基体。"[①] 天体发射的可见的或不可见的光芒是动力理智对地面物体的推动力,它在被认识的事物中产生出"不朽的形式",在人的灵魂中产生推动潜在理智的力量。由于理智的活动与理智的对象有共同来源,两者必然有一一对应关系。

阿尔弗拉比在《智慧的明珠》一书中注意到亚里士多德"实体"概念中"存在"与"本质"意义的区分。他说:"我们认为在存在着的事物中,本质和存在是不同的。本质不是存在,也不包含在它的含义之中。如果人的本质包含他的存在,那么,认识他的本质也就认识到他的存在;反过来,为了知道他是否存在,就必须充分地知道他是什么人。如果是这样,每一个想象都包含着对想象对象存在的肯定。同理,存在也不包含在事物的本质之中,否则的话,存在就是构成一个事物的性质,对它本质的认识若无对它存在的认识就是不完全的了;更有甚者,我们就不能在想象之中把存在与本质相区别。如果人的存在与他的肉身性、动物性相一致,知道他的肉身性、动物性便能知道他的存在了。但事实并非如此:除非我们对一事物有直接的感官知觉,或有间接的知觉作为证据,我们就不能肯定它的存在。因此,存在不是一个构成性质,它只是附属的偶性。"[②] 按照上述区分,存在与本质的区分不是实体与本

---

① 《关于理智的信》。PMA, p. 221。

② HCP, p. 186.

质的区分，存在与本质都是属于个别实体的性质，两者的区别在于，本质是构造个别实体的属性，一个实体不能想象没有本质；存在是附属于实体的偶然属性，因为我们可以想象不存在的实体，实体有存在与不存在两种可能性。但阿尔弗拉比又说，存在与本质的区分仅限于自然实体，神圣实体的存在与本质相一致，因为神圣实体不可能不存在，它的存在与本质都是必然的。

3. 阿维森纳

伊本·西纳（Ibn Sina，980～1037年）为波斯人，拉丁译名阿维森纳（Avicenna）。他是阿拉伯哲学集大成者，同时也是著名的医学家和科学家。他的著作近二百篇。哲学代表作为《康复书》和《拯救书》。《康复书》以《充足之书》为题译为拉丁文，它是百科全书式著作，包括逻辑、物理学、数学和形而上学。他还对亚里士多德的著作作了全面注释。他的注释带有新柏拉图主义倾向，渗入了宗教的神秘主义因素。阿维森纳思想标志着阿拉伯世界的"东部亚里士多德主义"的顶峰。

阿维森纳的形而上学以存在自身为研究对象。他提出了一个表明形而上学对象先于其他一切科学对象的"空中人论证"：设想一个成年人突然被创造出来，他生活在空中，眼睛被蒙蔽，肢体被分离，试问在此条件下他有什么样的知识？他既不会有关于外部世界的知识，也不会有关于自己身体的知识，但他不可能不知道他的存在，一个思想着的心灵无论在什么条件下也不会缺少关于存在的知识。"存在自身"是一个先于一切具体事物的概念，它不是从事物存在中抽象出来的，不是一个种概念。阿维森纳说："存在自身对一切东西都是相同的，它必须被设定为形而上学这一门科学的对象，在这里，无需问它是否实在，或它是什么的问题。其他科学必然会回答这些问题。"[①] 他区分了"存在自身"与

① HCP，p. 206.

"存在事物"。后者包括存在与本质两方面,其中存在方面又有必然与偶然的区分。必然存在的事物有两种情形:一是由于自身而必然存在,另一是由于他物的必然存在而造成的必然存在。阿维森纳证明,第一种必然存在的事物是唯一的,他就是真主,其他所有必然存在的事物都以真主为终极原因,真主是他自身的原因,他的存在包括本质。其他事物都是必然或偶然地造成的存在,它们从"第一必然存在"那里获得现实的本质和潜在的存在,如果两者的结合是偶然的,那么事物便是可能存在物;如果两者的结合是必然的,那么事物便是必然存在物。阿维森纳关于存在自身与存在物、本质与存在、必然存在与可能存在的区分澄清了"存在"概念的意义。但他把存在与本质的区分等同于潜在与现实的区分,这显然表现了强调普遍高于个别的柏拉图主义倾向。

阿维森纳从本体论、宇宙论与认识论各个侧面讨论理智性质。他把人的认识分为感性知觉、想象、推测与理性思维四个由低到高的阶段,相应于四个认识阶段,人的灵魂处于四种状态,每一种状态都是理智。最初认识阶段的理智是物质的,或可能的理智,这是一种能够接受知识的潜在能力;第二阶段的理智是习惯理智,它是不自觉地接受知识的过程;第三阶段的理智是现实理智,它是对已接受的知识的思考、理解;最后阶段的理智是获得理智,它在被认识的对象中抽象出普遍概念。阿维森纳认为,获得理智的抽象能力与物质理智的潜在能力是形式与质料的关系。理智的质料是固有的,理智的形式是获得的,来自外在于人的灵魂的动力理智。动力理智本身是纯粹形式,它一方面把普遍形式传递在个别事物之中,另一方面赋予人的理智同样的形式,获得这一形式的理智的抽象作用实际上是相同形式之间的投合与适应。他认为普遍形式即共相,由此得出共相作为动力理智在个别事物之先,作为共同本质在个别事物之中,作为抽象概念在个别事物之后的结论。

阿维森纳认为,动力理智处于外在于人类的天体的最低层。每一天体都是纯粹的精神实体：即理智领域。宇宙等级关系即理智领域间的因果关系。真主是第一理智、第一推动者，他的领域是第一层天体。第一理智的纯思想推动第一层天体运动，产生出第二层天体，第二层天体的理智活动产生第三层天体，直至第十层天体，即月球。月球的理智作用于地面上事物和人的灵魂，故曰“动力理智”。

阿维森纳虽然把人的最高认识能力归诸一个共同的来源，但却未否认灵魂的个性。灵魂的个性在于它的质料，即与肉体结合在一起的物质灵魂。肉体消亡之后，灵魂不会衰亡，并保持着与身体结合时留下的个性痕迹。阿维森纳的观点与伊斯兰教和基督教“个人灵魂不朽”的教义相契合，但他否定个人肉身不朽，既不符合“人身转世”的伊斯兰教义，也不符合“肉身复活”的基督教义。

4. 阿尔加扎里

阿尔加扎里（Al-Ghazali，1058 ～ 1111 年）代表了艾什尔里派正统神学家对亚里士多德主义的理性解释的排拒，他著有《哲学家的矛盾》《哲学家的意见》《从错误中解脱》，全面批判形而上学，指出它与伊斯兰教义相抵触之处。但他并没有简单地用信仰取消理性，而是用理性、怀疑的方法揭示亚里士多德论证的缺陷和结论的不确定性。他列举了伊斯兰亚里士多德主义中不符合伊斯兰教义的 20 处错误，其中 3 处为“不忠”，17 处为“异端”。“不忠”的错误更具有哲学意味，它们是：“（a）他们说，肉体不会转世，受奖惩的只是灵魂而已，奖惩是精神的，而不是肉体的。他们肯定精神奖惩的结论是真理，因为精神奖惩确实存在，但他们否认肉体奖惩是错误的，这一说法违反对神圣戒律的信仰。（b）他们说，真主知道共相，但不知殊相，这也明显地违背信仰，真理是：‘天上和地上的东西，连一个原子的重量他也不会不知道。’（《可兰经》，34 章 3 节）（c）他们说，世界是永存的，既无开端，也无结束。但没有一个伊斯兰教徒会同意这一观点。”[1] 阿尔加扎里坚持艾什尔里派的基本立场：真主无所不在，无所不能，他是一切事物的唯一原因，他不需要中介作为间接原因，世界中没有因果链。真主与个别事物的直接的因果关系取决于真主自由意志，这是人的理性不可理解的。他用怀疑论的驳论取消企图理解真主和世界与人关系的各种努力，在很大程度上抵消了伊斯兰亚里士多德主义在东部的影响。从此之后，阿拉伯哲学的重心由东部转向西部。

早在 10 世纪后期，倭马亚王朝的阿尔哈卡姆二世在首都科尔多瓦设立学术中心与巴格达相抗衡，哲学研究开始发展，12 世纪达到高潮，被称作“西班牙的亚里士多德主义”，代表人物有伊本·巴伊耶（Ibn Bajjah，1070 ～ 1138 年），拉丁名称为阿维门巴斯（Avem-pace）、伊本·图法尔（Ibn Tufayl，1100 ～ 1184 年），拉丁名称为阿布巴斯（Abubacer），他们的思想带有新柏拉图主义倾向，坚持信仰与理性相调和的立场，对亚里士多德著作进行详细评注。他们著作被译为拉丁文，对西方哲学有一定影响。

5. 阿维洛伊

伊本·鲁西德（Ibn Rushd，1126 ～ 1198 年），拉丁名称阿维洛伊（Averroes），是西部亚里士多德主义最著名代表人物。他曾当过法官、宫廷医生，后从事哲学，以对亚里士多德著作评注著称于世，“阿维洛伊”在中世纪与“评注者”是同义词。他共写 38 篇评注，分三种形式：短评只写亚里士多德的结论，不写论证过程和思想的历史发展；中评把他自己观点与亚里士多德观点混合在一起，夹叙夹议；长评先解释亚里士多德思想，然后阐明自己的观点。阿维洛伊在这些评注中清除了以

① 《从错误中解脱》，3 章 2 节。PMA，p. 271。

前的阿拉伯哲学家在亚里士多德思想中掺入的新柏拉图主义与宗教因素，同时他在《矛盾的矛盾》（拉丁文译本题为《对批驳的批驳》）反驳了阿尔加扎里对亚里士多德主义的批判。他以忠实原著的精神力图恢复亚里士多德思想的原貌，中世纪的亚里士多德主义在他的著作中达到了纯粹的形式，因此，阿维洛伊主义成了亚里士多德主义的代名词。

阿维洛伊以崇拜的心情写道："亚里士多德的学说是最高真理，因为他的理智是人类理智的极限，正确地说，神的天意造就了他，并把他送给我们，使我们可以知道我们所能知道的一切。让我们赞美真主，真主让他卓绝超群，让这个人达到了人性可以获得的最高尊严。"[①] 这段话表达的信念在中世纪晚期终于导致了对亚里士多德的盲从和迷信，但在亚里士多德兴起之时，对亚里士多德的信仰实际上是对人类理性和哲学的信仰，它蕴含着把哲学与神学分离，使理性摆脱宗教信仰约束的要求。阿维洛伊在《物理学》注释中指出，把哲学与宗教相混合使两者都受损害，既不利于信仰，也毁坏了亚里士多德的学说。他要求尽可能地发现两者的差别，但差别并不意味着冲突，宗教与哲学分属真理的不同等级。宗教是一切人都需要的真理，宗教的信徒分为三类：一类是未受教育的普通人，他们满足于权威与感情的力量，《可兰经》和先知的启示足以满足他们的精神需要；第二类是受过教育、智力一般的人，他们要求对信仰作出令人信服的论证，这些人是神学家；第三类是极少数智力极高的人，他们是哲学家，要求无条件的理性证明。阿维洛伊关于哲学与神学相区分的观点通常被人说成"双重真理论"。虽然他实际上并没有把哲学真理与神学真理说成两种不同的、甚至相互冲突的真理，但他确实把哲学真理看做真理的最高的、纯粹的形式，神学表达真理的方式等而下之，这在神学家眼里不啻是以哲学真理取代神学真理

① 《论灵魂注》。D. Knowles, *The Evolution of Medieval Thought*, p. 200。

的悖逆。

阿维洛伊从彻底的亚里士多德主义立场出发，把个人灵魂看做附属于身体的形式，它随着身体的死亡而消亡。他还把灵魂与理智相区分，理智不是灵魂固有的，外在的动力理智在人的灵魂中造成的结果是被动理智。虽然被动理智被称作物质理智，但这并不意味着它与个别事物的形式有关，“亚里士多德说明，物质理智不具有物质事物的任何形式”。[①] 也就是说，在个人灵魂中起作用的理智不受个人身体和灵魂的影响，它不因个人的死亡而消亡。被动理智或物质理智作为全人类的统一的、普遍的理智和它的来源——主动理智或动力理智一样不朽。阿维洛伊以人类理智不朽代替个人灵魂不朽，这在当时是一个惊世骇俗的结论。

阿维洛伊反对阿维森纳关于存在与本质的区分。他指出，存在和本质都是实体的现实性，两者的区分不是实在的区分，只是关于“实体”意义的概念上的区分。“存在”的相似意义是“实体”，“本质”的相似意义是构成实体的“属性”。在现实中，存在与本质不可分割地统一于实体之中，我们只能在概念中把它们区分开来。阿维洛伊坚持以实体论为中心统一“存在”与“本质”的意义，防止用柏拉图主义的理念论混淆亚里士多德的实体论，但他否认存在与本质区别的本体论意义，未能澄清亚里士多德关于实体的不同说法。如何在实体论基础上区分存在与本质？这一问题成了后来的亚里士多德主义者关注的一个焦点。

第二节　中世纪犹太哲学概要

中世纪的犹太哲学可以看做广义的阿拉伯哲学的一个组成部分。

① 《〈论灵魂〉长评》，3 卷 5 节。PMA，p. 316。

犹太哲学家居住在阿拉伯地区，他们大多通过阿拉伯文译本知晓古代哲学，有些犹太哲学家还以阿拉伯文著述，他们的著作被译为拉丁文之后也构成了经院哲学的一个新的思想来源。与阿拉伯哲学相比，犹太哲学更富有系统性；并且，它努力与之相调和的宗教是犹太教，因而比伊斯兰亚里士多德主义更接近基督教哲学。

我们知道，第一位犹太哲学家是公元1世纪的菲洛。虽然菲洛对早期基督教和伊斯兰教的神学都有影响，但他对独立的犹太哲学的形成似乎未起多少推动作用。犹太哲学直到9世纪初才出现在阿拉伯世界。萨蒂耶·本·约瑟夫（Saadia ben Joseph，882～942年）的《学说与信仰之书》是中世纪犹太哲学第一部著作。这部书的主要目的是为犹太教、基督教、伊斯兰教、琐罗亚斯德教各种不同信仰寻求一个共同的理性基础，他为从无到有的创世、上帝的存在、上帝的统一性等宗教教义提供了哲学论证。居住在埃及的伊萨克·以色列（Isaac Israeli，？～955年）被认为是第一个宣扬新柏拉图主义的犹太哲学家。他的《定义之书》两次被译为拉丁文，成为西方学者了解古代哲学中"原因"、"自然"、"理智"、"灵魂"等概念的重要参考资料。下面介绍两位更重要的犹太哲学家。

1. 阿维斯布朗

伊本·伽比罗（Ibn Gabirol，1021～1058年），拉丁名称为阿维斯布朗（Avicebron），西班牙人，主要著作《生活的源泉》。他着重强调造物主与被造物的根本区别：造物主是完全单纯的"一"，所有被造物皆由"普遍形式"与"普遍质料"构成。质料与形式的统一在亚里士多德那里意味着有形实体。但阿维斯布朗认为，即使无形的精神实体也有质料，他说："普遍质料是支撑一切事物的基体，它必然存在于所有事物之中。"并且，有形实体的质料与无形实体的质料相同，因为"如果低级事物从高级事物流溢出来，那么存在低级事物之内的质料必然存在于高级事物之内”。[①] 精神实体的质料称作“精神质料”，物质实体的质料称作“形体质料”。两者的区分是由实体的形式的等级差别造成的。组成一个实体的形式犹如包裹着洋葱头的层层外皮，发现一切实体的普遍形式的过程犹如剥洋葱皮，用阿维斯布朗的话来说：“通过理性分析，把存在的形式一一移去，从明显的形式导向隐藏的形式，直至到达一个在它之后便不再有其他形式的形式，这就是最接近于作为基体的质料的形式。”[②] 一个形式越接近于质料，其适用范围越普遍，最后的形式决定一个实体的个别特征。一切实体都有普遍形式和普遍质料；一切有形的实体都有“形体形式”和形体质料，一切精神实体则由精神形式与精神质料构成；每一有形的或精神实体还有其他一些形式，它们按从普遍到特殊的秩序依次决定这一实体的种、属、个体特征。所有这些形式都是构成一个实体的本质的不可缺少的组成因素。阿维斯布朗系统地阐述了“普遍质型论”和“多型论”的观点。一些经院学者按他的观点理解奥古斯丁著作中类似的零散论述，抵制拉丁亚里士多德主义者的“单型论”与质料观。

阿维斯布朗对经院哲学产生较大影响的另一观点是对上帝意志偶然性的强调。上帝意志被描述为神圣的最高实体，它是永恒的、无限的、统一的本质，但神圣的本质并不服从人类理性的必然性，它是理性不能把握的自由创造，因而按照人类理性的标准，上帝的意志（本质）是完全偶然的。然而，它“构成和运动一切事物”，“维系、支撑着一切事物的本质”，“创造了理智实体”，“创造质料与形式，并把它们联结在一起”，“没有它则无物存在”，等等。[③]

---

① 《生活的源泉》，4篇。PMA，p. 353。

② 同上书，1篇。PMA，p. 351。

③ M. Haren, *Medieval Thought*, Macmillan, London, 1985, pp. 130～131.

2. 梅蒙尼德

摩西·梅蒙尼德（Moses Maimonides，1135～1204年），出生于西班牙科尔多瓦，后为逃避宗教迫害迁居埃及，在那里写成主要著作《困惑者指南》。这本书的目的是解决阅读经典中因理性思考不符合戒律要求而产生的困惑，他力图证明经典与哲学著作的基本精神完全一致。他说，知识是"理性美德的获取，……是告诉关于神圣事物的真实观念的理智"；知识是"个人的完善性"，赋予他永恒性。[①] 梅蒙尼德关于实体的理论是典型的"单型论"。他坚持认为，一个实体只有一个本质形式，其余形式都是后来附加的属性。他说："任何后来加诸于一个本质的性质不能使该本质更加完善，这就是偶性的意义。"不管后来附加的偶性有多少，本质始终是单一的："不管你从何种角度、何种立场看待它，你都会发现它是一，它不以任何方式、不因任何原因被分裂为两个观念；不管它在心灵之外或之中，你都不会看到它在事物或心灵中的多样性。"[②] 举例来说，如果一个人指出火的六种活动：溶解、燃烧、煮熟、制硬、脱色、制黑，"知道火的性质的人知道火的所有活动都来自一个主动的性质，即发热"。[③] 如果缺少上述偶性，火仍然发热，但如果没有"发热"的本质，火将不成其为火，也将没有上述活动。本质是最初与质料相结合而构成一个实体的形式，偶性是后来附加的形式，它们不会改变实体的原初构成，因此也不会改变实体的基本属性。

3. 小结：阿拉伯哲学与犹太哲学的主要问题

阿拉伯哲学家和犹太哲学家在他们著作中提出的问题或产生于亚

---

① 《困惑者指南》，3卷54章。M. Haren, *Medieval Thought*, Macmillan, London, 1985, p. 181。

② 同上书，1卷51章。PMA，p. 364。

③ 同上书，1卷53章。PMA，p. 369。

里士多德主义与柏拉图主义（包括新柏拉图主义）的差异，或来自亚里士多德著作中矛盾之处。这些问题可归纳为下列五个。

（1）存在与本质的区分问题：对“实体”意义作“存在”与“本质”两重区分有无本体论意义？或者说，两者仅仅是表示同一实体的不同说法（“概念的区分”），抑或表示构成一个实体的不同要素（“实在的区分”）？如果这一区分是实在的，那么哪一个实在是首要的？存在优先，抑或本质优先？

（2）主动理智的性质及其与被动理智的关系问题：主动理智在人的灵魂之内还是在人的灵魂之外？如果它是从外部推动灵魂的动力，它是神的理智，或者是天体的推动力，或是世界的形式（型相、理念）？如果它在人的灵魂之外，它是单独实体，抑或灵魂活动的原则？主动理智如何作用于被动理智？理智的抽象过程应如何理解，即理智为什么能够从可感的对象中抽象出可知的本质？

（3）灵魂不朽问题：不朽的灵魂是个别的，还是普遍的？人的灵魂的个性是如何形成的？个别的灵魂有无统一性？有没有一个统一的人类灵魂实体？个人灵魂与肉体关系属于什么性质？两者是二个实体的关系，抑或同一实体的形式与质料关系？如果是后一种关系，个人灵魂是实体的单一的本质形式，抑或是众多形式的结合？等等。

（4）哲学与神学关系问题：两者是否有同一对象？如果没有共同对象，神学对象是否一定高于哲学对象？如果有着共同对象，神学研究是否一定高于哲学研究？或者说，哲学与神学是关于同一对象的共同真理，抑或是关于不同对象的不同真理？如果答案是前者，如何区分哲学与神学？如果答案是后者，哲学真理与神学真理何者优先？

（5）实体的形式与质料关系问题：是否所有实体都有质料？具体地说，无形的精神实体有无质料？质料是赋予形式的个体性，抑或有待形式作特殊规定的普遍性？与质料结合的形式是多样的，抑或单一的？如果形式是多样的，其中有无一个本质形式，其余形式只是后来附加的？

阿拉伯哲学与犹太哲学的问题传入西方世界之后，强烈地刺激了经院哲学的争论，有力地促进了辩证法的运用。经院哲学在围绕这些问题的争论中繁荣、分化的过程构成了 13 世纪哲学的主要内容。

第三节 亚里士多德著作的翻译

亚里士多德哲学的传播是东西交通史的一段佳话。在 6 ～ 12 世纪的阿拉伯世界，亚里士多德哲学沿着美索不达米亚–波斯–叙利亚–巴格达–西班牙的路线广泛传播。12 世纪上半叶亚里士多德著作开始被译为拉丁文，西方学者有机会读到除早已被波埃修翻译的逻辑著作之外的亚里士多德的其他著作。12 世纪亚里士多德著作主要通过两条通道传入西方。第一条通道在诺曼人统治下的西西里岛。这里是拉丁、希腊、阿拉伯、犹太四个民族的交汇处，有通晓各种语言的学者，他们或从希腊文原著，或从阿拉伯文译本将亚里士多德及其注释者的著作译为拉丁文。柏拉图的《美诺篇》与《菲多篇》也在这里首次被译为拉丁文。西西里岛著名的希腊–拉丁文翻译家是威尼斯的詹姆士以及亨利克·阿里斯蒂甫（Henricus Aristippus）。第二条传播亚里士多德的著作的通道在西班牙。据现代一位研究者的意见，西班牙的阿拉伯人是西欧新学问的主要来源。[①] 基督教徒从摩尔人手中夺取了西班牙北部地区之后，一些僧侣跟来传教，同时搜集古代典籍。亚里士多德在西班牙已被公认为唯一的哲学权威，对他的著作的翻译大规模地展开了。托莱多城的主教莱蒙德建立一个翻译中心，其中最著名的翻译家是意大利僧侣冈萨里兹（Domingo Gonzalez），他本人并不懂阿拉伯文，他与

① CLP，pp. 74 ～ 78.

名叫约翰和索拉蒙的两人合作翻译，先由后者将阿拉伯文译为西班牙文，再由他将西班牙文译为拉丁文。他们用这种转译方式翻译了亚里士多德、阿维洛伊、阿维斯布朗等人的著作。

13世纪亚里士多德著作在西欧各大学流行后，人们要求更加准确和易于理解的译本。1203年十字军攻陷君士坦丁堡后，一些希腊典籍流入西方。极少数懂希腊文的学者根据希腊文原本翻译亚里士多德著作，或对原有的译本加以校订、修正。牛津大学第一任校长格罗斯特（Grosseteste）和他的助手依希腊原著翻译了《伦理学》等著作。尤为重要的是，意大利的多米尼克修会僧侣莫尔伯克的威廉（Guilelmus Moerbeke）的新译本依希腊原著订正了过去译本的错误，并且完成了剩余的亚里士多德著作，如《政治学》《诗学》等著作的翻译。这样，从12世纪中期到13世纪后期一百余年时间中，亚里士多德著作全部被译为拉丁文。13世纪中阿拉伯哲学家著作继续被译成拉丁文，托莱多城的翻译家海曼·阿莱曼完成了阿维洛伊中评的翻译，苏格兰人米切尔翻译了阿维洛伊的长评。到1328年，阿维洛伊的所有著作都被译为拉丁文。所有这些被翻译的著作对经院哲学的繁荣和发展所起的作用是难以估量的。

下面是翻译亚里士多德及其注释者著作的时间表。[①]

著作	注释	译者	时间
《范畴篇》		波埃修	约510～522
		莫尔伯克的威廉	1266
	辛甫里克注	同上	1266
	阿维洛伊中评	卢那的威廉	13世纪
《分析篇》		波埃修	约510～522
		莫尔伯克的威廉	1268
	阿曼纽斯注	同上	1268
	阿维洛伊中评	卢那的威廉	13世纪

① CIP，pp. 74～78.

（续表）

著作	注释	译者	时间
《前分析篇》		波埃修	约 510 ～ 522
		无名氏	12 世纪
	阿维洛伊中评	卢那的威廉	13 世纪
《后分析篇》		威尼斯的詹姆士	约 1125 ～ 1250
		冈萨里兹	约 1187
		莫尔伯克的威廉	约 1269
	亚历山大注	威尼斯的詹姆士	约 1125 ～ 1250
	德米斯特注	冈萨里兹	约 1187
	阿维洛伊中评	卢那的威廉	13 世纪
《正位篇》		波埃修	约 510 ～ 522
		无名氏	12 世纪
《辩谬篇》		波埃修	约 510 ～ 522
		威尼斯的詹姆士	约 1269
	亚历山大注	同上	约 1125 ～ 1150
《物理学》		同上	同上
		无名氏	12 世纪中期
		冈萨里兹	约 1187
		苏格兰人米切尔	约 1220 ～ 1235
		莫尔伯克的威廉	约 1260 ～ 1270
	辛普里克注	格罗斯特	约 1235
	阿维洛伊长评	苏格兰人米切尔	约 1220 ～ 1235
《论天》		冈萨里兹	约 1187
		苏格兰人米切尔	约 1220 ～ 1235
		格罗斯特	约 1247
		莫尔伯克的威廉	1260 ～ 1270
	辛普里克注	格罗斯特	约 1247
		莫尔伯克的威廉	1271
	阿维洛伊长评	苏格兰人米切尔	约 1220 ～ 1235
《论生灭》		无名氏	12 世纪
		冈萨里兹	约 1187

（续表）

著作	注释	译者	时间
		莫尔伯克的威廉	约 1274
	阿维洛伊中评	苏格兰人米切尔	约 1220 ～ 1235
《气象学》		阿里斯蒂甫（卷 4）	约 1162
		冈萨里兹（卷 1 ～ 3）	约 1187
		莫尔伯克的威廉	约 1260
	亚历山大注	同上	同上
	阿维洛伊中评	苏格兰人米切尔	约 1220 ～ 1235
《论灵魂》		威尼斯的詹姆士	约 1125 ～ 1150
		苏格兰人米切尔	约 1220 ～ 1235
		莫尔伯克的威廉	约 1268
	德米斯特注	同上	1267
	菲洛波努注	同上	1268
	阿维洛伊长评	苏格兰人米切尔	约 1220 ～ 1235
《论感觉》		无名氏	12 世纪
		莫尔伯克的威廉	1260 ～ 1270
	亚历山大注	同上	同上
	阿维洛伊短评	苏格兰人米切尔	约 1220 ～ 1235
《论记忆》		威尼斯的詹姆士	1125 ～ 1150
		莫尔伯克的威廉	1160 ～ 1270
	阿维洛伊短评	苏格兰人米切尔	1220 ～ 1235
《论梦》		无名氏	12 世纪
		莫尔伯克的威廉	1260 ～ 1270
	阿维洛伊短评	苏格兰人米切尔	1220 ～ 1235
《论发明》		威尼斯的詹姆士	1125 ～ 1150
		莫尔伯克的威廉	1260 ～ 1270
《论长短》		威尼斯的詹姆士	1125 ～ 1150
		莫尔伯克的威廉	1260 ～ 1270
	阿维洛伊短评	苏格兰人米切尔	1220 ～ 1235

（续表）

著作	注释	译者	时间
《论气息》		威尼斯的詹姆士	1125～1250
		莫尔伯克的威廉	1260～1270
《论朽灭》		威尼斯的詹姆士	1125～1250
		莫尔伯克的威廉	1260～1270
《动物志》		苏格兰人米切尔	1220之前
		莫尔伯克的威廉	1260
	阿维森纳注	苏格兰人米切尔	约1220～1235
	阿维洛伊短评	同上	同上
《形而上学》		威尼斯的詹姆士	1125～1150
		无名氏	12世纪
		苏格兰人米切尔	1220～1235
		无名氏	1220～1230
		莫尔伯克的威廉	1272年之前
	阿维洛伊长评	苏格兰人米切尔	1220～1235
《尼各马可伦理学》		无名氏（卷2～3）	12世纪
		无名氏（卷1,2～5部分）	13世纪早期
		格罗斯特	1246～1247
		莫尔伯克的威廉	1250～1260
	阿维洛伊长评	海曼·阿莱曼	约1240
《优苔谟伦理学》		无名氏	12世纪
		无名氏	13世纪
《政治学》		莫尔伯克的威廉	1260～1264
《家政学》		无名氏	13世纪后期
		杜隆达	1295
《修辞学》		无名氏	13世纪中期
		海曼·阿莱曼	约1256
		莫尔伯克的威廉	1270年之前
《诗学》		同上	1278

第四节 大学的诞生

欧洲的大学建制是中世纪教育制度绽放的最绚丽的花朵，大学的诞生是中世纪对人类文化的一大贡献。12 世纪后期的城市繁荣，主教坐堂和城市修道院的学校人数大大增加，在一些城市中出现了大学的组织。“大学”（universitas）原意为“统一体”，它原来是教师和学生的行业公会。教师按授课专业分成不同学院，一般分艺学院、神学院、法学院和医学院四部分，院长由教师选举产生，学校由院长联席会议共同管理。学生人数最多的艺学院再按民族分会，每会由一名学监管理，如巴黎大学的学生分法兰西、皮卡弟（原法国北部省份）、诺曼和德意志四个分会。大学的教学管理、教师资格认可、教学程序安排、司法裁判、生活管理等方面事务原属主教坐堂权限，后来教师和学生的公会逐步取得教学、司法、生活方面的独立管理权。1200 年法王菲立浦承认巴黎学生、教师公会的合法性，1215 年教皇英诺森三世的代表批准公会的条例。建立大学的批准权仍由罗马教廷掌握，教廷也可委托各地君主设立大学。

在早期大学的四个学院中，艺学院是所有学生都必须通过的本科。只有获得艺学院的学士学位之后，学生才能开始神学、法学或医学的专科学习。各大学的专科各有侧重，波洛尼亚大学以法学院闻名，萨莱诺大学以医学院著称，巴黎大学和牛津大学则以神学院著名。特别是巴黎大学，它是 13、14 世纪欧洲哲学的中心，著名的经院哲学家大多出自这里。1215 年获准的巴黎大学条例是各大学采取的学制和学位制的样本。按此规定，至少经过 6 年时间的学习、年龄不小于 21 岁的人才可获准讲授艺学院课程，至少再经过 8 年时间的学习，年龄不小于 34 岁的人才可获准讲授神学。一个学生需要首先获得艺学院学士学位

(baccalaureus)之后，经过授课实习阶段，才能获得硕士学位。"硕士"(magister)原是"学艺大师"的称号，它是对艺学院教师资格的确认。获得艺学院学士之后进入神学院的学生，在不少于八年的时间里需要获得圣经学士、神学学士和完全学士三个学位，经过授课实习阶段，方可获得神学硕士学位。神学硕士学位是对神学教师资格的确认。但并非获得硕士称号的人都可获得教席。每一学院的教席数目是固定的，持有教席的教师才是教授(magister regens)。

中世纪大学的学制、学位制度为哲学思维提供了充裕的时间。按亚里士多德的说法，闲暇是从事哲学思辨的必要条件。古希腊的学园曾为哲学的繁荣提供过这一条件，中世纪的大学以长久的专门学习时间和更加正规的程序满足了这一条件。大学的艺学院和神学院成为继希腊学园之后的哲学摇篮。更为重要的是，艺学院与神学院的分工建制使哲学与神学的矛盾更加突出。艺学院传授一切学生必需的世俗知识，这些知识与非基督教的古代文化有着天然联系。艺学院学生只有少部分升入神学院，大部分学生并不把"七艺"课程作为学习神学的准备阶段。他们较少受神学教条的约束，较多地涉足哲学领域。这里是培育亚里士多德主义的温床。逻辑学科早已使用亚里士多德著作为教材，《伦理学》也被当作正式教材，《物理学》《形而上学》等著作不顾教令禁令不胫而走。与艺学院活跃的学术气氛相对照，哲学在神学院被奥古斯丁的传统所禁锢。一些神学家开始效法艺学院教师，引进亚里士多德主义，导致教会的更为严厉的压制措施，艺学院教师首当其冲，受害愈烈。

尽管教学内容的显著差别，艺学院与神学院的教学法都是固定化、程式化的经院方法。它包括授课和争辩两个教学环节。"授课"(lectio)的原意是"阅读"，即阅读指定教材，由教师解释教材。"授课"的内容被记录、整理为"注释集"。阿维洛伊对亚里士多德著作所作的评注是这类著作的样板。“争辩”有两种。一种是在课堂上开展的“问题争辩”，这是经常进行的正式练习，目的在于解惑、传道。问题争辩的程序一般是这样的：首先由教师提出一个论点，并由他本人或由学生针对该论点提出反驳；然后由助教对这一论点进行正面论证，并答复反驳意见；学生或教师可以针对助教的论证提出新的反驳和问题；经过反复的发问与回答、论证与反驳，最后由教师作出最初论点是否成立的结论。另一种称作“自由争辩”，在公开场所进行，它是新学期开学后数周内进行的固定仪式，也在节日举行。与会者可提出任何问题。这些问题经教师认定为“可解决的问题”（又称“精细问题”）之后，即按“问题争辩”的程序展开争论。自由争辩规模大，不局限于学术问题，后来演变为大学里文化娱乐方式。“授课”与“争辩”方法的普及标志着辩证法的胜利。13 至 14 世纪经院哲学的著作几乎全按“注释”或“争辩”的体例写成。题为“争辩集”的著作围绕一个题目提出一系列问题，每一问题都有“赞成”和“反对”两种意见，作者列举维护这些意见的理由，然后逐次反驳其中一种意见的理由，并论证另一种意见的理由，最后得出“赞成”或“反对”意见成立或不成立的结论。多种题目的争辩集总汇称作“大全”。

彼得·伦巴底（Peter Lombard，1100 ～ 1164 年）的《箴言四书》在 13 ～ 16 世纪一直是神学院的正式教科书。这本教科书是注释和争辩经常涉及的资料。彼得·伦巴底曾是阿伯拉尔的学生，他显然是按《是与否》一书使用的方法编辑神学百科全书的。神学的主题被分成四类，每一本书围绕一个主题。第一本书的主题是“上帝”，包括“三位一体”、神圣属性、天意天命、恶等题目；第二本书的主题是创世，包括创世六天、天使、魔鬼、沉沦、恩典、原罪等题目；第三本书的主题是基督，包括肉身、赎罪、道德、戒律等题目；第四本书的主题是教会，包括圣事、死亡、审判、地狱、天堂等题目。这些题目几乎囊括了神学的全部内容。彼得·伦巴底按照这些专题广泛搜集《圣经》、教廷文告、教规、主教会议文件、著名神学家著作。引用奥古斯丁的观点次数最多，引文达几千条。彼得·伦巴底虽是有系统性的编者，但却不是有创造性的思想家。他对每一问题都持引而不述的态度，对互相矛盾的引文也不作判断和解释，表现出完全信赖权威的态度。后来的神学家在使用这部著作时作了很多注释与争辩。几乎所有的重要的经院哲学家都写过《箴言四书》注释。

第五节　僧团与教会的影响

如前所述，以修道院与教会开办的学校为基础成立的大学从教会手中取得管理学校的自主权，但宗教势力仍然支配着大学。这主要表现在两个方面，一是新建立的托钵僧团势力进入大学，积极参与经院学术；二是教会以行政命令干预教学内容，规定哲学发展方向。

13世纪初，修道院的隐修制度开始衰落，四处云游布道成为僧侣们时行的修行方式，这些僧侣被称作托钵僧。最早成立的两个托钵僧团体分别由西班牙僧侣多米尼克（Dominic）和意大利僧侣法兰西斯（Francis）创建，分别称作多米尼克会与法兰西斯会。[1] 多米尼克会自称“布道者”，一开始就表现出对神学与教育的兴趣。多米尼克会按传教地区划分行省，每一省修会都建立学馆作为神学教育中心，设在基层的称作“小学馆”，设在城市的称作“大学馆”。多米尼克会在牛津、科隆、波洛尼亚等著名大学周围设有大学馆。法兰西斯会自称“卑微者”、“小兄弟”，它的创始人对书本知识并无兴趣。后来为与多米尼克会竞争，也建立了自己的学习中心。1220年左右，两会的势力扩展到

---

① 在中国分别被称作多明我会与圣芳济各会。

巴黎大学和牛津大学，在学生中发展成员，或遣派成员进大学学习。他们不服从世俗学生遵守的大学章程，一度被大学当局驱逐出去。托钵僧团依靠与教皇直接联络的特权，由教皇出面干预，大学不得不接纳托钵僧团的僧侣为教师。托马斯和波那文图拉两人是首先获得神学硕士称号的托钵僧。不久，多米尼克会与法兰西斯会成员又在巴黎大学获得神学教授的教席。托钵僧团很快在大学取得优势，成为经院神学与哲学的主要力量。13～14世纪的哲学家几乎全都是法兰西斯会和多米尼克会的成员。

多米尼克会与法兰西斯会的理论倾向有明显差异，它们之间的争论不免带有宗派斗争的性质。但不可否认，在13世纪中、后期，以托马斯为代表的多米尼克会的神学家和以波那文图拉为代表的法兰西斯会的神学家之间的争论表现了革新与保守两种思想倾向的斗争。斗争的焦点是对亚里士多德哲学的评价问题。多米尼克会最初与法兰西斯会一样抵制亚里士多德主义的传播。1228年多米尼克会章程禁止其成员"学习异教徒和哲学家的著作，但不妨浏览它们"。[①] 多米尼克会也有一些神学家始终把亚里士多德主义看做异端思想。只是到13世纪中叶之后，由于大阿尔伯特与托马斯等人的传播，多米尼克会才接纳了亚里士多德的学说。托马斯从中吸收新的养料，利用古代哲学遗产丰富的神学内容和形态，建立哲学与神学的综合体系。波那文图拉却恪守奥古斯丁传统，反对用异教哲学补充、改造基督教神学。其实，奥古斯丁主义本身也是对柏拉图主义等异教哲学加以吸收和改造的产物，为什么13世纪的奥古斯丁主义者不能容忍托马斯主义者对亚里士多德哲学的吸收与改造呢？原来，奥古斯丁主义与托马斯主义之间的矛盾既涉及柏拉图与亚里士多德的理论分歧，但更多

---

① H. Denifle et E. Chatelain, *Chartularium Universitatis Parisiensis*, Vol. 2, Ex typis fratrum Delalain, Parisiis, 1889～1897, p. 222.

地涉及神学与哲学的现实矛盾。奥古斯丁主义包含的哲学思想是不系统、不完全的，它处理柏拉图主义的方式主要是利用，而不是解释。托马斯主义则全面、系统地吸收亚里士多德学说，在解释的基础上发挥它的结论。正是因为托马斯在神学中大规模地引进哲学思想，动摇了以神学信条为主的传统方式，这才引起了正统神学家的反抗。面对亚里士多德主义与托马斯主义的挑战，法兰西斯会也不能长期地固守旧有传统，它也在不同程度、从不同方面吸收亚里士多德主义，最终发展出富有创新精神的独特的思想——司各脱主义。因此，不能因为法兰西斯会反对托马斯主义而否认它对经院哲学的贡献。历史事实是，法兰西斯会与多米尼克会在争论中从不同方向推动了经院哲学的发展。

我们现在已不能确切地描述亚里士多德著作的传入在大学曾引起怎样的轰动，但教会一再发布的禁令从反面告诉我们：这股新思潮来势汹涌，迅速普及，构成了对传统观念的一大威胁。1210 年巴黎所属的森斯省主教会议在反异端的文告中宣布："不准公开或私下地阅读亚里士多德关于自然哲学的著作，以及对它们所作的评注，违反者将受到革除教籍的惩罚。"[1]"自然哲学著作"指《物理学》《形而上学》《论灵魂》等著作。这里所说的"阅读"的拉丁文为legantur，有"当作课本使用"的专门含义，可见这道禁令主要是针对大学而发的。1215 年教皇代表克松的罗伯特（Robert de Curzon）说，艺学院教师"不能讲授亚里士多德关于形而上学和自然哲学的著作以及对它们的概述"。[2]教皇格列高利九世在 1231 年 4 月 13 日对巴黎大学发布的题为"科学之母"的著名文告中说："被省主教会议以正当理由禁止的自然哲学方面的书籍在

① H. Denifle et E. Chatelain, *Chartularium Universitatis Parisiensis*, Vol. 2, Ex typis fratrum Delalain, Parisiis, 1889 ～ 1897, p. 70.

② Ibid., Vol. 1, p. 78.

被审查、并清除可能产生的错误之前不能在巴黎被使用。”[①] 教皇指定三人委员会负责审查亚里士多德著作，其主席奥歇里的威廉是亚里士多德哲学专家，成员普洛汶的斯蒂芬是著名翻译家苏格兰人米切尔的朋友。委员会一直没有提交审查报告。教皇允许亚里士多德主要著作在被审查之后可被用作教科书，但又不积极审查，他的态度如果不能说是默许，起码也是无可奈何。大学里出现了竞相阅读亚里士多德著作的局面，神学家也不例外。到1255年为止，亚里士多德所有流行著作都被列为巴黎大学艺学院的考试科目，这说明各道禁令已名存实亡。然而，1263年教皇乌尔班四世仍率由旧章，重申不准阅读“1210年在森斯被禁止的关于自然的著作”[②]。这一不合时宜的声音在当时没有产生任何效果，但却为1277年教会全面反击亚里士多德主义的“77禁令”埋下伏笔。

亚里士多德主义的广泛传播与教会采取的遏制政策在经院哲学内部造成了对亚里士多德主义的三种不同立场。第一种是持全盘吸收、无条件采纳立场的拉丁亚里士多德主义，拉丁亚里士多德主义者像阿维洛伊一样将亚里士多德哲学推崇为最高真理，当它与神学发生矛盾时，应该被修正的是神学，而不是哲学；第二种是基本上持排斥立场的奥古斯丁主义；第三种是主张改造、吸收亚里士多德主义的托马斯主义。如果说前两种立场是对立的两极，托马斯主义便是两者的折中，它既反对无条件地吸收，也反对无条件地排斥亚里士多德主义；它主张在服务于信仰的条件下的改造与吸收：保留、利用其符合教义的部分，修改、摒除其不符合教义的部分。

13世纪围绕亚里士多德哲学产生的三种立场与2～6世纪围绕希腊文化产生的三种立场和11～12世纪围绕辩证法产生的三种立场是

---

① H. Denifle et E. Chatelain, *Chartularium Universitatis Parisiensis*, Vol. 1, p. 138.

② Ibid., Vol. 1, p. 278.

基督教哲学中信仰与理性关系模式的三次表现。根据这一模式，每当基督教面临新的理论学说的历史时刻，都会有三种不同的反应：激进派以新的理论衡量、检验教义，保守派以教义排拒新理论，中间派按教义利用新理论。历史的结局也相同：激进派被谴责为异端，保守派维持正统地位，但最终胜利者是中间派。在以下的三章里，我们将以 13 世纪经院哲学的史实再次证实这一模式屡现不爽。

第七章　经院哲学的兴盛

13 世纪是经院哲学的鼎盛期，也是西方哲学史中最富有成果的时期之一。这是一个构建思想体系的时代，经院哲学家总结过去成果，融会外来思想，纷纷创作逻辑的、自然的、道德的、神学和哲学的“大全”。这一时期哲学的最高成果无疑是托马斯建立的神学-哲学综合体系，争论焦点是亚里士多德主义与奥古斯丁神学传统的斗争。但并非所有经院学者都卷入这一斗争，一些哲学家在托马斯之前或与之同时建立的思想体系繁荣了经院哲学。我们首先按区域分别检阅经院哲学在巴黎、牛津和科隆取得的这些成果。

第一节　早期巴黎的经院哲学

虽然最快普及亚里士多德著作的场所是巴黎大学艺学院，但最早接触这些著作的人却是神学院的教师。只是通过这些智力卓越的神学家的介绍，人们才逐渐熟悉了亚里士多德的思想。13 世纪初期神学家的介绍基本持中立的态度，不管他们赞成或反对亚里士多德哲学，他们都要求不抱偏见地理解被介绍的对象，要求把公正的理解作为赞成或反对的前提。虽然当时并没有多少神学家公开地采纳亚里士多德的观点，但亚里士多德的“科学体系化”思想已经无形中支配着经院哲学的动向。按照他的科学观，“科学”（scientia）严格地说是用严格证明推理获得的必然知识，“学艺”（ars）是从前提到结论的推演体系，“学说”

(doctrina)是一门学艺的传授、表达,“学科”(disciplina)是在教师指导下获得一门学艺。根据这些概念,学术活动不但要建立必然的知识内容,而且要有系统的证明和表达这些内容,把它们安排成一个在教学活动中可操作的体系。下面介绍的几位神学家都是按照这种研究方式介绍亚里士多德思想,表达自己观点的。

1. 奥歇里的威廉

奥歇里的威廉(Guilelmus Auxerre,约 1145 ～ 1231 年),巴黎大学神学教授,1231 年被教皇格列高利九世任命为负责审查亚里士多德著作委员会主席,同年去世。他的主要著作《金色大全》共五卷,只有 1 ～ 3 卷和第 5 卷部分被保留下来。[①] 第 1 卷讨论了神学与哲学关系。他说,神学是一门科学和“学艺”,这意味着神学是以信仰为前提的推理体系,在推理过程中需要哲学知识。关于上帝存在的证明离不开哲学理论。他列举了四个这样的证明:一是阿维森纳关于第一原因必然存在的证明;第二个证明运用新柏拉图主义的“流溢”(fluers)概念,证明有一个最完满的存在,它产生其他存在而无损于自身存在之完满;第三个证明根据事物之中善的等级观念推导必然有一个至善;第四个证明类似安瑟尔谟的“本体论证明”,认为最高最好的观念必然包含一切完善性,“存在”是一种完善性,故“上帝”的观念必然指示上帝的存在。奥歇里的威廉还从神学的角度区分了“存在”的两种意义:“存在”的普遍意义用“是”动词(esse)表示,它专指造物主的存在;“存在”的具体意义用“是这个”(quod est)表示,它指每一个事物的存在。这一区分的意义在于,第一,说明事物的存在由上帝的存在赋予;第二,说明上帝的存在不能像个别事物的存在那样被感觉、被指示。他不但把

---

① *A Companion to Philosophy in the Middle Ages*, p. 688.

“普遍统摄个别”的实在论原则贯彻于“存在”概念的分析，在认识论中也持实在论立场。他认为普遍概念指示神圣理念，神圣理念是被造物在上帝理智中的永恒秩序，被造物从上帝意志中流出。或者说，造物主理智规定被造物本质，造物主意志产生被造物存在。基于神圣理智和意志的区分，他依次反驳了新柏拉图主义以理念为创世中介的观点、柏拉图以理念为创世原型的观点和亚里士多德关于世界永恒性的观点。他用“抽象学说”解释概念的性质。个别事物的种、属是理念决定的秩序，事物的个性是偶性，附加于种、属之上。人的理智的抽象作用在于撇开偶性，认识事物的种、属。人的理智之所以能有这样的功用，原因在于它与神圣理智相通。神圣理智之于理念，恰如人的理智之于种、属概念。总的来说，奥歇里的威廉的思想仍属奥古斯丁主义传统，但也不自觉地接受了亚里士多德的观点，如“存在”意义的区分、抽象学说等。

2. 校长菲立浦

校长菲立浦（Philippus Cancellarius，？～1236 年）1210 年左右开始在巴黎大学神学院任教授，1218 年成为大学校长，1230 年写成主要著作《论善大全》。这本书的一个目的是反对在法国南部卡特里派异端中流行的摩尼教义，尤其是善恶二元论。菲立浦的大全是对普遍的善的全面阐述。他开始于上帝的至善，论述了善、存在、统一、真的一致性。这些属性在中世纪被称作“超越性”，意思是，它们不是事物的种和属，事物所享有的这些属性来自一个超越它们全体的源泉，即上帝。菲立浦把被造物的善称作自然之善，表现于天使、有形物、人类以及道德的善恶之分。最后，超越的善和自然的善共同构成超自然的善，表现于恩典。他着重讨论了恩典与人的行为的关系，美德是人在行为中体现他所获得的恩典。《论善大全》在超越的、自然的和超自然的层次论述的善概括了“善”这一范畴在神学、本体论、人论与伦理学的全部意义。

使我们尤感兴趣的是，菲立浦已经注意到奥古斯丁的灵魂观与亚里士多德灵魂观的分歧，并开始使用亚里士多德语言表述传统的灵魂观。奥古斯丁以柏拉图观点看待灵魂，他的观点在当时演化为三种流行说法：一说灵魂是“统摄身体的无形实体”；一说灵魂是“分享着适合统摄身体的理性的无形实体”；一说灵魂是“在最低层次接受来自第一实体之光的无形实体”。这些说法都强调灵魂是独立于并统摄有形实体“身体”的无形实体。但按新传入的亚里士多德观点，灵魂与身体是同一实体（“人”）的形式与质料，灵魂和身体都不是单独实体，而是单独实体的构成要素。菲立浦争辩说，即使亚里士多德把灵魂视作身体的形式，这也不妨碍他进一步把灵魂分析为由另一类形式与质料构成的实体。菲立浦在亚里士多德主义者的著作中列举几条证据：第一，灵魂包括主动理智与被动理智，两者是形式与质料关系；第二，对于一个灵魂可作出“其是”（quod est）和“其所是”（quo est），或存在与本质的区分，凡有这一区分的东西都是复合实体，都同时包含形式与质料之区分；第三，如阿维斯布朗所说，一切无形实体都有精神质料与精神形式，灵魂也不例外，它既是有形质料（身体）的形式，又有自身的精神质料。菲立浦接着说，灵魂与其他无形实体如天使的不同之处在于它能与身体相结合，因此它也可被说成身体的形式。但灵魂与身体相结合的方式不是两个实体的相加，灵魂并不是加诸一个现成的身体之上。灵魂的作用是使与之结合的身体完善，赋予身体一切生命功能。菲立浦关于肉体与灵魂关系的论述使他得以解决第二个疑难问题：“人的理性灵魂和感性灵魂是一个灵魂，抑或不同的灵魂”？[1] 按亚里士多

---

① L. W. Keeler（ed.），*Ex Summa Philippi Cancellarii Quaestiones de anima*, Münster, 1937, p. 28.

德的定义，灵魂是“自然有机体的完善”。灵魂只应该是一个，否则将没有统摄身体的统一原则，灵魂不能发挥其完善化功能。然而，有些人又说，人虽然只有一个灵魂，但灵魂却由三个实体，即营养实体、感性实体和理性实体构成。针对“三个实体，一个灵魂”的说法，菲立浦提出两点疑问：首先，当两个或几个无形实体构成一共同体时，它们似乎不能保持其独立存在，因此不能再被称作实体，如，两道光合成为一道光之后，原有的光不复存在。第二，灵魂是由上帝直接创造的，而不是由实体自然生成的。因此，菲立浦倾向于把营养、感性、理性作为人的灵魂的三个功能。人的灵魂是以这三方面功能完善身体的单一无形实体，其中理性为最高功能，统摄营养与感性功能。灵魂的完善化功能的统一性与灵魂实体的单一性是相一致的。菲立浦的灵魂观维护了柏拉图关于灵魂是单一的无形实体的结论，但采取了亚里士多德学说的论据、理由，他已经拉开了经院哲学中旷日持久的关于灵魂问题讨论的序幕。

3. 奥维尼的威廉

奥维尼的威廉（Guilelmus Auvernus，1180 ～ 1249 年），巴黎大学神学教授，1228 年被教皇格列高利九世任命为巴黎主教。主要著作《神学或哲学教程》是一部百科全书式著作，分“三位一体”、被造宇宙、灵魂、肉身化、教会组织和道德等七部分。奥维尼的威廉生活在大部分亚里士多德著作仍遭禁止的时代，但他已经感觉到亚里士多德哲学传播对基督教神学的压力。他说，他的目的是维护所有神学真理，反对不虔诚的哲学家的错误，但不诉诸基督教信仰与天启的权威，仅仅依靠自然理性与逻辑论证。然而，在他晚年所写的《论善与恶》一文中，他却说：“心灵沿着证明的道路走得越远，它越接近于黑暗，离本源之光越远，……因此，心灵通过哲学只能得到不太完善、不太清晰的知识。”[①]

---

① *Mediaeval Studies 8*, Published for the Institute of Mediaeval Studies by Sheed & Ward, (1946), Toronto, p. 282.

虽然他不赞成亚里士多德主义，但却主张面对现实，积极与它对话。他说："我的建议是：在哲学问题上总要、并且只要与哲学家打交道，避免与无能的人争吵、辩论，不要顾虑他们好似梦话与谵妄的意见。"[①] 他代表了积极迎接亚里士多德主义挑战的神学家的立场，他认识到，迎接挑战所需要的智慧与能力既可以使经院哲学摆脱平庸与无谓的争论，而且可以从高强的对手那里学到反对对手的工具。他在《神学或哲学教程》一书中广泛使用了亚里士多德、阿维森纳与阿维斯布朗的观点，他称赞阿维洛伊为"最高尚的哲学家"，但没有引用他的观点。

奥维尼的威廉在阿维森纳著作中吸收了一个与基督教神学密切相关的区分，即"本质"与"存在"的区分，他说，"是"动词（esse）的意义既可以指一事物"是这个"（quod est），又可以指它的"其所是"（quo est）。"是这个"告诉该事物存在，但却不告诉它是什么，反之，"其所是"告诉它是什么，但却不肯定它是否存在。因此，个别事物的存在与本质总是相区别的。按时间顺序说，一事物在存在之前首先要具备本质，它的存在是后来加诸本质之上的。问题是：事物的存在是从哪里来的？奥维尼的威廉说，这一问题的答案有三：一是说一事物的存在由另一事物产生，依次类推，直至无穷；二是说事物的存在原因在自身之内；三是说一切事物都以一个最高存在为它们存在的终极原因。第一个答案没能最终回答事物存在的原因是什么的问题，第二个答案与事物存在不等于它的本质的原理相矛盾，故只有第三个答案可能。但一切事物存在的终极原因自身不能再有存在与本质的区分，换而言之，它的本质就是存在。奥维尼的威廉最后说，只有上帝才是自己存在的原因。《圣经》说上帝的名称是"我是我所是"，在这一名称中"其是"（存在）与"其所是"（本质）合二为一，故表示上帝本质的概念是"存

---

① HCP，p. 252.

在者”（ens）或“必然存在”（necesse esse）。除上帝之外的一切东西的存在都是与本质有别、后来附加的偶性。

奥维尼的威廉认为事物的本质是由原型理念决定的。人类对本质的认识是理念无形的光照的作用，不能用自然的推动力来解释。据此，他批评了阿维森纳把“理智领域”等同于天体的自然理智观。他说，阿维森纳把理智比作推磨的驴子，造成天体的圆周运动，并把推动力传递至较低一层的天体。他否定了按照这一类比想象出来的“动力理智”的存在。他说，上帝具有直接照耀人心的力量，根本无需假设另外的精神实体说明人的抽象能力。他用“光照”与“反射”的关系解释理智活动：“根据在一切问题上必然为真、完全无误的基督教学说，我们必须肯定人的灵魂的自然位置在两个世界的交界处，一个是维系人的身体的可感事物世界，另一个是造物主的理念世界，他好像是模型与镜子，把首先被理解的对象广泛地、最清晰地反射出来，这里是真理规则所在地。首要的规则、道德规范都在这里被认识；同样，没有神圣启示的恩典与赐福，被造的人的理智无法深入隐藏的可理解的共相。因此，造物主是永恒的真理，他是一切表象的型相。简而言之，他是反映一切事物的毫无疵点的最纯净的镜子，这面镜子自然地搁置在人的理智之前，我们可以不假中介从它上面读到方才提及的那些原则、规则，它好像是产生出型相的活生生的书或镜子。理智可以读出上面的原则与规则。因此，造物主本身就是一个适合于人的理智的天然大书。”[①] 按照这一说法，上帝是自然之镜、自然之书，上面反映着事物的本质，刻写着事物的原型，人的理智可以直接看到或读出事物的真理。与奥古斯丁的光照论相比，他的“自然之镜”、“自然之书”的比喻更加强调人的理智的主动性。人的理智不仅能主动地“认读”真理的规则，而且能根据

① HCP, p. 257.

这些规则构造思想。在此意义上，他把人的理智比作“蜘蛛”。他所说的“蜘蛛”的构造是按三段式建立科学体系：“当科学的原则按三段式秩序安排得符合它们的结论，即，适合于必然地、直接地推演出来的东西，它们把这些结论引入心灵，成为结论的原因。这样，关于原则的知识便是关于结论的知识的原因。”[①] 奥维尼的威廉把知识中的因果关系说成逻辑中的前提与结论关系，这显然是受亚里士多德“证明科学”观念支配的想法。三百多年之后，当弗兰西斯·培根起而反对亚里士多德逻辑时，他使用了“蚂蚁、蜘蛛、蜜蜂”的著名比喻。[②] 但恰恰在光凭三段式构造体系的意义上，他批判了科学中的“蜘蛛”作风。

4. 哈勒斯的亚历山大

哈勒斯的亚历山大（Alexander Halensis，1185 ～ 1245 年），英国人，15 岁左右时进入巴黎大学学习，毕业后一直在该大学教授神学。约 40 岁时加入法兰西斯会，成为第一个取得神学教授席位的法兰西斯会成员。他的称号是“不可辩驳博士”。罗吉尔·培根在《小著作》中说：“归于他名下的那本巨大的《神学大全》比一匹马还要重，但这不是由他一人，而是由其他人一起写成的。”[③] 现代研究表明这一结论是正确的。哈勒斯的亚历山大的主要著作《神学大全》实际上是法兰西斯会学者集体的产物，它充分使用新传入的亚里士多德及其阿拉伯注释者著作中的材料，附和奥古斯丁主义。这部著作说明，法兰西斯会的学者从一开始就没有完全排拒亚里士多德的影响，他们只是在若干无法与奥古斯丁观点调和的关键问题上批判亚里士多德主义。但早期

---

① P. Marrone, *William of Auvergne and Robert Grosseteste*, Prinston University Press, p. 100.

② 培根在《新工具》中说：“经验主义者好像蚂蚁，他们只是收集起来使用。理性主义者好像蜘蛛，他们在自身中罗织丝网。但蜜蜂则采取一种中间道路。”（《西方哲学原著选读》，上卷，第 358 页。）

③ HCP，p. 327.

的法兰西斯会学者并未认清亚里士多德主义与奥古斯丁主义在哲学上的分歧。比如，他们从伪托亚里士多德的著作《论原因》中发现这样一条原则："理智应在推理过程中努力达到一个不因其他东西而存在的东西。"[①] 我们知道，奥古斯丁和安瑟尔谟主张任何人在心中都必然有一个关于上帝的观念，这一观念是不假外求的先天知识。托马斯后来根据亚里士多德思想否定了关于上帝存在的先天证明，从自然中后天地推导出上帝存在。早期的法兰西斯会学者却未能看出奥古斯丁主义与亚里士多德主义在这一问题上的分歧。

哈勒斯的亚历山大的《神学大全》与托马斯的大全相比，并不能算作一个创新的体系，但有两点值得注意的特色。一是它的系统化的体例。它的每一部分都按下列程序进行：（1）陈述问题，（2）对问题答案的反对意见，（3）以权威意见肯定这一答案，（4）论证这一答案，（5）对反对意见的批驳。"大全"的另一特色是在伦理与政治哲学方面不乏新观点。比如，哈勒斯的亚历山大对中世纪流传已久的斯多亚派的"自然律"观念作了详尽分析。按他的区分，自然律有天然的、人类的与神圣的三种：天然的自然律适用于一切能够自我运动的被造物，人类的自然律适用于有理性的动物，神圣的自然律适用于获得上帝恩典庇护的有理性的动物，如摩西的戒律。后两种自然律是通过人类良心起作用的，良心是自然律的产物，个人意志闪烁着良心的火花（Synderesis），它指导理性在具体环境中作出符合自然律的趋善避恶的判断。最近的研究者还注意到哈勒斯的亚历山大对"正义战争"性质的全面规定。他说："为了决定一场战争是否正义，你们必须注意权威当局、心境、意向、条件、惩罚和原因诸方面因素。心境与权威当局系指宣战的人的状况，条件和意向指进行战争的人的状况，惩罚的当事人是战争对象；

① HCP，p. 328.

原因也应在战争的对象中寻找。”[①] 虽然后来经院哲学家使用不同术语，但基本上都未脱离这些要求考察战争性质。按哈勒斯的亚历山大的说法，正义战争的权威当局必须是代表主权领地的君主，而不能是个人，他不能处在残忍的心境之中；作战者的条件（身份）应是世俗人员，而不能是教士、僧侣，他们不应有掠夺、嗜血的意向，但不应排除获得报酬的意图；战争惩罚的对象是对自己的国土和人民造成损害的人，正义战争的原因是“维护善、制止恶，为了所有人的和平”。[②] 13 世纪上半叶，欧洲仍然处在十字军征伐的狂热气氛之中，但第四次十字军掠夺君士坦丁堡的暴行已把它的非正义性暴露无遗。哈勒斯的亚历山大关于正义战争的学说正是经院哲学的理性对这一类非正义战争的抗议。

5. 拉劳切尔的约翰

拉劳切尔的约翰（Jean de la Rochelle，？～1245 年），哈勒斯的亚历山大的学生与同事，可能是《神学大全》的合作者之一，他的主要著作是《论灵魂大全》。这部著作论述了从最低级的灵魂到最高的精神的等级系统，它们的秩序依次为：身体的感觉、想象、猜测、理性、身体本性、理智、天使理智、神智、圣灵。他的思想受到阿维洛伊的影响。他在人的灵魂中区分出可朽的部分与不朽的部分，二者以“理性”（ratio）为界。理性是依赖身体的理智，它一方面与感性的知觉、想象与猜测联系，另一方面与纯粹的理智相联系。他的“理性”概念类似阿维洛伊的“消极理智”，它原来好似一块白板，消极地接受外部作用，既接受来自感性的个别材料，又接受来自理智的抽象能力，两相结合，在理性中产生出这样的结果：“理智能力除去所有质料的特殊性、个别性，理解纯粹、单纯、普遍的东西。如果它不以理智除去其余的一切，它就

---

① 《神学大全》，3 卷 466 章。CLP，p. 773。
② 同上书，3 卷 466 章。CLP，p. 781。

不能认识表述个体的共同形式。从形体中抽象出的东西等级秩序是这样的：首先在感觉中，其次在想象中，再次在猜测中，最后在理智中。”[①] 拉劳切尔的约翰承认人的灵魂中的理性是可朽的，但他并未像阿维洛伊那样得出“个人灵魂有朽”的激烈结论，他甚至没有否认个人身体有朽。因为他在个人理性与普遍理智之间插入“身体本性”，它是个人身体在与之结合的灵魂中留下的不朽印迹。这为个人灵魂不朽与个人尸身复活提供了依据。

6. 西班牙的彼得

西班牙的彼得（Petrus Hispanus，1210～1277年）出生于里斯本，曾在巴黎大学艺学院学习，毕业后一直在教会任职。1274年被推选为教皇，称作约翰廿一世。他的主要著作《逻辑大全》是13世纪出现的众多逻辑教程中流传最广泛的一部，直到16世纪一直是学校中的逻辑教材。这部著作分七部分：命题、共相、范畴、三段式、辩证法、辩谬和词项。前六部分概括中世纪流传的“旧逻辑”和“新逻辑”，即亚里士多德的逻辑体系，“词项”部分则阐述了13世纪独创的词项逻辑，它在当时被称作“现代逻辑”。词项逻辑的出发点是关于“指称”（Significatio）和“指代”（Suppositio）的区分。“指称”是一个词项与它所意谓的事物之间的关系，涉及语言与外界事物关系问题，“指代”的意思是“代替”（Supponere pro），即在一个命题中用一个词项代表另外的词项。比如，在命题“有人在跑”中，“人”指一个确定的人，它有指称作用；在命题“凡人皆死”中，“人”代替一切人的名称，它起指代作用。西班牙的彼得说，指代以指称为前提，但逻辑不研究这一前提，因为孤立地研究一个词项与外部事物的关系并非逻辑的任

① 《论灵魂大全》，2卷35章。HCP，p. 330。

务是研究词项与词项的关系，这种关系只存在于命题之中，即指代关系。指代理论应说明在某一类命题中，哪种词可以被另一种词所指代，研究指代的类型与规则。在指代关系中，用共相词代替殊相词的指代有着特殊意义。后来奥康在词项逻辑的基础上发展出唯名论的现代派哲学。中世纪指代理论对词项的指代功能作了详尽分类。以“人”这个词为例，它有下列指代功能。

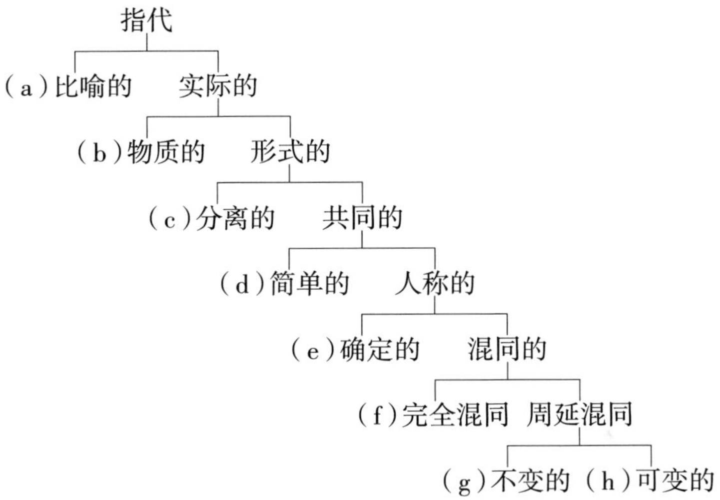

（a）“这名棋手在出手六回合之后就成了光挨揍的人。”

（b）“人是一个单音词。”

（c）“那人是我兄弟。”

（d）“人是一个种类。”

（e）“有人站在门边。”

（f）“每个单身汉都是男人。”

（g）“凡不是雇员的人都可当被选举人。”

（h）“凡人都是动物。”

西班牙的彼得虽是一位有创新精神的逻辑学家，但他的哲学观点保守。他而后写作的《灵魂学》一书没有吸收新兴的亚里士多德主义，与同时期同类著作相比显得内容陈旧。在任教皇期间，他指示巴黎主教查处巴黎大学的异端思潮，酿成“77 禁令”的严重后果。他自己在颁布禁令的同年因宫殿房顶坍塌被砸死，这大概可以看做预示教会精神统治开始崩溃的一个征兆。

第二节　英国经院哲学

13 世纪英国哲学以 1200 年稍后不久成立的牛津大学为中心。牛津大学的学术气氛与巴黎大学有所不同。奥古斯丁主义传统在牛津保持着稳固的统治地位，亚里士多德主义亦得到广泛传播，但却不与奥古斯丁主义相冲突。在巴黎大学引起激烈争论的那些形而上学与神学问题在牛津大学并不是热门话题。两个大学学术风格的差别来自不同的思想传统。巴黎大学继承了 12 世纪法国学者如阿伯拉尔、圣维克多学校的辩证法传统，牛津大学继承了 12 世纪英国学者研究数学与自然的传统，这一传统的先驱是巴瑟的阿德拉尔（Adelard de Bath，1080 ～ 1145 年），他周游西西里、希腊与西班牙，广泛接触希腊和阿拉伯文化。在他主要哲学著作《论不变和变》中有一句在中世纪流传甚广的名言：柏拉图代表智慧，亚里士多德代表科学。阿德拉尔在哲学上是一个实在论者，在科学上坚持亚里士多德原则。他的《自然论辩集》解释了当时所有的生物和物理学问题，他还翻译了欧几里得《几何原本》，引进阿拉伯人十进制数学与星盘。12 世纪的英国学者瓦尔契（Walcher）首先使用星盘观察天象，凯顿的罗伯特翻译了阿拉伯人的代数学，萨利谢尔的阿尔弗莱德于 1180 年左右独立地翻译了亚里士多德《物理学》和其他自然哲学著作。13 世纪亚里士多德著作和其他古希腊典籍、阿拉伯文著作传入英国，《形而上学》和《物理学》在牛津并没有像在巴黎那样被禁止阅读，英国经院学者的科学精神发扬光大。他们所理解的“科学”并没有摆脱亚里士多德“证明科学”的观念，他们也像巴黎的同行一样致力于知识系统化的“大全”论著。所不同的是，英国经院哲学家的知识体系中包含着更多的数学与自然知识，他们的科学精神已有近代自然科学重视数学与经验的成分。格罗斯特与罗吉尔·培根是这种科学精神的代表，尤其是后者，他已被公认为经验科学的先驱。

1．格罗斯特

罗伯特·格罗斯特（Robert Grosseteste，约1168～1253年）出生于英国萨福克郡的一个农民家庭，早年在牛津教会学校和巴黎艺学院学习，毕业后在牛津艺学院任教。1209～1214年间，英王约翰与教会发生冲突，关闭了牛津的学校。格罗斯特到巴黎大学神学院学习。毕业后回到牛津教授神学，被推选为牛津大学第一任校长。1229年加入法兰西斯会。他是该修会的第一位讲师。1235年起担任林肯郡主教至死。格罗斯特是亚里士多德著作的著名翻译者和评注者。他所翻译的《尼各马可伦理学》是大学标准教材，并对《后分析篇》《辩谬篇》《物理学》加以注释。他的哲学著作多是论文，被编为《神学问题集》《论真理》《论真命题》《神的科学》，他还写过农业方面的论文。他的代表著作是《论光》。

《论光》把亚里士多德的自然哲学、奥古斯丁的神学与数学、光学知识结合在一起，形成奇特的光的理论。我们知道，“光”的观念在柏拉图主义中有特殊重要意义。从柏拉图的“太阳”到普罗提诺的“流溢”都离不开“光”的比喻。奥古斯丁的“光照论”是柏拉图主义的“光”的观念与《圣经》的“逻各斯是光”的教义的综合，但奥古斯丁的“神圣之光”仍是一种隐喻的说法。格罗斯特完全理解“光”的概念的神学和哲学含义，他的工作是对“光”的这些隐喻意义进行科学和数学研究，在此基础上建立符合基督教的本体论、宇宙论和认识论。他的这一光学理论被称作“形而上的光学”。

格罗斯特说，上帝最初只创造了一个质点，它的形式就是光：“第一个形体形式，或有些人称作形体性，我称之为光。光自身向任何方向扩散。除非受到一个不透光东西的遮挡，一个光点在瞬间可产生你所愿设想的巨大领域。”[①] 格罗斯特按照质型论原则，认为质点是质料，光是形式，两者本身并无体积，但两者的结合却产生可以充斥任何体积的光，光充满着整个有形世界。他还说：“光不是一个伴随形体性的形式，它就是形体性自身。”意思是：光不是在事物存在之后作用于事物的形式，它首先是赋予一切事物形体的形式。质料离开光只是一个无体积的点，光离开质料也只是一种简单性质与能力，不具备长宽高。总之，“形式不能离开质料，因为形式不是分离的，也因为质料不能被剥夺形式”。[②] 上帝从一开始把质点与形体性结合为一个光点，并让光点按自身本性扩展成一个世界。

格罗斯特说，光的扩展虽是无限的，但有形世界却是有限的。他的理由是：“比一个简单东西无限大的东西不是另一个简单东西，而只是一个有限的量。因为一个无限的量是比一个简单东西无限大的东西的无限倍数。因此，如果光自身是简单的，它的无限次乘积必然只是把一个同样简单的质料扩展为有限大小的体积。”[③] 他说的“简单质料”犹如一个单纯的几何点，没有任何体积，它的无限扩展只能扩大为有限形体。因为无限形体是有限形体的无限扩展，有限形体是无体积的简单点的无限扩展。如果我们把格罗斯特所说的扩展理解为数列，那么他

① 《论光》。PMA，p. 434。
② 同上书。PMA，p. 435。
③ 同上。

的论证可以被翻译为这样的数学语言：一个有限数的无穷递增级数的极限是无穷大，一个有限数的无穷收敛级数的极限是零。

根据格罗斯特的泛光宇宙论，最初的光（lux）扩展到极限，形成一个光圈，作为宇宙的周界。光圈向宇宙中心的折射（lumen）是光的扩展的反向运动，它的趋向是收敛。光的折射首先收敛为太阳，然后依次生成出九个天界球体，最后一个为月球。折射光的继续收敛依次产生火、气、水、土四个地界领域，最后形成了宇宙的中心——地球。古代与中世纪的地球中心论始终面临着一个矛盾：按天界与地界区分，地球在所有运动物体中是最不完善的，但却位于宇宙中心，所有较完善的星体都围绕它旋转。格罗斯特试图用光的性质解决这一矛盾。地球既是折射光收敛的最终产物，它必然集中一切星球和领域折射来的光，故而最为优越。他说："地球在所有所有形体中最高级。因为上面来的折射光都集中在它身上。惟其如此，它被诗人称作'潘'（Pan），意即全部[①]，也被称作'库柏勒'（Cybele），这一名称与'体积'（Cubile）相似，意即坚实，因为地球在一切形体中最浓缩，正如库柏勒是众神之母。"[②]

格罗斯特把世界的物质基础（即他所谓的"形体形式"）归结为光，这为自然的数学解释提供了本体论根据。光可以从几何学角度加以研究，自然构造与运动的光的本质要求把数学推广到物理学。他在《论线、角、形》的论文中说，思考线、角、形极其有用，没有这种帮助，便不可能了解自然哲学。这篇论文的主题是：自然运动实质上是光的运动，光按照折射律作直线运动，因此服从研究直线与角度关系的几何学。与光的运动相关的形状是球体和棱锥体，球体是光向每一方向扩散而形成的，棱锥体是光从空间各个方向某一点聚集而形成的。物

① 潘是希腊神话中畜牧之神，它与"泛"是同音词。

② 《论光》。PMA，p. 438。

理学可以通过对几何光学的规律的研究，解释世界上基本形体的性质。总之，无论自然运动或形体都要用几何学解释，自然哲学的成功是几何学的胜利。

格罗斯特一方面提倡数学的应用，另一方面强调观察、实验的作用，他认为理性和实验是自然哲学两条不可缺少的途径。他是第一个对《后分析篇》进行评注的拉丁学者。亚里士多德在该篇提出“证明科学”的观念，指出科学的前提是演绎的出发点，它们不能用演绎推理证明，只能在经验的归纳中被直观所把握。格罗斯特进一步提出了直观是否可靠的问题。他用光照论解释第一原则的确定性，他说：“被直接设立为第一原则的东西与理智有相同的本性，它就是心灵的眼睛直接看到的精神之光。”[①] 但是，他同时认识到，经验直观达到的确定性毕竟不是逻辑必然性，直观到的前提适用于经常发生的现象，但不适用于总会发生的必然现象。亚里士多德曾以月食的周期性作为必然关系的例证。格罗斯特指出：“月食本质符合因果推理，但不是每一次月食都能用因果推理推出。只是月球移进地球阴影之中，月食才会发生。”[②] 就是说，月食的本质虽然服从月球和地球运动的因果关系，它的周期可以推算出来，但月食现象的出现并不服从周期，它需要用观察验证。这一事实说明，理性的推演与经验观察对于科学原则的确立都是必要的。经验归纳和直观的有效性问题直到近代才成为一个重要的认识论问题。格罗斯特在当时条件下当然不可能解决这一问题，他只能诉诸光照论的原则。他说：“纯粹理智受神圣之光的直接照射，人的理智不被神圣之光直接照射，而受被造心灵之光所照射。”[③] 根据形而上光学，“被造心灵之光”是神圣之光的折射，它不能仅靠理性证明科学第一原则的

---

① 《后分析篇》注，2章6节。CLM，p. 503。

② 同上书，1章8节。CLM，p. 503。

③ 同上书，1章7节。CLM，p. 503。

必然性，需要折射媒介——自然物的补充。因此，只有理性与经验直观的结合才能确立科学原理。

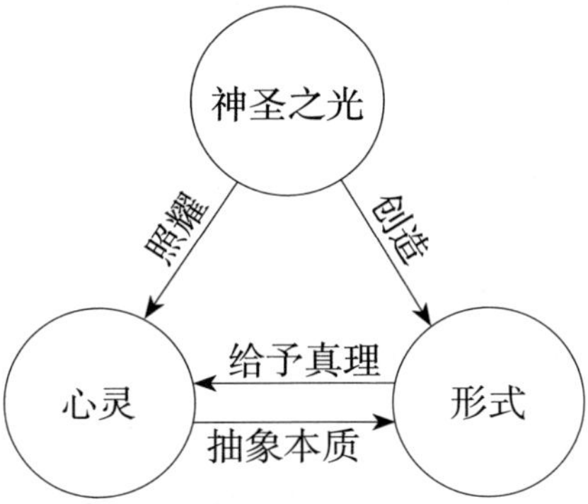

对于格罗斯特来说，光既是事物的原初形式，又是生成形体的自然力量，而且是实体之间的传递纽带，尤其是认识的心灵与被认识的对象的纽带。他说，所有科学认识的对象只是形式，形式只是光："所有形体的类和完善性都是光，低级形体服从高级形体的形式"，归根到底，所有形体的形式都来自神圣之光。① 另一方面，心灵活动与其他自然物体的运动一样，也以光为推动，并且，认识的最终动力是神圣之光。他说："只有在最高真理之光里面，真理才能被知觉。因此，凡是知道某些真理的人，也以某种方式自觉或不自觉地知道最高真理。"② 既然形式与认识形式的心灵活动有着共同的光源，从事物中抽象形式的理智活动不过是光与光的传递活动，如上图所示。根据这一认识模式，感官在认识中并无作用。格罗斯特明确地说，理智就其本性来说根本不需要感官，它可以像上帝和天使一样直接把握事物本质。但事实上，因为人类的"原罪"，人类理智已丧失了这种卓越本性，它只能在被肉体、感官污染的条件下从事认识，它只能间接地从事物形式折射的光感知真理。

① 《论光》。CLM，p. 502。

② 《论真理》。CLM，p. 502。

这就是为什么科学需要经验观察、归纳之缘故。只有少数热爱上帝的人可以摆脱肉体欲念，净化心灵，恢复理智的纯粹能力。他最终还是把神学与基督教修养作为最高认识，这是他思想中不可避免的奥古斯丁主义因素。

2. 伪格罗斯特著作

13 世纪流行的一部题为《哲学大全》的著作伪托林肯郡主教名义出版。这部著作一度失传，直到 1912 年才出现在由德国学者鲍尔（L. Baur）编辑的《格罗斯特哲学著作》之中。《哲学大全》引用了哈勒斯的亚历山大与大阿尔伯特的话，显示出作者熟悉托马斯思想，由此可推定它的写作时间约在 1260 到 1277 年间，其作者不可能是死于 1253 年的格罗斯特。鲍尔认为，这个匿名作者的思想与牛津大学流行的科学精神相契合，他大概是格罗斯特的弟子。因此鲍尔将这部书编入格罗斯特著作集。

《哲学大全》是当时一切被认为是科学的知识的总汇，凡 19 篇论文，284 章。大全以哲学史开始，其后的主题依次为知识论、形而上学、神学、宇宙论、心理学、光学、透视理论、天文学、物理学、气象学、矿物学。虽然其中有一些幻想和迷信成分，但是一部真实地反映 13 世纪哲学、神学和科学发展水平的重要资料。

从哲学的观点看，令人感兴趣的是这部著作显示了在历史发展中考察哲学的方法。当然，作者对哲学史的理解并未脱离早期教父思想的窠臼。他把哲学说成上帝的礼物。第一位哲学家是亚伯拉罕，他确认世界只有一个唯一主宰，他把算术与天文学传授给埃及人。从古埃及人、古希腊人、拉丁人，直到阿拉伯人和最近的基督教神学家，存在一条连续的哲学演变线索。古代哲学的主题是上帝、灵魂和来世生活，但他们的自然哲学除逍遥派和波埃修的观点之外，大多不正确。作者区分了基督教哲学与古代哲学、阿拉伯哲学的原则，但并不以基督教哲学为权威。相反，他承认柏拉图和亚里士多德是哲学上的权威，这是当时基督教哲学家如大阿尔伯特、哈勒斯的亚历山大以及阿拉伯哲学家所公认的。哲学上的争论都来自柏拉图与亚里士多德之间的分歧。据作者的意见，柏拉图思想清晰，语言优美，智慧深邃，道德崇高，在这些方面高出一筹，但亚里士多德哲学学术性强，更加可靠。两者使用不同方法。柏拉图不批评他的前辈，直接表述真理，不致力于证明；亚里士多德致力于三段式推理，用来争辩、反驳和证明，在混乱中建立秩序，区分出逻辑、科学、伦理学、形而上学等学科。他的重要贡献是给予知识以可传授的、有系统的"学艺"形式。作者说，基督教哲学家不是纯粹的哲学家，他们是"神智者"（theosophist），神学家是以神的智慧宣扬哲学道理的人。作者按时间顺序把神学家分为三部分：第一部分是早期教父，第二部分包括从阿尔琴到圣维克多学校的神学家，第三部分是当代"大全"的作者，如彼得·伦巴底、奥歇里的威廉等。

《哲学大全》作者把真理分简单真理、复合真理和中间真理三类。他说："简单真理是每一事物的实质，它是事物的'其所是'，与事物存在不可分离。"[①] 尽管事物的偶性是可生可灭的，但事物的真理却是不变的原型，即单纯的理念。复合真理是事物与理解之间的符合，它存在于事物、语言和思想三者关系之中，因此是复合的。中间真理是符号的真理。符号不仅是语言符号，更重要的是象征原型的符号——世间事物。通过研究这些符号，人们可以追溯它们所象征的神圣的简单真理。认识中间真理的道路有两条，或由因推果：在神圣的光照中认识上帝铭刻在世界的符号的意义；或由果溯因；在多样、变动的事物中把握不变的简单真理。伪格罗斯特关于真理的三重区分把神学真理当作最高的简

① 《哲学大全》，2卷5章。L. Baur, *Die Philosophischen Werke des Robert Grosseteste*, Aschendorffsche Verlagsbuchhandlung, Münster, 1912, p. 292。

单真理，哲学通过思想与语言把握对象，属于复合真理范畴，科学通过事物认识上帝，属于中间真理。这种真理观把神学、哲学与科学统一为一个知识体系，即《哲学大全》的体系。

3. 罗吉尔·培根

罗吉尔·培根（Roger Bacon，1214 ～ 1292 年）出生于英国桑莫斯特郡的一个地主家庭。1230 年在牛津大学艺学院学习，听过格罗斯特的课。1236 年在巴黎大学任教，他是第一批讲授被禁的《物理学》和《形而上学》的教师，成为亚里士多德著作的著名评注者。当他读到伪托亚里士多德写给亚历山大大帝的信《秘密之秘密》时，他对自然奥妙的好奇心被唤醒，他的兴趣从经院学术转向秘传学问和工艺制造。1247 年返回牛津大学，受到格罗斯特科学与数学思想的鼓舞。他于 1257 年加入法兰西斯会，希望他的科学研究计划能够得到修会支持。但事与愿违，他的革新计划不见容于修会的保守领导人。1261 年他受到会规处罚，被囚禁在巴黎的一修道院里。在备受劳役和饥饿折磨的情况下，他坚持写作《形而上学论》等著作。1266 年他过去认识的主教福尔克斯成为教皇克莱门特六世。教皇不顾法兰西斯会阻拦，把培根著作调至教廷审阅。为了说服教皇采纳他的改革学术的计划，培根在短时期内写成《大著作》《小著作》和《第三著作》，但克莱门特六世没有读完他的著作便于 1268 年死去。1272 年，培根又完成了《哲学纲要》的写作。据说，他在一个短时期获释，但在 1277 年大迫害的环境里，他又因“标新立异”罪名再度被囚，直到 1290 年左右才被释放，旋即去世。他的最后一部著作是《神学纲要》。罗吉尔·培根是一位不幸的天才。他的不幸在于他的超前思想，他比同时代人更早地认识到实验和数学的重要性和科学应有的实用价值。在这一方面，他比格罗斯特和大阿尔伯特走得更远，他不只是以“证明科学”的体系和方法介绍神学，而且要以实用科学的精神全盘改造经院哲学。他虽然使用奥古斯丁和亚里士多德的语言表述这些思想，但仍不能为同时代的神学家和当权者理解。直到14世纪末，他才获得应有的声誉。15世纪时他的名字已成为牛津大学的骄傲，人们称他为“悲惨博士”，以示对他生前遭受的不公正待遇的哀悼。

罗吉尔·培根是中世纪少有的思想开放的学者，他熟悉各种学说，不拘泥经院学术的门户之见，博采众长，形成独家学说。在哲学上，他受阿维森纳影响较大。他称阿维森纳是“哲学王子”，是头号哲学家亚里士多德的代言人。他没有分辨阿维森纳思想中的柏拉图主义因素，他也自觉或不自觉地把亚里士多德思想与奥古斯丁主义传统结合起来。他相信奥古斯丁主义中光照论、原型论、多型论和普遍质型论的观点与亚里士多德的科学要求没有矛盾。虽然每一事物都有专属自身的特殊本质，但人的理智可以从个别的形式中抽象出普遍形式，把个别的本质转变为科学研究的共相。理智抽象的工具是数学与实验。他从格罗斯特及其学生马施的亚当那里学到用数学解释自然的思想，从一个名叫马里考的彼得的法国催眠法师那里学到了“实验科学”的思想。彼得认为，科学的成效只有在操作中获得，实验很容易纠正那些在自然哲学和数学中永远也发现不了的错误。罗吉尔·培根称彼得为“实验大师”。他在科学体系中增加了数学与实验两个必不可少的环节，突破了“证明科学”流行观念的束缚。他和13世纪重要思想家一样，是一个百科全书式的作者。但他对人类知识的规划中所包含的实用价值、世俗观点、数学和实验科学的思想都是他的同时代人所不能比拟的。

罗吉尔·培根的主要著作《大著作》提出了全面、系统地改造经院学术现状的思想。作为一个虔诚的基督徒，他所提倡的新的基督教学术的目的是为了更好地理解和宣扬上帝的智慧。他认为一切人类知识都有一个共同根源：神圣的经典。《圣经》揭示的上帝的智慧后来分化出三门科学：神学、教会法和哲学。神学直接宣扬上帝的智慧，是最完善的科学。教会法与哲学对《圣经》的阐释也能产生出神圣的真理。他说："所有智慧都是同一个上帝为了同一目的给予同一个世界的"，这个目的就是人类的拯救。[①] 另外，从人的认识能力看，人的理性服从天启。他说："不管在哪里被发现的真理首先都应当归属于基督。其次，哲学的真理虽说在某种意义上属于哲学家，但他们得到这一真理的原因在于神圣之光充满着他们的心灵。"[②] 用哲学家自己的话来说，人的理智是"可能理智"，它的可能性在于能接受上帝的光照，神圣之光才是提供真理的"动力理智"。

罗吉尔·培根思想的神学色彩没有掩盖他的批判、革新精神。他在《大著作》的开篇指出，在理解上帝的智慧之前，首先必须清除障碍。他把人类知识中错误的根源归结为四大障碍："理解真理有四个主要障碍，它们妨碍着每一个人。无论人们如何学习，也无法获得真正的智慧和学识。这些障碍是：（1）靠不住的、不适当的权威的榜样；（2）习俗的长期性；（3）无知民众的意见；（4）以虚夸的智慧掩饰无知。每一个人都卷入这些困难，人们的状况靠它们维持，因为每个人在生活、学习和职业活动中都用下面三种糟糕的理由达到相同的结论。即：（1）这是我们前辈树立的榜样，（2）这是习俗，（3）这是共同信念，因此必须坚持它。可是，纵使这三种错误被理性令人信服地驳倒，人们还可以原谅他们的无知，第四个障碍总是出现在眼前或嘴边：虽然他不知道任何有价值的东西，但还是无耻地夸大所知道的一切。这样，他压制并避开真理，满足于可悲的愚蠢。"[③] "四障碍说"是对经院学术的尖锐批判。崇拜权威是以圣徒和教父言论定是非的教条主义，因袭旧习是恪守传

---

① 《大著作》，2 部 1 章。HCP， p. 308。
② 同上书，2 部 5 章。SMP，Ⅱ， p. 28。
③ 同上书，1 部 1 章。PMA， p. 440。

统的保守主义，服从一般人信念是盲目的信仰主义，夸夸其谈是不学无术的文字游戏。罗吉尔·培根虽然推崇奥古斯丁以来的神学传统，他的著作也常引述权威意见为论据，但他深感现有学术状况的堕落、懒惰、无知与虚浮已到非改变不可的地步。他的揭露激怒了同时代的权威，他非但没有铲除这些障碍，反被障碍所窒塞。

《大著作》等作品是写给教皇的申诉，其中突出了学术改革计划的神学意义、宗教目的，主要是出于说服教皇的现实考虑。从罗吉尔·培根设想的新科学内容来看，他提倡的革新只与哲学有关，这里的"哲学"指与神学有别的一切世俗学问的总称。他把哲学分为数学、语言学、透视学、实验科学和伦理学五个部分。这种分类与亚里士多德关于科学的分类不同。更重要的是，他对这些学科性质的论述显示出与经院研究不同的科学理性精神。下面分别介绍他的这些论述。

一、数学。罗吉尔·培根认为数学是最基本的科学，用他的话来说，数学是"其他科学的大门和钥匙"。他提出五项理由说明数学的重要性。第一，"其他科学都以数学为模式"。数学是演绎推理的典范，不懂数学的人必不会进行演绎推理。柏拉图学园门楣上"不懂几何学者莫入此门"的铭文也是这个意思。第二，"对数学真理的理解是天赋的"。[①] 这是从学习和教育的开端说明数学的启蒙作用。苏格拉底使儿童"回忆"起数学定理的故事被引述为数学先天性的例证，儿童和青年人最适合于学习数学的事实说明数学不依赖于经验。第三，"适合我们的自然途径是由易到难"。数学是最先被掌握的学问。儿童从学唱歌时就学会比例、和谐概念，有些人即使不懂其他学问，也不乏计数、作图的本领。第四，数学是单纯的学问，它是"既为自然所知，又为我们所知"的对象。[②] 这里需要说明，中世纪"知"的观念有适合自身本性

① 《大著作》，1 部 3 章。PMA，p. 441。

② 同上书，1 部 3 章。PMA，p. 442。

的意思。数学是自然和人共同所知的对象，因为自然和人的本性都适用于数的规定性。数学把人和自然统一起来。第五，“我们在数学中能够达到没有错误的完全真理以及在各方面都无可置疑的确信”。[①] 数学真理精确、可靠，以它作为其他科学的基础可使人类知识大厦根深蒂固。上述第一、五两条建立了以数学方法为模式的认识论标准，第二、三条阐述了以数学观念为典范的天赋观念论，值得注意的是第四条，它说明了数学在自然研究中的关键作用。“数学为自然所知”和中世纪后期流行的“自然是上帝用数学写成的大书”的说法是一致的。罗吉尔·培根的上述思想在 17 世纪也产生了非凡的反响，可以说，近代唯理论与数学的联盟也是以上述几条理由为支柱的。

二、语言学。罗吉尔·培根认为语言是一切科学表达、传递的方式。他的“语言学”概念已超出了中世纪“三科”范围。他说语法研究不应只限于拉丁语，应考虑到拉丁语的母语，以及各种语言，如希伯来语、希腊语、阿拉伯语与拉丁语的关系。他在语言学方面的思考可以说是最早的翻译理论。这一理论有如下要点：第一，一个语言的特质永远不会被翻译在另一种语言之中；第二，拉丁语缺乏许多必要的词汇来指示外国作者描述的事物；第三，翻译者不但要完全掌握两种语言，而且要非常熟悉原著的论题；第四，现存文本中有许多遗漏、混乱和被败坏的段落；第五，古代典籍中外国语言的隐喻不是完全不可理解的；第六，《圣经》的拉丁文本败坏了原本，并且越来越坏；第七，在一个文本被修改的地方，译文的意思通常要以模糊为宜；第八，在拉丁语法以希腊语、希伯来语的语法为楷模的地方，混乱就会发生。

三、透视学。透视学与光和视觉有关。他说，透视学是“最美丽的科学，其他科学可能更加有用，但没有一门科学有如此欢悦和美丽的

---

① 《大著作》，5 部 1 章。SMP，Ⅱ，p. 61。

效用”。透视学从光的本性和人的感官结构两方面说明人的视觉。罗吉尔·培根根据透视原理，首次提出了望远镜的设想。他的透视学的基础是感性认识论。他在这里使用分析的方法，把感觉对象分析成 29 个感觉要素（Sensibilias），它们分属二个层次。简单层次是每一感官的单独感觉，称作“专门感觉”，计有：视觉感知的光和颜色，触觉感知的热与冷、干与湿，听觉感知的声音，嗅觉感知的气味和味觉感知的味道，共九种。第二层次是专门感觉的复合，称作“一般感觉”，计有：距离、位置、体积、形状、大小、连续性、单独性、数量、运动、静止、粗糙、光滑、透明、厚度、阴影、模糊、美、丑、近似、差别 20 种。以感觉要素为材料的想象力可以判断事物的其他性质、状态和关系。比如，从位置感觉可以判断事物次序，从位置与次序的复合感觉可以判别书写符号或绘画，从形状感觉可以判断事物的曲、直、凸、凹，从数字（连续性、单独性）的感觉可以判断事物的多少，从近似与差别的感觉判断事物间相同或大小关系，从对脸的形状、动作感觉可以判断人的喜怒哀乐，从对脸的形状和眼泪运动的感觉可以判断哭泣，等等。罗吉尔·培根对感觉由简单到复杂，最后到对事物判断的感性认识过程作了详细的分析。以后的经验论者也是沿着这条分析的思路来说明感觉现象的，现代分析哲学家为了说明感觉对象的简单性和客观性，借用了拉丁文 Sensibilia 这一概念。应该肯定，罗吉尔·培根是英国经验论的先驱。

四、实验科学。罗吉尔·培根是第一个使用“实验科学”（Scientia experimentalis）概念的人。他认为实验科学是最有用、最重要的科学。我们已经说过，13 世纪人们所说的科学主要指“证明科学”。“实验科学”与“证明科学”的关系如何呢？罗吉尔·培根指出：“推理和经验是两种获得知识的途径，推理达到结论并使我们认可这一结论，但并没有给予我们摆脱一切怀疑的确定性。只要结论没有通过实验的途径，心灵就得依赖对真理的直观。很多人在一些问题上提出理论，但因为缺乏经验，他们的理论是无用的，既不能使他们求善，也不能使他们避恶。如果一个从未见过火的人用推理证明火能灼伤人、毁坏物品，他那接受这一结论的心灵仍不信服。除非他用实验证明理论的道理，把手或其他可燃物置于火中，他是不会避开火的。但一旦做了这个燃烧实验，心灵相信真理的证据。因此，推理不是足够的，但经验是充分的。”培根的另一些结论是：“没有经验，就没有东西可被充分地认识”①，“一切事物都必须被经验所证实”。② 他从三个方面论证了实验科学的优越性。首先是它的实证性，他能够证实证明科学的结论。他一方面承认证明科学的必要性，另一方面坚持实验科学的充分性。换句话说，如果说演绎推理是确定知识的必要条件的话，那么实验科学就是确定性的充分条件。他以对虹的解释例，说明演绎和实验的差别。亚里士多德在《气象学》卷三称虹为太阳与星星之间的垂直线，塞尼卡称之为神的笏杖，彩环是日冕，这些说法是不可证实的。罗吉尔・培根设想用晶体做实验，看一看晶体的折射光的七种颜色，再看一看车轮甩出的水珠折射出同样的颜色，心灵便可知道虹是水气反射太阳光而形成的自然现象。通过实验，人类还可以掌握无数制造彩虹的方法。其次是实验科学的工具性。没有实验的帮助，其他科学便不能达到目的。在此意义上，实验高于思辨和学艺。实验可以窥测自然的奥秘，发现过去和未来，谁掌握了实验科学，谁就有了制造奇妙效果的力量。他呼吁：“凡是希望在现象背后获得无可置疑的真理的欢乐的人，都必须知道如何献身于实验。”③ 最后是实验科学的实用性。实验不仅是其他科学的工具，而且是达到任何人为目的之工具。比如，医学实验可以找到延长生命的途径，国王和教皇若支持实验科学研究，可以发明很多挫败异教徒

---

① 《大著作》，6 部 1 章。PMA，p. 445。

② 同上书，6 部 1 章。PMA，p. 446。

③ 同上书，PMA，p. 446。

的军事武器。他设想潜水艇、飞机、机车、望远镜在战场上的用途，是为了劝说统治者对他的研究纲领的支持，但这些设想却启迪了后人的智慧，他获得实验科学先驱的称号是当之无愧的。

罗吉尔·培根对实验科学实证性、工具性和实用性的阐述在充满思辨玄想和文字争论的学术气氛中有如空谷足音，人们直到 17 世纪才普遍接受了这样的观念。当然，生活在 13 世纪的培根对经验的理解不同于近代科学的经验。他说："经验有两种，一种是通过我们外部感觉获得的，通过这一途径，我们以工具获得天上事物的经验，以视觉验证关于地上事物的经验。另一种是关于不属于这个世界事物的经验，我们通过那些对之有经验的科学家来认识它。"① 后一种经验是内在的精神体验，"对之有经验的科学家" 指神学家。现在人们所说的经验往往指第一种经验。但除了这些日常经验和科学经验之外，一些人的宗教情感与特殊体验是否也是一种经验？这是一个仍然困惑现代人的问题。罗吉尔·培根对两类经验所作的划分虽然打上他所处时代的烙印，但至今仍未失去意义。

五、伦理学。罗吉尔·培根说伦理学是最好、最高尚的科学，它是一门实践的行动学问，关系到现世和来世的生活，伦理学包括关于人神关系的形而上学与神学，关于人与人社会关系的民法和关于个人行为的道德准则三部分。他的指导思想是基督教义，同时也吸收了古代法律和道德观念。他明确指出："拉丁人和希腊人那里知道人的权利与法律，这就是来源于亚里士多德、提奥弗拉斯及其继承者、雅典人梭伦的十二铜表法。"② 这是对法律起源的世俗性解释。他对个人道德准则的看法主要以斯多亚派哲学家塞尼卡、西塞罗的观点为根据，把互利原则作为个人行为的基础，同时也说明基督教信仰对于个人道德修养的必要性。

① 《大著作》，PMA，p. 446。

② 同上书，7 部 2 分部 2 章。SMP，Ⅱ，p. 96。

《大著作》试图调和古代伦理哲学与基督教道德修养的努力出自改变社会风气、纯洁教会的实际考虑，他在《哲学纲要》一书中明确宣布了与学术改革纲领相配套的道德改革纲领，在题为《普遍的腐败》论文中，他抨击教廷贪欲泛滥、傲慢与妒忌成风，高级教士搜刮财物，无视灵魂拯救，新建立的修会也失去尊严，世俗统治者互相压榨和欺骗，商人和手工业者中充满着虚伪、欺骗和奸诈。他说："我们这个时代充满了比以往任何时代都严重的罪孽。" 相比之下，古代哲学家的教导尤其可贵："古代哲学家们尽管没有鼓舞人们追求永恒生活，但无论就其生活方式的可敬，还是就其对一切世俗情趣、财富和荣誉的蔑视来说，都无可比拟地优于我们。任何人都可以从亚里士多德、塞尼卡、西塞罗、阿维森纳、阿尔弗拉比、柏拉图、苏格拉底等人的著作看到这一点。" 他发出了"必须纯洁教会" 的呼吁，[1] 提出以古代伦理学和基督教相结合的精神力量，以教权与王权相结合的权力以及物质之剑和精神之剑相结合的措施革除腐败，建立廉洁教会。罗吉尔 · 培根在实践领域提出的激烈改革主张可以使我们更清楚地认识他的学术思想的现实针对性。

哲学史上有两位姓培根的著名哲学家，两者的思想极其相似，他们都以改造人类知识为目的。16 世纪的弗兰西斯 · 培根在《新工具》一书中对学术现状的批判和对未来科学的展望与 13 世纪的罗吉尔 · 培根在《大著作》中的观点相似到可以相互混淆而不分彼此的程度。《大著作》的编辑者布雷基斯说：虽然弗兰西斯 · 培根是"一个不可比拟的卓越作家，但罗吉尔 · 培根具有更健全的判断力，更牢固地把握了演绎与归纳的结合，正是这种结合标志着科学的发现"。[2] 另一位研究者也提醒说："当我们谈到科学中的培根改革时，我们应当提到那个被遗忘

---

① R. Lerner and M. Mahdi (ed.), *Medieval Political Philosophy*, Cornell University Press, New York, 1963, p. 215.

② J. H. Bridges, *The Opus Majus*, Vol 1, Clarendon Press, Oxford, 1897, p. 44.

的 13 世纪的僧侣，而不是那个赫赫有名的 17 世纪的大法官，这样可能更加公正。”①

第三节　科隆的经院哲学

科隆在 13 世纪是仅次于巴黎和牛津的又一个经院哲学中心。科隆此时尚无大学，多米尼克会设在科隆的大学馆是经院哲学学生的聚集处。这所学馆由大阿尔伯特于 1248 年创立，他在此教学 50 年，赢得不少追随者。托马斯曾是他的一个学生，后来的多米尼克会学者如芒东内等人把他评价为托马斯的合作者或托马斯主义的代表人物。更新的研究材料表明了大阿尔伯特思想的复杂特征，正如一个研究者指出，按托马斯主义精神评价大阿尔伯特思想“既夸大，又缩小了他的贡献。夸大了他对亚里士多德主义的贡献，因为他根本不是一个纯粹的、自始至终的亚里士多德主义者；缩小了他对托马斯主义之外的其他派别的贡献，他的宽容大度的心灵包罗的众多观念对斯特拉斯堡的神学家和以弗莱堡的蒂特里希为首的新柏拉图主义者都产生重大影响”。② 最后提及的那个哲学派别是十三四世纪之交在科隆地区盛行的神秘主义。研究者在大阿尔伯特著作里既发现了新兴的亚里士多德主义的科学精神，又揭示出传统的柏拉图主义者的神秘因素。前者融合在多米尼克会的托马斯主义之中，后者参与了 13 世纪神秘主义异端的活动。下面分两个阶段介绍科隆的经院哲学的演化过程。

1. 大阿尔伯特

大阿尔伯特（Albertus Magnus，1200 ～ 1280 年）生于豪亨斯陶芬

① F. H. Anderson, *The Philosophy of Francis Bacon*, Chicago University Press, 1948, p. 7.
② D. Knowles, *The Evolution of Medieval Thought*, pp. 252 ～ 253.

斯公国首府施瓦本（现德国境内）的一骑士家庭，年青时在帕多瓦大学求学，1223年在那里加入多米尼克会之后即被派往科隆学习神学，后到多米尼克会德国省的各修院讲授《箴言书》。1243年左右被派往巴黎学习神学，1245年毕业后在巴黎讲学四年，获得神学教授资格，返回科隆主持大学馆。此后除了兼任过三年德国省会长、担任过两年的雷根斯堡主教之外，一直在科隆从事教学和著述。1270年巴黎第一次对亚里士多德主义者进行迫害前夕，巴黎宗教法庭曾派员询问大阿尔伯特的意见，他作了有利于亚里士多德主义者的答复："巴黎的很多人不从事哲学，在那里搞诡辩。"[①]1277年的迫害牵连到托马斯主义时，他以老迈之身亲自到巴黎为托马斯辩护。大阿尔伯特主要著作包括《箴言四书注》，在巴黎写作的《被造物大全》（也被称作《巴黎大全》），晚年写作的未竟著作《神学大全》。他所评注的亚里士多德著作包括《论灵魂》《物理学》《论天》《论生灭》《自然小著作》《动物志》《伦理学》《政治学》《后分析篇》和《形而上学》。他还写了不少争辩问题集。所有这些著作都被编入《大阿尔伯特全集》中。17世纪的里昂版全集共21卷，19世纪末的斐微斯版共38卷。

大阿尔伯特的称号是"全能博士"，他以博学著称。罗吉尔·培根曾这样记叙他的影响力："他在学校里像亚里士多德、阿维森纳与阿维洛伊一样被人引述，但不像那些人，他在世时就被奉为权威"，"他仍在世的时候，就在巴黎被授予博士称号，并在学校里当作权威被引用"。[②]经院哲学的惯例是不以活人著作为权威意见，罗吉尔·培根说人们把大阿尔伯特作为活着的权威，足见他在当时影响之大。大阿尔伯特渊博知识的来源一是对自然的观察，二是古代的和教父的文献，其中的一个主要来源是亚里士多德著作。他是第一个系统、全面地介绍亚里士

---

① 《十五问题集》，1章。M. Haren, *Medieval Thought*, p. 175。

② 《未刊著作》。D. Knowles, *The Evolution of Medieval Thought*, p. 252。

多德著作的拉丁著者。他对传播亚里士多德主义作出的贡献不在阐发或深化了某些具体理论，而在于造就了哲学研究中的科学作风。哲学作为可以公开传授的学问，应该具有系统性和可理解性。他对亚里士多德著作所作的广泛评注是一种再创造。罗吉尔·培根说他像"著者"那样注释。他并不像阿维洛伊那样逐句逐段解释文本，他的解释是文本的重写。他说："用这样的方法，我们可以写作与亚里士多德的著作标题一样、数量同等的著作，甚至可以完成亚里士多德未竟著作和失缺部分，或增加他从未写过的著作，或补充他写过、但现已失传的遗漏著作。"①这样写成的著作才能把形形色色的杂乱思想系统化。大阿尔伯特虽不拘泥于原著，但这并不意味着他主张用神学原则对哲学资料进行剪裁，以自己的好恶来评定哲学观点的是非。相反，哲学作为被严格证明的必然知识要求不偏不倚的公正理解。他说他的任务是阐明而不是改变亚里士多德学说。他的风格是解释多于批评。公正的理解的对立面是无知与偏见，大阿尔伯特反对对新知识不求理解、专挑毛病的风气，他愤怒地说："正是这一类人杀死苏格拉底，把柏拉图逐出雅典，用阴谋迫使亚里士多德出走雅典。正如胆汁的弥漫使身体全部变苦，刻毒的人把学术团体弄得苦涩不堪，使学者们享受不到共同探索真理的甜蜜。"②他说巴黎那些制造迫害的人反对哲学的行为如同"野兽亵渎它们一无所知的东西"③。

为了维护哲学的科学性，大阿尔伯特第一次明确地区分了哲学与神学，他在《神学大全》的开端指出："启示有两种方式，一种通过和我们同样自然的光，这是向哲学家启示的方式。正如奥古斯丁在《论教师》中所说，这种光只能来自上帝的初始光，《论原因》也完全证明了这一

① HCP，p. 669.

② HCP，p. 270.

③ P. Mandonnet, *Siger de Brabant*, Louvain, 1911, p. 50.

点。另一种光朝向高于世界的实在的知觉，它高于我们，神学在这种光中被揭示。第一种光照耀着在自身便可知的事物，第二种光照耀着信条里的事物。”[①] 大阿尔伯特虽然使用了“光照论”的语言，但他提出了一个不见于奥古斯丁主义的重要区分：哲学和神学的认识途径不同，哲学依靠自然之光，按照事物自身认识事物；神学依靠超自然之光，根据信仰认识事物。但两种光都来自上帝之光，哲学与神学路殊归同。大阿尔伯特一方面反对使哲学脱离神学的“双重真理论”，另一方面由认识途径入手区分哲学与神学，他的这一立场也是托马斯主义的出发点。

大阿尔伯特对亚里士多德全部的自然哲学都作了评注，这固然出于自然哲学在大学中已取得了与逻辑同等重要的基础地位，另一方面也反映出他对自然研究的特殊兴趣。在他的注释中，他既阐明事物运动的一般原因和规则，又探讨了天、金属、矿物、植物、动物、环境、人的行为等方面的具体问题。大阿尔伯特对自然现象的研究以观察和描述为基础。为了获得矿物学方面的知识，他还亲自到德国东部的采矿场作过实地考察。他用观察的事实纠正了亚里士多德著作中的错误。比如，亚里士多德说50年之内只能发生两次彩虹，而大阿尔伯特在一年内就看过两次彩虹，因此他得出亚里士多德的说法来自道听途说、没有经验根据的结论。按照他的区分，自然哲学是以实际存在事物为对象的“实在科学”，逻辑推理的方法适用于“语言科学”。他说：“我对研究事物中的逻辑推理不感兴趣，因为这些推理导致很多错误。”但同时他对格罗斯特等牛津学者应用数学研究自然的方法也不以为然，称之为“毕达哥拉斯方式”。总的来说，他使用经验和思辨相结合的方法。与亚里士多德一样，他把经验事实仔细分类，从中区分概念，提炼原则，构建自然体系。

---

① 《神学大全》，1部1篇4题。《十五问题集》，1章。M. Haren, *Medieval Thought*, p. 175。

大阿尔伯特自然体系以创世说为背景。他把创世过程分为四个阶段，每一阶段称作“一纪”（Coaequevus）。《被造物大全》对创世四纪的论述构成了一个关于自然的总的图画。第一纪的被造物是质料。大阿尔伯特肯定质料是最原始的存在，它是一切生成变化的载体。质料是相对于形式的潜在，潜在的质料没有具体的规定性，因而处于普遍的、未分化的状态；但质料一旦与形式相结合构成实体，质料便处在个别的、具体状态，质料因实体而异，不同的运动有不同的载体。大阿尔伯特说，从神学的观点看，质料是最初被创造的一切有朽可变的事物的统一基础，质料是同一的；但从哲学的观点看，质料是千变万化的运动的载体，它要在不同性质的运动中被区分为相应的类别，质料是多样的。原始质料最初获得的形式是元素形式，元素是最初的有形实体。因此，对自然的解释最终都被归结为元素的性质。

第二纪的被造物是时间。时间是专属于生成变化事物的运动的量度。上帝不生不灭不变化，因此不处在时间之中。针对“世界是否永恒”、“世界有无开端”等问题，大阿尔伯特区分了两类运动，第一类是无始无终的运动，这类运动的实体称作“移涌”（aeon），它们随时间一起被创造出来，它们虽在时间之中，但却是永恒的。另一类运动是在时间中有始有终的、因而是有朽事物的运动。两类运动观产生出神学与哲学两种不同的时间观。神学中讨论的时间适用于一切运动着的实体，不管它们是有朽的还是不朽的、有形的还是无形的实体，包括天使的运动在内，神学的时间概念仅给出一切运动的共同量度——持续性。哲学的时间观适用于有朽事物的运动，其特征是连续性，度量连续运动的时间是均匀流逝的“现在”，即亚里士多德所定义的“依前后而定的运动数目”。哲学里讨论的时间有因运动性质不同而不同的多样性；天界物体运动的度量不同于地界物体运动的度量，有形的地界物体运动的度量又不同于无形的理智和意志运动的度量。

在《物理学注》中，大阿尔伯特还区分了关于运动的三种定义：第一种是“形式上的定义”：“潜存东西的现实化”；第二种定义是“物质上的定义”，即，“能动东西的现实化”；第三种是“完全的定义”，即，“推动者之为原因与被动者变化之发生的同时实现”。[①] 根据运动的完全定义，运动是“活动”与“受动”这两个范畴的统一，运动在活动的方面是“为自身”（a quo），运动在受动的方面是“在自身”（in quo）。这两个概念后来演化为黑格尔逻辑学中两个重要范畴“自为”（für sich）和“自在”（in sich），黑格尔也是从辩证运动的主动者和受动者的统一的角度说明“自为”与“自在”关系的。[②]

创世第三纪的被造物是太空，“太空”不等于“天空”。大阿尔伯特用两个后来在哲学史上产生重要影响的概念区分了两者：“有一个能生的自然（natura naturans）和一个被生的自然（natura naturata）；能生的自然是上帝及其创造的天，被生的自然的作品是可生可朽的存在物。”[③] 大阿尔伯特虽然坚持上帝超越时间，但他却未说上帝超越空间，上帝在自然中为自己创造了位置，这就是太空。能生的自然指上帝的领域，又称作“三位一体的天”。太空是观察不到的，我们所知的只是它有“位置”的属性。可观察的天空是充满着运动、变化天体的“被生的自然”。大阿尔伯特推测，在太空与天空之间还有一个“水晶天”，它的质料是透明的水晶，它作齐一的运动，构成了不动的太空与千变万化的天空之间的过渡层。天空由火构造，燃烧的发光体被排列在九层领域，每一天域有各自的运动规则，因而有各自的质料。每层天域都有三个推动者：

---

① 《物理学》注，3卷1篇1～8章。CLM，p. 527。

② 黑格尔在《精神现象学》序言里说：“理性是使自己成了它自在地是的那个东西。……但是，正像亚里士多德把自然规定为有目的的行动那样，目的是直接的、静止的、不动的东西，这不动的东西本身却是推动的，因此就是主体。它的推动力，抽象地说，就是自为的存在或纯粹的不定性。”（《西方哲学原著选读》，下卷，第268～269页。）

③ HCP，p. 287.

第一个是它们运动的共同推动者，即作为第一推动者的上帝；第二个推动者是各自的整体形式，即阿维森纳所说的天体理智；第三个推动者是天体的质料的形式，它由天体的规模大小所决定。第一推动者使所有天体运动，理智的推动使天体作循环运动，每一天体特殊质料的形式使天体按不同规则与周期运动。"三个推动者"的区分既说明了天体运动的一般性、一致性，又说明了每一天体运动的特殊性。

第四纪的被造物是天使。在经院哲学的术语里，"天使"是"无形实体"或"精神实体"的代名词。大阿尔伯特不赞成普遍质型论，他认为质料与形式的区分只适用于有形实体或物质实体，天使无质料。他于是面临着这样一个问题：如何区分上帝与天使的实体性差别？按中世纪传统观念，上帝是单一的精神实体，天使是复合的精神实体。普遍质型论者把"复合"理解为质料与形式的结合，因而论证天使须有"精神质料"之必要性。大阿尔伯特反对"精神质料"的说法，他认为"质料"（hyle）与"物质"两个概念的意义是密切相关的。潜在的质料不等于物质，但这种意义上的质料是不可指示、不可描述的，可指的现实的质料总是物质，具有形体。在这种情况下谈论"精神的"或"无形的"质料岂不是自相矛盾吗？否认精神实体的质料构成并不等于否认它的复合构造。大阿尔伯特把精神实体分析为"是这个"（quod est）与"其所是"（quo est）的组合。自波埃修以来的哲学家已对这一区分作过多方面的阐述，大阿尔伯特为了反对普遍质型论，着重在与质料和形式的区分相对照的情况下说明"是这个"与"其所是"区分的意义。"是这个"指实体的个别存在，"其所是"指实体的本质。本质也是形式，但不是规定某一属性的形式，而是决定整个实体存在的"整体形式"（forma totius），或者说，"其所是"决定了一个实体"是这个"，而不是其他什么。"质料"与"形式"却无如此意义：首先，质料并不决定实体的个别存在，有形实体的个别存在是由质料与形式共同决定的；其次，有形实体的形式并不是整个实体的形式，而是质料的形式，即最初与质料结合在一起的形式，由此形成的实体还会接受其他的形式。无形实体的“其所是”是单一的形式，有形实体的形式则是多样的。可以说，大阿尔伯特在“单型论”与“多型论”的争论中持中间立场。他关于“是这个”与“其所是”区分的思想具有多方面的理论意义，托马斯关于存在与本质的区分的理论从中汲取了丰富的养料。

13 世纪中期，灵魂性质问题成为经院哲学争论的焦点。大阿尔伯特说：“只有同时理解柏拉图和亚里士多德的人才是完善的哲学家；如果我们研究灵魂自身，我们追随柏拉图；如果我们把灵魂作为激活身体的原则，我们同意亚里士多德。”[①] 他认为把灵魂看做独立精神实体的柏拉图观点和把灵魂看做身体形式的亚里士多德观点是可以调和的。灵魂就其自身而言，与天使一样是精神实体，它不包含任何质料，只是“是这个”与“其所是”的结合。它与天使不同之处在于能与身体结合。相对于身体而言，灵魂是质料的形式。与身体分离之后，灵魂仍保持自身的实体存在，并且“是这个”个别存在。他毫不动摇地坚持着“个人灵魂不朽”的立场。

大阿尔伯特否认阿维森纳把动力理智等同于天体光照推动的观点。他解释说，亚里士多德关于动力理智和可能理智的区分指人的灵魂的两种功能，动力理智不是外在于人的灵魂起作用的实体。灵魂的本质（“其所是”）遵从活动与潜在的关系，动力理智是它的活动，可能理智是它的潜在。这并不是说，可能理智中并无任何实际观念，而是说，可能理智接受感觉印象，但自身缺乏把感觉印象抽象为普遍概念的能力。可能理智的感性内容包含着成为理智概念的可能性，因此被说成理智的潜在状态。只是从动力理智那里获得了必要的抽象能力之

---

① 《神学大全》，2 部 69 篇 2 题。HCP，p. 431。

后，理智的潜在概念才在思维活动中转变为现实的概念。大阿尔伯特说："人的动力理智包含在人的灵魂之中，它是单纯的，没有理智的对象，但它通过想象作用在可能理智中产生出理智对象。""理智对象"指普遍概念，它是对感觉印象加以想象，把个别、杂多的素材处理为一般、统一的意念，由此产生出抽象概念。从感觉到概念的想象、抽象活动在可能理智之中发生，但可能理智是消极的，它需要动力理智提供推动力。大阿尔伯特反对把动力理智的推动说成外来光照的隐喻，他说，动力理智是一种生命力，它是灵魂的"激活"的属性，"这就是为什么'灵魂'（anima）的名称来自动词'激活'（animando）的原因"。[1] 从词源学考察，也可证明动力理智只是灵魂的能力、属性，而不是什么最接近人的天体理智。

大阿尔伯特依据动力理智与可能理智之间的关系解释人的认识过程。在被动力理智激活之前，可能理智处于潜在状态，感官是知识的来源，人们只有不确定的感性知识。可能理智被动力理智激活之后，从已有的感性知识抽象出普遍概念，产生对事物本质的理解。最后，可能理智还有记忆贮存功能，将已有的理智概念融会贯通为科学知识。人的意志对理性知识有选择的自由，可以根据行动需要支配、使用或闲置它们。大阿尔伯特虽然否认动力理智为外来的光照，但他仍然努力吸收光照论的基本原则。他说上帝之光在人的灵魂压下的痕迹就是潜在的可能理智，人的动力理智把可能理智激活或"唤醒"，潜在观念随之成为明晰概念。没有神圣的光照，人就不会获得潜在观念；没有人的动力理智，这些潜在观念就不会成为现实知识；两者都是人类知识的来源。在大阿尔伯特认识论中，"人的最初观念究竟来源于感觉，抑或是天赋的"问题尚未明确提出，他有时根据亚里士多德的"蜡块说"肯定前

① HCP，p. 287.

者，有时根据光照说肯定后者。

大阿尔伯特是《尼各马可伦理学》最早的拉丁注释者，他于 50 年代和 60 年代两次作注，他的注释在大学中被广泛采用。他深信亚里士多德的伦理观与基督教道德之间的协调一致。他的哲学解释突出了伦理的世俗性。比如，他虽然相信上帝是包括幸福在内的一切现象的终极原因，但人的行为是获得幸福的直接原因。他明确地说："我们的行动构成了大哲学家所说的幸福的原因。"在介绍亚里士多德的道德观时，他指出："我们这里讨论的是自然德性，而不是神学德性。"[①] 自然的或世俗的德性与神学的或宗教的德性的区分本身就蕴含着人可以不因信仰而获得美德的思想。大阿尔伯特用理智、意志或两者的结合解释人们自由选择的能力，选择有向善倾向，因为人的灵魂有"良心"（Synderesis）这种特殊属性。良心是自然律在人的心灵上铭刻的规则。中世纪"自然律"观念最终归结为对上帝的信仰，但大阿尔伯特着重分析参与道德活动中的各种自然因素，他无需直接地诉诸基督教信仰。巴黎大学艺学院的教师在讲解大阿尔伯特的注释时，进一步发挥了其中的世俗观点，比如，一个名叫杜埃的詹姆士的教师说："上帝不能直接赋予幸福。"[②] 这一说法遭到"77 禁令"的谴责。

大阿尔伯特的理论综合了亚里士多德与柏拉图的学说。他的学生的理论倾向不再是综合，而是分离，他们努力把大阿尔伯特阐明的柏拉图主义分离出来，结合伪迪奥尼修斯、爱留根纳等人的思想，发展了神秘主义的理论和实践。13 世纪后期，一直被误作为亚里士多德《论原因》一书的真实文本——普罗克鲁斯的《神学要义》被莫尔伯克的威廉翻译出版，他还翻译了普罗克鲁斯的另外一些著作，如《论天意和命运》《论恶的本性》以及《柏拉图的〈蒂迈欧篇〉和〈巴门尼德篇〉注》

---

① CLM, p. 660.
② CLM, p. 664.

等。这些著作第一次向经院哲学家展示了新柏拉图主义的真实思想。大阿尔伯特的学生雨果·瑞佩林（Hugh Ripelin）、乌里希·恩格尔伯提（Ulrich Engelberti）发展了新柏拉图主义。弗莱堡的蒂特里希（Dietrich de Vrieberg）依照普罗克鲁斯的著作，解读了以前被误作为亚里士多德思想的新柏拉图主义观点。蒂特里希的主要著作《论理智与理解》一书把"太一"解释为高于"存在"的范畴。太一被说成上帝最初的显象，被等同于圣道。太一向外弥散才生成出"存在"。当新柏拉图主义的理论在科隆兴起时，科隆所在的莱茵地区也发生了神秘主义的群众运动，教皇要求德国的多米尼克会负责指导这一运动。新柏拉图主义的理论于是与神秘主义的实践结合在一起，神秘主义者不仅是理论家，而且是身体力行的传道者。他们的领袖是艾克哈特。

2. 艾克哈特

约翰·艾克哈特（Johannes Eckhart，1260 ～ 1327 年），大阿尔伯特在科隆的学生，德国图林根人。从巴黎大学神学院毕业后曾在巴黎与科隆教授神学。1290 年起任多米尼克会萨克森等地的分会长。他传授的神秘主义在生前已遭到教会的反对，在他逝世二年之后，教皇约翰廿二世对他所宣扬的 28 个命题加以谴责。这些命题为我们了解 14 世纪神秘主义异端提供了重要线索。这些命题包括："（1）创造是上帝的永恒活动。这是指主动的创造，被动的创造不是永恒的；（2）世界是永恒的，因为上帝在永恒的圣道中创造世界。……（4）灵魂中有不被创造也不能创造的东西；（5）上帝既非善，又非全善、至善，当我们说上帝为善时，如同颠倒黑白；（6）所有被造物是纯粹的无，这不是指它们的缺乏，而是指它们什么都不是；（7）任何活动，包括恶与罪都显示、闪耀着上帝的荣光；……（13）上帝热爱人的灵魂，而不是外功；……（15）在不追求外物、名誉、功用、圣事、奖励和天国的人中间，在摒弃所有这一切（包括财产）的人中间，上帝才赐予荣誉；……（17）一个善人，灵魂高尚的人是上帝唯一的圣子，上帝永恒的作品；……（23）上帝是可能的和现实的一，在他理智之中或之外都不存在多，那些只见区分或对立的人不会认识上帝；……（27）善人的意志服从上帝的意志，他意愿上帝意愿的一切；如果上帝要他不时犯罪，他就不得不想犯罪，这是真正的苦修；（28）一个犯有千桩罪恶的人如果出自好意，那么他就是在不得不有意犯罪。”[①] 这些被谴责的命题大概是从艾克哈特传教言论中摘录出来的，它们表达了神秘主义和泛神论的创世观、灵魂观和伦理观。这些观点是艾克哈特从新柏拉图主义理论中引申出的结论。为了理解他的论证，我们还要到他的主要著作，他对《圣经》的《创世记》《出埃及记》《传道书》《智慧书》等篇章所作的注释中去寻找答案。

艾克哈特熟悉亚里士多德、大阿尔伯特和托马斯的著作，他常常使用哲学语言表达神秘主义的宗教信仰。经院哲学家把《圣经》里耶和华所说的“我是我所是”这句话与“存在”的哲学概念相联系，把上帝解释为最高存在、存在自身。艾克哈特却把上帝等同为“太一”，把“存在”看做从属于太一并从太一中派生出来的东西。关于上帝与存在的关系，他有两种说法。在早期著作《存在问题论辩集》中，他明确否认上帝为存在。他说存在是上帝的创造，存在属于一切被造物，但不属于造物主，正如眼睛看到各种颜色，眼睛的晶体却无颜色。上帝必须先于、高于存在，他才能成为一切存在的原因。艾克哈特肯定上帝的本质是理智，故《约翰福音》中有“太初有道”、耶稣说：“我就是真理”（14 章 6 节）这样的记载，这些是上帝是纯理智、纯智慧的见证。至于耶和华的那句话，应按否定神学的方式去理解。摩西问上帝：“你是谁？”上帝不愿回答这样的直露问题，故以“我是我所是”的遁词隐瞒真相。

---

① HCP，p. 757，note 26.

在后来的著作中，艾克哈特经常提到上帝存在。这并不意味他的思想有了根本转变，这只是表达方式的改变。他把奥古斯丁《论自由选择》开头提出的“存在、生命、理解”三大主题与上帝的三位人格相联系：圣父是理智，圣子是生命，圣灵是存在。他颠倒了奥古斯丁提出的顺序，把理智放在首位，因为理智蕴含着生命与存在，而不是相反。石头存在，但石头无理智。有理智的东西必定有生命、必定存在。从哲学上说，只有理智才能是单纯的一，其他东西都不是一，物质存在是质料与形式的结合，精神存在是个体与本质的结合。说上帝是纯理智和说上帝是一同义。上帝的理智优于上帝的存在。用他的话说，“上帝不因存在而知，而是因知而存在”，他还说：“上帝是存在，但存在不是上帝。”[①]存在是在圣父内产生的，在此意义上，存在是上帝的一个人格；但上帝并不为自身而创造存在，他把存在全部赋予世界，圣灵存在于万物之中，在此意义上，存在不是上帝。

同理，通常被归诸上帝的完满性，如善、正义、光等为上帝所创造而又留驻在上帝之中，因此不能说上帝是善。另一方面，这些完满性从外部加诸被造物上面，它们不属于事物的本性。除去被赋予的一切完满性和存在，事物本身一无所有，是纯粹的无。上帝创造完满性是主动的创造，这些完满性使事物从无到有的过程是被动地创造。被创造的完满性是上帝与世界的中介。人一方面像其他被造物一样通过中介与上帝间接联系，另一方面通过其他被造物所没有的灵魂与上帝直接交往。人的灵魂除了包括奥古斯丁所说的理解、记忆和意志三种功能之外，它的核心是神圣理智的“火花”，灵魂的这一部分不是被造的，也不能创造。艾克哈特这一观点接近于“上帝在人心之中”的泛神论。他明确地说：“圣父赐给我一和唯一的圣子，上帝所做的一切都是一，这

---

① HCP, p. 756, note 23.

就是他为什么没有区别地赐给我一和圣子。”[①] 他用宗教语言表达出这样一个道理：上帝是无所不在的统一性，人的存在与神圣的生命同一，与神圣的理智相通。

为了使个人灵魂与上帝直接相通，人必须全心全意地闭锁在灵魂的幽处，与一切不属于上帝的东西分离，既不能追求外物，也不能炫耀外功。祈祷、圣事等活动只是内心修养的准备。传统的道德准则是无用的。最高的美德是贫困，即不知、不做、不占有任何东西，甚至对上帝也无欲求和热忱，因为理智不会欲求自身已经具备的东西。只有摒绝任何追求与占有，灵魂才能从事纯粹的理智活动，才能与纯理智合为一体。这种排斥外求和外功的伦理观把意图、意愿作为决定善恶的唯一标准，把个人与上帝的意志交流作为道德的源泉，从中引申出“良好意愿也会犯罪”、“上帝要我不得不犯罪”的极端观点。艾克哈特说这些话的目的大概是要求人们摆脱宗教戒律和伦理规范的约束，只承认上帝意志的权威。如果说他的神秘主义修养方式包含有什么积极因素的话，那就是对道德意识的自觉自主性与个体化的强调。

艾克哈特去世后，他积极倡导的神秘主义思潮并未被教会的谴责所扼杀。他的门徒约翰·陶勒尔（John Tauler）与亨利·苏索（Henry Suso）在 14 世纪继续推动神秘主义运动发展，使之蔓延到低地国家、英国和西班牙。为了取得合法地位，他们小心地避开了艾克哈特思想中新柏拉图主义、泛神论因素，结果使神秘主义丧失了原先的哲学思辨性，局限在群众性的宗教精神生活的范围之内。艾克哈特的新柏拉图主义则在学术界流传，对 15 世纪库萨的尼古拉产生了一定的影响。更为重要的是艾克哈特思想对 16 世纪德国宗教改革运动的影响。马丁·路德从中汲取了民族主义的、神秘主义的、反罗马教会的精神。比

---

① HCP, p. 441.

较艾克哈特学说与路德教义，可以发现不少相似之处：两者都强调个人与上帝的直接交往和个人内在精神生活的价值，主张摒弃外功与繁文缛节；艾克哈特把善、正义等完满性视为人与上帝间的纽带，路德也把善与正义看做有待实现的人生历程。有人根据这方面的比较把艾克哈特说成是德国宗教改革的一个先驱。在哲学史上，从大阿尔伯特开始到艾克哈特和库萨的尼古拉等中世纪的德意志民族的哲学家也是德国哲学的先驱。

3. 小结：中世纪哲学的民族性

一般说来，中世纪哲学是国际性的，并没有很强的民族特征。这是因为在 14 世纪之前，欧洲尚未形成民族主义的国家，各民族的思想交流并不受政治、经济和意识形态条件限制，著作的统一语言是拉丁文。考虑到这些历史事实，在中世纪哲学中区分英国、法国和德国等国别哲学是没有充分根据的。另一方面，我们应该承认，中世纪各民族的地域特征与文化差异不可能对哲学没有影响。13 世纪经院哲学的三个中心——巴黎、牛津和科隆在研究侧重点与风格等方面显示出来的差别在一定程度上分别反映了法、英、德三种不同的民族精神，最终导致了法国、英国和德国哲学三种不同的传统。巴黎大学的辩证法风格以论辩和辨析的方法追求思想的清晰与确定。17 世纪由笛卡儿开创的法国唯理论以分析法为起点、以明白、清楚为标准的特点是历史传统长期熏陶的产物。牛津大学的自然哲学传统与近代英国经验论的联系在两个培根的思想对比中显得尤为明确，后来的经验论者也都具有务实的功利目的、相信经验检验的证实精神以及重视数学与实验的科学态度。科隆的学者追求综合、统一的思辨以及对纯粹、内在的精神生活的向往在莱布尼茨以后形成的德国哲学里被继承与发扬。

我们还可以在另一种意义上谈论中世纪哲学的民族性，即各民族在不同的时期对哲学的贡献是不同的。概括地说，12 世纪哲学的主角是法国人，这一时期的重要哲学家，除圣安瑟尔谟之外，几乎全都是法国人。13 世纪的哲学是意大利人的骄傲。虽然我们在本章提到的巴黎、牛津和科隆学者的重要性是无可置疑的，但 13 世纪哲学的方向是由两个意大利学者——托马斯和波那文图拉代表的。14 世纪的哲学舞台上由英国人称雄，这一时期哲学的两大思潮——司各脱主义和奥康主义的创始人都是英国人。

第八章　托马斯主义

托马斯·阿奎那(Thomas Aquinas，1224/1225～1274年)生于意大利的洛卡塞卡堡，该城堡是阿奎那家族的领地。阿奎那家族是伦巴底望族，与教廷和神圣罗马帝国皇帝都保持着密切关系。但当弗里德利克二世皇帝与教皇冲突时，托马斯的哥哥莱捷纳因参与谋杀皇帝的阴谋而被处决。托马斯5岁时被父母送到著名的卡西诺修道院当修童，父母希望把他培养成修道院长。1239年被革除教籍的弗里德利克二世派兵占领并关闭了卡西诺修道院，托马斯才结束隐修生活，进入那不勒斯大学学习。这所大学由弗里德利克二世创办，不受教会禁令约束。托马斯在这里接触到亚里士多德的形而上学、自然哲学与逻辑学著作，并于1244年加入多米尼克会。修会计划把他送到波洛尼亚的总堂深造，但在半路被他的兄弟劫回家囚禁，以阻止他与多米尼克会的往来。1245年他摆脱家庭控制，被修会送到巴黎的圣雅克修院学习，直到1248年大阿尔伯特在科隆开设大学馆时，他才随之来到科隆继续学习。他在大阿尔伯特指导下学习《圣经》、伪迪奥尼修斯著作以及《尼各马可伦理学》等课程。托马斯体格硕大，沉默寡言，同学以“西西里哑牛”[①]绰号相称。大阿尔伯特独具慧眼，预言道：“这只哑牛将来会吼叫的，他的吼声将传遍世界。”[②]在他的推荐下，1252年秋托马斯进入巴黎大学神学院学习，1256年春完成学业。学校没有授予托钵僧侣神学

① 托马斯家乡当时是西西里王国的一部分。

② 傅乐安:《托马斯·阿奎那基督教哲学》，上海人民出版社，1990年，第4页。

硕士学位的先例，世俗学生和学者都不愿开此先例，只是由于教皇亲自出面干预，托马斯和波那文图拉才于同年 9 月在卫兵的护卫下取得学位。从此他登上讲坛，正式开始了教学生涯。托马斯的教学与著述活动可分为四个时期。

一、第一次巴黎时期（1256 ～ 1265 年）。托马斯在巴黎大学讲授《箴言书》，课堂讲稿被汇编为《箴言书注》，约 180 万字，占其全部著作字数的 1/8。这一时期著作还有《论存在与本质》、《论自然的原理》（1253 ～ 1255 年）、《论真理》（1256 ～ 1259 年）、《波埃修〈论三位一体〉注》（1257 ～ 1258 年）、《神学纲要》等。他的代表作《反异教大全》也在这一时期完成。1259 年托马斯回意大利度假时，多米尼克会总会长圣莱芒德要求他写一本书指导在西班牙摩尔人中间传道的修士。这部著作的标题反映了写作动机，但它的基本内容并不是论战，而是用基督教徒与异教徒共同认可的理性证明基督教信仰，因此又有"真理大全"之名，还有人主张称之为"哲学大全"。

二、罗马时期（1265 ～ 1268 年）。这一时期托马斯受修会委托创办罗马大学馆，馆址设在圣萨比纳修母院。他在这里讲授的内容被整理成《论上帝的力量》、《论恶》（1265 ～ 1268 年）、《论被造的精神》、《论独立实体》（1267 ～ 1268 年）、《论灵魂》（1267 年）等论辩集。从 1267 年开始，他开始了另一部代表作《神学大全》的写作。这部书是为训练初学者的目的而写的，1268 年已完成了该书第一部分。

三、第二次巴黎时期（1268 ～ 1272 年）。关于托马斯重返巴黎大学的原因，过去流行的说法是：他受教廷派遣到那里抵制亚里士多德主义。但这仅仅是一个猜测。据维施普尔（J. A. Weisheipl）最近的研究材料，托马斯受多米尼克总会委派到巴黎的主要目的是消除以吉拉尔（Gerard）为首的巴黎大学世俗学者反对托钵僧势力造成的不利影响。[1]

---

① J. A. Weisheipl, *Friar Thomas D'Aquino*, Doubleday, New York, 1974, p. 236.

托马斯在此期间站在两条战线论战，他一方面反对艺学院的激进的亚里士多德主义，写了《反阿维洛伊主义论理智的统一性》（1270）的论文，另一方面也反对神学院的以法兰西斯会学者为代表的保守的奥古斯丁主义，写了《论世界的永恒性》（1271）一文。在围绕亚里士多德主义的争论中，他深感正确理解原著的重要性，对《物理学》《后分析篇》《解释篇》《政治学》《伦理学》《论感觉》《论记忆》《论灵魂》，以及伪亚里士多德著作《论原因》作评注。这一期间著作还有：《神学大全》第二部分、《论德性》、《论自然的秘密》、《论爱》、《论希望》、《德行总论》等。

四、那不勒斯时期（1272～1274年）。1272年4月托马斯被修会召回，委以建立全修会的学术中心——总学馆的重任。他选择那不勒斯为馆址。1272年春到1273年秋，他同时在学馆与那不勒斯大学任教。这一时期完成了对《形而上学》《论天》《论生灭》的评注，著有《论谬误》《论元素》等，未完成对《气象学》的评注与《神学大全》第三部分的写作。从1273年12月起托马斯突然停止写作。1274年2月健康状况急剧恶化，3月死于前往里昂参加主教会议的途中。托马斯于1323年被教皇廿二世追谥为圣徒，他的全集有四个版本，其中以1570年的庇护版和1882年的利奥版为权威版本，利奥版到1971年已出版48卷。

托马斯无疑是中世纪最重要的哲学家。托马斯主义不仅是经院哲学的最高成果，也是中世纪神学与哲学的最大、最全面的体系。我们着眼于哲学思想，对托马斯主义作择要介绍。

第一节　哲学与神学的关系

哲学和神学、理性和信仰的关系问题是中世纪哲学的一个基本问题。教父著作中理性辩护主义与信仰主义的矛盾，经院哲学初建时辩证法与反辩证法的争论都是围绕这一问题展开的。通过几番争论，正统的神学家成功地把理性变成信仰的驯服工具，把哲学当作神学的附庸。奥古斯丁主义混淆神学和哲学的观念普遍为人们所接受。早期经院哲学的一般倾向是把神学当作真正的哲学，或者把哲学当作神学的理性内容与论证方法。13世纪兴起的亚里士多德哲学突破了传统的哲学概念。亚里士多德哲学显然不从属于基督教神学，但这并不影响它的卓越地位。即使不赞成亚里士多德主义的神学家亦不得不承认它博大精深，是完满的哲学体系。大阿尔伯特提倡用公正的态度理解亚里士多德哲学，实际上已经把它作为不同于神学的科学来研究。托马斯在新的思想条件下调整了神学与哲学关系，他一方面明确地区分了哲学和神学，指出它们是两门不同的科学；另一方面又坚持神学高于哲学的传统立场，杜绝用哲学批判神学的可能性。他的立场是主张哲学消融在神学之中的保守立场与主张使哲学与神学彻底分离的激进立场的折中。虽然他重申“哲学是神学的婢女”的传统口号，但却赋予它新的含义：哲学好像是有独立人格的婢女，为主人服务是她的工作性质，但她的人身并不依附主人。托马斯说：“基督教神学来源于信仰之光，哲学来源于自然理性之光。哲学真理不能与信仰的真理相对立，它们确有缺陷，但也能与信仰的真理相类比，并且有些还能预示信仰真理，因为自然是恩典的先导。”[①] 托马斯并不完全否定“双重真理”的说法，但也作了新的解释：“我说关于神圣对象的双重真理，在上帝方面，却无双重真理，他是单一、简单的真理，只是在对应于神圣真理的人类知识多样性之中，才有双重真理。”[②] 确切地说，所谓双重真理只是达到同一真理的两条人类知识途径。

托马斯在《神学大全》的开端对哲学与神学各自的科学性质作了论证。他的第一个问题是：“除了哲学科学之外，是否需要其他学问？”

① 《波埃修〈论三位一体〉注》，2题3条。STP，p. 30。

② 《反异教大全》，1卷9题。STP，p. 30。

这一问题是针对用哲学代替神学的倾向而提出的。哲学家以哲学研究对象包罗万象为由，把哲学说成包括所有知识的科学体系。托马斯首先反对把哲学看做知识总汇，他提出了区分科学的一个重要原则："科学依它们认知对象的方式不同而不同。天文学家和物理学家都证明同样的结论，比如，地球是圆的，天文学家使用数学方法（对物质的抽象），物理学家却通过对物质本身的研究。同理，哲学科学通过自然理性之光研究被认知的对象，当这些对象在神圣的启示之光中被认知时，没有理由说没有其他能够认识它们的科学。因此，包含在神圣学问中的神学和作为哲学一部分的神学是不同的类别。"[①] 托马斯认为，区分科学的标准不在于研究对象，而在于研究方式，同样的对象可以被不同的方式所认知而成为不同科学的研究对象。神学和哲学有着共同对象，如上帝、创世、天使、拯救等，但哲学以理性认识它们，神学靠天启认识它们，两者因此是两门独立科学。既不能因为哲学研究神圣对象而将它归属于神学，也不能因为神学依赖理性而否认它的独立性。哲学与神学有着共同研究对象意味着两者内容有相互重合部分，这一部分就是上述引文中提到的"作为哲学一部分的神学"，现在通常称之为自然神学。自然神学以自然理性认识神学道理，如上帝存在和某些属性。"包含在神圣学问中的神学"即现在通常所说教理神学，它是只能依靠天启和权威来信仰的神学道理。托马斯认为，以前神学家企图用理性来证明的"三位一体"、"肉身化"、"赎罪说"等信条其实是理性所不能认识的，应归于教理神学。

托马斯接受了亚里士多德关于理论科学与实践科学的区分。在理论科学中又区分了具体的实验科学和一般的说明科学，后者依理性抽象能力的不同水准被分为自然哲学、数学与形而上学三门学科。自然

① 《神学大全》，1 集 1 题 1 条。PMA，p. 480。

哲学包括研究无生命物质的宇宙学和研究生命、尤其是人的灵魂的心理学;形而上学则包括知识论、存在论和自然神学。按照这一知识结构,自然哲学与形而上学其他部分与神学的区别是明确的,容易混淆的只是自然神学与教理神学的区别。因此,当托马斯致力于区别哲学与神学时,他的主要目标是区分理性与信仰。

《神学大全》的第二个问题是:"神圣的学问是否是一门科学?"这一问题是针对否认教理神学科学性的人提出的,问题的核心仍然是理性与信仰的关系,问题是这样引起的:有人坚持科学依靠理性原则,既然教理神学依靠信仰,当然不能成为一门科学。托马斯利用亚里士多德的"证明科学"观念论辩道,科学是从第一原则推理的演绎系统;教理神学和自然神学一样使用演绎推理,它们之间的分歧仅在于自然神学用理性发现并证明演绎的前提,教理神学因天启知道并坚信同样的前提。他说:"我们必须牢记在心:有两种科学,有些科学靠自然理性之光认知的原则,如代数、几何等……神圣科学接受上帝揭示的原则。"[①] 判断一门学问是否科学的标准取决于它是否是一个演绎体系,而不取决于它如何认识和证明演绎的前提。因此,既不能因为教理神学依靠信仰认识它的原则而否认它是一门科学,也不能因为它运用了辩证法而把它归诸哲学。

托马斯按照不同的认识方式区分哲学与神学的论证保证两者有着共同的原则。如果依认识方式考察,哲学与神学可以说是双重真理,但就其内容而言,它们属于相同的原则,是对同一对象的共同认识,因而是等同的。确切的说法不是"双重真理",而是"神学真理的双重规则"。[②] 这种区分可以引起进一步争论。人们有理由反问:既然人的自然理性可以独立地认识上帝,那么天启和信仰还有什么作用呢?为什

① 《神学大全》,1 集 2 题 1 条。PMA, pp. 480 ~ 481。
② 《反异教大全》,1 卷 3 题。STP, p. 29。

么在自然神学之外还需要教理神学呢？对此，托马斯回答说，虽然人人都有自然赋予的理性，但充分发挥理性是艰苦的努力，需要充裕的时间，只有少数人才情愿或能够充分使用理性，这些人在经过长期训练和艰苦探索之后才能获得一部分真理；因为人的理性是不完善的，在运用过程中不免产生混乱、错误与不确定。总之，哲学是少数人的危险历程，如果哲学是通晓关于上帝真理的唯一途径，那么大多数人将失去这一真理，这将违反上帝拯救人类的目标，因此是不可能的。他说："既然人只能在上帝之中才能获得完全的拯救，这取决于对上帝的真理的认识，人类为了以更合适、更确定的方式获救，必然要通过神圣启示获得神圣真理的教诲，因此，除了理性研究的哲学科学之外，还必须有一门通过启示的神圣科学。"①

然而，人们又要问：既然启示能够"以更合适、更确定的方式"拯救每一个人，少数哲学家何苦要通过艰难而充满错误的理性途径达到这一目标呢？这回轮到托马斯为哲学的生存权利辩护了。他有一句名言："恩典并不摧毁自然，它只是成全自然。"② 人的理性属于自然，"凡是自然的东西不会完全枯萎"。③ 人首先总是通过自然理性的努力力争实现自己的目的，人依靠恩典而获得启示，没有启示的帮助，人很难仅靠理性而被拯救。但恩典的赐予是以自然属性为基础的，上帝只赐福给努力实现自己自然禀性的人。托马斯说："自然之于赐福是第一与第二的关系。赐福以自然为基础。"④ 自然与恩典相辅相成的关系是人类同时需要哲学和神学的根本原因。具体地说，哲学对于神学有以下作用："第一，我们可以用哲学证明信仰的前兆。在信仰的科学中必然有

① PMA，p. 480.

② 《神学大全》，1集1题8条。STP，p. 320。

③ 同上书，2集2部126题1条。STP，p. 31。

④ 同上书，1集62题7条。STP，p. 31。

一些可用自然理性来证明的道理，如上帝存在、上帝是一等关于上帝和被遗物的命题。信仰倡导这些被哲学证明了的命题。第二，我们可以使用哲学来类比信仰，比如奥古斯丁在《论三位一体》中从哲学家的学说中找出相似观点解释三位一体。第三，我们可以使用哲学批驳违反信仰的言论，显示其错误或不必要。”[①] 总之，哲学的作用被限定在证明、解释和保护信仰的范围之内，这与奥古斯丁、安瑟尔谟等人的立场并无根本区别。但他对哲学与神学性质与任务的区分具有不可磨灭的创新精神：他是中世纪第一位肯定哲学独立于神学的哲学家和神学家，他承认哲学家可以按照自然赋予的理性探索真理，这为哲学的解放开辟了道路。托马斯之后的哲学沿着与神学相分离的方向发展，这虽然有违他的初衷，但却并非是他所始料未及的。他在著作中已经把历代神学家争论不休的许多重大问题排除在哲学理性思维之外，哲学的神学内涵被缩小在“自然神学”问题的范围之内，这些问题主要来自亚里士多德的“第一哲学”或神学。《反异教大全》一书的结构是按哲学与神学相区分的思想安排的。这部书的结构如下：

第一部分：
- 卷 1：上帝存在及属性
- 卷 2：作为造物主的上帝及被造物
- 卷 3：上帝的天命和终极目的——善

第二部分：卷 4：
- 上帝的三位一体
- 上帝的业绩：赎罪、恩典、肉身化
- 作为人生目的之上帝：复活与赐福

第一部分是哲学，1 ～ 3 卷内容分别与亚里士多德的形而上学、自然哲学与伦理学相对应。卷 4 的内容对于亚里士多德来说是不可理解的，它是只能通过基督教信仰被认识，属于教理神学。

① 《波埃修〈论三位一体〉注》，11 题 1 分题 3 条。

后期写作的《神学大全》中哲学论题与神学论题按同样原则被区分。这部未完成的著作有如下结构：

第 1 集：论上帝与人

第 2 集：论人的活动 { 上部 / 下部 }

第 3 集：论教会的圣事

第 1 集的内容是自然神学与自然哲学，第 2 集的内容是伦理学，第 3 集属于教理神学。

在托马斯著作中，很难从论题内容上区分神学与哲学，因为自然神学被看做哲学的一部分；但却可以区分自然神学与教理神学，后者的问题不可能为人的自然理性所解决，只能诉诸信仰。理性与信仰的区分确切地说不是哲学与神学的区分，而是自然神学、哲学与教理神学的区分。托马斯虽然仍在哲学中讨论神学问题，但他试图把神学中的哲学问题从神学中分离出来，这是哲学走向独立的第一步。

第二节　上帝存在的证明

中世纪的神学家始终为一个问题所困扰：有限的、不完善的人如何能够认识无限完善的上帝？在这一问题上有两种倾向：一种强调人与上帝的相似性，把人类语言所能描述的最好属性归诸上帝，这是按照自身形象想象神的人类主义倾向；另一种倾向强调上帝至高无上的超越地位，否定人的思想和语言可以弥合人神之间不可逾越的差距，这是企图通过否定人自身的道路到达不可言说的境界的神秘主义倾向。托马斯把两者的分歧归结为这样一个问题："是否可用单义的称谓同时说明上帝与被造物？"一个称谓如果能够同时表述上帝和被造物，那么它的意义便是单一的；相反，一个相同的称谓在表述上帝与表述被造物时有着不同的意义，那么它就是一个多义词。比如，在“耶稣是善的”与“苏格拉底是善的”这两句话里，如果认为“善”的意义相同，那么，人们可用单义称谓同时表述上帝和被造物；反之，认为“善”在两句话中意义不同，便否认用单义称谓表述上帝的可能性。显然，前一种意见代表了人类主义倾向，后一种意见代表了神秘主义倾向。托马斯说，我们用来表述上帝的称谓，如存在、真、善、美、智慧、力量、仁慈等既不是单义的，也不是多义的。它们不是单义的，因为造物主与被造物不可能具有同等的完善性，被造物从造物主那里获得的完善性受到自身缺陷的限制，因而是有限、不完全的。他说：“正如太阳的力量在地上产生出多种多样形式的事物，存在于被造物中的分散的、多样的完善性曾经以统一的方式存在于上帝之中。”同一称谓表述的两种完善性不可能同一。另一方面，这些称谓也不是多义的。这是因为造物主与被造物的完善性有等级高低、程度多少、范围大小的区别，但并不是完全不同的性质。如果说，被造物的完善性是对造物主完善性的分有，那么至少应该承认分有者与被分有者之间的相似性。托马斯称之为“类比”：“上帝的称谓与被造物的称谓的意义是依造比例的类比。”[①] 这里所说的“比例”指等级秩序，造物主把被造物安排在高低不等的位置，每一被造物享有与它地位相配的完善性，处于等级顶端的造物主具有最高的完善性，等级之中的被造物依次被赋予等而下之的完善性。托马斯说：“类比是介于完全多义性与纯粹单义性之间的表达方式，处在类比关系之中的观念不像在单义关系中那样是同一的，但也不像在多义关系中那样是差异的。用类比方式使用的名称以多种意义表示对象的不同比例关系，比如，当‘健康’这一词被用来描述尿，它表示动物健康的征状，当它被运用于医学之中，它表示健康的原因。”[②] 同样，当“善”被运

① 《神学大全》，1 集 13 题 5 条。PMA，p. 493。

② 同上书，1 集 13 题 5 条。PMA，p. 494。

用于人时，表示善的表现，当它被运用于上帝时，表示善的终极原因。

托马斯提出的类比是单义与多义中介的思想，取自亚里士多德对"存在"意义的分析。亚里士多德在《形而上学》中指出，"存在"既不是单义词，也不是多义词，而是有一个中心意义的近义词。托马斯也说，"存在"是"第一个非单义的类比名称"[①]。他区分了上帝的存在与被造物的存在，又区分了被造物中精神实体与物质实体的存在。"存在"被运用于不同对象时意义不同，但都与上帝的存在相联系，或者说，都应在与上帝存在类比的关系中被理解。托马斯所说的类比已经超出了语言意义的范畴，他把类比意义与事物的等级地位相联系，认为意义的充足程度与事物的等级高低成比例。意义的类比蕴含着这样一些因果关系：造物主：被造物=原因：结果，高一级被造物：较低级被造物=原因：结果。托马斯关于上帝存在与属性所作的证明都是按照类比推理与因果推理相结合的方式进行的。

按托马斯区分，论证有归纳与演绎两种：归纳从个别到一般，演绎从一般到个别。演绎再被分为先天演绎与后天演绎两种。"先天"（a priori）的意思是从在先的实在开始；因为原因是先于结果的实在，先天论证实际是由因推果的过程，这在逻辑上又称"因此之故"（propter quid）的推理。"后天"（a posteriori）的意思是从首先注意到的东西开始；因为我们首先注意到的总是既成事实，总是某些原因造成的实际结果，因此，后天论证是由果溯因的过程，这在逻辑上可称"既然如此"（quia）的推理。托马斯认为任何关于上帝存在的证明都是演绎证明，而且只能是后天论证。他把安瑟尔谟的"本体论证明"作为先天论证的一个范例。他指出，这一论证是不成功的，因为，"一个听到'上帝'这个词的人或许并不理解它的意思是一个不能设想比之更伟大的东

① 《神学大全》，1集13题5条。PMA，p. 494。

西。有人以为上帝是一个形体。但假设人人都能按照设定的那个意思来理解这个词，并不能由此推出这个东西必然存在于现实，或任何超出心灵对象的东西。我们也不能断言它必定在现实中存在，除非我们承认现实中有一个不能想象比之更伟大的存在者，但那些否认上帝存在的人恰恰不承认这一点”。[①] 托马斯对安瑟尔谟先天证明的态度与高尼罗的批判相似，但他着重指出观念不是存在的原因；如果以先天方式证明上帝存在，那只能从最高原因，即作为最高存在者的上帝出发，但这恰恰是把需要证明的结论当作证明的前提，这样的证明是无效的。有效的证明只能从我们熟知的事实出发，追溯它们的原因，推导必定有一个终极原因存在。按照后天证明的思路，托马斯提出了五个证明。

第一个证明依据事物的运动。这个证明是这样的：我们可以感觉到有些事物在运动，运动是一个事实。究其原因，一事物运动的原因在于另一事物的推动，每一推动者又被其他事物所推动，由此构成了运动的因果系列。这一因果系列最初必然有一个不动的推动者，他启动了前因后果的因果链，自己却不受任何东西推动。“每一个人都知道这个第一推动者就是上帝”。

第二个证明依据事物的动力因。经验告诉我们：没有事物是自身的动力因，每一事物都以一个在先的事物为动力因，由此上溯，必然有一个终极的动力因。因为一个序列如果没有开端，那么也不会有中间和终端，如果没有终极的动力因，也不会有中间原因和最后结果，这违反了动力因按序列排列这一明显事实。因此，我们必须肯定动力因序列是有限的，存在一个终极的动力因，“每一个人都称之为上帝”。

第三个证明依据可能性与必然性的关系，它包括两个步骤：第一步由可能存在推导必然存在，第二步由事物的必然存在推导自因的必然

---

① 《神学大全》，1集2题2条。PMA，p. 487。

存在。我们看到，自然事物处于生灭变化之中，它们可能存在，也可能不存在。现在有某些事物存在的事实告诉我们："有些事物必须作为必然的事物而存在，否则的话，在某一时刻一切事物都可能不存在，而事物若不凭借某种存在的东西就不会产生，如果在某一时候一切事物都不存在，这将意味着任何事物都不可能成为存在，这样一来，现在也不可能有事物存在了"，这显然是荒谬的。因此必须肯定有必然存在的事物。如果继续追问必然存在的原因，那么应该承认："有些事物的必然性是由其他事物造成的，有些则不是。"因为如果追溯事物必然存在的原因，一个必然事物造成另一个必然事物的序列不可能无限延伸，最后必然会到达一个终极的必然存在，"它自身具有自己的必然性而不从其他事物那里获得必然性，不仅如此，它还使其他事物获得必然性"。这个必然存在的终极原因或自因就是上帝。

第四个证明依据事物完善性的等级，它也包括两个步骤，第一步证明有一个最完善的东西的存在，第二步证明这个最完善的东西是其他事物完善性的原因。托马斯说：我们看到一切事物都有或多或少的完善性，如真、善、美等，但是，这些多样化的完善性都是相对于一个最高的完善性而言的，只是在它们与这个最高完善性相比较的意义上，我们才判断它们具有某种程度的完善性。因此可以肯定存在着一个最完善的东西。并且，它是其他一切事物完善性的最高原因。因为事物不同程度完善性是完善性序列的不同环节，在完善性序列中，比较完善的事物是低一级事物的原因，最完善的事物是所有或多或少完善的事物的终极原因，"正如火是最热的，因此是所有发热事物的原因。同理，必定有一个最完善的事物作为所有事物的存在、善以及其他完善性的原因，我们称之为上帝"。[1]

---

① 《神学大全》，1 集 2 题 3 条。PMA，pp. 489 ～ 490。

第五个证明依据自然的目的性。据托马斯说，我们看到即使无理性的自然物也朝向一个目的活动，它们总是遵循可以达到最佳后果的同一条路线活动。它们活动的目的性与齐一性证明它们的活动不是偶然、随意的，而是有预谋的。预谋需要知识与智慧，如果没有一个有知识、有智慧的存在者指导，没有理智的自然物怎么可能朝向它们的目的活动呢？正如没有射手，箭就不会飞向目标一样，必定有一个目的之预谋者安排世界的秩序，他就是上帝。

历史的考察表明，第一个证明出于亚里士多德“第一推动者”观念，第二个证明同样来自亚里士多德的运动观，第三个证明首先由阿维森纳提出，第四个证明包含在柏拉图思想之中，由奥古斯丁和安瑟尔谟正式提出，第五个证明来自亚里士多德的“目的因”观念。托马斯按照“由结果追溯原因”的思路，对这五个证明作了全面总结与概述，它们与安瑟尔谟的本体论证明一起构成了基督教哲学关于上帝存在证明理论的主体，后来哲学家提出的证明一般都以它们为基础。康德在《纯粹理性批判》对“理性神学”的批判以上帝存在证明为目标，他把历史上所有关于上帝存在的证明分为三类：宇宙论证明、物理学-神学证明和本体论证明。宇宙论证明相当于托马斯提出的前三个证明，其特点是把宇宙分析为几组有限的因果链，证明上帝是这些因果链的开端。物理学-神学证明又称作目的论证明，其特点是用人类的特征比附物理世界，证明世界的秩序由一个有理智、有目的的主宰按照人类的完善化理想安排。康德的批判确实击中了这些证明的要害，但他认为宇宙论证明和目的论证明都可归结为本体论证明，这显然没有考虑到托马斯区分先天证明和后天证明的理由。托马斯主张的后天证明从经验观察的事实出发追溯它们的超验原因，他遵循的是由感性上升为理性的亚里士多德主义认识原则，这与奥古斯丁在人的内心深处挖掘以及安瑟尔谟在先天观念的意义领域分析的证明方式大相径庭。这里已经可以看出亚里士多德主义与奥古斯丁主义的分野。

第三节　存在与本质的区分

在托马斯之前，哲学家已对“存在”的概念作了较为详尽的分析，其中最著名者是波埃修关于“是这个”与“存在”的区分以及阿维森纳关于“存在”与“本质”的区分。13 世纪前期的经院哲学家奥维尼的威廉、大阿尔伯特等人的著作中两种术语已经统一，波埃修所说的“存在”（或“形式”）相当于阿维森纳所说的“本质”，意思指决定一个实体之为这一个实体的“其所是”；波埃修所说的“是这个”相当于阿维森纳所说的“存在”，指附属于本质的一个性质。按照这些区分，一个实体在存在之前首先要有本质，“其所是”决定“是这个”。这种解释强调形式决定实体，本质先于存在，反映了柏拉图理念论的基本立场。托马斯创造性地发挥了亚里士多德实体论的“存在优先”的基本原则，扭转了形而上学中的柏拉图主义倾向。为了理解托马斯的存在理论，首先必须弄清楚他对与“存在”概念有关的一些术语的解释。

一、存在（esse）。托马斯说，“存在”的意义来自动词“是”（est）：“‘是’本身的意义并不指一个事物的存在，……它首先表示被感知的现实性的绝对状态，因为‘是’的纯粹意义是‘在行动’，因而才表现出动词形态。‘是’动词主要意义表示的现实性是任何形式的共同现实性，不管它们是本质的，还是偶然的。”① 托马斯所说的现实性即纯粹活动，“存在”的本来意义指活动本身，它赋予一切事物现实性，并不指某一个或一类事物，就是说，存在自身不等于一个事物的存在。在此意义上，他把上帝等同为存在自身，因为“上帝是全部的现实性，就其自身

① *On Spiritual Creatures*, trans. M. G. Fitzpatrick, Marquette University Press, Milwaukee, 1949, pp. 52 ～ 53.

而言，他是不掺杂潜在性的纯活动；就其与现实的事物关系而言，他是它们的缘由"。[①] 把"存在"解释为"纯活动"或"现实性"是托马斯思想的一个关键所在。他有时把"存在的活动"作为"存在"的同义词，以示"存在"不同于"存在的事物"。

二、存在者（ens）。"ens"是动词"est"的名词形式，可直译为"是者"。它的意义是"是一个东西"，故译为"存在者"。托马斯指出："它的意义是复合的，因为它指示一事物具有存在。"[②] 存在者与存在的区别在于存在是活动，存在者是活动的承受者，在存在活动中获得现实性的东西。托马斯在解释波埃修关于"存在"与"是这个"的区分时说："存在的行动和被存在行动作用的东西是不同的"[③]，他指的是"存在"与"存在者"的区分。另外，虽然"存在者"与"实体"两个概念都指称存在的具体事物，但两者的内涵是不同的。他说："存在是一个实体被称作存在者的依据。"[④] 实体是存在者，因为每一实体都具有现实性，但实体不等于存在者，因为实体中还包含有潜在性。"存在者"这一概念强调实体的最根本状态——存在状态，并说明它的存在状态不是自有的，而是在存在活动中所获得的现实。最后，"存在者"也不同于"事物"（res）。托马斯指出："存在者是存在活动产生的个体，但'事物'这一名称表达了它的属性。"[⑤] 引文中"属性"（quiddity）是疑问代词"什么"（quid）的名词形式。"事物"的定义总是对"它是什么"问题的回答，并不涉及"它是否存在"的问题，后者与"存在者"的概念有关。总之，存在者、事物、实体三者的关系是这样的："存在者"表示实体的存在状态，"事物"表示实体的本质属性，"实体"的完整意义是"存在着的事物"。

① 《论上帝的力量》，3 题 1 条。STP，p. 132。

② *On Spiritual Creatures*, trans. M. G. Fitzpatrick, Milwaukee, 1949. p. 52.

③ 《论真理》，19 题 1 条。SMP，Ⅱ，p. 169。

④ 《反异教大全》，2 卷 54 题。

⑤ SMP，Ⅱ，p. 164.

三、“自有的存在者”（ens a se）与“共有的存在者”（ens commune）。这两个概念是对“存在者”意义所作的进一步区分。我们已知存在者是存在活动的承受者，但存在活动自身也需要体现者，“存在”并非没有行动者的纯粹活动。“存在”自身的活动者是“自有的存在者”。“自有”（a se）是“自己是自身原因和来源”的意思，即“自因”。“自有的存在者”是“存在”与“存在者”无区别的唯一例外。托马斯认为两者只有在上帝之中才能达到统一，只有上帝才是“自有的存在者”；他既是赋予一切事物存在的纯粹活动，又是这一活动的自因，即通过自身活动而自满自足的存在者。上帝说：“我是我所是”，这句话的意思是“我乃自有的存在者”。

“共有的存在者”是表示一切存在者的普遍概念。托马斯认为任何普遍概念都是从具体的、可感的个别事物中抽象出来的，如果我们把事物各自具有的本质、属性一一排除，那么剩下的就是它们共有的最一般、最普遍的东西——存在状态，它是“存在固定于、留驻在存在事物的东西”。[①]“共有的存在者”的概念是理智抽象的终极产物，表示一切事物共同享有的存在。托马斯认为，亚里士多德所说的形而上学研究的“存在之为存在”指的是“共有的存在者”，因此形而上学是最抽象、最普遍、因而也是最高的科学。但形而上学可最终归结为神学，因为神学所研究的上帝，或“自有的存在者”是最纯粹的存在、存在自身和自因。可以说，神学位于最高科学的顶峰。

“自有的存在者”和“共有的存在者”的区别可被归结为以下四个方面。第一，“共有的存在者”表示所有事物的共有存在，适用于一切事物；“自有的存在者”表示上帝的单一存在，只适用于一个对象。第二，“共有的存在者”是多中的一、个别中的普遍，它存在于事物之中，

① 《反异教大全》，1 卷 20 题。

犹如共相存在于殊相之中；“自有的存在者”是事物存在的外部原因，超越一切事物，如托马斯所说：“任何个别存在的充足原因不可能来自存在之为存在的共同性。”[①]第三，“共有的存在”是事物存在的共性；“共有的存在”决定每一事物存在，决定不同事物存在的个性，托马斯说：“上帝知道事物不仅因为它们享有一般的现实性，而且根据它们的特征”；另一方面“多样的、不同的事物从它们所共有的东西，而不是从使它们特殊的东西中得到统一性”。[②]第四，“共有的存在者”是理智抽象产物，抽象概念的内容与它所概括的对象不是整体与部分的关系，用他的话来说，“共有的存在者这一概念既不盈也不缩”，它不受存在事物数量多寡的影响；“自有的存在者”是纯粹、简单的概念，它“包含着所有种类的完善性”，“不能再被充盈……因为纯粹存在不缺乏任何完善与崇高”。[③]就是说，“自有的存在者”是一切事物存在的整体，每一事物存在都是它的一部分，缺少了任何一部分都会缩小它的完善性。

四、“是这个”（quod est）和“其所是”（quo est）。按以前哲学家的理解，“是这个”表示实体的个别存在，“其所是”表示决定实体本质的形式，这一解释基本符合亚里士多德区分“是这个”（*tode ti*）和“其所是”（*ti estin*）的原意。托马斯认识到这种解释是实体论中的理念论残余，不符合以存在为中心的形而上学精神。他不受亚里士多德原文和柏拉图主义传统的束缚，创造性地重新解释了这一区分。按他的解释，“是这个”表示实体所具有的本质或形式，“其所是”则是本质借以实现的存在，这完全颠倒了这两个术语的传统意义。我们首先看看托马斯这样做的理由。我们知道，“存在”概念来自“是”动词的意义，当用“是”动词表述一个对象时，可以表示三种基本含义：第一，说明它“是

① 《形而上学》注，4 章 2 节。STP，pp. 5 ～ 6。
② 《神学大全》，1 集 14 题 6 条。STP，p. 104。
③ 《论存在和本质》，7 章。STP，p. 154。

不是”；第二，说明它“是什么”；第三，说明它“何以是”。传统上认为，“是这个”回答对象是否存在，“其所是”回答对象是什么，表达在描述本质的定义中，本质定义在回答了对象“是什么”的同时也回答了它为什么是这样。托马斯一反传统思路，他认为“是这个”回答了对象“是不是”和“是什么”的问题，“其所是”回答“何以是”，即它为什么是这样的问题。在他看来，问题的区分不应以“是不是”为一方，以“是什么”与“何以是”为另一方，而应该以“是不是”与“是什么”为一方，以“何以是”为另一方。他说：“‘这是什么’与‘它是否存在’问题的比较等于‘它的原因何在’与‘它是如何造成的’问题的比较。”[①]“比较”在这里是相关之意。托马斯认为，“是不是”与“是什么”两个问题是不可分割的，他说：“我们不可能意识到一事物的存在却又没有以某种方式大致地了解它是什么。关于存在的知识蕴含着某些关于本性的知识。”[②]另一方面，知道一事物“是什么”不一定知道它为什么是这样，“知其然而不知其所以然”的状态就是“是什么”与“何以是”问题相分离的明证。按托马斯的区分，“是不是”、“是什么”两个相关问题为一组，“何以是”、“怎样是”两个相关问题为另一组，它们的答案回答了“存在”（“是”）的意义。“是这个”与“其所是”分别是回答这两组问题的概念。托马斯的分析如下。

表示“是这个”的拉丁文短语是“id quod est”。指示代词id（这）表示一个事物，关系代词quod充当从句主语，“是”（est）动词被译为“存在”，这个短语的完全意义是“存在着的一个事物”。如前所述，这指的是一个实体。托马斯在分析“是这个”的意义时说：“它既表示一个事物，如‘这个’所云，又表示存在，如‘是’所云。”[③]“是”肯定它是

① 《形而上学》注，7章17讲。STP，p. 68。
② 《波埃修论三位一体》注，6题3条。STP，p. 68。
③ *On Spiritual Creatures*, trans. M. G. Fitzpatrick, Milwaukee, 1949, p. 52.

一个存在者,"这个"肯定它是一个事物。如前所述,"事物"这一概念表示实体的属性,回答"是什么"的问题。因此,"是这个"的概念不只表示实体的个别存在,它还表示实体的本质;它表示存在与本质共同构成的个别实体,并不只表示实体的一个构成要素。

表示"其所是"的拉丁短语是"quo aliquid est"。短语主词 quo 是指示代词"这"及其关系代词(quod)的夺格,表示别的东西对"这"一东西的依靠,不定代词"某一东西"(aliquid)是从句主词。短语的完整意思是:"是某物所凭借的东西"。我们把它译为"其所是",这一译法可作不同理解,关键在于"所"字的作用:若把"所"理解为助词,"其所是"的意思是"它是如此这般的东西";若把"所"理解为因果连词"所以","其所是"的意思是"它是某物所以如此的原因(缘故)"。前一种是把"其所是"等同为"如此这般"的形式、本质的传统理解,后一种是把"其所是"作为实体的本质与存在的原因的托马斯主义的理解。托马斯在解释波埃修"'是这个'不同于存在"这句话时说:"'是这个'是存在着的实体。如果它是有形实体,它就是由质料与形式组成的事物;如果它是无形实体,它就是简单的形式。'其所是'是被分有的存在,因为只有分有了存在自身的东西才是个体。"[1] 他用"分有"存在的理由解释为什么某一事物"是这个"的原因。事物的本质是由它的形式决定的,但形式本身并不包含存在;只有当形式从纯存在,或存在的活动,或自有的存在者那里获得所需要的存在,它才转变为实体:或直接变成无形的实体,或与质料相结合变成有形的实体。形式借以成为一个实体的现实性就是"其所是",即它所分有的存在。

五、存在与本质(essentia)。托马斯把亚里士多德关于活动与潜在关系的学说运用于存在与本质的关系。任何事物、形式或本质在未

---

① PMA, p. 476.

获得存在之前都只是一种潜在，一种可能性。存在的特征在于它的现实性，它是使潜在转变为现实的活动。他说："存在表示某种活动，因为一事物并不因其潜在而被称作存在，它的存在基于它在活动这一事实。"① 按现实与潜在的关系理解存在与本质的关系，存在高于、优于和先于本质。本质依赖于存在，没有存在，就没有实在的本质。托马斯说："事物的任何卓越性都是存在的卓越性；假如没有人的实际智慧，就不会有智慧的美德，同理也不会有其他美德。"② 存在是自在的活动，有着自身的原因，不因与本质发生联系而增加自身的完善。他说："存在无所不在。当一个人产生时，首先出现的是存在，其次是生命，再次是人性，他在成为人之前首先是动物。依此后推，他首先失去理性，但生命和气息留存，然后他失去这些，但存在仍留。"③ 他批判了把存在当作实体可有可无的偶性的观点、本质先于存在、决定存在的观点。他指出这些传统观念出自这样一种偏见，即认为"存在如同原初质料一样是最不完善的，因此，正如原初质料可被任何一种形式所规定，存在因为它的不完善性，可以被一切谓项表述的性质所规定"。托马斯针锋相对地说："我在这里把存在理解为最高的完善性，因为活动总比潜在更完善。形式若无具体存在，将不会被理解为任何现实的东西……显然，我们在这里所理解的存在是一切活动的现实性，因此是一切完善的完善性。"④ 托马斯颠倒了传统哲学中存在与本质的位置，以一种存在主义代替本质主义。吉尔松认为这是革命性的变化："作为一种哲学，托马斯主义实质上是一种形而上学，他对第一原则，即存在的解释是形而上学历史上的一场革命。"⑤20 世纪存在主义哲学家海德格尔批判传统

---

① 《反异教大全》，1 卷 22 题。
② 同上书，1 卷 28 题。STP，p. 74。
③ 《论原因》注，10 章 1 节。STP，p. 134。
④ 《论上帝的力量》，7 题 2 条。
⑤ HCP，p. 365.

形而上学把存在混淆为实体，没有把存在理解为活动过程，把存在归结为本质等观点。如果他认真理解托马斯主义，他或许不会再有如是说。他视作具有革命意义的“存在不是存在者”的“存在论区分”，我们已经在托马斯著作中读到了。

形而上学是以“存在”意义为中心的实体论。托马斯的形而上学以存在和本质关系的学说为枢纽对实体的等级、构造与类别作了全面论述。他把实体分为以下三类。

上帝是最高实体。作为存在的原因和自因，上帝是存在与存在者的统一，存在与本质的统一。托马斯说：“上帝的本质就是他的存在。”[1] 他的论证是这样的：对一实体可用三种方式分析它：一是区分它的种与属差，二是区分它的形式与质料，三是区分它的主动与被动部分。但这三种区分都不适用于作为存在自身的最高实体。因为，第一，存在不属于任何“种”和“属”，形式逻辑中“种加属差”的定义方法不适用于“存在”概念；第二，存在是纯行动、纯粹现实性，不能蕴含着本性为惰性与潜在的质料；第三，被动也违反了存在的活动本性，存在是不包含任何被动部分的单一行动。托马斯对上帝实体所作的说明以存在活动的完整、纯粹、单一为基础。他虽然反对关于上帝存在的先天证明，但他对上帝本质所作的分析已经包含着上帝就是存在自身的结论。他的“后天证明”归根到底以这一先行的观念为隐蔽的前提。

第二类是精神实体。托马斯说：“我们在被造的精神实体中看到本质，它们的存在活动不同于它们的本质。虽然它们的本质是非物质的，它们的存在活动不是独立的，而是获得的。这一活动被自身本性的接受能力制约、限定。”[2] 精神实体从上帝那里获得使之成为现实的存在活

---

① 《论存在和本质》，6 章。*On Being and Essence*, trans. A. Maurer, Pontifical Institute of Mediaeval Studies, Toronto, 1949, p. 45。

② 同上书，5 章。*On Being and Essence*, trans. A. Maurer, Toronto, 1949. p. 32。

动，它的本质是固有的潜能，它限制实体接受什么样的现实以及多少现实。精神实体之中存在与本质，或活动与潜在的区分意味着它们不可能完全、充分地接受或分享纯粹存在，这一点把它们与上帝区别开来。另一方面，精神实体只有存在与本质区分而无形式与质料区分，这一点又把它们与物质的或有形实体区别开来。托马斯说，一切被造实体都是现实与潜在的复合体，但现实与潜在关系有两种：一种是存在与本质的关系，另一种是形式与质料的关系。精神实体只有第一种区分，它们是不包含质料的复合体。他反对普遍质型论，认为只有物质实体才有质料，没有什么"精神质料"。他说："按恰当的、一般可接受的意义理解质料，质料不可能是精神的。"[①]"普遍质型论"者的错误在于只知道形式与质料的结合，不知道存在与本质的结合，他们从承认一切被造物都是现实与潜在的结合这一正确前提出发，推导出它们全都是形式与质料的结合的错误结论。

第三类实体是物质实体。它们包含着存在与本质以及形式与质料的双重区分。托马斯说："在由质料和形式组成的实体中，活动与潜在有双重组合：一是实体的组合，即质料和形式的组合，二是已经成为复合物的实体与存在的组合。第二重组合也可称'是这个'和'存在'，或'是这个'和'其所是'的组合。"[②]"组合"是限制被接受的存在活动的方式。托马斯谈到"来自上面的限制"和"来自下面的限制"，前者是本质对存在的限制，即实体的潜在本质对存在活动的限制。本质在接受存在活动之后，由潜在变为现实的形式，它还要受到来自下面的潜在质料的限制。物质实体按照潜在本质和潜在质料的双重限制接受它们的现实性，它们因而比精神实体享有更少的完善性。

托马斯从存在与本质、形式与质料关系入手，把实体看做由高级到

---

① 《论精神被造物》。PMA，p. 473。

② 《反异教大全》，2卷54题。

低级的等级系统。上帝实体没有存在与本质区分，精神实体含有存在与本质区分，物质实体含有存在与本质、形式与质料双重区分。区分越多，对现实性的限制越大，完善性越小。

第四节　形式与质料

托马斯对亚里士多德著作的解说不仅有创造性的发挥，而且有深入细致的辨析、答疑。他对亚里士多德的“四因说”作了进一步的分析，对“四因”概念作了如下区分。

- 内因
  - 质料因
    - 原初质料：有形实体的潜能。
    - 第二性质料：变化的载体、存在着的形体。
  - 形式因
    - 实质性形式：有形实体的基本现实。
    - 偶性形式：上述基本现实的附加规定性。
- 外因
  - 动力因
    - 第一因＝上帝
    - 第二性原因（因果关系）
      - 主因：出自形式的原因
      - 辅因：出自形式活动机遇的原因
  - 目的因
    - 目的
      - 终极目的：第一因的目的＝上帝
      - 非终极性目的：第二性原因的目的
    - 手段

除了“四因”之外，托马斯承认理念原型也是一种原因。不过，“原型因”不是物理事物的原因，而是心灵运动的外在动力因。

托马斯的“内因”概念表示物质实体的内部构造。亚里士多德在笼统的意义上使用“形式”这一概念，它既指实体的本质，又指偶性。托马斯区分实质性形式与偶性形式，澄清了“形式”概念的含义；更重要的是，在当时的理论环境中，这一区分具有反“多型论”的意义。按奥古斯丁最初想法，一事物的形式是多种多样的，从最低级的适应一般质料的普遍的“形体形式”开始，直到决定该事物特殊个性的最终形式，构造了这一事物的形式系列，这些形式共同决定了它的本质。犹太哲学家阿维斯布朗周密论证了宇宙的形式等级体系，提出适用一切实体的多型论。他的著作传到拉丁世界之后即与奥古斯丁主义传统结合在一起，加强了多型论的影响。神学家之所以倾向于多型论，在很大程度上出自维护“灵魂不朽”教条的动机。他们唯恐采用单型论之后，就会论证相反的结论，即：既然灵魂是一个人身体的单一形式，它在身体死亡之后将不能独立存在。多型论却可以用“形体形式”随身体死亡、个人的特殊形式不朽的理由论证个人灵魂不朽。托马斯根据他的存在学说指出，灵魂相对于身体而言是单一的形式，但就其自身而言，灵魂与其他精神实体一样是存在与本质的复合体。因此，灵魂脱离身体意味着形式与质料关系的解体，质料现实性的丧失，但这并不影响灵魂内部的存在与本质关系，它仍然是具有现实性的形式。因此，承认灵魂是身体单一形式并不导致否认灵魂不朽的结论，抛弃多型论是可能的。再者，抛弃多型论也是必要的。根据他的存在学说，形式是存在活动的接受者，不同形式以不同的方式接受或限制存在活动，由此产生出决定不同实体个性的特殊本质。如果两个实体有着共同的实质性形式，那么只能用偶性区别它们。但“实体”恰恰是由“存在”意义规定的概念，每一个实体都以其独特的存在方式而与其他实体相区别，它的存在的独立性应该是它的实质性形式的单一性。如果按偶性区分实体，那么实体的区分是偶然的、随意的，在很多时机是无法辨认的。因此，托马斯得出相反结论：实质性形式决定实体的特殊性，它们之间共同或相似性是由偶性形式决定的。

托马斯对奥古斯丁主义的“种质论”同样持否定态度。“种质”概念有蕴藏在质料之中的未展开的潜在形式的意义。托马斯不能接受"质料"概念的这一含义。对他来说，形式与质料关系是现实与潜在关系，只有相对于形式的潜在质料，没有相对于质料的潜在形式。"潜在质料之中的潜在形式"更是一个矛盾、混乱的概念，犹如"黑夜中的黑牛"、"虚空中的空相"之类说法一样。当然，托马斯并没有否认形式的潜在性，但潜在的形式是相对于存在的活动而言的。相对质料而言，形式总是活动与现实。托马斯用"形式活动"这一概念说明相对于质料的现实性，正如他用"存在活动"这一概念说明相对于形式的现实性一样。托马斯有时也使用"种质"这一术语，把它的意义限定在生命活动领域。他认为"种质"是有生命实体的潜在形式。我们知道，形式的潜在是对存在活动的一种限制，"种质"的作用是把存在活动限定为生命过程，并把生命限定为物种的形态。他说："存在就其最一般意义而言并不必然包括生命和意识，分享存在的东西并不一定分享存在的每一样式。"[①] 生命是存在的特殊样式，它是"种质"接受存在活动的产物。对"种质"的这种理解是托马斯存在学说的一部分，与传统的种质论有根本区别。托马斯对普遍质型论、多型论和种质论的批判从亚里士多德主义中剔除了柏拉图主义的因素，净化了亚里士多德哲学的基本原则。

然而，托马斯并没有简单地重复亚里士多德的观点，他看出亚里士多德理论的不完备之处。亚里士多德对质料的论述有矛盾之处，他一方面认为质料是潜在，另一方面又认为质料是运动的载体、变化的不变基质；更为严重的是，他一方面认为质料是无差别的一般状态，另一方面又认为形式是普遍本质，它与质料相结合的意义在于被质料分化为特殊本质，因此质料又被称作个别化原则。托马斯对"质料"概念的意义作了详尽分析，消除了这些矛盾。首先，他区分了"原初质料"与

---

① 《神学大全》，1 集 85 题 1 条。

"第二性质料"，前者是没有任何现实性的纯粹潜在，后者是运动、变化的物质，它已经获得了某种程度的现实性，因而才能成为运动的载体、变化的基质。两种质料的区分实际上是"质料"与"物质"的区分，正是从"第二性质料"的观念中才演化出近代哲学的"物质"概念。

相应于"原初质料"与"第二性质料"的区分，托马斯又区分了不能规定的"共同质料"与具有最低限度规定性的"能指质料"（materia signata）。托马斯明确地肯定："质料是个别化原则。"[①] 但另一方面，他又说："空洞质料自身并不能在现实中单独存在，因为它是纯粹潜在，不是现实存在。"[②] 如果质料只是无差别的、无现实性的混沌状态，它自身尚无规定性，又如何能将普遍形式特殊化为个别特征呢？为了解决这一难题，他提出"能指质料"的概念。他说："我们必须认识到，作为个体化原则的质料不是任何一种质料，而是能指质料。所谓能指质料，我指的是按照一定形状来规定的质料。"[③] 能指质料是可以用直接指称方式辨认的质料，它是有形状大小的质料。能指质料的对立面是共同质料。托马斯说："质料是双重的：共同质料和所指或个别质料。共同质料如同骨肉，个别质料如同这一块肉和这几根骨头。"[④] 当我们在一般意义上谈论质料时，并不涉及它的形状、大小；但所指质料是可以指出的形状、大小，可以用定冠词"这"、"这些"来指示它们。托马斯需要回答这样一个问题：能指质料的形状、大小是从哪里来的？一个最方便的解释是诉诸当时流行的"形体形式"的观念，把能指质料解释为原初质料与形体形式相结合、形体形式赋予质料以形状、大小的产物。托马斯在早期著作《箴言书注》中确实谈到形体形式（forma corporeitatis）

① 《神学大全》，1 集 29 题 3 条。STP，p. 159。
② 同上书，1 集 7 题 2 条。STP，p. 135。
③ 《论存在和本质》，6 章。*On Being and Essence*, trans. A. Maurer, Toronto, 1949. p. 13。
④ 《神学大全》，1 集 85 题 1 条。

是有形实体的第一个实质性形式[①]，但在稍后的《反异教大全》中他已认识到"形体形式"是多型论的残余，他明确地批判了"第一个实质性形式"的提法。[②]他找到一条新思路，仅用单一的实质性形式便可解释与之相结合的质料所具有的形状、大小。他指出："虽然存在着无潜在性的纯粹现实性，然而在自然中没有完全不与现实性联结的潜在性，因此，总有一定的形式与原初质料相联结。"[③]托马斯认为，存在与本质是实际的区分（distinctio realis），但形式与质料却是思想的区分（distinctioratio）：就是说，存在与本质可以在实际中分离，分别处于纯现实与纯潜在状态；但在实际中我们却不能把形式与质料分离开来，实际中没有纯现实的形式和纯潜在的质料，两者不可分割地结合在实体中，形式若与质料分离则成为潜在的本质，质料若与形式分离则化为什么都不是的虚无。然而，我们可以在思想中把质料与形式按照潜在与现实的关系区别开来。托马斯没有把质料看做时间上先于形式的东西，否则的话，他便陷入柏拉图的创式说，即认为先有独立的质料，然后上帝把形式施加其上。他说，上帝从一开始便创造出质料与形式结合的完整实体："正确地说，'被造'这一词应用于可以被正确地说成存在的事物，即完整的实体。"[④]

按托马斯的理解，形式与质料的关系是超时间的逻辑关系，即我们思想可以想象的逻辑可能性。我们可以想象质料的两种可能性：不与某一个特定形式相对应的质料，即共同质料；反之，与某一个特定形式相对应的质料是能指质料。同样，我们可以想象形式的两种可能性：不与特定质料相结合的形式是一般的偶性形式；反之，与特定质料结合的

① 《箴言书注》，1 卷 8 章 5 题 2 条，2 卷 3 章 11 题。
② 《反异教大全》，4 卷 81 题。
③ 《论精神被造物》，STP，p. 151。
④ 《神学大全》，1 集 14 题 4 条。STP，p. 135。

形式总是特殊的现实性，又称“实质性形式”。按潜在与现实的一般原则看待质料与形式，我们谈及共同质料和偶性形式之间的对应；反之，在现实的实体之中，形式与质料的关系是具体的一一对应，两者都是个别的、特定的，它们分别从质与量两个方面规定该实体的特征。托马斯说：“对事物可作双重区别：事物中的质料在数量上各不相同；事物中的形式在性质上各有差别。”[①] 应该说，质料与形式都是个别化的原则，由两者构成的物质实体必定是个别实体。但托马斯却只愿承认质料是物质实体的个别化原则，大概意在强调形状、大小是物质实体的最明显的个别特征。他的“能指质料”相当于后来的“广延”，他的物质实体个别化思想后来演化为把物质实体归结为广延的思想。从古代哲学的“质料”过渡到近代哲学的“物质”经历了漫长的经历，托马斯对“质料”意义的辨析起到承上启下的作用。

第五节　人与灵魂

《神学大全》按照《创世记》的顺序最后讨论“人”这一主题。托马斯的人论遵循两条基本原则：第一，人是由肉体和灵魂构成的有形实体；第二，人的灵魂是单一的精神实体。他在论人的活动时，总是注意区分在肉体和灵魂相结合的条件下人的生命活动以及按照精神实体本性进行的人的灵魂活动。灵魂既是人的一个构成要素，又在人之中保持着精神活动的纯粹性与独立性；它一方面与肉体相结合，另一方面又与精神实体，并最终与上帝相通。但这两方面联系都是出自灵魂本性的自然关系，故此他说：“灵魂学是自然哲学和物理学的一部分。”[②] 在他的灵魂学说与人论里，神学和神秘主义因素被降低到当时历史条件

---

① 《神学大全》，1集47题2条。STP，p. 159。

② 《论灵魂》注，1卷2讲。STP，p. 193。

所容许的最低限度，认识论、心理学、伦理学、行为理论等哲学内容十分丰富，其中有些观点在历史上有重大影响，有些观点至今仍有一定理论价值。下面择要介绍之。

1. 灵魂总论

托马斯的灵魂学说与实体理论相衔接。灵魂被置于存在与本质、形式与质料双重关系中考察。就其与存在关系而言，灵魂是获得存在的纯形式、现实的精神实体，但与其他精神实体相比，灵魂的品位最低，其他那些精神实体被等同为"天使"。托马斯认为每个天使都是一个普遍形式，其普遍性大于物质实体的种类，就是说，每一个天使比一类有形实体更为普遍。天使与具体的质料（即有形的能指质料）之间差距太大，不能与之结合。它只能与相似的天使组合成"天使群"，每一天使群都是亚里士多德物理学体系中的一个有理智的天体。因此，天使是天界实体，与地界的有形实体无涉。然而，灵魂不同于天使的特殊性在于它的普遍性最低，小于有形实体的类，比较接近于质料。肉体在有形质料中品位最高，它与品位最低的精神实体之间差距最小，最适合于与某一个灵魂相结合。灵魂一旦与肉体相结合便产生个别的人，灵魂被个体化为个人灵魂。托马斯反对阿维洛伊关于人类共同灵魂的观念，他指出，灵魂与肉体的自然本性倾向于造就个别的灵魂。他说："'灵魂被肉体的质料个别化，在与肉体分离之后仍保持个别性，如同图章压在蜡块上的印迹一样'，这一命题可被理解为正确的，但也会被误解。如果它的意思是说肉体是灵魂个体化的全部原因，那就错了；如果说肉体只是部分原因，那就对了。肉体不是灵魂存在的全部原因，但灵魂的存在都与肉体有关。同样，肉体不是灵魂个体性的全部原因，但这一灵魂的本性能与这一肉体相结合。"[①] 按这一说法，每一灵魂按其本

① STP, p. 201.

性只适合于一个特定的肉体，反之亦然。每一个人都有自己独特的不朽的灵魂，有多少人就有多少灵魂。

灵魂虽然在与肉体结合之前或分离之后保持其实体的独立性，但在它与肉体结合的全过程中，它只是由此产生的人这一实体的实质性形式，而不是实体之中的另一实体。托马斯认识到，人的灵魂与人的整体之间的关系究竟是形式与实体的关系，还是实体与实体的关系？这一问题是区别亚里士多德主义与柏拉图主义的一个分水岭。在这一问题上，他毫不含糊地站在亚里士多德的立场上。他说："经验证实的是亚里士多德学说，而不是柏拉图学说。"[①] 他批判了"柏拉图及其追随者"所主张的"理智灵魂如同推动者与被推动者那样结合在一起，灵魂在肉体之中犹如舵手在船只之中"的论点。托马斯反驳道：两个实体在一起只能组成"偶性的整体"，而不能组成"实体的整体"。就是说，灵魂实体只是人体的某一部分，而不会渗透在身体的每一部分。为了避免这一后果，柏拉图说灵魂是人的本质要素，而不是与人的其他部分相等同的一个部分，于是提出了"人是使用肉体的灵魂"的著名定义。托马斯指出，人和其他动物都是自然的、感性实体，"有一些行动是灵魂和肉体共有的，感觉和感情是灵魂和肉体的同步功能，它们同时发生，并非互别的存在"。如果肉体不参与人的本质，身心活动的协调一致该作何解释呢？那么，能否用推动者（灵魂）与被推动者（肉体）活动一致性来解释呢？托马斯指出，如果为身体的感性活动设立一个感性灵魂作为它的推动者，那么感性灵魂便成为独立于理智灵魂的另一实体，人的灵魂便分裂为两个实体，这一结论与柏拉图所持的灵魂为单一实体的前提相矛盾。

托马斯说："理性灵魂是人的唯一的实质性形式，实际上包含着动

---

① 《反异教大全》，2 卷 56 题。SIP，pp. 198 ～ 199。

物灵魂、植物灵魂以及所有低级形式。”[1]“实质性形式”是实体其他形式的统一性，它统摄其他形式的一切功能，人的理性灵魂的功能不仅是理性活动，而且执行着动物灵魂的感觉、生殖功能，植物灵魂的营养、生长功能以及其他一切生命功能，并使这些生命活动都服从于理性活动。“实质性形式”的另一含义是“灵魂在肉体的每一部分，充满全部有机体”，它“不只是整体的形式与现实性，而且是每一部分的形式与现实性”。[2] 就是说，灵魂存在于肉体的每一部分，它与肉体器官同时执行生命功能，不分彼此，没有先后，没有主动与受动、推动者与被推动者之分。

托马斯肯定灵魂在肉体之中起作用，但并没有说灵魂不具有独立于肉体活动的独特作用。相反，他说：“理智活动的原则我们称之为人的灵魂，是一个无形的、完全的实体的原则。它也被称之为心灵或理智，它的行动可以不以肉体为内在部分。只有独立的东西才能独立地行动。”[3] 人的理性灵魂虽然与肉体一起执行动物灵魂、植物灵魂的生命功能，并赋予生命活动以统一性，但这些毕竟不是理性灵魂的独特功能。理性灵魂的本性在于“它是一个理智实体，它不是肉体，它的力量也不依赖肉体”。[4] 灵魂与肉体的结合并未能改变它的本性。虽然在此条件下灵魂已不能在肉体之外活动，它在肉体之中仍然执行不受肉体影响的纯粹的理性活动。因此有必要在肉体之中区分灵魂与肉体同步同时的活动和与肉体无关联的纯粹灵魂活动。

按亚里士多德区分，灵魂活动包括认知与实践两类，灵魂的实践活动又称意欲。再按托马斯关于灵魂的纯粹与不纯粹活动的区分，我们便得到以下图式：

---

① 《神学大全》，1 集 76 题 1 条。STP，p. 205。
② 同上书，1 集 76 题 8 条。STP，p. 205。
③ 同上书，1 集 75 题 2 条。STP，p. 196。
④ 《反异教大全》，2 卷 56 题。STP，p. 197。

- 认知
  - 灵魂–肉体复合活动
    - 外感觉
    - 内感觉
  - 纯粹灵魂活动：心灵、理智、理性
- 意欲
  - 灵魂–肉体复合活动
    - 性欲
    - 食欲
  - 纯粹灵魂活动：意志

托马斯的认识论阐述了人的认知活动性质、过程，他的行为理论对人的意欲活动作了详细分析。

2. 认识论

托马斯坚持“亚里士多德关于我们的知识开始于感觉的教导”，他认为这是调和德谟克利特和柏拉图的中间立场。德谟克利特认为知识是事物流射的有形的影像，“这一想法认为所有知识都像感觉一样，是由感觉对象引起的生理变化”。柏拉图则认为“精神的东西不会被有形事物改变，理智知识的原因不是感觉对象的作用，而在于它分享了理智的、无形的理念”。“亚里士多德采取了一条中间道路，他同意柏拉图意见，认为理智有别于感觉，但他同时坚持感觉没有肉体不能参与的活动，感觉不仅是灵魂的活动，而且是肉体–灵魂复合体的活动。”[①] 托马斯赞同亚里士多德，因为据他分析，感觉中有生理的和心理的两种变化，“前者由作用者对被作用者的物理影响造成，后者依据某种精神作用”。[②] 感觉的对象不仅是有形的物体，而且是与有形质料不可分离的形式（亚里士多德称之为“可感形式”），感觉为理智最后从质料中抽象出纯理智概念准备了条件，提供了素材。人的认识开始于感觉，经历了由感觉到理智

---

① 《神学大全》，1 集 84 题 6 条。STP，p. 242。

② 同上书，1 集 83 题 3 条。STP，p. 225。

知识的发展过程，在此过程中依次认识有形事物、可感形式与抽象形式，这三种认识对象分别为外感觉、内感觉与理智的活动所把握。

外感觉是感官的活动，包括看、听、嗅、尝、触五种。托马斯说："这些感觉是身体活动，认识受制于质料的个体。"[1] 他提出这样的问题：区分五种外感觉的根据何在？有人认为这是按照眼、耳、鼻、舌、体五种感官作出的区分，有人认为这是按感觉对象作出的区分。托马斯认为应按感官和感觉对象的结合作区分，每一种感觉都是人感知外部物体的不同形式。按此标准，他强调触觉是最基本、最一般的外感觉，不但因为触觉的器官是人体全部，不像其他感官只是身体的一部，而且因为触觉与可感物体直接接触，认识到可感对象的形体，不像其他感官认识形体的某些可感性质。西方哲学的感觉论一直以视觉为中心，这与柏拉图主义"心灵的眼睛"、"太阳的光照"等隐喻大有关系。托马斯效仿亚里士多德的科学精神与分析风格，他清楚地认识到："当亚里士多德批评柏拉图意见时，在很多场合批评的是语句的颠倒，而不是论述的主要内容。"他也批评柏拉图"隐喻、象征地说话的方式"是"有缺陷的教学方法"。[2] 大概正是摆脱了柏拉图主义的隐喻，他才得以从"视觉中心论"转变为"触觉中心论"。18 世纪法国的感觉论者孔狄亚特（Condillac）也主要是以感觉对象为形体、广延为由论证触觉中心论的。

感觉是人与动物共有的。动物不但有外感觉，而且也有内感觉。托马斯举例说，一条猎狗追踪猎物在三岔路口停下，当它在另外两条路口没有嗅出猎物气味，它不用再嗅就会往第三条路跑，似乎它能按"排中律"判断感觉。但实际上，动物没有理性与选择能力，它们依靠本能与习惯辨别感觉对象。在此意义上，托马斯说，人的外感觉并不高于动物的外感觉，如人的嗅觉不如动物嗅觉灵敏，但人的内感觉超过动

---

① 《神学大全》，2 集 1 部 2 题 6 条。STP，p. 231。

② 《论灵魂注》，1 卷 8 讲。STP，p. 241。

物的内感觉,“其他动物只对与食和性有关的感觉对象产生快感,人却因它们的美而愉快”。[①] 内感觉对外感觉获得的关于事物的印象进行再认识,它能在各种条件下,包括在事物不出现的情况下,从各方面认识事物的全部。内感觉包括通感、辨别、想象、记忆四种。通感(sensus communis)是五种外感觉的综合,把通过不同感官获得的不同的印象汇总为一个统一的印象。辨别(aestimatio)把所感知的对象与自身联系起来评估它的利弊,再辨认好坏、分清敌友。想象(imaginatio)是最重要的内感觉,它对感觉印象进行了初步的抽象,把印象中的可感性质与可感质料相分离,或在分离之后重新组合,产生新的印象。托马斯认为想象是思想的初级阶段:“想象是我们知识的一个原则,我们的理智活动在这里开始,想象不是开始的刺激,而是持久的基础。”[②] 只是在想象从感觉印象中抽象出来的可感形式的基础上,理智才进一步抽象出不可感的本质。最后,记忆(memoria)把外感觉和内感觉中的印象都贮存起来,使之不因当下感觉活动的消失而消失,使之可以随时重新浮现在心灵之中。

托马斯高度评价感觉对于知识的作用。他说:“人被赋予感觉,不仅是为了获取生活必需品,如同其他动物那样,而且是为了知识自身目的。”[③] 他着重反驳了“感觉是错误的根源”的偏见。他说,感觉是自然能力,除非感官遭受损伤,否则自然能力是不会不达到自己目的的;除非把正常的感觉运用于可感对象之外,如使用感觉认识那些不能直接感知的对象,或需要推论的一般对象,否则感觉是不会犯错误的。他指出:“有感觉才能理解”[④],“只有当感觉健全、精确时,心灵才能自由驰骋”。[⑤] 他的原则被人们概括为一句名言:理智之中没有不被感觉先行

---

① 《神学大全》,1集91题3条。STP, p. 233。
② 《波埃修论三位一体》注,6题2条。STP, p. 234。
③ 《神学大全》,1集91题3条。STP, p. 233。
④ 《神学纲要》,82章。STP, p. 231。
⑤ 同上书,82章。STP, p. 236。

知道的东西。这些思想在当时的理论背景中与柏拉图主义直接对抗。《神学大全》中有一段直接批判柏拉图“天赋观念论”的文字。柏拉图认为，人的灵魂充满着理念，只因被肉体污染才遗忘了已有的理念。托马斯指出，灵魂与肉体的结合是认识的自然条件，“说这一自然条件会完全阻碍了一种自然活动，那是不大可能的”；其次，事实告诉我们，缺少一种感觉就不会有相应的一种观念，如瞎子没有颜色的观念，如果关于颜色的观念是天赋的，那么就不会有赖于感觉了。“结论因此是：灵魂并不通过天赋理念认识有形事物。”[①]

托马斯承认知识开始于感觉，感觉是知识的一个来源，但不是唯一的来源，人的灵魂的理智活动同样也是知识的一个来源。那么，感觉与理智关系如何呢？有两种观点，一种是阿维森纳的观点，认为人的理智的活动与内容都来自外部的天体理智，感觉的作用仅仅是促进或缓解理智活动；另一种是天赋观念论者的观点，认为理智的天赋观念是潜在的，有待感觉的刺激才能转变为现实的知识。两者分歧的焦点是理智究竟外在于、抑或内在于感觉起作用？托马斯指出：“相比之下，亚里士多德的教导似更可取，他认为科学知识部分来自我们心灵之内，部分来自心灵之外，不是因为一个更高的无形的原则的推动，而是因为感觉对象本身是外在的。”[②]

托马斯对“积极理智”与“消极理智”的解释围绕着感觉与理智关系问题展开。“消极”的意义是自身不能展开的潜在。人的感觉包含着消极理智，因为感觉到的事物印象包含着事物的本质。托马斯认为，感觉是身体–灵魂复合活动，与之对应的对象是质料–形式复合体（有形事物）；理智是灵魂纯粹活动，与之对应的对象是纯粹形式。这两个认识阶段不是独立、平行的，因为理智对象已经包含在感觉对象之中，形

① 《神学大全》，1 集 84 题 3 条。STP，p. 241。

② 《论真理》，10 题 6 条。STP，p. 233。

式不是与有形事物相独立的实体，而是实现在实体之中的本质。根据认识对象与认识活动的对应关系，托马斯在肯定感觉对象中有理智对象的同时，设定感觉活动中有理智因素，这就是消极理智。其之所以是消极的，因为它是感觉活动中的潜在，它与感觉对象之中的理智对象的关系也是潜在的，并不是针对理智对象的现实活动，更谈不上对理智对象的认识了。能使消极理智活动的理智是积极理智。积极理智是理性灵魂的现实性，它的作用是使消极理智由感觉活动中的潜在因素转变为与感觉活动同样现实的活动，这不但使理智脱离了感性条件的束缚，而且把理智对象从感觉对象中抽象出来。托马斯指出，积极理智使理智的抽象成为可能，设定积极理智的目的是为了解释抽象活动的可能性。他说："因为我们赞成亚里士多德，不认为自然事物的形式独立于质料而存在，因为存在于质料之中的形式不是现实的理智对象，我们的结论是我们理解的可感事物的本性或形式不是现实的理智对象。另外，除非被活动的东西所作用，潜在不能变为现实。所以，我们应该把某种力量归于理智部分，使之能把属性从物质条件中抽象出来，使理智对象现实化。这就是我们为什么设定积极理智的原因。"[①]

人的抽象能力对于古人是个谜：为什么理智可以从个别的、具体的、可感的事物之中获得普遍的、无形的、不可感的概念？柏拉图的理念论和亚里士多德的理智抽象论代表了两条不同方向的解释理论。但亚里士多德思想中的理念论残余使他未能阐明积极或主动理智的性质，后来的哲学家多把积极理智混同于外在的理念或理智，用超自然的精神力量解释抽象活动。托马斯相信人的自然理性；无论积极理智还是消极理智都是灵魂的自然能力，构成理性灵魂的现实性与潜在性这样两个不可分割的方面。它们与感觉这种自然能力并不分离，所不同

① 《神学大全》，1集79题3条。STP，p. 237。

的是，消极理智潜伏于感觉之中，积极理智使消极理智在感觉中显露出来，在感觉材料中抽取自己的对象。消极理智由潜在转变为现实，从感觉对象抽象出理智对象是一个活动的过程。抽象并不突如其来，当消极理智伴随着感觉发生时，抽象已在内感觉中悄然开始。托马斯说："有两种抽象。首先是组合与分解，这使一个观念与另一个不可分与可分；其次是单纯化，这使我们思考一个实在而不注意其他。当事情在实际上不能分离时，我们采取第一种抽象方法。……这出现在感觉之中。比如想象和关心不在有色物体之中、或与之相分离的颜色。"①想象把事物某些性质与形状分开，重新组合，这已经是一种抽象，并且这并不完全是感觉所能完成的活动，潜在的消极理智已经参与其中。想象抽象的产物虽然脱离了具体的质料，但不能脱离关于形状的印象，比如，我们不能想象无面积大小的颜色。因此，想象所能达到的只是可感形式。理智的抽象把可感形式中的质料因素，即一切与具体形状、大小有关的印象完全排除，达到对无形的、普遍的形式的认识。从想象的抽象到理智的抽象不仅是从可感形式到纯粹形式，也是理智由潜在到现实的发展过程。托马斯对抽象活动的论述突出了它的自然性质，即由感觉到理智发展的连续性和消极理智向积极理智转化的渐进性。在人们只能用思辨方式研究抽象活动的情况下，他的解释是比较合理与可信的。

抽象理论与共相理论是一个问题的两个方面，前者讨论理智活动的性质、过程，后者讨论理智活动的对象与结果。托马斯认为，理智活动以纯粹形式为对象。如果把纯形式称之为共相，那么，共相既可以存在于有形事物之先，也可以存在它们之中，还可以存在于它们之后。共相作为获得存在的本质，先于获得形式的质料，故存在于有形实体之前；共相作为与质料共同构成有形实体的形式，存在于有形实体之中；

---

① 《神学大全》，1集85题1条。STP，p. 244。

共相作为被人的理智抽象出来的普遍概念存在于有形事物之后，人的理智之中。托马斯在实在论与唯名论的争论中企图调和各种观点。他承认纯粹理智确以脱离感性事物的精神实体为认识对象，在这一点上柏拉图的理念论是正确的，但他强调人的理智不同于天使理智，人的理智只能在灵魂-肉体复合体所限定的条件之下活动，不能直接认识纯粹形式，只能在有形事物之中抽象形式，获得普遍概念。唯名论者认为物质世界中独立存在的东西只是可感的个体，共相只是存在于人的思想中的独立单元，这是正确的；但另一方面，实在论者认为共相是存在于可感个体之中的普遍实在，它是普遍概念的对应物，这也是正确的。托马斯说："理性知识是感觉与纯粹理智的中间阶段。它不是感官的活动，而是作为肉体的形式的灵魂的功能的产物。理性知识故而与个别地存在于有形物质之中的形式相关，但形式却不被作为存在于具体的有形物质中的东西而被直接把握。这就需要把形式从感觉印象所反映的个别物质中抽象出来。对有关物质的真理的思考使我们达到关于精神的真理。"[①] 总的说来，托马斯肯定共相的实在，认为普遍概念是对个体之中普遍本质的抽象，他代表了典型的温和实在论立场。

托马斯认识论的基本原则是："知者与被知者是同一的，这是一个普遍真理。"[②] 这句话的意思是：认识活动与认识对象的性质是相同的。纯理智是纯粹精神活动，认识纯粹的精神实体；感觉是灵魂与肉体的复合运动，认识形式与质料组合的有形实体；人的理智是在灵魂与肉体复合条件下的纯粹精神活动，认识形式与质料复合体之中的纯形式。灵魂的本性是精神实体、纯粹形式，肉体属于有形的质料。认识活动与认识对象的同一性实际上是构成人的形式与质料与构成外部事物的形式与质料的统一性。知者与被知者同一的基础是自然的属性和构成，

① 《神学大全》，1 集 85 题 1 条。STP，p. 244。

② 同上书，1 集 87 题 1 条。STP，p. 271。

并没有什么神秘、超验的意味，如同柏拉图主义者追求的那种“狂迷”、“超脱”境界。

托马斯的真理观以知者和被知者同一性为基础。他说：“真理的定义是心灵与事物的一致性。因此，知道这种一致性就是知道真理。”[①] 按照这一定义，真理并不是知识的内容，它本身是外在于知识、为知识所追求的对象。心灵与事物的一致性是由知者（心灵）与被知者（事物）的本性与构造所决定的，不管心灵是否认识到它，都不影响真理的存在。在此意义上，托马斯说：“真理的核心在于存在，而不在本质。”[②] 当我们说某一事物是真的时候，意思是指我们认识到事物和我们自身一样存在；当我们说知识是真的时候，意思是指被认识的共相是存在于事物之中的普遍本质；当我们说一句话是真的时候，意思是指被判断的对象存在于心灵之中或之外。比如，当我说：“我在想独角兽”，即使世界上没有独角兽，但只要“独角兽”是存在我的思想之中的一个观念，这一命题也是真的。托马斯认为，人类知识的真理是多样的：“真理在神的心灵中是单一的，从此流溢出很多真理到人的心灵之中，正如同一张脸在镜子中照出不同模样。”[③] 比如，哲学真理与神学真理是同一真理的两个侧面。托马斯的真理观被后人普遍认可，“真理是主、客观相一致”之说，客观真理说以及“相对真理统一于绝对真理”之说都可以在托马斯著作中找到雏形。

3. 行为论

托马斯认为，认知和意欲是人的两种不同活动方式。认知是由外到内的活动，感觉接受外部事物的印象，理智抽象外部事物的形式；无

---

① 《神学大全》，1 集 16 题 2 条。STP，p. 244。
② 《箴言书注》，1 集 19 章 5 题 1 条。STP，p. 222。
③ 《论真理》，1 题 2 条。STP，p. 225。

论印象或概念，都是外部原因在心灵内造成的结果。意欲却是由内到外的活动，意欲以外部事物为目的，把自己的力量施加在外物之上，改变或利用外物；外物的变化是意欲在心灵之外造成的结果。再者，认知活动是人的感官和灵魂的内部变化，意欲活动却是人的运动，包括感官和灵魂的内部变化和身体的外部变化和移动。人的运动称作行为，它是一种特殊的自然运动。按托马斯的区分，行为在自然运动体系中的归属以及特殊位置可用下图表示。

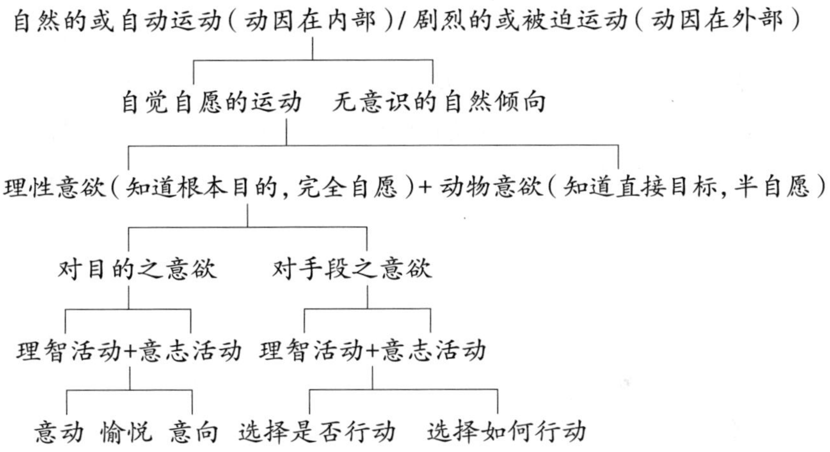

托马斯指出："意志即理性意欲。"[①] 他还说，意志与感性意欲（即动物意欲）的差别就如理智与感觉的差别一样。同样真实的是，正如理智不能离开感觉起作用，意志也不能离开感性意欲起作用，如他所说："意志之于自然意欲，如同人之于动物。然而，这一对立是形式上的，而不是完全不同的事物。正如人包含动物性，意志包含自然意欲。"[②] "形式上" 的对立指属差或本质的不同。按 "人是理性动物" 的

① 《神学大全》，2 集 1 部 6 题 2 条。
② 《论真理》，22 题 5 条。STP，p. 256。

定义，人是动物的一个属差，他既有人性，也有动物性；动物意欲是意志的种性，理性意欲则是意志的属差。托马斯承认，动物意欲，如食欲、性欲是人的自然意欲，它们也是支配行为的一种因素，在一定条件下甚至是决定性因素，改变了人的行为。按托马斯的区分："在改变人的因素之中，有些是生理的，有些是心理的，心理的因素或是感性的，或是理性的，理性的因素或是实践的，或是理论的。在生理因素中，最强烈的是酒，最强烈的感性因素是女人，最强烈的实践因素是政权，最强烈的理论因素是真理。它们应依照后者依次服从前者的秩序。"[①] 在酒、色、权、理四种决定人的行为的因素中，自然意欲占大半（权力是自然意欲与理性意欲参半的行为）。但托马斯在讨论人的行为时却没有过多涉及人的自然意欲，这与他在认识论中对人的感觉的详细讨论形成鲜明对照。为了理解他的理论中的这种不平衡现象，我们需要理解下列的区分。

托马斯区分了"人性行为"（actus humani）和"人的行为"（actus hominis）。前者是出自人所特有的属性，即理智与意志的行为，后者是出自人的本质，即理性动物的行动；前者是完全由理性意欲支配的行为，后者是由理性意欲与动物意欲共同支配的行为。托马斯的人性论主要是理性意欲论，他的行为理论主要是人性行为论，因为他认为对人的研究主要是对人的本性与行为的特殊性进行研究。人的自然意欲与动物的食欲、性欲没有根本区别，因而不属于人论研究范围；但人的感觉与动物感觉却有明显差别，因而列为认识论的研究对象。在人性行为中，托马斯又进一步区分完全的与不完全的两种人性行为。完全的人性行为指理智与意志相统一的行为，理智考虑某一行为是否应该执行，意志决定执行的方式、手段。不完全的人性行为是缺乏意志的理智

① 《自由论辩集》，12 题 20 条。STP，p. 200。

活动或缺乏理智的意志活动，前者如为了赚钱应做善事的想法，后者如不惜采取任何手段赚钱的做法。托马斯认为理智与意志的分离是违反自然的不正常行为，他所关心的是完全的人性行为，从理智和意志两个方面分析了人性行为的目的与途径。

意志是一种欲望，因为它总是以可欲对象为目标的行为；意志又是理性的，因为它以理智判定的可欲对象为目标。托马斯说，"善"这个词表示"可欲的存在的性质"[①]。就是说，凡被理智认作值得追求的目标都有"善"这种性质。"善"的性质非常广泛，以至托马斯说，"善"和"存在"一样是一个"类比的观念"：当它被运用于上帝时，它的意义是"最高的善"、"终极的善"；当它被运用于被造物时，它的意义是"共有的善"（bonum in communi）。就人对善的欲望而言，善可被分为"可敬"、"可悦"、"可用"三个由高到低的等级。善因自身价值而可敬，因它的美感而可悦（托马斯说："善和美在同一实体之中，它们属于真实的单一形式，但有不同意义。"）[②]，善因它所导致的其他东西的价值而可用。

中世纪的传统观念是：人的行为以上帝为目的。托马斯并未否认这一点，他明确地说："最高的善在每一种被人欲求的善之中。"[③]不管人们追求什么样的善，归根结底都在自觉或不自觉地追求上帝。但这仅仅在理论上是如此，因为根据理智的判断，只有存在着最高的善，其他的善才有可能存在，正如托马斯在上帝存在的证明中所显示的道理一样。根据理智的道理，任何一个被欲求的目标都因其与最高的、终极的善的联系而被称之为善。然而，在实践中，意志并不只是追求最高的善，并非每一种人性行为都以上帝为目的。托马斯争辩说，首先，行为的终极目的与具体目标之间的关系是蕴含、间接关系，"人不必总是挂

① 《神学大全》，1 集 5 题 1 条。STP，p. 75。
② 同上书，1 集 5 题 4 条。STP，p. 77。
③ 《箴言书注》，2 卷 1 题 2 条。STP，p. 252。

念着终极目的，正如一个旅行者不必在每一步都想着旅途的终点”。[①] 更为重要的是，意志是自由的，它不服从理智的必然判断。托马斯说：“自由意味着不服从一个固定的对象，依据心灵对普遍的善的理解，意欲以一个理智实体为对象，但不限于一个固定的善。”[②] 虽然理智告诉具体的善与终极的善之间必然联系，但意志选择一个目标，并不因为它与终极的善的关系，而是因为它是“共有的善”的体现；或者说，意志因被造物之间的关系而选择某一被造物为行为目标。根据意志自由说，托马斯承认，意志的向善倾向并不总是朝向上帝的，伦理活动并不总表现为宗教活动。

托马斯从追求善的意欲活动分析出“意动”、“愉悦”和“意向”三个构成因素。“意动”（motus voluntatis）不是“意志活动”的简称，托马斯说：“意志这个词有两种意义，当它指一种能力时，它与目的和手段相关；当它指意动，它专事于目的。”[③] 意动指意志根据理智判断朝向一个确定目的的运动，托马斯强调这是一种单纯活动，即一个灵魂朝向一个目的的纯粹运动。“愉悦”（fruitio）这一概念由奥古斯丁“享用”（frui）概念而来。意欲之所以追求一个目的，因为心灵可获得精神上的“享用”、“愉悦”，因而对该目的有所爱。“愉悦”是意欲活动中的情感因素，托马斯说：“意欲的其他运动都以爱为前提和首要源泉。”[④] 他的意思可作这样理解：意欲并不因为理智判断而对某一目标有所爱，而是因为对它有所爱而愿意对它加以思考，然而再根据理智所认定的善对它有所追求；有所爱才有所思、有所欲。第三个因素“意向”（intentio）是意欲活动中的思想因素。这不是指在意欲之先的对目的之善的理智

① 《神学大全》，2集1部1题6条。STP，p. 264。
② 《神学纲要》，76章。STP，p. 259。
③ 《神学大全》，2集1部8题2条。STP，p. 259。
④ 同上书，1集20题1条。STP，p. 254。

判断，对象的善可以令意志向往，但尚不足以使意志把它作为明确的追求目标。只有在向往的同时，理智把它认作可以达到的目标之后，意志才会对它有所图谋。比如，意志对健康的向往是单纯的意动，但在理智考虑了达到健康的种种可能性之后，意志对健康有了更大的企图，这就是健康意向。但这并不是说，意志只有在确定了达到目的之具体途径之后才会有意向。相反，托马斯说："即使没有确定手段，也会有对目的之意向。"[①] 意向中包含着对达到目的之可能性的思考，只是"思虑"之中意志才选择和决定了达到目的之手段。

"思虑"是亚里士多德对实践理智特征所作的概括，他认为，与理论理智的思辨不同，思虑是对手段与目的关系的思考以及对可行手段的选择。托马斯在注释亚里士多德这一思想时，对思虑中的理智活动与意志活动作了进一步分析。理智把目的与手段关系处理为因果关系，思考产生某一预期结果的最合宜原因是什么，这一原因是否在自己力所能及范围之内、自己能采取哪些适合于上述因果关系的行动与步骤等问题。思虑中的理智按因果关系的必然性思考，思虑中的意志则在理智提供的种种可能方案之中选择一个实际行动的方案。托马斯说："选择在内容上是意志的行动，在形式上是理智的行动。理智得出结论、决定和判断之后，意志进行选择。"[②] "内容上"与"形式上"的关系是具体与抽象的关系，抽象领域包含着多种逻辑可能性，具体领域则是其中被实现的一种现实性。托马斯认为，意志实现某一种可能性的选择是自由的。表现为两个方面：即使理智判定了一些手段是可行的，意志可以放弃所有这些可行手段，不采取达到目的的任何行动；即使理智认定某一手段是最佳方案，意志可以选用其他一个手段。意志的自由选择对托马斯来说并不是非理性的：意志自由的依据只是偶然理性，

---

① 《神学大全》，2 集 1 部 12 题 4 条。

② 同上书，2 集 1 部 13 题 1 条。STP，p. 262。

而不是必然理性。他说："唯因人是理性的，他才有自由选择。"[1]

第六节　道德与政治

托马斯的伦理观以行为理论为基础，正如他所说："完全的道德科学要求关于心理学的知识。"[2]他的伦理观是一种目的论。他说："道德依赖于意图"，"意志的是非由目的决定"。[3]在人的目的之中，有些是自然的、始终贯穿在行为中的目的（finis operis），有些则是在行为之前的预谋（finis oper antis）。后者是在具体环境中形成的，它的是非应联系具体环境判断，前者的是非可由一般的伦理规则判定。比如，物主要求归还寄存物是自然的目的，符合公正的规则。但在一定的环境之下，比如说物主丧失理智，或成为公众敌人，他要求归还寄存的武器，在这种环境下，不归还他的寄存物是道德的，反之是不道德的。托马斯认识到，并没有一条可以判断意图是非的普遍有效规则，伦理规则应该结合具体的应用条件起作用。他的伦理学既避免了目的论的绝对主义，又避免了条件论的相对主义。

托马斯接受了亚里士多德的幸福论，认为"幸福是人类的至善，是其他目的都要服从的目的"。[4]人类的至善是以上帝的至善为原因的结果，因此道德活动的终极目的不是幸福，而是上帝。幸福与上帝分别代表了共有的善和最高的善，如前所述，人们只要看到一个具体目标与共有的善之间的联系便可以断定它有善的品格，并不一定知道具体的善与最高的善的因果联系，因此，人类道德服从的目的是幸福，而不是上

① 《神学大全》，1 集 83 题 1 条。STP，p. 262。
② 《论灵魂》注，1 卷 1 讲。STP，p. 281。
③ 《反异教大全》，3 卷 9 题，《神学大全》，2 集 1 部 34 题 4 条。
④ 《伦理学注》，1 卷 14 讲。STP，p. 264。

帝。托马斯承认，人类幸福与上帝并无必然联系。他把人所追求的幸福分为四等之善：物理之善、伦理之善、时宜之善与终极之善。以谋求友谊的活动而言，因为友谊是一种美德，这一行为是向善的道德行为。友谊的物理之善是友好的微笑；伦理之善是好意的表达；时宜之善是在特定环境之中的友好行为，如欢迎远方的朋友；终极之善是仁爱之心。只有仁爱之心才是上帝的恩典造成的结果，友谊的其他方面的善属于人类幸福，与上帝并无必然联系。不过，托马斯强调善的等级，终极的善是最高的善。托马斯和奥古斯丁一样把恶定义为缺乏，即把次等的善当作最高的善，罪则是缺乏任何善的目的。托马斯认为恶比罪更加广泛，罪比恶更加严重。人把切身的善、次要的幸福当作最高的善来追求是一种自然倾向，他承认，"从事实上看，大多数人按感觉，而不按理性生活"；[①] 然而，抛弃任何善的罪则是违反自然的，"道德上罪的反常犹如自然中的怪物"。[②]

托马斯把德性定义为"好的习惯"[③]。德性既可以是理智的好习惯，也可以是意志的好习惯，前者表现为理智德性，被亚里士多德定义为科学、智慧、理解和艺术四种；后者表现为实践或道德德性。智慧包括理论的思辨与实践的谨慎，谨慎是理智德性与道德德性的交叉点；除此之外，"理智德性可以脱离道德德性而存在"。[④] 托马斯在道德德性中又区分了基本德性和神学德性。基本德性有谨慎、正义、节制与坚韧四种，它们是以理性为标准的意志习惯：谨慎是意志对理智的服从，正义是依理智认识的秩序的行动，节制是理性对感情的压抑，坚韧是理性对感情的加强。神学德性是意志遵循上帝启示和使徒教导而培养出的好习

① 《神学大全》，1 集 49 题 3 条。STP，p. 281。
② 《论灵魂注》，3 卷 16 讲。STP，p. 284。
③ 《神学大全》，2 集 1 部 55 题 3 条。STP，p. 301。
④ 同上书，2 集 1 部 58 题 5 条。STP，p. 303。

惯,包括信仰、希望和仁爱三种。

托马斯的伦理学的核心是“自然律”。自然律是道德准则的来源,是人类理性制订一般的或具体的道德准则的依据。他说:“人类理性是直接规则,永恒律是最高尺度。”[①] 中世纪所说的“自然律”(lex naturalis)不是关于自然界的一般规律,它特指关于人的本性的规律。托马斯阐述了自然律的几个重要特征。第一,“自然律是与人的本性相合相称的东西”。[②] 它涵盖了发自本性的一切行为,从自我保存到繁育后代,从追求幸福到服从良心,都是依照自然律的行为。人并不需要先用理智来认识自然律,然后再按自然律行事;相反,按照自然本性行事就是遵从自然律。因此,自然律管辖的是意欲活动、实践行为,而不是理智的思辨活动。第二,“自然律规定之于实践理性犹如科学第一原则之于思辨理性”。[③] 自然律是自明的原则,它以自然的方式“铭刻”在人的意志之中。当意志行使自由选择的自然能力时,它总是自觉或不自觉地按照自然律的规定进行选择,因此意志具有向善的倾向。“自然律的第一要求是:趋善避恶。”[④] 第三,“自然律的第一原则是不可改变的”。[⑤] 托马斯认为道德的普遍准则在具体应用中依环境与条件而调整、改变,自然律也不例外。在新的环境中,自然律有更多的附加要求,即使在相同环境中,自然律也不是对所有人都有同等效力,但它的上述第一要求是放之四海而皆准的原则,所有人对它都有同样的确信与知识。他们在不同环境和条件下制订出的道德规则都依据这条原则,犹如科学知识的结论都从第一原理中推导出来一样。

---

① 《神学大全》,2 集 1 部 21 题 1 条。STP, p. 290。

② 同上书,2 集 1 部 57 题 3 条 C 款。STP, p. 357。

③ 同上书,2 集 2 部 94 题 2 条。STP, p. 357。

④ 同上书,2 集 2 部 94 题 2 条。PMA, p. 532。

⑤ 同上书,2 集 2 部 94 题 5 条。PMA, p. 535。

自然律不仅是道德准则的来源和依据，而且也是宗教戒律、教会与国家法律的来源与依据。按托马斯区分，一切被正当称之为法律的东西之间有如下种属关系：

- 自然律
- 成文法
  - 神律
  - 人法
    - 教规
    - 民法

自然法是直指人心、见诸人心的不成文法，它以自然方式无声无息地支配着人的行为。孔子曰："天何言哉？四时行焉，百物生焉，天何言哉？"（《论语・阳货》）托马斯则会说："天何言焉？规矩行焉，良知生焉，天何言哉？"自然律可对人的自然生活提供充足的指导，但却不足以保障人的社会生活。托马斯说："人在本性上是社会动物，因此，一个人的思想需要通过语言才能为他人所知。人需要有意义的言谈才能生活在一起，说不同语言的人不可能幸福地居住在一起。"[①]用语言颁布人所理解的自然律更是人类社会生活的基础。成文法的来源有两条：一是上帝直接向人类宣布的神律，包括《旧约》中的摩西十诫和《新约》中耶稣的登山宝训。神律表达了自然律最一般的原则。成文法的另一来源是人的信仰与理性。人向自己内心发掘良知，用语言表达他们对自然律的共同理解。如果这种共同理解通过信仰途径形成，语言所表达的就是教规；如果达到这种共同理解的途径是理性，语言所表达的就是民法，民法首先被表达在罗马人制定的法律之中。托马斯强调自然法是成文法的根据，在成文法中，神律高于人法，他说："每一条

① STP，p. 231。

人法和自然律同样公正，因为它来源于自然律，如果它在任何一点偏离了自然律，它将不再成其为法律，而是对法律的亵渎。”[①] 有人从这段文字中读出教权高于王权的思想，其实，教会法和民法都属于人法，当托马斯说人法服从自然律时，他的意思并不是说民法服从教会法，更不是说王权服从教权。

托马斯虽然认为教会的目的高于国家的目的，宗教生活高于世俗生活，但他并没有坚持教会高于国家的极端教权主义立场。他采纳了亚里士多德的政治学说，使之与神学相调和。他肯定社会与国家出于人是社会及政治动物这一自然本性，因此也符合上帝的愿望。国家是一群人按照自然律组成的团体，国家是完善的社会，它使用一切必要的手段，达到社会的根本目的，即公民的共有之善。在《论君主体制》一书中，托马斯说国家功能主要是维护国内和平、统一国民行动、提供充足的生活必需品。这种说法来自亚里士多德。在教会力主在前两方面活动中起主导作用的环境中，托马斯重申亚里士多德观点，意在分清教会与国家的权限。

托马斯同意亚里士多德对国家政体的看法，但增添了更多的民主思想。他同意说最好的政体是君主制，最坏的政体是暴君制，因为君主制符合自然的秩序：君主在国家的地位犹如理智之于灵魂、心脏之于身体、蜂王之于蜂群、甚至上帝之于创世的地位。但托马斯不赞成君主集权，因为理想的君主罕见，坏君主很容易把君主制蜕变为暴君制。君主制只是最好的理想政体，最好的现实政体应是君主制、贵族制与民主制的混合政体。在这种制度之下，民众有权选举官吏，君主的权力受民选官吏的制衡。托马斯把国家政体或政府形式看做达到国家目的之手段，他主要从如何更好地达到目的这一角度考虑政体的性质。政府和

---

① 《神学大全》，2 集 2 部 155 题 2 条。PMA， p. 537。

君主的权力来源问题并不是他关注的焦点。在这一问题上，当时存在着神学家坚持的“君权神授”说与罗马法学者主张的“主权民有”两种对立观点。托马斯没有参与这场争论，他对人的自然本性的爱好却使他产生出一些难能可贵的民主思想。“所有人的自由生来平等，虽然其他禀赋都不平等。一个人不应像一个工具一样服从另一个人。因此，在完整的国家中没有废除属民自由的君主统治，只有不歧视自由的权威统治。”[①] 这看起来似乎是出自近代启蒙学者手笔的文字，实际上赫然出现在托马斯的著作之中。我们当然不能根据托马斯著作中某些片断就给他戴上“民主主义”的桂冠，但通观他的社会政治学说，我们至少可以得出他既不是教权主义者，也不是封建专制主义者的结论。

小结：托马斯主义的主要特征与历史地位

托马斯主义是经院哲学最伟大的体系，在中世纪它是继奥古斯丁主义之后又一完备的理论形态。关于托马斯主义的特征，可以从两个方面来考察。

从托马斯主义与奥古斯丁主义的关系来看，两者的社会历史背景和理论基础不同，分别代表了亚里士多德主义与柏拉图主义两种哲学传统。托马斯区别哲学和神学的思想与奥古斯丁融哲学和神学于一体的基督教学说，托马斯的存在论与奥古斯丁的原型论，托马斯关于形式与质料的学说与奥古斯丁主义的普遍原型论、种质论、多型论，托马斯的认识论与奥古斯丁的光照论，是相互对立的。此外，在如何证明上帝存在、世界是否永恒、有无天赋观念、恩典与自然关系、灵魂与身体关系、理智与意志关系、社会的性质、教会与国家关系等一系列问题上，托马斯与奥古斯丁看法不一致，但不一定相互冲突。

① 《箴言书注》，2 卷 44 章 1 题 3 条。STP，p. 386。

从思想发展史的角度看问题，托马斯主义调和了包括奥古斯丁主义在内的经院哲学各派观点，在历史上不止一次地发挥了包容与统一天主教学术思想的作用。托马斯的著作从内容到方法都表现出鲜明的调和特征。托马斯从来没有与奥古斯丁学说相抗衡的意图，实际上也没有公开反驳过任何一位公认的权威人物的意见。他常用的方法是对一个论题或概念的意义作出仔细的区分，然后指出论敌的观点在某一次要意义上是正确的，但在更重要的意义上却是错误的。这样，他把表面上看起来相互对立的观点解释为从不同角度或层次看待同一对象的结果，或者说，它们是同一认识的不同方面。他的论敌所犯错误的性质通常不是一无是处，而是以偏概全，而他认作是真理的学说与其说排斥了错误，不如说把错误消化为自身的一个组成部分。这样，即使在反驳奥古斯丁主义者的观点时，他也可以使用奥古斯丁的语言表达自己的意思，他对"原型"、"光照"、"种质"等术语的运用，充分表现了他驾驭概念的综合能力。他的论辩以辨析意义为基础，他的著作包含着细致、系统的分析与综合。他用这些方法调和了哲学真理与神学真理、亚里士多德实体理论与柏拉图的理念论、唯名论与实在论、理性主义与意志主义、世俗的幸福主义与宗教的隐修主义，等等。必须指出，托马斯主义的基本精神并不是唯理智主义，其中吸收了不少神秘主义因素。我们在这部哲学史著作中，主要介绍他的理性论辩。如果全面评述他的思想，应该承认他的神秘的宗教感情与热忱并不亚于中世纪任何一位神学家。

托马斯主义的调和特征并不意味着它是一种无原则地把各种观点、学说、倾向掺和在一起的折中主义。如果需要用一句话概括托马斯调和各派思想的基本原则，在这里可以恰如其分地引用托马斯的那句名言："恩典并不摧毁自然，它只是成全自然。"他虽然致力于自然赋予的理性能力，但并未因此泯灭神秘的宗教感情，更未丝毫动摇他的信仰。他说:“智慧这一名称意味着异常丰富的知识,使人能够判断一切,因为每人可以正确地判断他充分理解的东西。有人通过学习和研究,加上理智的天生敏捷而获得丰富的知识,这是被亚里士多德列为理智德性的智慧。然而,另外一些人通过与上帝的事物的亲缘关系而获得智慧,如使徒所言:‘有精神的人判断一切。’赋予人的智慧礼物是卓越的知识,这是他与上帝相结合的结果,只有通过爱才能实现人与上帝的结合,因为‘依恋上帝的人与上帝精神同一’。智慧的礼物最终导致对天启真理的神一般的明察,这在人类的简单信仰之中被隐藏。”① 简单的信仰是不正规的信仰(fides informis),正规的信仰是被爱所充实的信仰(fides caritate formata)。人的理性只能补充简单的信仰,只有对上帝的爱才能达到最高的智慧。信仰主义、理性主义和神秘主义在他的体系中达到了完满的统一。

托马斯主义在诞生时期遭到坚持奥古斯丁主义传统的保守的神学家的强烈抵制,并在1277年教会清算亚里士多德主义的大迫害中受到株连。但罗马教廷随后肯定了托马斯主义的正统性。1323年,教皇约翰廿二世册封托马斯为圣徒,肯定“托马斯著作的每一章节都包含有无比的力量”,“托马斯的学说是无与伦比的”,称托马斯为“照亮了整个社会的晨星”。② 他还被授予“共有博士”、“天使博士”的称号。托马斯主义成为后期经院哲学的主要派别之一。宗教改革时期,教皇企图通过复兴托马斯主义恢复天主教会的思想权威,16世纪中期召开的特兰托主教会议规定托马斯主义为天主教会正统学说,1567年教皇庇护五世加封托马斯“圣师”称号,与早期教会的四大博士齐名。19世纪末,教廷为使天主教适应现代思潮,再次号召复兴托马斯主义。1879年教皇利奥十三世在《永恒之父》的通谕中号召:“我敦促你们,尊敬的

---

① 《箴言书注》,2卷35章2题1条。

② 傅乐安:《托马斯·阿奎那基督教哲学》,上海人民出版社,1990年,第216页。

弟兄们，完全、认真地恢复圣托马斯的金子般的智慧。为了捍卫天主教信仰的完善性，为了社会利益和一切科学的利益，把它发扬光大。要仔细选拔教师，努力使托马斯 · 阿奎那的学说在学生心灵里扎根，阐明它的牢靠性以及高于其他学说的优越性。你们已经或将要在建立的大学里都要说明与维护这一学说，用它来反驳流行的谬误。”[①] 自此之后，以托马斯主义为旗帜的新经院哲学兴起，新托马斯主义成为 20 世纪西方哲学的重要流派之一。新托马斯主义承袭了托马斯学说调和、综合的基本特征，不但用托马斯主义统一基督教哲学各派理论，而且力图使之与近、现代哲学派别，乃至自然科学、社会科学理论融会贯通，为天主教会的现代化运动提供了理论基础。

---

① J. Maritain, *St. Thomas Aquinas*, Meridian Books, New York, 1958, p. 208.

第九章　经院哲学的分裂

在托马斯致力于综合经院哲学各派观点的同时，经院哲学经历着事实上的分裂。分裂的理论根源在于两个极端的派别——波那文图拉主义与拉丁阿维洛伊主义之间的斗争。13 世纪奥古斯丁主义的代表人物几乎都是法兰西斯会的僧侣，他们的核心人物是波那文图拉。如果说，早期的法兰西斯会学者如哈勒斯的亚历山大对亚里士多德主义还采取容忍、调和的态度，那么，波那文图拉及其学生毫不妥协地坚持奥古斯丁主义传统，把亚里士多德主义的一些基本观点视为异端学说；他们的矛头主要指向崇尚亚里士多德的艺学院教师，同时牵连到以亚里士多德哲学为理论基础的托马斯主义。波那文图拉主义的理论批判与教会的行政命令共同造成了迫害亚里士多德主义者的 77 禁令。这一禁令结束了经院哲学的鼎盛期，标志着托马斯主义综合各派观点的尝试的失败。经院哲学从此进入分裂时期。我们在本章先讨论经院哲学分裂的起因与过程，在以后讨论 14 世纪哲学的两章中继续讨论这一分裂所造成的后果。

第一节　波那文图拉主义

波那文图拉（Bonaventure，1221 ～ 1274 年）生于意大利的巴格劳里镇的一个医生家庭。他原名费登萨的约翰，童年生病，医治无效，圣法兰西斯奇迹般地挽救了他的生命，恢复了他的健康，并且称赞他是“Bona ventura”（未来之宝），故得“波那文图拉”之名。1236年至1242年在巴黎大学艺学院学习，1243年加入法兰西斯会，跟随哈勒斯的亚历山大学习神学。1253年完成学业之后讲授神学，直到1257年秋季才与托马斯一起获得神学硕士学位。在争取学位的过程中，他与托马斯共同反对世俗教师的批评，后来虽然两人理论观点不同，但仍保持着私人友谊。同年他被推选为法兰西斯会总会长。波那文图拉被看做是法兰西斯会的第二创始人，他推行维护修会团结的稳健路线。当时修会内已发生了以坚持使徒般的贫困生活的严格派为一方，以占用财富的放任派为另一方的争论与斗争。波那文图拉竭力维护两派的平衡，同时禁止严格派把贫困生活解释为整个教会的理想，不准他们对福音书作出唯灵主义的解释，他的做法得到教廷赞赏。他在致力于行政管理事务的同时，还在巴黎向法兰西斯会的学者、学生宣讲教义，批判亚里士多德主义。1268年他在宣讲神学教义时，把论战对方说成异端，开70年代思想迫害的先河。1273年6月教皇格列高利十世任命波那文图拉为红衣主教，参加教廷枢密院。在1274年召开的里昂会议上，他竭力促成了公教会与正教会的短暂联合，在宣告这一联合的8天之后去世。1482年被封为圣徒，1587年获得“六翼天使博士”称号。

波那文图拉的著作包括《〈箴言书〉注》（1252年）、《论辩问题集》（1254～1256年），包括“论基督的知识”、“论三位一体的神秘”和“论使徒的完善”，《论学艺回归神学》（1252年）、《短论文》（1257年）、《心向上帝的旅程》（1259年）。他的学术宣讲有三个系列：《十诫宣讲篇》（1267年）、《七礼宣讲篇》（1268年）、《创世六天宣讲篇》（1273年）。这些著作都被编辑在1882～1902年出版的《圣波那文图拉全集》之中，全集共10卷。

波那文图拉全集由法兰西斯会所编辑。在教皇利奥十三世号召返回托马斯的形势下，编者贯彻了调和波那文图拉主义与托马斯主义的意图。但多米尼克会的学者芒东内强调在两者的著作中有无法掩饰的分歧。20世纪中期吉尔松与斯亭伯根之间也发生了类似争论。吉尔松在《波那文图拉哲学》中指出波那文图拉反亚里士多德主义的基本立场，通过波那文图拉与大阿尔伯特的对比显示出对待亚里士多德主义的两种根本不同态度。斯亭伯根在《亚里士多德在西方》中反驳说，波那文图拉的主要著作先于大阿尔伯特对亚里士多德著作的解说，不可能是针对后者而写的。波那文图拉的辩护者解释他与托马斯的差异时强调外在的原因，他们说，波那文图拉在获得神学教席之后即被任命为修会会长，繁忙的事务使他无暇研究亚里士多德著作，他的学术才能未能充分发挥；托马斯一直潜心从事教学、著述，充分利用了最新的研究与翻译成果，由此产生两者著作中被吸收的亚里士多德主义因素有数量上多寡、程度上深浅的差别，但这并不意味着两种思想的对立。近期由奎恩（J. F. Quinn）所写的《圣波那文图拉哲学的历史建构》一书认为波那文图拉主义与托马斯主义一样，两者都是综合亚里士多德主义与柏拉图-奥古斯丁主义的体系。[①] 我们认为，为波那文图拉主义所作的辩护缺乏充足理由。我们对波那文图拉主义所作的解释将说明这样几点：第一，波那文图拉的早期著作虽然并未批判某一个亚里士多德主义者，但却包含着对亚里士多德哲学的科学精神与独立地位的批判；第二，他的后期宣讲明确地宣判了拉丁阿维洛伊主义者与托马斯的“错误”；第三，波那文图拉著作中确实含有少数亚里士多德的观点，但这并不妨碍他认识奥古斯丁主义与亚里士多德主义的根本对立，他吸收的是那些不违反奥古斯丁主义原则的亚里士多德观点。

---

① J. F. Quinn, *The Historical Constitution of St. Bonaventure's Philosophy*, Pontifical Institute of Mediaeval Studies, Toronto, 1973, pp. 17～99.

《论学艺回归神学》一书的主旨是奥古斯丁的"基督教学说"大一统思想，全书结构与12世纪神秘主义者圣维克多的雨果的《讲授学》一书基本相似。波那文图拉把所有书籍按由高到低的秩序分为四类：《圣经》、圣徒与教父著作、当代神学家写的"大全"以及世俗哲学家的"学艺"。由较低到较高等级的上升是朝向上帝的皈依，由较高等级向较低等级的下降是知识的堕落。《心向上帝的旅程》的主题是人类知识由感觉上升到神秘洞见的过程。波那文图拉虽然承认感觉是认识的出发点，但他对感觉地位和作用的解释遵循奥古斯丁的认识等级分类原则。他说：可见世界"通过身体感觉进入心灵，导致对上帝的沉思"。感性认识是由感觉到想象再到判断的过程，但判断服从更高一级的规则，"规则使我们能对所有被认识的感觉对象作出确定的判断"。[①] 规则是不变、绝对、永恒与单纯的，"因为它们是无形的理智，不是被造的，永恒地存在于永恒艺术之中。依靠、通过并遵照永恒艺术，才形成了所有美的东西"。[②] "永恒艺术"是波那文图拉提出的与世俗"学艺"知识相对的概念。他认为，学艺的核心是逻辑规则，但世俗知识不能说明逻辑必然性；只有"永恒艺术"才是逻辑的来源与依靠。他说："推理的必然性不来自物质事物的存在，因为这类存在是偶然的；它也不来自心灵，因为心灵可以虚构不存在现实中的事物，因此，它一定来自永恒艺术的原型，事物之间的线索、关系都来自永恒艺术。"[③] 永恒艺术既是神圣知识，又是神圣光照。他这样描述光照、规则与人类知识的关系："知识的所有部门都有确定无误的规则，它们是永恒律照耀我们心灵的灯塔。心灵被照得通亮，充满着光明，可以引向对永恒之光的沉思。"[④] 波那文图拉还按照柏拉图主义的精神论证上帝的存在，他说："除非依

---

① J. de Vinck, *The Works of Bonaventure*, Vol 2, St. Anthony's Guild, Paterson, 1963, p. 57.

② 同上书，p. 59。

③ 同上书，p. 67。

④ 同上书，p. 71。

靠关于最纯粹、最现实、最完全和绝对的存在的知识，否则理智不会对任何一个被造物作出充分与终结的分析。因此有一个无条件的、永恒的、所有事物本质的纯粹性都在其中的存在。如果理智不先认识一个没有任何缺陷的存在，它怎么能知道一个具体存在的缺陷和不完全呢？”[①] 根据这些理由，波那文图拉说上帝是存在自身，他“如此绝对地确定，以致不能想象他的不存在”。[②]

把上述言论与奥古斯丁在《论自由选择》中的论述作一个比较，不难看出波那文图拉重复了奥古斯丁知识论的前提、论证与结论。在当时的理论条件之下，这一重复显然有着用光照论抵制亚里士多德对认识的自然过程所作出的解释的作用。在后来的宣讲中，波那文图拉更加明确地宣布了反对哲学，尤其是反对亚里士多德哲学（“哲学”在当时几乎等同于“亚里士多德哲学”）的意向。他在《七礼宣讲篇》中说：“哲学知识是通往其他科学的道路，但谁想停留在这条道路上，他就会在黑暗中沉沦。”[③] 在《创世六天宣讲篇》中使用一系列的隐喻与典故说明哲学的性质。比如，“两本大书”的比喻：“人在原罪之前有关于被造物的完全知识，并以此赞赏、崇拜与热爱上帝，被造物的唯一目的是通过人与上帝联为一体。原罪之后，人失去这一知识，无人能把事物带回给上帝。世界这本书变得不可理解，理解它的秘诀失去了。人需要另一本书的启发才能理解事物的隐喻意义，这本书就是圣典，它有写在世界这本书之上的事物的类比、隐喻属性。圣典这本书使被造物恢复了弘扬、赞美与热爱上帝的声音。如果你问蛇对你有什么价值、有什么用，我回答说，它对你的价值比整个世界还要大，因为它能告诉你灵

---

① J. de Vinck, *The Works of Bonaventure*, Vol 2, St. Anthony's Guild, Paterson, 1963, p. 65.

② 同上书，p. 81。

③ 《七礼宣讲篇》，4 讲 12 节。E. Bettoni, *St. Bonaventure*, Greenwood Press, Westport, 1964, p. 34。

巧，如同蚂蚁教你智慧一样。如所罗门说：'你去察看蚂蚁的动作，就可得智慧。'（《箴言》，6 章 6 节）又如《马太福音》中所写：'你们要灵巧像蛇。'（10 章 16 节）"[1] 中世纪富有科学精神的神学家主张通过读世界这本大书理解《圣经》、认识上帝。波那文图拉却说，原罪之后的人类已失去了读懂世界这本书的自然理性能力，需要依靠《圣经》这本神圣大书的启示，才能在世间事物中看到反映上帝的余辉。再如"西罗亚河与亚兰王"的比喻，据《以赛亚书》，亚兰王利讯和利玛利的儿子当上以色列王，耶和华说："百姓既厌弃西罗亚缓流的水，喜悦利讯和利玛利的儿子；因此，主必使大河翻腾的水猛然冲来"（8 章 6 节）。波那文图拉用这一典故比喻神学与哲学的分歧，他说："要让教师们了解到，不要过高地评价或赏识哲学家的言论，更不要让人们把它作为皈依埃及人的向导，舍弃载最高完善之西罗亚之水，走进载恒久虚假的哲学家之水。"[2] 他还说，从《圣经》和教父著作下降到"教师们写的大全"已经构成危险，因为这些大全有时包含着错误，但"最大的危险在于下降到哲学"，他指责讲授哲学的教师"不敢站在独立的战线"，"不是公开地，而是秘密地阅读、抄写并隐瞒哲学家的引文，把这些引文作为偶像来崇拜，正如拉结隐瞒了她从父亲那里偷来的偶像一样"。[3]

我们比较详细地引述波那文图拉攻击哲学的言论，目的是要说明当时保守的神学家反对亚里士多德哲学的激烈程度，波那文图拉对哲学的态度并不像现代某些研究者描述的那样随和、中庸。他并非因为缺乏理解而轻视亚里士多德哲学；相反，他准确地指出了亚里士多德主义与基督教义之间的根本分歧，敏感地认识到哲学危及神学的威胁。

---

① 《创世六天宣讲篇》，13 讲 12 节。E. Bettoni, *St. Bonaventure*, Westport, 1964, pp. 34 ～ 35。

② 同上书，19 讲 12 节。M. Haren, *Medieval Thought*, p. 165。

③ 同上书，3 讲 7 节。同上书，p. 165。

《七礼宣讲篇》第八讲指出了拉丁亚里士多德主义者的三项错误：世界永恒说、自然决定论和统一理智论。《创世六天宣讲篇》第一讲批判了"那些相信世界在永恒中被创造出来的人"。[①] 第四讲在实体与属性、共相与殊相、潜在与现实、统一与杂多、单纯与复合、原因与结果等问题上批判亚里士多德观点。第六讲维护理念原型说以及天命天意说，反对亚里士多德对理念论的批评以及自然哲学的决定论。第七讲指出亚里士多德对哲学错误应负的责任是：第一，"作为哲学家，他按自然的秩序理解世界，说它在本性上是没有开端的"。[②] 其次，他没有重视身后的世界。但亚里士多德谈到永恒幸福，也没有持阿维洛伊所宣扬的"理智统一论"，相反，"他认为理智与光的影响有关"，"理智的数目与主体一样多"。[③] 因此，亚里士多德并没有否认灵魂不朽。应该承认，波那文图拉并没有歪曲或误解亚里士多德著作以及当时亚里士多德主义者的思想，他的批判建立在正确理解对手观点的基础之上。他依据柏拉图-奥古斯丁主义论证神学信条，使用理性论辩批判亚里士多德主义。虽然他主观上并不想成为哲学家，但他的著作中包含着丰富的哲学内涵。他说："我们全部的形而上学讨论流溢、原型以及事物的终极目的，即，在精神之光的照耀下，返回高处。这样，你们才是真正的形而上学者。"[④] 他所说的形而上学是柏拉图主义的原型说，新柏拉图主义的流溢说和奥古斯丁主义的光照说，这些恰恰是亚里士多德形而上学所没有的内容。他的"真正的形而上学"的基本精神是反亚里士多德主义，虽然在某些场合也使用了形而上学的一些术语。下面从三个方面阐述两者的分歧。

---

① 《创世六天宣讲篇》，1 讲 16 节。M. Haren, *Medieval Thought*, p. 164。
② 同上书，7 讲 2 节。M. Haren, *Medieval Thought*, p. 165。
③ 同上书，p. 165。
④ 同上书，3 讲 2 节。E. Bettoni, *St. Bonaventure*, p. 46。

1. 认识论

波那文图拉承认，人的知识开始于感觉。他同意亚里士多德对感觉作出的分析，如感觉是灵魂与身体的共同活动，而不仅仅是灵魂的活动，共同感觉和想象是感觉的最高阶段，等等。他貌似公允地说："在亚里士多德说得对的地方，我们同意他；但是，在他弄不清楚的地方，在他所不知道或取消了的问题上，我们不能同意他。"[①] 判断亚里士多德观点是非的标准是奥古斯丁的原则。我们知道，奥古斯丁肯定知识开始于感觉，承认感觉知识的确定性。在亚里士多德作出类似论述的场合，波那文图拉作出让步。他着重在亚里士多德"不清楚"、"不知道"或"取消了"的问题上说明人类知识的性质、等级与来源。亚里士多德认识论缺乏的内容是光照论，这恰恰是波那文图拉认识论的主要内容。他把人类知识来源与动力说成"光线"。他说："虽然知识全在光照之内，我们仍可以恰当地区分外部光线，或机械、技巧之光；低级光线，或感觉之光；内在光线，或哲学之光；以及高级光线，或恩典与圣典之光。第一种光线照耀着工艺方面的思想，第二种光与自然形式有关，第三种光与理智真理有关，最后一类光与拯救真理有关。"[②] "光"的说法本来是一种隐喻，波那文图拉使用这一隐喻把自然之光（"外部光线"）、人的自然能力（"感觉之光"、"内在之光"）以及上帝的精神力量（"高级光线"）归为一个等级，这种充满诗意的宗教语言表达了神秘主义的情感，但也并非没有哲学的含义。如果我们把波那文图拉的语言"转译"为亚里士多德语言，不难看出，前三种光大致相当于灵魂的三种功能。

机械、技巧之光相当于灵魂的生命功能，它满足人的基本生活需要，使人获得维持生命所必要的技巧，如种植、狩猎、烹饪、航海、医疗

① 《创世六天宣讲篇》，1讲3节。PMA，p. 421。
② 《论学艺回归神学》，1章。PMA，p. 421。

等等。感觉之光相当于灵魂的感觉功能。在它的照耀之下，感官才能认识“自然形式”，即有形物体普遍具有的“有形形式”。有形形式分体积、气状、雾状、液体、固体五种，分别与视、听、嗅、味、触五种感觉相对应。波那文图拉承认，感觉与事物之间的对应关系是认识的基础。他说：“只有在能力与对象相适应或亲近时，理解才会发生。”[①] 光线是联结感官能力与外部对象的媒介，外部光线作用于人的感官，感觉之光作用于人的灵魂，在这两种光的共同作用下才造成了身体与灵魂共同认识事物的自然形式的感觉活动。第三种光相当于灵魂的理智功能，“它被称作内部光线，因为它通过知识与自然真理的原则探究其隐蔽的内在原因”。[②]“内在光线”是天赋的理智，它既是实际活动，又是潜在真理，因此又称作“哲学之光”。波那文图拉把天赋的潜在真理分为三类：理性哲学是语言的真理，自然哲学是事物的真理，道德哲学是规范的真理。或者说，内在之光为理性之光、自然之光、道德之光三种光构成。

波那文图拉的光照论并不是表达亚里士多德灵魂功能学说的另一种方式。他认为，前三种表现为人的自然能力的光线都以恩典之光为来源和动力。托马斯以恩典成全自然，波那文图拉则以恩典取代自然，把前三种光都归结为“高级光线”。就其来源而言，它们都是恩典之光带来的礼物。外部之光、感觉之光、内部之光及其分化出来的理性、自然、道德之光共计六种，它们被比附于上帝创世的六天工作日，创世第七天休息日象征着永恒之光。赋予人类的六种光照耀着现世生活与知识，必将随着现世的终结而黯淡无光，此后只有上帝的永恒之光，“一个没有夜晚的白天、荣耀的光照”。[③] 另外，在现世起作用的光线都处在恩典之光的照耀之中。波那文图拉对人类知识与上帝恩典的关系作

① 《论学艺回归神学》，3 章。PMA，p. 423。
② 同上书，4 章。PMA，p. 423。
③ 同上书，6 章。PMA，p. 425。

了这样的解释:“知识的其他光照都可被归结为圣典之光。首先,让我们说明只与可感对象有关的感性知觉的光照。应考虑到这一过程的三种因素:知觉的媒介、知觉的行使和知觉的爱好。在这里我们看到永恒的圣灵在时间中造人。事实上,一个可感对象只有通过一个相似的中介才能在认识能力上产生印象。这种相似性之于对象好比父母之于后代。在感觉之中,这一相似性显现为共相、殊相和象征符号,它只有在感觉与对象接触时才能成为现实,由此产生出一个新观念和显相。心灵通过它回顾对象,即使对象并不总与感觉接触,知觉对它也有印象。”[①] 引文中的“相似性”指规定每一类事物相似性的原型,它们存在于事物之先和之外的圣道之中。神圣之光反映着原型,与感觉之光和内在之光共同构成“知觉的媒介”。感觉之光造成感觉与对象的接触,但却不能产生关于事物的印象。感觉需要一个与可感对象相似的中介才能获得这种印象。这个中介就是反映事物“相似性”的恩典之光。“知觉的行使”指感觉与对象的接触,它为恩典之光在心灵上压下关于事物原型的印象提供一个机缘。但是,心灵并不只是消极地接受印象,它在内在之光的推动之下追求原型,这就是“知觉的爱好”。在这一过程中,关于原型的感觉印象被理智处理为殊相、共相或语言符号,抽象是普遍地表现原型印象的方式。在波那文图拉的解释中有两点值得注意:第一点是对共相性质与抽象活动作出的极端实在论解释,他认为事物的本质是独立于事物而存在的原型,共相是对原型的认识,产生共相的抽象活动受原型光照的推动;第二点是对天赋观念论的解释。当波那文图拉承认认识起源于感觉时,他的意思并不是说感觉提供最初的知识,而是说感觉活动是知识的机缘:原型在此活动中在心灵上压下印象,同时激发了理智活动,使潜在于“内在之光”中的关于原型的知识

---

① 《论学艺回归神学》,8 章。PMA, p. 425。

与真理在理智活动中转变为现实。波那文图拉对知识性质、起源和过程的解释诉诸上帝的恩典、神圣的光照，托马斯对这些问题的解释依据人的自然能力和自然活动过程。虽然两者都不愿把恩典与自然对立起来，但在恩典与自然孰为基础这一问题上，他们的分歧是十分明显的。

2. 原型论

光照论是原型论在认识论领域的推论。波那文图拉认为，亚里士多德对理念论的批判是他的哲学的错误根源，由此产生出一系列错误：首先，如果个别事物不是按照原型被创造出来，那么上帝将不会有关于个别事物的知识，任何事物运动将会依自身必然性，上帝的恩典与天意就要被否定；其次，如果在上帝创世之前没有一个永恒的原型世界，那么世界在时间上同样永恒，创世将不会有时间上的开端。在"世界有无时间上的开端"这一问题上，波那文图拉与托马斯展开了一场论战。托马斯的基本立场是："世界有开端是可信的，但却是不可证明的；就是说，开端不可能从一个意味着无时空的东西的概念中严格地推演出来，也不能通过对它的创造的原因所作的分析来证明这一点。"[①] 波那文图拉坚持奥古斯丁的时间学说，认为理性可以证明时间是由上帝创造的，创世是有开端的。他提出了以下的论证。

第一，如果世界没有开端，那么，过去的时间就是无限的，我们将不能说时间无限延伸，因为一个无限数列再上一个数字仍然是同一无限数列，时间的继续延伸失去了意义。对此，托马斯回答说，时间上溯的无限性并没有否定它延续的可能性，没有充足的理由可以否定从时间的无限系列的某一点开始，再向后延伸一个有限系列，达到我们现在所处的时间；同样，我们可以想象，从现在向后延伸一个有限系列，到

---

① 《神学大全》，1 集 46 题 2 条。STP，p. 139。

达将来任何一点。波那文图拉反驳说，如果能在时间的无限系列上任选一点向后推移，那么将出现不止一个时间系列，因为根据托勒密天文学，太阳每绕地球一周，月球绕地球十二周，就是说，衡量太阳运动的一个时间系列与衡量月球运动的十二个时间系列相对应，同时开始向后延伸的时间在不同的运动中产生不同的系列，不同的时间系列有不同的"现在"和"将来"。我们不能设想它们是从无限系列上某一点开始向后推移的结果。

第二，一个从"现在"开始可向上作无限推溯的系列意味着一个无限系列到"现在"业已完成，这是一个自相矛盾的说法，一个已被穷尽了的无限系列不再是无限系列。如果时间没有开端，我们永远不会到达"现在"这一点。托马斯反驳说，"完成"一个系列的说法是以承认有一个起点和终点为前提的，既然时间的无限性意味着时间系列无始无终，我们不能把"完成"这一概念运用于迄今为止的时间系列。波那文图拉反驳托马斯说，我们有理由设定太阳运动的一个过去的周期，它离现在的时间差距有两种可能性：无限遥远或有限遥远。如果是前者，那么与这个过去周期紧相连的另一个过去周期与现在的时间差距是否无限遥远呢？如果不是，那么，在它之前的第一个过去周期距离现在也不是无限遥远；如果第二个过去周期距离现在同样也是无限遥远的，那么根据同样的道理，第三个、第四个……过去周期距离现在也是无限遥远的，也就是说，有无限多个距离现在无限遥远的过去周期，这是荒谬的。因此，我们可以而且应该设想任何过去的时间周期与现在的距离是有限的，即，过去的时间是一个被完成了的系列，它必定有一个开端。

第三，如果时间系列包含着无限多的时刻，每一时刻都与一个灵魂状态相对应，那么就会有无限多个灵魂，这违反了"灵魂不朽"的信条。托马斯回答说，这一论辩混淆了"无限多的灵魂状态"与"无限多的灵魂数目”。有限数目的灵魂可能具有无限的状态，比如，有人认为，一个灵魂可以转世，如果时间是无限的，转世的次数也将是无限的；还有人认为，一个共同的理智可被众多的个人灵魂所分有，等等。虽然托马斯不赞成这些学说，但他认为，不能仅依据“个人灵魂不朽”的信仰便否认个人灵魂状态的无限性，以信仰为标准的“证明”不是严格的理性证明。波那文图拉反驳说，即使按亚里士多德哲学，“灵魂转世”说也是一个错误，亚里士多德本人也从未肯定“统一理智”说。可以用理性证明不可能有无限的灵魂状态，因此他的原初证明是有效的。

托马斯与波那文图拉争论的焦点不在于世界是否是永恒的，而在于理性是否能够证明世界是永恒的。托马斯认为，世界的开端属于教理神学的信条，它是自然理性不能证明的信条；同样，自然理性也不能证明世界的永恒性。他着重反驳了“世界在时间上是有开端的”证明，波那文图拉则反驳了“世界在时间上是没有开端的”证明。康德在《纯粹理性批判》中把这两方面的证明当作理性的一个“二律背反”，两者同样有效，惟其如此，同样无效。康德由此说明，“世界在时间上有无开端”是理性不可解决的问题，这一结论与托马斯的论点一致。

在解释上帝创世时，波那文图拉使用了亚里士多德“原因”这一范畴。并对“质料”与“形式”这两个概念作了新的解释。这一对概念对他来说有两方面的意义。首先，它们是表示被造物的最普遍构造的概念。波那文图拉吸收了阿维斯布朗的思想，认为造物主与被造物在构造上是单纯与复合的区分。造物主是纯粹的“一”、纯粹的精神、纯粹的活动，被造物却有活动与潜在两方面的特征。当时流行的观念是：活动与潜在的区分等于形式与质料的区分，因此承认被造物的潜在性，承认它们结构上的复合性，必然要承认所有被造物都由形式与质料构成。针对“普遍质型论”的论证，托马斯指出：“活动与潜在是比形式与质料更为广泛的概念。”[①] 按托马斯的区分，活动与潜在包括存在与本质、形式与质料双重区分的含义，精神实体的复合性在于存在与本质的区分，物质实体的复合性在于存在与本质、形式与质料双重区分。波那文图拉坚持认为除上帝之外的所有实体都有形式与质料的区分，精神实体具有“精神质料”，物质实体具有“物质质料”。托马斯进一步否定了“精神质料”这一概念，他认为“精神”是无形的东西，“质料”指有形的东西，两者的结合产生出意义自相矛盾的概念。波那文图拉指出，“质料”的基本含义是有待实现的潜能，这意味着质料包含着最低限度的主动性，这就是它对于某些形式的适应性。如果质料所适应的形式是无形的，那么它便是精神质料；如果质料所适应的形式是有形的，那么它便是物质质料。我们知道，托马斯认为形状是质料固有的规定性，他用“能指质料”表示形体。形式对他来说总是无形的性质，属于“本质”范畴，“有形形式”和“精神质料”同样自相矛盾。波那文图拉反驳说，实体的形式是多样的，从最低级的有形形式开始，经过偶性形式，最后才是最高级的本质形式，实体的形式是一个从有形到无形的等级系列，不能只是一个无形的本质形式。他说：“认为最后的形式不需要任何中间形式而直接加诸原初质料，这是一个发疯的想法。”[②] 以上概述说明了普遍质型论如何导致多型论，关于“有无精神质料和有形形式”的争论如何导致多型论与单型论的争论。

“质料与形式”这一对概念在波那文图拉思想中还有“种质论”的含义。他对“种质”的定义是：“本质形式的不完全存在的样式。”[③] “不完全存在的样式”指它的潜在状态，而潜在是质料的特征。这句话的意思是：种质是潜在于质料之中的本质，或者说，质料适合于发展为某

① 《波埃修论三位一体注》，5题4条。STP，p. 151。
② 《创世六天宣讲篇》，4讲10节。M. Haren, *Medieval Thought*, p. 230, note 33。
③ 《箴言书注》，2卷18部1分部3题。E. Bettoni, *St. Bonaventure*, Westport, 1964. p. 79。

一特殊事物的内在可能性。和奥古斯丁一样，波那文图拉认为种质是上帝创造的事物的间接原因，种质在由潜在到现实的过程中展现为个别事物，个别事物在由现实到潜在的过程中回缩成种质。在事物生灭的过程中，种质不生不灭，变化的只是有形形式。根据这个道理，人的身体死亡只是失去有形形式，但个人的种质依然存在，并在“最后审判”时刻重新获得有形形式而使尸身复活。正当托马斯把一些神秘教义排除在理性证明之外时，波那文图拉却说明，即使像“尸身复活”这样难以理喻的教义，也可用哲学理论来证明它。

3. 灵魂观

波那文图拉认为人是灵魂与肉体的复合体。在这个柏拉图主义与亚里士多德主义共同认可的观点背后隐藏着两者不同的解释。柏拉图主义认为灵魂和肉体是相互独立的两个实体，亚里士多德主义认为两者是形式与质料关系，共同构成一个单独实体。波那文图拉把柏拉图主义解释与“普遍质型论”结合起来，认为每一个人的灵魂都是由质料与形式构成的精神实体。这样的灵魂观至少具有三方面的理论意义。首先，波那文图拉以此证明灵魂是由上帝创造的产物。按照他的设想，每一被造物都是形式与质料的复合体，灵魂也不例外。当然，灵魂的质料是“精神质料”，因而它是无形的精神实体。其次，“灵魂不朽”的教义有赖于灵魂的实体性。如果灵魂只是肉体的形式，那么它不能脱离肉体而独立存在，将随着肉体的死亡而消失。但如果灵魂和肉体是两个独立实体，一个实体的存在不依赖于另一个实体，灵魂实体在肉体实体死亡之后仍能存在。再次，灵魂的形式与质料构造决定了灵魂的个别性。波那文图拉认识到阿维洛伊宣扬的“统一理智论”出于这样一个基本理由：理性灵魂是普遍的、统一的形式，它被个人的肉体分化为个人灵魂，或者说，肉体是灵魂个别化的条件；肉体死亡之后，个人灵魂随之消亡，不朽的只是灵魂的普遍形式、统一的人类理智。波那文图拉视“统一理智论”为违反“个人灵魂不朽”的异端理论。为了论证灵魂的实质不在于普遍形式或统一理智，而在于它的个别存在和特殊本质，波那文图拉说明，实体个别化的条件在于质料与形式的统一，由质料与形式构成的灵魂必然是个别的实体，不朽的灵魂只能是个人灵魂。

波那文图拉面临着这样一个问题：灵魂既然已经是独立的实体，它为什么还需要与另一个独立实体相结合构成一个人呢？波那文图拉用新柏拉图主义的“完善性”观念回答这一问题。按照这种观念，高一级的实体的完善性必然会流溢到低级实体之中，低一级实体也会主动地追求高级实体的完善性。灵魂与肉体之间的关系也是如此。灵魂下降到肉体之中并未败坏灵魂的完善性，相反，它提高了肉体的完善性。从肉体方面说，肉体并不是虚无的质料，而是质料与有形形式构成的实体，它包含着有生命的种质。灵魂使肉体的潜在生命成为现实；并且统摄着肉体的生命活动。灵魂与肉体分别代表着生命的现实性与潜在性，在此意义上，灵魂是肉体的本质形式。用波那文图拉的话来说：“虽然灵魂与人的肉体结合在一起，并激活着人的肉体，这并不意味着它是偶然的或卑贱的活动。它不是偶然的活动，因为灵魂依其本性是实质性形式；它不是卑贱的活动，因为灵魂是最高贵的形式，灵魂之中可见对于一切创造的追求。”[①] 波那文图拉所否认的“偶然”、“卑贱”之类说法是柏拉图主义者的观点。他们认为，灵魂与肉体的结合是灵魂的堕落，违反灵魂的纯精神本性，肉体是对灵魂的污染。波那文图拉却认为，灵魂出于追求“一切创造”的目的与肉体结合，它在肉体之中经历了在肉体之外所体验不到的生命活动，丰富了自身，同时也完善了肉体，这符合灵魂的完善化本性。他认为灵魂可在比它低级的肉体中部

---

① 《箴言书注》，1 卷 2 部 3 分部 2 题。E. Bettoni, *St. Bonaventure*, Westport, 1964, p. 87。

分实现完善化的本性，这一观点背离了柏拉图主义而接近了亚里士多德主义。然而，这并不妨碍他坚持认为，灵魂在追求上帝的过程中完全达到自身完善性。总的来说，他的思想具有浓厚的神秘主义色彩。

我们已经比较了波那文图拉主义与亚里士多德主义，特别是与托马斯主义的差别。按托马斯本人的理解，他们之间的“意见分歧表现在三个问题上，即，形式成为存在的过程，德性的获得和知识的获得”。[①] 吉尔松对这段文字作了如下解释：“托马斯主义的‘形式’产生质料中的形式，形式加诸于从属的质料之上；波那文图拉的形式在质料之中升出，质料已经包含着潜在形式。托马斯主义的理智在感觉印象中取得理智对象，并创造出用来构建全部知识大厦的第一原则；波那文图拉的理智自身之中含有理智对象，它们不是从感性知觉中得来的，而是从理智对象所内在的‘一’那里获得的。托马斯主义的意志在其自然发展过程中获得‘自然’的德性，作为行使意志的习性；波那文图拉的意志有待恩典的降临，使恩典成全自然的德性。”[②]

第二节　拉丁阿维洛伊主义

拉丁阿维洛伊主义是13世纪巴黎大学艺学院中流行的思潮。艺学院的一些教师主张像阿维洛伊那样忠实于亚里士多德思想，反对按柏拉图主义精神解释亚里士多德著作，尤其反对出于维护神学教义的需要而改造、割裂亚里士多德学说。他们因此而被称作“世俗的亚里士多德主义者”、“完整的亚里士多德主义者”。他们不顾神学的权威，从阿维洛伊的注释中推导出一些违背正统教义的结论，因此有时他们也被称作“激进的亚里士多德主义者”、“非正统的亚里士多德主义

---

① 《论德性》，11题1条。D. Knowles, *The Evolution of Medieval Thought*, p. 246。

② É. Gilson, *The Philosophy of St. Bonaventure*, Sheed and Ward, London, 1938, p. 412.

者”。当然，作为基督教徒，他们并没有公开地否定基督教信仰。在亚里士多德观点与正统教义相冲突的场合，他们总是声称，他们只是如实地介绍亚里士多德的意见，并非赞成他的意见；他们解释这些意见只是为了理解亚里士多德的论证，并非为了论证信仰的错误。然而，当时与现在的人们都对这些声称的真诚性提出了疑问。有一些人认为，他们只是出于安全与便利的考虑，采取了利用信仰的策略，他们真实意图是以亚里士多德主义否定信仰的合理性、可靠性。另一些人认为，他们的目的是为了调和基督教信仰和亚里士多德哲学，在这一点上与托马斯并无根本差别，只是他们缺乏托马斯融会、综合的能力，哲学的论述与信仰的表白在他们著作中显得不协调，甚至相冲突。但他们其实不是真正的阿维洛伊的追随者。我们认为从思想发展史的角度看问题，个人的主观动机并不重要，重要的是思想当时造成的实际后果以及对后世的影响。从这一角度评价拉丁阿维洛伊主义，必须承认这股思潮是对正统神学的猛烈冲击，对经院哲学的发展方向产生了深远的影响。

1. 西格尔

布拉邦的西格尔（Sigerus de Brabant，1240 ～ 1284 年）是拉丁阿维洛伊主义的主要代表人物，巴黎大学艺学院教授。13 世纪 40 至 50 年代，巴黎大学神学院著名教授大阿尔伯特、波那文图拉和托马斯相继离职。西格尔与他在艺学院的同事在大学讲坛上占据主要位置。他们不顾教会禁令与神学教条约束，全面地公开宣讲亚里士多德著作，不久即遭到神学家与教会的一致谴责。波那文图拉在 1267 年和 1268 年的神学宣讲会上鞭挞西格尔的观点。大阿尔伯特和重返巴黎大学的托马斯也撰文反驳西格尔的“统一灵魂论”。更有甚者，巴黎主教唐比埃于 1270 年 11 月颁布了谴责拉丁阿维洛伊主义主要观点的禁令，1276 年 11 月法国宗教裁判所首席法官西蒙・杜瓦尔传讯西格尔与另外两名教师。为了逃避严厉迫害，西格尔到罗马向最高宗教法廷自首。教皇尼古拉三世赦免了他的异端罪名，但把他软禁起来，后被他的精神失常的秘书所杀。西格尔虽屡遭谴责，但在人们心目中仍有崇高地位。但丁在1320年左右写的《神曲》中把西格尔与托马斯、大阿尔伯特等人同列在“日轮天”这一哲人的天堂之中。他写道：

> 这是一个精灵的光，
> 他作严肃的思考时觉得死来得太慢；
> 那是西格尔的永恒之光，
> 他在巴黎“麦秸之街”演讲的时候，
> 用三段论法推论出真理，引起了憎恨。[①]

西格尔的著作多是讲课笔记，这类文稿在中世纪被称作“记录”(reportationes)，部分是学生的课堂笔记，部分是教师的讲稿。以1270年的禁令为界，他的文稿可分为两期：前期著作包括逻辑论文《如果无人存在，还能说“人是动物”为真吗？》以及《〈论灵魂〉第三卷论题集》，后期著作包括：《论世界的永恒性》《不可能性》《论原因的必然性与偶然性》《形而上学注》《论理性灵魂》《论理智》《论幸福》等。我们按时间顺序追踪西格尔思想的轨迹。

西格尔的逻辑论文旨在解决唯名论与实在论争论的一个老问题：名称指称的对象是什么？如果名称的意义仅在于指称个别对象，那么，为什么在个别对象不复存在的情况下名称仍然有意义？西格尔以“人是动物”这一判断为例，说明“人”指称人的种类，种类是永恒的对象。即使没有个人存在，“人”这一类概念仍然具有指称对象的意义。西格

---

① 但丁：《神曲：天堂篇》，朱维基译，“10歌”，上海译文出版社，1984年，第83页。

尔是站在实在论立场上解释名称意义的。

《〈论灵魂〉第三卷论题集》于 1269 年至 1270 学年讲授，分 4 章 18 题。第一章论灵魂的理性、感性与植物性的区分，第二章讨论灵魂的理性，第三章论理性与身体的关系，第四章介绍了阿维洛伊的灵魂观，说明在个人灵魂之外有一个统一的人类理智。如果我们联系他的逻辑论文，可以看出，"统一理智论"是关于个人与人类关系的实在论观点的逻辑推论。西格尔主要是从逻辑论证入手讲解"统一理智论"的，他并没有考虑到这一理论是否与"个人灵魂不朽"的教义相抵触的问题，更没有用前者批判后者。但神学家却敏感地觉察到"统一理智论"所蕴含的异端思想。1270 年禁令中被谴责的一条命题是："个人无理解力"，意思是：个人的理解力属于人类共同理智。奥古斯丁修会的僧侣罗马的吉尔斯在 1270 年左右写的《哲学家的错误》以及波那文图拉在《十诫宣讲篇》《七礼宣讲篇》中都批判了人类有共同的不朽的理智的说法。托马斯在 1270 年所写的《反阿维洛伊主义论灵魂的统一性》中批判了两个论点：第一，潜在理智（可能理智）是独立实体而不是人的肉体的形式；第二，它是所有人共享的理智。关于第一点，托马斯及时利用了 1267 年由莫尔伯克的威廉翻译的德米斯特对《论灵魂》的注释。按德米斯特注释，亚里士多德所说的可能理智是内在于灵魂的理智功能，而不是外在于灵魂的精神实体。托马斯说，这位古希腊注释者的解释比阿维洛伊更合乎原著意思，阿维洛伊"并不是逍遥派，而是逍遥派哲学的歪曲者"。[①] 在证明可能理智不是个人灵魂之外的独立实体之后，托马斯轻易地说明人不可能有一个共同的可能理智。他最后严厉地警告说："如果有人想要反驳我们所说的这些道理，让他不要躲在角落里说，也不要当着不知道如何判断这些难题的孩子们的面说，

① Saint Thomas Aquinas, *On the Unity of the Intellect Against the Averroists*, B. H. Zedler (trans.), Marquette University Press, Milwaukee, 1968, p. 47.

让他斗胆把反对意见写出来。”[①]

托马斯的论辩并没有击中“统一理智论”的一个关键论据：人的共同理解来自一个共同的理智；如果每个人具有不同的理智，他们何以能够达到共同理解、取得人类共同知识呢？这正是西格尔提出的一个关键问题。西格尔接受了托马斯的挑战，写了《论理性灵魂》和《论理智》两篇论文回答托马斯的批评。他在《论理性灵魂》中首先承认，阿维森纳、阿尔加扎里和德米斯特等人的解释不同于阿维洛伊的注释，在哲学争论不能得到确定答案的地方，必须从信仰的教导。然而，他接着说，根据托马斯可以接受的亚里士多德主义基本原则，人类只能有一个理智。这是因为，人是灵魂与肉体的复合体，灵魂在与肉体结合之前是独立的精神实体，它们必须有一个共同规定性，这就是人的理智。这篇论文未能完成，西格尔未能充分论证为什么作为个人灵魂共同规定性的可能理智是一个独立实体。《论理智》现已失传，它的残篇保留在15世纪意大利哲学家尼孚（Nifo）的著作之中。据今人布鲁诺·纳弟（Bruro Nardi）的研究，西格尔尽量以教会能够接受的术语与方式表达“统一理智论”。他说，可能理智是个人灵魂的类，它既是独立的精神实体，又存在于个人灵魂之中，正如共相既在殊相之先，又在殊相之中一样。可能理智与个人灵魂的结合产生理性灵魂，理性灵魂是身体的实质性形式，它们的数目和个人的数目一样多。上帝是活动理智，只是由于上帝的作用，存在于个人灵魂之中的可能理智才由潜在转变为现实的理解活动，认识上帝及其创造的世界的本质。就是说，主动理智、可能理智以及理智对象的共同性保证了人的理解与知识的共同性。西格尔承认可能理智在个人理性灵魂之中起作用，这一观点实际上与托马斯相差无几。在1276年写的《论原因论题集》中他承认，统一理智

① Saint Thomas Aquinas, *On the Unity of the Intellect Against the Averroists*, B. H. Zedler (trans.), Marquette University Press, Milwaukee, 1968, p. 75.

学说,"按我们信仰是异端,并且似乎也不是理性的学说"。[①] 总而言之,西格尔并不是一个彻底的统一理智论者。他在解释阿维洛伊学说时,找到了一些逻辑学与认识论方面的理由。面对着理性批判和异端罪名的双重压力,他最终修改或放弃了以前的立场。

在《论世界的永恒性》中他提出了几个理由论证世界的存在是永恒的。他说,如果世界不是永恒的,那么它是如何由非存在变为存在的呢?只可能通过三种途径:一是由世界之外的某一个体衍生出各类世间事物;二是由世界之外的共相产生出世间具体事物;三是使原初质料获得形式,转变为现实的事物。西格尔指出这三种情况都是不可能的。第一种情况只有在个体在时间上先于它的类的前提下才是可能的。西格尔说:"类并不是通过它的某一个特定的个体而存在。如果人类以前不存在,它就不会开始存在。"[②] 他的理由是,类是个别事物的无限系列,我们不能说它开始于某一个别事物,正如时间是时刻的无限系列,我们不能说时间开始于某一时刻一样。第二种情况也是不可能的,因为按照上述类与个体的关系,类不能在它所包含的全体事物之前存在。如果一个共相不包含任何具体事物,它们也不可能后来从共相中产生,因此,具体事物必然一开始就存在于共相之中。在第三种情况之下,原初质料只有通过业已存在的现实活动才能获得形式,但是,没有无事物的活动。也就是说,在原初质料之前已有某种活动着的现实事物,这就推翻了原初质料在现实事物之前存在的前提。西格尔的结论是:世界不可能产生于一个先于世界之前的东西,不管这个东西是个体、类,还是潜在。他完全没有考虑在世界之前存在的上帝,没有援引上帝在时间中创世的教义。他说:"我们所说的道理是大哲学家(指亚里士多

---

① M. Haren, *Medieval Thought*, p. 202.

② 《论世界的永恒性》,1 章。PMA, p. 455。

德)的意见,但我们并没有肯定这一意见是正确的。"[①] 他的表白往往被人看做推诿之辞,后来教会不但谴责了"世界永恒存在"的结论,而且谴责了他的论证中否认人类起源于亚当的"没有第一个人"的论点。

《不可能性》讨论了六个不可能成立的命题。其中第五个这样的命题是:"人不应为恶行承担责任或为此受罚。"维护这一命题的一条理由是,人的一切行为都出于必然性,人不应该为自己无法控制而又不可避免的行为的后果承担道德责任。西格尔分析了"必然性"概念的三种意义。第一种意义是"强制必然性",这不是人的行为的必然性,因为人的行为发自意志,不是出自外在的强制。第二种"必然性"指意志必然追求某些不可避免的要求,这是出于人的生理本能的必然性,它所造成的后果是人所无法控制的,西格尔承认,人不对出于生理本能的邪恶行为承担道德责任。第三种"必然性"指意志活动的可以避免的原因。如果这种原因造成邪恶的活动,人必须为未能摆脱这一原因的作用而承担责任,并受到惩罚。惩罚是使意志摆脱可以避免的必然性的有效措施。西格尔把"必然性"等同于原因,他区分了行为的外在的和内在的原因,又在内在原因之中区分了不可避免的和可以避免的原因,最后一种原因解释了人的道德责任,这种不同寻常的区分的意义应在决定论与意志自由说的矛盾的背景中加以理解。自奥古斯丁以降的基督教哲学家一直都以意志的自由选择解释惩恶扬善的合理性与必要性。新兴的亚里士多德主义以因果决定论解释包括人的行为在内的一切自然活动。有些人据此争辩说,既然人的意志被它不能自主的原因所决定,它不能自由地选择善、恶,因此,它不应受到惩恶扬善的报应。值得注意的是,托马斯认为,否认人的道德责任这一显然荒谬的结论证伪了决定论的观点,尤其是证伪了认为统一理智决定人类灵魂活动的

① 《论世界的永恒性》,3 章。PMA, p. 460。

观点。他指出，根据统一理智论，“必然会得出所有人的意志进行的自由选择毫无差别的结论。如果控制人的其他力量作用的先决的理智是同一、不可分割的，那么所有人的选择都是一致的。这显然是错误的和不可能的，因为它违反了明显的事实，摧毁了全部道德科学和一切出自人的本性的文明交往”。[①] 面临着这样的问题和指责，西格尔一方面维护了“一切活动都受原因决定”的决定论观点，另一方面又以“可以避免的原因”之说代替“意志自由”说来解释道德责任的合理性与必要性。他说明亚里士多德的理论同样可以解释被奥古斯丁主义解释了的事实，反之却不然，因此哲学家们宁肯采用自然决定论而不用意志自由论。《论原因的必然性与偶然性》阐明了类似立场，他把“不可避免的原因”说成必然原因，“可以避免的原因”说成偶然原因。他一如既往地申明：他只是按照哲学家们的意思解释决定论观点。

西格尔被指控为“双重真理论”的鼓吹者。最早的指控见诸一篇在巴黎大学所作的讲演，其作者可能是托马斯，一说是波那文图拉。这篇讲演提到：“在一些从事哲学的人中间，有些人说了一些在信仰看来不真的道理，当他们被告知这些言论违反信仰时，他们回答说，正是大哲学家如是说，他们自己仅仅重复大哲学家的意见，并没有肯定这些意见。”我们看到，西格尔确实常作类似表白，但从他的这些话中很难引申出“哲学真理与神学真理相反”的意思。相反，西格尔一直承认，亚里士多德的意见可能是错误，只是自然理性不能证明这一点。比如，在早期对《论灵魂》所写的解释中，他说：“亚里士多德的意见可能不符合真理，可能启示会赋予我们自然理性所不能证明的关于灵魂的道理。”[②] 在后期对《形而上学》所写的注释中，他说：“隐瞒哲学没有好处，亚里

---

① Saint Thomas Aquinas, *On the Unity of the Intellect Against the Averroists*, B. H. Zedler (trans.), 1968, pp. 60 ~ 61.

② HCP, p. 398.

士多德的意图不应被隐瞒，虽然它与真理相反”，“不应该以理性研究高于理性的东西，也不要证明理性的错误。然而，一个哲学家不管多么伟大，在很多问题上总可能有错，因此，即使人们不知道如何反驳哲学理性，也不应用它来否定公教会的真理”。[①] 虽然西格尔多次作出忠于信仰的表白，但与他在详尽介绍和发挥亚里士多德的论证中显示出的强有力的理性相比，这些表白显得软弱无力。“双重真理论”与其说是一个公开表述的理论，不如说是他的言论给人造成的一种印象。

2. 达西亚的波埃修

达西亚的波埃修（Boethius Dacus）是拉丁阿维洛伊主义另一位代表人物。他生于丹麦，1270年左右在巴黎大学艺学院任教。他的一些言论被列入77禁令，后来离开学校加入多米尼克会。著有《论世界的永恒性》和《论至善或哲学家的生活》等文。

《论世界的永恒性》的基本立场与托马斯论点相似。达西亚的波埃修指出，哲学家不能证明世界在时间上有开端，不能用理性否定世界的永恒性，但他承认世界有开端的信仰，与之相反的理性是错误的。他明确地说明了理性与信仰之间的分歧：“信仰中的很多东西是不能被理性所证明的，比如，尸身复活，事物不经生成过程而再生。一方面，那些不相信这一点的人是异教徒，另一方面，那些寻求用理性来认识这一点的人是愚人。既然结果与成果是由力量造成的，力量来自实体，谁敢说他用理性能完满地认识神圣实体和它的一切力量呢？这等于说他完全知道上帝直接造成的一切结果，知道它们是在时间中或是永恒地被造成的，知道它们的存在如何被上帝维系，如何存在上帝之中，等等。能够充分研究这些问题的人在哪里呢？既然信仰设定了人类理性所不能

---

① HCP，p. 720，note 15.

探究的许多论点，因此可以说，在理性有缺陷的地方，信仰弥补了它的缺点。”[①] 从这一段话可以看出，拉丁阿维洛伊主义者被指控的“双重真理论”是何等地不符合事实。

《论至善》解释了亚里士多德关于思辨是最幸福生活的思想。达西亚的波埃修在论文开头即宣称，这是一个由理性得出的结论。通篇没有涉及信仰的内容，只在一处提到：“那些成功地达到理性所知的、人在现世可能达到的幸福的人更接近于信仰所期待的来世幸福。”在他看来，现世幸福与来世幸福相对应，人有不依赖信仰而追求与实现至善的自然能力。他说：“任何按照自然的正确顺序而生活、达到了人类生活最好和最终目的之人，我都称之为哲学家。”[②] 这种意义上的哲学家不一定是神学家、隐修士或神父，后面这些人义愤填膺地谴责达西亚的波埃修的观点是毫不奇怪的。

第三节　大谴责

在正统卫道士的眼里，拉丁阿维洛伊主义已经发展到不可容忍的地步。波那文图拉在 1268 年的神学演讲中表达了他们的心情，他说：“当我还是一个学生时，我听人说亚里士多德认为世界是永恒的，我又听说这是使用理性论证的结果，我的心脏停止了跳动，我问自己，这怎么可能呢？可现在倒好，所有这些都公开化了，一切顾虑都没有了。”[③] 他宣布阿维洛伊主义者有败坏圣典、信仰和智慧的三大罪状：他们以时间与运动的循环性为由，以世界的永恒性否认上帝是一切存在的原因；以天体运转为由，以自然必然性否认上帝是知识的主宰；以理智的纯粹性为由，用统一理智否认上帝是生活秩序的规定者，第一条是反对圣典的错

① M. Haren, *Medieval Thought*, p. 203.

② 同上书，p. 203。

③ HCP, p. 403.

误，第二条是反对自由意志的错误，第三条是反对个人业绩的错误。

波那文图拉代表的保守神学家的学术思想迎合、助长了教会内部的思想专制主义。理论的批判转化为思想迫害。1270 年 11 月 10 日，巴黎主教斯蒂芬·唐比埃（Stephan Tempier）颁布了第一道禁令，全文如下：

> 巴黎主教斯蒂芬老爷于我主 1270 年冬天圣尼古拉节后的第一个星期三谴责下列错误，并革除所有继续有意讲授与肯定它们的人的教籍。
>
> 第 1 条错误是：所有人的理智是同样的，在数量上是同一的。
>
> 2. 说个人有理解力是错误或不恰当的。
>
> 3. 人的意志出于必然性意欲或选择。
>
> 4. 地下进行的一切都服从于天体的必然原因。
>
> 5. 世界是永恒的。
>
> 6. 根本没有第一个人。
>
> 7. 灵魂是活着的人的形式，随肉体朽灭而朽灭。
>
> 8. 灵魂死后与肉体分离之后不受有形之火磨练。
>
> 9. 自由意志是消极的、而不是积极的力量，它受欲望对象的必然支配。
>
> 10. 上帝不知道个别的事物。
>
> 11. 上帝不知道他以外的事物。
>
> 12. 人类行为不受上帝的天意的主宰。
>
> 13. 上帝不能赋予可朽可灭的存在不朽性、不灭性。[1]

这些被谴责的观点与波那文图拉所列举罪状如出一辙。第 1～2

---

① M. Haren, *Medieval Thought*, pp. 198～199.

条是“统一理智论”的观点，第 7 ～ 8 条以及 13 条表达的“个人灵魂有朽”的观点是它的延伸。第 5 条肯定世界永恒性，第 6 条对第一个人的否定是它的一个推论。第 4 条肯定自然必然性，第 3、9 条以必然性否定意志自由，第 10 ～ 12 条以自然必然性否定上帝的恩典、预知与天意。据说，这些观点从西格尔著作中摘录而来。现在至少可以肯定，第 1、2、3、5、6、8、9 条是西格尔观点，其余各条可从亚里士多德观点中推出，大概是流行于艺学院教师中间的观点。

1270 年的禁令并未取得预期的效果，西格尔等人仍然坚持与宣扬被谴责的观点，但态度更加谨慎。1271 年 12 月举行的校长选举导致了艺学院教师与保守的教师的分裂。保守派在人数上占多数，选举一位保守神学家为校长，艺学院教师支持一位现已不知姓名的候选人（有人认为他就是西格尔），于是出现了两个校长。1272 年 4 月，保守派通过禁止艺学院教师决定神学问题或在哲学讨论中反对信仰的条例。1275 年教皇代表、红衣主教西蒙·德·比隆来到巴黎大学停止少数派校长的工作。1276 年 9 月学校通过一项法案，禁止所有教师在私人场所讲授除语法与逻辑以外的课程。巴黎大学原来没有公共教室，讲课地点由教师指定，通常在教师私人寓所进行，教师在不被监视的情况下可以自由地宣扬自己观点。新法案规定必须在公共场所授课，必须有忠于原意的授课记录以备检查。11 月宗教裁判所以传讯西格尔等人的方式参与思想迫害，二周之后教皇代表西蒙开始惩治那些不守教规的僧侣学生。在人人自危的气氛中，学校的纪律与道德风气受到破坏。教皇约翰廿一世亲自干预，他于 1277 年 1 月 18 日写信指示唐比埃调查巴黎大学流行的错误，并向他报告。唐比埃指定了由 16 位神学家组成的调查委员会，根据他们的调查结果，这位巴黎主教以个人名义于 3 月 7 日颁布了一道谴责 219 条命题的公开信，这就是通常所说的“77 禁令”。“77 禁令”涉及的哲学问题之广泛堪称中世纪之最，它是反映

13世纪社会思潮的宝贵历史资料。为使读者了解伴随着亚里士多德主义的传播而产生的学术观点和社会思想之活跃与激进的程度，我们把“77禁令”的主要内容附录于后。

斯蒂芬，神授的巴黎教会的卑微仆人，向一切读到这封信的人致以荣耀的童贞女之子的问候。

我们经常接到一些重要与严肃的人以信仰的热忱写来的报告，说巴黎艺学院的一些学生超出了他们学院的界限，把一些明显而又可恶的错误作为可在学校里争论的问题来研究和讨论，真可谓“全然虚幻”（《诗篇》，39篇5节）。这封信列举出这些错误，这些学生没有倾听格列高利的告诫：“聪明的说者要十分注意别用他的言论损害听众的坚定性。”当他们从异教徒著作中找出上述错误的依据时，他们的无知尤为可耻，他们在承认自己不知道回答问题时肯定错误的答案。但他们并不明显地肯定暗含的意思，隐瞒他们的答案，使人在躲避斯库拉时落入卡律布狄斯之手。[①] 他们说哲学上正确的东西按公教会的信仰是不正确的，好像有两个正相反对的真理，好像圣典的真理被可憎的异教徒所说的真理所抵制。“我要灭绝智慧人的智慧”（《哥林多前书》，1章19节）指的正是这些人，因为真智慧灭绝假智慧。如果这些学生能听到有智慧的人的劝告该多好！他说：“如果你理解了，回答你的邻居；否则的话，把手放在你的嘴上，别让笨拙的词语使你惊讶，使你惶恐。”（《传道书》，5章14节）

为了不使单纯的人们被这些不谨慎的言论引入错误，我们在向《圣经》的博士们和其他慎重的人作出咨询之后，严格禁止这些

① 斯库拉与卡律布狄斯是荷马神话《奥德赛》中的扼守西西里海峡的两个妖怪。

以及类似的言论并彻底地谴责它们。我们革除所有那些继续教授这些提及的错误，或它们中的任何一个，或胆敢以任何方式继续维护和坚持这些错误，或听取这些错误的人的教籍，除非他们在七日之内主动向我们或巴黎法庭自首。超出此期限，我们将根据罪行性质依法对他们进行惩处。

我们的判决也适用于对《论爱情》和占卜书的谴责，我们同样谴责一切包含着乞灵巫术、算命应验、召唤魔鬼、符咒生灵以及其他明显违反正统信仰和良好道德等内容的书籍、纸卷和传单。传授、谈论和听取这些书籍、纸卷和传单的人要在七日内以上述同样方式向我们或巴黎法庭自首，否则我们将宣布革除他们教籍的判决，并根据罪行程度进行其他的处罚。

写于我主1276年，“耶路撒冷欢乐颂”响彻巴黎法院的星期天。

1. 没有比学哲学更好的事情。

2. 世界上只有哲学家才是聪明人。

4. 只应坚持自明的，或可按自明原则显示出来的东西。

5. 为了获得一个问题的确定答案，人们不应满足于权威。

6. 没有哲学家不能争论和决定的理性可辩问题，因为理性来自事物，哲学的一个任务是思考一切事物。

8. 我们的理智以自身的自然力量可以达到关于第一原因的知识。

9. 在有限生命中我们可以按其本质认识上帝。

10. 除了上帝的存在，我们对他一无所知。

13. 上帝不知道除他以外的东西。

14. 上帝不能直接知道偶然的东西，只能通过它们的具体的、第二性原因。

15. 第一原因没有关于未来偶然事件的学问。理由之一：未来偶然事件不是存在；之二：未来偶然事件是单个的，上帝通过理智力量来认知，理智不能认识单个事物。比如，若无感觉，理智可能分辨不出苏格拉底和柏拉图，它只能分辨一个人和一头驴的区别；之三：从原因与结果关系看，神圣的预知是被预知事物的必然原因；之四：从学问和对象关系看，学问不是对象的原因，它决定被知对象非此即彼的可能性，神圣学问与我们学问相比更是如此。

16. 第一原因是一切事物最遥远的原因。

17. 绝对不可能的东西不能被上帝或任何行动者所产生。

18. 凡像上帝那样自主的东西或永动，或永不动，有许多东西是永恒的。

20. 上帝必然创造一切直接来自他的东西。

22. 上帝不是新生事物的原因，他不创造新东西。

23. 上帝不会无规则地推动任何事物，即不会以他活动不同的方式，因为他的意志里没有多样性。

24. 正如上帝是永恒存在，他在永恒地活动与推动，否则他将被先于他的其他东西所决定。

25. 上帝有无限力量，不是因为他无中生有，而是因为他在无限运动之中。

26. 上帝的无限力量在于持续，而不在于活动，因为除了无限形体之外没有无限性。

［27.］第一原因不能创造不止一个世界。

28. 一个相同的第一原因不会导致多样性结果。

30. 第一原因不会产生有别于自身的东西，因为制造者与被造物的任何差别都由质料造成。

33. 第一存在的直接结果只能是一个，且与第一存在极为相似。

34. 上帝是第一理智的必然原因，设立了原因也就设立了结果，两者同样地持续下去。

38. 理智或独立实体是永恒的，恰当地说，它们没有动力因，只是在比喻意义上才可这样说，因为它们需要维持存在的原因，但它们不是新造的，不然的话，它们就是可变的了。

39. 所有独立的实体与第一本原共存。

40. 任何无质料的东西都是永恒的，因为不是通过质料中变化而产生的东西没有在先的存在，因而是永恒的。

[42.] 如无质料，上帝不能把一个类多样化为个体。

[43.] 上帝不会制造几个同类的理智，因为理智无质料。

[50.] 如果独立实体不推动可感世界的形体，那么它们便不在宇宙之中。

[52.] 独立实体只有单一意欲，不会改变它们行动。

[53.] 理智或天使，或独立灵魂不在任何地方。

[54.] 独立实体依其实质不在任何地方。

[55.] 独立实体依其行动在某一地方，它们只是在愿意行动于极端或中间的情况之下才会移动到极端或中间位置。

61. 理智充满着形式，它们以天体为手段，把这些形式加诸质料之上。

63. 较高的理智把事物加诸较低理智之上，正如一个灵魂把事物加诸另一灵魂之上，甚至一个感性灵魂之上。用这一方式，念咒者通过眼光就能使骆驼掉入陷阱。

64. 上帝是高级形体的必然原因，也是星体上聚合与分离活动的必然原因。

66. 上帝并不推动天体作直线运动，否则他将造成真空。

67. 第一本原并不直接制造生成之物，因为这些新结果需要一个直接原因，它不是必然的。

68. 第一本原不通过其他原因的中介就不能成为地面上多种产物的原因，因为它自身若不通过多种传递方式，便什么也不能传递。

69. 没有第二性原因，上帝不能产生第二性原因的结果。

73. 天体被灵魂的内在原则所推动，它们如同动物一样被一个灵魂和意欲推动。正如动物为欲望所动，天体亦如此。

76. 由理智推动的天体影响理性灵魂，而天体影响人的肉体。

79. 若天体静止不动，火将中止燃烧，因为上帝将不存在。

80. 大哲学家证明天体运动永恒的推理不是诡辩，令人惊奇的倒是渊博的人觉察不到这一点。

82. 如果星体力量造成的意念类似于人的双亲的种质，那么人能在意念中产生，即使腐物也足以产生人。

83. 虽然世界从无产生，不是新生，而是由非存在到存在的过程，但非存在并不在时间上先于存在，只是在本性上先于存在。

84. 世界是永恒的，因为能够在全部的未来存在的本性也有能在全部的过去存在的本性。

85. 世界是永恒的，它所包含的一切类：时间、运动、物质、主动者与接受者都是永恒的，因为世界来自上帝无限力量，结果中不可能有原因中所没有的新东西。

86. 永恒性与时间不存在于现实，只存在于心灵之中。

87. 在无终结意义上所说的永恒也是在无开端意义上所说的永恒。

89. 不可能推翻大哲学家关于世界永恒性的论证，除非我们承认第一存在的意志包含着冲突因素。

91. 天体已有无数次旋转，这是被造理智所不可知的，但第一原因可知道这些。

92. 每三万六千年所有天体都回归同一点，现存的结果将会重复出现。

96. 存在物离开第一原因的秩序，但仍与运行在宇宙之中的其他原因有关系。

99. 第一推动者不止一个。

100. 在动力因中，即便第一原因停止活动，第二性原因也不会停止活动，因为它依自己本性运作。

101. 推动者不是两个中任何一个，它是被决定了的。

102. 没有随意发生的事，任何事皆出于必然性，将来存在的一切将必然存在，将来不存在的是不可能的。考虑到所有原因，就不会有偶然事件。

[110.]形式只能被质料所分割。

112. 元素是永恒的，它们却可以在新近具有的倾向中新生。

[115.]上帝不会创造在数量上不同的灵魂。

[116.]同类个体仅因质料状况相互区别，如苏格拉底和柏拉图，因为人性自存在开始在数量上是同一的，毫不奇怪，同样存在会处在不同的位置。

117. 理智在数量上是一，虽然它可以与这一或那一个肉体分离，但不会与任何肉体相分离。

118. 动力理智是优于可能理智的独立实体，它依其实质、力量和运作而独立于肉体，它不是人的肉体的形式。

122. 人的感性与理智部分并没有本质上的统一，统一性是一个理智与天域的统一，即运行的统一。

123. 理智不是身体的形式，只是在舵手是船的形式的意义上可以这样说，理智不是人的完满实质。

126. 作为人的终极完善性的理智是完全独立的。

129. 灵魂实体是永恒的，动力理智与可能理智是永恒的。

131. 思辨理智是单纯、永恒与不朽的，但这一或那一个人的思辨理智是可朽的，当他的印象消失之后，它也朽灭了。

133. 灵魂与肉体不可分离，随着肉体的和谐的消失而消失。

135. 根据哲学，独立灵魂是不可改变的，但根据信仰，它是可变的。

136. 理智可从一肉体转移到另一肉体，故而是不同肉体连续推动者。

138. 没有第一个人，也没有最后一个人。人的繁衍过去存在，将来也存在。

140. 动力理智不与我们可能理智相连，可能理智不与我们在实体上相连。如果它作为形式与我们相连，它就是不可分离的了。

141. 可能理智在理解之前没有活动，因为就理智本性而言，活动即实际的理解。

143. 在天体理解、生活或自己运动同样的意义上，人被说成在理解。在这些情况之下，执行这些活动的动力理智如推动者与被推动者关系与他相连，并不在实体上与他相连。

[146.] 我们或多或少地理解这一事实产生于可能理智，这是一种感性力量。

[147.] 坚持说一些理智比另一些理智更高贵是不合适的，因为这一差别不可能产生于形体，只能产生于理智，因此，高贵和不高贵的灵魂将必然被归于不同的类，每一类像是一个理智。

150. 本性上没有存在或非存在规定性的东西只能被自身为必然的东西所决定。

151. 灵魂只能在被另一些东西推动的情况下意欲，因此说灵魂自身意欲是错误的。

154. 我们的意志服从天体的力量。

156. 星体对自由选择的作用是看不见的。

157. 当两个好处出现在眼前,好处越大,推动力越大。

158. 人按意欲行动,并总按更强烈的意欲行动。

159. 当所有障碍取消之后,意欲必然为可欲对象所动。

160. 当意志有活动的自然倾向时,当推动本性保持作用时,意志不可能不意愿。

161. 意志本身与质料一样有两种相反的可能,但它被可欲对象所决定,正如质料被推动者所决定一样。

[162.]理性灵魂动摇于两个极端的情况只能用关于矛盾的科学解释。力量单一的东西不会动摇于两个极端,除非出于偶然或其他东西的原因。

[163.]意志必然追求理性确定了的东西,它不会偏离理性的指示。但这种必然性不是强制性,而是意志的本性。

165. 在得出要做某件事的结论之后,意志不再自由,依法惩罚只是为了纠正无知,使他人从中获得知识。

166. 若理性得到匡正,意志也被匡正。

167. 灵魂的高级力量中没有罪,因此,罪来自情感,而不来自意志。

168. 依情感行动的人是强制行动的人。

[169.]只要情感和具体学问呈现在行动之中,意志不能反对它们。

172. 幸福在现世,而不在另外世界。

174. 死后人失去一切善。

177. 迷狂与显圣是由自然造成的。

180. 基督教戒律阻碍学问。

181. 基督教戒律中有虚构与错误。

182. 懂神学的人并不懂得更多。

183. 神学家的教导以寓言为基础。

188. 从无到有或原初创造不是真的。

189. 创世是不可能的，但信仰却坚持其可能性。

191. 自然哲学家必须绝对否认世界的开始，因为他以自然原因和自然理性为基础，而信仰可以否认世界永恒性，因为它以超自然原因为基础。

200. 除后天与天赋之外，没有其他可能的德性。

216. 哲学家不能承认未来的复活，因为理性不能探讨它。[1]

从上面摘录的 108 个命题来看，被禁止的命题很大一部分是与基督教义没有牵连的哲学观点。据斯亭伯根在《布拉邦的西格尔和 13 世纪的拉丁阿维洛伊主义》一书中的研究，这些观点中有 20 条是针对托马斯的，其中最主要的是我们在上述引文中用方括号标出的 16 条观点，它们是：肯定只有一个世界（27、50）、质料是个体化原则（42、43、110、115、116）、承认精神实体（天使）与物理世界有关系（52、53、54、55）、论可能理智与主动理智的区分与性质（146、147）、肯定意志服从理性（162、163、169）等。另一些被谴责的命题不符合基督教义，反映了拉丁阿维洛伊主义者或亚里士多德本人的观点。禁令中还包括一些大胆批判和否定基督教义的命题，它们不见诸当时任何一本著作之中，只是在一百多年后，人们才在文艺复兴时期的人文主义者著作中读到类似观点。唐比埃把流行于街市的传闻与亚里士多德主义者的观点掺合在一起，显然是为了把学术观点打成异端观点制造口实。

“77 禁令” 颁布 11 天之后，即 3 月 18 日，英国坎特伯雷大主教罗

---

① PMA，pp. 542 ～ 549.

伯特·科尔瓦比（Robert Kilwardby）来到牛津大学，颁布了谴责30条命题的禁令。科尔瓦比是多米尼克会僧侣，曾在巴黎大学任教，他比唐比埃主教更了解哲学争议的焦点，被他谴责的命题有16条是哲学命题，它们都与托马斯宣扬的“单型论”有关。第7、12条命题表述了“只有一个实质性形式”的单型论观点，第13条否认“有形形式”的存在，第16条命题是“理性灵魂与质料直接结合”而不需要中间形式的过渡，第3条命题认为“质料没有主动的潜在性”，即没有潜在的形式或种质，第4条命题说“形式的缺乏就是纯粹的虚无”，第2条命题说“形式下沉在纯粹虚无之中”，而不是“质料的主动的潜在性”的展开。所有这些命题都曾被波那文图拉事先批判过。科尔瓦比的禁令更具体地深入关于质料与形式关系的学术争论，以行政命令手段维护波那文图拉主义的立场，禁止托马斯主义的解释。

4月28日教皇约翰廿一世再次命令唐比埃组织更大规模的调查，不但调查艺学院，而且要调查神学院中流行的异端观点，只是三周后教皇死于非命，这场更大规模的迫害才未能付诸实施。“77禁令”是中世纪思想史上最黑暗的一页，即使在文网罗织的中世纪它最终也被认作一桩冤案。在教皇约翰廿二世册封托马斯为圣徒之后，巴黎主教蒲雷于1324年5月14日以维护托马斯为由撤销这一禁令。现在有的研究者把“77禁令”归咎为唐比埃匆忙行事、独断专行，为教廷开脱责任。我们认为，“77禁令”不能完全归咎为个人的缺陷，它是教会长期推行思想专制主义的产物。思想专制不但严厉镇压异端思想，而且经常以专横的行政命令干预教徒之间、神学家之间的争论，最后发展到对传统教条作出新解释这一点思想权利也要剥夺的地步。对异端的迫害发展到排除异己的内部倾轧，结果走向自己的反面。教会统治者原以为“77禁令”可以定理论于一尊，加强思想控制，结果却分裂了经院哲学阵营，加深了神学家之间的矛盾，客观上反而削弱了教会的思想统治。

第四节　大论战

1. 订正派与反订正派

“77 禁令”的一个直接后果是触发了托马斯主义与波那文图拉主义之间的大论战。这场论战是多米尼克会与弗兰西斯会两大阵营的对抗。多米尼克奉托马斯为本修会的博士，以托马斯主义为理论旗帜。1277 年科林特大主教、多米尼克会僧侣康弗兰斯的彼得写信给科尔瓦比批评他对托马斯的谴责。1278 年多米尼克会在米兰召集各地分会开会，派出两名代表到英国纠正科尔瓦比的叛逆行为，规定要对批判托马斯的人进行纪律处分、撤销其会内职务。代表之一理查德·克纳温（Richard Klapwell）成功地把英国多米尼克会大多数成员争取过来。1278 年 3 月科尔瓦比升任红衣主教，由法兰西斯会僧侣皮卡姆（Peckham）接任坎特伯雷大主教，多米尼克会与法兰西斯会在英国展开正面交锋。皮卡姆操纵的伦敦教会以克纳温宣扬的“单型论”不利于说明基督肉身在死后与复活期间的“潜在生命”，不利于说明圣餐仪式中的“实质性形式转移”等神学理由谴责了克纳温。1284 年 10 月皮卡姆又重申了科尔瓦比的禁令。克纳温的学生威廉·豪瑟姆（William Hothum）向教皇申诉，但未获成功。当时的教皇尼古拉四世出身于法兰西斯会，他命令克纳温停止一切反禁令的言论。法兰西斯会于 1282 年召开大会，批准英国僧侣马拉的威廉（William of Marra）所写的《订正托马斯兄弟》一书为本修会阅读托马斯著作的指南。威廉的订正本订正了托马斯《神学大全》中 75 条、《自由论辩集》中 9 个问题、各种“论题集”中 24 个问题和《箴言书论》中 9 个问题，凡 117 条。多米尼克会针锋相对地反订正，巴黎的彼得写作《对托马斯订正的订正》。多米尼克会反订正派的主要成员在英国除了克纳温之外，还有罗伯特·牛津、托马斯·萨顿等人，在法国除巴黎的彼得外，还有特利拉的贝纳尔、方汀斯的哥德弗雷、约翰·奎道尔、拉辛斯的吉尔斯等人，在意大利有波隆那的郎伯特等人。奥古斯丁修会的罗马的吉尔斯也加入反订正派行列。

订正派与反订正派争论的焦点是多型论与单型论之争以及与此相关的质料性质、有无种质、质型论是否普遍有效等问题。争论双方为了争夺正统地位，竭力阐发各自理论的神学内涵。多型论者说，灵魂至少应有理性形式与有形形式，这样基督灵魂离开肉身三天之后才能回归自己肉身；若灵魂只有理性形式而无有形形式，基督尸身岂不失去基督的个性？基督灵魂岂不失去回归处所？由此可证单型论为否认基督复活之谬论。持单型论的反订正派也不乏机警的答复。拉辛斯的吉尔斯在《论形式统一性》中指出，高级形式包括了低级形式的功能，人的灵魂虽然只是理性形式，但也能执行规定肉体个性的功能，基督肉身在离开灵魂之后仍保留着理性形式留下的烙印，当然可以毫无困难地再次接受基督灵魂。诸如此类的反驳与辩解竭尽牵强附会、委曲婉转之能事，模糊了托马斯与波那文图拉在这些问题上的哲学意义。订正派与反订正派之间的争论在很多方面已陷入两个修会的宗派斗争的窠臼。

多米尼克会采取一系列行政措施维护托马斯主义的地位。1309 年在萨拉戈萨召集大会，规定全修会的教育内容都要与托马斯教导相符合，1313 年在麦兹召集大会规定一切有能力的人都必须学习托马斯著作，托马斯学说是派往巴黎大学深造的学生的必修课。这些措施确保了托马斯主义作为多米尼克会“官方哲学”的地位。教廷认可托马斯主义正统性之后，它成为中世纪晚期的一个重要哲学与神学派别，但终未取得统一各派理论的支配地位。

法兰西斯会在13世纪表现出来的思想保守的特征在很大程度上来自它的创建者的宗旨。圣法兰西斯摒弃世间一切财富，在身体力行的宗教活动中追随上帝教导。他对世间的精神财富也持鄙薄态度，他说："人的知识尺度是他的工作，信教人只有当一个好的工作者才能当一个好的谈论者。"他还批评说："有许多人愿意获得知识，说一直不知热爱上帝的人是有福的。"[①] 虽然圣法兰西斯重实践而轻知识的立场和他崇尚贫困俭朴的精神未能被后来的门徒全部采纳，但法兰西斯会按照1223年制订的会规，形成了以全副身心地追求上帝的热忱创业绩的传统。当法兰西斯会的一些学者在巴黎等地潜心研究哲学时，竟在会内招致了"巴黎啊巴黎，你搞垮了阿西西"[②] 的抱怨。法兰西斯会的第二创始人波那文图拉身兼巴黎学者与阿西西的传人双重身份，他强调学问也是追求上帝的事业，但必须以热爱上帝、忠于信仰的热忱从事学问，才不致步入世俗知识的迷途。他在奥古斯丁著作中看到对上帝的沉思与宗教热情的完满统一，而亚里士多德著作中所缺乏的恰恰是热烈的宗教追求。他之所以恪守奥古斯丁传统、反对亚里士多德主义的传播，大概主要出于坚持法兰西斯会传统的考虑。"77禁令"之后，法兰西斯会学者在与托马斯主义者的正面交锋中发现陈旧的知识与宗教热忱抵挡不住亚里士多德冷静的科学精神与渊博的学识，他们于是站在奥古斯丁主义立场尽可能地吸收一些亚里士多德主义的成果。13世纪后期的法兰西斯会学者尤其重视阿维森纳的著作，在那里他们发现了较容易与柏拉图–奥古斯丁主义相调和的亚里士多德主义。这种状况说明，亚里士多德思想的影响已如此之大，即使保守的思想阵营亦不能无视它的存在。下面是两位在这一方面有创见的法兰西斯学会的学者。

---

① E. Bettoni, *St. Bonaventure*, p. 18.

② 阿西西是圣法兰西斯的故乡，法兰西斯会的发源地。

2. 阿库斯帕达的马太

阿库斯帕达的马太（Matthew de Acquasparta，约 1237 ～ 1302 年）生于意大利，毕业于巴黎大学，波那文图拉的学生，在波隆那与罗马等地教授神学，1287 年至 1289 年间担任法兰西斯会总会长，后被任命为红衣主教。主要著作有《箴言书注》《论题集》《自由论辩集》等。

马太思想中较有特色的部分是知识论，特别是对光照论的发挥。他在《知识论题集》中说："理性灵魂是造物主与被造物之间的中介，它的高级部分朝向造物主，低级部分朝向被造物"，[①] 由此产生出柏拉图与亚里士多德两条认识路线。柏拉图思想代表了灵魂向上活动路线，他认为人的知识全部来自永恒的理智世界，亚里士多德代表灵魂向下活动路线，他认为人的知识是从感觉、记忆等经验中抽象出来的，人的理性自然能力无需超自然的光照。马太认为"应无偏见地坚持一条中间路线，就是说，我们知识是由低级东西和高级东西，外部事物和理念的理性共同造成的"。[②] 他接着说这一条中间路线就是奥古斯丁的光照论。奥古斯丁并未否定感性知识的可靠性，但把感觉的动力、判断和规则都归诸人的灵魂之外和之上的真理，即上帝之光。马太对光照的必要性作了详细论证。他认为，人类灵魂的低级的感性部分不断直接把握事物原型，然而，人却有关于原型的知识，因此可以断定知识的原因必定来自原型。他的论辩方法是由果溯因，即从知识的对象、活动与特点出发，推溯知识的外在的永恒的原因。

首先，从知识的对象看。马太争辩说，知识的对象不是词或概念，因为词和概念表示事物的本质，而不考虑到这些事物是否存在，如果知识的对象不存在，那么知识和任意想象就没有什么区别了。知识的对

① SMP，Ⅱ，p. 279.

② Ibid., p. 281.

象是永恒存在的原型在人的心灵产生的变形。马太说："理智的对象不仅仅是心灵的概念本身，也不是事物本性之中的本质，又不是永恒的原型（它们是天堂里的理智）。我们理智对象是在我们思想之中，但又与永恒原型相联系的本质自身。"①

其次，从人的认识能力看，认识理智对象的能力是人的理性，因为感性是相对的、变化的，只能认识变化着的事物。理性就其自身而言，也处在流动变化状态，它高于感性的优越性是外在的，即能够接受永恒真理的规范，于平和稳定的状态中沉思永恒的对象。马太说："正如灵魂低级部分没有高级部分是不充分的，高级部分没有永恒之光也是不充分的。"②

最后，马太从理智对象与心灵之间关系的角度得出同样的结论。他说知识需要一个媒介，它既能作用于心灵，又能作用于对象，这样才能造成心灵对外在对象的认识。这一媒介就是光照。但马太进一步解释说："光线是移动或指导事物的事物。"③这一解释接近了"动力理智"的概念。光照是同时推动心灵和事物的动力因，在它的推动下，心灵和事物之间好像发生了一种"异质相离，同质相吸"的运动：一方面是心灵的高级部分与低级部分的分离，事物的本质与感性存在的分离，另一方面，心灵的高级部分与事物的本质相结合产生理解、知识，心灵的低级部分与事物的感性存在相结合产生感觉。用马太的话来说："光照推动我们的理智，在我们心灵中移进某种对象，因此，心灵的认识不仅客观地由神圣之光有效地造成，而且形式地依靠那种光照。"④马太对"形式地认识"和"客观地认识"的区分是经院哲学的术语，需要在心灵与

---

① SMP，Ⅱ，p. 285.

② Ibid., p. 285.

③ Ibid., p. 284.

④ Ibid.

事物之间的双向运动的意义上加以理解。“客观地认识”指心灵朝向事物的运动，心灵的外观使事物成为心灵的客体，故有“客观”之义。“形式地认识”指事物本质朝向心灵的运动，本质的内显使心灵获得关于事物形式的知识，“形式”指知识的内容。“客观地认识”表示人的认识过程，它相当于后世所说的“主观”，“形式地认识”表示人的认识把握的对象，它相当于后世所说的“客观”。术语意义变化反映出对知识性质与过程的两种不同解释。马太并没有完全否认心灵的抽象作用，但他强调心灵的抽象与本质的显露是互相配合的双向运动，两者以光照为动力和媒介。他虽然使用了亚里士多德的一些术语，企图调和柏拉图的理念论与亚里士多德的抽象理论，但他的基本倾向仍然是柏拉图主义的原型论以及奥古斯丁的光照论。

3. 根特的亨利

根特的亨利（Henri de Gand，1217 ～ 1293 年）出生于比利时的根特，曾在地区教会任神职，1276 年至 1292 年间在巴黎大学教授神学，1277 年参加唐比埃主教组织的调查委员会，是参与“77 禁令”的重要成员。主要著作有《弥撒论题大全》《自由论辩集》《形而上学论题集》《论原因注》《论非范畴词》等。他是不属于任何修会的神职人员。16 世纪时，圣母会需要一个神学博士为本修会理论权威，因此追认他为圣母会成员，并授予“庄严博士”称号。

根特的亨利以坚持光照论而著称。针对托马斯主义“凡在理智中的东西必先在感觉之中”的原则，他提出：“感觉中没有任何纯粹真理”[①]，并且，光凭人的理智也不能获得纯粹真理。他说：“凭着纯自然的方式，人不能知道任何纯粹真理，只是依靠神圣的光照，人才获得关

① 《弥撒论题大全》，1 部 1 篇 2 题。HCP，p. 447。

于这种真理的知识。即使人是在纯自然的条件下接受神圣之光，他也不是凭借自然力量获得的，因为光照是神的意志的自由的赐予。”[1] 他承认光照只有通过人的自然理性能力起作用，因此说“人是在纯自然的条件下接受神圣之光”，但并非所有的理性都有幸得到光照，他把光照说成上帝凭自由意志赐予人的礼物，获得光照是被拯救与赐福的标志。他还说，人的理性本来与上帝相通，可以接受“神圣原型的普照”，但自原罪之后，人不能凭借自然本性获得光照，上帝之光只照向他愿意拯救的人。奥古斯丁的光照论原本与恩典说有密切联系，13 世纪的神学家受亚里士多德主义影响，着重从人的理性的自然能力和过程等方面阐述光照论，如我们在上面看到，阿库斯帕达的马太就是这样做的。根特的亨利恢复了奥古斯丁光照论的神学色彩，他的学说成为光照论的正统形式。后来邓·司各脱对光照论的批判即以他的学说为目标。

根特的亨利对存在与本质的关系作了有利于原型论的解释。托马斯强调存在比本质更基本、更优越。亨利坚持传统立场，把存在归结为原型的一种属性。他否认存在与本质是实在的区分，因为实在中没有无本质的存在或无存在的本质。他反诘道：如果存在是没有本质的实在，那么，这种实在是实体抑或属性呢？在这两种情况下，它都离不开一个本质。存在与本质是不可分割的实在。同时，存在与本质也不是逻辑的区分，因为“存在”和“本质”不是相互对立的两个概念，两者意义相互参照、交叉。“存在”的意义是“事物的存在”，事物包含着本质；“本质”的意义是“事物具有存在”。任何事物的本质都包含着一定程度的存在。原型是纯粹本质，具有完满的存在。亨利用“本质存在”（esse essentiae）这一概念指示原型，说明原型是本质与存在的统一。事物的本质来自原型，具有一定程度的存在，但它们的存在不是完

---

① 《自由论辩集》，1 部 9 题。HCP，p. 761，note 43。

满的，因而没有必然存在，只有可能的存在。上帝的创世就是按照原型把一些可能存在的本质变为现实存在的本质。这样，亨利又返回到阿维森纳的解释，把存在说成是附属于事物本质的偶性。

亨利只承认存在与本质是“意向的区别”，就是说，使用这两个不同的词表达了人们不同的意向。“存在”这个词表示事物与造物主的关系，存在“是事物从造物主那里接受的一个结果”，就是说，本质的可能存在通过创世变为现实存在的事物；人们把可能存在的本质称作“本质”意在强调它与原型的关系，并非因为本质没有任何程度的存在。亨利还认为，“本质存在”不是普遍本质，而是个别存在的本质，它因此可以成为个别事物的原型。原型不等于柏拉图的理念，因为理念与事物的关系是普遍与个别的关系，而原型与事物的关系只是存在的不同程度的差别，他的“个别化本质”的思想预示了 14 世纪实在论的新发展。

4. 小结："77 禁令"的影响

“77 禁令”对经院哲学乃至中世纪思想的发展产生了深远的影响。首先，它遏制了亚里士多德主义发展的势头，推延了欧洲文化复兴运动的进程。12 世纪后期开始的欧洲思想朝着恢复古希腊文化的方向发展，亚里士多德主义的传播是这场文化复兴运动的最初成果。如果不遇到外来压力的阻碍，可以预见亚里士多德哲学的普及必将带动希腊文化的全面复兴。保守势力出于宗教偏见抵挡希腊文化，唐比埃明确地说，相信亚里士多德和崇拜太阳神出于同一个异教。宗教势力暂时压制了希腊文化的复兴，14 世纪经院哲学承袭的古代哲学因素明显减少。直到 15 世纪，更大规模的文艺复兴运动才在欧洲展开，其次，“77 禁令”结束了哲学与神学的同盟。禁令的一个基本出发点是宣扬上帝的意志与行动绝对自由、全能，禁止用人类自然理性推测、解释上帝的性质。

理性把神学留给信仰，自身转向科学、逻辑等领域。14世纪经院哲学中科学与逻辑成分明显增加，神学朝向唯意志主义方向发展。最后，"77禁令"标志着经院哲学分裂时代的开始。经院哲学诞生以来，基本上按照一个共同的方向发展，在各个时期有一个代表着基本倾向的主流派。"77禁令"造成了经院哲学思想上、组织上的分裂，从此经院哲学不再有一个主流派，各个宗派有自己的哲学。即使托马斯主义那样庞大、完整的思想体系也不能统一或调和各派哲学观点。经院哲学从此走上分裂而无序的下坡路。

第十章　司各脱主义

约翰·邓·司各脱(Johannes Duns Scotus,1265 ～ 1308 年)生于苏格兰伯立克郡的邓斯(一说为罗斯勃洛郡的马斯顿)。其叔父为法兰西斯会苏格兰分会会长。司各脱 15 岁时(刚到加入修会的年龄)便加入法兰西斯会。1283 ～ 1290 年间在牛津和巴黎学习,1291 年被任命为神父。1294 ～ 1297 年在巴黎大学学习神学,毕业之后在巴黎和牛津等处讲授《箴言书》。正当法兰西斯会推荐他取得巴黎大学教授席位之际,司各脱因参与教皇博尼法斯八世反对法王菲立浦的活动于 1304 年被法王驱逐出境。1305 年博尼法斯八世逝世之后即重返巴黎,获得神学教授席位。他在一场激烈的神学争论中独自与所有神学教授辩论,赢得"圣母纯洁之胎"说的胜利。但学校中忠于法王的势力伺机指责这一说法为异端观点。为了保护司各脱免遭谴责,修会于 1307 年把他调至科隆的法兰西斯会学馆,在那里紧张地工作了一年之后去世,年仅 43 岁。

邓·司各脱的主要著作是《牛津评注》,这是他在牛津讲授《箴言书》的讲稿,这部著作没有完成,手稿中有不少增补、订正,但这些都不影响它的价值,它对于研究司各脱思想的重要性有如《神学大全》之于托马斯。司各脱在巴黎大学讲授《箴言书》的课堂记录稿称作《巴黎记录》。此外还有《论灵魂论题集》、《第一原理》、46 篇《巴黎与牛津提要》、《形而上学精细论题集》、《自由论辩集》等。这些著作被编辑在 19 世纪末在巴黎出版的 26 卷全集(又称斐微斯版)之中,但全集中也收入了一些伪托著作。

邓·司各脱是法兰西斯会的博士，他的称号是“精细博士”。“精细”这一经院哲学的一般风格在他著作中表现得淋漓尽致，他的著作因此比其他经院哲学著作更加复杂和难懂。评论家们往往对他的思想倾向性感到困惑。他对托马斯的批评显然受到“77禁令”的影响，但同时他又批判了“77禁令”的参与者根特的亨利的思想；他的形而上学受到阿维森纳的影响，他的意志主义却与阿维森纳的严格决定论格格不入。他与托马斯、大阿尔伯特被“现代路线”的唯名论者看做实在论的“老路线”的代表人物，但他对世界偶然性和事物本质个别性的强调与奥康的唯名论相一致。由于缺乏对他的思想的全面理解，他的观点在历史上常遭误解。宗教改革时期，爱拉斯谟把司各脱主义当作经院哲学的主要代表加以嘲讽，“笨瓜”（dunces）成了经院学者们的代名词。天主教内部把司各脱主义作为托马斯主义对立面，随着新托马斯主义的兴起，司各脱主义被冷落、甚至贬低。马克思则称赞司各脱是唯名论者，有唯物主义思想。我们认为，司各脱的思想极有独创性，既不能套用13世纪亚里士多德主义与奥古斯丁主义的老模式解释他的哲学的性质，也不能在“现代路线”和“老路线”这一未来模式中看待他的思想的意义。司各脱主义是经院哲学的一个新模式，他在流行的亚里士多德主义与奥古斯丁主义之中敏锐地发现问题，细致地分析问题，试图合理地解决这些问题，因此才有格外精细之风格。只有联系13世纪哲学争论遗留的问题，才能全面、准确地理解他的哲学。本着这一思想，下面对司各脱哲学思想作简明介绍。

第一节　“存在”的形而上学之辨

亚里士多德为形而上学规定的对象是“存在之为存在”。它在中世纪被等同为作为“纯粹存在”或“最高存在”的上帝，几乎所有的哲学家都承认上帝是人的认识的首要对象。司各脱力排众议，指出上帝不是人的理智的认识对象；他的理由是，人的理智的首要对象是“存在之为存在”（ens in quantum ens），他在对这一概念的意义作出细致分析之后，得出了“存在”的一般意义不等于“上帝”的结论。

司各脱首先说明了在何种意义上可以说人的理智的首要对象是存在之为存在。“首要”可以有三种意义。（1）它指时间上最先，在此意义上，存在之为存在并不是理智的首要对象。因为“存在之为存在”是一个适用一切事物的最普遍的概念，它撇开了事物个别、具体的、乃至它们的种、属规定性，只指示无所不在的存在，人的理智不是沿着先普遍后具体的时间顺序认识对象的，相反，理智首先认识的总是个别、具体的存在事物。（2）“首要”指完满程度最高，在此意义上也不能说存在之为存在是人的理智的首要对象。司各脱说：“当只知道词的意思时，对象含糊地被认识；当给出它的定义时，对象明确地被认识。”[①]“存在之为存在”概念的普遍性同时也是其内容的空泛性，它超越种、属，不能用“种加属差”的方法加以定义，理智不能精确地规定“存在”的意义，但对它有一种直观的理解，即使理智不知道事物的其他规定性，但总可以确定它的存在。正是在此意义上，存在之为存在是理智的首要对象，即（3）“首要”指最合于本性，存在是最适合于人的理智本性的认识对象。司各脱指出：“对象的合适性可从力量和表述两方面加以考察。从力量方面看，（存在）这一对象具有这样一种能力：一旦它被认识，其他所有可能的对象也能为理智所知。在此意义上，我们说神圣本质是适合于上帝理智的对象。从表述方面看，这一对象具有这样的能力，能于自身表述所有为理智所知的事物。”[②]他认为人类理智不能像

① 《牛津评注》，1卷3部2题21条。DS，p. 123。
② 《论灵魂论题集》，21题2条。DS，p. 19。

上帝理智那样直接把握事物本质，它必须在"存在"观念的框架之中探讨事物本质，"存在"是人类理智的必然原则。司各脱说："每一个哲学家都认定他所持的第一原则是存在之为存在。比如，有的人认定火是存在，有人认定水是存在。……因为各种意见的分歧，他可以怀疑这一存在或那一存在。如果一个怀疑者要肯定或消除一个较低的概念，证明说火不是第一存在，而是后于第一存在的存在。这一证明并没有取消他所持的关于第一存在的概念。"① 意思是，具体事物的存在是可以怀疑的，但"存在之为存在"这一认识第一原则却是不可怀疑的。那些怀疑任何一个具体事物存在的人，他的怀疑仍然要在肯定意义上使用"存在"这一概念。

司各脱一方面肯定理智首先知道的对象是个别、具体事物，另一方面又说理智的第一原则是普遍存在；一方面指出人的理智不能精确地把握"存在"的一般意义，另一方面又说"存在"是不可怀疑的概念，这些是否自相矛盾呢？这里的关键是要理解他对理智所作的一个区分："依其本性"（ex natura potentiae）和"现今状况"（in movendo）。理智依其本性必然以存在之为存在为首要对象，并对之有完满的直观知识，但在现今状况之下，理智只能首先认识个别存在的事物，含糊地把握寓于具体之中的一般存在的意义，他对理智的现今状况作了这样的说明："上帝的智慧规定我们理智的现今状况只能理解那些我们的想象能反映其印象的事物。这一状况或是对原罪的惩罚，或是出于灵魂能力运作时的自然和谐。我们知道，当高级力量和低级力量以完满方式活动时，两者有同样对象。事实上，心灵思想共相的活动总是伴随着我们想象力的活动。然而，我们能力的现今和谐并不来自人类理智的本性，而是因为人类理智是与肉体结合的理智。"② 司各脱区分了人的灵魂的纯

---

① 《牛津评注》，1卷1部2题2条。PMA，p. 562。

② 同上书，1卷1部1题24条。DS，p. 40。

粹理智活动以及它与身体同步的活动，前者依其本性认识一般的存在，后者在现实中认识具体的存在事物。用现在的话来解释，“依其本性的理智”是认识的可能性条件，“理智的现今状况”是认识的现实性条件。“存在”的一般意义在逻辑上先于具体存在被理智所理解，然而，具体存在却在时间上先于存在之存在被认识。理智理解了“存在”的一般意义不等于认识到具体的存在事物，但是，如果没有这种理解，对具体存在事物的认识将不可能进行，这就是司各脱肯定存在之为存在是人类认识第一原则的意思所在。

司各脱认为，作为第一原则的存在之为存在的意义是单一的，他反对托马斯所主张的“存在”是类比概念的观点。他说：“我称作单义的概念指这样的概念：它的单一性使得同时肯定和否定它成为自相矛盾；它也能成三段式的中项。”①“存在”概念符合单义性的要求，首先，同时否定一事物的存在与肯定它的存在是自相矛盾的；其次，“存在”可以没有歧义地运用于上帝和被造物，它在“上帝存在”和“人存在”等命题中的意义是相同的，因此可以成为三段式的中项。他反驳说：“如果谓词‘存在’不被认作是适用于被造物与上帝、实体与属性等我们无疑可知的东西的单义性概念，我们不再能谈及我们理智的首要对象。只有承认存在概念的单义性，我们理智的确切对象才能被限定。”②如果千差万别的认识对象不统一于“存在”这一概念，那么它们将不会有确切的意义与表述。如果说“存在”概念的意义是一种类比，而类比是依赖想象的关系，那么人如何能在不同事物中想象出“存在”这一概念呢？最有可能的方式是抽象。司各脱接着反驳说，如果理智能从被造物中抽象出一个可与上帝类比的概念，那么岂不是说可从事物中抽象出比事物本身更完满的东西？这是不可能的，因为抽象是一种限制而不是

---

① PMA，p. 562.

② 《牛津评注》，1卷3部3题6条。DS，p. 34。

增益。凡此种种，证明“存在”是单义性概念，而不是类比性概念。

司各脱还反对托马斯关于存在与本质的区分，因为这一区分的依据是现实与潜在的关系，把纯粹活动的存在与潜在的本质对立起来。他说：“认为存在之于本质等于活动之于潜在的观点是错误的，因为存在实际上和本质是一样的，并不先于本质，但活动先于潜在，和潜在实际上不一样。”① 他说“存在实际上和本质是一样的”，这并不是说不能区分存在与本质，而是说，这一区分不是实际的区分，而是概念的区分。“存在”指现实的东西，它的对立面是可能的东西；“本质”指真正的东西，它的对立面是依赖他因的东西。两者意义不同，但却不构成对立，因为“真正”的本质不依赖他因，但绝不因此而成为一种可能性。相反，它必然有某种现实性。司各脱说：“不依赖他因的本质而无使之成为单独本质的现实性对于我是一个自相矛盾的说法。”② 他认为完全潜在的本质是不可能的，本质实际上总是某种现实性，因此不能把存在与本质关系归结为现实与潜在关系。

司各脱关于“存在”概念单义性的思想蕴含着一个意义深远的观点：既然“存在之为存在”意义同样适用于上帝与被造物，它不专门指称上帝，那么，人类理智的首要对象或第一原则就不是上帝，或者说，上帝并不是适合于人类理智的认识对象。否则的话，司各脱争辩说，我们便可用“上帝”这一概念表述一切事物，就会陷入泛神论的错误；再者，我们便可直接认识上帝，以他为认识其他事物的出发点，而不需要通过间接的中介，最易达到这一目标。在后一点上，司各脱的批判目标主要是根特的亨利，并通过他间接地否定了人在上帝之光照耀下直接认识上帝、上帝显现在人的灵魂深处等奥古斯丁主义的观点。

“存在”概念的单义性并不意味着不能对它的意义作进一步的区

① 《牛津评注》，1 卷 2 部 16 题 10 条。

② 同上书，2 卷 12 部 1 题 16 条。

分。经院哲学研究总是从概念意义的区分开始的，有种属之分，范畴之分，但司各脱看到，这些区分都不适用于存在。“存在”不是种概念，对一个种我们可以用外在于它的属差把它分为属，但是，“存在”的意义涵盖一切，没有外在于它的属差。另外，按范畴只能把对象分为实体与属性，但实体与属性的意义都来自“存在”，再用它们去区分“存在”的意义犯了循环定义的逻辑错误。司各脱指出，还有一种内在的样式区分，比如，光的亮度就是这样的区分，他说：“白色亮度并不表述诸如‘可见的白色’这样的偶性，相反，亮度表述了白色自身的内在程度。”同样，存在的样式“不是一个由实体与属性构成的偶然概念，而是表示实体自身完善程度的概念”。[①]“存在”不是表示事物外在属性的概念，它不能按种、属和范畴把事物区分开来，但它可以按事物的内在样式，即存在程度把事物区分开来。存在的样式有“无限”与“有限”两种。无限存在是完满程度的存在，有限存在是完满之下的各种不同程度的存在。形而上学对“存在之为存在”的研究包括对无限存在和有限存在的研究。站在神学立场，司各脱说明无限存在是上帝，有限存在是被造物。形而上学因此包含着关于上帝的知识，问题在于：形而上学可以拥有多少关于上帝的有效知识，如何获得这些知识？司各脱对这些问题作出了独具匠心的回答。

第二节　无限存在论

司各脱和大多数中世纪哲学家一样，把哲学与神学的关系看做理性和信仰的关系。他的基本立场是，形而上学除了能够用理性证明上帝存在之外不能提供任何其他有关上帝的知识；上帝的属性是理性不可知的信仰对象，属于神学范围。他比托马斯更加严格地划清了哲学与神学的

---

① 《牛津评注》，1 卷 3 部题 1 ～ 2 条。PMA，p. 563。

界限，托马斯的自然神学除了证明上帝存在之外，还证明上帝的一些属性与活动，如至善、真理、创世等。司各脱把这些内容一并归入托马斯所说的教理神学。可以说，司各脱的自然神学除了上帝存在证明之外别无内容，哲学与神学除了“无限存在”这一交点之外别无重叠部分。

司各脱关于上帝存在的证明是对“存在”概念分析的继续，他在分析出“无限存在”的样式之后证明上帝是无限存在。他的证明要解决两个主要问题：第一，“无限存在”概念有无现实性？“无限存在”是从“存在”的一般意义中分析出来的一个概念，如此得出的概念是否指示实在？这是一个需要证明的问题；第二，上帝是否无限存在？基督教哲学在司各脱之前已赋予“上帝”多种哲学意义，如“第一因”、“终极因”、“最高完善性”等，司各脱需要证明它们都统一于“无限存在”的意义，这样才能证明上帝是无限存在。

司各脱说有限存在是经验事实，无限存在却不然。人类经验是有限的，不可能达到无限存在。人们只能在思想中形成一个关于无限存在的概念。一个概念只要在逻辑上是可能的，即内涵不自相矛盾，它就能够存在于思想之中。司各脱于是首先证明，“无限存在”不是一个自相矛盾的概念。他指出，我们至少可以不自相矛盾地想象无限大的体积，想象在不论怎样大的体积之外仍有体积，这一想法并不违反矛盾律。“无限存在”是比“无限大体积”更完满的概念，更完满的东西有更大的可能性，因此可证“无限存在”概念的逻辑可能性成立。反过来说，如果“无限存在”是一个自相矛盾的概念，那么就是说“无限”概念与“存在”概念相矛盾，但我们无论如何分析这两个概念的意义，也找不出矛盾之处。司各脱在证明了“无限存在”概念存在于思想之中之后，继续证明说这一概念必然指示实际存在，“无限存在”的逻辑可能性基于它的现实性。如果这一概念不表示实际中的无限存在，那么它就不是一个“不能想象比之更完满的存在”的概念了。在这一点上，司各脱吸收了安瑟尔谟“先天证明”的思路，即从概念的完满性证明概念所指示对象的现实性。安瑟尔谟说，一个“不能想象比之更伟大的东西”必然存在，司各脱说：“我们所能达到的最完满、最单纯的概念是无条件的无限存在。”[①]“无限存在”是“不能想象比之更完满的存在”，它必然是现实存在，而不仅仅存在于思想之中。

然而，司各脱并不满足于安瑟尔谟的先天证明。他认识到关于上帝存在的先天证明必须满足下列三段式的要求：

> 大前提：“无限存在”只要可能便必然实际存在。
>
> 小前提：上帝作为无限存在是可能的。
>
> 结论：上帝必然存在。

司各脱已经先天地证明了大前提，但他说：“这个三段式的小前提似乎不能被先天地证明。”他又说，上帝作为无限存在的可能性“似乎不能被先天地证明，……但这里有一些有说服力的想法”。[②]“有说服力的想法”相当于后天证明。司各脱说：“任何关于上帝的形而上学探究都要考虑事物的形式特征，除去这些形式特征中的不完满部分，把剩余的形式特征完全归诸最高完满性，即上帝。”[③] 这里“形式特征”指事物的存在样式，司各脱的证明思路从不完满的有限存在出发，追溯到一个完满的无限存在的可能性，并且证明它就是上帝。这一思路与托马斯的后天证明相似，只是托马斯缺乏对上述大前提的先天证明，安瑟尔谟缺乏对小前提的后天证明，司各脱认为他的证明丰富了安瑟尔谟的证明，即用后天证明补充先天证明的不足。

---

① 《牛津评注》，1 卷 3 部题 1 ～ 2 条。PMA，p. 563。

② 同上书，1 卷 2 部 2 题 31 条。DS，p. 136。

③ 同上书，1 卷 3 部题 1 ～ 2 条。PMA，p. 563。

司各脱的后天证明分两个步骤：首先证明上帝是第一存在，然后证明第一存在的可能性在于无限存在。根据司各脱分析，“第一存在”有三重意义：其一，上帝是最初动力，其二，他是最终目的，第三，他是最高完满性。关于第一点，司各脱证明说，一些东西存在的原因或来自非存在，或是自身，或是另一些存在。第一种情况是不可能的，因为非存在不能产生存在，第二种情况也不可能，因为经验告诉我们，一个事物不是从自身中产生出来的，于是只剩下第三种情况。产生其他存在的存在有两种可能性：一是被产生的，一是不被产生的。如果它们全都是被产生的，那么产生存在的原因便构成一个循环。司各脱指出：“原因的循环是不妥当的，因为一个先于其他的东西后于一个没有什么先于自身的东西。”[①] 意思是：原因与结果的相对性系于绝对原因的可能性，没有绝对原因的相对原因是不可能的。因此，必须设定存在的动力因系列从第一动力因开始，它是一个产生其他存在，但不能被产生的存在。同理，事物之间目的与手段关系也不可能是循环的，必须有一个不再以其他事物为目的之终极目的，一切事物都是相对于他的手段。同理，完满性的系列也不是循环，必须有一个最高完满性，其他完满性都是相对于它的不同程度。

司各脱接着证明第一动力因、终极目的因和最高完满性是同一个存在。他说：“每一个动力为一个目的而活动，一个优先的动力为一个优先的目的而活动，因此，第一动力为最终目的而活动。但它正是为自身而活动，因为没有什么东西能成为它的目的。因此第一动力就是最终目的。”同时，“第一动力比被作用的东西在本性上更高贵、更优越，因此，第一动力因是最完满的”。[②] 至此，司各脱并没有超出托马斯的证明。但他认为这些证明并未完成对上帝存在的证明。他在下一步继

---

① PMA，p. 565.

② PMA，p. 567.

续证明，传统上作为第一存在的上帝可以被想象为无限存在，因为只有无限存在才是必然存在。

司各脱指出，作为第一动力因的第一存在必然是无限存在，因为"它从自身推动了无限运动，并不从其他东西那里接受推动力，它是独立的，以自己活动立即产生全部结果。一个能在自身力量中立即产生无限结果的存在是无限的。"[①] 其次，作为终极目的因的第一存在也是无限的。这可以从我们意志的自然倾向看出，"自由意志自发地、欢悦地期望无限的善，并不出自习性。显然，我们体验到热爱无限的善的活动，意志不会被其他事物完全终止"。[②] 这些说明，吸引意志的终极目的是无限的善。再者，作为最高完满性的第一存在也是无限的，"因为如果他是有限的，他可以被超出、胜过"，将不再成其为最高完满性了。[③] 从第一存在的三重意义看，上帝都应该被当作无限存在。一旦上帝在思想中被认作无限存在，他必然在现实中存在，"具有三重首要性的第一存在必然依自身而存在"。[④] 按照已被先天证明所确认的道理，没有什么外在于他的东西可以阻止无限存在，上帝如能被想作无限存在，他必定存在。司各脱至此完成了上帝存在的证明。

司各脱的证明从"存在"的概念引申出"上帝存在"的结论，这是名副其实的"本体论证明"。正如吉尔松所说："上帝与被造物共同的存在既不是上帝的存在也不是被造物的存在。这就是为什么司各脱关于上帝存在的证明是真正的证明的原因。它从一个不是关于上帝的存在概念出发，否则的话，那就什么也没有证明，我们无需作进一步探索。"[⑤] 中世纪的人们常犯循环论证的错误，他们先把上帝等同为"第一存在"或

① PMA，p. 569.

② PMA，p. 570.

③ 同上。

④ PMA，p. 568.

⑤ É. Gilson, *The Spirit of Medieval Philosophy*, p. 265.

"最完满的存在"、"存在自身"等等，然后再来证明他的存在。司各脱看到上帝与"存在"的联系恰恰是需要证明的结论，不能作为证明的前提。他不但证明了上帝为"第一存在"，而且进一步证明他是"无限存在"，只是在完成了这样的证明之后，先天的本体论证明才是有效的。

司各脱在肯定形而上学可以证明上帝存在，并在事实上作出这样的证明，另一方面，他又否认上帝是形而上学的研究对象。这里应该说明，当时人们普遍接受了阿维森纳的一个看法，即："一切学科都不证明其对象的存在"，"对象在学科之先"。学科对一个对象的研究是以该对象的存在为前提的，对象的存在已经事先预定，学科的内容与对象的属性有关。比如，物理学研究物体的运动属性而不关心这些物体是否存在，数学研究数字属性但不证明数的存在。司各脱从"把握一个对象"和"证明其存在"的区分出发，认为神学的对象是上帝的属性，但不证明上帝的存在，另一方面，形而上学证明上帝的存在，但不提供关于上帝属性的知识。

司各脱关于形而上学与神学的区别实际上是理性和信仰的区别。人的理智属于有限存在的样式，上帝的理智属于无限存在的样式，两者有着不同属性，不能相通，也不能从有限推导无限。司各脱说，人的理智的自然对象是以自然方式获得的观念，这些观念或者是关于被造物的观念，或者是被造物与上帝共有的超越观念，如"存在"、"善"、"真"等，理智只能通过这两类观念想象、类比、猜测上帝的属性，这是把很多观念复合在一起的活动，难免产生虚幻和错误的观念，比如"金山"这样的观念就是这样产生的。司各脱说："在被造物的概念里面找不出反映某种真正属于上帝的思想或观念，上帝同任何属于被造物的东西在性质上是完全不同的，所以，用这种方法永远也发现不了上帝的观念。"[①]

① 《牛津评注》，1卷1部1题。

上帝的性质虽然不是理智所能知道的对象，但却是信仰的可信对象，神学是信仰的学问。严格地说，神学不是知识，但它是一门实践的学问，它的信条是人的行动准则，教育人们如何达到生活的最终目的，增强人们的生活意志和对上帝的热爱。司各脱的本意也许是发扬通过爱心接近上帝的法兰西斯会传统，反对用形而上学的思辨削弱大多数人的信仰，或用思辨知识代替宗教道德实践。但是，他的学说的实际效果却是淡化了神学对哲学的影响，削弱了神学的地位，开启了哲学非宗教化的演变进程。

第三节 有限存在论

司各脱相信有限存在是由形式与质料构成的实体，但他没有按照传统观念看待形式与质料，而是针对传统观念造成的困难，对形式与质料的性质作了深入的分析。传统上按潜在与现实的关系解释质料与形式的性质，把质料看做消极接受形式的活动的、自身没有任何现实规定性的潜在，质料的存在与性质近乎虚无，它是否能成为构成实体的必要因素也成为问题。奥古斯丁主义者提出“种质”、“形体形式”，托马斯提出“能指质料”等概念都是为了赋予质料某种积极、肯定的意义。然而，这些概念仅仅是对质料的潜在性质所作的补充，它们的意义仍需要从形式方面加以说明。司各脱认识到，若要真正把形式与质料当作构成实体的现实因素，就必须突破活动与潜在关系的解释模式。他指出，质料既然被称作潜在，必有一定程度的存在，“既肯定一个东西是纯潜在又肯定它存在于现实之中是自相矛盾的”。[1] 质料既然是构成实体的现实因素，就不能说它是没有任何现实性的纯潜在。司各脱说，

---

① 《牛津评注》，2 卷 12 部 2 题 2 条。DS，p. 48。

质料是“主观潜在”(potentia subjectiva)而不是“客观潜在”(potentia objectiva)。所谓“客观潜在”指质料相对于它的对立面(形式)来说是一种潜在。在此意义上,“一个东西越是缺乏现实规定性,它的潜在就越多。既然原初质料可以接受所有本质的和偶然的形式,相对于这些形式它是最高级的潜在。因此它的定义是处于潜在的存在”。[①]“主观潜在”指质料自身的潜在。司各脱肯定质料有不依赖于形式的现实性,惟其如此,它才能进一步从形式那里接受现实性。质料自身的现实性在于物质活动,有活动就有潜在,“主观潜在”是质料内部的相对于物质活动的潜在。质料的物质活动是它被形式所作用的基础,它从形式那里接受的活动并不使它发生从无到有的变化,而使它的物质活动中的潜在因素减少,转变为更高级的活动。司各脱的“主观质料”和托马斯的“能指质料”预示了近代“物质”概念的两个意义:前者相当于物质的运动性,后者相当于物质的广延性。

司各脱的质料观的一个直接后果是对实体构造的再认识。按活动与潜在关系学说,现实中没有纯潜在,作为纯潜在的质料在现实中不能与形式相分离,质料与形式的区分只存在于思想之中,它们是解释实体性质的两项原则。司各脱认为质料有不依赖形式的现实性,是可以与形式相分离的独立存在。质料与形式的区分于是成了“实在的区分”,即两者是共存在实体之中的两种实在因素,而不仅仅是存在于思想之中的两项解释原则。当然,质料与形式并不是截然有别的两部分,并不以部分组合整体的方式构成实体。两者有着基体与性质的关系,质料是性质所附着的体,形式是表现或规定物体的质。按照这样的想法,人的形式——灵魂也要附着于质料,司各脱作出了一个深受马克思赞赏的猜测:“大概可以说灵魂中有物质。”[②]

---

① 《牛津评注》,2卷12部1题11条。DS, p. 51。

② 《论灵魂论题集》,15题3条。CHP, II(Part 2), p. 237。

把实体的形式归结为事物的性质所遇到的头一个问题是事物性质是否实在的问题。我们已经看到，这是唯名论与实在论争论的焦点。唯名论者并没有从形而上学的角度否认实体的形式的实在性，他们只是从逻辑学和认识论的角度否认普遍名称或概念所指示的对象是普遍的实在，不管这一实在是与个体相分离的理念还是个体中的类本质。实在论者则强调被理解和表达的事物性质与实在的形式之间的密切联系。阿维森纳与托马斯作出共相在个别事物之先、之中、之后的全面概括的主要理由是把共相等同于形式以及对形式的认识。司各脱看出争论症结所在：实在论者所维护的形式的实在性并不是唯名论者所要否定的，把共相等同于形式无济于事，只有把共相看做个别事物的性质，才能与唯名论者在共同的基础讨论问题。另一方面，唯名论者所维护的认识对象的个别性也并不是实在论者所不能接受的，温和实在论者不但承认普遍本质存在于个别事物之中，而且可以承认普遍本质的终极实在性在于被个别化为特殊本质。因此，为了解决唯名论和实在论的争论，一要说明共相作为事物性质的意义，二要阐明共相的个别化原则。

在第一个问题上，司各脱持实在论的立场。唯名论者否认一类个别事物有一个共同性质，有的只是各自所有的个别性质的相似与一致。司各脱指出，"几乎无限多的例证"可以说明性质相似或一致的事物有实在的共性。比如，苏格拉底与柏拉图比苏格拉底与一条直线更为相似，那只是因为苏格拉底与柏拉图有共性，而苏格拉底与一条直线没有共性。共性是造成事物相似的共同原因，如果说，A 有与B 相似的原因，B 有与A 相似的原因，但这两个原因不同，那么，A 与B 的相似性也就不会等同于B 与A 的相似性了。司各脱把造成个别事物相似的共性(natura communis)称作"物理共相"。"物理"的意思是在心理活动之外，共性不依赖于理智的发现，"即使没有理智存在，火仍然生火，仍然克水”。[1] 物理共相是事物的物理属性，它本身并没有同时表示众多事物的逻辑功能。比如，我们同时看到一块红布和一本红书这一事实并不表示两者有着同样的颜色。只有当我们留心它们在颜色上的相似性时，造成这种相似性的共性才成为“红色”观念。司各脱把理智的意向活动所把握的共性称作“形而上共相”。“形而上”表示物理与心理之间的关系，“形而上共相”是在对象与理智相互作用的意向活动之中的存在，它的原因是外在的物理共相，它的结果是理智的观念，因此司各脱说它“在活动中是中性的，造成可理解的、可表述每一属物的真正的共相”。[2] 最后，观念被固定在语言之中，表达形而上共相的名称是“逻辑共相”，因为这些名称具有同时表述一类事物的逻辑功能。司各脱对“共相”意义所作的三重区分解决了一个“两难推理”：实在论者强调共相存在于众多事物之中的实在性，他们因此难以解释共相概念何以具有同时表述众多事物的逻辑功能；唯名论者强调共相的单一逻辑功能，他们不能理解共相何以能够分布在众多事物之中，因此而否认了共相的实在性。司各脱以物理共相解释分布在个别事物之中的共性，以逻辑共相解释反映共性的概念的逻辑功能，又以形而上共相解释实在共性向普遍概念的过渡。至于产生形而上共相的认识过程，他在理智抽象学说中作了详细分析（见下节介绍）。这些理论缜密地论证了共相的实在性，成为后来唯名论者的主要障碍和批判目标。

在实体的个别化原则这一问题上，司各脱批判了托马斯的观点。托马斯一方面虽然在原则上同意说质料与形式从量和质两方面规定了实体的个别性，但是他未能深入讨论形式的个别性，另一方面，他对能指质料个别性的强调使人产生了他把质料当作唯一的个别化原则的印象。司各脱也是根据这一理解反驳托马斯的。他说，能指质料属于量

① CLM, p. 412.

② 《形而上学精细论题集》，7 卷 18 题 6 条。DS, p. 56。

的范畴，量是实体的属性，因此在本性上后于实体，如果反过来把量作为规定实体个别性的原则，就会“有两重矛盾：首先，任何在本性上后在和附属的东西不可能成为本性上先在的东西，否则它将既是先在，又不是先在的东西。实体在本性上先于量，因此，任何按照量的规定性被造就或以量的性质为前提的东西不可能是实体”；“其次，一个原因的必要条件不能从它的结果那里推出，否则，原因的充分性将以结果为原因，结果就会成自身原因。实体的单个性和能指性是实体的量化的必要条件，单个结果需要单个的原因，因此实体的能指性既是单个性，它不可能来自被实体造成的结果”。[①] 换而言之，个别的实体造成了它的量的规定性，而不是相反；实体的单个性造成了质料的能指，而不是相反，托马斯犯了以实体的属性决定实体自身的错误。

司各脱说，个别化原则是终极原则，它没有需要解释的性质，因为任何解释都使用可被定义的概念，都不免涉及共性，都会犯以共性规定个别性的错误。他的结论是“规定个别性的规定的说法是不妥当的”。[②] 他用“个性”（haecceitas）这一概念表示终极的实体本质，这个词来自拉丁文“这个”（haec），其意是“决定一事物是这个而不是那个的本性”。和这个词相对的概念是“属性”（quidditas），它来自“什么”（quid）。属性规定事物是什么，它是可以用定义表达的一切，如质料、形式以及两者构成的实体。司各脱说：“个性不是质料、形式，也不是它们的复合，因为这些都是属性，个性是质料、形式或它们复合物的终极实在。”[③] 他还说：“个性是和属性存在不同的存在，这可以从下列事实中得到证明：一个人知道事物的任何属性存在，谈论它们的定义，但却不知道它是不是‘这个’。因为作为个性的存在不同

① PMA，p. 587.
② PMA，p. 582.
③ PMA，p. 589.

于属性的存在，它不是构成属性存在的一部分，它们是不同样式的存在。”[1] 司各脱把个性存在与属性存在的区分称作“形式的区分”。司各脱是在副词（formaliter）意义上谈论“形式上的区分”，而不是在名词（forma）意义上谈论“对形式的区分”，因为个性不是有别于属性的新形式，个性与属性不是关于两个事物的“实在的区别”。司各脱在不同场合谈到，个性和属性是同一事物（res）的不同实在（realitates）、构成（formalitates）、特点（rationes）或意向（intentiones）等等。我们可以这样理解，传统上把质料作为形式的载体、基质，形式可用概念表达而质料不可用概念表达，这使人倾向于把不可说但可指的质料作为终极的个体化原则，对司各脱而言，质料、形式、实体都是现实存在，都可用概念表达，它们都附着于一个终极的载体或基质，这就是不可定义的个性。它们与个性的“形式的区分”在于存在的不同层次：个性是基础，质料、形式、实体都是在此基础上表现出来的属性。他说：“个性的实在绝不能被理解为一个新形式，它是形式的终极实在。”[2]

必须说明的是，司各脱的“个性”概念不是指任何可感的、具体性质，所有这些性质都是可以定义的属性。“个性”是为了说明“每一个别事物与其他事物根本不同”[3] 这一事实而设立的概念。亚里士多德曾用“这一个”的概念说明这一事实，由此演化出中世纪哲学家常用的“是这个”概念。不论“这一个”还是“是这个”指的都是个别实体，司各脱认为，用表示个别实体的概念说明实体的个别性无异等于说，每一个实体因为是这一个实体，所以不同于其他实体，这只是重复了公认的事实而未作出任何解释。正确的方法应该是以实体的个别性说明个别实体：每个实体因为有个性，所以不同于其他实体；并且，因为个性是

---

① PMA，p. 589.

② 《牛津评注》，2 卷 3 部 6 题 11 条。DS，p. 62。

③ 同上。

终极性存在，不能对它作出进一步解释。“个性”概念的意义必须在当时哲学争论的理论背景中才能被理解。在关于实体个别化原则的争论中，“个性”是一个取代“质料”、“是这个”、表示实体的终极存在和属性的载体、基质的概念；在唯名论和实在论的争论中，它是一个表示事物的特殊本质的实在性的概念。司各脱比任何其他实在论者都更接近于唯名论，他不但承认共相存在个别事物之中，并且承认个性是比共性更基本的实在。但无论如何，他坚持个性与共性是与个别事物有别的存在这一实在论的基本立场。

后来的司各脱主义者离开“个性”所针对的理论问题使用这一概念，把它作为解释事物性质的原则，“个性”被庸俗化为“秘密的质”。一个事物之所以如此这般，因为它有如此这般的个性或隐秘的质；它之所以有如此这般的隐秘的质，因为上帝愿意它如此这般。这完全是没有作出任何解释的同义反复。应该承认，“隐秘的质”的说法在司各脱著作中已见端倪。比如，他说：“个性是第一原因的意愿，它虽不是目的，但却是朝向上帝这一唯一目的的东西。上帝使类被多样化为个性，以此传递他的善与美。”[①] “个性”这一哲学概念的历史遭遇说明，任何合理的概念离开了原初条件、超出合适范围都会流为荒谬。

第四节　认识的动力与过程

司各脱认为人的认识是发于理智本性的活动，一切合乎本性的东西都是自然的。人的认识既然是自然运动，应该服从因果关系：人的知识是在某种动力推动之下在灵魂中产生的结果。他的知识论分析了知识的动力、发生过程以及性质等问题。

---

① 《牛津评注》，2 卷 3 部 7 题 10 条。DS，p. 64。

关于知识的动力因，司各脱说，存在着两种观点。第一种观点认为知识的动力因是外部对象，人的理智只是一块白板（tabula rasa），知识是外部事物压在其上的印象。这是当时巴黎大学的学者，如罗马的吉尔斯、方汀斯的哥德弗雷等从亚里士多德和托马斯著作中引申出来的观点。第二种观点"把认知的全部活动只归于灵魂，这一意见被归于圣奥古斯丁名下"。[①] 这里实际上指的是光照论。按照这种说法，神圣光照在灵魂内部产生的天赋观念和规则是使灵魂认识永恒真理。司各脱并没有完全否认光照的作用，但他说光照是超自然的恩典，动力因却是自然原因，它不能被归结为光照。他着重批判了根特的亨利认为光照对人的自然理性起决定作用的天赋真理论。《牛津评注》第1卷第3部分包含着我们在中世纪著作中所能见到的对光照论最深刻的批判。

司各脱指出，如果人的灵魂包含着永恒真理，那么它既是产生知识的动力因，又是接纳知识的质料因。知识的动力因与质料因连续性共存意味着知识的连续产生，就是说，灵魂处于不间断的思维和理解状态。这显然是荒谬的。经验告诉我们，思维和理解只有当认知对象出现时才会发生。根特的亨利承认外部对象的出现是理解活动发生的"不可缺少机缘"（Conditio sine qua non），而不是充足原因。司各脱反驳说，亨利要么承认灵魂不是充足的动力因，要么承认灵魂之外另有原因，否则外部对象的"不可缺少"是讲不通的。另外，如果知识完全由灵魂并在灵魂之内产生，那么何以解释知识内容总是关于外部事物的印象、关于高级事物的知识比关于低级事物的知识更高级，这些事实离开事物与知识之间的因果关系是无法解释的。

另一方面，司各脱也不赞成说外部事物是知识的唯一动力因。他提出一系列问题："推理何以可能？反思何以可能？逻辑关系是如何产

---

① 《牛津评注》，2卷3部7题2条。DS，p. 102。

生的？如果印象产生的类概念是一切理解活动的形式因，一个陈述何以有正确与错误之分？”[①] 他回答说：只有承认理智不是消极接受印象的白板，而是积极参与认识活动的原因，上述问题才能得到圆满解释。关于知识动力因的讨论得出这样的结论：“如果灵魂或事物都不是理智活动的全部原因，如果两者都为理解活动所需要，那么，这两个因素在一起便是知识的完整原因。”[②]

司各脱接着分析了灵魂和事物如何构成知识的完整原因。他说，两个动力因的联系或者是实质性的，或者是偶然的。实质性的联系有三种情况：（1）第二性原因依靠第一性原因起作用；（2）一个比另一个更完满；（3）它们只是同时起作用。偶然的联系也有三种情况：（1）两者是相互独立的原因；（2）两者有同等程度的完善性；（3）两者相继起作用。司各脱说，灵魂与事物这两个动力因“只是在最后一种情况下有实质性联系，但就它们对结果的作用而言，两者都是完善的，并且相互独立”。[③] 也就是说，事物和灵魂在认知活动中同时并起到同等重要的作用。司各脱关于知识动力因的讨论的意义首先在于明确地说明了知识是事物与思想共同作用的结果，这个现在已成为素朴真理的道理在中世纪光照论盛行的环境中是需要发现、论证和维护的新鲜观点。托马斯和司各脱的知识论都对这一新观点的确立作出了贡献。其次，动力因理论为探讨认识的自然活动过程提供了依据。司各脱对知识发展过程的分析从两方面展开，一方面分析事物作用于灵魂的结果，另一方面分析理智对事物及其在灵魂中的变形的能动作用。

司各脱说：“有两种知识，一种是关于从所有实际存在中抽象出来的对象的知识，另一种是关于存在着的、表现为实际存在的知

① 《牛津评注》，2卷3部7题11～16条。DS，p. 106。
② 同上书，2卷3部7题20条。DS，p. 109。
③ 同上书，2卷3部7题21条。DS，p. 111。

识。……我把第一种知识称作抽象知识，它的对象是存在或非存在的抽象本质，把第二种知识称作直观知识，它的对象是个别事物的本质，它与事物的实际存在或伴随这种存在而来的表象相符合。”[①]他认为能够单独存在的对象只是个别事物，直观知识就是对个别事物的直接把握。但是，司各脱所说的直观并不一定是感性直观。直观知识既包括个别事物作用于感官而造成的表象，又包括理智对事物个性的理解。由于事物和理智总是同时是直观知识的动力因，它们造成的结果同时呈现在灵魂之中，就是说，对个性的理解总是伴随着个别事物的具体影像。人的理智不可能离开个别事物的可感形象把握它的个性，这是人类直观知识不完满之处，司各脱说只有上帝的理智才能不假形象直观个性。

抽象知识实际上是前述“物理共相”转变为“形而上共相”的过程。它开始于关于事物的影像，事物通过它在灵魂中造成的结果仍在起作用，因而也是抽象知识的一个动力因。影像和事物一样是个别的，但包含着共性，需要另一个动力因的作用才能使共性从个别影像中分离出来，成为类概念。这个动力只能由理智提供，因此被称作动力理智。司各脱说：“对于为什么动力理智与共性在一起能使对象普遍化的问题，只有一种解释：理智就是那一种力量，正如火能发热因为它是火一样。”[②]然而，仅有影像与动力理智还是不够的，因为影像（它代表着事物）和动力理智同是动力因，影像并不接受动力理智的作用。当司各脱说影像需要动力理智时，他的意思只是说影像需要被理智关注才能活动起来，并非说动力理智从影像中直接抽象出普遍概念。因此有必要设定一个被影像与动力理智共同作用的对象，这个对象就是潜在或可能理智。灵魂在接受影像的同时已经处于潜在的理解状态，潜在

---

① PMA，p. 590.

② 《形而上学精细论题集》，7 卷 18 题 8 条。DS，p. 99。

理智作为接受力的一部分是消极的，没有把潜在理解转变为实际理解的力量。只是在影像和动力理智的共同作用下，它对于影像中的共性的理解才由潜在状态转变为现实，普遍的类概念是在潜在理智之中产生的结果。司各脱把抽象活动分为三个阶段："在第一阶段，事物或依其自身，或通过它的影像，呈现于动力理智。在第二阶段，事物和动力理智表现为可能理智的主动原因，被作用的可能理智产生出类概念。最后在第三阶段，事物通过类概念被理智把握。"[①] 按此解释，抽象活动是以事物和动力理智为原因、可能理智为被作用对象、类概念为结果的自然活动。动力理智与可能理智是灵魂的自然理性功能，而不是外在于灵魂的实体；同样，事物作用于灵魂产生影像也是自然活动，而不是神秘的光照。司各脱既批判阿维洛伊的统一理智论，又批判根特的亨利的光照恩典论。他说："可恶的阿维洛伊在他的《论灵魂》第三卷中虚构出他自己和别人都无法理解的东西，说什么理智是一个独立实体，通过影像和我们联系在一起。"[②] 针对根特的亨利，他写道："不能说特殊的光照把少数人和其他人区分开来。少数人只是具有更强的自然能力，他们的理解力更抽象、清晰，或者只是更加努力，才成功地知道有同样理智但却没有进行探讨的人所不知道的本质。"[③] 总之，除了外部存在的个别事物和灵魂内部的理智功能之外，不需要任何假设便可解释人的认识过程。

司各脱按知识对象把知识分为直观知识与抽象知识两种，按知识性质把知识分为演绎知识与归纳知识两种。他在解释亚里士多德"科学"定义时说："它必须有对必然对象的确定性，即无错误和怀疑，以证据为基础，靠三段式推理获得。这个关于科学的定义见于《后分析篇》

---

① 《牛津评注》，2卷3部6题16条。DS，p. 99。

② 同上书，4卷43部2题5条。DS，p. 73。

③ SMP，Ⅱ，pp. 346～347.

第一卷。”[①] 按照这一定义，人们通常把科学知识等同为由演绎得出的必然知识。司各脱对科学知识“必然性”与“三段式推理”这两个要求重新作出解释，使得归纳知识也能符合科学的要求。他说，对必然对象的认识开始于对偶然对象认识，“我们从较少知道的可感事物开始上升到关于无形事物的知识，这些更可理解的事物构成知识的原则”。[②]“无形”、“更可理解的事物”是知识的必然对象，归纳知识从可感事物出发最后达到这一对象，演绎知识则以必然对象为出发点，两者的认识对象都有必然性。再看“三段式推理”这一要求，归纳知识也能满足它。司各脱说：“任何被重复经验到依赖于一个不随意的原因的现象是这一原因的自然结果。”[③] 如果我们通过重复经验的归纳确定了一事物与另一事物的因果关系，那么，陈述这一因果关系的命题就是一个三段式的大前提，发现作为原因的事物、肯定它出现的命题构成小前提，我们可以通过三段式推理出作为结果的事物必将出现的结论。在他看来，归纳知识中从原因到结果的推理符合三段式推理要求。

在上述科学定义的四个要求中，只有“确定性”与“证据”才是区分演绎知识与归纳知识的标准。演绎知识的证据是词的意义，“所有全体都大于其部分”这一命题的证据在于“全体”的意义包括“部分”的意义，三段式推理的证据在于前提的意义蕴含着结论的意义。词意之间的关系是确定的、无可置疑的逻辑关系。归纳知识的证据是经验，如，“苏格拉底是白人”的证据在于对苏格拉底外貌的感知。经验证据的确定性少于逻辑证据的确定性，归纳的过程不能像演绎那样完全排除错误和怀疑。通过经验证据建立起来的因果关系不是逻辑关系，一种因果关系并不毫无例外地适用于所属一切事例。司各脱对演绎知识

---

① 《牛津评注》，1 卷前言 3 ～ 4 题 26 条。DS，p. 123。

② 《形而上学精细论题集》，前言 9 条。DS，p. 124。

③ 《牛津评注》，1 卷 3 部 4 题 9 条。DS，p. 127。

和归纳知识的区分已经包括以后的经验论者区别分析命题和综合命题所持的一些理由。更为重要的是，他突破了“归纳不是科学知识”的传统偏见。他的“归纳科学知识”思想上承罗吉尔·培根的“实验科学”思想，下接奥康的“证据知识”观念，构成古代科学观向近代科学观过渡的重要环节。

第五节　意志主义

经院哲学继承了古代哲学的理智主义传统。亚里士多德认为思辨理智的活动是最高的善，柏拉图认为理智思辨是通往神秘境界的必由之路。“77 禁令”强调上帝的意志绝对自由与全能，谴责用人的理性必然性限制上帝的创造，这显然是对理智主义的打击。正是在这样的形势下，司各脱提出了意志主义。“意志主义”这一概念现在已与 19 世纪哲学家叔本华的学说不可分割地联系在一起。叔本华是一个非理性主义者，因此，一提起意志主义，人们自然会想到非理性主义。然而，这种“意志主义”的概念不适用于司各脱的意志主义。司各脱虽然强调意志高于理智，在世界、灵魂与道德中起决定性作用，但意志在理智所能提供的范围自由活动，意志的偶然性不违反逻辑可能性。人的理性虽然不能事先规定或推断意志活动，但却能对活动的偶然结果作出合理的事后解释。“上帝以最合理和有序的方式意愿”[①] 是他的意志主义的基本原则。可以说，司各脱的学说是理性主义的意志主义。理解这种意志主义的特征的关键在于理解意志与理智的关系。

司各脱的意志主义首先是一种本体论，即关于无限存在和有限存在关系的形而上学。上帝的本质在于理智和意志，由于上帝已被证明

① 《牛津评注》，3 卷 32 部“单独问题”6 条。DS，p. 162。

为无限存在，他于理智和意志两方面都是无限的。上帝理智的无限性在于他包含着无限多的理念。司各脱在上帝存在的证明中已经说明，一切有限存在都以无限存在为其存在的可能性，就是说，每一个实际存在的事物在上帝理智中必然有一个原型。然而，事物必定以理念为原型并不意味着每一理念都是事物的原型。在无限多的理念之中，有些理念有与之相对应的事物，有些理念则没有。理念与事物相对应或不相对应的关系是偶然的，是由上帝的意志自由地决定的。司各脱说："上帝的意志是他的真实的、完满的、自在的本质。"[①] 上帝在本质上是活动，理智活动展现了无限多的理念。然而，如果没有意志活动，理念不能有所作为，上帝只是停驻于自身理念的无限存在。上帝的意志决定了理念的配置以及与事物的关系，使自身成为与有限存在相联系的无限存在。决定上帝创世与显现的活动是意志，而不是理智。在此意义上，意志是上帝的更为卓越的本质。

司各脱是这样解释上帝意志的无限性的。上帝意志热爱他的理念，愿意它们之间的和谐，理念与理念之间的和谐关系称作"共处"（Compossibilis）。但并不是每一个理念都能与其他任何理念共处。司各脱把理念与理念关系比作词与词的关系，一个词可以与一些词搭配，但却与另一些词无关系；同样，一个理念与一些理念共处而与另一些不共处。并且，正如知道单词的意义不足以知道它们之间的组合关系，上帝理智虽然知道每一个理念自身，但却不决定哪些理念共处或不共处。只有上帝的意志才是自由组合、配置理念的力量，他把理念按共处关系组合，每一组这样的理念都代表了一个可能的有限世界。可共处的理念组合在数量上是无限的；上帝的无限存在包含着无限多的可能世界。上帝的意志自由地决定着它们中某一个成为现实世界，并可随时决定

① 《巴黎记录》，1卷45部2题27条。

这个现实世界的未来。他说:“永恒意志的活动是永恒的,本质存在在时间中生成。”[①]“本质存在”指原型理念,上帝的意志决定了一组共处理念何时成为现实世界的原型。

世界的终极原因是上帝的自由意志,因此世界是偶然存在。司各脱说:“偶然性是存在的一个肯定样式,正如必然性是另一个样式。”[②]所谓“肯定样式”指“偶然性不是指非必然、非一定如此,而是指在任何一个时间里可能发生与实际发生事件不同的东西”。[③]司各脱作出这些说明用意在于使人不要误以为偶然性是对因果关系的否定。偶然事件并不是没有原因的事件,而是有偶然原因的事件,正如必然事件是有必然原因的事件一样。司各脱承认现实世界因果关系的恒常性,然而,因果关系是第二性原因,他说:“偶然性来自第一原因,而不是第二性原因。如果第一原因不是偶然原因,那么就没有什么东西能够在本质上被偶然地决定了。”[④]因果关系之所以起作用,那只是上帝愿意如此;上帝的意志可以改变因果关系,现实世界可能与实际发生的一切不一样,未来事物可能以与过去存在完全不同的方式存在。因果关系不是必然的,因为它的终极原因是上帝的意志。意志在本质上是自由的,意志自由意味着选择的偶然性。司各脱对“意志自由”的定义是:“对事件 A 没有任何意愿的意志可以对事件 A 有所意愿。”[⑤]他把自由意志的偶然造成的结果称作“对立面的连续”,即,完全相反的事件相继出现。在他看来,每一事件都跟随着它的反面,每一事物都变为与自身不同的事物,世界充满着矛盾和对立的现象,它们是物理的因果关系所不能解释的,但却是有原因的,这就是上帝的自由意志。司各脱对世界偶然性

---

① 《牛津评注》,1 卷 1 部 39 题 21 条。
② PMA, p. 597.
③ CLM, p. 355.
④ PMA, p. 597.
⑤ PMA, p. 594.

及相反可能性的说明主要针对亚里士多德主义关于世界永恒性与自然决定论的观点。西格尔以一切现象都有原因为理由坚持这些观点。司各脱区分了“必然原因”和“偶然原因”两种存在样式，以上帝意志为终极原因的意志主义是以世界偶然性观点对抗世界永恒性、必然性的理论保障。

司各脱的意志主义也是一种灵魂观。他认为理智与意志是人的灵魂的两种功能。人们普遍以理智主义的观点看待理智与意志关系，如司各脱所说：“一个现代博士”认为“意志的意愿活动的动力因是影像”；另一个“老博士”认为“意志被理智认识或理解了的东西所推动”。[①] 据考证，“现代博士”指方亭斯的哥德弗雷，“老博士”指托马斯。他们表达了一个共同意见，即意志活动有一个外在的动力因，它就是可感或可知的理智对象。司各脱对此提出两点反驳。第一，意志不受外部对象支配。“支配”意味着受吸引或被推动，意志的特征在于只有在它愿意的情况下它才接受外部对象的作用，意志不可能像无意志之物那样不由自主地受吸引或被推动。对于外部对象，意志有愿意或不愿意的自主性，“意志的本质特征是自由而不是欲望”。[②] 第二，意志没有动力因。“意志有动力因”的说法意味着意志是事物活动造成的结果，这种说法与“意志活动”说法相抵触。“活动”属于主动对象，而不属于被动对象。如A造成B的活动属于A，而不属于B。同样，如果意志是某事物活动造成的结果，我们只能谈论造成意志的事物的活动，而不能谈论意志的活动。或者说，“意志活动将不受意志力量支配，那么，意志活动既不应受责备，也不应受称赞”，道德基础将不复存在。[③]

司各脱承认，对意志的理智主义解释是有根据的，其根据就是经院

① PMA，p. 598.

② PMA，p. 599.

③ PMA，p. 598.

哲学“没有在认识之先的意愿”的格言。司各脱同意这一格言，但认为理智主义的解释是从正确的前提得出的错误结论，错误的原因在于两方面的混淆：把时间上在先的东西混淆为动力因，把先产生的东西混淆为优越性。他争辩说，那句格言只是说没有对一事物的认识就没有对它的意愿，意思是，认识是意愿的必要条件；它并没有说对一事物的认识产生对它的意愿。动力因是充分原因，而不是必要条件，肯定认识是意愿的必要条件并没有肯定认识是意愿动力因的意思。再说，肯定认识在意愿之先发生也没有肯定认识比意愿更优越的意思。司各脱说：“在相继产生的事物之中，后来者虽然有赖于先行者，但比先行者更完满。”[①]比如，目的有赖于手段，但目的比手段更完满。意志与理智关系也是如此。意志在理智之后并以理智为必要条件，但意志优于理智，因为“意志可以决定理智去思考这一个或那一个对象，改变这一个或那一个对象”。[②]理智并非消极地接受外来对象，认识活动要求对来自感觉的材料有所选择和关注。选择和关注是意志的活动，意志参与了理智的认识活动。因此，即使说意志所意愿的对象是已被认识的对象，这一对象也不在意志之外。意志高于理智的优越性在于它能支配理智对象，包容理智对象，但意志不可能排斥、反对理智对象，因为理智是意志的必要条件。司各脱的意志主义的灵魂观并没有非理性主义的色彩。

最后，司各脱的意志主义又是一种理性主义的伦理观。他的伦理观的基础是上帝意志与人的意志的关系。他说：无限的意志“必然热爱自身的善”[③]。人的有限意志以上帝的善为终极的善。意志的善在于服从上帝、热爱上帝。“应该热爱上帝，这是实践的第一原则。”[④]遵守

① 《牛津评注》，4卷“额外问题”18条。DS，p. 85。

② PMA，p. 598.

③ 《自由论辩集》，16题9条。DS，p. 163。

④ 《牛津评注》，4卷46部1题10条。DS，p. 163。

这条第一原则需要有两个先决条件：热爱上帝必须自觉自愿和知道什么是上帝的意愿。意志自由和正确理性分别满足了这两个条件。意志自由选择的善与正确理性判断的善必然是同一的。他说，意志向善的倾向“不仅根据事物的自然秩序，而且根据正确理性的指示”。[①] 自然秩序是事物之间的和谐，它以理念的共处为原型，而理念的共处是上帝对“自身的善”的热爱所造成的，因此，当意志自由地按事物自然秩序选择时，自然热爱上帝之所爱。意志选择和谐的目标，理性正确地判断和谐的原因是上帝的善，两者相辅相成，指导道德行为。

自由意志与正确理性的配合集中表现在人对自然律的理解上。自然律加诸灵魂之上的无形的命令是人的良知无法拒绝、意志不能不遵循的道德规范。自然律对于正确理性也是自明的真理，理性可以正确地判断哪些人为的戒律、法律直接表达或符合自然律。以摩西十诫为例，前几条规定必须崇敬上帝的戒律“属于严格意义上的自然律，因为如果上帝存在，必然会推断他必须作为上帝被人热爱，其他东西都不能成为神圣的崇拜对象”。[②] 就是说，从“上帝”这一名称的意义便可判断出他必须是唯一的崇拜对象。“十诫”后几条处理人际关系的戒律属于广泛意义的自然律，因为它们是自然律第一要求“必须热爱上帝”的必然推论，推理的自明性低于词义的自明性，但不失其必然性。司各脱对“十诫”意义的分析意在说明道德的基础不但在意志自由，而且在正确理性，他的意志主义丝毫未能降低伦理学的理性主义因素。

第六节　司各脱主义者

司各脱主义一诞生即被法兰西斯会采用为指导思想，用它与托马

① 《牛津评注》，2 卷 7 部“单独问题” 11 条。DS，p. 167。

② 同上书，3 卷 37 部“单独问题” 6 条。DS，p. 174。

斯主义相抗衡。正如14世纪的托马斯主义不是一个统一的派别一样，法兰西斯会的学者对司各脱主义有各种理解，有的人深化和发展了司各脱关于存在概念单义性、有限存在与无限存在区分、个性存在等方面的思想，有的人却把这些思想纳入奥古斯丁主义窠臼。

1. 安德里斯

安东尼·安德里斯（Antonius Andreas，？～1320年）是司各脱生前的追随者，他的著作与司各脱著作相混杂，他可能是司各脱《论灵魂论题集》一书的整理者。另外一部有争议的著作《理论篇》很可能是由安德里斯和司各脱其他学生共同完成的。这部著作对能被哲学所证明的与不能被哲学所证明的神学问题作了区分。严格地说，哲学所能证明的上帝是物理世界第一原因，他按照因果规律，通过第二性原因起作用，但这种"上帝"概念并不是被信仰的人格神，并且哲学也不能证明：上帝是唯一的，世界只有一个原因，第一原因在造成世界之后仍然存在，上帝的本质无所不在，上帝的意志绝对自由，他能够直接地、立即造成第二性原因所造成的结果。总之，哲学在神学问题上不能达到符合信仰的结论，神学只是依靠信仰的教理神学。这些观点表达了14世纪的一个典型观念：哲学是亚里士多德学说，神学是基督教信仰，两者的界限已是泾渭分明。

2. 麦耶农的弗兰西斯

麦耶农的弗兰西斯（Francisco de Meyronnes，？～1325年）是司各脱最著名的学生，被称作"司各脱主义王子"。他于1304～1307年间在巴黎师从司各脱，著有《箴言书注》《自由论辩集》《论超越性》《论单义性》等宣传司各脱观点的著作，起过广泛的影响。15世纪一个名叫威廉的司各脱主义者把托马斯、波纳文图拉和司各脱称作"博士三巨头”，把根特的亨利、罗马的吉尔斯和麦耶农的弗兰西斯称作次一级的“博士三巨头”。使人有兴趣的是，在他的《箴言书注》中已有“地心说”的记载：“有一个博士说，如果地球运动而天体静止，这样的安排会更好一些。但因为这将排除对天体运动多样性的考虑，这一观点引起争论。”[①] 他的哲学观点有柏拉图主义倾向，他把司各脱所说的“存在内在样式”解释为本质。他区分的存在四个样式即四个方面的本质：最高的本质是上帝，特殊本质是个性，无限本质是前两者的结合，存在本质是事物原型。这些区分是思想的区分，这四重本质实际上都在上帝之中。作出这样的内在区分只是为了说明本质在逻辑上先于存在。这样，他又回到了本质高于存在的传统立场。

3. 昂维克的威廉

昂维克的威廉（Guilelmus de Alnwick，？～1332年）早年与司各脱有交往，1314年左右在巴黎讲授《箴言书》，司各脱《巴黎记录》稿中第一、二卷的补遗部分可能是他的作品，著有《可能存在论题集》。司各脱关于无限存在与有限存在的区分引起了关于有无现实的无限性的争论。本来，这一问题的答案在亚里士多德《物理学》中是很清楚的：一切无限都是潜在的，他的一个论据是，一条线段由有限数目的点构成，但有无限可分的可能性。牛津大学校长哈克莱的亨利（Henricus de Harclay，1270～1317年）以同样的证据否认无限的现实性。“现实性”在中世纪意味着“被上帝所知”。“构成一条线段的点是否无限多？”可以被转变为“上帝是否知道一根线段有无限多的点？”哈克莱的亨利分析说，上帝毫无疑问知道一条线段的所有的点，但他不会知道任何靠近两点的距离，否则的话，他将不知道这段距离之内的点，就是说，他不知道这条

① 《箴言书注》，2卷14部5题。HCP，p. 467。

线段的所有点。唯一的可能是：上帝知道的点是不可再被分割的。连上帝也不知道的无限分割是不现实的。昂维克的威廉反驳说，这种论证混淆了两种说法：（1）上帝知道任何靠近的两点之间至少还有一点；（2）上帝知道任何靠近的两点之间的中点。根据（1），上帝所能知道的点是无限的；根据（2），上帝规定了线段被分割的程度。哈克莱的亨利用（2）代替（1），否定了线段无限分割的现实性。昂维克的威廉以线段无限可分的现实性为例维护了司各脱关于无限是存在的一个样式的观点。他的论辩也可以看做是数学中无限主义观点的先声。

4. 里帕的约翰

里帕的约翰（John of Ripa，鼎盛年：1355 年）是巴黎大学神学教授，主要著作有《结论》《推论》等。他按原型论精神解释司各脱的个性理论。他说上帝与原型也有"形式的区分"。上帝是绝对、普遍的整体存在，原型是构成整体的简单要素。当上帝尚未想到某一特定原型时，原型无差别地共处在一起，一旦上帝想到某一原型，它就从共处关系之中被区分出来，成为单一的存在本质，即事物个性的原型。上帝的思想是随意的，他想到这一个而不是那一个原型纯属偶然，因此，"为什么个别事物的本质是这一个而不是那一个"是一个理智不能提供任何必然原因的问题，唯一可能的答案只能是：上帝愿意它如此。在这里，我们已经看到司各脱的个性理论已经被用作"隐秘的质"的通词。

司各脱主义在 14、15 世纪声势很大，据说此时司各脱主义者比托马斯主义者还要多。它在遭到人文主义者的尖锐批判之后退出大学，只在法兰西斯会内部被少数人研究。1639 年司各脱全集第一次出版（称作里昂版），他的思想对近代哲学家维柯、莱布尼茨产生了无形的影响。文德尔班在其著名的《哲学史》中称邓・司各脱为"基督教中世纪最重要的思想家”[①]。他在对比了莱布尼茨关于可能世界与偶然的现实世界关系学说与司各脱类似学说之后说：“莱布尼茨与这个最伟大的经院学者的关系不只在这一点可以看出，还有许多相似之点，但不幸的是，它们未能得到应该得到的重视与研究。”[②] 司各脱对现代哲学的影响亦不可忽视。詹姆士《信仰意志》一书带有司各脱的意志主义痕迹。海德格尔讲师论文题为《邓·司各脱的范畴与意义学说》，他早期对司各脱主义的研究成果被融会在后来的思想之中。海德格尔再三强调人们在应付和认识具体事物之前已对存在的一般意义有所理解，这是不是受到司各脱关于存在之为存在是人的首要对象、知识的第一原则的观点的启发呢？充分考虑司各脱学说的精深内容，我们便可理解为什么英国诗人把唯一赞美经院哲学的诗篇献给司各脱：19 世纪末的著名诗人霍布金斯（G. M. Hopkins）在《邓·司各脱的牛津》中写道：他是“实际上最有条理的人，以无可匹配的洞察力，与意大利或希腊人相匹配”。[③]

---

① W. Windelband, *A History of Philosophy*, Vol 1, Harper & Brothers, New York, 1958, p. 314.

② Ibid., Vol 2，p. 425，note 1.

③ 引自 D. Knowles, *The Evolution of Medieval Thought*, p. 310。

第十一章　奥康主义和“现代路线”

14世纪下半叶经院哲学的主流是唯名论思潮。这股思潮以“现代路线”（via moderna）相标榜，以区别于以实在论为基础的老传统、“老路线”（via antiqua）。与12世纪唯名论和实在论的争论相比，14世纪两条哲学路线之争有着更为广泛与深刻的内容，两者的分歧不再局限于共相性质问题，更重要的是，它们代表了两种不同的思维方式和风格。“老路线”代表了经院哲学教条主义的、思辨的、论辩的传统，“现代路线”则以批判的、经验的态度和探索精神为主要特征。现代路线哲学的胜利进军动摇了经院哲学的基础，唯名论思潮的发展从内部瓦解了经院哲学，此后的哲学步入了中世纪形态向近代形态过渡的时期。

第一节　新唯名论的前奏

12世纪唯名论和实在论的争论以温和实在论的胜利告终，13世纪的哲学家几乎全是实在论者。唯名论偃旗息鼓，直到14世纪初的司各脱哲学中，我们才依稀看到一些唯名论的迹象。司各脱的学说仍然属于实在论范畴。在与司各脱同时代的一些哲学家著作中，我们可以看到更明显的唯名论倾向，我们或许还不能把这些人称作唯名论者，但可以肯定，他们的思想开始脱离实在论基本原则朝向唯名论方向发展。他们与以后地道的唯名论者区别还在于，他们与阿维农教廷有密切联系，在教会身居要职。他们的地位无疑增强了他们的学说的影响力，正如 13 世纪最早介绍亚里士多德主义的人都是显赫的神学家，14 世纪教会关于人的学说对唯名论思潮起到推波助澜的作用。

1. 杜朗达

圣波夏诺的杜朗达（Durandus de S. Porciano，1275 ～ 1334 年）为多米尼克会员，主要著作为《箴言书注》，修会从中找出 235 条违反托马斯主义的观点，迫使他修改著作第一稿。他在接受修会内部批判的同时却受到教皇约翰廿二世的重用，在成功地完成一项外交使命之后，教皇专门设立一个新的主教席位授予他。杜朗达位居要职之后便毫无顾忌地回到原来的立场，用著作第三稿取代第二稿，他声称在神学问题之外，人们应该依靠理性，“当人的权威与理性证据相矛盾时，它就起不到多少作用”。他的墓志铭是：“坚硬的墓石下面，躺着强硬的杜朗达，他是否得救，我不知道，也不在乎。”① 这似乎反映了他的批判精神。然而，即使有如此开明思想的人物，一旦成为思想专制机构的一分子，也不免要发挥压制思想自由的功能。他晚年以主教身份参加了审查和谴责奥康《箴言书注》的委员会，做了他的对手过去对他所做的事情。

杜朗达思想有两个相关的要点：一是把“关系”范畴作为认识的直接对象，二是否认理智的抽象作用。根据亚里士多德的逻辑区分，“关系”是“实体”的属性，它与其他八个属性一样在实在中不能与实体相分离，只有理智才能把它们抽象出来。杜朗达反对把范畴分为“实体”与“属性”两类，主张按存在的状态把范畴分为“实体”、“属性”、“关系”三类，就是说，属性与关系是与实体同样实在的存在状态，并不仅仅存在理智之中。他的理由是，属性与关系与实体同样是理智直接认识的对象，而不是理智抽象的产物。以人们对关系的认识而言，理智可

① HCP，p. 473.

以在两个事物之间直接辨别差异、相似、等同的关系，或感觉一事物依赖另一事物的因果关系，比如，看到了父亲和儿子的同时也看到了父子关系。同样，理智可以直接感觉和判断事物的属性。他争辩说，既然理智以同样的直接方式把握实体、属性和关系，凭什么把属性与关系归属于实体呢？事实上，它们是并列的存在状态和认识对象，属性和关系不是从实体中抽象出来的。他根本否认理智有抽象作用。对他来说，理智之外的东西都是个别的，不仅事物是个别的，组成个别事物的形式与质料也是个别的，事物与事物的关系同样是个别的，个别事物之中没有普遍的种、属，实在中根本没有可供理智抽象的对象。再者，理智也无抽象能力。按一般说法，消极理智虽然不能抽象，但却能从积极理智获得所需要的抽象能力。杜朗达说："积极理智的设想是一个虚构，事物之中没有普遍的原因，因为事物之中没有普遍性，只有个别性。"[①] 理智只能以事物的个别性为对象，在此意义上，一切理智都是消极理智。积极理智的设想不仅是不可能的，而且是不必要的，消极理智的想象活动便可说明普遍概念的起源和性质。他说，虽然外部存在只是个别的事物、属性与关系，但理智却可以想象个别东西的集合状态，即，想象模糊并扩大了几个单独对象的界限，使它们彼此交叉，融会成一个有共同界域的整体，理智给每一个整体一个名称，这就是共相。杜朗达用想象作用代替抽象作用，把共相看做个别对象在人的思想中的变形，这些观点带有明显的唯名论倾向，但他仍然把属性与关系看做独立于个别事物的存在形态，这种看法仍然带有实在论的残迹。

2. 奥里略

彼得·奥里略（Petrus Aureoli，1275 ～ 1322 年）为法兰西斯会员，

---

① HCP，p. 775，note 85.

巴黎大学神学教师，后任法国艾森主教。著有《论原则》《箴言书注》。奥里略是一个有独立思想的人，他对法兰西斯会的权威波那文图拉和司各脱以及多米尼克会的权威托马斯持同等批判态度。他竭力反对传统的形式与质料关系学说，否认形式的实在性和形式高于质料的现实性。他认为不论在实在或在思想中都不能把形式从质料之中分离出来。他的论点导致了否认灵魂统摄肉体的结论，与1312年维恩主教会议通过的“理性灵魂是真实的实体，是人的肉体的形式”的正式信条相矛盾。奥里略辩解说：“正如无需努力发现为什么蜡与它的形状会组成一个统一体，也没有必要去寻找灵魂和肉体相统一的原因。”[①] 也就是说，灵魂和肉体、形式和质料相统一的原因是理性不能解决的问题，人们只能接受灵魂统摄肉体、灵魂不朽的信仰。接受这些信仰不需要理性证明和解释，传统的形式与质料关系学说为了提供这样的证明和解释而对形式与质料所作出的区分是不必要的、完全可避免的。

奥里略否认形式的独立性和现实性的真正理由出于唯名论的原则：“每一事物都是单个的，它的概念也是单个的。”[②] 概念是直观活动的结果。他说：“经验告诉我们，直观和视觉一样，并不一定需要以现存的东西为对象。”[③] 比如，幻觉的对象是幻影，同样，概念直观的对象是影像，而不是实际存在的事物。实际存在的事物都是个别的，但事物的影像依清晰程度可能是个别的或种属的影像，比如，近处的苏格拉底在直观中是一个清晰的个别的影像，在较远处是一个模糊的“人”的影像，更远处是更为模糊的“动物”的影像。种和属是与直观活动相对应的“意向存在”，个别事物才是与直观活动相对应的实际存在。奥里略和杜朗达一样否定“积极理智”、“抽象活动”的必要性，他说：“没有理

① HCP, p. 478.
② HCP, p. 778, note 98.
③ HCP, p. 777, note 91.

由不必要地增设存在。”[①] 既然直观活动可以解释“积极理智”的“抽象活动”所能解释的一切，没有必要再设定后者的现实性。他是较早按照思维的经济原则批判实在论的人。他把共相解释为个别事物的类似影像，并没有完全脱离实在论的概念论。如果人们继续追问：为什么一些事物有类似的影像，而另一些事物则没有这类影像？满意的答案还需从事物自身去寻找；类似的影像或许正是类似的性质所造成的结果。吉尔松评论说：“奥里略所坚持的‘类似’在事物本性之中，这使他经常使用几乎和阿维森纳的实在论一样的语言。当然，他所谓的本性并不是隐藏的本质存在，但仍将共相的基础归于性质的实在性。”[②]

3. 哈克莱的亨利

哈克莱的亨利（Heinrich von Harclay）于 1312 年任牛津大学校长，接着被任命为林肯主教。为了推卸主教职务，他两次去阿维农教廷申辩，第二次旅行时客死途中。我们已经看到他对司各脱“无限性”概念的批评。他还批评了司各脱的“共性”概念。他认为：“实际存在的一切在本质上都是单个的，‘一’不可能作为一个成分同时存在于‘多’之中。”[③] 共相和殊相是心灵把握单个事物的两种方式，“共相是一个被模糊地思想着的事物，殊相是被清晰地思想着的同一事物”。[④] 应该注意的是，单个事物不等于殊相，它只是在心灵能够清晰地辨别它与其他事物在本质上的区别的情况之下才是殊相。单个事物本身既不是殊相也不是共相，只是理智才使它成为殊相或共相。

哈克莱的亨利并没有直接批判司各脱的实在论，他的主要理论对

① HCP，p. 778, note 96.
② CLM，p. 480.
③ CLM，p. 427.
④ CLM，p. 430.

手是实在论者瓦尔特·伯尔莱（Walter Burley，1275～1445年）。伯尔莱的主要论点是：共相和殊相的区分是实在的区分，共相存在于每一个所属事物之中，在每个人之中，"有一个单一的、不可分割的人性，它同时存在苏格拉底和柏拉图之中"。[①] 哈克莱的亨利反驳说，同一个东西不可能同时完整地分布在不同的事物之中。伯尔莱回答说，单一的东西不仅指单个事物，而且指众多性质的单一性。共相的单一性是质的统一性，不受个别事物众多数量影响，共相与殊相不是整体与部分的数量关系，而是普遍与特殊的性质关系。他接着反驳哈克莱的亨利说，如果共相只是对个别事物的模糊认识，那么就永远不会有明确的科学知识，因为按亚里士多德说法，一切科学都以共相为研究对象。再说，定义总是明确的，定义的对象是共相，而不是个别事物。退一步说，如果说定义是适用于众多个别事物的模糊认识，那么我们将会得出诸如"对苏格拉底的模糊定义等同于对柏拉图的模糊定义"这样荒谬的结论。伯尔莱的反批评揭露了哈克莱的亨利观点的内部矛盾：他一方面否认共相的实在性，另一方面又承认共相与实在事物的对应关系。伯尔莱指出：与共相对应着的实在必定是共性的实在，而不可能是个性或个别事物的实在。后来，奥康也指出，哈克莱的亨利的观点是"绝对错误和不可理解的"。[②] 然而，奥康批判方向与伯尔莱的方向完全相反，他站在彻底的唯名论立场，不但否定了共性的实在，而且否定了共相与实在事物有对应关系。

第二节　奥康主义概述

威廉·奥康（Guillelmus de Ockham，约1285～1349年）出生于

① CLM，p. 425.

② CLM，p. 430.

英国萨里郡的奥康，1306 年左右加入法兰西斯会。1310 年左右进入牛津大学神学院，在取得学士学位后于 1315 年至 1319 年间讲授《箴言书》，1320 年他已完成获得神学博士的全部学业，先因博士候选人太多，未能及时取得学位，后因“异端”指控，终生未得到博士称号。他的称号是“尊敬的初始者”。因为“初始者”（inceptor）和“首创人”（initiator）意思一样，奥康以未能毕业的学生身份而成为一个学派创始人，着实令中世纪人感到钦佩。1320 ～ 1324 年奥康在等待学位授予期间在伦敦的法兰西斯会学馆从事教学和著述。1323 年牛津大学校长约翰·路特维尔从奥康《箴言书注》讲稿中抽出 56 个被他认作为异端的命题送交阿维农教廷。奥康于次年被召至教廷接受审查。一个专门委员会审查了他的讲稿，确定 51 个命题为“异端的”、“错误的”、“危险的”、“鲁莽的”和“矛盾的”观点，但尚未作出正式谴责他的决定。奥康在阿维农等待宣判期间，结识了本修会总会长西塞尼的米切尔。米切尔是法兰西斯会内的严格派代表，坚持绝对贫困是福音书的理想的观点，他被教皇约翰廿二世召至教廷接受审查。应米切尔的要求，奥康研究了严格派观点，提出了支持“使徒贫困论”的神学证据。面临即将发生的迫害，奥康和米切尔一行四人于 1328 年 3 月 26 日从阿维农逃至意大利的比萨，接受驻扎在那里的神圣罗马帝国皇帝巴伐利亚的路德维希的庇护。路德维希是教皇政敌，教皇被他们的背叛激怒，发表文告宣判“使徒贫困论”为异端，并革除四人教籍。奥康撰文反击，指控约翰廿二世观点为异端。相传奥康曾对路德维希说：“你用剑保护我，我用笔保护你。”实际上，这句话始见于 15 世纪作家特里塞米的著作之中，人们用这句话准确地表达奥康在王权与教权斗争中所起的作用。奥康随路德维希回到巴伐利亚首府慕尼黑，维护王权的权威，反对教皇的绝对权力，主张用宗教会议代替红衣主教选举教皇的制度，攻击约翰廿二世及其继承人本笃十二世、克莱门特六世，与教廷结怨甚深。1347

年路德维希去世后，教廷试图与奥康修好，但奥康未来得及签署正式文件便死于黑死病。

奥康著作以与教廷决裂为界分前、后两期。前期著作包括《箴言书注》，其中第一卷经奥康本人订正，称作“订正本”（ordinatio），其余三卷由课堂笔记整理而成，称作“记录本”，此外还有《逻辑大全》、“老逻辑”评注四篇、《物理学论题集》、《自由论辩集》以及未完成的《物理事物大全》《论圣坛仪式》等。后期著作除了《论先定命运》《论连续性》《逻辑要义》和《逻辑小论文》外，其余为政论文，包括《九十天著作》《关于皇帝和教皇权力的对话》等。

奥康是哲学家、逻辑学家，同时也是政论家，他意识到理论和政治的密切联系。他认为“什么是形而上学主题”与“谁是世界之王”的问题是相似的。他的哲学、神学、逻辑学和政论著作都贯穿着一个精神：反对把个别、具体、经验的现实归属于普遍、抽象、超验的原则。这并不意味着他脱离了基督教信仰，相反，他以上帝超自然的力量为理由，以上帝意志绝对权威的名义，取消了分隔上帝与个别事物的各种等级障碍，包括了实在的形式、共相的等级、因果关系的系列、繁缛的宗教、伦理规则仪式、政教合一的权力关系。奥康强调，上帝与个体之间只有直接、偶然的关系，个体之间也无内在的、必然联系。不论上帝与被造物之间的上下关系，还是被造物之间的并列关系，都是人在经验基础上用概念把握的个别性；本质、关系、原则、规范、权力等都是思想或人工产物，除非出于经验证据和逻辑必然性，这些产物应尽量少设。他提出经济思维原则：“如无必要，不要增设实有”，这便是哲学史上著名的“奥康剃刀”。他用这把剃刀，革除了经院哲学的等级观念以及从重重辨析、层层衍生中出现的繁琐概念与理论。经济思维方式并不意味着思维的内容浅显易懂。奥康著作论辩精细、逻辑缜密，是经院哲学的精品，理解它们有较大的难度。

哲学史家对奥康主义有不同的评价。有人把他看做经院哲学的掘墓人。吉尔松说："奥康主义标志着经院哲学黄金时代的终结"①；有人认为他是革故鼎新的开拓者，他的肯定神学和新唯名论赋予经院哲学生机。有人认为他的哲学恢复了希腊哲学的理性精神的批判和怀疑功能；卡布斯顿则说：他的目的是"清除基督教神学和哲学中一切希腊必然论的痕迹"。② 有人把他看做近代经验论和科学精神的前驱；赖孚（G. Leff）在迄今为止最详细地研究奥康思想的专著《威廉·奥康》一书中不赞成根据奥康对后世的影响而给他贴上"唯名论者"、"王权主义者"、"怀疑论者"的标签，他的方法是在奥康与他的前辈的关系中探讨"经院语言的变形"。我们对奥康主义的介绍在考虑上述各种观点的同时强调奥康思想的"新"。这一新思想是对前人思想批判性继承的结果，它既是对经院哲学的新贡献，又是对经院哲学方法和传统的破坏。经院哲学的衰落与其说是由奥康主义兴起造成的，不如说是由于它未能给奥康主义提供充足的发展余地所致。

第三节　词项逻辑与唯名论

12世纪唯名论的基本命题是"共相是词"。13世纪发展起来的词项逻辑对词的意义作了"指称"与"指代"的区分。奥康的贡献在于认识到这一区分对于克服老唯名论的缺陷的作用，他在唯名论的"旧瓶"里注入词项逻辑的"新酒"，通过词项的意义确定事物的性质和概念的内容，发展出新的唯名论理论。

词项逻辑研究的词项不是孤立的单词，而是作为命题组成部分的词，如奥康所说："把一个命题直接分析为部分，每一部分就是一个词

① HCP, p. 498.
② CHP, Ⅲ（Part1）, p. 60.

项。”[①] 词项是一种符号，符号的性质依命题的性质而定，命题既是书写的或口说的句子，也是思想的内容，在后一种情况下，奥康使用“思想命题”这一概念。词项也相应地分为书写符号、口语符号和概念符号。前两种是约定的符号，概念是自然的符号。奥康说：“一个概念或心灵印象自然地指示它的对象，但一个书写或口语的词项除了自由约定之外并不指示任何对象。”[②] 概念指示心灵在自然条件下所具有的观念和印象，它是人类共同的思想内容，但表达概念的书写或口语符号却是约定俗成、各不相同的，比如，拉丁文“homo”、英文“man”、中文“人”表达了书写或口说这些不同符号的人们头脑中同一观念。奥康关于词项的分类廓清了老唯名论者所说的“共相是词”的意思。如果这句话的意思如罗色林所说，指共相是一种声音，那当然是错误的。根据奥康的分类，“口语词项是服从于思想概念或内容的符号”[③]，那句的正确意思应当是：共相是概念词项。

然而，温和实在论者也承认共相是外部对象自然地在心灵中造成的概念，他们把共相的外部原因当作实在的形式、本质、共性。当奥康说概念是心灵的自然符号时，他当然也承认概念是某种原因自然派生的产物，但他拒绝承认概念的自然原因是外部实在，这是他与实在论的概念论者分歧的焦点所在。奥康用心灵自身活动解释概念的自然原因，他说概念是心灵的构成物（fictum），只是在心灵自然地构成概念的意义上，概念才被称作心灵的自然符号。正如烟由火出，故烟是火的自然符号，但烟不是火之外的实在造成的；笑因欢乐生、呻吟因疼痛生，故笑和呻吟分别是欢乐和疼痛的自然符号，但却不是由心灵之外的实在直接造成的；棍棒不是呻吟的自然原因，棍棒打在肉体上造成的疼痛

① 《逻辑大全》。PMA，p. 609。
② 同上书。PMA，p. 610。
③ 同上。

才是呻吟的自然原因。同样，外部对象并不是概念的自然原因，外部对象在心灵造成的意念（imponere）才是概念的自然原因。然而，概念本身也是一种意念。奥康于是把造成概念的意念称作“第一意念”，概念被称作“第二意念”。他说：“第一意念是指示不是符号的东西的理智活动，第二意念是指示第一意念的活动。”[①] 第一意念是心灵指示外部对象的活动，表示指示活动的名称是“看某物”、“听某事”，等等，而不是所看或听的事物的名称。因此，奥康说：“第一意念名称不同于前述所有那些名称，它指示这样一些事物，它们既不是符号，也不伴随着诸如‘人’、‘动物’、‘苏格拉底’、‘柏拉图’、‘白’、‘真’、‘善’等符号。”第一意念指示活动，它有两个特点：第一，它指示的对象是约定和思想符号之外的事物；第二，它仅指示事物，但尚未用概念或语言表示事物。第二意念是指示第一意念活动结果的活动，即用概念指示关于事物的印象。奥康说：“严格地说，只是那些指示思想内容，即自然符号的名称才是第二意念的名称。”[②] 第一意念与第二意念区分的意义在于说明，无论普遍的还是特殊的概念，都不来自外部对象，而只来自心灵关于外部对象的印象。

第一意念与第二意念的区分是关于印象和概念的区分，第二意念（即概念）的指称与指代这两种不同逻辑功能则区分了殊相与共相。奥康说：“符号使我们知道另外一些东西，它们或者于自身更有代表另一些东西的能力，或在命题中才有代表另一些东西的能力。”[③] 符号的意义在于代表符号之外的东西；“指称”是符号自身具有的代表功能，“指代”是符号在命题中才具有的代表功能。有指称功能的符号也必定有指代功能，这样的符号只能是关于个别事物的名称，比如，“苏格拉底”

① 《自由论辩集》，4集19题。SMP，Ⅱ，P，390。
② PMA，p. 614.
③ PMA，p. 610.

这个词有指称一个人的功能，也有在命题"苏格拉底在跑"中指代一个人的功能。有指代功能的符号不一定都有指称功能，普遍概念都有指代功能，其中同时具有指称功能的指代称作"人称指代"，没有指称功能的指代又分"简单指代"和"物质指代"两种。这些词项逻辑专有词汇的意义不能从字面上加以理解，如奥康所说："应当注意的是，人称指代称作'人称'，并不因为一个词项代表一个人，简单指称称作'简单'，也不因为一个词项代表一个简单事物，物质指代称作'物质'，并不因为一个词项代表物质。"[①] 它们的意义是这样的：人称指代是在命题中用一个词项代表被指称的对象，"不管这个对象是心灵之外的事物，或词的声音，或思想概念，或文字，或任何可以想象的东西"。[②] 比如，命题"苏格拉底在跑"、"这东西在跑"、"有人在跑"、"S 在跑"、"独角兽在跑"中，"苏格拉底"是一个心灵之外的事物的人称指代，"这东西"是词的声音的人称指代，"人"是思想概念的人称指代，"S"是文字的人称指代，"独角兽"是心灵想象物的人称指代。可以看出，人称指代所指称的对象既可以是心灵之外事物，也可以是心灵中的概念、印象；既可以是自然对象，又可以是人工对象。人称指代符号既可以是殊相，又可以是共相；既可以是自然符号，又可以是约定的符号。然而，指称心灵之外个别事物的自然指代符号只能是殊相，指称心灵概念和思想内容的自然指代符号只能是共相。所谓简单指代，"指词项代表一个思想内容，但又没有指称功能，比如'人是一个属'命题中，'人'这一词项代表'属'这一思想内容"。[③] 简单指代的符号是约定符号，而不是自然符号。同样，物质指代的符号也是约定符号，它是用约定符号代表自身物质形式（形状、声音），比如在命题"'人'是一个名词"中的"人"就

① PMA，p. 616.
② PMA，p. 615.
③ PMA，p. 616.

是对书写符号“名词”的物质指代。

根据以上区分，我们可用下表说明各类符号的逻辑功能。

功能 符号		指称	指代		
			人称指代	简单指代	物质指代
约定符号		√	√	√	√
自然符号	殊相		√		
	共相		√		

注：√代表所具有的功能。

奥康关心的是共相与殊相的区别。从词项逻辑的观点看问题，两者的区别在于殊相是对个别事物的指称或指代，共相是对关于个别事物的概念或思想的指代。比如，命题“苏格拉底在跑”中“苏格拉底”是对一个人的指代，命题“有人在跑”中的“人”则是对“苏格拉底”这一概念的指代。共相与殊相的区别不在于它们所指称的实在是普遍的还是个别的，而在于指称同样的个别的实在的不同的逻辑功能，殊相直接指称个别事物，共相则是对个别事物指称的指称，即指称的指代。把殊相与共相看做词的不同逻辑功能是唯名论的基本原则，奥康利用共相的指代功能进一步回答了老唯名论者无法回答的问题。

唯名论者面临的首要问题是如何解释科学研究对象的普遍性。一切科学的对象都是普遍的，没有关于个别事物的科学，这是公认的道理。实在论者据此反驳说，如果共相只表示个别事物，那么科学便不能通过概念把握普遍对象，科学将不可能存在。我们看到，14 世纪的实在论者伯尔莱曾这样反诘唯名论。奥康认为以前的哲学家，无论唯名论者还是实在论者，都犯了一个共同错误，即，混淆了单词本身的指称功能与词项在命题中的指代功能。科学是由命题组成的，“任何科学，不管是实在科学还是理性科学，所知道的对象都是命题，因为只有命题才能被理解”。实在科学和理性科学是以科学命题的词项的指代对象不同而作出的区分：“实在科学所知的命题的组成部分，即词项所代表和指代的是事物，而理性科学的词项却不如此，它们代表和指代另外一些东西。”应该留意，实在科学命题的词项指代事物不等于指称事物，“实在科学不以直接被知的事物为对象，它的对象是对这些事物的指代”。[①] 事物总是个别的存在，直接指称事物的名称是殊相，然而，在实在科学命题之中，殊相被共相所代表和指代。或者说，实在科学总是通过普遍概念、一般判断来把握个别事物的，它的研究对象是共相及其组成的普遍命题，而不是个别事物。另一方面，共相有指代殊相的逻辑功能，它归根到底是关于事物的自然符号。奥康说：“如果科学被说成是以共相为对象时，人们应当这样理解：它是以能够表示事物的共相为对象的。”[②] 理性科学的对象也是普遍词项，不过它们没有人称指代功能，只有简单指代和物质指代功能。这里所说的理性科学实际上是关于语言的科学，即学艺中的“三科”，它以能够表示语言思想内容和物质形态的普遍约定符号和规则为对象。因此，“一切科学的研究对象都是普遍的”与“共相是对个别事物的指代”两个观点是相容的，唯名论同样可以论证科学的普遍性。

根据同样的道理，奥康解释了一般命题谓词和定义的普遍性。先让我们看一看实在论对谓词性质的解释。在单称命题“S 是P”中，如果主词S 指称一个事物，谓词P 表述S。在全称命题“所有S 是P”中，P 可以表述指称一类事物的主词S_1，S_2……S_n 等。实在论者于是肯定说P 必定指称一个内在于这一类所有事物的共同本质，否则不能解释P 何以能够表述众多主词。奥康说，这一论证是“无效的，因为这里所设定的内在于并实在地区别于个别事物的东西必定是这个事物的一部分，但一个部分不能从本质上表述一个事物，正如质料与形式都不能单独地在本质上表述它们的复合体。因此，一个能从本质上表述一个事

① 《箴言书注》，1 卷 2 部 4 题。PMA，p. 621。
② 同上书，1 卷 2 部 4 题。PMA，p. 623。

物的东西必须指代这个事物，而不是自身”。[1] 按奥康解释，谓词P并不指称主词S所指称的东西的任何一部分，如内在本质、形式、质料等，谓词正确表述主词的功能即它的人称指代功能。在“人是动物”这一命题中，“动物”从本质上陈述“人”，“人”是对每一个人名称的指代，“动物”又是对“人”的人称指代。个体的实在性和谓词的人称指代功能足以解释为什么一个谓词可以普遍地表述个别事物，不需要设立一个与谓词相对应的普遍的实在对象。

同样，实在论者用普遍本质解释定义的实在对象既是无效的，又是无必要的。实在论的理由是：定义（即“种+属差”式定义）的对象是类，另一方面，如亚里士多德所说，定义的首要对象是实体，因此，类是实体。奥康反驳说，定义对象不是实体或实在的类，而是普遍词项，理由是：定义与定义对象有互换性，比如说“人是有理性动物”和说“有理性的动物是人”是一回事。定义是语言单位，它只能与语言单位互换，而不能与实在对象互换，结论因此是：“定义对象是可与定义互换的普遍词项。”[2] 奥康接着把定义对象与定义的关系处理为主词与谓词关系。定义形式：“X是D_f”和命题形式“S是P”相比，D_f是词组而P是词项，但两者都有人称指代作用。他说：“定义‘有理性的动物’的首要对象是词项‘人’，因此它首先并充分地表述这一词项，因为它除了词项‘人’的谓词所表述的以外不表述任何别的东西，并且对任何表述词项‘人’的谓词都有人称指代作用。”[3] 换句话说，定义是对所有表述定义对象的谓词的指代，它是指代的指代，因此比谓词有更高的概括作用，但归根到底，它是对有指称作用的个体名称的指代，它适用于一类事物。

---

① PMA，p. 620.

② Ibid.

③ PMA，p. 621.

科学研究对象的普遍性、谓词表述对象的普遍性和定义对象的普遍性是支持实在论的三个主要理由，也是坚持共相与殊相都指称个别事物的老唯名论者无法逾越的障碍。奥康利用词项逻辑的指代理论，区分了殊相指称个别事物和共相指代的普遍功能，这样既坚持了语言的实在对象只是个别事物的唯名论立场，又解释了实在论所能解释的语言普遍性，从而把唯名论推向新的理论高度。

第四节　唯名论的认识论

唯名论与实在论争论的一个重要领域在认识论。一般说来，唯名论者重视直观个别事物的感觉，实在论者强调从事物之中抽象出本质的理智。托马斯和司各脱试图综合这两种倾向，既承认感觉直观的基础作用，又承认理智的抽象作用，但这是以实在论原则为前提的综合：理智对象和感觉对象的区分以实在本质和个别事物的区分为前提，抽象和直观的区分以理智高于感觉的优越性为前提，解释抽象活动所用的概念，如“积极理智”、“消极理智”、“实质性形式”、“物理共相”等都有表示普遍认识能力与普遍存在对象相对应的意义。奥康的认识论和词项逻辑是他的唯名论的两根支柱。他以唯名论原则为前提综合了直观认识和抽象认识，重新分析了感觉和理智的关系，消除了不符合唯名论要求的概念。

1. 领悟与判断

奥康首先区别了领悟和判断两种认识能力，它们大致与逻辑学中词与命题的区分相对。领悟活动把握的对象是词以及词所指称的事物，判断活动的对象是命题及其表述的事实。总之，领悟的对象是简单的，判断的对象由简单对象复合而成。只是针对“认识对象是简单还是复合的”这一问题，奥康才作出领悟和判断的区分，在此问题之外，领悟与判断应被看做两种相互配合的能力。对简单事物的领悟自然伴随着对它的判断，比如，对一个东西存在或不存在的领悟伴随着“这个东西存在”，或“这个东西不存在”的判断，对白色的领悟伴随着“这一事物是白的”判断。同时，对个别对象的判断也伴随着对它的内部关系或外部关系的判断，或把单个事物分析为部分判断部分之间的关系，或判断几个事物之间的关系。领悟活动伴随着判断这一事实并没有混淆简单对象与复合对象的区分。因为伴随着领悟的判断是对简单对象自身，它们的存在或不存在，它们的性质、关系的判断。这与以复合为对象的判断不同，后者不包含对简单对象的判断。比如“白色是颜色”的判断对象是由所有个别白色东西复合而成，但却不包含这一个或那一个白色东西。另外，领悟具有用词项构成命题的能力，但这种能力是基于对简单对象的领悟和判断而不是对命题的判断。奥康说：“有一些人以中立方式领悟命题，他们既不赞同也不反对它，因此，领悟与赞同、反对有所区别。”[①] 赞成和反对是判断所持有的肯定与否定，简单地领悟事实不等于肯定或否定事实。

奥康关于领悟与判断的区分的意义在于颠倒了复合认识与简单认识的先后次序。传统的解释是，感觉认识是以质料与形式复合物为对象的复合认识，理智认识是从复合物中抽象单一本质的简单认识。认识由低到高的发展是由复合认识到简单认识的过程。奥康认为人的认识过程恰好相反，“领悟活动是判断活动的原因”。[②] 认识总是从对个别的、简单的对象开始，然后形成复合知识。“任何判断活动以领悟活动为前提，两者有相同的对象。”[③] 复合认识的对象来自简单对象，判断的

① 《自由论辩集》，5 集 6 题。SMP，Ⅱ，p. 382。

② 同上。

③ 同上书，5 集 6 题。SMP，Ⅱ，p. 383。

对象是命题,命题由有指称个别事物的词组成,因此,领悟和判断活动只是把握个别事物的两种不同认识方式。奥康的区分还说明,简单认识和复合认识不是理智与感觉的区分。我们固然不能说把握简单对象的领悟是理智,但也不能说它是感觉。领悟伴随着判断意味着感觉和理智在对简单对象的认识中同时起作用。

2. 直观认识和抽象认识

领悟活动的内容是直观认识和抽象认识,就是说,两者都是简单认识,那么,它们的区别何在呢? 奥康说:“抽象认识可以在两种意义上被理解。在第一种意义上,它是关于从许多个别东西中抽象出来的东西的认识,这样的抽象认识就是共相认识。如果共相如一些人所说是实际存在的性质,那么必须承认,共相可以被直观。在此意义上,直观认识和抽象认识是同样的认识……在另外的意义上,抽象认识是从存在和非存在以及其他偶然环境中抽象出来的、关于一个事物或对一个事物的表述的认识。凡被直观认识所知的东西不为抽象认识,但这两种认识知道同一事物的任何一个方面。它们的区别在于:直观认识因为一个事物存在或不存在而认识这一事物,如果它存在,理智立即对它的存在作出判断,并明确地认识到它的存在。”[①] 直观认识的对象是外在于心灵的事物,“心灵以外的任何事物都是个别的”。[②] 个别事物可以存在或不存在,直观认识是对于事物的存在或不存在的认识,事物的存在或不存在是偶然的,因此,直观认识是偶然的认识。抽象认识的对象是心灵之中的意念,意念同个别事物的存在或不存在无关,即使事物不存在,心灵也会有关于它的意念。在意念与事物存在或不存在相分离的

---

① 《箴言书注》,前言 1 题。G. Leff, *William of Ockham*, Manchester, University Press, 1975, p. 8。

② 《自由论辩集》,1 集 13 题。SMP, Ⅱ, p. 361。

意义上，奥康说意念从事物中抽象出来，抽象认识所认识的意念相当于前面所说的第二意念，它们是用来把握个别事物的特殊的和普遍的概念，第一意念作为个别事物在心灵造成的印象，属于直观认识的内容，抽象认识与直观认识的另一个区别是前者是必然命题，因为概念之间的关系是逻辑关系，按逻辑关系由概念构成的命题是必然命题。

除了认识对象和命题性质之外，不能从其他意义上区别直观认识与抽象认识，比如，不能说两者是感性认识与理性认识的区分，或者是特殊认识与一般认识的区分。奥康指出，直观认识并不等于感性直观。它与抽象认识一样属于领悟活动，属于感觉和理智同时参与认识的活动。直观认识的偶然性并不来自感性，他说："感性视觉不足以造成一个偶然命题，虽然它足以造成感性欲望的活动。"① 意思是，感性直观造成因人而异的欲望，却不会造成共同的看法，"偶然命题" 指陈述对象存在或不存在的偶然性，并不指陈述内容的偶然。相反，一旦事物呈现于直观之前，人人都会作出相同的判断。只有理性的能力才产生出关于个别事物的共同共识。

为了说明直观认识不等于感性直观，奥康提出了"可以有关于不存在的事物的直观认识" 的论断。② 如果把直观等同为看的活动，那么这种说法似乎是自相矛盾的："看" 总是针对某一对象的看，没有对象的"看" 等于"不看"，因此，"对不存在事物的直观" 无异于"不看的看"。奥康对自己论点提出两点理由：第一，直观认识的自然原因是外部事物。神学家公认的原则是，自然原因是第二性原因，"上帝通过第二性原因造成的一切结果都可以不通过它们由上帝直接造成"。③ 因此，凡是存在的事物自然地造成的直观知识，也能被上帝以超自然方式

① 《自由论辩集》，1 集 15 题。SMP，Ⅱ，p. 367。

② 同上书，6 集 6 题。SMP，Ⅱ，p. 372。

③ 同上书。SMP，Ⅱ，p. 373。

直接造成。第二，直观并非总是针对一个存在事物的活动。一个人在黑暗中视而不见，在此意义上谈论对不存在事物的直观并非自相矛盾，“因为被直观的东西可能实际上，或者过去曾经是事物的本性”。[①] 在“视而不见”的情况下，直观到的是决定事物不能存在的自然环境、条件等等。奥康关于对不存在事物的直观认识的论断包含着对理性直观原因和内容的思考：理性直观的原因可能是非自然的，其内容不是对可感事物的认识。但他并没有正面探讨理性直观的原因和内容，他的目的只是论证理性直观的可能性，以此说明直观认识不等于感性直观。

应当注意的是，直观认识与抽象认识都是简单认识，或关于简单对象的认识。“简单对象”既指个别事物、简单印象（直观认识的对象），又指思想概念（抽象认识的对象）。我们知道，抽象认识的对象包括殊相与共相。在什么意义上，共相被称作简单对象呢？共相和殊相的适用范围有一般和特殊之分，但适用范围的大小并不意味着概念自身的大小，正如一张适用于一个城市的地图并不一定比一张适用于一个国家的地图更小一样。奥康说，概念作为意念是“虚相存在”（esse fictivum），每一虚相都是心灵中的个别存在，共相与殊相在心灵中是个别与个别的关系，虽然它们在语言中的逻辑功能是普遍与个别的关系。奥康说：“没有必要在虚相存在之中设立如同全称命题中主词与谓词那样的秩序，因为意念活动造成的结果是虚相存在，这是个别的存在、个别的认识活动。”[②] 按奥康的理解，抽象认识实际上是用共相指代殊相，是用一个概念取代、代表另一个概念。抽象认识中共相与殊相之间的关系与直观认识中印象与个别事物的关系一样，都是个别与个别的关系。

奥康反对把直观认识与抽象认识处理为特殊认识与一般认识的真实原因是为了避免实在论的结果。实在论者区分了普遍实在与个别实

① 《自由论辩集》。SMP，Ⅱ，p. 375。

② 同上书，4 集 19 题。SMP，Ⅱ，p. 390。

在,一般认识与特殊认识是分别对应这两种实在对象的认识。承认认识的对象有一般与特殊之分意味着实在有普遍与个别之分。奥康只承认个别事物的实在性,但认为与个别事物相对应的认识有简单与复合两种:简单认识研究个别事物以及指称、指代这些事物的个别词项,包括殊相与共相,复合认识研究由个别事物组合的事实以及陈述这些事实的、由词项组合而成的命题。他用按认识结构划分的简单认识与复合认识取代了实在论者按对象实在性划分的一般认识与特殊认识,这是认识论中的一个创举。后来的英国经验论者遵循了这条由简单认识到复合认识的认识路线。

3. 证据知识和自明知识

严格地说,简单认识并不是知识,知识的对象是命题,简单认识是领悟简单对象活动而形成的命题,但并不对命题作判断,奥康说:"没有对一个事物的判断,当我说一块石头或一头牛时,没有什么可被判断的。"[①] 简单认识形成对一个事物或概念的命题,复合认识对命题加以肯定或否定。只有对命题的真假作出判断的复合认识才是知识。奥康考虑到两个问题:判断命题真假的标准是什么?如何判断命题的真假?关于第一个问题,他说:"一个命题被说成是真的原因是它按事物所是的那样表示事物。"[②] 或者说,命题的内容与事实相符合。那么,人们如何知道命题与事实相符合或不相符合呢?有两条途径:一是根据组成命题的词项的关系便可知道这一命题是否为真命题,通过这一途径作出的判断被称作自明知识,因为这是命题自身显示出来的知识。另一条途径是通过知道词项是否与事物有对应关系而知道命题是否正确,通过这一途径作出的判断被称作证据知识,因为这是由外部证据所

① 《自由论辩集》,4 集 17 题。SMP, Ⅱ, p. 386。

② 《范畴篇注》。G. Leff, *William of Ockham*, Manchester, 1975, p. 243。

提供的知识。比如，“苏格拉底是人”这一命题属于自明知识，因为通过“苏格拉底”与“人”这两个词项的联系便可判断它是真命题。然而“苏格拉底在跑”的真假却不依赖于“苏格拉底”与“跑”这两个词项的联系，它依赖于词项与事物的联系，因此，这个命题属于证据知识。

自明知识与证据知识是复合认识的两种形式，它们来自简单认识。不难看出，证据知识来自直观认识，自明知识来自抽象认识。对事物存在或不存在的直观为词项与事物之间有无联系提供证据，对概念抽象意义的理解是判断概念之间有无联系的明证。因为直观认识是偶然命题，以它为基础的证据知识是偶然知识，同理，以抽象认识的必然命题为基础的自明知识是必然知识。证据知识是由一系列直观证据组成的复合经验。比如，“苏格拉底是哲学家”是由一些直观认识的命题，如“他与某人讨论什么是美德”、“他说过知识是美德”、“他教柏拉图哲学”等组成的复合认识。自明知识的复合性在于它是由抽象概念构成的推理，命题的主词、谓词以及三段式中词之间的必然联系确保了推理的逻辑自明性。“凡人皆死，苏格拉底是人，故苏格拉底会死”便是一个由两个抽象认识命题为前提得出自明结论的典型例证。

奥康关于证据知识与自明知识的区分是针对亚里士多德“证明知识”的观念提出的。按后者解释，科学在严格意义上是证明知识，它以自明的直观中获得的命题为前提演绎出必然结论，直观的自明性和三段式规则的必然性保证了证明知识的可靠性。亚里士多德没有考虑到直观的偶然性以及经验证据在推理过程中的作用，造成了他的“科学”概念的狭隘性。司各脱对归纳科学的论述突破了这一狭隘观念，奥康的区分更猛烈地冲击着这一观念。他说明：基于直观的命题不是自明的、必然的，而是偶然的，并不能满足演绎体系的前提所需要的绝对可靠性，因此，直观到的证据和逻辑推理并不是前后相贯的认识过程，它们属于两类知识，两者存在着平行、并列的关系。证据不能给予逻辑所需要的自明性，逻辑也不能增强证据的说服力。就证据知识与自明知识重要性而言，他认为寻找证据是比寻找证明更高、更重要的目标，证据知识不但可以知道自明知识推理的结论，而且可以知道非自明的东西，就是说，它所知的范围更加广泛。

奥康的知识观不仅预示了重视经验证据的新科学观，而且对他自身理论也有直接意义。它的一个重要推论通常被称作经济思维原则。既然知识是自明或证据的知识，那么，一切既无逻辑自明性又缺乏经验证据的命题和概念都必须从知识中剔除出去，可用经验证据直接说明的东西不需用非经验的原因解释，可用自明的命题证明的东西不需用意义不明的论辩，用他的话来说："切勿浪费较多的东西去做较少的东西可以同样做好的事情。"[①] 这句话被后人转述为"如无必要，切勿增加实有"，这就是所谓"奥康剃刀"的来由。所谓必要性，即逻辑上自明或经验的证据，没有它们之中任何一条的支持，任何东西都不能被算作知识。"奥康剃刀"锋芒所向，直指实在论设立的普遍实在。在他看来，无论出自逻辑理由或经验理由，都没有必要在个别事物之外设立普遍存在。我们已经看到，按照他的指代理论，没有必要为了说明科学对象、命题谓词和定义对象的普遍性而设立普遍实在。按照他的认识论，同样没有必要为了解释普遍概念的性质而设立与之对应的普遍实在。

4. 共相的性质

奥康把共相概念分为三类：绝对概念、内涵概念和关系概念。绝对概念指类概念，如"人"、"动物"等，内涵概念是指示共性的概念，如"红"、"善"等，关系概念是指示两事物之间关系的概念，如"前"、

---

① 《箴言书注》，2 卷 15 题。PMA，p. 629。

“后”、“原因”、“结果”等，这三类概念的普遍性有高低程度之分，内涵概念包含绝对概念而不是相反，关系概念包含内涵概念和绝对概念而不是相反。实在论者根据“概念的对象是外部实在”的原则，分别设立了类实体、内在本质和关系存在作为这三类概念的指称对象。奥康站在彻底的唯名论立场，否定共相概念在实在中除了个别对象之外还有普遍对象，他按照经验证据和逻辑自明性两方面的要求，否定了设立这些普遍实在的可能性与必要性。

亚里士多德在《范畴篇》中把个别事物称作第一实体，把属与种称作第二实体。奥康向这一传统观念提出挑战。他认为，证据所能告诉我们的道理只是个别事物是实体，个别事物的“类”是心灵中的概念，把“类”移到心灵之外当作实体的做法只是一种理论假设。奥康列举了作出这一理论假设的种种理由：“设定类的存在或是为了解释认识活动的同化作用、因果作用，或是为了解释对象何以成为印象，或是为了决定认识的动力，或是为了推动者与被推动者的统一，这些就是设立类的存在的主要理由。”[①] 按实在论的解释，“类”实体一方面存在可感事物之中，另一方面作为普遍实体具有精神属性，因此可以充当认识对象与认识对象以及认识过程中感性印象与理性概念之间的中介，没有这样一个中介，便不能解释为什么心灵可以与心灵之外的对象发生联系（“认识活动的同化作用、因果作用”）、为什么个别事物的影像会带有相似性（“对象何以成为印象”）、为什么外在对象可以推动理智的抽象活动（“认识的动力”）、为什么积极理智可以使消极理智产生出普遍概念（“推动者与被推动者的统一”）。因此，类的存在对于从可感的个别事物到抽象的普遍概念的认识过程是必不可少的。奥康指出：“任何被类（的存在）所保障的东西在没有类（的存在）的情况下也可

① PMA，p. 631.

以得到保障，因此，设定类（的存在）是没有必要的。”[1] 他针对设定类实体的四个理由，指出了它们的非必要性。

首先，类的存在对于解释认识的同化作用是不必要的。同化无非是把性质不同的东西变为性质相同的东西。认识对象是个别的意念，包括关于个别事物的影像（“第一意念”）以及殊相与共相概念（“第二意念”）。意念与意念活动都是个别的现象，它们从本质上就有相似性。两个单个现象之间不需要中介便可发生联系，并且被设立的类实体是普遍实体，也不能充当两个单个现象的中介。另外，类实体也不能解释认识的因果作用，因为共相概念的原因在于心灵之中的第一意念。人们可以体验到关于个别事物的印象如何推动心灵活动，产生出新的意念，没有必要在心灵之外设立一个对之没有任何证据的类实体作为理智的动力。

第二，类实体对于感觉到的事物之间的相似性也是没有必要的，因为相似性不属于事物的本性，而属于认识活动的本性。换而言之，我们之所以对一些事物有着相似的印象，是因为我们认识这些事物的活动是相似的，“认识活动之外的相似性是不必要的”，[2] 没有必要在这些事物中设立一个共性来解释我们对它们的相似印象。

第三，类实体对于说明理智活动的动力是没有必要的，理由见对认识因果作用的说明：理智活动动力是内部意念的推动，无需设定一个外部的精神实体。

第四，既然理智活动动力在心灵之中，类实体不再能被认作“动力理智”或“积极理智”，无需为了解释积极理智与消极理智关系而设定类实体。奥康说：产生抽象概念活动的“推动者是对象和理智”[3]，对象

① PMA，p. 627.
② PMA，p. 634.
③ PMA，p. 632.

即外在个别事物，它推动心灵产生第一意念，理智消极地接受这些意念；同时，理智自身积极地推动第一意念，产生出包括类概念在内的第二意念。只需用个别事物和理智的活动，便可解释理智的消极接受力和积极推动力。

奥康说：“如果没有经验的或自明的论证，任何东西都不能被设定为对于某一结果来说是自然的、必然的。”[①] 我们既没有关于类实体的经验证据，因为“没有人直观地看到过类”，又没有关于类实体的自明的证明，因为一切设定类存在的理由都不能成立，因此，“没有论证可以说明类是必需的东西”[②]。作为实体的类就这样被剔除了。

“内在本质”论是支持实在论的另一论证。奥康认识到，唯名论和实在论分歧的焦点已不再是实在是个别的还是普遍的问题。他说：“就我所知，所有人都同意某种普遍性质至少以潜在和不完全方式存在于个体之中，只不过有人说普遍性质与个性有实在的区别，有人说它们之间只是形式的区别，还有人说它们在实在中没有区别，只是根据理智从不同观点的认识而彼此区别。”[③] 显然，第一种立场指托马斯主义者关于本质与存在的区分，第二种立场指司各脱关于共性与个性的区分，第三种立场指哈克莱的亨利关于一般概念与个别概念的区别。前两种立场因坚持内在本质的实在性而遭到奥康的批评，第三种立场并未承认普遍本质的实在性，为什么也遭到奥康的批评呢？原来，当哈克莱的亨利说共相是众多个体的模糊形象时，他仍然承认了这些个体的每一个都有一个彼此不同而又相似的内在本质。理智在单独地把握这个内在本质时，便产生殊相；理智在同时把握众多事物的相似的内在本质时，便产生共相。比较上述三种立场，可以看出当时人们都承认只有个别事物才能独

① PMA，p. 629.
② PMA，p. 630.
③ HCP，p. 482.

立存在，同时都坚持个别事物之中存在着本质，他们的分歧仅仅在于：这个内在本质究竟是共性，还是个性，或是共性与个性的结合？

奥康首先指出，“内在本质”不可能是普遍的：“任何实在地区别于并且内在于个别事物之中的东西都不是普遍的、共同的。”[①] 注意：奥康并没有否认个别事物内包含着一些区别于自身的东西，这些东西就是组成它的部分，这些部分与个别事物整体是“多”与“一”的关系。如果说这些内在部分是决定整体的本质，那么“内在本质”就是“一”中的“多”；另一方面，如果说，普遍本质是存在于众多的个别事物之中的共同性、统一性，那么，“普遍本质”就是“多”中的“一”。奥康说：“如果一个东西被当作数量上的单一，它就不会在众多事物之中，也不会是它们的本质。”[②] 也就是说，本质若是内在的实在，它就不可能是普遍的；本质若是普遍的实在，它就不可能是内在的。“一”中的“多”和“多”中的“一”两者不可兼得，本质的内在性和普遍性两者不可兼得。因此，“内在本质”不可能是普遍的。那么，“内在本质”是否可能成为事物的个别的呢？如上所述，事物内部实在只是它的部分，如果它的某一个部分能够成为本质，就是说，这一部分能够决定整体，它必须成为其他部分的共同性、统一性，这个单一的内在本质既在“一”之中，又在“多”之中，它是“一”中的“多”，“多”中的“一”，这样的东西不是构成个别事物的一个部分。就是说，如果它是统摄事物组成部分的本质，它就不可能是事物的内在部分；如果它是事物的某一个部分，它就起不到本质的作用。因此，“内在本质”也不可能是个别的。

奥康指出，人们既不能直观到“内在本质”，又不能符合逻辑地理解它，“设立这样一个东西，仅仅是为了保障同一个东西作为另外一个东西的本质表述，或是为了保障科学以及事物的定义，任何一个为柏拉

---

① 《箴言书注》，1卷2部4题。PMA，p. 619。

② 同上。

图观点辩解的人都会提出这些理由”。[1] 既然用共相的指代作用同样可以说明谓词表述、科学对象和定义范围的普遍性，这样的设定不仅是不可能的，也是没有必要的。“内在本质”的设定也被剔除了。

奥康同样否认关系概念表示个别事物内在的关系。他说，有些人之所以假设关系存在，是因为“如果不坚持这一意见，就会造成一些麻烦。首先，存在事物的复合将被否认，因为如果A和B组合为AB，如果AB没有比A和B更多的东西，那么，AB将不受A和B的组合与分离的影响……第二处麻烦在于，一切事物的因果性将被否定，因为要有一定的类似与相近存在于原因和结果之间，原因才能造成结果；如果个别事物除自身存在之外没有类似与相近性，那么它们在不相近时，也能是原因和结果，这样，当它们在相近时就会在实在中产生不出当它们在不相近时所不能产生出的东西”。[2] 以上说明了设立组合关系和因果关系实在性的理由。奥康对此的答复是：个别事物的独立存在意味着它们处于有间隔的分离状态。当我们使用“关系”这一概念时，并不表示个别事物本身，而是表示个别事物无间隔的状态，或表示个别事物组合为新的整体，或表示它们的前因后果状态。然而，事物的这种状态是与事物存在一起被直观的：当事物处于分离状态时，心灵直观到的是单个事物；当事物处于无间隔状态时，心灵同时直观到几个事物。在后一种情况下，人们使用“关系”这一概念以及“复合”、“原因”、“结果”等概念指代这些事物的名称。奥康说明，对事物之间关系的判断属于证据知识，关系是直观对象，它和事物存在一样是偶然的。心灵不能依靠逻辑演绎去发现事物之间的关系。个别事物就其本性来说是独立存在，一事物与另外事物并无内在、必然联系。对事物无间隔状态的直观可以完满解释关系概念的性质，没有必要在个别事物之内设定一个关系存在与这类概念相

① PMA，pp. 619～620.

② 《自由论辩集》，4集1题。PMA，p. 643。

对应。奥康对“关系”的解释带有明显的经验论倾向。后来的经验论者休谟也以经验直观为由否认因果关系的实在性和内在性。

第五节　唯名论的后果

奥康的神学、伦理学和政治学思想与唯名论思想相一致。他认为在自然界和社会中真实存在的只是个体，这些个体之间的关系是外在的、偶然的关系。传统的世界图式，是各类事物按照内在本质的完满性程度的高低构成一个等级系统，上帝处在等级的顶端，人可以自下而上地推溯上帝的存在和属性，或在事物不完满的本质中看出上帝的完满本质。奥康的唯名论完全改变了这一图式，按照他的理论，在上帝以下的一切事物都是平等的个体，不但个体之间的关系是直接、偶然的，上帝与每一个体之间的关系也是直接、偶然的。然而，人们既不能直观上帝的存在，也不能从自明原则出发推断上帝的本质和属性，就是说，神学既不是证据知识，也不是自明知识。神学虽然还被称作“信仰的真理”，但却与真正的知识无缘。

奥康依更严格的标准把哲学与神学分离开来。我们看到，这一分离过程是逐渐的。托马斯把“教理神学”从哲学中分离出去，司各脱把除上帝存在证明之外的“自然神学”也从哲学中分离出去，奥康把上帝存在证明从哲学中分离出去，彻底完成了神学与哲学相分离的过程。对奥康来说，“上帝存在”这一命题既无经验证据，又不是从自明原则中推演出来的结论，它的依据是信仰，不属于知识范围。针对托马斯关于上帝存在的后天证明，奥康提出一系列质疑，说明从个别事物的存在、运动、因果关系中不能推演出上帝必然存在的结论。首先，目的论证明是无效的，因为“目的因”本身就是不可知的概念。他说：“在不相信任何权威的情况下，我可以说，自明的论证和经验都不能证明，一个结果有一个区别于动力因的目的因。肯定任何结果都有目的因的说法是缺乏充足论证的。”① 只有对于人的行为，对于“按计划行事的行动者才要求有一个被爱、被欲求的目的”，② 但这不能证明一切行动者都追求一个目的，更不能证明整个宇宙有一个内在目的。其次，“自然理性不能证明上帝是一切事物的直接动力因”，也不能证明他是间接动力因，因为不能证明宇宙运动系列必然终止于一个动力因；即便可以证明有一个终极的动力因，它也可能是一个天体，因为“我们通过经验知道天体是其他事物的原因”，③ 我们对上帝如何推动天体运动却一无所知。

关于司各脱的上帝存在证明，奥康说：“很难证明除非有一个永恒存在者，全部无限存在系列都维系于他，否则这一系列将不可能。”④ 自明的真理是：任何事物的存在都需要一个维系者，由此可证明可知的世界的存在最终维系于一个自因，然而却不能证明这一自因就是一切可能的世界的自因，即存在无限系列的自因。因为在我们所知的有限世界之外，可能还有我们不知道的世界存在，这些世界可能会有其他的自因。如果不能证明所有世界自因的唯一性，则不能证明我们所知的自因就是上帝。

奥康认为，上帝的属性，如全能、至善、创造、无限、永恒等，也不能被哲学所证明。他说：“我们不能知道上帝的统一性、无限的力量、神圣的善和完满性，它们并不指称上帝，而是我们在命题中用来指代上帝的东西。”⑤ 指示上帝属性的概念只是对“上帝”这一名称的指代，它们是没有指称功能的简单指代，就是说，除了说明“上帝”名称的意思之外并不表示任何上帝的实际知识。

---

① 《自由论辩集》，4 集 1 题。PMA，p. 643。
② 同上书。PMA，p. 644。
③ CHP，Ⅲ（Part 1），p. 94.
④ CHP，Ⅲ（Part 1），p. 95.
⑤ CHP，Ⅲ（Part 1），p. 99.

表示上帝存在和属性的神学命题虽然不是知识的对象，却是信仰的对象。奥康说："我们应该区分依据信仰的真理的命题与不相信任何权威的命题。"[①] 神学命题以信仰为依据，知识的命题以经验证据和自明证明为依据，两者不可混淆：神学命题不要求证据和证明，知识也不以权威意见为证据和自明原则。神学命题所依据的"信仰的真理"来自《圣经》。《圣经》中描写的上帝按自己意志创造世界、决定人的命运。上帝意志是信仰的最高原则。奥康的神学中的意志主义比司各脱的意志主义更为彻底，司各脱尚且承认神圣意志以神圣理念为选择对象，奥康否认了上帝的意志与理智的区别，认为上帝意志不通过理智中的原型直接创造世界，上帝在理智中产生出个别理念与上帝意志创造出现实中个别事物是同一过程。理念和事物同样是偶然产物，理念与理念之间也无内在的必然联系。这意味着上帝以偶然的方式，知道世界发生的一切。他说："我认为不可能说明上帝认识未来偶然事件的方式，但必须坚持他以偶然方式知道这些事件。"[②] 就是说，人的理性不可能知道上帝的预知和先定的命运。

奥康把意志主义运用于伦理学领域，得出了人的道德活动被上帝意志直接、偶然地决定的结论。他否认有发自人的内在本性的普遍道德规范。在整个中世纪，人们普遍相信人的灵魂有善的本性，它是上帝创造的自然律在人的灵魂上的不可磨灭的印证。可以说，"灵魂本性"或"自然律"在伦理学的地位犹如"内在本质"等"共相存在"在实体论、认识论中的地位。奥康认为，关于人的灵魂本性的谈论都是信仰，而不是知识。他说："理性或经验都不能提供证据，使我们知道我们有某个形式，有某个灵魂，某个灵魂是肉体的形式。我不在乎亚里士多德在这些问题上是如何想的，因为他的谈论似乎总是含糊不清

① PMA, p. 643.

② CHP, Ⅲ (Part 1), p. 104.

的，但是，我们可以依信仰恪守这三个道理。”[①] 我们感知不到作为单一形式、单一本性的灵魂，可以感知到的只是自己的理智活动、意志活动和欲望活动。“理智”这个词“并不指称灵魂本质，而是指称理解活动，意志的情况也是如此”。[②] 人对自身的证据知识是：“人是一个整体存在，但有几个部分存在。”[③] 理智、意志、欲望等可以被感知的活动都是人的部分，它们相互配合，但一个部分不能统摄或代替另一部分。意志既不服从理智的判断，也不受欲望的支配。意志是完全自由的。他对“自由”的定义是：“任意地、偶然地产生出我可以造成也可以不造成的后果，不管促成我的力量是什么。”[④]“促成我的力量”可能是理智，也可能是欲望，但这些力量并不是必需的，因为意志的自由在于“任意地、偶然地”使用或不使用这些力量。奥康与中世纪其他哲学家一样认为意志的终极目标是上帝：“除了上帝之外，没有其他对象可以满足意志，凡是不以上帝为目标的行动都不能避免焦虑和悲哀。”[⑤] 即便上帝可以最终地满足意志，意志也不必然地朝向上帝。正因为意志可以自由地选择目标，这种选择才有善恶之分：凡是以上帝为终极目标的意志是善的意志，否则是恶的意志。所谓善就是使自己意志服从上帝意志，愿意做上帝愿意他所做的事，不愿意做上帝不愿意他所做的事。反之，“恶就是做与这一责任相反的事情，上帝不承担任何责任，因为他没有做任何事情的责任”。[⑥] 上帝不承担任何道德责任，因此他的意志可以命令人去做任何事情，包括不道德的事情，甚至仇恨上帝的事情。奥康说：“上帝愿意一件事就是做这件事的权利……因

---

① CHP, Ⅲ (Part 1), p. 108.
② CHP, Ⅲ (Part 1), p. 112.
③ CHP, Ⅲ (Part 1), p. 110.
④ CHP, Ⅲ (Part 1), p. 113.
⑤ CHP, Ⅲ (Part 1), p. 114.
⑥ CHP, Ⅲ (Part 1), p. 115.

此，如果上帝在某人意志中造成对上帝本人的仇恨，就是说，如果上帝是这一行为的全部原因，那么上帝和这个人都没有罪过，因为上帝不负任何责任，人也不负任何责任，因为这一行为不是出于他自己的力量。”[①] 同样，如果杀人、偷盗、通奸是上帝愿意某人所做的事情，那么，这个人做这些事情不是犯罪。

奥康的这些话似乎违反道德常识，然而，他的意图并非取消道德是非观念，或者鼓励人们为所欲为。他区别了两个问题：第一，上帝的意志是否通过普遍的道德原则表达？第二，我们如何知道上帝的意志？奥康对第一个问题的回答是否定的。上帝的意志是完全自由、偶然的，他没有必要、也没有责任去命令所有人在一切环境中去做同样的事情，不存在普遍适用的道德律。所谓“自然律”不过是符合人类理性自然倾向的原则，把自然律作为道德基础取消了上帝意志无所不能、无所不为的绝对自由。因此，如果上帝命令一个人去做违反自然律的事情，这不但是可能的，而且是合理的——合乎上帝全能的信仰真理。然而，“上帝意志”并不是可为罪恶解脱道德责任的借口，任何一个道德行为不仅出自上帝意志，而且出自人的“正当理性”（recta ratio）。正当理性是对于自己意志是否服从上帝意志的一种意识，它使人在具体环境中识别善恶、判断是非。奥康于是又说：“每一正当意志都服从正当理性”，“除非服从正当理性，否则无道德德性、无德性行为可言”。[②] 服从上帝意志与服从正当理性是一致的。如果一个人按照上帝的意愿杀人，那只是因为他有意识到这样做是服从上帝命令的正当理性。“正当理性”与其说是理性，不如说是良知。奥康明确地说：“正当理性包含在《伦理学》卷二关于德性的定

① CHP, Ⅲ（Part 1）, p. 116.
② CHP, Ⅲ（Part 1）, p. 117.

义之中。”[①] 亚里士多德在那里说，完全符合德性的行为必须为着它自身的正当性。一件事是正义的，因它为正义的人所作；但一个人是正义的，并不因为他做了正义的事。[②] 奥康和亚里士多德一样认为一个人的德性决定他所做事情的道德属性，但德性却不反过来被他做的事情的效果所决定。从事情的效果上来看，“正当理性”并不总是正确的。对事情正确与错误的判断是理智的工作，意志并不服从理智的判断，它只听从良知召唤出来的正当理性。在此意义上，奥康说正当理性是“不可抗拒”的：“被造的意志即使听从不可抗拒的错误良知也是正当的意志，因为神圣意志愿意它服从它自己的理性，这一理性是不应被责备的，相反，如果它反对这一理性，它就是有罪的。”[③] 上帝意志和正当理性的联系在于：如果一个人的意志以上帝为终极目标，他会感到自己直接面对上帝，他由此产生的良知就是他领会到的上帝的意志，也是他做一件事的正当理性。即使正当理性后来被证明是错误的，也不影响它的道德属性，因为上帝完全可以意愿他去做被理智判断为错误的事情。

奥康把个人良知当作道德行为的标准，强调个人的道德主体地位。他以上帝意志的偶然性为由取消普遍道德律的极端论调在当时历史条件下旨在反对清规戒律对个人行为的束缚。这些观点是他的唯名论的反映，它标志着中世纪后期个人道德意识的觉醒。

奥康的社会、政治观也与唯名论思想相一致，他和教廷的斗争虽与唯名论和实在论的争论没有直接关系，但也影影绰绰地反映出着眼于个别、具体实在与强调普遍、抽象原则这样两种思维方式的矛盾。

奥康与教廷争议的第一个问题是教会人士是否应拥有财产权。奥

---

① CHP, Ⅲ (Part 1), p. 117.

② 《尼各马可伦理学》, 1105a。

③ CHP, Ⅲ (Part 1), p. 118.

康与法兰西斯会的严格派坚持早期基督徒放弃世俗占有、追求精神财富的理想。教皇约翰廿二世则以财产权是上帝赋予的自然权利为由，声称财产权是教会人士享有的正当权利，他还以任何人都需要世俗财产维持生计为由，为教会人士的私有财产权辩护。奥康承认上帝赋予每个人拥有财产的自然权利，但他区分了“合法性”（postestas licita）与“使用权”（usus iuris）：自然权利是人去做某件事的合法性。在人们合法地拥有的事情之中，有些是维持人的生存所必需的，如生命权。但财产权不属此类，人们可以不使用财产权，甚至放弃财产权。只要有出自正当理性的意志，人们放弃财产权同样是合法的。奥康还区分了“使用权”和“事实上使用”（usus facti）：不使用财产权不等于不使用财产，放弃对生活必需品的拥有权不等于放弃一切生活必需品。因此，以生存需要为借口维护教会人士财产权的理由是站不住脚的。可以看出，奥康在财产权问题上所作的区分涉及现实与潜在、具体与抽象、行动与原则的关系问题。他始终把强调的重心放在前者，揭露教廷在空洞的原则掩饰下聚敛财富的腐败行径。

奥康与教廷争议的第二个问题是教权与王权关系问题。教皇以上帝的代理人自居，坚持“君权神授”的信条，实际上要求把握君主地位的予夺大权。根据奥康的个体主义，每一个人在上帝面前有着同等的实在地位，即使上帝赋予一个人以统治权，他的命令也是与众人意愿相一致的。人民表达意愿的方式或是直接选举统治者，或是对现存政权的公认或默认。奥康虽然没有否认“君权神授”的传统观念，但他用人民意愿而不用教皇批准来解释世俗政权的合法性。教权是与王权平行的权力，教权的范围是人的精神生活，而不是国家管理事务。同时，教权的合法性也在于信徒的意愿。奥康要求在教会内部用普选方式选举宗教会议代表，由宗教会议选举教皇，反对教皇的专制，他的政治观始终强调个人权利是集体权利的基础，反映了他以个体为整体基础的一贯立场。

第六节　唯名论思潮

奥康在世之时就以哲学的新颖与深刻赢得一批支持者，经院哲学内形成了奥康主义、司各脱主义与托马斯主义的三足鼎立之势。正如中世纪其他新思想的遭遇一样，奥康主义一开始也受到压制。1339 年 9 月 25 日巴黎大学艺学院通过不准把奥康著作“教条化”的条例，次年 12 月 29 日又禁止在驳论中使用“有害的、敏感的”唯名论命题。15 世纪时法国国王取得对巴黎大学支配权之后，支持托马斯主义者对奥康主义的压制。1474 年 3 月 1 日法王路易十一签署政令，禁止讲授唯名论、收缴私藏的唯名论者著作。这些行政命令都未能阻止奥康主义的广泛传播。对唯名论的禁令于 1481 年被撤销。

以奥康主义为旗帜的唯名论者以词项逻辑为工具，因此又被称作词项论者（terministae）。他们自称现代派（moderni），以示与坚持实在论的传统派的区别。1474 年巴黎大学一批信奉唯名论的教师在致路易十一的申诉信中，对唯名论有下列描述：“那些被称作唯名论者的博士们并不因为词项的增加而相应地增加被词项所指称的事物。实在论者维护相反的观点，随着词项增加而相应增加事物。比如，唯名论者说神性和智慧完全是同一个东西，因为任何在上帝之中的东西就是上帝，实在论者却说神圣的智慧有别于神性。另外，被称作唯名论者的人们孜孜不倦地研究句子真假所依赖的词项性质，若无这些性质，就不能对命题真假作出完满判断。词项的这些性质是：指代、名称、扩张、限制、例解、周延。他们特别懂得不可解决的问题的不可避免性和本性，这是辩证论证的真正基础及失误所在。经过这样的训练，他们容易理解所面临的一切论争而不管其好坏。实在论者却忽视并指责这一切，说什么

‘我们的目标是事物，而不是词项’。对此，约翰·吉森反驳说：‘当你研究事物而不管词项时，你们陷入对事物本身完全无知的境地。’他是在论高贵的文章中说这番话的。他还补充说，实在论者被不可名状的困难纠缠，因为他们不知道逻辑困难而自寻困扰。”[①] 这些文字被人读作唯名论宣言，它虽然是 15 世纪的作品，但也是 14 世纪唯名论思潮的结果。14 世纪的奥康主义者思想有上述宣言提及的两个显著特点：反对增设实有，运用词项逻辑的工具。下面是对他们情况的介绍。

1. 沃德哈姆

亚当·沃德哈姆（Adam Wodham，1298 ～ 1358 年）为英国法兰西斯会成员，奥康的学生和最早支持者之一，他在伦敦和牛津教学多年，宣传奥康的思想。他在为奥康《逻辑大全》所写的前言中说，许多人忽视逻辑，这是许多错误和不可理解的命题之根源。他赞扬奥康是继亚里士多德之后无与伦比的逻辑学家，他说：“威廉·奥康属于‘小兄弟’的修会，但他的敏锐天才和教导的真理却显示出他是一个‘大人物’。”[②] 他被奥康的“铁则”所折服，与被他称作“顽固的辩证学者”展开争论。

2. 荷尔考特

罗伯特·荷尔考特（Robert Holkot，1290 ～ 1349 年）为多米尼克会成员，1326 ～ 1334 年在牛津大学讲授神学。他和沃德哈姆一起与实在论者在天意问题上展开论战。他俩认为天意也是偶然的，上帝不预见将来必然发生的事情。荷尔考特甚至说最后审判也是未来的偶然事件，它可能是为了恐吓恶人而发出的警告。他还说上帝虽然不是恶的制造者，

---

① PMA，p. 606.

② HCP，p. 500.

但却是恶的一个原因，因为人的一切动机，包括恶的动机都直接出自上帝意志，恶的存在是上帝所愿意的。荷尔考特用这些惊世骇人的结论说明一个道理：辩证法不能超出哲学理性范围，不适用于神学命题。上帝的全能是逻辑标准所不能衡量的，只有坚定的信仰才能接受从逻辑角度看来是不可理解、不可能的神学论断。荷尔考特的观点似乎回复到12世纪反辩证法者圣达米安等人的立场，但实际上这不是历史的重复。12世纪的反辩证法者反对襁褓中的经院哲学方法，14世纪的唯名论者却把辩证法作为过时方法来反对。因此两者有不同遭遇：前者站在正统立场攻击异端。荷尔考特关于上帝是恶的原因论点于1347年在巴黎遭到谴责。荷尔考特追随奥康观点，认为辩证逻辑不能证明上帝以及其他任何无形存在者，因为证明的前提都不是自明的，又无经验证据的支持。他说：“哲学家在无形存在者问题上所写的每一句话都来自宗教创始人，或来自他们的前辈。那时，这些人心中还有我们最早的父母关于上帝知识的残迹和影子。”[①] 经院哲学家在连这些残迹和影子也看不到的情况下，用“上帝”这个词指代心中想象出来的观念，这个词没有指称和人称指代功能，往往指代心目中的一些错误观念，如亚里士多德用“神”指代“天体的推动者”，造成了关于上帝的错误观念。

3. 里米尼的格列高利

里米尼的格列高利（Gregorius Ariminensis，1300～1358年）为意大利人，奥古斯丁修会成员，长期在巴黎、波隆那、帕多瓦等大学执教，1357年被选为修会会长。他的思想是奥康主义广泛影响的见证。即使像他这样著名的奥古斯丁主义者也自觉或不自觉地受到奥康主义的影响。他也参与了天意是否偶然的争论。他认为上帝的无限智慧与他的

---

① HCP，p. 501.

预知的偶然性是可以调和的。他说，无限有两层含义：一是无限之内的无限，如无限空间内一条无限可分的线段，二是无限之外的无限，如天外有天。上帝的预见属于第一种意义的无限，因为它不是无限智慧的延伸，而是以无限的天意构成无限智慧的一种。他的无限观突破了自古希腊以来人们普遍接受的“无限不能包含无限”的传统观念，犹如现代数学中的无穷集里的无穷子集，这是中世纪的一个思想成就。

4. 米里考的约翰

米里考的约翰（Joannes de Mirecuria，鼎盛年 1345 年）为圣衣会成员，该会又被称作“白衣修士”，他在该修会在巴黎的学校讲授神学，他的《箴言书注》于 1345 年受到谴责，两年之后，巴黎大学校长和神学院长再次谴责其中 40 个命题。米里考的约翰发展了奥康关于“证据知识”的思想。他认为证据是确信一命题为真的依据。有两类证据：一类因命题自身内容而获得的证据，这是“最高级证据”（evidentia potissima），只有矛盾律或最终能被归结为矛盾律的命题才有最高级证据，这类证据是自明的，给予人们绝对的确信。另一类是“自然证据”（evidentia natualis），这是因命题内容与感觉经验相符合而获得的证据。自然证据不能给予绝对的确信，它使人们在大多数场合下不必担心错误，但不排除错误的可能性。两类证据虽有不同程度的确信性，但不能被怀疑。他说：“正如我们不能怀疑第一原则，我们也不能怀疑只有自然证据的命题。我不想否认任何经验、知识和证据。我与一些人的意见相左，他们说没有证据证明一个人或一块石头的存在，因为这些事情的显象不能说明它们确实如此存在。我不想否认我们关于这些事物的证据和知识，我只是否认这种知识是最高级的知识。”[1] 最高级证据和自

① CHP，Ⅲ（Part 1），p. 142.

然证据的区分相当于奥康关于自明知识和证据知识的区分。米里考的约翰认为自明原则和证明也是一种证据，任何知识都需要证据。他还强调证据是心理的确信状态，与证据相反的心理状态是怀疑。他强调知识的证据是为了展开对神学命题的怀疑。他说：“通过自明命题或能被归结为第一原则的确信的证据，不能证明上帝存在、有最完满的存在、一事物是另一事物原因、任何事物都依赖一个自因，等等。”[①] 另一方面，一切关于外部世界的命题所具有的自然证据没有绝对确信性，不能被用来证明“上帝存在”等绝对为真的命题。出于同样理由，形而上学命题也是可怀疑的，他说：“如果不依靠信仰，很多人大概可以说任何东西都是实体”，“大概可以说没有区别于实体的偶性”，“大概可以说思想和意愿并不有别于灵魂，它们是灵魂自身”。[②] 他的风格是用或然判断排斥必然判断，以自然证据代替纯粹思辨，充分展开了奥康思想中怀疑论的因素。

5. 奥特里考的尼古拉

奥特里考的尼古拉（Nicolaus de Autricuria，1300 ～ 1350 年）是 14 世纪奥康主义最著名的代表人物，法国人。1320 ～ 1327 年在巴黎大学索尔邦学院学习，获法律和神学学位后开始讲授《箴言书》和亚里士多德《伦理学》。1338 年在法国的麦兹主教座堂担任神职。他的批判、怀疑精神引起震动。1339 年与 1340 年巴黎大学两次颁布禁止把奥康学说“教条化”的条例都与他有关。教皇本笃十二世把他召至阿维农教廷质询，本笃十二世逝世推迟了对他的谴责。教皇克莱门特六世继续调查他的思想，1342 年作出了他必须公开焚烧自己著作的判决。他在躲避 5 年之后最终不得不于 1347 年 11 月 25 日执行这一判决。他在

---

① CHP，Ⅲ（Part 1），p. 141.

② CHP，Ⅲ（Part, 1），p. 146.

被剥夺神学教授资格之后仍然担任麦兹教堂的学校校长。他的主要著作为《致阿里梭的贝纳尔的信》以及《有序的要求》等。

奥特里考的尼古拉以怀疑精神著称，他被现代研究者称作“中世纪的休谟”。他的怀疑是对经院哲学的一种内部批判，即从经院哲学原则出发，论证这些原则所导致的结论常常是不确定甚至无效的。他和米里考的约翰一样，认为矛盾律是自明的第一原则：“我们所有的任何自明性都可被归结为这一原则，正如结论可被归结为前提，但前提却不能反过来被归结为其他任何东西。”[①] 推崇矛盾律是经院哲学方法的一个特征。奥特里考的尼古拉由此而得出的几个推论却表达了对逻辑作用的不同看法。首先，他把矛盾律作为绝对证据，因为它给予我们“无条件的自明性”。第二个推论是：“能够被归结为矛盾律的命题是自明的，否则就是或然的。”这种说法意味着逻辑命题与经验命题的区分是自明与或然之分。第三个推论说：“除了信仰的自明性之外，没有与第一原则或能被归结为第一原则的自明性不同的自明性。”这种说法意味着逻辑命题与神学命题的区分是两种自明性的区分：神学命题从信仰获得自明性，逻辑命题从矛盾律获得自明性。第四个推论是：“三段式形式可被直接还原为第一原则。”第五个推理：“每一个被直接还原为第一原则的推理的结论与前提实际上是等同的：或完全相同，或部分相同。”第六个推理：“每一个通过一定的中介而被还原为第一原则的结论与前提实际上是等同的，或与前提指示的某一部分是等同的。”[②] 这三个推理说明三段式推理实际上是前提蕴含结论的关系，三段式的作用只是把前提中蕴含的意义全部或部分地展现出来，结论并不能告诉人们前提中没有的道理。三段式证明并没有超出矛盾律的范围，不能给予比逻辑确信更多的知识。

① 《致阿里梭的贝纳尔的信》，之一。PMA，p. 659。
② 同上书，之二。PMA，p. 661。

奥特里考的尼古拉对逻辑基础和性质的说明动摇了经院哲学辩证法的基础。他说明两个事物之间的实在关系不是前提蕴含命题的逻辑关系。首先，从一个别事物的存在不能推导出另一个别事物的存在。“A 存在，所以 B 存在”的推理是无效的，因为这一推理不能被还原为矛盾律，与“A 存在”相矛盾的命题是“A 不存在”，而不是“B 不存在”，因此，“A 存在”并不蕴含“B 存在”。同样，因果关系不是逻辑关系，陈述原因的命题与陈述结果的命题之间没有前提与结论的关系，因果关系是偶然、或然的。另外，实体与属性之间也无逻辑关系。我们不能从观察到的属性推导出这些属性必然归属于一个实体。他的理由是：性质只是事物的构成部分，部分并不蕴含整体。他说：“亚里士多德从来都没有关于实体的证据知识。如果说实体不是感官的对象和我们正常经验到的事物，它只是亚里士多德自己的灵魂而已。”[①] 经验直观的对象只是事物的可感属性，如果认为在这些属性背后还有一个“实体”，那只是亚里士多德思想的创造，它并不是灵魂之外的存在。奥特里考的尼古拉还否认了精神实体的存在，他说：“像‘理智行为存在，故理智存在’、‘意愿活动存在，故意志存在’这样的命题都是没有证据的。”[②] 人们可以体验到心灵的活动，但不能从心灵活动推导出有一个心灵实体，正如从可感性质不能推导出有一个实体一样。

奥特里考的尼古拉虽然认为经验是偶然、或然的，但却不怀疑经验的可靠性。在致阿里梭的贝纳尔的第一封信中，他批判了对方怀疑感觉经验的种种理由。他指出，如果学园派的极端怀疑论得逞，那么他们不知自己是否存在、自己心灵活动是否存在。为了避免这一荒谬结论：“我有证据确信感官对象和我自己行动的对象。”[③] “有证据确信”不像

---

① 《致阿里梭的贝纳尔的信》，之二。PMA，p. 663。

② CHP，Ⅲ（Part 1），p. 153.

③ PMA，p. 659.

逻辑的自明的确信，它是一种或然推理，比如说，从一事物存在推出另一事物大概也存在，推论两个事物之间大概有因果关系，也可以说一个实体大概有如此属性，等等。或然性以经验为基础："比如，因为过去我有这样的证据：当我把手放在火里，我感觉到热，因此，对我来说，如果现在把手放在火里，我大概也会感觉到热。"①

在逻辑自明性与经验或然性两者之中，奥特里考的尼古拉更重视后者。他说，使他奇怪的是，为什么有些人对亚里士多德与阿维洛伊著作进行穷经皓首的研究，但却置有关道德和公共利益的问题不顾。他们沉醉于亚里士多德，当真理的朋友把他们唤醒时，他们却怒不可遏地冲向他，如同士兵对待敌人一样。他说原子论比亚里士多德的实体论更接近真理，因为原子论更易解释世界的永恒性：原子是永恒存在，事物生灭是原子的聚散，事物性质取决于原子数量、位置的变化，事物运动是原子的周期性连续旋转。奥特里考的尼古拉在亚里士多德学说取得正统地位之后，批判了他的演绎方法论和形而上学实体论。他的著作包含着近代哲学的萌芽。弗兰西斯·培根对亚里士多德逻辑的批判、休谟对因果关系必然性的怀疑、近代原子论的一些观点在他的著作中已得到初步表述。

虽然唯名论在 14 世纪受到压制，但到 15 世纪它在巴黎、牛津以及一些德国的大学普遍流行，这一转变并不完全出于唯名论自身的理论优势，它还有深刻的宗教背景。14 世纪的宗教改革者，如英国的威克里夫、萨伏那洛拉以及欧陆的胡斯、布拉格的哲罗姆等人都以实在论为理论基础，这给实在论蒙上"异端"的嫌疑。例如，在审判胡斯之后，德国皇帝以实在论已过时、易于产生异端思想为由，要求已成为托马斯主义据点的科隆大学放弃实在论，采用唯名论。著名唯名论者约

---

① PMA，p. 664.

翰·吉森(John Gerson，？～1429年)是巴黎大学校长，在教会中很有影响。《马太福音》中有耶稣这样一段话：“一个邪恶淫乱的世代求看神迹，除了先知约拿的神迹之外，再没有神迹给他们看。”(12章39节)吉森把“神迹”解释为“符号”，符号的滥用是掩饰上帝神迹的邪恶。他在《关于符号化的五十命题》中指出：不同符号使用方式的混淆是错误与争论的主要原因。语言学家用他们的符号解决逻辑问题，逻辑学家使用他们的符号解决形而上学和神学问题，哲学家也使用一般的符号解决神学问题，这不可避免地引起无法解决的问题。这是经院哲学的痼疾所在。他要求在神学问题上返回福音书。福音书是一切符号都无法抗衡的神迹。为了维护信仰的纯洁性，他反对实在论。他说，起源于柏拉图主义的实在论犯了把基督教的上帝混同于“善”的理念的错误，取消了上帝的意志自由与全能。他说：“上帝并不因为某些行为是善而对它们有所意愿，相反，这些行为之所以是善，因为上帝对它们有所意愿。”[①] 吉森还用历史事实说明柏拉图主义与异端的联系，从爱留根纳、贝纳的阿马尔里直到威克里夫、胡斯、布拉格的哲罗姆等被教会宣判为异端的人，阿维森纳、阿尔加扎里等异教哲学家，邓·司各脱及其门徒里帕的约翰等人都是柏拉图主义的实在论者。

早期宗教改革者偶尔利用实在论这一事实难以动摇实在论的正统地位。比如，科隆大学当局反对皈依唯名论，他们表示，圣阿尔伯特、圣托马斯以及圣波那文图拉的学说与胡斯的异端思想无关。传统派认为唯名论的神学倒退到11世纪反辩证法立场，违反奥古斯丁开始的“理性寻找信仰”的神学传统。16世纪的历史表明了唯名论与宗教改革运动的实质性联系。16世纪宗教改革者强调上帝意志自由，否认普遍的宗教、道德准则；强调个人与上帝直接联系，反对教会等级制度；

① HCP，p. 531.

只承认《圣经》的权威，否认教会解释的权威性；强调个人信仰的纯真，否认繁文缛节、仪式的作用；凡此种种都符合唯名论。特兰托主教会议在认清了天主教与新教的分歧之后确认了托马斯主义的正统地位，这可以看做是对长达两个多世纪实在论与唯名论的斗争所作的一个最终结论。

第七节　国家主义的政治哲学：帕多瓦的马西留

中世纪政治哲学的原则是对《圣经》教义的阐释与引申。《马太福音》引述耶稣的话："该撒的物当归该撒，神的物当归给神。"（22 章 21 节）这反映了早期基督徒不谋求政治权力、服从世俗政权的政治态度。圣保罗也有这样的布道辞："在上有权柄的人，人人当顺服他，因为没有权柄不是出于上帝神的"，"抗拒掌权的就是抗拒神的命令，抗拒的必自取刑罚……因为他是神的用人，是与你们有益的……凡人所当得的，就给他；当得粮的，给他纳粮，当得税的，给他上税，当惧怕的，惧怕他，当恭敬的，恭敬他"（《罗马书》13 章 1 节，4 节，7 节）。然而，《圣经》中另有一些包含着不同意思的话，可以引申出基督教对政治权力的要求。耶稣对彼得说："我要把天国的钥匙给你，凡你在地上所捆绑的，在天上也要捆绑；凡你在地上所释放的，在天上也要释放。"（《马太福音》，16 章 19 节）彼得被认为是罗马教会创始者，这句话可被解释为基督授权教会在现世代行上帝的权力。圣保罗在致哥林多教会的书信中写道："岂不知圣徒要审判世界吗？若世界为你们所审，难道你们不配审判这最小的事吗？岂不知我们要审判天使吗？何况今生的事呢？"（《哥林多前书》，6 章 2 ～ 3 节）这些话表达出教会参与世俗政权管理的要求。

基督教取得国教地位之后，拉丁教父论证了教会高于国家的地位。

奥古斯丁对上帝之城和现世之城的区分是教父时期政治哲学的代表性理论。根据这些理论，5世纪末的教皇盖莱修一世在致阿那斯塔修皇帝的信中正式提出“双重权力”论：“奥古斯都皇帝有统治世界的双重权力：教会的神圣权力与帝国的权力，两者中神父的责任更加重大，因为即使君主在神圣的审判中也要接受他们的评审。”[①]“双重权力”论把教权与王权当作代表上帝权威的两把剑柄，它构成了中世纪政治哲学的基础。但这一理论的原初表达本身有含糊之处，可作不同解释。世俗君主把这句话解释为教权隶属于王权，教会强调这句话意思是教权高于王权。每当政治斗争激化或斗争形势转变之际，都会产生不同的政治理论。

11世纪后期教皇格列高利七世与皇帝亨利四世展开激烈斗争，双方对“双重权力”论作出符合利益的解释。索尔兹伯利的约翰表达了教权主义的主张。王权主义的主张在12世纪初被写进英国的约克条约。根据这一条约，国王高于主教，教会只是象征性地授予君主王权；所有主教地位平等，教皇的身份是罗马主教，并不享受特权。教权在13世纪前半期达到顶点。教皇英诺森三世、格列高利九世和英诺森四世在对皇帝与国王的斗争中接连取胜，成功地扩展了教权的势力范围。教会法的律师提出“教权完整论”，为教皇广泛的权力制造法律依据。教皇被抬到基督代言人的地位，他集世俗与精神事务的权力于一身，教权是完整、不可分割的。13世纪后期亚里士多德《政治学》的传播对教权至上论是一个威胁。托马斯把教权主义与亚里士多德国家理论相协调，他既承认国家的独立性，又把国家看做自然等级中的一个实体。世俗政权颁布的法律服从自然律，物质领域统治者服从精神领域统治者。托马斯肯定教皇具有干预世俗政权的合法权力，但同时又用理性和自

---

① PMA，p. 667.

然律约束教权，不赞成对合理运转的王权横加干涉。14 世纪王权与教权斗争空前激烈，双方代言人都提出政治哲学理论。教权主义者罗马的艾迪德（Edidius Romanus）提出，世俗统治者只是教皇的工具。他说："正如宇宙中有形实体被精神实体所管辖，基督徒的日常主子与世俗权力都应被精神的、宗教的权威，特别是教皇所管辖。"王权主义者巴黎的约翰反驳说，虽然教士地位高于贵族，但地位与权力来源无关，国王的权力直接来源于上帝。他说："在日常事务中，世俗权力比精神权力更大，在这一方面，世俗权力不服从精神权力，因为它不来自精神权力，这两种权力都直接来自一个最高的权力，即神圣的权力。"[①] 双方争论仍然停留在对"双重权力"论的不同解释，但旧有的理论已不能适应现实要求。

14 世纪欧洲民族国家兴起，专制王权形成。现实需要更强有力的国家主义政治哲学为新兴的专制王权的合理性与合法性作出解释。意大利人文主义者但丁提出王权至上的国家理论。他依据亚里士多德政治学说，认为国家的目的在于使人们达到自然的目的。只有在和平环境中才能实现这一目的，只有统一的国家才能保障和平。结论因此是：真正的国家应该是在一个君主统治下的政治实体。但丁利用古罗马帝国的历史和早期基督教会文件从正、反两方面证明，国家的最高统治者应是皇帝，而不是教皇。皇帝的权力直接来自上帝，他的权力不服从包括教皇在内的任何人与包括教会在内的任何组织。

帕多瓦的马西留（Marsilus de Padua，1275 ～ 1342 年）是 14 世纪国家主义政治哲学最著名代表，出生于意大利帕多瓦的一个公证人家庭，在帕多瓦大学学习法律、医学和自然哲学。1312 年至 1313 年间任巴黎大学校长，倾向于拉丁阿维洛伊主义者。1316 年在帕多瓦担任神

① PMA，p. 670.

职，并积极参与各国之间政治斗争。在一次斗争失败之后回到巴黎，结识法兰西斯会长米切尔。1324年在巴黎匿名出版攻击教权的著作《和平的维护者》。作者身份暴露之后，他被召至阿维农教廷接受审查。其后发生了米切尔、奥康、马西留及其理论合作人扬登的约翰一起逃亡的事件。路德维希皇帝征服意大利后按马西留建议，由一个人民代表为他举行加冕典礼，马西留被任命为罗马教区主教。不久随路德维希撤至慕尼黑，著有《维护者小著作》。马西留是教皇的死敌。教皇约翰廿二世在文告中谴责马西留与扬登的约翰为“地狱之子与诽谤之源”，教皇克莱门特六世谴责了他们著作中240个命题为异端。他死后还遭到格列高利十一世的谴责。另一方面，马西留著作坚持不渝地以教皇为攻击目标，正如一个评论者所说，在他的思想中，“一切都服从一个主要目的，这就是摧毁教皇与教会的权力”。[①] 摧毁教权与维护王权是他的理论的两个方面。甚至像路德维希解除儿子婚约这样的事情，他也写出了《论皇帝在婚姻事务上的司法裁判权》的论文。奥康的政治哲学著作《关于皇帝和教皇权力的对话》包含着对《和平的维护者》的批评，马西留的《维护者小著作》也包含对奥康的反批评。虽然他们都站在维护王权的立场，但理论基础各不相同。奥康政治理论基础是唯名论，马西留的理论基础是世俗化的亚里士多德主义，他的合作者扬登的约翰是著名的拉丁阿维洛伊主义者。

《和平的维护者》一书首先利用亚里士多德的国家理论证明神权只是国家政权的一部分。国家是为了达到个别人不能达到的目的而组成的集体，国家的目的是公众利益，达到这一目的之手段是社会分工，社会分工最大限度地满足了个人的物质需要和精神需要。亚里士多德把国家分成不同“部分”或阶层：提供生活必需品的农人和工匠、保存财

---

① P. Orton, “Marsiglo of Padua, Doctrine”, *English Historical Review* 38 (1923), pp. 1～21.

富的商人、保卫国家的武士、管理国家的执法者以及指导精神生活的祭司。后三个阶层组成统治阶级。马西留承认公共社会有现实目的,也有以来世为目的。君主用哲学和世俗知识组织实施以现实为目的之公共生活,祭司靠天启的帮助来指导以来世为目的之公共生活。这并不意味着国家内部有两个权力中心,设立祭司阶层符合国家目的,祭司是为人而设置,而不是为神设置的。祭司还有维护法律和秩序的作用,他们教导公民和平相处、砥砺道德、促进社会公益。为了达到这些目的,必须从统治者中挑选祭司。祭司的作用是国家职能之一,隶属于国家政权。

教权虽然是国家政权的一部分,但应和其他部分严格区别开来,否则的话,思想上的分歧就会造成国无宁日的灾难。马西留把意大利北部城邦之间的内战、仇恨、瘟疫以及由此产生的死亡、犯罪、道德沦丧、城市萧条、农村荒芜等灾难都归咎为教廷对世俗政权的干涉。他积极倡导政教分离的主张。

针对以自然律论证教权至上的理论,马西留对自然律作出新的解释。他说自然律有两种意义:第一种意义是所有人自觉或不自觉地执行的法律,比如,尊重父母;这里的“自然”有“普遍起作用”的意思。第二种意义是:“正当理性对人类行为的指导,这种意义上的自然律附属于神律”,这种意义上的自然律没有普遍性,因为“一些事情根据人类法律是合法的,但根据神律却是不合法的,反之亦然”。[①] 这种不被人类普遍同意并执行的自然律不足以成为国家的普遍权力的依据。同样,被教会奉为正宗的福音律不是一般意义上所说的法律,只是思辨或实践学说、宗教教义。完善的法律只能是国家制定的法律。用神律、自然律、福音律作为国家法律的基础犯了用特殊规则限定普遍法律的错

① CHP, Ⅲ (Part 1), p. 186.

误，这与把教权凌驾于国家政权之上的错误是一样的。

马西留说有两种基本类型的政府：符合属民意愿的政府和违反属民意愿的政府。前一种优于后一种，前一种政府可以通过选举产生，也可以实行家族世袭。从理论上说，通过选举产生的政府最好。因为“立法者或法律的第一和特定动力因是人民、公民全体或主体”。[①] 他解释说：“‘主体’是就法律共同体内人们的质与量而言的。”主体并不一定是大多数，但必须是全体公民的代表。政府权力是人民或人民代表授予的。政府应该具有最高的强制性权力，包括执法权和司法权，这样的政府才能有效地实现国家的目的，马西留的政治哲学是当时意大利城邦政治的直接反映，其中包含着一些民主思想，如政教分离、立法权与执法权分离、君权人授等。由于教会严令禁止，他的著作并没有直接发生作用。直到 1517 年《和平的维护者》才首次出版，对宗教改革运动产生了影响。

第八节　经验科学精神的兴起

我们谈到 13 世纪牛津大学的自然科学精神与巴黎大学的逻辑思辨精神的对照，14 世纪的情形似乎是一个颠倒：牛津大学成了神学论辩的场所，巴黎大学热衷于自然哲学问题的研究。巴黎大学学术风气变化固然与唯名论影响有关，但我们不能简单地把 14 世纪唯名论思潮与自然科学精神等同起来。奥康重视直观和证据的认识论符合自然科学研究的要求，但他的意志主义、信仰主义也包含着对认识世界的整体知识和实质性知识的怀疑。巴黎大学多次禁止奥康学说主要是针对它的怀疑精神和破坏作用。有一部分学者则用奥康的词项逻辑和认识论

① 《和平的维护者》，1 篇 12 章。PMA，p. 680。

研究自然哲学问题，开展了对自然的科学研究。

1. 布里丹

约翰·布里丹（Joannes Buridanus，1300 ～ 1358 年）是自然科学精神的主要倡导者。他在巴黎大学艺学院任教长达 30 年之久，并一度任巴黎大学校长。布里丹可以说是一个独立学派的领袖，一般把他归属于唯名论的理由也是充分的。但我们需要注意到他对唯名论思潮所持的保留态度。1340 年，他作为巴黎大学校长签署了禁止把奥康学说教条化的条例，他的著作包含着对奥特里考的尼古拉和奥康的某些观点的批评。奥康主义者以上帝意志自由和全能为由推翻关于上帝和世界的思辨体系，布里丹要求加强这一体系的逻辑性。他说："我相信，不同意见之间的争论起源于逻辑的不足。"[①] 按当时规矩，艺学院教师宣誓保证不讨论神学问题。布里丹认为逻辑学家的任务是考察一切推理的有效性，不管推理属于哪个领域。他的主要兴趣在逻辑学、自然哲学和伦理学。在伦理学领域，他提出"布里丹驴子"的悖论，他先于文艺复兴时期的人文主义者恢复西塞罗、塞尼卡的伦理观，在自然哲学领域，他的冲力理论可能是伽利略力学的前驱。值得一提的是他首次登上文图克斯峰进行科学考察。多年之后，人文主义者彼特拉克登上该峰一事为人称颂，但彼得拉克的目的只是游览，相比之下，布里丹的科学探险精神岂不更加可贵？

布里丹的著作包括《辩证法纲要》《论推理》《论诡辩》，关于《物理学》《形而上学》《论灵魂》《论天》《伦理学》的论题集。这些著作在 15 ～ 18 世纪被多次出版。

奥特里考的尼古拉认为经验命题是或然的观点可能导致怀疑论的

---

① 《伦理学论题集》，6 卷 6 题。PMA，p. 709。

结论，因为或然判断不能上升到普遍有效的科学高度。这是布里丹批评奥特里考的尼古拉的主要原因。布里丹说，如果把确信理解为无保留地赞同一个命题而不必担心反题，那么，确信的来源有三种：一是意志或自然爱好，这是信仰的确信，二是推理，三是证据。他又把证据分为绝对和相对两类。他说：“当一个命题的证据来自感觉或理智的本性，它们被称作绝对、无条件的证据。人们倾向于赞同有绝对证据的命题。赞同不是必然性，而是不能不赞同”；“另一方面，证据被称作相对的，因为它是在自然的一般进程中被观察到的存在物，因此，对于我们来说，火都是热的，天体在运动，这些都是证据，虽然上帝的力量可能造成反面”。[①] 布里丹强调的是证据的自然性：绝对证据是与人的自然本性相一致的证据，几何公理就是这种证据；相对证据是与事物的自然本性相符合的证据，即大多数人在正常条件下可以观察到的事实。布里丹没有否认自然界的奇迹，但说奇迹不会损害相对证据的有效性。他认为自然科学的原则和结论所必需的是相对证据，只要取得相对证据，就能作出符合事物本性和自然一般进程的判断。布里丹所说的经验证据的相对性不同于奥特里考的尼古拉所说的经验命题的或然性，前者给人的确信有普遍有效性，因而构成科学的内容，后者只是表达了个人的感觉经验，难以上升到普遍有效的科学命题。布里丹指出，普遍有效性不等于逻辑必然性：“不需要由第一原则证明的原则的数目几乎是无限的，它们或自明地被知，或通过感觉、经验，或通过词项的内涵而被知。”[②]

布里丹分析了奥康的意志主义伦理学，指出它的不合理性。奥康说表达道德规则的命题的词项是内涵词项，而上帝的意志是任意的，是内涵词项所不能指代的。因此，上帝意志与伦理学命题无关。比如，奥

---

① 《形而上学论题集》，2 卷 1 题。PMA，p. 704。

② 同上书。PMA，p. 705。

康说只要上帝愿意，一个怨恨上帝的人也是善与幸福的人。布里丹分析说，这句话中的“善”、“幸福”缺乏词项应有的内涵，它们是在违反词意的情况下被使用的。“正如‘扁塌’虽然指代一条曲线，其涵义仍然是鼻子，如果鼻子的大小、弯曲从鼻子上被移到石头上，将无‘扁塌’可言，因为已无‘鼻子’的涵义。”[①] 把“怨恨上帝”说成“善”，正如用“扁塌”形容“石头”一样，违反了词项逻辑的指代规则。

布里丹把唯名论基本原则运用于经验科学领域，他指出科学的对象是心灵之外的个别事物，因为只有这些事物才能提供科学所需的相对证据。然而，科学的对象又不受时间限制，它不随个别事物的消亡而消亡，科学可以研究已不存在或尚未存在的对象。布里丹用概念的指代功能解释科学对象的永恒性：“普遍名词的指代有自然与偶然两种。偶然指代指词只指代某一特定时间的指称对象，自然指代指词无差别地指代一切指称对象，不管它们是现在、过去或将来。”[②] 他的结论是：永恒与非永恒对象的区别并不是两类事物的区别，两者是思想处理个别事物的不同方式。即便承认科学对象的永恒性，也能坚持其个别性。同样，个别事物的存在与本质的区分也不是两类事物的区别，两者是对同一事物的不同指代方式：“‘本质’（essentia）是具体的‘存在’（esse）的抽象，‘实有’（entitia）是具体的‘存在者’（ens）的抽象，‘属性’（quiddity）是具体的‘所有’（quid）的抽象，‘实在’（realitia）是具体事物（res）的抽象。”[③] 因此，即便承认科学对象的抽象性、普遍性，也能坚持其具体性、特殊性。布里丹指出，科学不能撇开个别事物存在而专门研究它们的本质，因为即使在思想上也不能把事物的本质与存在分开。他提出这样一个论辩：“正如同一个事物有‘存在’和‘本质’

① 《形而上学论题集》，10卷4题。PMA，p. 720。

② 《伦理学论题集》，6卷6题。PMA，p. 709。

③ 同上书。PMA，p. 707。

两个名称，我也有‘约翰’和‘布里丹’两个名称。假设我有两头驴子，我们不能因此而说约翰与布里丹因不同的驴子而被区别开来。”[①] 这里用“驴子”比喻他所具有的思想。名称的意义与它们所指示的事物等同，思想是后来附加在事物之上的东西，一事物的不同名称并不总是与不同的思想相对应。“存在”与“本质”两个名称的区别不等于两个思想内容的区别。我们可以离开事物分别研究思想内容，但却不可离开事物分别研究其存在或本质。科学研究的对象包括事物存在和本质两方面，只有这样的对象才能提供经验证据。

布里丹科学观的一个具体成果是冲力理论。他认为亚里士多德对位移运动的解释里有一些不必要的假设，把理智说成天体运动的推动者更缺乏经验证据，应该被剔除。他用一物体作用另一物体的冲力（impetus）解释物体运动。冲力与推动体的速度与被推动体的重量成正比。他说：“如果用同样速度抛掷木块与铁块，如果木块与铁块体积形状相等，那么铁块被抛得更远，因为它受到的冲力更大。”[②] 布里丹的冲力理论与伽利略的推力（impeto）理论和笛卡儿的量的运动理论相似。他在亚里士多德物理学占统治地位的时代提出类似近代运动学的理论，这是一项具有重要意义的创见。

2. 巴黎学派

14 世纪末期，布里丹的学生形成以巴黎大学为中心的学派，他们倡导经验科学精神，从事具体自然科学研究。虽然大部分研究还停留在自然哲学的思辨阶段，但他们有意识地使思辨符合经验证据，他们的思想带有自然哲学向自然科学过渡的特征。

萨克森的阿尔伯特（Albertus de Saxonia，？～1390 年）又称小阿

① 《形而上学论题集》，4 卷 9 题。PMA，p. 714。
② 同上书，4 卷 9 题。PMA，p. 516。

尔伯特，布里丹学生，1351 ～ 1362 年在巴黎大学艺学院任教，1357 年与 1362 年任巴黎大学校长。他参加筹建维也纳大学，1365 年担任维也纳大学第一任校长。著有逻辑学、物理学、数学和伦理学等方面的著作。他的一个特殊贡献是发展了布里丹的“重量”概念。按亚里士多德物理学，重物体的自然位置是地球，重物体趋向自然位置的运动是落体运动。然而，地球的自然位置在哪里呢？小阿尔伯特发现两个不同答案：有人说地球的自然位置是地球表面，因此，重物体总是降落在地表；另一些人说地球的自然位置是宇宙中心。小阿尔伯特认为，重物降落在地表不能说明地球的自然位置在地表，第二种说法也没有解决宇宙中心在哪里的问题。他认为宇宙中心是地球重心，而不是地球体积中心；地球是由重量不等的部分组成，地球重心与地球体积中心不重合。同样，重物的重量与地球重量也有一个平衡点，这就是物体降落在地表上的原因。他还讨论了落体运动的速度、高度与时间之间的数量关系，认为速度与高度成正比。

尼古拉·奥里斯梅（Nicole Oresme，？ ～ 1382 年）是巴黎大学神学教授，后任主教。他是当时的一流学者，精通各门知识，他的《论货币的起源、性质和流通》是最早的政治经济学著作之一。他还把亚里士多德著作译为法文，对亚里士多德自然哲学作注释。他在自然科学方面有三个发现：第一，使用坐标描述运动，第二，预言落体运动规律，第三，发现地球的周日运动。他指出，递程的程度可由一条直线上的点来表示，同一性质的两个程度的比例可用两条直线表示。他用一个长方形坐标系表示落体运动，垂直线表示他所称的“匀加速度”运动，水平线表示匀速运动。坐标显示，如果两个运动在同一时间通过同等的距离，那么，匀加速度运动的中值等于匀速运动的速度，就是说，落体运动的平均速度是它最大速度的一半。他还指出，实验和理性都没有证明天运转而地球不动的观点，相反，“有些不同见解很好地解释地球作周日运动而天却不动”。[①] 这个观点可能在当时较为流行，小阿尔伯特也提到，他的一个老师坚持认为地球不动的说法缺乏证据。联系到1401年麦耶农的法兰西斯著作中有关地球运动观点的记载，可以看出，在哥白尼发现“日心说”之前，相似观点已普遍流行。

巴黎学派的一些成员把自然科学精神传播到其他大学，比如，英根的马西留（Marsilius de Inghem，约1330～1396年）为海德堡大学校长，汉茵布克的亨利（Henricus de Hainbuch，？～1397年）为维也纳大学教授，奥塔的亨利（Henricus de Oyta，？～1397年）为布拉格大学和维也纳大学教授。虽然巴黎学派的一些研究成果与近代自然科学理论有相似之处，但从中世纪的自然哲学到近代自然科学的诞生还有一段遥远路程。只是经过这以后两个世纪的思想发展，自然科学以及与之相适应的哲学体系才成为时代精神的主流。

---

① CHP. p. 518.

第十二章　中世纪晚期的哲学思潮

15至16世纪是中世纪向近代的过渡时期，这一时期的哲学一方面仍然保留着中世纪哲学的痕迹，另一方面也包含着近代哲学的萌芽。如果着眼于思想的发展，可以把这一时期作为一种新哲学的开端；如果着眼于思想的连续，也可以把这一时期作为中世纪哲学的终结。当然，这两种观点不可能截然分开：即使新兴的哲学也自觉或不自觉地以中世纪哲学观点为前提；即使恪守传统的哲学也不是对以前思想的简单重复。我们着眼于哲学史的连续发展，在本书最后一章阐述中世纪哲学如何过渡到近代哲学的思想形态。

中世纪晚期的重大历史事件是15世纪发端于意大利的文艺复兴运动和16世纪席卷欧洲各国的宗教改革运动。这一时期的经济、政治和文化都带有过渡时期的特征。在经济上，这是从封建社会内部产生出资本主义的时期。地理大发现刺激了已被疾病与灾荒折磨得疲惫不堪的欧洲经济。冒险家、征服者、商人、传教士、新教徒涌向新大陆与黑非洲。从海外带入的巨额财富已无法为封建社会的经济制度所容纳，社会开始了从自给自足的自然经济到海洋贸易经济、从城市行会到跨国公司、从高利贷的非法交易到金融信贷的合法体制的转变。最早把货币用作生产与商业资本的人形成一个新阶级——资产者。只有掌握权力与金钱双重力量的贵族才是最显赫的统治者，对这一时期文化发展有重要影响的佛罗伦萨的米底齐家族就是这样一个典型。这一时期的资产者与旧贵族都是王权的支柱，成功的君主都对这两个阶级采取均衡政策。

依靠贵族和新兴资产者的支持，王权统治在实现民族统一、战胜罗马教会的过程中发展为专制的绝对王权。法王路易十一在百年战争后完成了民族统一。英王亨利与天主教彻底决裂，集国王与国教首领于一身。西班牙、葡萄牙以及北欧各国也建立起王权专制。意大利和德意志尚未实现民族统一，但各城邦和领地的政体也是君主专制。

君主专制的意识形态仍然是基督教，但基督教公教会失去了大一统的权威。教会内部的改革派要求用宗教会议的集体领导代替教皇个人独裁。比萨主教会议宣布："教皇也是人，因此，他也会犯罪、犯错误"；"教皇必须在所有事情上服从主教会议……否则主教会议有权废黜他"。[①] 宗教会议运动在1417年召开的康斯坦茨会议上达到高潮。但是，教皇否认会议决议，发表禁止在主教会议上提出反对教皇的公告。教皇与教会上层统治者思想与生活的世俗化一方面表现为腐化与聚敛金钱的行为，另一方面也表现为对古代文化与人文主义的兴趣。教皇尼古拉五世、庇护二世、利奥十世等都是文艺复兴运动的积极赞助者或参与者。这两方面都被虔诚的宗教改革者视作腐化。当人们认识到不可能在公教会内进行改革，外部的改革便是势在必行的了。1517年，马丁·路德在维滕堡反对教皇发行赎罪券，触发了宗教改革运动。16世纪的宗教改革打破了公教会在西方的一统天下。基督教从此正式分裂为天主教、新教（包括路德教、加尔文教、安立甘教和其他教派）、东正教三大教系。

宗教改革运动期间，各教派都以正统的名义反对异端。中世纪的不宽容精神发展到登峰造极地步，酿成法国的胡格诺战争和德国30年战争等宗教战争。荷兰的独立战争和英国内战虽不是宗教战争，其根

---

① C. Beard, *The Reformation of the Sixteenth Century in its Relation to Modern Thought and Knowledge*, Constable and Company, London, 1927, p. 17.

源之一也在宗教不宽容。思想领域也充满着血与火的恐怖。在过去的10 个世纪里，公教会虽然推行谴责异端的制度，但直到 1415 年的康斯坦茨会议宣判烧死胡斯之后，仅以思想罪名处死学者的做法才流行开来。新教、尤其是加尔文教，也对异端思想采取查禁、直至处死作者的做法。布鲁诺和塞尔维特分别被天主教和加尔文教烧死在火刑柱上，新教徒拉谬在圣巴托罗迈日大屠杀中丧生，康帕内拉、伽利略等受宗教裁判所审判，这些案例仿佛告诉人们，在宗教与思想宽容的曙光到来之前，欧洲思想界曾经有过一段极其专横的黑暗时期。

15 和 16 世纪的文化交织在经济、政治和宗教的矛盾与斗争之中。随着公教会权威的跌落，经院神学与哲学在意识形态中失去了统治地位。正如 13 世纪亚里士多德主义的传播造成了经院哲学的繁荣，15 世纪以更大规模传入的古希腊文化促成了文艺、语言学、科学、哲学和神学的发展。文化上出现了新旧并行或交替的局面：人文科学与神学、古代哲学与经院哲学、柏拉图主义与亚里士多德主义、个人主义与权威主义、批判精神与教条主义、理性与信仰、经验科学和自然哲学、科学与伪科学相互撞击与混淆，表现出过渡时期文化的特征。

我们可以把 15 和 16 世纪的哲学思潮与公元前 5 世纪的智者运动、古罗马后期的哲学思想作一个类比。这些时期的哲学不是恢宏的体系或深邃理论，但却为行将到来的哲学高潮开辟了道路。这些时期没有产生彪炳史册的伟大哲学家，人们在这些时期哲学家身上看到的是他们伟大前辈的余辉。我们这些说法并没有贬低这些时期哲学的意思，我们只是强调，哲学在过渡时期与发展时期的不同风格、地位与意义。过渡时期哲学与其他学科和文化形态之间并没有明显界线，它从属于一般的文化思潮、社会心态和学术理论倾向。15 和 16 世纪的社会文化思潮可以被归结为人文主义、古代文化复兴、宗教改革、自然科学精神和传统的经院学术五类。我们在第一、二、三节讨论人文主义者的哲学思想，第四节叙述古代哲学的复兴运动，第五节说明宗教改革运动中的哲学问题，第六节追寻自然哲学向近代自然科学精神过渡的踪迹，第七节介绍经院哲学的余波。

第一节　人文主义的语言哲学

人文主义是文艺复兴运动中的主要思潮，它反映了当时的时代精神与各国的民族精神，深刻地影响了包括哲学在内的思想观念。但是，人文主义并不是哲学思潮，甚至也不是一种理论体系。“人文主义”这个词最初的意思指人文学科（studia humanitatis）。人文学科大致相当古罗马学校讲授的课程。15 世纪意大利崇尚古代文化，恢复以古典拉丁文为主的人文学科，包括语法、修辞、诗学、历史与道德哲学。与中世纪的学艺相比，人文学科省略了与数学相关的“四艺”与逻辑，增加了诗学、历史与道德哲学，它的培养目标是个人的表达能力和文化修养。人文学科最初在新开设的拉丁文学校中讲授。意大利北部城市费拉拉和曼图亚的学校以人文学科著称，吸引了来自各国的学生。后来欧洲各国的中等学校普遍开设人文学科，不但学习古典拉丁文著作，还学习希腊文著作。然而，文艺复兴时期的大学除少数几所意大利大学之外仍从事以逻辑为基础的经院哲学与神学的教育。两类不同的教育是造成人文主义者与经院学者的思想和风格差别的一个重要原因。

文艺复兴的巨擘或为文学家，或为艺术家，前者如但丁、彼得拉克、拉伯雷、塞万提斯、莎士比亚，后者如米开朗其罗、达·芬奇、拉斐尔。他们的文学观、艺术观与道德观传播了与经院哲学不同的价值观念，这是需要从哲学史角度研究的事实。下面以语言哲学、艺术哲学和道德哲学为题，分别研究这些新观念的哲学意义。

意大利文艺复兴运动的一个重要成果是恢复了古罗马以西塞罗、

昆体良（Quintitian）为代表的修辞学传统。古希腊哲学中有一种以逻辑思辨反对语言修辞的传统。柏拉图在《高尔吉亚篇》中把修辞列为关于表象的意见，不属于知识范畴。亚里士多德持折中立场，他在《修辞学》开篇中说，修辞学虽然是辩证法的对立面，但两者有着同样普遍适用的范围：辩证法是个人思辨的工具，修辞学是社会生活的必要工具，在法律、政治和日常生活中有着广泛运用。开创罗马雄辩之风的西塞罗正是从修辞学的社会作用入手，提出了把国家公众事业置于个人思辨之上的哲学观。他把哲学分为物理学、辩证法与伦理学三部分，修辞学属于伦理学。他说："修辞学对于我们演说者来说属于广义的智慧和学问。然而，它由于我们忙于事务而自行衰退，被人遗弃，被过分的闲暇享受所侵占，自柏拉图的《高尔吉亚篇》之后被人以苏格拉底方式所取笑与丑化。"① 古罗马的另一位修辞学家昆体良也认为修辞学以道德哲学为主题、内容和目标，它是"正当与诚实生活的原则"，② 具有交流与创造思想的力量，"没有这种力量，演说的初级技巧就像没有出鞘的剑一样无用"。③

人文主义者追求语言典雅、流畅，刻意摹仿古罗马雄辩家的风格，这固然反映了当时意大利城邦政治生活与古罗马贵族制的某些相似点，但人文主义者恢复修辞学传统具有新的意义。首先是充分发挥语言在社会政治、伦理生活中的作用。比如，佛罗伦萨大学1397年章程说："修辞艺术不仅是一切科学用来说服人的工具，而且是公众生活最伟大的装饰。"④ 西班牙的人文主义者斐微斯（Juan Luis Vives，1492～1540年）说得更清楚："语言是自然赋予人行善的工具。"⑤ 其

---

① 《论演讲术》，3卷31章122节。CRP，p. 732。

② 《演讲术原理》，1卷10条。CRP，p. 732。

③ 同上书，8卷14条。CRP，p. 730。

④ N. S. Struever, *The Language of History in the Renaissance*, Prinston University Press, 1970, p. 105.

⑤ *Vives Werk*, vol 1, Basel, p. 154.

次，人文主义者认识到语言修辞与辩证法的区别不仅是表达方式的不同，更重要的区别在于语言表达的思想内容。他们在表明修辞风格优越性的同时，批判了经院哲学的体裁、方法和思维方式。一个现代研究者指出："对逻辑威望的第一次打击来自15世纪的人文主义者或文艺复兴的古典学者。他们反对经院哲学，特别是反对中世纪逻辑并不针对细节上错误，而是将它与重新发现的古代典籍相比，显出它的野蛮风格与枯燥内容。在读到新发现的卢克莱修的《物性论》的诗，或学习希腊文，研究柏拉图之后，谁还愿意做献身于词项特征这样的蠢事呢？"①

1. 彼得拉克

彼得拉克（Prancesco Petrarca，1304～1374年）是第一个自称为"人文主义者"的人，他是著名诗人，后期一些论文，如《论好与坏的命运》《秘密》《论隐士生活》《论自己与他人的无知》等包含着丰富哲学思想。他把自己的哲学纲领概括为柏拉图的智慧、基督教的信仰和西塞罗的雄辩。他的哲学与语言观有密切联系。他认为语言的实质在于社会凝聚力、人性的表达以及利他主义精神，这些不仅体现在哲学理性之中，而且更重要的是表现在有雄辩力量的语言之中，这种语言"不仅修正我们道德生活与行为，而且也修正语言自身的用法"；修辞是展示自己心灵与劝人归善的工具，对于提高道德水准和伦理实践至关重要。② 道德与语言的联系即"人"与"文"的联系。不过，他所关心的人的问题仍然是人的灵魂。他在《论自己与他人的无知》中说："要对拯救有足够的认识"，为此目的，就要认识上帝，"这是真正的和最高的哲学"。自然之物"即使是真实的，对幸福生活也是无关紧要的。因为我

① W & M. Kneale, *The Development of Logic*, Clarendon Press, Oxford, 1962, p. 300.

② 《致朋友书》。CRP，p. 727。

了解动物、鱼类和蛇类的本性，却忽视或蔑视人的本性、人生的目的以及人的起源和归宿，这对我又有什么用处呢？”[①] 彼得拉克推崇柏拉图、西塞罗、塞尼卡，因为他们比亚里士多德更接近基督教。他认为柏拉图是最伟大的哲学家，他的哲学最接近于上帝。他从塞尼卡那里了解到，“除了灵魂之外没有任何东西值得赞赏，对伟大的灵魂来说，没有任何东西是伟大的”。[②] 然而，他认为哲学不能代替宗教。他说，当他“在思考和谈及最高真理、真正幸福和永恒的灵魂拯救时，肯定不是西塞罗主义者或柏拉图主义者，而是基督徒”。“做一个真正的哲学家就是做一个真正的基督徒。”[③]

彼得拉克把亚里士多德置于仅次于柏拉图的地位，但指责经院哲学家用蹩脚的语言扭曲了亚里士多德。他说：“我从希腊文资料和西塞罗那里知道，他的著作的语言非常悦耳、典雅和华美……但由于翻译者的粗俗和嫉妒，流传给我们的却是穿着粗糙简陋外衣的亚里士多德。”他指责经院哲学家“只是通过传闻了解亚里士多德……并任意曲解他的正确语句，使其意义别扭难懂”。[④] 彼得拉克尤其蔑视经院哲学的辩证方法。他说：“对于那些终生都在使用辩证法争吵与挑剔的人，我可以预见他们在这些问题上的名声和自信都将消失。一个坟墓足以装下他们的骨头和名字。当死亡来到，他们不得不沉默之时，他们的问题也就消失了。”[⑤] 他在推崇修辞学同时贬低辩证法，说辩证法不是高级课程，而是初学者课程，不是迟暮，而是清晨。生活在 14 世纪的彼得拉克在上述言论中已经表达了后来人文主义者的一些共同观念。他以优雅的古典语言反对经院哲学的语言和方法，并进而以道德哲学取代经院

---

① RPM，p. 126, 80, 58.
② RPM，p. 44.
③ RPM，p. 115.
④ RPM，p. 102, 107.
⑤ 《致朋友书》。CRP，p. 176。

哲学的思辨论辩。

2. 瓦拉

洛伦佐·瓦拉(Lorenzo Valla, 1407～1457年)生在罗马,曾任国王和教皇的秘书,在帕维亚和罗马大学当过修辞学教授。他把语言学方法应用于考证与解释学,首先证明8世纪以来一直作为教皇世俗权力的合法性依据的历史文件——"君士坦丁赠礼"是伪件。他的《拉丁文是优雅语言》是人文主义者批判经院文风的代表作。他声称自己的目的是要恢复古典拉丁文的光荣和纯洁,确定拉丁文在古罗马作家著作中的正确用法。他认为在语法、修辞和文体等方面全面恢复拉丁文的优雅文风对于解决经院争论具有重要意义。中世纪使用的拉丁文是被野蛮人败坏了的粗野语言。哲学家和逻辑学家争论的问题很多只是语言上的纠缠,语法和修辞可以解决这些困难。他在《辩证法的争论》序言说他的任务是重建辩证法,解决哲学的基础问题。他批判当今的亚里士多德主义者。因为他们把辩证法当作三段式推理形式,然而,推理形式的有效性不能保证论证的可靠性。比如:"如果在白天,那么天亮;现在是白天,所以现在天亮"的演绎在形式上是有效的,但它的大前提却是不可靠的。辩证法的任务是提出最有说服力的论证,演绎推理的说服力并不高于非演绎的推理。在上述例子中,可以用非演绎方式分析"白天"和"天亮"两个词的意义,证明两者之间并无必然联系,这样的论证比上述三段式更有说服力,结论更可靠。瓦拉心目中的辩证法是与语法和修辞密切联系的逻辑,他说辩证法是相当简明易懂的学科,但被经院学者人为地复杂化了。他努力用古典拉丁文的用法简化逻辑学,用分析词义、确定适当用法等语法、修辞手段代替枯燥呆板的演绎程式。这代表了人文主义者在逻辑领域中的改革方向。

瓦拉的道德哲学思想与他的语言观密切相关。在《论自由意志》

的对话中，他讨论了上帝的预知是否与人的意志自由相一致的问题。他分析说，对未来事件的“预知”不等于它的“原因”，因为预知是理智活动，原因出自意志力量。诚然，上帝的“理智”与“意志”是一致的，但它们之间肯定存在这两个词所指示的差别。至于上帝的意志在多大程度上实现神圣理智的预知，上帝预知留给人的自由意志多大余地，这是一个信仰问题，不是哲学和逻辑可以解决的。他反对神学与哲学结盟的经院传统，指出哲学不应是神学的姐妹或庇护人，哲学对于宗教是无用甚至是有害的，它曾造成众多异端。他是以宗教和信仰的名义反对经院哲学的。

在《论真正的善》的对话中，他呈现出斯多亚派、伊壁鸠鲁派和基督教三种伦理观的交锋。他总结说，斯多亚主义者为德性而德性，忘记了德性和上帝的联系，他们所谓的德性是虚假的，实际上是与最高的善相违背的恶。伊壁鸠鲁者为快乐而追求德性，正确地看到德性的实用目的，但他们否认灵魂不朽和来世报应，认为幸福只是现世可以获得的快乐。基督徒为了来世幸福而追求美德，天国的快乐才是真正的永恒的善；然而，现世快乐是心灵向来世幸福所获得的正当体验。没有快乐，就没有希望和期待，则一事无成，恭顺而又毫无乐趣地侍奉上帝的人一无是处，因为上帝喜欢快乐的仆人。瓦拉在对话中不但批判了思辨主义的幸福观，而且把思辨哲学的基础归结为修辞与哲学之间主从关系的颠倒。他借用伊壁鸠鲁主义者安东尼之口说，哲学是在“雄辩术麾下服务的士兵和军士，雄辩家比辩证学家更知道如何讨论问题”；雄辩术是万事万物的皇后。他要“举起雄辩术之剑、至上的皇后之剑反对哲学家们偷偷摸摸的盗窃，惩治他们的罪行，雄辩家可以更清楚、更严肃、更优雅地说明含混的、可怜的、贫乏的哲学家说明的问题”。[1]

① *On Pleasure*, trans. A. K. Hieatt, M. Lorch, Abaris Books, New York, 1977, p. 50.

他又借用基督徒尼古拉之口指责波埃修热衷于逻辑而不顾修辞，“如果他能雄辩地说，而不是辩证地说，那该好得多！如果一个词用错就会动摇整个论证，那么还有比哲学家的论证更为荒谬的吗？”①

瓦拉是开风气之先的重要思想家之一。他之后的人文主义者批判经院哲学时，辩证法总是首当其冲。他们认为经院哲学家所争论的问题产生于对辩证法的误解、滥用以及由此造成的语义混淆、措词不当、文体呆板等语言弊病。他们试图把文学家、作家在其他领域使用的典雅、流畅、活泼的语言、文体搬到哲学领域，这就需要对经院哲学的基础——辩证法进行彻底的改造。逻辑学因此成了文艺复兴时期变化最大的时期，变化首先表现在大学教科书的内容。西班牙的彼得的《逻辑大全》长期被大学用作逻辑教材，此时逐渐为人文主义者编写的新教材所取代。英王亨利八世于 1535 年甚至命令牛津和剑桥大学的艺学院学生必须使用“最纯正作者”写的教材。这些作者中最著名者是阿格里科拉和彼得·拉谬。

3. 阿格里科拉

鲁道夫·阿格里科拉（Rudolph Agricola，1443 ～ 1485 年），生于荷兰，1464 年毕业于卢汶大学，曾在海德堡大学任教。他的《辩证法发明》一书是被广泛使用的逻辑学手册和教科书，到 16 世纪末已有 35 个版本，足见流行之广泛。他区别了辩证法的“发明”（inventio）和“证明”（indicium）两种不同作用。辩证法证明是三段式推理，只有极其有限的作用。任何接受了三段式大前提的人实际上已经接受了结论，证明只起重申或强化大前提的作用。辩证法的本意体现在苏格拉底的实践中，并被亚里士多德在《正位篇》中所阐明，它的作用是通过争论

---

① *On Pleasure*, trans. A. K. Hieatt, M. Lorch, Abaris Books, New York, 1977, p. 272. CRP, p. 723.

转变听众的信仰，使他们接受在争论之前从未想过或不能接受的观点，这就是辩证法发明的力量所在，它通过发明而成为“影响人的艺术”。阿格里科拉举例说明辩证法如何通过发明新证据来说服人。西塞罗式的“学园派”为了说服人们相信“德性是幸福”的道理，他们不是从“德性是善”、“德性是自然要求”等大前提出发，而是使用苏格拉底的诱导法“向后寻找出发点”，他们问：“驭者是否优于马车，牧者是否优于羊群，主人是否优于他的家室，统治者是否优于臣民？统而言之，指挥是否优于服从，肉体是否服从灵魂。如果在这些问题上取得共识，那么结论必然是：活动以及任何与灵魂相联系的东西优于肉体之物。如果承认德性是灵魂特征，快乐是肉体特征，那么德性优于快乐的道理就能成立了。这正是所需要的结论。”① 从阿格里科拉提供的论证来看，他所说的“发明”是这样一种思维方式：从个别到一般的诱导和不同关系的类比相结合。这是文艺复兴时期一种典型的思维方式，后来，弗兰西斯·培根在此基础上提出科学的归纳法。

4. 拉谬

彼得·拉谬（Petrus Ramus，1515～1572年）生于法国索松，毕业于巴黎大学，并一直在那里任教。1561年皈依加尔文教。1546～1572年他任艺学院院长期间，积极从事课程改革，把教学内容重点转向伦理学、政治学和公民学。这些与传统哲学和神学联系较为松弛的学科要求的论证与表达方式侧重于语法和修辞方面的训练，学生掌握的不再是三段式推理，而是能够说服人的辩论技艺。拉谬指出，辩证法的目的不在于必然性，而在于最大程度的或然性，这就是可信性。判断辩证法命题是否为真的标准不是形式逻辑规则，而是语法规则。辩证法的先

① 《辩证法的发明》。CRP，p. 183。

驱是西塞罗、昆体良、波埃修，而不是亚里士多德。拉谬在《亚里士多德对心灵的见解》一书中对亚里士多德的逻辑思想进行尖锐的批判，指责它的混乱、晦涩、缺乏清晰性。他的《辩证法》一书是广泛流行的教科书。他用一个简明的逻辑方法代替亚里士多德的逻辑体系。拉谬自称是柏拉图主义者，他认为真正的辩证方法就是柏拉图《智者篇》中示范的“两分法”，即从一个论题的最一般定义出发，然后把该论题分成两个分题，每一分题又被分为更为具体的分题，如此继续下去，直至这一论题的内容无遗漏地完全展现出来。拉谬以及后来一些人文主义者编写的逻辑教科书并没有对定义、命题、推理、规则的形式规定，而是对相关学科的论题的内容作详尽分析。他们用内容代替形式，用方法代替体系，把逻辑变为人文学科的学习指南。这种方法之于人文学科的意义犹如亚里士多德的形式逻辑之于经院哲学的作用，加之拉谬在圣巴托罗迈日大屠杀中被天主教徒杀害使他获得殉道者名声，“拉谬主义”成为反亚里士多德主义的代名词，拉谬的逻辑思想在新教国家取代了形式逻辑的地位。然而，拉谬的逻辑改造并不成功，他只是简单地否定形式逻辑体系，但没有用新的逻辑体系取而代之。17 世纪以后，形式逻辑恢复了在逻辑学中的主导作用。拉谬的思想在逻辑史中的位置也许并不重要，然而，他对三段式形式的批判，对逻辑实用性、简明性的推崇以及关于逻辑、语法、修辞统一性的思想对于人文主义的发展和经院主义的衰落有着重要意义，应在哲学史中占有一定的位置。

第二节 人文主义的艺术哲学

文艺复兴时期是艺术创造的辉煌年代。艺术作品的创作、搜集和鉴赏成了最重要的文化活动之一，人们对艺术的本质和作用有了全新的认识。柏拉图把艺术看做是理念的影像（可感事物）的影像（人工作品）；亚里士多德虽把艺术当作与理论科学和实践科学并列的学问，但还是视艺术为一门手工技艺，远不及智慧的水平。意大利人文主义的艺术家以绘画、雕塑、建筑、音乐等方面作品反映自然的和谐。正是“和谐”这一主题使他们的艺术创造和反思获得了哲学意义。按中世纪哲学传统观念，和谐关系只存于神圣的理念之间，以理念为原型的自然只是部分地或微弱地“分有”和谐关系。因此，心灵对和谐的完善认识和体验只存在于对自然事物之上或背后的神圣本质的思辨，并不需要艺术活动。人文主义的艺术家抹去了涂在自然界上的神圣光圈，他们认为自然界部分与部分、部分与整体之间存在着完满的和谐关系，它可被心灵直接把握、被感官正确辨认，因为它服从数学比例关系。艺术的美在于比例，艺术家不但认识了自然的和谐，而且创造了再现自然的和谐的作品。艺术作品体现了人的非凡的创造能力、肯定了感性的作用、抬高了人的价值。很清楚，人文主义的艺术观涉及自然观、认识论、人论、价值观诸方面。一些艺术家从他们实践中总结出来的哲学思想和他们的艺术作品一样耐人寻味。

1. 阿尔伯蒂

列昂·巴蒂斯塔·阿尔伯蒂（Leon Battista Alberti，1404～1472年）是文艺复兴运动的全才，伟大的建筑家兼音乐家、画家和作家。他的著作《俗语文集》和《建筑十书》《论画》《论雕像》等最近引起哲学史家的兴趣。他如此表达了自己的哲学信念：“我每天都越来越相信毕达哥拉斯教导的真理，即，自然按照始终如一的确定方式活动，它的一切运作都有确定类比，这使我知道，悦耳的声音与赏心悦目的东西有相同的和谐数目。”[①] 阿尔伯蒂相信，自然的每一部分之间都存在合适的数字比

① *Ten Books on Architecture*, trans. Joseph Leoni, Tiranti, London, 1955, p. 243.

例，自然本身是完美的、神圣的。他甚至有“自然即上帝”的提法[1]，他还说“自然在事物之中联结和协作”。[2] 这些都表达出自然神论的观点。他从新传入的毕达哥拉斯主义受到启发，把上帝的神性非人格化，把它归结为自然的和谐。

阿尔伯蒂进一步认识到人与自然的和谐。人是自然的一部分，但又不同于其他部分。他说，上帝创造人是为了让他的杰作被人所欣赏。人在自然界中的崇高地位在于自然赋予人的卓越本性，他说：“自然，即上帝”赋予人“理智、可教性、记忆和理性，这些神圣性质使人能研究、辨识、认识要避免和可欲的东西，以使他以最好方式保存自己。除了无价的可企羡的伟大礼物之后，上帝还给人的精神和心灵另外一种能力，这就是沉思。为了限制贪婪与无度，上帝给人谦和与荣誉的欲望。另外，上帝在人心之中建立了把人类联结在社会之中的坚固纽带，这就是正义、平等、自由和热爱”。[3] 高扬人性是人文主义者的共同特征，但他们说明人性的角度各不相同，因而强调的重点也不同。阿尔伯蒂从自然主义的角度，强调人的创造、伦理和审美等活动都是对自然和谐的把握与模仿，崇高的人性充分体现在艺术与自然的和谐之中。

创造是对自然的模仿。阿尔伯蒂以建筑为例说，古代最高超的艺术家已经认识到一座建筑物就像一个动物，因此“在建构中应当模仿自然”。对自然的模仿完全不是柏拉图式的对理念的模仿，后者是纯粹思辨；前者开始于对自然的感觉，自然“直接在心灵造成愉快和羡慕”。此外，模仿自然还要对自然各部分比例进行研究，在想象中把自然各部分区别开来，按它们的数字、几何关系设计房屋。他说：“所谓设计是心灵对

---

① *The Family in Renaissance Florence*, trans. R. N. Watkins, University of South Carolina Press, Columbia, 1969, p. 135.

② Ibid., p. 60.

③ Ibid., p. 135.

直线和角度的确定而优美的事先安排，是有创造性的艺术家的发明。”[①]

人的道德判断是天赋的。“在这种天赋能力的引导下，每一个不是极端愚蠢的人都不喜欢和谴责他人的每一种邪恶可耻行为。没有一个人完全看不出恶人的错误。”[②] 这段文字可以说是苏格拉底“无人有意作恶”思想的翻版。阿尔伯蒂的论证却有新颖之处。他认为人有两个部分：一部分属于天国与神圣，另一部分在世俗世界，但比其他可朽物更美丽和高贵。这两部分的先天和谐就是人的道德意识。善是人的各部分的和谐，反之便是恶。

阿尔伯蒂作为艺术家更注意自然美和人的审美能力。审美和道德一样是天赋的能力。他说：“判断一事物之美的能力不来自单纯的意见，而来自植于心灵之内的秘密的推论和言论。这个道理表现为这样一个明显事实：没有人不把当下可恨可厌的东西当作丑陋与残缺。”[③] 这段话前一句说审美能力是“秘密的推论和言论”，后一句说它表现为某种直观，两者如何统一起来呢？这里的关键在于理解“和谐在于比例”的思想。事物的自然美不在于事物本身，而在于事物之间的可用数学描述的比例关系。阿尔伯蒂由此得出“美是稀有的”结论。他说：“在单个形体上绝看不出完全的美，美是稀有的，散布在许多形体之中。因此，我们应非常仔细地发现和学习美。”[④] 在此意义上，审美是一种发现比例的推论。他举例说，以苗条为美的画家笔下的美人常常带病态，以健壮为美的画家笔下的美人显得粗野，两者的中值才是美。另一方面，决定美的数字比例不是通过数学计算发现的。心灵可以直接觉察到合乎自然和谐的比例，因为审美本身是和谐的活动，与外部和谐有类比关系。音乐是声音的和谐流动，比例关系变化不定；绘画、建筑的美有固

① *Ten Books on Architecture*, trans. Joseph. Leoni, Tiranti, London, 1955, p. 243.
② *The Family in Renaissance Florence*, trans. R. N. Watkins, Columbia, 1969, p. 135.
③ Ibid.
④ *On Painting*, trans. J. R. Spencer, Yale University Press, New Haven, 1956, p. 93.

定的比例关系。相比之下，有固定比例关系的静态美更易于把握和欣赏。阿尔伯蒂为了研究美的本质而把数学引入自然之中，这对自然哲学家也有启发。

2. 达·芬奇

列奥那多·达·芬奇（Leonardo da Vinci，1452～1519年）是画家、雕塑家、建筑家与工程师，这位文艺复兴运动巨匠多方面的才能一直被人们誉为全面发展的天才的典范。他虽然没有哲学专著，但从被编辑在《文学著作》中的笔记来看，他在哲学上也站在时代的前列。

达·芬奇自知自己不是文人，而是艺术家。他的天才在创造，而不在思辨，但这并不意味着他没有学问。他公开反对把艺术置于智慧之下的、被经院学术所继承的亚里士多德主义传统。他把艺术家看做可与造物主类比的创造者，艺术作品可与自然相类比。他说："人的作品之于自然的作品等于人之于上帝。"① 艺术集中表现了人的创造力。在艺术诸形式之中，他最推崇绘画，称颂绘画是一门"绝妙的科学，它保留了可朽物的流逝的美丽，使之具有比自然作品更大的长久性"。他还说："绘画科学女神统治着人类和神圣的作品……她告诉雕塑家要给塑像完满性，她用图教导建筑家造出悦目的大厦，她指引陶匠造出各式器皿，又指引金匠、织匠和绣工，她创造了书写各种语言的字母，给予数学家符号，描写几何图形，她教导光学家、天文学家、力学家和工程师。"② 这些话是对他绘画经验的总结。看来，达·芬奇多才多艺的秘密在对绘画本质的洞见。

绘画的本质在于反映了自然界最基本的类比关系——连续性。

---

① *The Literary Works of Leonardo Da Vinci*, ed. J. P. Richter, Oxford University Press, 1939, Section 22.

② Ibid., Section 32, 27.

达·芬奇和阿尔伯蒂以及文艺复兴时期许多思想家一样相信自然的和谐在于类比关系，然而，他没有把类比局限于固定的数字比例，而把最基本的类比认作当时数学不能认识的动态关系，它只能在绘画过程中被描绘出来。绘画由点到线、面、体的过程反映了一切自然物构造和运动的连续性。自然现象虽然千差万别，但都有可类比的连续性。在达·芬奇笔记中有两个典型的例子。一个是水与空气波动的类比。他观察到投进在水中的石子造成涟漪从投掷点生发开去，石子在水波中保持不动，一个可类比现象是鸟在滑翔时翼在空气中保持不动，他于是断定空气也有类似于水的圆轮式的、但却观察不到的波动，推动着鸟的运动。正是根据空气动力学的道理，他提出了飞机的设想。另一个例子是血液循环和树的结构之间的类比。按照权威的盖伦医学，静脉源于肝脏，达·芬奇却指出："心脏是生长出静脉之树的根。"[①] 正如树根为树提供水分，心脏为人体提供血液；正如树液在根和茎之间作循环运动，血液也在作循环运动，从心脏流出，又归复心脏。达·芬奇基于自然运动循环的连续性，天才地猜测到后来被实验科学证实的道理。

反映出自然连续性的绘画也是一种哲学。达·芬奇的理由是："绘画可以表现为哲学，因为它研究形体运动的瞬间性，哲学同样研究运动。"[②] 他从绘画构造的几何图形的连续性出发，对自然运动的连续性作出哲学思考。他在几何图形和时间之间发现这样的类比关系："点可比作时刻，线可比作一段时间，正如线有起点和终点，时间跨度也开始和终结于时刻；正如一条直线无限可分，一段时间的可分性也有同样性质；正如线段可以按比例分成各个部分，时间的分割亦如此。"[③] 把时

---

① K. D. Keele, *Leonardo Da Vinci On Movement of the Heart and Blood*, Harvey and Blythe London, 1952, p. 100.

② *The Literary Works of Leonardo Da Vinci*, ed. J. P. Richter, Oxford University Press, 1939, Section 22.

③ Ibid., Section 916.

间想象为点的连续的想法始于亚里士多德的物理学。达·芬奇大概是独立得出自己结论的，他想象的时间毋宁说是无限延伸的直线，不如说是无限连续的循环。他明确地说："对时间性质的描述不同于几何定义。"① 几何点是无体积、无内容、不可分割的，时刻充满着可感内容，包含着更短暂的时刻，可被连续分割下去。时间犹如这样一种连续性："任何被置于光亮大气之中的事物弥散在循环之中，在环绕空气中充实着自己的影像。在重复之中，全体无所不在，全体在每一最小部分之中。"② 达·芬奇的时间概念有一些神秘因素，但他对时间的循环性、整体性的想法以及时间中充满事物影像的说法是可以理解的。

达·芬奇对"虚无"的解释也有自己特色。他不相信自然界有真空。他说："所谓虚无只在时间和语言之中。在时间中，虚无处在过去和将来之间，并且不存在于现在，因而我们的语言中有'它们不在，或它们不可能'这样的说法。"虚无虽然不在时间之中，但这并不等于它只是我们心灵的虚构。虚无被比作零："宇宙间所有虚无等于一个零，具有它们的实体和价值。"③ 虚无在宇宙间的存在和价值犹如零在数学中的存在和价值一样不可否定。

人文主义者的艺术哲学的意义在于，它并不局限于艺术领域，它向人们展示了一种新的自然观和价值观。布克哈特在《意大利文艺复兴时期的文化》一书中把意大利文艺复兴成果归结为"世界的发现和人的发现"。他还指出："列奥那多·达·芬奇和阿尔伯蒂相比，就像完成者和创始者，专长的大师和业余爱好者相比一样。"④ 他为人们对

---

① *The Literary Works of Leonardo Da Vinci*, ed. J. P. Richter, Oxford University Press, 1939, Section 917.

② Ibid., Section 69.

③ Ibid., Section 1216, 1.

④ 雅各布·布克哈特:《意大利文艺复兴时期的文化》，何新译，商务印书馆，1979年，第135页。

达·芬奇知之甚少而感到遗憾。我们对达·芬奇思想的初步探讨也可说明其中包含着许多仍需发掘的哲学内涵。

第三节 人文主义的道德哲学

人文学科中的道德哲学包括伦理学、家政学和政治学三个分支，分别研究个人、家庭和国家的实践准则。人文主义者在这一领域取得瞩目的成就在当时就已为人们普遍所接受。意大利人文主义者巴拉西奥利尼（P. Bracciolini）说："意大利人的一个成就是向其他国家传播了对人文和德性的适当理解以及关于公众生活的全部艺术和科学。"[①]

在伦理学领域，人文主义者与传统主义者争论的一个焦点是对人的价值的评价。教皇英诺森三世在《论人类悲惨的条件》强调人是值得怜悯的悲惨动物，他承认未能论述人的尊严这一主题。针对后者，彼特拉克说他是第一个论述人类尊严的作者，其他人放弃了这一主题是因为论述人类悲惨更容易一些。在此之后，人文主义者以"人的尊严"、"人的崇高"为题，传统主义考则以"人的悲惨"为题，针锋相对地陈述各自观点。传统主义者仍然囿于人与上帝关系，把人说成是匍匐在上帝脚下的微不足道的生物，过着不能自主的悲惨生活。人文主义者一般都不否认人与上帝的联系，但利用这一联系论证人类高踞万物、自主生活的尊严。他们从宇宙论、本体论、认识论、语言观、艺术观等各种角度论证人的崇高本性和卓越能力。在伦理学领域，人文主义者着眼于人的肉体与灵魂的本性，歌颂人类的幸福。托麦达（Anselm Turmeda）在《驴的论辩》中设想人与驴争论谁更优越的问题。人说人能建造房屋、宫殿，因此人比动物更高贵，驴则用蜂、蜘蛛和鸟的例子

① CRP, p. 389.

说明动物也有建筑本领。人说人以动物为食，因而更优越，驴却指出，寄生虫以人体为养料，狮子和鹰也食人肉。但人最后找出的证据说服了驴：上帝肉身化的形象是人，而不是其他动物。这不是对上帝按自己形象造人的信条的简单重复，它表达了人文主义者崇拜人体的观点。文艺复兴时期的艺术家对人体美作过大量研究和描绘。德国的人文主义者阿格里帕（Agrippa，1486 ～ 1535 年）说，人体的完善比例是万物的尺度，人工产品，如庙堂、剧院、宫殿、船只都是按人体比例设计的。人体的构造是一个小宇宙，他不但包含着组成地球的四元素，还包含宇宙的第五种精神性的元素；他的构造是天界与地界的缩影。人体的站立姿势使人不像其他动物只能盯着地面，他可以仰望苍天，因此能以上天的精神世界为自己归宿。

人文主义者“小宇宙”的理想的要点是，人类灵魂与身体的完满结合的本性使人成为精神世界与物质世界的中介和缩影，可朽与不朽、世俗与神圣都包含在人性之中。斐微斯在《人的寓言》中把世界比喻为最高天神朱庇特为人准备的一座舞台，人是可以扮演从最低等的植物到最高级的神灵的演员。造物主从人的本性中除去了固定的本质，人的行为决定了他的存在。他的实体包含着其他本质的实体，具有高于物质和动物世界的能力、高于自身的道德约束力以及高于一切愿意过公共生活的个人的政治权力。人的最高价值是自由，即选择和造就他自己地位的力量，这是天神赋予人的礼物。人运用自由最后变成最高天神，达到了神的儿子与神一体的最高境界。通过这一方式，斐微斯在“三位一体”的神学信仰中注入了人文主义的精神。他还热情地讴歌了人的形象。在奥林匹斯山诸神的眼里，“人有高傲的头颅，这是神圣心灵的城堡与殿堂。五官的安排既是装饰，又有用处。耳朵既无细嫩皮肤，又无硬骨，但被弯曲的耳廓包围，因而可接受来自各方的声音，又不让灰尘、草屑、毛绒、小虫飞进头脑。眼睛成双，因而可看到一切，并被睫毛和眼帘所保护，防止同样的尘土毛虫的侵袭。它们是灵魂的标尺，人脸上最高贵之处。再着人的装扮，这是何等漂亮，修长的四肢终止于指尖，十分好看，完全有用。……所有这一切如此协调一致，任何一部分被改变或损益都会失去全部的和谐、美丽和效用”。[①]

人文主义者借用人与上帝关系论证人的崇高地位，在此意义上，他们并未完全脱离中世纪思想的前提。另一方面，他们更多地借用古代伦理学思想，大胆地肯定在中世纪被压抑或遗忘的世俗的幸福和德性。出于这样的需要，他们大规模地宣扬与介绍斯多亚派和伊壁鸠鲁派哲学。塞尼卡等斯多亚派哲学家的观点早已被吸收到基督教伦理学之中。由于斯多亚派弃绝激情的主张不符合人文主义重视感性、情感的观点，因而遭到瓦拉等人的批判。直到 16 世纪下半叶，在战争频繁、社会动乱、充满仇视的环境中，人文主义者才使用斯多亚派关于安宁、忍让和友爱的道德准则作为医治社会弊端的良方，西欧各国出现了新斯多亚主义思潮。

1. 利普修斯

新斯多亚派的主要代表人物是利普修斯（Justus Lipsius，1547 ～ 1606 年）。他是佛莱芒地区学者，卢汶大学教授，著有《斯多亚派词典》《斯多亚哲学手册》等系统介绍斯多亚派的著作。据他在《论坚定》一书中说，尼德兰战争期间，他曾想逃离自己家园。他的一个聪明的朋友建议说，应该避离的不是现实，而是自己的情感，使自己处于心灵平静状态。利普修斯用积极的“坚定”（Constantia）取代消极的“安宁”。他对“坚定”的定义是：“一种正直、不可动摇的精神力量，不会受外在的

① RPM，p. 391.

偶然影响而高涨或消沉。”[①] 道德修养的首要目标是培养坚定的心灵，唯有坚定才能把意志带入安宁状态。他还说坚定与基督教提倡的坚毅是一致的；斯多亚主义者，尤其是塞尼卡、爱比克泰德的道德观“几乎是基督教”。利普修斯以内心道德修养的坚定性否认外在的“恩典”、“事功”的道德价值，他的政治著作包含着宗教宽容的思想。这些都可说明他的思想倾向于人文主义价值观。

伊壁鸠鲁派长期受到偏见的曲解，快乐主义被贬斥为耽于肉体享受的“猪的哲学”。文艺复兴时期，古代作家拉尔修《著名哲学家生平和学说》以及卢克莱修的《物性论》被重新发现。一些学者在研究这些典籍之后恢复了伊壁鸠鲁学说的原意。威尼斯著名出版家阿尔多·曼纽奇（Aldus Manutius）在1500年出版的《物性论》前言中指出，这首哲理诗可贵之处不仅在于包含着不同于柏拉图主义、逍遥派和基督教神学的真实而有价值的信仰，而且在于它以流畅、博学的诗文表达哲学道理。人文主义者爱拉斯谟、蒙田、布鲁诺等人都指出伊壁鸠鲁的快乐主义包括心灵和身体两个方面，伊壁鸠鲁本人的高尚生活就是明证。爱拉斯谟在《思考世界》中甚至说，没有人比基督徒更值得享有伊壁鸠鲁主义者这一名称了，“因为只有他们才过着最甜蜜的、完全充满快乐的真正生活”。[②]

文艺复兴时期，大学仍然使用亚里士多德《伦理学》作为教材，经院哲学家，尤其是托马斯对它的评注仍有重要影响。然而，人文主义者依靠古希腊的注释，用导论、纲要、对话、寓言诗等方式宣扬亚里士多德幸福观的世俗方面，强调健康、幸运、富有和物质利益是外在的实际存在着的善，没有这些，内在的善也不会实现。他们既不赞成以禁欲、思辨为幸福，也不承认财富等物质利益本身具有道德属性。意大利著

① 《论坚定》，1卷4章。CRP，p. 37。
② RPM，p. 391.

名人文主义者科留乔·萨留塔蒂（Coluccio Salutati，1331 ～ 1406 年）说：“那些拥有巨额财富的人，不也同时得到了骄傲和贪婪和一切罪恶的根源吗？”[①] 他在《论高尚》中又说，贫困的思辨与其是幸福，不如说是不时啄着普罗米修斯肝脏的鹰。人文主义者称颂的幸福是内在与外在的善、灵魂与肉体快乐的协调。

人文主义把罗马人追求的荣誉和高尚提高到首要德性的位置，表现了不同于中世纪的道德观。托马斯说：“欲求人的光荣毁坏了高尚的性格，把光荣奖赏给君主同时损害了人民。因此，善人的责任是鄙薄光荣以及一切世间利益。”[②] 人文主义者一致把荣誉作为人的尊严的体现，但丁早在《神曲》中就说过，哪里有德性，哪里就有高尚。然而，高尚表现在何处呢？中世纪武士尚武，新兴的资产者拜金，两者都不符合人文主义者的标准，因此尚武与财富被他们排除在德性之外，他们崇尚的德性是对名誉的追求，以及名誉的一些外在标记，如优雅的语言、举止和服饰，高超的鉴赏力。必须指出，“高尚”（nobilitate）就其本义来说指贵族（nobiles）的身份。人文主义者所说的高尚不仅是个人的道德追求，而且是君主统治的最高目标。意大利人文主义者乔维诺·庞达诺（Gioviano Pontano，1426 ～ 1503 年）要君主记住“声望和威严是完满的一体”，“每一天都要提高荣誉”；只是为了荣誉，君主才有道德修养的必要性。荣誉的德性比“太阳更辉煌，即使看不到太阳的瞎子也会明白地看到这种德性”。[③]

人文主义者力图按照自己的德性标准塑造新型统治者。道德哲学中政治学是伦理学的延伸。他们的政治学著作往往是供统治者阅读的行动准则，因此特别注重个人品质和能力的修养。这些著作适应了绝对王权和城邦政治的需要，现实针对性很强。

---

① CRP，p. 332.

② 《论君主体制》，1 题 8 条。CRP，p. 413。

③ CRP，p. 425.

2. 马基雅维利

尼科洛·马基雅维利(Niccolo Machiavelli, 1469～1527年)是文艺复兴时期最重要的政治哲学家。他出生于佛罗伦萨律师家庭,自幼接受人文学科教育,青年时担任佛罗伦萨共和国外交官。1512年米底齐家族攫取政权后离开公职,因被怀疑参与反米底齐活动而遭软禁。在此期间,撰写《君主论》献给米底齐。获释后于1513～1519年写成《论李维的前十书》。1519年起在米底齐政权供职,其间著有《战争的艺术》(1521)、《佛罗伦萨史》(1525)。1527年共和国重新建立之后失去公职。

《君主论》鼓吹绝对君权,《论李维的前十书》论证共和制必要性,两者看起来相互矛盾,其实表达了人文主义者的政治主张。在当时的政治学著作中,君主制和共和制不是截然对立的两种制度。《君主论》是献给君主的进谏,主要论述君主所必备的品质;《论李维的前十书》是向大众发表的著作,主要论述人民应遵循的政治路线。

马基雅维利的《君主论》列举历史上和现实中成功君主的事迹,得到正反两面经验,当君主"知道他是他的军队的完全的主人的时候,他的名声总是越来越大,他受到人们的敬佩,是任何时候都比不上的";反之,"世界上最弱和最不牢固的东西,莫过于不以自己的力量为基础的权力的声誉了"。[①] 他称赞当今的西班牙国王阿拉冈的费尔迪南多是"基督教世界中首屈一指的国王",因为他的武装力量"一直给他带来了荣誉"。马基雅维利为君主制订的准则是:"一位君主必须依靠他的行动去赢得伟大人物与非凡才智的声誉。"君主只要能够"征服并且保持这个国家","他所采取的手段总是被人们认为是光荣的,并且将受到每一个人的赞扬。因为群氓总是被外表和事物的结果所吸引,而这

① 马基雅维利:《君主论》,潘汉典译,商务印书馆,1987年,第66～68页。

个世界里尽是群氓”[①]。

关于人民是群氓，马基雅维利用性恶论作了说明：“关于人类，一般地可以这样说：他们是忘恩负义、容易变心的，是伪装者、冒牌货，是逃避危难、追逐利益的。”[②] 面对这样的臣民，君主有理由不受道德的约束，他不可能避免残忍的名声，他的安全更多地在于被人畏惧，而不在于被人热爱，最有成就的君主都是不重信用的，如此等等，这些品质都是恶，但非如此便不能统治，这可以说是以恶治恶。

君主德性只是获得成功和荣誉的手段，君主应依能否达到这一目的决定德性的取舍。他对德性的分析与道德学家有根本分歧。比如，人文主义者一般把尚武排除在德性之外，马基雅维利要求君主把军事实力作为首要力量。人文主义者要求君主具有良好修养和生活习惯，他却认为只有在导致自己亡国时对君主才是一种恶，一个明智的君主可以保留那些不会使自己亡国的恶性，如果他发现不能够避免其他恶性，则毫不踌躇地听之任之。

传统公认的正义、自由、宽厚、信仰、虔诚等美德，在马基雅维利眼里没有自身的价值，不是君主必须践履的原则，对君主行为没有道德约束力。他说：“人们实际上怎样生活与人们应当怎样生活，其距离是如此之大，如果一个人要是为了应该怎么办而把实际上是怎么回事置诸脑后，那么他不但不能保存自己，反而会导致自身毁灭。”[③]

马基雅维利还教导君主：“世界上有两种斗争方法：一种方法是运用法律，另一种方法是运用武力。第一种方法是属于人类特有的，而第二种方法是属于野兽的。”既然人类都是“冒牌货”的群氓，君主要以“半人半兽的怪物为师”。在运用野兽的方法时“应当同时效法狐狸和

① 马基雅维利：《君主论》，潘汉典译，商务印书馆，1987 年，第 105，106 ～ 107 页。

② 同上书，第 80 页。

③ 同上书，第 71 页。

狮子”，君主的艺术在于知道什么时候当狐狸，什么时候当狮子，特别是要“深知这样做狐狸”，那就是，“君主必须深知这样掩饰这种兽性，并且必须做一个伟大的伪装者和假好人。人们是那样地单纯，并且那样地受着当前的需要所支配，因此要进行欺骗的人总可以找到某些上当受骗的人们”。[①]《君主论》赤裸裸地鼓吹武力征服、欺骗、作恶，即使在黑暗时代也难以成功，更不要说在民智渐开、法制成熟的中世纪晚期了，把马基雅维利看作第一个近代政治哲学家是荒谬的。

如果说马基雅维利的政治学有现实主义因素的话，那可以在《论李维前十书》中看到。马基雅维利用肯定的态度谈论人性。他说：“从天性上说，人即使有能力获得一切，也有这样的欲望，可是命运却让他们所得无几。这会使人的头脑中不断产生不满，对已有的东西产生厌恶。”[②]

无论是对不安于现状的追求还是对一切限制的憎恨，都是人类的自由天性。以历史变化的眼光看待人性，马基雅维利赞扬古代人自由的德行。他说：“了解古代王国的人都知道，由于风俗的差异，它们的善恶有多有少，可是世界还是那个世界。唯一的不同是，上天先是把德行放在亚述，又放在米底，然后放在波斯，最后是意大利和罗马。虽然在罗马帝国之后，再没有出现一个把世界的德行集于一身的帝国，然而德行却被分散于众多的民族，让他们过着有德行的生活。”[③]

马基雅维利唯独不把基督教道德列入德行。他说：“我们的信仰不同于古人。我们的信仰，指明了真理和真理之道，使我们不看重现世的荣耀，而异教徒却对它极为推崇，把它视为至善……除了现世荣耀等身者，例如军队的将帅和共和国的君主，古代的信仰从不美化其他人。

---

① 马基雅维利：《君主论》，潘汉典译，商务印书馆，1987 年，第 83 ～ 84 页。
② 马基雅维利：《论李维》，冯克利译，上海人民出版社，2005 年，第 207 页。
③ 同上书，第 206 页。

我们的信仰所推崇的，却是卑恭好思之徒，而不是实干家，它把谦卑矜持、沉思冥想之人视为圣贤……这种教养，这些荒谬的解释，使我们今天再也看不到古代那样众多的共和国了，从而再也看不到人民中间有着像当时那样多的对自由的热爱了。”[①]

“自由”（libertas）在古罗马共和国的维护者西塞罗、萨路斯特（Sallust）和李维（Levi）等人著作中的主要含义指免受外族奴役以及公民的利益互不冲突。马基雅维利憧憬古罗马共和国的光荣，看到罗马的伟大在于共和制度。他说：“精明的人创立共和国，必做的事情之一，就是为自由构筑一道屏障，自由生活方式存续之短长，端赖此屏障之优劣。”[②]

罗马共和制建立了君主制、贵族制和民主制的混合制度，“由于三种统治形态各得其所，此后共和国的国体更加稳固”，“在这一混合体制下，它创建了一个完美的共和国”[③]。后来罗马共和国的衰落，根源是平民和元老院的内讧，演变为皇帝专制的帝国。马基雅维利一反《君主论》中关于君贵民轻的议论，证明人民“并不比君主更加忘恩负义。说到做事的精明和持之有恒，我以为人民比君主更精明、更稳健、判断力更出色。人民的声音能比作上帝的声音”，“在推选官员上，他们的选择远胜于君主”；公民应当平等，“地位再尊贵的公民，不可蔑视人微言轻的公民”。[④]各阶层公民应该相互均衡、监督，代表平民的集团和代表贵族的集团通过促进自己利益的争论达到公共利益。他说：“有利于自由的法律都采自他们之间的不和”，“优良的楷模生于良好的教养，良好的教养生于良法，而良法生于受到世人无端诬责之纷争”[⑤]。就是

① 马基雅维利：《论李维》，冯克利译，上海人民出版社，2005 年，第 214 ～ 215 页。
② 同上书，第 58 页。
③ 同上书，第 50、52 页。
④ 同上书，第 195、139 页。
⑤ 同上书，第 56 页。

说，公民间的自由争论可以产生自由的法律，而自由的法律保障人的自由天性和教养，两者相辅相成，造就国家的自由、强大和光荣。

文艺复兴时期大多数人都在传统意义上肯定人类的自由选择能力，而马基雅维利从罗马共和制度得到政治自由的思想，并把各派力量的均衡作为政治自由的保障。

必须承认，近代政治哲学对自由的理解更接近马基雅维利。但不能因此夸大马基雅维利政治哲学的现代性，他在否认和忽视基督教信仰的条件下谈罗马共和制度是不现实的，正如他承认的那样："我也搞不清楚，自己是否应算作自欺之人，因为我在自己这些文字中，也对古罗马时代大加赞美，谴责我们的时代。"①

3. 莫尔

托马斯·莫尔（Thomas More，1478～1535年）表达了对"自由"的另一种理解。莫尔为英国政治家，1529年起任大法官，因否认英王亨利八世有权领导教会而被处死。莫尔是人文主义者，他把一些希腊文的传记、诗歌、政治与宗教著作译为英文。他的代表作《乌托邦》被认为是空想社会主义的开端。德默特·芬隆在一篇研究报告中对之作出政治改革的评价："《乌托邦》的诉求是促使修道院价值向适应世俗国家价值的转变，其出发点和加尔文的日内瓦的改革和罗马教会的反向改革（Counter Reformation）的起点是一致的。"②

《乌托邦》明显表达了人文主义者的德政理想：乌托邦是理想的共和国，它不但与邻邦保持和平，而且公民处于完全自由状态，不像世界上其他国家，"只是在共同体的名称和名义之下追求个人私利的富人的

---

① 马基雅维利：《论李维》，冯克利译，上海人民出版社，2005年，第207页。

② Dermot Fenlon, "England and Europe: Utopia and Its Aftermath", in *Transactions of the Royal Historical Society*, Fifth Series, 1975(25), p. 131.

一个阴谋”[1]。乌托邦达到幸福的奥秘在于政府以德性为目标，“事情组织得如此之好，使德性都有回报”；公民的德性主要表现为献身于公众事业，“每个人都把自己的才能与精力贡献给公众事务”[2]。

莫尔从德政的要求出发，得出废除私有制的主张，他的理由仍然是德性的标准。他认为，既然德性是奖赏与荣誉的唯一标准，那么其他标准理应废除。传统上把财产作为好公民的不可缺少的资格，“在这样的制度中，一切高尚、伟大、显赫、尊严等一些众所周知的共同体优点和真正美好象征都被扫荡殆尽”。因此，“除了彻底废除私有财产的制度之外，不可能有正义和利益的平均分配以及道德事务中的任何幸福”[3]。

莫尔的政治蓝图以道德理性为基础，他以人文主义的高尚的德性标准否认财产的道德价值。虽然他得出了其他人文主义者没有说出的废除私有制的结论，但他的思想基础和理论前提仍然是人文主义者的政治道德化的主张，这一主张直接承袭了基督教政治的传统，因此有人称莫尔为“基督教人文主义者”。第一个近代政治哲学家霍布斯在《利维坦》中批评了基督教国家的德性政治的主张：“现在路加城的塔楼上现有以大字特书自由二字，但人们不能据此而作出推论说，那里的每个人比君士坦丁堡的人具有更多的自由，或能更多地免除国家的徭役。”[4]霍布斯批评的是德性政治仅仅把自由当作理想的不切实际，他主张的是现实主义的政治哲学。如果说莫尔为“基督教人文主义者”，要把政治道德化，那么马基雅维利反其道而行之，在批评基督教道德观基础上把道德政治化。

---

① *The Complete Works of St. Thomas More*, Vol 4, Yale University Press, 1965, p. 102.

② Ibid., p. 244.

③ *The Works of Thomas Moore*, London, 1968, p. 104.

④ 霍布斯：《利维坦》，黎思复等译，商务印书馆，1995年，第167页。

4. 历史哲学

人文学科中的历史科目的内容非常广泛，从低级的学科到成熟的科学，从含糊的"感性知识"到"最确定的哲学"，从单纯的记录到历史规律的探讨尽在其中。人文主义把哲学思辨引入历史，从此出现了以历史为思辨对象的历史哲学。

按亚里士多德的说法，历史低于诗学，因为历史中的哲学因素最少。对历史有特殊爱好的人文主义者都反对这种说法。意大利政治学家帕特里兹（Prancesco Patrizi，1413 ～ 1494）说，历史是"人类事件的记忆"，历史规则是真理的记忆规则；如果说哲学家只研究原因，那么历史学家既研究原因，又研究结果，对真理的把握更全面。[①]

法国政治哲学家包迪（Jean Bodin，1530 ～ 1596 年）第一个提出了"历史哲学"（Philosophistoricus）的概念。他区别出三种不同意义的历史：第一种是过去的记载，这是"真实的传说"；第二种历史是对史料的选择、分类和判别，相当于历史学；第三种历史是对人类活动的概括。他把人类活动概括为生存、舒适和文明这样三个由低级到高级发展的阶段。历史发展遵循普遍规律。他说："最好的普遍规律存在历史之中。"历史用来概括人类活动的范畴分为自然律、人类律、神圣律和民族律四类。这些范畴赋予历史最高的普遍性，使之成为"最高的科学"，"结合叙事与智慧的训诲"。[②] 历史哲学在文艺复兴时期起着人类知识的统一原则和方法论的作用。17 世纪维柯继承了历史哲学的传统，同时期的笛卡儿则依据自然科学模式，思考知识的统一原则和方法论问题。近代哲学基本上倾向于笛卡儿的模式，直到 19 世纪下半叶，人文、历史科学与自然科学的差别才成为哲学家关注的一个焦点。

---

① CRP，p. 756.

② CRP，p. 758.

第四节 古代哲学的复兴

文艺复兴时期，在挖掘、整理古籍的风气中，大量希腊哲学原著被翻译为拉丁文或意大利文。亚里士多德全集按新的文体和术语进行翻译，柏拉图全集也第一次被译为拉丁文。亚里士多德的希腊注释者以及斯多亚派、新柏拉图主义者的著作、拉尔修、恩披里柯的资料集也重见天日。可以说，我们现在所能读到的希腊哲学典籍，大部分都是这一时期的贡献。新的历史资料虽没有引起哲学上的重大变革，但也引起了对柏拉图和亚里士多德学说的不同于经院哲学的新理解。

1. 柏拉图主义复兴运动

柏拉图主义一直影响着中世纪哲学，但柏拉图的对话除《蒂迈欧篇》以及《美诺篇》《斐多篇》三篇之外，一直没有被译为拉丁文。彼得拉克推崇柏拉图为高于亚里士多德的哲学大师，他试图搜集柏拉图全集。1397年，一个来自拜占廷的学者曼纽尔·克里索洛拉（Manuel Chrysoloras）在佛罗伦萨讲授柏拉图原著，他和学生一起把《理想国》《法律篇》《高尔吉亚篇》《斐多篇》等对话译为拉丁文。

柏拉图主义复兴的真正契机是1438年召开的讨论东、西方教会联合的佛罗伦萨会议。拜占廷帝国代表普勒托（Georgius Gemistus Pletho，1360～1452年）以特有的敏感把东、西方教会代表的争论焦点归结为早期教父援引的柏拉图主义与经院哲学依赖的亚里士多德主义之间的分歧。普勒托是柏拉图的信奉者。早在国内，他就向皇帝建议把柏拉图主义作为复兴拜占廷帝国的精神力量。在佛罗伦萨会议期间，他写了《论柏拉图和亚里士多德的区别》，证明教会的思想支柱应是柏拉图主义，而不是亚里士多德主义。他反驳经院哲学家的解释，指出亚里士多德从来没有肯定上帝是世界创造者，也没有肯定恩典和灵魂不朽；相反，他认为天界由第五元素构成、幸福生活在于纯思辨、德性是中道、第一实体是可感的个别事物，这些观点不符合基督教信仰。亚里士多德错误根源在于否定柏拉图的理念论，他的思想停留在物理学水平，关心的是变化，而不是存在，他的上帝仅仅是运动的第一原则。

普勒托的论文在东、西方学者中间引起一场关于柏拉图和亚里士多德地位的优劣高下之争。其时，教皇尼古拉五世组织一批学者翻译希腊典籍，其中一位名叫特列布松的乔治（Georgius Trapezuntius，1395 ～ 1484 年）的希腊学者作为教皇代言人，写了《亚里士多德与柏拉图哲学之比较》一书，论证亚里士多德更接近基督教神学立场。他指责柏拉图是多神论者，柏拉图认为创世之前存在着质料和灵魂；这种理念论导致伊壁鸠鲁的唯物论，柏拉图的"爱欲"观念导致快乐主义；唯物主义和快乐主义的结合导致伊斯兰教。另一方面，亚里士多德却是一神论者，他相信从无到有的创造和个人灵魂不朽，他的观点被托马斯、大阿尔伯特、邓·司各脱等经院哲学大师所继承。罗马教廷的红衣主教贝萨里奥（Basilios，1403 ～ 1472 年）写了《答对柏拉图的污蔑》，反驳特列布松的乔治的著作。他说柏拉图和亚里士多德哲学都是异教徒思想，但历史事实说明，早期教父思想的重要来源是柏拉图主义，而不是亚里士多德主义。贝萨里奥引用大量古代注释者的著作支持自己论点，达到了相当高的学术水准。

除了宗教上的原因之外，人文主义者的世俗兴趣也是柏拉图主义复兴的一个重要原因。15 世纪后期，佛罗伦萨的人文主义者的兴趣由人文学科转向思辨哲学，思辨的主题大多是神话和隐喻的神圣意义、美的本性、友谊的目的、思辨的价值、人的创造力和完善性，等等。对这些问题作过深入探讨的柏拉图对话成了启迪人文主义者的源泉。为了促成柏拉图著作的翻译、研究和交流，柯西莫·米底齐于 1462 年在佛罗伦萨开办柏拉图学园，这不过是位于郊外卡雷吉别墅的名称，是一个松散的学术俱乐部式的组织。匈牙利当代哲学家海勒尔却对它有很高评价，她说："佛罗伦萨的柏拉图学园的组织有划时代的意义，这里是独立于古老的教会和大学体制的第一个哲学院，它完全是世俗与'开放'的，原则上向一切有思想的人、至少向一切按柏拉图精神思想的人开放。"[①] 依我们看来，这个学园确实开放，但却并不世俗，因为以它为中心的柏拉图主义复兴运动具有浓厚的宗教色彩。虽然它没有经院哲学的风格，但远不是世俗化运动。

马尔西利奥·费奇诺（Marsilio Ficino，1433 ～ 1499 年）是学园的核心人物。他早年在佛罗伦萨学习人文学科和哲学，但没有获得学位。学园成立时承担翻译柏拉图全集工作，1469 年完成了第一部拉丁文的柏拉图全集。他的研究著作有《柏拉图神学》和论文集《柏拉图智慧的五大关键》《会宴篇注》等。1473 年他被任命为神父。1494 年随着米底齐家族被驱逐，他隐退乡间至死。

《柏拉图神学》构造了一个新柏拉图主义的宇宙等级体系，它由太一、心灵、灵魂、形式和形体五个基本实体构成。"太一"是基督教的上帝，他包含着万物的理念；理念注入天使的心灵，心灵产生理性的灵魂；灵魂包含着与心灵中的理念同样多的"精微理性"；灵魂的创造把精微理性外在化为形式；形式与形体的结合组成可感的具体事物。在这个宇宙图式中，灵魂占据着联系精神世界（太一、心灵）和物质世界（形式、形体）的中介位置，他类似于《蒂迈欧篇》中的"世界灵魂"，弥漫于世界。它的精微理性是推动事物运动的活力。费奇诺设想天体的光芒就有灵魂的精微活力，它们发射到地面上转化为地上事物的形式。因此，天象变化是世间变化的前兆。用这种方式，他论证了当时流行的

① A. Heller, *Renaissance Man*, Routledge & Kegan Paul, London, 1978, p. 148.

占星术的可靠性。

费奇诺所说的灵魂主要指人的灵魂。个人灵魂是世界灵魂的个体化，因而人可以利用精微活力进行创造。比如，医生集中天体影响力治疗身体紊乱；天象也影响人的想象和思维，使他们能够发现事物的隐秘性质与和谐，创造文艺作品；人还有把事物中精微活力激发出来的创造力，这就是魔术。费奇诺把魔术称作最崇高的自然哲学。然而，他心目中的人性的楷模是艺术家的灵魂。人所创造的奇迹主要是艺术：伟大的城市、辉煌的建筑、雕像和绘画、有用的工具器械表现了人利用自然、装饰自然的创造力，显示了人的灵魂的神圣。人就是地球上的神。费奇诺对人的创造力的说明与人文主义相一致。另一方面，我们也要看到，他并没有把人文主义与神学对立起来。他的目的是用柏拉图神学取代基督教哲学。他看到自 1431 年巴塞尔会议以来，亚里士多德哲学已成为教皇至上派的理论工具，费奇诺企图为东、西方教会、甚至穆斯林提供一个共同的理性基础。他说希腊神话的赫尔默斯和奥尔弗斯、波斯先知琐罗亚斯特以及希腊哲学家毕达哥拉斯都是柏拉图神学的前驱。柏拉图没有区分哲学和宗教，他把毕达哥拉斯和苏格拉底的哲学转变为符合一般人性的宗教。柏拉图神学于希腊人有着摩西戒律于希伯来人那样的重要性。基督教诞生之后，传播福音的约翰、圣迪奥尼修斯、圣奥古斯丁等人透视了柏拉图的秘密，那些自称为柏拉图主义者的哲学家则成为异教徒，因为他们无法理解《斐多篇》描写的遨游天空的天马的引导者是基督，世界灵魂是道。基督肉身化使人成为宇宙的中心。费奇诺说："上帝变成人，因而人才有可能变成上帝。"[①]

费奇诺的灵魂不朽学说集中反映了他的宗教精神。他利用了经院哲学的两个概念："种首"（Primum in genere）和"自然欲望"（appetitus

---

① 《论基督的宗教》，16 章。CRP，p. 577。

naturalis)。"种首"的意思是每一个种都有一个首位事物,完满地拥有这个种的全部特征,其余事物都依其属性和个性部分地拥有种性。种首是这些事物共有的本质和目的,它们都有追求种首的自然欲望。费奇诺把"存在"看成一个种,存在的种首是上帝或至善、太一,人的灵魂是存在的一个等级,自然有追求至善的欲望。然而,灵魂的中介位置决定了它的双重性,灵魂既有倾向于低一级生命的感性,又有沉思高一级精神的理性。处在肉体之中的灵魂摆脱不了这样一个矛盾:它不断地追求永恒幸福,但又总得不到满足。费奇诺用希腊神话中普罗米修斯和西息弗所受的折磨比喻人的处境。他说:"我们被置于第一自然秩序之外,哦,可怜的人!违反自然地生活和受难。"[①] 然而,违反自然秩序的生活只是表面、暂时的。没有不起作用的自然欲望,个人灵魂的自然欲望也是如此,如果它在现世生活中达不到目的,它必定会在死后实现与至善融合的目的。因此,个人灵魂必定是不朽的,这是解决灵魂的自然欲望和现实处境之间矛盾的唯一出路。费奇诺在经院哲学关于灵魂不朽的论证面临严重挑战之际,为这一信条提供了新的论证,这说明新柏拉图主义与经院哲学的调和之处。

乔万尼·皮科(Giovanni Pico, 1463 ～ 1494 年)是学园的一个重要成员。他青年时代在波萨那、费拉拉、帕多瓦大学接受经院哲学的教育,1484 年参加佛罗伦萨学园。次年访问巴黎大学时批判经院哲学。回到学园之后写成九百论题,拟邀请各国学者来罗马就这些命题展开辩论。教皇英诺森八世谴责这些命题为异端,皮科因此被囚禁。洛伦佐·米底齐把他保释出来,他的余生在学园度过。直到死前一年,教皇亚历山大六世才宣布他无罪。皮科的著作有《关于人的尊严的演讲》《七重天》《论存在与一》《反占星术论辩集》。

---

① 《心灵五题》。RPM, p. 209。

皮科早期相信类似费奇诺的柏拉图神学的神秘神学传统，认为真理是源于古代希伯来、波斯、巴比伦、希腊的宗教等“远古神学”到基督教的一以贯之的神学。他的九百论题不仅引用基督教神学家观点，而且引用阿拉伯人、犹太人和希腊人的神学，用考证、索隐方法寻求不同语言的相同意义。例如，他说明耶稣的希伯来文名称Jesus隐含着“上帝”和“上帝之子”双重意思，由此证明“三位一体”的教义。《关于人的尊严的演讲》是作为他计划组织的辩论会的开幕词而写作的。教廷的谴责迫使他取消了这一计划，这篇演讲在死后才发表。演讲分两部分：第一部分从人的尊严阐明哲学的性质，第二部分证明远古神学的合理性。演讲开始于对人在宇宙间地位的思考。他不满意把人置于宇宙中心或把人看做“小宇宙”的观点。他说，造物主在完成创世活动之后，决定再创造一个能够景仰他的杰作的伟大和美丽的存在者，这就是人。上帝已经把恩典分摊给了被造物，他决定让人分享这些被造物所有的一切。上帝对亚当说：“我不给你固定的处所、独有的形式和特别能力。你可以按照希望和判断的目的占有自己想要的处所、形式和能力。其他一切存在者的本性被限制在我所规定的规律的范围之内，你不受任何限制，你的本性按自己的自由意志，在你自己手中被限定。我把你放在世界中心，使你可以看到世界的一切。我使你既不属于天上，又不属于地下；既不可朽，又非不朽。你可以用自由选择和自尊心造就你的样式和你意愿的形状。你有堕落到低一级的野兽般的生命形式的力量，也有按照灵魂的判断上升到高一级的神圣形式的力量。”[①] 瓦拉借上帝之口，为人性和自由谱写了一曲我们在现代存在主义者那里才能听到的赞歌。

在《七重天》中，皮科重申了人在存在等级之外，没有固定本质的

---

① 《关于人的尊严的演讲》，3节。RPM，pp. 244～245。

观点。他把宇宙分为元素世界、天体世界和超天世界三个世界。人是创世之外的新创造，他的本性是认识造物主和他所创造的世界，他的任务是统一这三个世界。皮科早期思想遭谴责的根本原因在于企图为基督教寻求神秘经验的证据，并在历史传说和典籍中考证。他以为索隐与魔术比任何科学都可以更好地证明基督的神性，这一观点被明确宣判为异端，另一位神学家指责他所依靠的不是信仰的坚定性，而是证据的确定性。皮科的后期著作放弃了远古神学的主张，不再谈论三位一体、肉身化等教义所需要的证据，在《论存在与一》之中，他引用托马斯观点说，任何名称意义只适用于被造物，不能表示完满的上帝；上帝被浓厚的乌云所遮掩，启迪信仰的力量是“无知之光”（lux ignorantiae）。皮科放弃对神秘经验证据的要求，至少是他后来反对占星术的原因。他在长达 12 卷的《反占星术论辩集》中指出天体只通过自然的光和热影响地球，没有任何超自然的力量。

2. 亚里士多德主义的世俗化

亚里士多德著作在文艺复兴时期按希腊文原著被重新译为拉丁文。译者有意识地效仿古典拉丁文的典雅，反对莫尔伯克的威廉译本的“野蛮”风格。亚里士多德著作的希腊文版也被出版。世俗学者利用原著和新译本反对经院学者对亚里士多德主义的解释，尤其反对形而上学与自然神学一体化的做法。他们把灵魂学说作为自然哲学的一个分支，从身体和心灵关系角度对人的灵魂进行研究，这些理论已经开始接近近代意义上的心理学。

15 世纪世俗化亚里士多德主义的中心在帕多瓦大学。这里与佛罗伦萨的学园共同构成古代哲学复兴的基地，它们在 15 世纪哲学中的地位犹如巴黎大学、牛津大学在 13、14 世纪哲学中的地位。围绕灵魂性质问题，帕多瓦的亚里士多德主义分为阿维洛伊派和亚历山大派。前者坚持人类理智统一、个人灵魂有朽的阿维洛伊主义；后者使用希腊注释者阿弗洛底西亚的亚历山大的著作，认为灵魂只是身体的形式，随着身体死亡而朽灭。两派都否定先定命运和意志自由。这些观点在 1513 年召开的第五次拉特兰会议上被谴责为异端。但 1277 年“大谴责”的悲剧没有重演，帕多瓦的亚里士多德主义一直延续到 16 世纪末期。

帕多瓦的阿维洛伊派是一个从 15 世纪开始代代因袭的学派。威尼斯的保罗（Paulus Venetus，1369 ～ 1429 年）毕业于牛津大学，访问过巴黎大学。1408 年起在帕多瓦大学任教，把阿维洛伊主义、奥康主义带入帕多瓦。他认为理智不仅仅是个人活动，而且是一种存在，即独立于个人的潜在真理。个人灵魂以理智为对象才能产生出共同的知识，人类知识的真理性就是统一的可能理智的现实性。保罗的学生悌也尼的加埃塔诺（Gaetano de Thiena，1387 ～ 1465 年）明确地得出个人灵魂可朽的结论。他说：“思辨理智在这个或那个人中产生和消亡，但在人类之中，它是一个永恒整体。总有一些被想到的思想存在某些人的想象之中，可知的类和理智活动因而被可能理智所接受。这样才有永恒的第一原则、艺术和科学。因此，可能理智绝不会停止，因为它不依赖于任何个别人的认识。”[①] 这种论证从人类知识普遍性和真理绝对性出发，推导出一个不依赖个人灵魂、个人灵魂却必须依赖的统一理智。加埃塔诺的学生尼科拉托·维尼阿斯（Nicoletto Vernias，1420 ～ 1499 年）在《统一理智论题集》中除了使用上述认识论论证同时，还从形而上学、自然哲学的角度进行论证。他说，根据亚里士多德原则，理智是与质料分离的不朽的活动；凡与质料分离的东西不被质料个体化，它只能是不包含个体的单一类属；因此，理智的存在和活动都不依赖身体，否则的话，理智活动将成为身体活动的一部分，不能与感

① 《论灵魂注》，3 卷 5 章 2 题。RPM，p. 263。

觉相区别。根据他的论证，理性灵魂要么是个别、有朽的（如果它与身体相结合），要么是普遍、不朽的（如果它与身体相分离），但不可能是个别、不朽的。他反对托马斯借助上帝的创造把灵魂的个别性与不朽性结合在一起，认为这是违反自然的，而上帝不会创造出违反自然的东西。他说，现在人认为个人灵魂可朽是不可能的，“因为他们从童孩时期就习惯于这种不可能性的谈论，习惯只是第二性的自然”。[①]

维尼阿斯主持帕多瓦大学哲学教席达 31 年之久（1468 ～ 1499 年），广泛传播了阿维洛伊主义，用他的一个反对者的话来说，“使全意大利几乎都归依错误”。红衣主教康达利尼（Contarini）也说：“当我在帕多瓦的时候，这所意大利最著名的大学最尊重注释者阿维洛伊的名字和权威。所有人都同意他的立场，他关于理智统一性的观点最为著名。凡是不这样想的人都会被看做不配称为逍遥派和哲学家。”[②]拉特兰会议之后，帕多瓦主教施加更大压力迫使阿维洛伊派就范。维尼阿斯的学生尼孚（Agostino Nifo，1469 ～ 1538 年）采用了易于为人所接受的柏拉图主义解释统一理智说。他说统一理智有三种可能性：第一，它是最高真理，相当于柏拉图的“善”和基督教神学的“上帝之光”；第二，它是存在个人灵魂之中的普遍原则，是对上帝之光的分有；第三，它是由上述分有而在个人灵魂中产生的天赋观念和命题。他认为这些理解与费奇诺关于灵魂不朽的说法相符合。然而，他实际上仍然坚持个人灵魂不可能永恒的主张，因为个人灵魂存在于身体之中：“在抽象与物质的东西之间没有中介，每一个形式要么来自物质力量，因而会生会灭，要么在存在方面与物质相分离，在过去和将来永恒。”[③]

---

① 《统一理智论题集》，7 章。RPM，p. 262。

② 同上书，RPM，p. 265。

③ 《论理智六书》，2 卷 15 部。RPM，p. 263。

16世纪著名的阿维洛伊主义者亚历山大·阿契里尼(Alessandro Achillinus,1463～1518年)也是维尼阿斯的学生,在尼孚之后担任哲学教授,但他大部分时间在波隆那大学教学,只在帕多瓦大学任教二年(1506～1508年)。他以对亚里士多德著作的大量注释而获得"亚里士多德第二"的荣誉。他把理智解释为纯形式的理念:"可能理智是可以脱离质料而存在的形式,因为它的活动和存在都不依赖于身体,即便它实际上没有脱离感觉想象而活动,它能够这样活动。"[①] 他区分了理智自身的纯粹活动和理智与感官结合的实际活动。在后一种情况下,可能理智被身体现实化、个别化为思想,如阿契利诺所说:"思想是我们自己的力量,不仅由于理智是我们的形式,而且由于思想之前发生的感觉活动是我们的力量。"[②] 个人思想随感觉消失而消失,思想的普遍形式,即可能理智却是不朽的。

阿维洛伊派主张人类理智统一、个人灵魂可朽的主要理由出于某些理论上的需要,认为非如此便不能坚持某些公认的形而上学和认识论的原则。亚历山大派基于经验事实,对理智、灵魂等心理现象作自然主义和生物学的解释。他们的基本立场是:"理智随人类个体的多样化而多样化,和所有自然形式一样,它有生有灭,因基本性质的聚合而生,因它们的离散而灭。"[③] 没有脱离身体的纯粹理智,可能理智不过是个人的潜在能力,它和个人灵魂一样是可朽的。

彼得罗·彭波那齐(Pietro Pomponazzi,1462～1525年)是亚历山大派的主要代表人物。他毕业于帕多瓦大学,并在那里教授哲学达20年(1488～1509年),后来转到波隆那大学任教。他为反对拉托兰会议决议而写的《论灵魂不朽》引起轩然大波,对后世也产生较大影响。

---

① 《论理智》,3题1条。RPM, p. 263。

② 同上书,3题2条。RPM, p. 265。

③ Pauli Veneti:《自然哲学大全》,5卷2部37章。RPM, p. 266。

有人说他是“最后一个经院学者和第一个启蒙学者”[1]。虽然“最后”和“第一个”的说法过于简单化，但必须承认，他的思想是经院哲学和启蒙精神的混合。经院哲学的因素表现在他用标准的经院方法和论辩形式，在亚里士多德主义的前提下讨论灵魂性质问题，他最后达到的结论也没有超出早已在经院哲学内部流行的“双重真理论”。然而，他的著作实际上对中世纪关于灵魂是否不朽的争论作了一个不利于“灵魂不朽”教义的总结，被后来的启蒙学者用作否认这一教义的武器，虽然他的本意并非如此。

《论灵魂不朽》以课堂讨论方式提出问题。彭波那齐指出托马斯关于灵魂的观点不符合亚里士多德著作原意，应一个多米尼克会的学生要求，他用自然理性证明自己的论断。首先，按亚里士多德说法，人的灵魂包括植物性、动物性和理性三种成分，混合成分导致混合性质；灵魂既有可朽性，又有不朽性。问题在于：灵魂的哪些成分、在何种意义上是可朽与不朽的？可能的答案有六种。（1）每一个人的灵魂既是无条件的不朽，又是无条件的可朽；（2）每一个人的灵魂无条件地不朽，有条件地可朽；（3）每一个人的灵魂有条件地不朽，无条件地可朽；（4）每一个人的灵魂既是有条件的不朽，又是有条件的有朽；（5）所有人共享一个不朽的灵魂，各有自己的可朽灵魂；（6）所有人共享一个可朽灵魂，各有自己的不朽灵魂。答案（1）违反矛盾律，答案（6）违反“普遍高于个别”的原则，这两条可以不予考虑。彭波那齐接着考察了剩下四种可能答案的有效性。需要说明的是，答案（2）、（3）、（4）中“有条件”和“无条件”分别指是否依赖于肉体。答案（2）的意思是纯粹理智与意志不朽，但人的感性和生理功能是可朽的，这是托马斯观点；答案（3）的意思是灵魂脱离了肉体之后即朽灭，灵魂的认

---

① RPM，p. 268.

识能力却能无限延续，这是阿弗洛底西亚的亚历山大的观点；答案（4）的意思是灵魂不管在肉体之中，还是与肉体分离之后都是独立的实体，这是柏拉图的“灵魂转世论”；答案（5）很明显是阿维洛伊派观点。彭波那齐逐个否定了阿维洛伊、柏拉图和托马斯观点之后，论证了亚历山大观点的有效性。

彭波那齐反驳阿维洛伊的主要理由是：按照亚里士多德观点，灵魂是身体形式，不是独立的精神实体。当亚里士多德说灵魂不依赖质料时，他的意思是说灵魂的理智活动不依赖感官活动，但并不是说个人理智以一个不同于感觉对象的统一理智为对象。经验告诉我们，个人理智所认识的只是感觉提供的对象，而不是感觉不到的统一理智。因此，统一的人类理智“不仅本身是一个虚构，而且违反亚里士多德”。[①]

柏拉图把灵魂作为独立精神实体，灵魂与身体是推动者与被推动者的关系，两者的结合并不比牛和犁更密切。这不符合经验，比如，灵魂可以感觉到身体疼痛，却不能抑制疼痛，可见疼痛是身体对灵魂的作用。另一方面，亚里士多德关于灵魂与身体关系以及灵魂的三种功能关系的论述却可以解释心理经验。两相比较，“说人是灵魂和身体的结合比说人是使用身体的灵魂更接近真理”。[②]

针对托马斯的观点，彭波那齐指出，只有极少数人才表现出纯粹理智和意志，如果个人灵魂不朽仅指纯粹理智和意志不朽，那是不是说大多数人的灵魂是可朽的，灵魂不朽只是特例？他指出：“人的存在天性是感性多于理性，因而可朽多于不朽。”[③] 托马斯以上帝创造个人灵魂为由证明其不朽，这只是信仰，而不是自然理性。自然理性规定：原因是自然的，结果必定也是自然的。人的自然本性导致理性灵魂可朽的自

① 《论灵魂不朽》，4 章。RPM， p. 297。

② 同上书，5 章。RPM， p. 298。

③ 同上书，8 章。RPM， p. 304。

然结果。

彭波那齐认为亚历山大的注释更符合亚里士多德的原意，这就是：个人灵魂与身体分离之后是可朽的，但灵魂中某些与身体有关的影像在灵魂朽灭之后仍然留存。他说："人的灵魂是无条件的物质性东西，有条件的非物质性东西。"[①] 不朽的影像是灵魂与身体的中介，可能是一种精微的气息。但是，彭波那齐并未就此作更多说明，他只是说这种影像是个人理智的认识不可缺少的因素，它决定了不同个人的认识活动可以达到普遍、共同的知识。

彭波那齐的结论是："灵魂不朽问题和世界永恒问题一样是中性的问题"；"中性"指既无肯定性答案，又无否定性答案；因为"自然理性不能证明灵魂是不朽的，也不能证明灵魂是可朽的"。人们在这一问题上没有确定性，因此在行动上要格外谨慎。他说："如果目的是未知的，手段必然也是未知的。如果灵魂不朽，那么就要抛弃世间事物、追求永恒事物；然而，如果灵魂存在是可朽的，那么应该按相反方向行动。"[②] 不管彭波那齐的主观动机如何，他的著作实际上传播了怀疑教义、鼓励世俗生活的人文主义思想。威尼斯宗教和市政当局宣判这一思想为异端，当众焚烧他的著作。教皇利奥十世却以开明态度鼓励不同意见。彭波那齐写了《答辩书》回答托马斯主义者、红衣主教康达利尼的批评。后来又写了《论命运》一书论述《论灵魂不朽》所达到的非决定论的生活观。在彭波那齐之后，再也没有关于灵魂不朽问题的认真的哲学争论。他的《论灵魂不朽》可以说为从亚里士多德《论灵魂》开始的那场漫长哲学争论写下一个句号。哲学家争论的焦点转向从笛卡儿《形而上学沉思》开始的关于心灵与身体关系的问题。

---

① 《论灵魂不朽》，9 章。RPM，p. 317。

② 同上书，15 章。RPM，pp. 377 ～ 378。

第五节　宗教改革的哲学思想

1. 基督教人文主义

基督教人文主义是公教会或天主教内部的改革思潮，却不是罗马教廷的主导思想。罗马历任教宗虽然欣赏文艺复兴运动成果，也积极组织和赞助了一些人文主义者的研究、翻译和艺术创造等方面的活动，但总的说来，教宗对人文主义的反传统、反神学精神毫无兴趣，更谈不上利用人文主义思想指导教会政策。只是一些有改革思想的人文主义者才提出了用更符合人性的温和、开明思想代替宗教专制主义和经院教条主义的主张。这些改革主张虽然没有被罗马教廷所采纳，还遭到新教改革派的反对，但它们对新教宗教改革的进程以及后世的宽容思想与启蒙精神都有不可磨灭的贡献。

(1)爱拉斯谟

德西代·爱拉斯谟(Desiderius Erasmus，1466～1536年)出生于荷兰鹿特丹天主教徒家庭，少年时代在天主教会内有革新精神的“共同生活兄弟会”中受教育。1487年成为奥古斯丁会教士，1492年被任命为神父。后来在巴黎、牛津、卢汶等地学习，先后在剑桥、卢汶、巴塞尔和弗莱堡等大学任教。

爱拉斯谟自称他的思想是把学问与虔诚融合一体的“基督的哲学”(Philosophia Christ)，他宣扬宗教改革的主要著作是《基督教士兵手册》《愚人颂》《谈话集》以及反路德的《论自由意志》。

《基督教士兵手册》为一个担心“陷入宗教迷信”、“信仰犹太教那样的畏的宗教，而不是爱的宗教”的士兵而写。爱拉斯谟在其中说明了基督教的本质有两条：一是以《圣经》知识为武器，与生活中的罪恶作无休止的斗争；二是关注内心对上帝和邻居的爱，而不专事外在的崇拜活动。为了获得《圣经》的知识，必须热忱地研究上帝的道，热悉保罗的教导。他认为异教徒，如柏拉图主义者、斯多亚派“通常是优秀的道德教师”[①]，但《圣经》主要的注释者是早期教父如奥立金、安布罗斯、哲罗姆、奥古斯丁。他明确反对经院学者，说他们纠缠《圣经》文字而忘了精神，依赖邓·司各脱却不读《圣经》原文，在学术上沉溺于文字，而不关注精神实质，在行动上装作虔诚，漠不关心他人。他斥责那些伪君子：“你的兄弟需要帮助，这时你却喃喃地向上帝作祷告，装作看不见你的兄弟的需要”，“你一夜输尽千金，此时一些贫穷的女孩为了生活需要出卖肉体、失去了灵魂，你却说‘这与我有何相关？我只想与我相关的事’。你后来能不能看到，像你这样想的基督徒还能符作人吗？”[②]

爱拉斯谟把他对基督教本质的理解归结为“基督的哲学”，这是一个与经院哲学相对立的概念。他说：“在这种哲学中，心灵的意向比三段式推理更为真实，生活不仅仅是争论，激励比解说更加可取，转变是比理智思索更为正要的事情。只有极少数人是有学问的，但一切人都能成为基督徒，一切人都能是虔诚者，我斗胆说，一切人都能成为神学家。”[③]他还说，这是一种异常的智慧，它“一下子赋予愚人全部的现世智慧”。[④]这里所说的“愚人”和“智慧”的关系是爱拉斯谟《愚人颂》的主题。这部广泛传播的讽刺著作和匿名作者写的《无名者的信》被当时的宗教改革者们用作攻击教会制度、教宗和僧侣的武器。《愚人颂》写出了一个愚人眼里看到的世人的虚伪和愚昧，即使那些被人尊重的有智慧、有道德、有名誉和地位的人也不例外，他的辛辣笔调直指僧侣、神学

---

① M. Spinka (ed.), *Advocates of Reform: From Wyclif to Erasmus*, S. C. M. Press, London, 1953, p. 304.

② Ibid., pp. 320, 360.

③ J. Olin, *Six Essays on Erasmus*, Fordham University Press, New York, 1980, p. 100.

④ Ibid., p. 96.

家、哲学家、主教乃至教宗。讥笑他们是一群不可救药的愚人，揭露他们的虚伪、阴暗和可悲。他说，这些哲学家“没有一点知识，却宣称已掌握了全部”，“他们的智慧就是胡思乱想，捣鼓鸡毛蒜皮的小事”；神学家“新名词和怪术语滔滔不绝”，但“他们的一些结论和与常理相悖的观点相比则更显得愚拙无聊，诸如杀一千个人也不如在安息日为穷人鞋上缝一针的罪过大”。他们“向世人展示了邪恶、傲慢、野蛮、粗鲁，他们把这称为使徒的生命”；人们“极其憎恶他们，偶然碰面都觉得晦气”[①]。他的目的是教育世人放弃自作聪明、自以为高明的幻觉，成为圣保罗所称的“神在世上拣选的愚人”（《哥林多前书》1:27）。他说：“《愚人颂》的动机和其他著作并无不同，只是方法不同”[②]。

爱拉斯谟的理想是用“基督的哲学”改造神学，按保罗的主张改造教会，更重要的是除去人性中虚浮矫揉的一面，恢复简单、质朴的自然本性。福音书的素朴信仰胜过繁琐的说教和仪式。他在《谈话集》中说到这样一个故事：在一次海难事故中，船上的人惊慌失措，乞求圣徒保佑，许诺报答的誓言。只有一个母亲保持平静和尊严，怀抱着孩子，默默地祈祷，最后只有她得救。他相信符合人的自然本性的基督教信仰与一切圣贤发现的真理是相通的，反对宗教狂热和专制主义，主张通过教育、而不用强制手段改变人的不良生活。他赞赏苏格拉底娓娓动人的劝导，更推崇他视死如归的气概。他的名言“圣苏格拉底为我们祈祷”[③]是一个基督徒对异教徒道德的最高评价。

现在的古典学主要讨论古希腊文和拉丁文的语文学（philology），基本不触及宗教信仰问题。这门学科在诞生时却是一门专门针对中

---

① 麦格拉思编：《基督教文学经典选读》上卷，苏欲晓等译，北京大学出版社，2004年，第393～394、338～339页。

② J. Olin, *Six Essays on Erasmus*, p. 59.

③ C. R. Thompson, *The Colloquies of Erasmus,* 65, University of Chicago Press, 1965, p. 68.

世纪“学问”（doctrine）的精细的艺术（art）。如我们看到，瓦拉用文字考证与诠释学的方法，首先证明 8 世纪以来一直作为教皇世俗权力的合法性依据的历史文件《君士坦丁馈赠》是伪件。爱拉斯谟的《新约全书》共有 5 个版本。西班牙主教西门尼兹（Ximenez）主编的多语种的《康普顿斯〈圣经〉》（*Biblia Complutensis*）。1535 年版去掉拉丁通俗版的对照。爱拉斯谟的希腊文–拉丁文对照版被称作“领受版”（Textus Receptus）。其实，与同时期的《康普顿斯〈圣经〉》相比，爱拉斯谟的《圣经》内容（只有《新约》）和语种（没有《旧约》希伯来文和希腊文），而且《新约》希腊文的来源也不全，只在君士坦丁堡一个家族收藏的版本中选用最流畅的版本，且不包括《启示录》，这篇的希腊文是从拉丁文倒译的。只是康普顿斯版为等待教皇批准而晚出几年（1522 年发行），销路不大（600 套，而爱拉斯谟版第一、二版销售 3000 册），更重要的是，爱拉斯谟版被德文和英文版当作原版，因而被定为“标准版”。不仅如此，爱拉斯谟还编辑、翻译了早期教父安布罗斯、约翰·阿里索斯顿、哲罗姆、奥古斯丁、大巴兹尔等人的著作，以及古典作家亚里士多德、西塞罗的著作。多伦多大学出版的《爱拉斯谟文集》（*Collected Works of Erasmus*）共 78 卷，大多数是古希腊文、《圣经》希腊文、古典拉丁文和教父拉丁文的翻译整理作品。他的工作奠定了他作为古典学创始人的地位。爱拉斯谟新编和新译的《新约》和《康普顿斯〈圣经〉》全本都得到教皇利奥十世的批准，爱拉斯谟并把他的新编本献给教皇。始料未及的是，宗教改革中流行的《圣经》新译本却成为新教与天主教之间激烈冲突的根源。

爱拉斯谟宣扬的返回福音书的改革主张和新教改革纲领是相一致的，他的《新约全书》“领受本”是路德的德文本的母本，故有“爱拉斯谟下蛋，路德孵鸡”之说。但这不是爱拉斯谟的本意。他在 1524 年 12 月所写的一封信中指责科隆的法兰西斯会“爱拉斯谟下蛋，路德孵鸡”

的说法，后来人们反过来借用这句话表彰他的贡献。其实，爱拉斯谟温和的人文主义与路德激进的信仰主义差距甚大，我们将看到，这一差别酿成了他们之间的一场激烈论战。

（2）蒙田

米歇尔·蒙田（Michel de Montaigne，1533～1592年）代表了后期人文主义者对宗教改革的怀疑态度。他在波尔多大学学习法律，担任波尔多市议员、议长和市长。他的三卷本的《随笔》开创了“随笔”（essai）这一文学形式。《随笔》前两卷获得罗马教廷批准，只作少许改动。这与蒙田坚持天主教信仰的态度有关。但是，蒙田在宗教改革触发的战争中持中立态度，他的父亲是天主教徒，他的母亲是相信新教的犹太人，他本人与一些新教徒交往甚密。他的温和的生活态度与他所相信的皮罗的怀疑论有关。

蒙田有一句座右铭：“我知道什么？”他认为，天下找不出那么两个人对同一事物持完全一致的看法，世界上大多数弊端来自人们内心对自己无知的害怕。他说：“承认自己无知，我认为是说明自己具有判断力的最磊落、最可靠的明证之一。”[①]他认为人是渺小的，“自高自大是我们与生俱来的一种病，所有创造物中最不幸、最虚弱、也是最自负的是人。……这种妄自尊大的想象力，使人自比为上帝，自以为具有神性，自以为是万物之灵”。[②]即便人的宗教信仰，也是建立在习俗的基础上。蒙田说：“世界上大多数弊端来自我们内心对承认自己无知的害怕，来自教导我们接受一切不能否认的东西的方式。”但是，承认自己无知又何妨呢？苏格拉底不是声称他只知道自己无知吗？事实上，“疑惑是一切哲学的开始，研究是中间，无知是终结……这种无知需要和知识本身同样多的知识才能达到，认识、判断和谴责自己的无知并不是完

① 蒙田：《蒙田随笔全集》中卷，潘珍丽等译，译林出版社，1996年，第82页。
② 同上书，第124页。

全不知道”。[1] 这里的“无知”指哲学的怀疑、批判精神，这是医治专横、武断造成的弊端的良方。

蒙田和早期人文主义者的一个重要区别表现在于，他不再相信人在自然中的优越性；相反，他认为正是这种自诩的优越性造成了人性中骄横和自负的一面。他说，如果直立姿势是人的优越性，那么骆驼和驼鸟岂不比人更高大；如果说人的理性使人高于动物，谁能证明理性比动物本能更有助于生活？人类中心论的创世观念史是人的想象：“谁能相信天穹的运动、在人类头顶上高傲地移动的发光体的永恒的光芒、无涯大海令人生畏的潮涌都是为了人的方便和用途才存在和延续了千万年呢？”[2] 蒙田指出了人类知识的缺陷：人的感性和理性都不可靠，人们在所有问题上都有正相反对的意见，但却无力提出所有人都能接受的科学、哲学和神学观点的证明，因为“没有人类的第一原则，除非来自神圣的启示，其余的一切，开端、中间和结局只是梦幻和烟雾”。[3] 虽然理性知识归根到底以信仰，即“来自神圣的启示”的第一原则。然而，没有所有人都可以接受的信仰，由此，人不能达到确定的知识。他同样怀疑信仰的确定性，指出宗教信仰冲突和变化的事实。为了防止宗教上的教条主义阻塞怀疑主义，他反对按神学原则决定人的生活。他说：“神学博士过多地写人性比人文主义者过少地写神性更有害。”[4]

蒙田的怀疑主义并非引导他得出否定一切的结论；相反，他声称自己的“生活哲学”是一种健全的常识。这种常识哲学有两个特点。第一是自然主义。蒙田说：“惟其生活得自然，所以生活得幸福”，“我们不能不跟随自然”。[5] 按自然生活也就是按照德性生活，但是，德性不

---

① *The Autobiography of Michel De Montaigne*, Houghton Mifflin, Boston, 1935, p. 233.

② 《随笔》，2卷12篇。CRP, p. 325.

③ 同上书，CRP, p. 683。

④ *The Autobiography of Michel De Montaigne*, p. 263.

⑤ Ibid., 372.

是经院教条，因为“宗教和法律不能给予人德性，只能完善和促成德性，德性来自自然种植在每个人之中的普遍理性的种子”。[①]第二，蒙田的哲学是自我内省的意识。既然每个人内心都有“普遍理性的种子”或者“人性的全部幸运”，那么，没有人比自己更懂得自己应当如何生活，唯一需要关注的只是自我对生活的感受，它会帮助人自然地运用理性。符合自然的生活必定是简单的常规生活。“最简单地追随自然就是以最大的智慧追随自然。”[②]蒙田的怀疑主义和自然主义在当时产生了抵制教条主义、宗教狂热和迫害的社会影响，对近代认识论也有深远影响。正如有位研究者指出：他“提出了近代知识论的问题：我们能知道一切吗？我们能知道什么？我们如何能确信？培根、笛卡儿、帕斯卡读过他的书，他的新皮罗主义也是我们现在必须迎接的挑战，看一看人类知识是否有新的基础。因此，通过怀疑主义，认识论成为近代思想的焦点”。[③]

2. 路德神学的哲学基础

（1）反亚里士多德倾向

从历史渊源上看，宗教改革运动的发起人马丁·路德（Martin Luther，1483～1540年）的神学受到奥古斯丁主义、14世纪陶勒尔传播的神秘主义和奥康主义的影响。这并不是说他继承和发展了这些在哲学史上有价值的思想，而是说，他利用这些思想对圣保罗“因信称义”的教义作出新说明，从而为新教神学奠定了理论基础。路德虽然不是哲学家，却非常清楚自己在哲学争论中的倾向性。他曾在维腾堡讲授亚里士多德伦理学达8年之久；当他与罗马教廷决裂之后，他把亚

---

① *The Autobiography of Michel De Montaigne*, p. 373.

② Ibid., 374.

③ CRP, p. 684.

里士多德主义以及与之联合的经院哲学当作理论上的敌人，说“亚里士多德《伦理学》是恩典的最坏的敌人”。[①] 另一方面，如果我们考虑到奥古斯丁、陶勒尔（通过其师艾克哈特）和奥康（就其意志主义而言）都有柏拉图主义或非亚里士多德主义倾向，我们便不难理解为什么路德会在1518年海德堡的论辩申说，柏拉图哲学优于亚里士多德哲学。他在那里说：“柏拉图朝向神圣、不朽、分离、不可感但可知的方向努力，亚里士多德却相反，只讨论可感和单个的东西；完全是人类和自然的东西。”[②] 这一哲学史的评价也适用于他的神学与天主教神学的分歧。

（2）“因信称义”的确定性

路德宗教改革的口号是“因信称义，唯有信仰”。他关心的主要问题是人如何获救以及人如何能确定自己获救的命运。他在讨论这些神学问题时提出了一些值得注意的认识论的思想。首先，他认为“因信称义”是一个精神转变的过程。信仰最初表现在对上帝全能和公正的畏惧以及人在上帝面前的渺小感、犯罪感和内疚心情。他说，卑谦是虔诚的基础，人必须摒弃自我（Ichheit），把自己看作非存在，让一切都由上帝完成。把自我交给上帝产生对上帝的信赖和热爱，并且进一步发展为期待上帝恩典的希望。保罗在“信－爱－望”三者中间强调“爱”，而路德强调畏和爱的统一所产生的“望”，变成完全的信仰。人因信仰而成为义人，或者说，获得了被免除罪恶的恩典。路德称恩典的获得为“称义”（justificatio），这是个内在的转变和再生的过程。“转变”主要指由犯罪感到确信获救的精神变化，人也由“罪人”变成“义人”，这就是“再生”。

路德着重强调确定的获救感是最基本的确信，它是理性的标准而不需要通过理性来证明自身的真实性。路德说：“我们的理解力确定并

① 转引自CRP, p. 343。
② 同上书，p. 356。

毫无疑虑地宣称三加七等于十；但不能提出任何理由说明为什么这是真的，为什么不能否认其为真；就是说，它规定自己；因为它被真理判断而不判断真理。……即使在哲学家中间也没有人规定那些判断其余一切的共同观念。同样，圣灵在我们心灵中间判断一切而不被任何人所判断。”[①]

路德认为，成熟的信仰者只能确信上帝已经宽恕了他，但不知道上帝为什么宽恕他，因为上帝的宽恕出自他的自由意志，人的理性不能探究他的决定的公正性，否则就要堕入不信、不敬的罪。确定的获罪感是圣道的直接启示，人不需要任何中介领悟到的圣道使他获得童心。所谓童心指脱卸了亚当遗传下的沉重负担，对未来生活充满了信心的再生开端。

路德“因信称义”指拯救的恩典在于因信仰和启示而获得精神转变。但是，他并不否认精神的转变所带来的生活的改变。如果说信仰是生活的常青树，上面必然长着爱和智慧的果实。他在《两种义》（1520 年）中区别了“外在之义”和“我们的正当之义”。“外在之义”是从外面灌输给我们的恩典，不需要人的事功，而“我们的正当之义”是人的善功的有益结果。他说：“第二种义是第一种义的果实和后果。”[②] 他又区别了被动的义和主动的义，前者是“外在之义”，即“只依靠基督和圣灵的义，这义我们不是遵行，而是容让；不是具有，而是接受；上帝藉着基督耶稣白白地把这义赐给我们”[③]；而主动之义则是认为只要自己积极主动做善功，就自动得到的正当之义，如果是这样，那么如同保罗所说，因信称义就不是上帝的恩典，而是自己应得的工钱。路德说，这样的义是自义，自义之人必然走向毁灭：先是不感恩，然后生

① Martin Luther, *D. Martin Luthers Werke: Kritische Gesamtausgabe, Band 1*, Hermann Böhlau Verlag, Weimar, s.128 ～ 129.

② *Martin Luther's Basic Theological Writings*, ed. T. F. Lull, Fortress Press, 1999, p. 158.

③ 马丁·路德：《〈加拉太书〉注释》，陈江川译，道声出版社，1966 年，第 261 页。

命空虚，灵性盲目，最后反对上帝，崇拜偶像。路德认为外在之义带来的确定的获救感必然表现为获救的历史进程，必然表现为健康的生活方式和功绩，只要出自外在的或被动之义，任何手艺和职业都是天职，工作的有益结果都是正当的义。反之，追求自动的正当之义、默守陈规的祈祷、守斋、隐修等活动都不是善功。据此，路德否认了除洗礼和圣餐之外，天主教会其他圣事的价值。

（3）路德与爱拉斯谟之争

爱拉斯谟的新约标准版为路德的《圣经》德文本和宗教改革提供了精神动力，故有“爱拉斯谟下蛋，路德孵鸡”之说。在一个短暂时期，路德和爱拉斯谟相互欣赏，但路德最终迈出了爱拉斯谟不愿跨出的一步——与罗马教廷决裂。爱拉斯谟代表人文主义者首先发难，于1524年写出驳路德拯救观的文章《论自由意志》（De libero arbitrio），路德立即写出《论被捆绑的意志》（De servo arbitrio）作为回应，爱拉斯谟又写出《反马丁·路德被捆绑的意志》（Hyperaspistes Diatribae Adversus Servum Arbitrium Martini Lutheri）一文。这场争论涉及人性、道德基础等重大问题。

爱拉斯谟针对路德否认人有自由选择善恶的观点指出，人有双臂，一肢行善，一肢作恶，路德砍去了一肢臂膀，未获恩典的人全是罪人，获得拯救的人全是义人，一切由上帝的自由意志决定，人却没有选择善恶的自由。爱拉斯谟说，既然人有分辨善恶的知识，为什么没有选择善恶的意志呢？他对“自由”的定义是：“人类意志的一种力量，使人决定做趋向或背离拯救的任何事情。”[①] 他指出，对《圣经》中拯救说的解释有两种倾向：一是佩拉纠派以意志自由否认恩典的倾向，一是路德以恩典否认意志自由的倾向。罗马教会在两个极端中持中间立场，这是一个最可

① 转引自CRP, p. 662。

行的方案，虽然中间立场不一定是最完满的真理。他说："从这种中间立场可能会得到某种不完满的善，但人们不会完全信赖它。"[①]就是说，"意志自由说"只是一种相对优越的解释。相比之下，路德的学说有明显缺陷：如果人不能自由选择善恶，他为什么要为自己的行动承担道德责任？上帝惩恶扬善还有什么公正性？人的拯救还有什么伦理价值？

路德所反对的，正是爱拉斯谟不确定的中间立场。他说，避免对抗的中间观点属于人的智慧，确定的真理来自对福音书中绝对命令的恭谦的服从。用"意志自由说"来论证上帝惩恶扬善的公正性，无异于用三段式和语法来规定上帝应负的道德义务。他说："俗人的言行如超不出法律规则的合法定义和亚里士多德《伦理学》第五卷，不会认识到上帝的善和正义的价值。"[②]路德否认人有任何违背和反对上帝意志的自由。他指出，伟大的圣徒从来没有体验到除了服从上帝命令之外的另外一种情感，他们的意志被上帝的意志所驱，这里只有因果决定关系，但通过意志起作用的因果关系表现为自愿的趋向，而不是强制的必然性；因此，"自由"的反面不是必然性，而是别无选择、义无反顾的追求。路德对爱拉斯谟著作的评论是："虽然风格文雅，但我从来没见过一本论自由意志的书是如此微弱。"[③]他们之间的分歧在更深的层次上表现为宗教改革家的信仰的确定性和人文主义者的理性怀疑精神的差别。

路德思想的主要来源是保罗"因信称义"的教义。保罗的"奴仆比喻"点明基督徒免于罪的奴役的自由。他说："作奴仆蒙召于主的，就是主所释放的人；作自由之人蒙召的，就是基督的奴仆。"（《哥林多前书》7:22）作基督的奴仆是"我们在基督耶稣里的自由"（《加拉太书》2:4）。保罗把免除罪的自由和为基督作奴仆的自由结合起来。他

① 转引自CRP, p. 663。
② 同上书，p. 664。
③ 同上。

说："我虽是自由的，无人辖管，然而我甘心作了众人的仆人，为要多得人。"(《哥林多前书》9:19)按照保罗的自由观，路德提出了这样一个命题："一个基督徒是一切人的最自由的主人，不受任何人的管辖；一个基督徒是一切人最忠顺的奴仆，受每一个人管辖。"①

路德如同后期奥古斯丁，他否定了人在堕落状态的意志自由，又肯定了人获得恩典时的真正的自由。路德对堕落的人性持完全否定的态度："人在肉体里和灵魂里全都有一个搅乱了的，败坏了的和受到毒害的本性，人类没有一点东西是好的。"② 人处在堕落的状态，完全被罪所奴役。人靠自身无力拯救自己，也不能指望通过宗教仪式和道德行为可以使人摆脱罪的奴役而获得拯救，只有依靠恩典才能摆脱了罪的奴役的自由，自由既然是恩典的赐予，自由是被动的，"即只能是接受，而不能是创作。因为它(自由)并不存在于我们的能力之中"③。自由是上帝赋予我们的，上帝已经规定了我们能否自由以及自由的限度，我们的意志只能是上帝意志的体现，并没有选择善恶的自由。路德说："这就是那种基督徒的自由，也就是我们的信仰，它的功效，并不在于让我们偷闲安逸，或者过一种邪恶的生活，而是在于让人们都无需乎律法和'事功'而获得释罪和拯救。"④

路德虽然否认事功对于获得拯救有所帮助，但却肯定获救的人必有事功。在他看来，恩典是最主要的。没有恩典，就没有自由，也没有真正意义上的事功；有了恩典，就有了自由，也有了事功。从恩典到自由，再到事功，这是一个因果关系系列，它们的关系不能颠倒。

做所有人的奴仆就是极其高尚的事功。路德的意思是说，一个获

---

① 周辅成编:《西方伦理学名著选辑》(上卷)，商务印书馆，1987年，第439页。
② 同上书，第485页。
③ 同上书，第482页。
④ 同上书，第447页。

得了恩典的人只服从上帝，不服从任何人。服从上帝的命令就是爱，不但爱上帝，而且爱众人，为他人服务。人并非为自己活着："他也是为尘世上一切人而活着；不仅如此，他活着，只是为了别人，并非为了他自己。因为正是为了这个目的，他才要压服他的肉体，以使他能够更为诚笃地、更自由地为他人服务。"[①]

对于一个基督徒来说，"在他眼前除了他邻人的需要和利益之外，就不应该有别的什么了"[②]。人们之间应当相互友爱，彼此关心，分担彼此的负担。从这个意义上说，他是一切人最忠顺的奴仆。他这样做并非被迫的，而是自愿的，所以这是一种自由的服役，他是为爱而工作，为爱而活着的。基督徒在人间的使命就是为他人效劳，对他人有用，他为他人效劳并非为了回报，他从不计较得与失，也不计较是得到责备还是赞赏。他行善的目的并不是施恩于人，也不分敌人还是朋友，都一视同仁。所以他是自由的。他这样做只有一个理由，就是上帝也是这样做的。

爱拉斯谟与路德在人有无自由选择的意志问题上的论战，其意义已不限于具体的神学观点，而涉及《圣经》解释的一些根本问题：《圣经》文字的意义是可疑的，还是确定无疑的？《圣经》的意义是否有待人的解释？是否遵从教会权威对《圣经》的解释？中世纪正统神学家对《圣经》的解释与古希腊罗马哲学家的思想是否一致？在这些问题上，爱拉斯谟持正题，路德持反题。

爱拉斯谟认为《圣经》的文字是可疑的，需要通过解释才能明白《圣经》的启示。在《论自由意志》中，他引用早期教父安布罗斯、阿里索斯顿、哲罗姆、奥古斯丁和托马斯等神学家的权威解释来确定《圣经》中肯定人有自由选择的意志。在批评路德的《反马丁·路德被捆

① 周辅成编：《西方伦理学名著选辑》（上卷），商务印书馆，1987 年，第 465 页。
② 同上书，第 466 页。

缚的意志》，他又大量引用古典作家亚里士多德、西塞罗、塞涅卡等人的著作证明自由选择是人的善性，与上帝的恩典和拯救相符合。

路德在《论被捆绑的意志》中直接诉诸《圣经》，而不旁征博引。他批评爱拉斯谟不相信《圣经》文字的自明性不是基督徒的做法。路德与爱拉斯谟之争不是信仰与学术的冲突，而出自对信仰与学术关系的不同立场，即对《圣经》信仰是否服从古典学术问题的不同回答。路德宣称，他并不比对手缺少哲学和古典学知识："他们是博士吗？我也是。他们是学者吗？我也是。他们是哲学家吗？我也是。他们是语文学者吗？我也是。他们是教师吗？我也是。他们写书吗？我也写。……我能运用他们的辩证法和哲学，且比他们所有人都运用得好。此外我还知道他们无一人懂的亚里士多德。……我这样说并不过分，因为我从小就受教育，一直运用他们的知识。我知道它的深浅，他们能做的一切，我都能做。"①

路德依靠《圣经》论证宗教改革的合法性和正当性，提出"唯有《圣经》"的口号。他的《圣经》解释以基督为中心，拒绝把圣道与载道的福音书分开，圣道的启示与阅读福音书是一个里表一致的过程。他认为《圣经》文字的意义清晰明白，因此《圣经》传播的圣道才有直指人心的启示力量。路德坚决反对经院学者的解经传统，只承认文字意义的真实性。他说："喻意、借喻或属灵意义在《圣经》中是没有价值的，除非同一真理在其他地方按照字面意义清楚说明，否则《圣经》就会成为一个笑柄。"② 强调《圣经》的文字意义，不只是为了强调语文学和语言学的重要性，更重要的是强调：《圣经》意义的清晰性使教育水

---

① 麦格拉思编：《基督教文学经典选读》（上册），苏欲晓等译，北京大学出版社，2004 年，第 351 页。

② 转引自阿利斯特·麦格拉思：《宗教改革运动思潮》，蔡锦图、陈佐人译，中国社会科学出版社，2009 年，第 152 页。

准、语言能力不同的人有着同等地理解《圣经》和接受启示的机会。

路德改革的目标首先是要剥夺罗马教宗垄断《圣经》解释的特权。天主教会掌管《圣经》的精神特权一旦被取消，神职人员高于一般教徒的等级特权、教宗召集宗教会议的行政特权随之取消，被路德称作保护罗马的三道护墙就这样被推翻了。

路德并不否认牧师宣讲《圣经》、教会规范信条的作用，但是，牧师的宣讲应该解释的只是文字意义，教会的规范应以教徒信仰的类似性为基础，教会不是挡拦在个人与上帝之间的障碍，而是支持个人与上帝直接交往的后盾。

（4）路德的“双重治理”论

在政权和教权问题上，路德先后提出了两个“双重治理”的学说，1630年前，路德早期的“两个王国”思想继承了奥古斯丁的“双城论”，而与奥古斯丁的上帝王国有所不同。路德认为，基督王国既是无形的教会也是世间的教会，它与尘世王国完全分离对立，不可能外在为尘世王国。他说：“基督徒知道尘世有两个王国，相互进行猛烈斗争。其中一个是撒旦控制的，另一个是基督统治的王国。”[①] 人类被分成两部分，基督徒属于基督王国，而非基督徒、异端、假基督徒属于撒旦为君主的尘世王国；基督王国是恩典和仁慈的王国，没有愤怒和刑罚，只有美好、爱心、服侍、善行、和平与友好。而尘世王国是愤怒的上帝对付恶人的仆人，它是地狱和永死的先兆，使用刀剑，刑罚，压制，审判定罪，除暴安良。两个王国实行两种治理：基督王国是基督的恩典治理，宽恕罪人，凭借圣灵使人成为虔诚的基督徒，属灵治理是肉眼不可见的，只能用信仰来感受；而尘世王国的治理用不平等的权力控制非基督徒和恶人，把他们分成自由人和被囚的、领主和臣民，用刀剑和法律维持秩

---

① Martin Luther, *D. Martin Luthers Werke*, Band 18, s.782.

序与和平。这两种治理彼此平行，不能混淆，基督徒不需要尘世治理，直至末日基督王国完全胜利，统治尘世。很明显，此时两个王国的双重治理论针对的是路德教会与罗马教会的对立，他把罗马教会和与之结盟的世俗政权划归尘世王国。

1530年前后，路德的观点发生变化，起因是宗教改革内部分化：路德的支持者从反对天主教势力走向激进变革主张，并诉诸社会政治行动。路德隐居在瓦特堡期间，卡尔斯塔特等人主导改革运动，发生了攻击圣像、废除圣礼仪式、没收教产等群众骚乱。更严重的是，托马斯·闵采尔（Thomas Müntzer，1490～1525年）领导德国农民，把宗教改革转变为推翻封建领主统治的政治斗争。

宗教改革运动中的激进主张和行动分裂了路德教会，也引起了支持路德的封建领主的不满。路德不得不承认基督徒也需要尘世治理。他说，两种治理都是上帝设立的，都是神圣的："上帝让尘世治理成为正当得救和他的天国的榜样"，它是"基督统治的一种表象、影像或象征"①。虽然两种治理的方式不同，但不是对立的，属灵治理方式被压缩到讲道，而尘世治理不再局限于刀剑统治，范围扩大到"金钱、财富、荣誉、土地、人群"②，以及维持秩序和和平、婚姻和养育子女等。两种治理相互依赖，但路德强调尘世治理的必要和重要，以及属灵治理更加依赖尘世治理。他说，由于世界是邪恶的，属灵治理不足以单独存在于世界，"一个人试图用福音管理国家或世界，就好像一个牧人把狼、狮子、鹰和羊关在一个圈里，让它们自由行走"③。同时，尘世治理也需要属灵治理的帮助，因为"即便世俗治理本身能强迫民众有外在的良好行为，也不能使心灵正直。在只有世俗治理运行的地方，只有伪善和外在服

① *D. Martin Luthers Werke*, Band 30 Ⅱ, s. 554.

② *D. Martin Luthers Werke*, Band 32, s. 307.

③ *D. Martin Luthers Werke*, Band 11, s. 252.

从，而不会从内心里产生对上帝的正确态度”[①]。

虽然路德原则上肯定属灵治理高于属世治理，但他把“中世纪教会与国家的二元结构”，改变为国家政权的一元结构，从而为《奥格斯堡条约》“教从邦定”的原则奠定了神学基础。斯金纳说，路德“肯定使教会置于信神的君主控制之下”，这意味着在整个中世纪王国与教士领导者之间进行的可怕论战突然宣告结束，认为教宗和皇帝拥有平行的绝对权力的概念瞬间消失，教士的独立管辖权应该移交给世俗当局，如人所说，路德消灭了“两把剑的隐喻，从今以后只有一把由一位拥有正确的智囊并信神的君主来挥舞的剑”[②]。

3. 梅兰希顿的亚里士多德主义

路德去世之后，他的生前助手和继承者菲利浦·梅兰希顿（Phlip Melanchthon，1497 ～ 1560 年）竭力弥合路德宗与古典哲学和人文主义的隔阂。他是维腾堡大学希腊语教授，对哲学与人文学科有深厚学术造诣。他虽然一度跟随路德反对亚里士多德和一般意义上的哲学，但自 16 世纪 30 年代起开始认识到，基督教应表现为真正的哲学，古代的复兴学科（studia renascentia）是创立新哲学的重要途径，亚里士多德的著作应得到尊重。

梅兰希顿对《伦理学》的评注赋予路德关于信仰、内疚、自由权和先定的学说更多的伦理意义和理性色彩。他自 1526 年起开始着手建立新教的教育体系，编写和确定教科书。他倾向于把亚里士多德主义作为哲学的基础，开创了“新教亚里士多德主义”，与经院哲学的亚里士多德主义相抗衡。新教亚里士多德主义比经院哲学更紧密地与基督

---

① *D. Martin Luthers Werke*, Band 30 II, s. 136.

② 昆廷·斯金纳：《近代政治思想的基础》（下卷），奚瑞森、亚方译，商务印书馆，2002 年，第 21 页。

教义相结合，在经院哲学家已经放弃理性论证之处重新用哲学为神学服务。比如，梅兰希顿在《论灵魂著述》中把灵魂对上帝的认识、灵魂不朽、肉身复活当作心理学事实接受下来。另一方面，他利用人文主义者的批判，对经院哲学的评注抱着不屑一顾的态度。他的心理学吸收了斐微斯《论灵魂和生命》一书的思想，建立了一个包括对人的身体、感觉、自由和感情进行生理学、认识论、伦理学和修辞学全面研究的人论。又如，他采用了奥康关于直观和抽象两种认识的区分，认为自原罪之后，人只能在经验条件之下认识，因此对个别事物的经验直观是知识的基础。同时，他也接受了“天赋观念说”，认为普遍经验和逻辑证明所能达到的确信来自神圣意志，知识是一个集合天赋的理智印象的活动。在此前提之下，他重新解释了动力理智和可能理智的意义。他说，动力理智是发明的力量，可能理智是接受的能力。虽然人类接受天赋观念的能力是平等的，但只有少数天才能够发明它们之间的关系，从而创立知识的体系。梅兰希顿的人文主义和亚里士多德主义思想不但深化了路德的信仰主义，而且用知识阶层和政治家更易于接受的方式传播了路德神学。

4. 加尔文主义的哲学基础

在宗教改革运动中，加尔文宗的改革最彻底。加尔文把“双重治理”统一起来，把圣洁生活的精神领域与政治、经济、科学等公共领域结合起来。加尔文比其他宗教改革家更注重律法，试图把日内瓦建成按照符合神的意愿的法律治理的榜样，名为上帝之国，其实质是政教合一的神权统治。加尔文宗比路德宗和安立甘宗的影响更大。加尔文宗从日内瓦传播到欧洲各国，成为国际性联盟，它的分支或变种把长老制民主议事的模式推广到国家治理，赋予人民群众推翻暴君的神圣权利，用“草根”式的宗教组织动员民众。

（1）对古典学的批判性继承

虽然路德声称他能更好地运用经院学者的辩证法和哲学，而且知道他们无一人懂得亚里士多德，但在路德的著作中，人们很少看到他使用自己声称所拥有的古典学知识。在宗教改革领袖中真能在文本中显示古典学功底的当属加尔文。加尔文早年师从著名古典学者科迪埃（Mathurin Cordier）和人文主义法学家阿尔茨迪（Andreas Alciati），精通古典拉丁文和希腊文，他的第一本书是对塞涅卡《论慈爱》（*De Clementia*）的评注。《基督教要义》一书依据《圣经》对新教的信仰作了最为明白、严谨和系统的说明，但并未因此忽视古典知识，他还大量引用古代和中世纪经典作家解释《圣经》。[①]

加尔文把人类知识分为三类："第一类包括民政、家事和其他一切文艺与科学；第二类包括对上帝和他旨意的认识，以及在我们生活中与这认识相配合的规律"[②]；第三类"即那规范我们生活的规则，我们称之为义行的知识"。古典知识中的这三类真假混杂，只有用《圣经》才能找到人类知识的真理。[③]

关于第一类理性知识、文学、技艺等，加尔文说："当我们看到真理之光在异教作家的著作中表现出来，就要知道，人心虽已堕落，不如最初之完全无缺，但仍然禀赋有上帝所赐优异的天才。如果我们相信，上帝的圣灵是真理的惟一源泉，那么，不论真理在何处表现，我们都不能拒绝或藐视它。……我们读古人的著作只有赞叹敬佩；我们要敬佩他们，因为我们不得不承认它们确实优美。我们岂不当认为那受赞叹并被看为优美的都是出自上帝吗？……《圣经》上称为'属血气的人'既

---

① 加尔文的《基督教要义》一书中译本有两个版本，一是香港基督教文艺出版社出版的老版本（徐庆誉等译，初版于1995年），一是北京生活·读书·新知三联书店的新版本（钱曜诚等译，初版于2010年）。本书引文参考两个版本，注明册数，卷，章，节。

② 加尔文：《基督教要义》上册，2:2:13。

③ 同上书，2:2:22。

在研究世间的事物上表现了这么多的天才，我们就应该知道，在人性最优之点被剥夺以后，主还是给它留下许多美好的品性。”加尔文以柏拉图为例说，虽然柏拉图把知识归于人的灵魂的回忆是错误的结论，但这可以证明：“人都禀赋有理性和知识。这虽然是普遍的幸福，然而每人都要把它看为上帝的特殊恩惠。”[①] 但他最后说，由于“最聪明的人”对上帝之爱的认识“比鼹鼠还更盲目”，因此“他们的著作虽然偶然含有稀少真理，但其所包含的虚伪更不知有多少”[②]。

为什么异教徒崇拜“他们的神”而不知道上帝的爱和恩惠呢？加尔文用人类对神的认识即第二类知识开始讲起。《基督教要义》开宗明义地说，认识神是人类的自然的本能，“我们认为这一点是无可争辩的”。他赞成西塞罗在《论神性》中所说，“没有一个国家或民族，野蛮到不相信有一位神。即使在某方面与禽兽相去不远的人，总也保留着多少宗教意识”[③]。他并引用柏拉图的“灵魂至善”说和普鲁塔克的宗教观说明上帝在人心中撒下宗教的种子。但是，加尔文并不因此而赞扬人性的善良，他是要阐述保罗的那句话：“自从造天地以来，神的永能和神性是明明可知的，虽是眼不能见，但藉着所造之物就可以晓得，叫人无可推诿。”（《罗马书》1:20）加尔文强调，人类堕落之后，充满着否认神的存在、亵渎神和崇拜假神偶像的罪恶。他说：“恶人一旦故意闭着自己的眼睛以后，上帝就叫他们心地昏暗，有眼而不能见，作为公义的报应。”[④] 这就应了保罗的一句话：“他们既然故意不认识神，神就任凭他们存邪僻的心，行那些不合理的事。”（《罗马书》1:28）加尔文列举柏拉图的“天球说”，斯多亚派编造的神的各种名称，“埃及人

① 加尔文：《基督教要义》上册，2:2:14 ～ 15。
② 同上书，2:2:18。
③ 同上书，1:3:1。
④ 同上书，1:4:2。

的神秘学”，伊壁鸠鲁派，罗马诗人卢克莱修、维吉尔蔑视神，以及古希腊吟唱诗人西蒙尼德斯的“未知的神”等事例。他说：“人类卑劣的忘恩负义之心，就在这里表现出来了”，“他们亵渎神的真理可谓无所不用其极”[①]。

第三类“义行的知识”相当于哲学家所说的“实践理性”或通常说的道德良心。保罗说：“没有律法的外邦人若顺着本性行律法上的事，他们虽然没有律法，自己就是自己的律法。这是显出律法的功用刻在他们心里，他们的良心（syndersis，和合本译作‘是非之心’）同作见证，并且他们的思念互相较量，或以为是，或以为非。”（《罗马书》2：15～16）加尔文通过对古希腊哲学家的良心观的剖析说明保罗给予的启示。

加尔文首先讨论柏拉图《普罗泰哥拉斯》中苏格拉底说的“无人有意做恶”的观点，他说，既然人有良心，但仍然犯罪，那么“一切罪行都由于无知的这句话，是不对的”[②]。其次，加尔文讨论了4世纪的亚里士多德注释者特米斯丢在《论灵魂注》中的一个观点：“在抽象的事或在事物的本质上，人的知识不容易受骗；但在进一步考虑具体的事上，它就容易犯错误。”比如，人都承认“不准杀人”是对的，但却认为谋杀仇人是对的；人都承认“不准奸淫”是对的，但自己犯了奸淫之事，却暗中得意。加尔文说，这种说法比较合理，但不适用所有情况，因为有些人犯罪“甚至不用道德的假面具，明知故犯，蓄意作恶”。他引用罗马诗人奥维德《变形记》中美狄亚的话“我明知并赞同那更好的道路，却走上那坏的道路”[③]，以此证明“犯罪的意念”（sensus peccali）并非出自对普遍原则的无知。

---

① 加尔文：《基督教要义》上册，1:5:4～12。
② 同上书，2:2:22。
③ 同上书，2:2:23。

最后，加尔文采用了亚里士多德关于“不自制”（akrasia）与“放纵”（akolasia）的区分。亚里士多德的问题是：“一个人何以判断正确，却又不自制呢？”[①]设“吃甜食不好”是正确判断，“吃甜食快乐”是感性意见，“甜食就在眼前”是当下感觉，“要吃甜食”是欲望（pathos）。“不自制”是感性意见在当下感觉面前服从欲望，而不服从理性，但事后仍承认理性规则；而“放纵”则是感性意见代替正确判断成为行为规则，追求感觉的呈现和欲望的满足。亚里士多德说，正如不发怒就打人比盛怒之下打人更坏，“放纵比不自制更坏”，“放纵者从不后悔，坚持自己的选择，而不自制者则总是后悔的”[②]。加尔文虽说亚里士多德的区分“是很对的”，但他实际上把亚里士多德的问题转化为“人何以有良心，却又犯罪呢？”他用寥寥数语概括了亚里士多德在《尼各马可伦理学》第7卷中用10章篇幅的区别和讨论。按照加尔文的解释，“不节制”是“思想失去具体的认识”而犯罪，事后尚知忏悔，良心犹存；而“放纵”则是良心丧失，“反倒坚持选择恶行”[③]。

《基督教要义》中引用古代作家的地方还有很多，我们仅从上面几个例子就可以看出，加尔文的方法是把他们的观点与《圣经》相对照，把相符合之处归结为上帝启示的恩典，把不符合之处归结为人的罪恶，而把既有符合又不尽符合之处归结为人对上帝启示的半信半疑或朦胧见解。加尔文和路德一样，主要援引《圣经》。他说：“《圣经》乃是圣灵的传习所，凡是于我们有益的，必须知道的，《圣经》都不遗漏；反之，于我们无益的，《圣经》必不教导。”[④]加尔文的论证，尤其得益于福音书和保罗书信，只有结合保罗神学，才能理解加尔文的新教纲领。

---

① 亚里士多德：《尼各马可伦理学》，1145 b25。

② 亚里士多德：《尼各马可伦理学》，1150a30、1150b30。

③ 加尔文：《基督教要义》上册，2:2:23。

④ 加尔文：《基督教要义》中册，3:21:3。

（2）成圣和新生的人性论

与路德一样，加尔文坚持认为人不能自救自义，但他比路德更强调“原罪”。“原罪”说是使徒保罗根据《圣经》所阐发的一个教义。虽然《旧约》说亚当、夏娃的罪造成了人类生活必然遭受痛苦（死亡、劳累、生育之苦）的后果，但并没有肯定人性为恶。虽然耶和华不断谴责人的罪恶，但也没有肯定人的罪恶出自本性，或来自人类祖先的遗传。甚至《新约》的福音书也没有这样的意义。保罗首先把亚当、夏娃的罪解释为“原罪”，即通过遗传代代相传的罪；就是说，罪是人堕落以后的本性。保罗说：“罪是从一人入了世界，死又是从罪来的；于是死就临到众人，因为众人都犯了罪。”（《罗马书》5:12）保罗把人类的自然死亡与罪联系在一起。他的逻辑是，既然亚当的罪的后果（有朽）遗传给人类，罪也同时遗传下来。如果人类没有像亚当那样犯罪，他们何以会像亚当那样死呢？因此他说：“亚当乃是那以后要来之人的预像。”（《罗马书》5:14）保罗所说的通过遗传获得的原罪，主要指人类堕落之后，两种出自本性的罪恶。第一种是人类不认得上帝的堕落本性。人类的历史和个人成长的经历都表明，人类没有信仰崇拜一个至高无上的上帝的本性，相反，人只崇拜那些能够满足他的欲望的人和事，把他（它）们作为偶像来崇拜。保罗把这种罪叫做“与神为仇”（《罗马书》8:7）。这是遍及全人类的罪。他说：“就如经上所记：‘没有义人，连一个也没有；没有明白的，没有寻求神的；都是偏离正路，一同变为无用；没有行善的，连一个也没有。’”（《罗马书》3:10～12）这里虽然使用了道德谴责，如“没有义人”、“没有行善的”，但所指的还不是一般意义上的非道德的缺陷，而是指“没有寻求神的”、“偏离正路”这样的非宗教的缺陷。第二种原罪指道德意义上的邪恶，包括：“不义、邪恶、贪婪、恶毒；满心是嫉妒、凶杀、争竞、诡诈、毒恨；又是谗毁的、背后说人的、被神所憎恨的、侮慢人的、狂傲的、自夸的、捏造恶事的、违背父母的、无知的、背约的、无亲情的、不怜悯人的。”（《罗马书》1:29～31）保罗认为，这些罪恶出自人的肉体，随着肉体的遗传而遗传。保罗说：“我是属乎肉体的，是已经卖给罪了。”他把这种罪叫做“顺从肉体而活着，必要死”（《罗马书》7:14，8:13）。全面地理解保罗的意思，他并非谴责肉体的邪恶，而是谴责人不顺从神，却顺从肉体。确切地说，不顺从神和顺从肉体是同一种罪。“原来体贴肉体的，就是与神为仇”；“他们既然故意不认识神，神就任凭他们存邪僻的心，行那些不合理的事”（《罗马书》8:7，1:28）。他的意思是，只是由于背离了神，肉体才堕落为罪恶之源。如果顺从神，肉体也被拯救了，身体成为“圣灵的殿”，“所以要在你们的身子上荣耀神”（《哥林多前书》6:19、20）。

加尔文敏锐地看到，“原罪”标志着基督教对其他人类宗教的和古希腊罗马人性观的根本差异，他把基督教人性观这一核心称为基督教义的出发点。加尔文认为“原罪”之后人性彻底败坏，完全堕落。“彻底败坏”指“原罪是祖先传下来的我们本性的堕落与邪恶，它浸透入灵魂的一切部分”，“人是生而败坏的”[①]。“原罪是我们本性上一种遗传的邪恶与腐败，散布于心灵的各部分，使我们为神的愤怒所憎恶，而且在我们里面产生了《圣经》所说的‘情欲的事’。”[②]情欲只是罪恶的一种表现而已，而不是罪的根源。由此，人不能指望通过克服情欲而摆脱罪恶。

“完全堕落”指人的本性已经整个地堕落了，而不只是局部的堕落。加尔文认为：“我们的本性不但缺乏一切的善，而且罪恶众多，滋生不息。……人的一切，如知识和意志，灵魂和肉体，都为情欲所玷污；或者简直可以说，人除情欲以外，别无所有。”在他看来，“腐化不是局部的，乃是没有一处是纯洁而不受它致死的病毒所沾染”，“而且腐到

① 加尔文：《基督教要义》上册，2:1:10。

② 同上书，2:1:8。

不可医治的程度，以致非有一个新天性不可”[①]。正因为人彻底败坏、完全堕落，人需要彻底革新自我，基督徒的目标就不只是改正灵魂中的低劣部分和人的感性部分了，而是一种整体的改善，使自己变成一个完全的新人。这是改革宗的目标所在。

如何摆脱“原罪”呢？保罗的回答是，只有依靠上帝的恩典，人才能获救。这就是“因信称义”说。“因信称义”是共认的基督教的一个核心教义，最近信义宗世界联盟和罗马天主教会共同发表的《关于因信称义的联合声明》开宗明义地指出，“因信称义”具有核心的重要意义，是“第一和主要的信条”，具有“统摄和判断基督教其他学说”的作用。

在改革宗看来，“因信称义”的实质是因恩典而称义。保罗说：“世人都犯了罪，亏缺了神的荣耀；如今却蒙神的恩典，因基督耶稣的救赎，就白白的称义”（《罗马书》3:23～24）。“白白的称义”是上帝凭着恩典，而不凭人的行为判断人为义人。这个教义强调信徒对上帝的绝对依赖，有三方面的意义。

第一，强调基督徒的信仰因恩典而生，而不是顺从宗教的清规戒律。顺从律法是犹太教的一个特点。祭司们把摩西十诫繁衍为系统的、深入一切生活细节的繁缛礼节。耶稣反对用条分缕析的戒律约束信仰，但同时宣称不废除任何戒律。保罗把信基督和依戒律的冲突尖锐地提了出来：靠戒律得救，还是因信称义，是一个依靠自己，还是依靠恩典获救的问题。保罗指出人不能依靠律法得救。他的理由是，沉溺于罪之中的人无力遵守律法。他通过自身的体验，指出了一个人所共知的心理规律，这就是不能摆脱肉欲控制的意志力薄弱规律。他说：“我是喜欢神的律，但我觉得肢体中另有个律和我心中的律交战，把我掳去，叫我附从那肢体中犯罪的律。我真是苦啊！”正是因为这个“肢

① 加尔文：《基督教要义》上册，2:1:9。

体中犯罪的律”，一切道德律都显得苍白无力。“我里头，就是我肉体之中，没有良善；因为立志为善由得我，只是行出来由不得我。故此，我所愿意的善，我反不作；我所不愿意的恶，我倒去作。”人只能依靠恩典获救，这就是靠着凭着恩典的信仰，摆脱那凭自身不可避免的肉欲的控制。“谁能救我脱离这取死的身体呢？感谢神，靠我们的主耶稣基督就能脱离了。”（《罗马书》7:23～25）

第二，“因信称义”所说的“信”是来自基督的恩典，信上帝的中心是信基督。加尔文说，被上帝称义的人接受的恩典就是相信耶稣是基督，耶稣基督之死是为人类赎罪，这就是保罗所说的“一切都是出自神，他藉着基督使我们与他和好”（《哥林多后书》5:18）的意思。就是说，只有信基督，才能认识神，已经断裂的人神关系才能恢复，才能从原罪中解脱，耶稣基督的复活建立了新的人神关系。加尔文说：“那些认识基督的名，为基督所光照，进入教会怀抱中的人，就是在基督的导引保护之下。”[①]

第三，保罗告诫信徒不要为因信称义而骄傲。因为，“你们得救是本乎恩，也因着信；这并不是出于自己，乃是神所赐的；也不是出于行为，免得有人自夸”（《以弗所书》2:8）。因为信仰不是人的自我发现，也不是主动寻求的结果；“称义”不是自义，不是对主观努力的报酬。

加尔文所说的圣洁生活不仅是宗教道德的个人生活，而且也是政治、经济、科学等各种公共生活。并且个人和公共生活不是两个领域，而是以神圣价值改造世界和人自身的两条途径。弗兰西斯·培根说：“人同时从无罪状态和创世状态堕落，但这种双重损失可以在现世中得到部分的恢复，前者通过宗教和信仰，后者通过技术和科学。”[②]培根虽然不是加尔文的信徒，但他表达的却是在加尔文的新教精神的鼓舞下

① 加尔文：《基督教要义》中册，3:24:6。

② 培根：《新工具》，II，52。

出现的一种新的人生态度，这就是，一方面通过宗教信仰来净化道德，另一方面通过科学技术来创造新的世界，使人和科学都获得新生。

（3）自然法和普通法

和路德一样，加尔文也使用了"基督徒的自由"这一概念，但比路德强调"自由"与"律法"的联系。两者的关系有三层含义：第一，基督徒的良心已经完全超越了律法，他不是被迫不行不义之事，而是自觉不行不义之事。第二，自愿地顺从上帝的意愿。他之服从上帝，并不是由于律法的恐吓，而是由于自觉。第三，上帝的意愿表现为自然法，基督徒怀着对上帝的服从，自觉地遵守自然法在各国的具体应用，受政治的管制，在社会关系中遵守人的本分。①

加尔文谈到自然法的双重用途：一是按照保罗神学，认为人性虽然全然败坏，但良心未泯，自然法让人在上帝面前"无可推诿"；二是积极的作用，加尔文在《基督教要义》和讲道中，把人类承认的道德真理追溯到自然法和良心的发现，这些道德真理是人类社会共同遵守的共识和规范。霍普沃说，在加尔文著作中，"自然"、"自然感"、"理性"的教诲包括："父亲对妻子和子女的权威，一夫一妻制的圣洁，照顾家庭的义务，哺乳，长子继承权，领事和使节不可侵犯，信守承诺的义务，不同程度的婚姻状况，谋杀案件需要证人，社会层级的区分，自然法禁止乱伦、谋杀、通奸，奴隶制甚至奴役一个人。"②

自然法的双重作用需要在加尔文的"两个王国"和"双重治理"的框架中加以理解。与路德一样，加尔文的"两个王国"也强调两者分别统辖天上和地上、未来和现世事务，也认为世俗君主的强力和惩罚是上

---

① 加尔文：《基督教要义》中册，3:19。

② Harro Höpfl, *The Christian Polity of John Calvin*, Cambridge University Press, 1982.pp. 179 ～ 180.

帝治理罪人的必要工具，刀剑只属于世俗君主，他也和路德一样，声讨“重洗派和一班无赖”滥用教士权力反叛君主。[①]

但是，不像路德那样强调“两个王国”的分离或平行，而“有充分理由将两者联系起来，而且我非这样作不可；尤其因为在一方面，愚妄野蛮的人们狂妄地企图颠覆神所设立的这种制度；在另一方面，逢迎君主的人推崇君权过度，甚至不惜以之与神的权柄对立。这两方面的错误都必须予以拒绝，否则就不免要将纯正的信仰废掉了”。[②]如果说路德避免了前一种错误，那么加尔文所要避免的第二种错误，恰恰是扩大地上王国的权力、赋予国家政府干涉和控制教会的权利的路德宗的“教从邦定”原则。

加尔文为“两个王国”的联系提供了教理基础。他认为“两个王国”是基督为王的两个方面，两者治理的合法性来自基督的权威，它们都要服从上帝的意志。基督徒之所以服从地上王国，不是为了逃避人间法律和刀剑的惩罚，更不是为了世间快乐。[③]基督徒作为一个现实的人，为了摈弃现世而忍受人间可怕的痛苦，心甘情愿地做地上的朝圣者而满怀对天上王国的信心。作为国家公民，基督徒要遵守双重法律：一是服从属灵的法律，由灵来管制，以造就人的良心；一是服从属尘世世界的法律，上帝以不同的政体治理不同国家，“我们的本分只是服从上帝在我们所居之地内所设立的治理者”[④]。

既然上帝是“两个王国”的最高权威，不仅平民有服从法律的义务，君主也有服从上帝的义务，无论是不是基督徒，他们都有义务把宗教事务放在首要地位，“专忱注意于宗教，使宗教纯洁安全”，因为“宗

---

① 加尔文:《基督教要义》上册，前言。

② 加尔文:《基督教要义》下册，4:20:1。

③ 参见加尔文:《基督教要义》，上册，2:16:14；中册，3:2:4；3:7:5；3:10:1；下册，4:20:2。

④ 加尔文:《基督教要义》下册，4:20:8。

教在一切哲人的言论中占第一个位置，而且这是为万国所普遍承认的”；基督徒君主更要“尽力表彰并维护神的尊荣，因为他们乃是神的代理人，而且靠着神的恩掌权”[①]。加尔文在1536年版《基督教要义》致法国国王法兰西斯的献词中说：“你身为国王，对于卫护正道的任务，责无旁贷，不能置若罔闻。卫道的工作极为重要，是要叫上帝在世上的光荣不受贬损，要保全真理的荣誉，并使基督的国在我们当中继续存在，不受摧残。此一义举，值得你注意，值得你认识，也值得你以王位力争。这种关注乃王权分内的事；你应当把国政看作是为上帝服役。若政府不是以上帝的光荣为目的，就不算是合法的政府或主权，只能称为篡夺。”[②]

这段话在当时表达了新教徒以上帝权威反抗天主教国王的权利。但是，加尔文不限于改革宗推翻天主教神权和政权统治的合法性，在人民因世间权利被践踏的情况下，他主张受压迫人民有反抗暴君的神圣权利。他说：“差不多历代都有一些君王，完全不理政事，不顾一切，纵情恣欲；另有一些君王，自私自利，出卖法律，特权，和判决；又有些君王，掠夺平民的产业，以供自己穷奢极欲；还有些君王，暴戾纵恣，抢劫民房，淫人妻女，屠杀婴儿。许多人不承认这种人是配得服从的君王。因为在这种不但与长上的职位完全不符，而且与任何人也不相称的反常的行动中，他们既然看不见那理当由官吏所彰显的上帝的形像，也看不见那作神的差役的证据……所以他们并不认为这种官长有《圣经》所称赞的尊严和权威。人心自然是深恶痛恨暴君，敬爱贤君。”[③]

加尔文虽然认为上帝是最高权威，但避免把《圣经》中的律法与自然法和普通法对立起来，他不同意把治理国家的法律与摩西律法对立

① 加尔文：《基督教要义》下册，4：20：9。

② 加尔文：《基督教要义》上册，前言。

③ 加尔文：《基督教要义》下册，4：20：24。

起来，批评那种以为“只按普通法治理国家就是疏远了摩西律法”的意见是“危险和煽乱性”。为了把《圣经》中的律法与世俗国家的法律结合起来，加尔文先从《圣经》中总结出神圣律法的标准，再按此标准规定世俗统治的合法性和自然法的合理性，又反过来把《圣经》中的律法当作自然法的具体应用。

首先，加尔文认为，《圣经》记载的上帝命令和君主依照神的旨意行事的那些事迹，大多属于“地上王国”的治理。他分析了中世纪传统关于摩西律法的道德律、礼仪律和裁判律的三分法。他指出道德律有两个要求：“一是命令我们用纯洁的信心和虔诚崇拜神，一是吩咐我们用至诚的爱对待别人”，而礼仪律是为训导犹太人而设立的，可以废止而无损于道德律。加尔文的解释依据的是耶稣的话：“你要尽心、尽性、尽意，爱主你的神。这是诫命中的第一，且是最大的。其次也相仿，就是要爱人如己。这两条诫命是律法和先知一切道理的总纲。”（《马太福音》22:37～40）关于裁判律，加尔文说，那是给人“作为政治上的宪法，为的是要教导他们一些公道和正义的规则，好使他们和平无害，彼此相处”[①]。

其次，加尔文阐明摩西律法示范的道德律和政治上的宪法不只是给予犹太人或基督教王国，而是对世间所有王国普遍有效。他认为，各国都有自由制定适合本身的法律，只要它们是按照爱的永恒律所制定的。虽然各国法律形式不同，但都是“为求保存神的永恒律所命令的爱”而制定的。事实上，古往今来的法律中都不乏仁慈、宽大、赦免等条文，至于与之相反的条文在加尔文看来完全不合法：“那些奖励行窃和纳妾，以及其他更恶劣，更可咒诅，更悖谬的野蛮法律，我以为它们远非法律；因为它们不只是违反正义，更是违背人道。”[②]

---

① 加尔文：《基督教要义》下册，4:20:15。

② 同上书，4:20:15。

最后，加尔文讨论了判断形式不同的各种法律的根据——宪法是否公道的问题。加尔文说："公道既本于自然，乃对全人类是一样的，因此关于任何事件的法律，都当以同样的公道为目的。个别的法案和规律既然与情况有关，又多少以情况为转移，就可以随情况而不同，只要它们都是以公道为目的。既然上帝的律法中那称为道德律的，无非是自然律和神在人心中所铭刻的良心，那么，我们所说的整个公道律，就都包含在其中了。所以，惟有这公道才应当作为一切法律的范围、规律和目的。凡是按照这个规律，循着这个目标，限于这个目的所立的法律，我们就没有理由来非难，不管它们是和犹太人的律法怎样不同，或彼此不同。"①

这段话中，加尔文把道德律等同为"自然律和神在人心中所铭刻的良心"，自然律既是爱的永恒律，也是"本于自然、对全人类是一样的"的"公道律"。加尔文说公道律"包含"在道德律之中，应理解为殊相包含在共相之中。这是因为，世俗统治者尤其是非基督徒，只是按照良心制定不同形式的仁慈法律，有意或无意遵从上帝命令的爱的永恒律，在此意义上，道德律只是自然法的特例；而公道则是判断法律是否合法的宪法，任何法律规定和条文只有符合宪法才有合法性，现代的宪法是成文法，在加尔文时代，他把不成文的宪法称作公道律。

正如托马斯把不成文的自然法作为成文法的根据，加尔文也把公道律作为世间一切法律的根据；如同托马斯认为自然法来自上帝的爱和意愿，加尔文也认为公道即是"对凡为神的永恒律法所定为罪的恶行，诸如杀人，盗窃，奸淫，妄证等，都赞同予以处罚"。所谓合法，归根到底是符合自然法，无论制定者是否认识基督之名，世间的法律只要合乎自然法的公道，基督徒就要服从。

---

① 加尔文:《基督教要义》下册，4:20:15。

加尔文承认，符合公道的惩罚方式因地而异，因时而异，因国而异，不能也无必要强求一律。摩西律法中的惩罚方式和严厉程度，与当时和现在各国不同，不可能效仿。摩西律法只是上帝的爱和公道在特殊时期和特殊条件的显示，只是自然法的特殊应用，而不等同于自然法。按照加尔文的"双重治理"思想，基督徒服从合法的世俗统治和法律，既符合上帝的意愿，也不违背《圣经》的启示。同时，他按照《圣经》确立的自然法的道德和公道的合法性标准，也蕴含着反抗和推翻非法统治和法律的精神力量。

5. 小结：新教精神和现代性

新教教义没有超出基督教信仰，然而，新教精神对哲学的影响却超出了基督教哲学的范围，它为近代哲学提供了新的理论背景和文化氛围。首先，新教以"自我确信"为真理的内在标准和直接证据、信仰和知识的基础，一反经院哲学在权威著作中寻找论据、在不同意见的论辩中确定真理的认识论模式。新教的真理观鼓励个人独立探索真理的自信心。近代著名思想家不再是注释者、辩证学者，而是一些凭借个人才能开拓新领域、建立新学说的独立研究者；近代哲学认识论以"自我意识"为中心，探索知识的基础和真理标准问题，追求确定性。所有这些都是新教精神带来的变化。另外，新教的"先定论"是对人的命运的决定论解释，它被推广到自然哲学领域，引起新教徒对自然规律的机械决定论的推测。据斯蒂芬·梅森在《自然科学史》中的统计，1666年巴黎科学院建立以来的两个世纪中，在92个外籍会员中有70个是新教徒，16个天主教徒，这与法国之外1亿零7百万天主教徒和6千8百万新教徒的数目相比是一个差距相当大的比例[①]，反映了新教徒和天主教徒

① 斯蒂芬·F.梅森：《自然科学史》，上海外国自然科学哲学著作编译组，第16章，上海人民出版社，1977年。

对自然科学研究的不同态度。新教宿命论的神学虽然导致哲学上的机械决定论，但却包含着一个内在矛盾：自然界的因果决定论归根到底诉诸对上帝的自由意志的非决定论解释。这个矛盾导致了哲学中决定论和意志自由说的争论。莱布尼茨在《神正论》中把这一矛盾视为理性的“二迷宫”之一，康德在《纯粹理性批判》中把它列为四个“二律背反”中最重要的一个，足见新教精神对近代哲学影响之深。最后，也许更为重要的是，新教精神造就了与中世纪价值观完全不同的资本主义价值观。据韦伯在《新教伦理与资本主义精神》中的分析，新教徒把成功的经济活动作为获救的证据，商人用禁欲主义对抗自发的财产享受，束缚奢侈品消费，他们把获取最大利润的冲动视为上帝的直接意愿。工人为了信仰而劳动，视劳动为天职、善功，把它当作确信恩典的唯一手段，这几乎成为现代工人的一个特征。[①] 由此我们不难理解，在近代资本的原始积累阶段，哲学家在伦理学中并不推崇金钱和物质享受，却在提倡个人主义的实践理性和艰苦劳动、积极进取的世俗禁欲主义。新教精神为我们理解近代个人主义价值观指出了一个关键点：这种个人主义不是对个人物质享受的追求，而是对自己确信的理想与信仰的个人追求。

第六节　自然哲学的探索

中世纪晚期是自然哲学理论繁衍的时期。人们研究自然的兴趣主要受三股力量的驱使：一是古代文化的复兴向人们展示了亚里士多德以外的古希腊各派自然哲学，启发人们重新认识自然；二是14世纪以来经验学科和工艺技术已积累了丰富的感性材料，要求新理论的概括；

---

① 马克斯·韦伯：《新教伦理与资本主义精神》，于晓等译，第5章，生活·读书·新知三联书店，1987年。

三是地理大发现和哥白尼日心说开拓了人们的眼界，激发了人们探求自然奥秘的好奇心。由于研究自然的动机、领域和方法的不同，自然哲学中出现差别相当显著的不同倾向。除了经院哲学中亚里士多德自然哲学著作的注释者之外，自然哲学各家可被概括为四种倾向：经验自然主义、自然主义泛神论、神秘科学和自然科学。现在已成为人所共知的真理的自然科学原则和原理在当时只是自然哲学的一个流派，它在优胜劣汰的竞争中显示出自身的理论优势和生命力，终于成长为占统治地位的自然哲学。

1. 经验自然主义

贝纳尔迪诺·特勒肖（Bernardino Telesio，1508～1588年）生于意大利南部科森察，青年时代在帕多瓦大学学习哲学等，1535年取得博士学位。此后的大部分时间在家乡度过，在那里建立了一个名叫“科森察学园”的学校，致力于自然哲学研究。他的主要著作是九卷本的《物性论》（直译为《按其自身原则论自然》）。

特勒肖批判亚里士多德学说的主要依据是它不按感觉标准评估自然，而是把一个抽象的理性模式强加在自然之上。特勒肖声称他按照可以感觉到的自然本身的原则解释自然，不仅克服了亚里士多德理论缺乏直接经验的弊病，而且更接近于《圣经》的创世教义。按照他的解释，上帝在创造空间里的惰性物质的同时，创造出热和冷两种能动的本原，热是运动的原则，冷是绝对静止的原则，它们是无形的、相互排斥的力量，但共同作用于物质形体。这两种原则把被创造的世界分为充满着热的天体和充满着冷的地球。热和冷的能动性在于它们具有自我保存的倾向，能够感觉到它的对立面的毁灭作用。热和冷是统辖一切事物的原则，因此，不论无机物，还是有生命的事物都有这种避害求生的感觉。动物感觉是一种“精气”，在斯多亚派哲学中被称作“普纽玛”

(Pneuma)，它是位于大脑并在身体之内流通的热气，造成身体的生命活动。人类除了精气之外，还有上帝赋予的不朽的灵魂，因此人不仅能够感觉到外部有益和有害的力量，而且能够感觉到外部力量在体内造成的快乐和痛苦，并在此基础上辨别善与恶。

特勒肖把可以被感觉并且自身能感觉的热和冷作为自然的本原和一切精神现象的基础，这似乎返回到古代素朴自然主义的立场。应该注意的是，这不是简单的重复，而是以一种返璞归真的简明理论取代亚里士多德精致的思辨构造。他的学说更符合近代自然科学简单性的要求。比如，他用"空间"代替了"位置"，用"物质"代替"四元素"，把热与冷两种力量的对立作为解释"天界"和"地界"的统一原则，用"精气"代替植物、动物和理性灵魂的功能，所有这些都对近代物理学和生理学有一定的影响。

托马梭·康帕内拉(Tommaso Campanella，1568～1639年)是意大利多米尼克会僧侣。1582年发表响应特勒肖观点的《被感性证明的哲学》，为此两次受到修会的处分，1594年在罗马遭到宗教裁判所审讯后被囚禁。出狱后又于1599年被指控宣扬乌托邦思想被捕。在那不勒斯监狱中，写了《太阳城》《感性和魔术》《预言的方式》《为伽利略辩护》《神学》《形而上学》《星象学》等著作，1626年被释放后又遭罗马教廷囚禁，他为教皇乌尔班八世施法术而被开释。直到1634年才在法国寻得政治保护。

康帕内拉继承了特勒肖的感性自然主义，并把它发展为一种形而上学和政治理想。在他庞杂的思想中还有神秘科学的因素。康帕内拉把感觉作为最高的认识形式，概念知识只是感觉的微弱形式和再现。他否认主动的意向在认识中的作用，感觉是消极的观察，被动地接受自然赋予的印象。他的认识论是以神学自然观为基础的。按中世纪传统观念，《圣经》和大自然是显现上帝的两本大书。康帕内拉认真地接受了这一类比，要求用读《圣经》的方式观察大自然，在两种场合中，感觉都是对上帝启示的接受。在这种意义上所说的感觉不仅是对现在事件的知觉，而且也包括对外来事件的察觉。预言并不神秘，也有感觉的依据。

康帕内拉说，自然是上帝的活塑像，是上帝的镜子或影像。为了说明自然与上帝之间的相似之处，他首先解释了上帝的本质。上帝的本质由三种“第一性质”（primalitates）构成：即能力、智慧和爱。上帝具有的第一性质是完满、纯粹的，因此他是纯粹存在。他的反面是纯粹非存在，其性质是无能、无智和恨。自然的原则是存在与非存在的对立。这意味着，自然界是一个等级系统，一切事物都具有不同程度的第一性质，都与上帝类似，并彼此类似。这种类似关系正是神秘科学的研究对象。康帕内拉用存在和非存在对立的原则代替了特勒肖的热和冷对立的原则，但这不妨碍他和特勒肖一样把感觉作为所有事物共有的性质，因为每一事物都有不同程度的“爱”和“恨”，这与特勒肖所说的“自我保存”和“避免毁灭”的反应是一个意思。

康帕内拉在日心说与地心说的争论中所持立场十分奇特。按特勒肖观点，地球是不动的冷本原的中心，因此是不动的。他同时也看到，哥白尼用数学论证的日心说被布鲁诺发展为无限宇宙和无限多个太阳系的宇宙观。他基本接受特勒肖的地心说，但也欣赏布鲁诺的无限宇宙论。按照他的调和理论，无限宇宙是没有不动中心的；然而，在我们所处的星系范围之内，太阳朝向地球移动，这一现象的类比意义在于：二个对立的原则将要融合，人和自然将会返回到原初的黄金时代，处于唯一的精神导师的领导之下。这大概是他在《太阳城》中描述的乌托邦。这种反映了宇宙论和宗教理想的乌托邦和莫尔的反映了人文主义理想的乌托邦情趣迥然不同。

2. 自然主义泛神论

弗兰西斯·帕特里齐（Francisus Patritius，1529 ～ 1597 年）生于意大利的凯尔索，因此又称凯尔索的弗兰西斯·帕特里齐，以示与15世纪意大利政治家西西里的弗兰西斯·帕特里齐相区别。早年在威尼斯、因戈尔施塔特、帕多瓦等大学学习，当过威尼斯贵族的秘书和行政官，1577 年起在费拉拉大学和罗马教廷的学院讲授柏拉图哲学。他的著作涉及诗学、修辞学、历史和数学等领域。哲学著作主要有批判亚里士多德主义的《逍遥派讨论集》和带有柏拉图主义倾向的《一般哲学新论》，后一部著作因遭宗教裁判所阻挠而被修改。

帕特里齐指责亚里士多德主义不能服务于基督教信仰，他请求教皇格列高利十四世采用他的《一般哲学新论》重新统一基督教世界的思想。这部著作包括泛光、泛本原、泛灵和泛宇宙四个部分，建构了一个泛神论的自然体系。泛光论首先区分了可见的物理光和不可见的纯粹光。物理光是相对于黑暗的光亮，纯粹光是绝对、完满的光（lux）。上帝是光源（lux prima），上帝之光的流溢是被造物的反射光（lumen），它最后反射到物理世界，才构成物理光。帕特里齐把光说成上帝创世的统一力量，它充满并连结上帝及其创造的一切。泛本原论说明了光的统一性。上帝作为光源是绝对的统一体（unomia），他内在化为神圣的三位一体，即本质、生命、智慧的三位一体，他以光的流溢方式创造出外在的灵魂和自然界。泛灵论把灵魂解释为柏拉图式的世界精神，它以光的形式弥漫于自然界，是推动有形体的能动力量。泛宇宙论是他的自然观。帕特里齐认为宇宙是无限空间里的自然界。值得注意的是，他提出了“虚空”的概念，把空间比作一个空洞的容器，他的“空间”概念脱离了传统的亚里士多德主义否认虚空的“位置”概念，并接近了近代物理学的“绝对空间”的概念。他还说自然界的空间是有限的，充着光、热和湿气。热是来自光的能动性，构成物体的形式方面，湿气是阻碍光的惰性，构成物体的质料方面。帕特里齐的自然观还包括一些天文学、海洋学和气象学方面的见解。总的来说，他把上帝自然化为光，或把光神圣化为上帝，光是世界的统一原则和能动力量，自然界的物体处于活动力和惰性的相互作用中，在空间里运动。这些观点在泛神论和柏拉图主义的形式下表达了接近于近代自然科学的自然观。

乔尔丹诺·布鲁诺（Giordano Bruno，1548 ～ 1600 年）是文艺复兴时期最著名的自然哲学家。生于意大利南部的诺拉，18 岁时加入多米尼克会。因对天主教义发生怀疑而面临着异端指控，1576 年逃亡国外，先后去过日内瓦、巴黎、伦敦、威丁堡、法兰克福等地讲学、著述。1591 年应威尼斯贵族摩森尼哥邀请回到意大利，次年因摩森尼哥向宗教裁判所告发而被捕，在审讯中拒绝放弃自己的哲学观点，1600 年被烧死在罗马鲜花广场。主要哲学著作有《记忆术》《太一的理念》《论原因、本原和太一》《论无限、宇宙和众多世界》《论英雄气概》《驱逐自满野兽》《论单子、数目和形状》等。

布鲁诺受库萨的尼古拉和新柏拉图主义影响，把上帝解释为对立之中的统一、复杂之中的单一，它是唯一的实体，自然界是上帝的自我显现，自然事物是神圣实体的偶性。他运用经院哲学术语，把上帝说成“能生的自然”，自然界则是“被生的自然”。严格地说，布鲁诺并不是泛神论者，他在说明上帝显现于自然之中的同时坚持上帝独立于自然的存在。他明确地说：“除了通过柏拉图主义者所说的‘痕迹’和逍遥派所说的‘结果’之外”，不能获得任何关于神圣实体的知识。[①] 按这一说法，人们只能用由果溯因的方法部分地推导上帝的属性；但事实上，布鲁诺并没有遵循这一方法，他在论述自然的原因和本原时，倾向于把

---

① 《论原因、本原和太一》，对话 2。CHP，Ⅲ（Part 2），p. 67。

它们同等于在自然内部起作用的因素，实际上没有区分上帝与自然，或至少模糊了两者的区别，这种泛神论倾向是十分明显的。

布鲁诺按“四因说”分析上帝这一神圣实体。他把形式因和质料因当作在自然内部起作用的内因，区别于动力因和目的因这两个外因。内因被称作本原，外因才是严格意义上的原因。本原和原因是同一与唯一实体的不同方面。世界灵魂或普遍理智既是本原，又是原因，它如果不作用于质料，便是不影响事物存在却又推动它们运动的动力因；它如果加诸质料之上，便是和质料因共同决定事物存在的形式因。布鲁诺认为“质料因”不是理智抽象的产物，不仅仅是一种理论上的设定。他说：“必须承认在自然界中有两种实在：一种是形式，一种是物质。”[①]正如形式因是实在的世界灵魂，质料因也是实在的自然物质。自然物质是自然的统一材料、自然运动的不变载体、形式变化中的同一基质。他说：“在自然能够塑造的一切形式下只有一种物质。”[②]物质可以说是自然的无差别的同一性，自然本身却是千差万别事物的同一性，因此被称作“太一”：“它是不是形式的形式、不是物质的物质、不是灵魂的灵魂；它是一切差异的统一，因此宇宙是太一。”[③]布鲁诺在两种意义上谈论自然的统一性，认为矛盾和对立面的统一才是“自然的最大秘密”。

无限的宇宙是对立面的同一，构成宇宙的最小单位同样如此。布鲁诺作出这样推导：一切存在事物都以世界灵魂为形式因，因此，“万物在自身中有灵魂，并且有生命”。[④]灵魂既然处在全部之中，也处在部分之中，并且还处在部分的部分之中，如此分析下去，最后的结论必然是：构成事物的最小单位也有灵魂。布鲁诺在三种意义上谈论最小单位。数

---

① 《论原因、本原和太一》，对话 3。《西方哲学原著选读》，上卷，第 326 页。

② 同上书，第 330 页。

③ 同上书，对话 5。同上书，第 332 页。

④ 同上书，对话 2。同上书，第 325 页。

学上的最小单位是单元，物理上的最小单位是单子或原子，自然存在的最小单位是结合在单子之中的灵魂。由于单子中的灵魂属于世界灵魂，每一个单子都能在内部反映出弥漫于宇宙的世界灵魂的影像。

布鲁诺思想的另一成就是对哥白尼日心说的宇宙论解释。他认为日心说表现的和谐不仅仅是数学的和谐，而是宇宙和谐的一部分。宇宙的和谐来自上帝作为复杂的单一的和谐性，多与一的对立面和谐只有在无限性中才能达到。他说："我称宇宙为唯一的无限，因为它没有边缘、界限和外围，我不把宇宙当作全体的无限，因为我们达到的每一部分都是有限的，它包含的无数世界都是有限的。我称上帝为唯一的无限，因为他自身排除任何限制，他的每一属性都是同一、无限的。我也称上帝为全体的无限，因为他完全在世界的全部，完全、无限地在世界的每一部分之中。"[①] 这一段话把无限的宇宙等同于无限的上帝；两者区别在于，上帝是有限之中的无限，宇宙则是由有限构成的无限。宇宙包含着无数个类似太阳系一样的世界，在无限的宇宙里没有中心和边缘的区分。每一个有限世界有一个中心，太阳系的中心是太阳，地球围绕太阳旋转。宇宙间充满着世界灵魂，因此，其他世界和星球上也有理性动物，他们灵魂中的单子从宇宙的不同位置反映着宇宙。地球不在宇宙的中心位置，人的理性灵魂也不是万物的中心，可以说，宇宙中到处都有人一样的"小宇宙"。布鲁诺的自然哲学揭示了人类中心主义和地心说之间的联系，因此毫不奇怪，他对地心说的批判比哥白尼的学说激起了更强烈的反应。布鲁诺对后世的影响是难以估量的。他为了坚持自己宇宙观而献身的英雄气概为后来的科学家树立了榜样，他的泛神论、单子论和辩证法思想在近代哲学家著作中得到充分的论证和展开。斯宾诺莎、莱布尼茨的思想、甚至一些提法与布鲁诺论点有惊人

---

① 《论原因、本原和太一》，对话 1。CHP，Ⅲ（Part 2），p. 68。

的相似之处，只是我们没有历史证据表明他们确实读过布鲁诺的著作。

3. 神秘科学

中世纪后期盛行占星术、巫术、魔术、炼金术、通灵术，这些现已被科学宣判为迷信的言行在当时却被很多学者奉为科学，称作神秘哲学或神秘科学（occulta scientia）。神秘科学有古代哲学或一些秘传的学说作为理论基础，如我们看到费奇诺用新柏拉图主义论证占星术和魔术的合理性。此外，神秘科学以实用为目的，要求经验证据和检验，符合当时经验科学的标准。神秘科学也是当时自然哲学的一个重要组成部分，费奇诺、皮科（后来转而反对占星术）、阿格里帕、特勒肖、康帕内拉、布鲁诺等人对神秘科学都有大量论述，但他们还不是专事神秘科学的哲学家。下面是神秘科学的两个代表人物。

霍亨海姆的帕拉塞尔斯（Paracelsus de Hohenheim，1493～1541年）出生于瑞士德语区的一个医生家庭，在家庭受到矿物学、植物学方面教育，在费拉拉大学学习医学，后来在斯特拉斯堡行医。1527年被任命巴塞尔市政医生和医学教授。次年放弃职务，在瑞士、德国和奥地利巡回行医。他的大部分著作用德文写成，有《药学著作》《大意见》《真正的自然》等。

帕拉塞尔斯具有强烈的反权威精神，在医学上反对盖伦和亚里士多德的权威，轻视书本，重视观察。他说在旅行中观察自然和行动的技术比任何一门学艺都更有知识。科学是从经验、从读自然之书，而不是从读人类的书中得到的，因为科学对象存在自然事物之中，而不存在有知识的人的心灵之中。科学对象是从天体发出来的隐形力量，它们进入地面上事物之中规定了一类事物的本性。魔术是对天地之中的隐形力量的辨认和控制。真正有用的科学是自然魔术（magus），而不是自然哲学。后来的帕拉塞尔斯的信徒使用“神哲学”（theosophia）一词表示这一神秘学科。

帕拉塞尔斯根据他在无机化学和医学方面的经验，总结出一般的自然原则。他说："一切生成的原则都是分离"，天体的火从其内部分离出地面上的一切："精神和梦从气中分离"；"鱼、盐和海生植物从水中分离；木、石、动物和陆生植物从土中分离"。[①] 从水、土中分离出来的东西，包括人，都由硫、盐、汞三种元素构成：硫是决定可燃性、实体和结构的因素，盐是决定坚固性和颜色的因素，汞决定可蒸发性质。这一理论也是他的药理学基础。应当说明，当帕拉塞尔斯说地面事物皆由天体的四元素中分离出来，他的意思显然是四元素被天体的火光传递到地面，构成地面事物的隐形本质，这些事物的有形元素不是四元素，而是硫、盐、汞。这一理论不仅在化学史上有影响，在哲学史上，应该看做是古代四元素说和中世纪流行的阿维森纳关于天体决定实体形式观点相结合的产物。

吉洛拉谟·卡尔达诺（Girolamo Cardano，1501～1576年）出生于罗马，在帕多瓦大学获得医学博士，担任该大学教授。1570年因出版耶稣星象图而被指控为异端，但受到教皇庇护五世的赞助。总共写了二百余部关于医学、数学、物理学、哲学、宗教和音乐方面的著作，是文艺复兴时期多才多艺型人物的代表之一。他在数学上发现解三次方程的公式。他的《个人自传》是著名的自传体作品。自然哲学方面著作有《论简明性》《真正的差异》等。

《论简明性》可以说是一部关于自然的百科全书，它试图用一个最简明的原则，即热和湿的原则解释自然的构造。他认为星球的光热对个人的性格和命运、因而对人类社会的历史进程有决定性影响，这一信念不仅使他热衷于占星术，而且使他得出了只有研究自然才能解决人

---

① A. G. Debus, *The English Paracelsians*, F. Watts, New York, 1965, pp. 25～27.

类问题的结论。他区分了“人类知识”和“自然知识”。人类知识使用文字的修辞力量，以欺骗与控制他人为目的；自然知识主要研究自然发生的事实，可以在历史中不断增长。卡尔达诺认为自然是独立于人的理性和社会的自满自足的整体，人类不是自然的中心和主宰，研究自然要以承认人的理性的有限性为前提，这样才能尊重事实、重视经验。但是，研究自然具有社会伦理意义，其目的是通过改变自然来改善人类的生活条件。自然知识以“功用”（utilitas）为目的。卡尔达诺宣称自己是第一个朝向功用方向努力的人。他说自然知识只有随着人类经验和技术的增长才能增长，宗教信仰和理性思辨并不能帮助人们认识自然。他说：“人们在这些学说中辨认无形的形式，在物理结构中分离出事物的灵魂，因而把实验置于伪科学的地位。他们在有限的经验领域得出了远不可及的结论。”[①] 值得注意的是，他已看到了“实验”和“有限的经验”的不同，实验是不断增长的、可以操作的、有功用的经验，经院哲学对“形式”、“灵魂”的探讨不但囿于有限的经验，而且最后脱离了经验。卡尔达诺的实验虽然局限于占星术，但是，他对自然知识的目的和手段的认识与近代自然科学思想很接近。最近有人评论说：“卡尔达诺的《论简明性》（1550 年）可能标志着欧洲文化的一个新阶段的开始。”[②] 这个新阶段就是以自然科学诞生和发展为特征的近代欧洲文化。

4. 向近代哲学过渡

在中世纪哲学向近代哲学过渡的进程之中，自然科学的诞生起到了决定性的作用。我们在前面已分别论及人文主义、古代哲学复兴、新教精神和自然哲学各派学说对近代哲学的影响，然而，自然科学为近代哲学提供了新的理论模式、新的思维方式，这是上述思潮、学派的影响

① 《个人自传》。CRP，p. 191。

② CRP，p. 247.

无法比拟的。如果没有自然科学带来的那种新变化，文艺复兴时期的其他理论成果也不会被吸收进近代哲学之中。为了说明这一点，我们在这里不妨借用法国当代哲学家米歇尔·福柯在《事物的秩序：人类知识考古学》（1966年）一书中的出色论述。福柯认为，每一个时代的思想都有一个独特的“知识型”（episteme）。知识型指各门学科都具有的共同理论模式与思维方式。文艺复兴时期的知识型以相似性为基础，就是说，知识所研究的对象都被放置在相似关系的模式中考察。相似关系包括四种。一是协调（convenientia）：事物由于空间上的接近而相符合，如灵魂与身体的协调，“在世界的巨大联网之中，各种存在事物相互调整，植物与动物、陆地与大海、人与他周围的一切相交往”。二是模拟（aemulatio）：事物被想象为相像的对应物，如人脸是天空的一面镜子，日月是天的眼睛，金星是天的嘴，木星和水星是天的鼻梁。类比是事物之间关系的相似：比如，“星体之于它们照耀的天空的关系也可以在生物之于它们居住的天球的关系之中看到”。最重要的相似关系是交感：这是事物因性质相似而相互关联，比如，火的干燥像土，火蒸发的湿气像水，火的升腾像气。[①] 我们在这一章介绍的一些材料可作福柯的观点的佐证：人是小宇宙的观点、占星术和魔术等神秘科学的基本设想、以热与冷对立原则概括自然界一切现象的解释、认为语言典雅风格具有道德性质的修辞观、把艺术作品比作自然作品的艺术观、把自然比作向感觉开放的大书的自然观，凡此种种，都是以相似性为特征的知识型的具体事例。

文艺复兴时期的科学方法论也反映了这一知识型的特点。人们已开始摆脱亚里士多德“证明科学”的模式，不再相信演绎推理是探索知识的唯一途径。人们已经越来越认识到经验和数学的重要性。然

---

① *Michel Foucault, The Order of Things*, Pantheon Books, New York, 1970, pp. 18 ～ 23.（正文中1966年是该书法文版初版时间。）

而，这一时期人们对经验和数学的性质的理解仍然以相似性为根据。库萨的尼古拉把数学归于比较的方法，神秘科学所要求的经验包括对事物表面上相像的想象、关系上类比的猜测和性质上相关的附会。在这些意义上理解的数学和经验方法与近代自然科学中运用的数学和经验方法相差甚远。因此，虽然重视经验和数学的想法萌生于中世纪，并在中世纪晚期有了长足的进展，我们还是应该把近代自然科学的经验和数学方法论的诞生视为一场思想上的革命，它实现了与文艺复兴时期知识型的决裂，向整个知识界展现了一种新的理论模式和思维方式，引起了哲学家的反思和研究，这才开始了以哲学与自然科学联盟为基础的近代哲学。在以理论模式和思维方式的转变为主要内容的科学革命中，伽利略和弗兰西斯·培根这两位跨世纪的思想家担当了令人瞩目的角色。20 世纪 60 年代以来研究科学革命的哲学家们普遍认为，伽利略的物理学和亚里士多德物理学分别代表了两种不同的“范式”，伽利略和经院学者之间的争论是新范式代替旧范式的斗争。至于弗·培根，科学界公认他是经验科学的归纳法的创始人。鉴于他俩在新旧交替时期的重要贡献，尽管伽利略是物理学家，培根属于近代哲学的代表，我们以为，这本介绍中世纪哲学的著作以他们的思想收尾恰到好处。

5. 伽利略

伽利略（Galileo，1564 ～ 1642 年）在天文学和动力学领域的重大贡献是他运用新的科学方法观察世界的成果。早在他于 1590 年在比萨斜塔上作自由落体实验之前，有人已作过类似试验。据佛罗伦萨历史学家瓦奇记载，早在 1544 年，一位名叫比多的多米尼克会学者和一位名叫基里的物理学家已经用实验证明自由落体重量与速度成正比的观点不正确。1576 年帕多瓦的数学家墨里蒂用实验证明同样大小的木球和铅球同时落地。伽利略在比萨的老师包洛的实验结果却是木球比铅球先着地。正是这些实验的不同结果才导致了伽利略的实验。伽利略的实验是对预先设计的假设的检验，假设并不是实验的结论，它在实验之前已经参与了对实验条件的限定。这种按照假设的要求所设计的实验的结果与假设相符合，这种思想（假设）与事实（观察到的实验结果）之间的符合是科学知识的标准。在伽利略看来，假设是用数学方法设计的理论模式，实验是在尽可能完满的经验条件下按理论模式制造的一个自然环境。实验导致的自然环境是否符合理论模式的关键在于实验的条件是否完满，即实验所依赖的经验条件是否接近于设计模式所依赖的数学规定性。在亚里士多德体系中，对于数学研究与质料分离的形式，物理学研究与质料相结合的形式，由于质料的不完善性，数学推算的结果和物理学实验的结果是不可能符合的。伽利略指出："物质的不完善性……不能成为在具体的机器和抽象的机器之间观察到的差距的充足理由。建造大机器的物质与比例和小机器的物质与比例在每一方面都是完全相同的。只是大机器不能同样强有力地抵抗强作用；机器越大，它就越是薄弱。这是一个简单的事实。我因而设想物质是不变的、同一的。我们完全可以把这个不变的稳定性质置于简单的纯粹数学之中作严格方式的研究。"① 这里的"具体的机器"和"抽象的机器"、"大机器"和"小机器"分别指实验制造的事实和数学设计的事实，两者都是物质的，因而也是运动的。它们之间的符合意味着数学方法能够运用于运动着的物质。形而上学的"质料"概念被归结为一个可用数学描述的常量。数学描述的物质与实验中的物质之间差别仅在于后者会遭到外来的阻力、摩擦力（"不能同样强有力地抵抗强作用"），除去这一外来因素之后，实验结果必与数学设计的假说相符合。比如，伽利略使用"几

① Galileo, *Dialogues Concerning Two New Sciences*, trans. H. Crow and A. de Salvio, the Macmillan Company, 1950, pp. 5 ～ 6.

何证明”（即坐标方法）得出自由落体运动公式：h（高度）= $\frac{1}{2}$g（重力加速度）t^2（时间），然后在忽略空气阻力的条件下用实验检验这一公式，否定了自由落体速度与重量成正比的错误设想。

伽利略对自由落体运动的研究至少可以说明两个问题。首先，他的方法论特点是以数学为工具建立理论模型，经验观察不过是在实验条件下对这一理论模型的检验。他的天文学研究也运用了这一方法。比如，根据行星围绕太阳旋转的假设，可以通过对行星轨道的计算知道火星和金星在一定的时刻接近于地球，显得比平时亮 40 ～ 60 倍。然而，肉眼观察不到这一亮度，伽利略通过自制望远镜证实了计算结果，神学家却不承认通过望远镜观察的有效性，争辩说任何通过更多媒介的观察都会歪曲事物原貌，如直棒在水中显得弯曲一样。显然，伽利略和神学家分歧的焦点已不是经验观察的有效性问题，而是按照理论模型而设计的实验条件的有效性问题。数学计算的结果具有肉眼观察不到的精确性，这需要人工器械的帮助才能得到检验。因此，在自然科学体系中，通过科学仪器的观察比肉眼观察更加可靠、有效。其次，为了普遍地运用数学方法，一切不能够被数学描述的实体、性质和现象都被排除在自然领域或有形世界之外。如上所述，伽利略用可被数学描述的物质代替了形而上学思辨的质料。关于物质，他明确地说：“当我按照必然性设想一物质或一有形实体时，我觉得应按它的本性设想它是有界限和具体形状的，相对于其他东西有大有小，处于一定位置和空间，或运动或静止，与其他物体或接触或分离，或是单个、少数，或是多数。总之，我无论如何不能想象一个形体不具有这些条件。然而，我并不觉得必须把白或红、苦或甜、有声或无声、香或臭等认作必然伴随着形体的条件；如果没有感官的传达，理性或想象也许始终不会知道这些东西。所以我想味、嗅、色等似乎存在于事物的方面，其实不过是名称而已，仅仅存在有感觉的身体之中；因此，如果把动物属性除去，这些性质也随之消除和消失了。”[①] 就是说，除了物质的形状、空间、运动、数目之外，其余性质和现象都是主观的感觉。

伽利略最先确定的自然科学方法论的上述两个特征首先反映在被称作“近代哲学之父”的笛卡儿的著作中。笛卡儿把数学方法推广到哲学，提出了“普遍数学”（mathesis universalis）的观念。“顺序”和“度量”是数学的基本特征，顺序指从简单到复杂的综合和从复杂到简单的分析，数学处理的是同质的对象（数字或图形），因此这两种顺序是可逆的。然而，哲学研究的对象处于不同质的系列，哲学使用的“普遍数学”方法必须首先是分析，寻找一个最简单的确定的第一原则，然后按照综合的方法以第一原则为基础建立知识体系。再者，“普遍数学”进行的度量不是量与量的比较，而是原因与结果、无限与有限、普遍与个别等相对的范畴的比较，这种比较以明白、清楚的观念为衡量标准。另一方面，笛卡儿接受了自然科学方法对物质实体的描述，同意把一切不能被数学描述的性质和现象归于人的主观方面，并且用“心灵”实体作为这些主观性质和现象所依赖的基础。正是出于这些考虑，他提出了物质与心灵相对立的二元论的本体论和以主观与客观关系为主题的认识论，这些新的哲学问题和理论拉开了近代哲学的帷幕。

6. 弗·培根

弗兰西斯·培根（Francis Bacon，1561 ～ 1626 年）与伽利略是同辈人，他所创立的经验科学归纳法与伽利略的自然科学数学方法对近代科学和哲学有着同等影响力。培根与伽利略的风格不同，伽利略在科学研究的过程中含蓄地表示，或用科学研究的具体成果体现自己的方法论思想，培根则在对传统和现行科学的锋芒毕露的批判中表现新

---

① E. A. Burtt, *The Metaphysical Foundations of Modern Physical Science*, Kegan Paul, Trench, Trübner & Co., London, 1925, p. 75.

的科学观和科学方法论。他指出，来自希腊的智慧“具有儿童的特征，它能够谈论，却不能生育，充满着争辩，却没有实效”；“不仅过去说过的话现在还在说了又说，而且过去提出的问题现在还是问题”。[①] 即使“哲学和精神科学”的创始人的学说有些新意，它们后来也被凝固、僵化、固步自封。人类知识停顿不前的历史和现状固然有不少社会方面和研究者个人方面的原因，但培根主要还是把人类自身不可避免的局限性作为阻碍科学发展的主要原因。他把这些局限性比喻为“假相”。“种族假相”是人性的缺陷。人的感性和理性是人衡量外界的尺度，缺乏科学要求的客观性。“洞穴假相”是个体差异所造成的缺陷，每一个人都局限在自己的“洞穴”里观察和判断事物。“市场假相”是人们使用语言交往而产生的缺陷，对语言的误解滥用会造成思想混乱，陷入空洞的争辩和无聊的幻想。最后，“剧场假相”是人们相信哲学体系和流行理论而造成的缺陷。培根把历史和现实中的哲学体系分为三类：第一类是以亚里士多德为代表的“诡辩”的哲学；第二类是“更加丑恶和怪诞”的“经验”的哲学，这是指炼金术等神秘科学；第三类是“与一种神学相混合”的“迷信”的哲学，这是指从柏拉图到中世纪“创世六天注”的神学世界观。

培根期待的新科学与这些哲学有着完全不同的目标。新科学不满足于言谈和争论，不是为了宣传和炫耀，达到个人名利，或仅仅满足思辨的好奇心，它旨在“达到人生的福利和效用”，[②] 具有全人类的功用。他指出人的知识只是对自然的了解，了解自然的目的是改造自然、命令自然。他用“知识就是力量”的口号表达出新科学的实用性，这与古希腊以来的“知识是德性”、“知识是智慧”的知识观形成鲜明对照。

新科学的实用目的决定了它的实验方法。培根指出，实验的任务

---

① 《伟大的复兴》序。《西方哲学原著选读》，上卷，第 340 页。

② 同上。

是“发现一种性质的形式”，并“在一个物体上产生和加上一种或几种新的性质”，使物体适合人类的目的。这里所说的性质指可感的简单性质，如物体的颜色、重量、坚固性等，形式指“规律及其所包括的部分”。[①] 实验是发现简单性质的共同特点，通过重新安排简单性质来改变物体的方法。实验的规则必须是“确定的、自由的，并且可以导致行动”。[②] 符合实验目的与规则的科学方法是归纳法。实验科学的归纳法首先是和证明科学的演绎法相对立的。演绎法依靠感觉和直观建立的最高原理，以此出发推理出较低级的结论。培根指出，演绎法的前提直接从感觉经验上升到最普遍的原则，这是不可靠的，在演绎过程中不再考虑每一步骤是否与具体事实相符合，完全脱离了经验的检验。归纳法克服了这些缺陷，它按照循序渐进的步骤，从经验所能发现和证实的最基本的原理开始逐步上升，归纳的每一步骤都不脱离经验，通过一系列中间原理进行从下到上、再从上到下的反复检验，保证最后结论的可靠性。培根说：“决不能给理智加上翅膀，而毋宁给它挂上重的东西，使它不会跳跃和飞翔。”[③] 理智只能按照从简单到复杂、从个别到普遍的方向逐步上升，每一步骤都要依靠经验的发现和证实，这是他为归纳法规定的基本方向。

归纳法并不完全是经验的方法。培根并不相信感觉经验是完全可靠的；相反，他指出：“人的理智的最大障碍和差错还是在于感官的迟钝、无力和欺骗性。”[④] 他看到感觉经验在神秘科学中起着有害的作用。为了避免感觉经验的欺骗性和有害作用，必须通过实验对感觉进行选择、设计和定向处理。排除感觉自身缺陷的实验才是接触自然和事物

① 《新工具》。《西方哲学原著选读》，上卷，第345页。

② 《西方哲学原著选读》，上卷，第348页。

③ 同上书，第360页。

④ 同上书，第351页。

本身的途径。归纳法作为实验的方法是经验和理性相结合的产物。归纳法不仅仅收集感性材料，它按照一定的设计保证收集到的材料的充足性、完全性；还要用“三表法”消化和整理材料；真正的归纳还包括“排除法”，使用消极的例证否定积极例证不充分的原理。

比较培根的归纳法与伽利略数学方法的差别，可以看出培根忽视了数学在实验中的作用。他反对理智直接上升到最高原则，这主要是针对三段式推理而言的，但也可引申出这样的批评意见，即，理智不能一开始就提出一个完整的理论假设，或仅用数学演算就建立一个理论模式。另一方面，伽利略也不承认科学的出发点是经验观察。在他看来，如果没有理论设计，单纯的经验观察什么也发现不了，什么也证实不了，科学实验不是从最基本的经验开始自下而上的归纳，而是按照理论要求设计的自上而下的探索，直至最后发现或创造出与理论相符合的事实。虽然最近的科学哲学家一般都认为伽利略的方法比培根的方法更接近于近代物理学的实践，我们不妨认为，近代自然科学的发展得益于数学和归纳的结合，而不只是采用了一种方法。

然而，这两种方法的分歧却为近代哲学唯理论和经验论两大流派的分野埋下伏笔。培根之后的英国经验论者从最简单的感觉材料出发建构知识论，他们遵循着经验综合的路线。笛卡儿以降的欧陆唯理论者则从“普遍数学”方法所认可的“天赋观念”出发，遵循理性分析的路线。这两条线索贯穿着纷繁复杂的哲学理论与争论之中，成为17世纪西方哲学的主线。从科学方法和思维方式的转变的角度看问题，伽利略和培根两人的思想是中世纪哲学的终结和近代哲学开始的一个标志。

7. 小结：近代自然科学和哲学

哲学是离社会生活最遥远的文化形态，它只有借助那些贴近社会生活的文化形态才能发生社会影响，并从社会中获得生存条件和发展动力。反映着时代精神的哲学在不同的时代借助不同的文化形态。古希腊哲学与神话有着天然联系，中世纪哲学依附于基督教，近代哲学则与自然科学结成思想同盟。因此，欧洲的时代精神由基督教文化转向自然科学精神才是中世纪哲学过渡到近代哲学的根源。

近代哲学与自然科学的同盟表现在下面几个方面。第一，近代哲学与自然科学一样具有探索精神和追求功用和确定性的特征，这与中世纪哲学的辩护精神、证明科学和注释形式迥然不同，与古代哲学满足个人好奇心的思辨精神亦有差别。近代哲学家大多不是大学教授，他们或供职于宫廷和公务部门，或从事自由职业，他们从事哲学有明确的功利目的，努力解决思想界和社会中的重大问题。这些问题中有一些属于自然科学，因此有些哲学家也是科学家；有些问题虽不属于自然科学，哲学家也试图以自然科学的方法加以解决，如笛卡儿的形而上学、斯宾诺莎的伦理学、休谟的人性论都自觉地运用了在自然科学中行之有效的方法。第二，近代哲学和科学的学说彼此呼应、相互影响。比如，科学观察所要求的客观、中立的态度与哲学中主观与客观关系问题，科学方法论中归纳法和数学方法与经验论和唯理论，经典物理学的物质、运动观与哲学的机械论特征，自然科学所声称的普遍有效性与哲学认识论的基础论倾向。近代哲学不仅对自然科学的性质和内容进行反思，而且也为自然科学奠定基础、预示方向；自然科学不只是服从哲学的指导，而且也影响了近代哲学的方向和内容。近代哲学比任何时期都更加接近于自然科学的方法、标准和成就。第三，哲学采取了科学理论的形式。近代哲学理论既不像古代哲学用自由文体（如对话、诗、散文和论文等）表达的“智慧”，也不是中世纪用诠释和问题论辩集表达的“学问”，近代哲学的理论具有自然科学理论的系统性、确证性和方法论的简明性等特点。哲学与科学的同盟同时也是哲学世俗化的进程。基督教哲学从此失去了意识形态的统治地位，然而，已经与基督教水乳交融的西方文化仍为它保留了一席之地。

第七节　经院哲学的余波

15 至 16 世纪是中世纪向近代的过渡时期，这一时期的哲学一方面仍然保留着中世纪哲学的痕迹，另一方面也包含着近代哲学的萌芽。我们对中世纪哲学的阐述聚焦于第一方面，另一方面的阐述可由题为《文艺复兴时期哲学》的专书来承担。17 世纪之后，经院哲学在大学、修会学校和社会流行，受到社会政治条件、近代新思潮，以及教廷政策等方面的束缚，在艰难探索中继续前行。

在人文主义和宗教改革思潮的两面夹击下，经院哲学遭受着严重危机，呈现出衰落的趋势，但却仍能维持表面的统治地位。经院哲学在 15、16 世纪仍然占据着大学这块世袭领地，在危机中尚未失去复兴的转机。这一时期的经院哲学的人数和出版物的数量不在以往任何时期之下，但却再也没有理论上的创新，唯名论的“现代路线”和实在论的“老路线”之争愈演愈烈，托马斯主义、司各脱主义、奥康主义三足鼎立的基本格局没有变化。各派学者因循守旧地对宗师著作加以诠释，只有少数没有门户之见的独立学者提出一些新思想。1563 年特兰托会议作出对抗宗教改革运动的对策之后，天主教确立了托马斯主义为官方意识形态，庇护五世于 1567 年宣布圣托马斯为全教会的“共有博士”。新兴的耶稣会和传统的多米尼克会以西班牙为基地展开了托马斯主义复兴运动，经院哲学最后一个大哲学家苏阿雷斯是这一运动的产物。

1. 唯名论的结局

中世纪晚期各大学都面临着选择实在论还是唯名论的问题，君主和教会不时对大学当局的选择施加压力。法王路易十一曾下令巴黎大学采取实在论路线，但在 1481 年改变主意，由议会出面取消了国王的敕令，巴黎大学从此成为唯名论的中心。西班牙和葡萄牙的萨拉曼卡、亚卡拉和康巴拉大学、意大利的威尼斯、波隆那大学以及德国众多的大学也是唯名论的据点。德国的科隆大学和佛莱芒的卢汶大学则是实在论的中心。

苏格兰的大约翰（Johannes Major，1478 ～ 1540 年）是巴黎大学唯名论者的领袖。他是布里丹、亚里士多德和彼得·伦巴底著作的注释者，著有《关于无限性的命题》等逻辑论文。他的思想成为某些人文主义者的攻击目标。人文主义者对辩证法的批评直接威胁到唯名论的基础。唯名论比实在论在更大程度上依赖形式逻辑，它的一般倾向是把形而上学和认识论的问题归结为逻辑分析和词项意义。一旦形式逻辑（包括词项逻辑）的方法论作用和基础地位被否定，唯名论遭到致命打击，16 世纪时在各大学无疾而终。

实在论阵营内部发生了一场涉及哲学与神学关系问题的论战。卢汶大学艺学院教授里伏（Peter de Rivo）讨论了陈述将来不一定发生的事件的命题是否为真的问题，他的结论是，这类命题既不真又不假。理由是：命题的真和假分别与事实的存在和不存在相对应；我们如能确定命题是否为真，但又不能确定它所陈述的未来事件是否存在，这是自相矛盾的，因此，对应于可能存在或不存在的未来事件的只能是可能为真或不真的命题。里伏的结论否认了先知甚至神圣天意的可靠性，卢汶大学神学院教授苏麦伦的亨利（Henrius de Zoemeren）指责这一观点为异端，引发了一场论战。科隆和卢汶大学当局以及巴黎大学 24 位神学家支持里伏，亨利被解除教授职务，但罗马教廷最后也迫使里伏撤销原先的观点。这一事件标志着经院学术内部哲学与神学的彻底分离。

2. 托马斯主义和司各脱主义

实在论阵营内部，托马斯主义和司各脱主义两大派别表面上依旧繁荣。尤其是阿奎那的著作受到越来越多的重视，从16世纪开始，阿奎那的《神学大全》在一些神学院中取代了被沿用8个世纪之久的《箴言书》的标准教科书的地位。在阿奎那著作的众多注释者中，值得注意的是波隆那的多米尼克会员费拉拉的西尔威斯特（Sylvester de Ferrara，1474～1528年）的《反异教大全注》，以及帕多瓦大学教授卡叶坦（Cajetanus，1469～1534年）所著的《神学大全注》。卡叶坦的注释还包含着对司各脱主义和阿维洛伊主义的批判，但在灵魂不朽问题上，他同意彭波那齐的观点，怀疑人的理性是否能够证明灵魂不朽或可朽。

法兰西斯会学者则集中精力编辑、出版和注释司各脱著作。然而，这一时期最有成就的司各脱主义者是一位名叫塔特里特（Petrus Tartaretus，1460～1522年）的法国世俗学者，他对司各脱《牛津评注》《自由论辩集》的注释坚持形而上学原理，反对唯名论。此外，他对亚里士多德《伦理学》的评注流行一时。16世纪对司各脱著作的研究在17世纪导致了复兴司各脱主义的思潮。瓦丁（Wadding）于1625年在罗马建立了一所司各脱主义的学院，出版了12卷本的司各脱全集。1633年法兰西斯会在托莱多举行的大会上规定以司各脱学说为全修会学馆的必修课程。在西班牙、意大利和法国涌现了一批司各脱主义者。

3. 库萨的尼古拉

库萨的尼古拉（Nikolaus Cusanus，1401～1464年）出生于德国西部边陲小镇库萨。青年时代在海德堡、帕多瓦和科隆大学学习法律、哲学与神学。1423年获法学博士，1430年被任命为神父，1432年参加巴塞尔会议，次年写《论大主教的协调》表明支持宗教会议运动的立场，但后来转而支持教皇，受历任教皇重用，多次作为教皇特使到拜占庭和德国各地执行外交使命，后升任红衣主教、布列克森主教和教皇总助理。他在繁忙的公务之余，撰写了一系列哲学、神学和数学方面论著，其中有《论有学问的无知》《为有学问的无知辩护》《论猜测》《与门外汉的三篇对话》《论非他》《智慧的追逐》等。从这些著作来看，库萨的思想不属于当时任何学派，新柏拉图主义、人文主义和传统思想在他著作中都有所反映。现代学者有的倾向于把他看做中世纪最后一位哲学家，有的把他评价为近代哲学的先驱。我们把他的思想放在经院哲学的背景中考察，主要出于两点理由：由于库萨在教会中的显赫地位，他的思想在当时所产生的实际影响主要限于经院内部，对神秘主义影响尤其重大。例如，斯塔普伦斯（Faber Stapulensis，1456 ～ 1537 年）把他的著作和伪迪奥尼修斯著作编辑在一起介绍给法国人，特根斯修道院在他的思想影响之下于 1450 年至 1456 年间发起了神秘主义运动。某些人文主义者只是利用了他的边缘思想，如达·芬奇钦佩他的数学思想，阿格里科拉仿效他把信仰与古代哲学结合起来的做法。更重要的是，库萨关注的基本问题仍是“人如何认识上帝”这一中世纪的问题。他利用当时出现的各种新思想的目的是为了解答这一问题。

库萨的思想不属于经院哲学任何学派，而是广泛吸收了从伪狄奥尼索斯到艾克哈特的神秘主义思想，他使用新柏拉图主义的术语，对上帝、世界和人的关系做出新概括。现代研究者德摩特·谟仁（Dermot Moran）说，现代学者有的倾向于把他看作中世纪最后一位哲学家，有的把他评价为近代哲学的先驱，“但他的视野在本质上是保守的，如同汉斯·布隆博格指出的那样，保持中世纪的综合”[①]。因此，我们把库萨的哲学思想归于经院哲学的余波。

---

① *The Cambridge Companion to Renaissance Philosophy*, ed. J Hankins, Cambridge University Press, 2007, p. 173.

库萨看到经院哲学家围绕这个问题展开无休止的争论，在他之前调和各派观点的做法立即引起新一轮争论。如何达到一个超越对立的统一观点？这个问题一直困扰着他。在出使拜占廷过程中，或许受到拜占廷学者的启迪，他终于悟出"有知识的无知"的新思想。他这样解释自己思想的核心内容："我在那有知识的无知中以非理解的方式，即通过超越人类能够认识的不变真理，把握那不可理解者。"[①]"那不可理解者"即上帝。上帝之所以不可理解，因为他是无限的。库萨说，人类认识是从已知到未知的判断，"每一个探讨都是比较，并使用类比方法"。比较所需的中间环节越少，则认识越精确，数学用统一的量度比较已知与未知，因而能够从已知前提出发推导出关于未知东西的可靠结论。然而，比较的方法不适用于对上帝的认识，因为在已知的有限者与未知的无限者之间在量的方面不成比例，在质的方面不可类比，"由于这个道理，作为无限的无限是我们所不能认识的，因为它处于一切比较之外，超出一切比较之上"。[②]就是说，以"上帝"为认识对象的学问归根到底是一种无知。不过，这种无知不是知识一无所有的状态，恰恰相反，我们的知识越多，我们越加认识到"无限"的内涵不可穷尽。"无知"不是初学者的起点，而是饱学之士的结论，在此意义上，对上帝的认识是有学问的无知。

那么，如何达到有学问的无知呢？库萨首先从"无限"的性质谈起。首先，无限是绝对的极大，它是不可益损的一；同时，无限也是相对的极大，它是宇宙的界限，并存在杂多之中，因此，无限是绝对与相对的统一。其次，无限又是极大与极小的统一，"把一个数叫做无限与说它是极小的，是完全相同的一回事"。[③]作为"一"的无限是极大与极小相统一的绝对单纯性。

---

① 库萨的尼古拉：《论有学识的无知》，尹大贻等译，商务印书馆，1983 年，第 166 页。

② 同上书，第 3 ～ 4 页。

③ 同上书，第 10 页。

正因为“无限”是“对立面的统一”，对无限的把握也要通过协调对立面、逐步上升的方法。这种方法接近于柏拉图的对话辩证法，又与早期教父统一肯定神学与否定神学的神秘神学一脉相承。库萨宁可把这种方法称为“非理解的方式”，因为它与经院哲学的理解方式，即亚里士多德的演绎推理方式不相容。库萨在《为有学问的无知辩护》一书中说，对立面的统一是恪守同一律的亚里士多德主义者无法接受的，他们如能放弃同一律，不啻是一种奇迹，犹如改变宗教信仰那样困难。他还说：“时下占统治地位的亚里士多德派把对立面的协调视为异端，实际上，对它的认可正是上升到神秘神学的起点。”[①] 库萨以神秘神学为他的新思维方式的合法性辩护，这并不意味着他的思想停留在神秘神学阶段。他的方法引导他对自然和人作出新研究。

库萨并没有抽象地谈论无限的绝对与相对、极大与极小的统一。他明确地说，绝对的无限是上帝实体，相对的无限是宇宙，两者的统一的现实意义是“上帝的‘一’包含一切这个事实；上帝里面的一切就是上帝，一切事物来自上帝的‘一’，在一切事物之中，上帝就是这些事物之所是的那样”。[②] 库萨否认自己是泛神论者，“上帝在一切事物之中”这一命题只是说明上帝在万物之中“展开”（explicatio），并不说明上帝只存在于万物之中。他承认上帝实体是不受其他任何实体限制的绝对存在。展开就是运动，因此，宇宙间没有静止，地球也不例外。既然万物运动都是上帝的展开，那么，研究自然可以提供比神学更多的关于上帝的知识。库萨说，有知识的无知要从“上帝亲手写的书中”去寻找，这样的书“到处都可看到”。[③] 更重要的是，自然这本大书是用数学符

---

① 《为有学问的无知辩护》。*Nikolaus Von Kues Werke*, Band 2, De Gruyter, Berlin, 1967, p. 6。

② 《论有学识的无知》，商务印书馆，1983 年，第 73 页。

③ 《与门外汉的三篇对活》，之一。*Nikolaus Von Kues Werke*, Band 1, De Gruyter, Berlin, 1967. p. 217。

号书写的，因为数学中充满着极大和极小的协调统一，如圆周和直径、弧和弦、圆的面积与内接多边形面积之间的关系都是如此。对自然的数量关系知道得越多，越接近于上帝和宇宙对立统一的本质。库萨提出用数学研究自然的思想为近代自然科学扫清了障碍。按德国研究者齐默尔曼的说法，14 世纪以布里丹为代表的自然哲学家虽然提倡经验，但却未能把数学引入自然领域，这是因为他们相信完全精确地测量运动是不可能的。库萨把数学性质解释为对立面统一，这不仅在当时条件下放弃了完全精确性的要求，使数学的不精确不致成为不能从数量关系上研究自然运动的理由，而且为将来用微积分对运动作出精确描述提供了新思路。

与当时流行的“小宇宙”思想相呼应，他提出，人是极大与极小的对立面统一的体现者。人类有一个极大的个体，这就是耶稣基督，同时人的构造集宇宙的各种元素和精微力量于一身。正因为人是极大与极小的统一，所以他是宇宙的一面镜子。库萨对人的形体、人性和人的精神作出高度评价：“人是上帝，尽管不是绝对意义上的上帝，因为他是人。人是小宇宙，或是某种人形世界，因此，人性领域潜在地包含着上帝、宇宙和世界。人能够是人形的上帝，或以人的方式成为上帝。人也能够以人的方式成为人形天使、人形动物、人形狮子、人形熊或其他任何一种东西。”[①] 库萨思想的前提是关于上帝无限性的神秘主义，结论却是人文主义的人类中心的世界观，具有从中世纪哲学到近代哲学的过渡性质。

库萨晚期更倾向于柏拉图主义。他利用在罗马教廷供职的有利地位，推动柏拉图主义传播。《巴门尼德篇》和普罗克鲁斯的《柏拉图神学》都是应他的要求才被译为拉丁文的。他于 1461 年写成的对话《论

① 《与门外汉的三篇对活》，之一。*Nikolaus Von Kues Werke*, Band 1, p. 173。

非他》表明了以柏拉图思想批判亚里士多德主义的立场，他承认后者在自然哲学和道德哲学的成就，但在心灵哲学领域，柏拉图超过亚里士多德。柏拉图把《巴门尼德篇》中的“一”和后来谈到的“不定的二”作为第一原则，后来的新柏拉图主义者把“一”作为第一原则，把“不定的二”解释为来自“一”的“其他”。库萨提出“非他”（non-aliud）是“一”和“其他”的对立面统一，“非他”应是第一原则。不难看出，“非他”是《有知识的无知》中绝对无限（“一”）与相对无限（“多”）的统一。他晚年并没有改变早期的形而上学思想，但给它涂上了更强烈的柏拉图主义色彩。

4. 西班牙的经院哲学

特兰托会议期间（1545 ～ 1563 年）及其之后，罗马教廷在天主教会内部实行改革措施，对外反对新教的改革运动。在思想领域为了维护传统教义和仪礼的正统地位，会议通过阐明天主教教义的决议，拟定禁书目录，设立禁书审定院，推行宗教裁判所。这些措施在西班牙得到坚决地贯彻，西班牙的神学家起着举足轻重的作用。卡诺（Melchior Cano，1525 ～ 1560 年）编写的《神学源流》集公教会的传统教义之大全。1540 年在西班牙成立的耶稣会是研究、宣传和贯彻教义的生力军。经院哲学适应形势在西班牙复兴起来。

西班牙经院哲学的中心是 1499 年由红衣主教西门内斯（Ximenes）建立的萨拉曼卡大学。多米尼克会学者维多利亚的弗兰西斯科（Francisco de Vitoria，1483 ～ 1546 年）是这所大学的第一位神学教授，任教 18 年（1526 ～ 1544 年），建立了一个以托马斯主义为宗旨的学派。维多利亚对人文主义持温和立场，1527 年他应西班牙宗教裁判所要求参与了审查爱拉斯谟影响的工作，他在批判某些异端思想的同时，肯定了爱拉斯谟的人文主义态度以及对古代文化的热忱。维多利亚最有价值的贡献是他的国际法思想。“国际法”这一概念来自古罗马的“公法”（ius gentium）。过去人们一般认为公法只是一些约定的行为准则，如保护来使等，并没有道德律和民法这类“法”（lex）的强制约束力。维多利亚认为，国际法具有法的权威性，它是由“全世界的权威确立的”，因为“自然理性在所有国家中间所确立的就是公法”。[①] 就是说，公法和其他一切被称之为法律的规则一样来自自然法，并且公法是为了全人类共有的利益而设立的，违反国际法就是违反人类的自然理性。必须指出，维多利亚的国际法思想是在西班牙人、葡萄牙人征服和掠夺殖民地的情况下产生的，他运用国际法思想为殖民地土族人的权利辩护。在《论新发现的印度人》中，他一开始提出这样的问题：“这些野蛮人在西班牙人到来之前是他们私人和公共事务的主人吗？”他最后得出这样的结论：“毫无疑问，这些野蛮人在公共和私人事务中都是真正的主宰，就好像他们是基督徒那样”；因此，即使他们是异教徒，“以他们不是财产的真正主人为由而剥夺他们君主和臣属的财产都是不合法的”。[②] 维多利亚还到里斯本港口作实地调查，驳斥了贩卖奴隶是为了让他们皈依基督教的谎言，指出这完全是没有任何宗教动机的商业牟利行为。

西班牙经院哲学复兴运动与耶稣会的推动是分不开的。耶稣会创始人伊纳爵早年在巴黎大学学习时成为托马斯的崇拜者，他选择托马斯为本修会的博士。1593 年耶稣会大会规定所有成员在神学领域必须遵循托马斯主义，在哲学领域也不能违反托马斯主义。

弗兰西斯·苏阿雷斯（Franciscus Suarez，1548 ～ 1617 年）是耶稣会最著名的哲学家，号称“独一无二博士”。他毕业于萨拉曼卡大学，1564 年加入耶稣会。一直在西班牙和葡萄牙著名大学中教授神学与哲

① 《论公民的权利》，21 章。CHP，Ⅲ（Part 2），p. 170。
② CRP，p. 407.

学，一度在耶稣会的罗马学院讲学。他的主要哲学著作是《形而上学论辩集》和《论合法性》。

《形而上学论辩集》旨在捍卫形而上学在所有学科中的主导地位。苏阿雷斯看到对亚里士多德主义的批判导致形而上学的衰落，经院哲学内部也有人主张区别关于上帝的形而上学与关于存在的形而上学，这实际上把神学从形而上学中分离出去。他解释说，形而上学研究的存在是最普遍的研究对象，包括无限存在、有限的无形存在和有限的有形存在三类。无限存在是上帝，上帝创造的存在是有限的精神和物质存在。苏阿雷斯说，这些存在都是"实在"（entia reale），而不是"思想中的存在"（entia rationis）；两者的区别在于：实在是包含着存在，或至少不排拒存在的本质；而思想中的存在是不可能的实在，只是存在于思想之中的、与实在相矛盾的观念。这样，形而上学的"存在"范畴被分为"现实存在"（ens in actu）和"可能存在"（ens in potentia）。苏阿雷斯用这一区分代替托马斯关于存在与本质的区分。

按苏阿雷斯的总结，在存在与本质关系问题上有三种立场：一种是托马斯主义的立场，认为两者是"实在的区分"；第二种是司各脱主义的立场，认为两者是"形式的区分"；第三种是哈勒斯的亚历山大的立场，认为两者是"思想的区分"。苏阿雷斯不同意托马斯的区分，他说既然一切有限的实在都是上帝的创造，上帝不会创造出没有存在的本质。他也不同意司各脱的区分，因为他甚至不能设想没有存在的本质或没有本质的存在的逻辑可能性。他同意存在和本质只是思想上的区分，并且补充说："要把'存在'理解为'现实的存在'，把'本质'理解为'现实存在的本质'。"[①] 意思是：存在和本质在现实中不分离，但人们可以在思想中把本质从存在中抽象出来。抽象的"存在"意味着"在这

---

① 《形而上学论辩集》，2卷31题1条13款。

个世界存在”，而不指示任何现实事物的存在；抽象的“本质”意味着“可能的东西”，而不表示现实世界中的事物。然而，即使抽象的本质也不是想象出来的观念，心灵可以虚构“圆形的正方形”、“一个既大又不大的东西”等不可能存在的东西，心灵的抽象能力达到的“本质”概念在逻辑上与“存在”是相容的，表示在某一个可能世界中现实存在的本质。苏阿雷斯知道托马斯区分存在与本质的意图是为了区别上帝的必然存在和被造物的偶然存在，他在取消两者的实在区分的同时仍然实现了托马斯的意图。存在与本质在现实中的不可分离性并不意味着必然性，相反，现实性是一种偶然性，表示在现实世界存在的某种可能性。现实存在来自可能存在，正如偶然存在来自必然存在一样。因此，他可以用现实存在和可能存在的区分取代存在和本质的区分，而又保留了后者所坚持的偶然存在和必然存在的区分。

苏阿雷斯所说的现实存在是个别事物（aliquid reale）。如果个别事物没有存在与本质的区分，那么，如何确定它们的个性呢？托马斯和司各脱分别用质料的存在和形式的个性作为个体化原则，代表了存在优先和本质优先两种不同倾向。苏阿雷斯试图调和这一矛盾，把质料的存在和本质形式的结合当作事物个体化原则。他说：“一个质料和一个形式的结合是个体化的完满原则，形式则是充足和主要的原则，使得某一个体在所属的类中能够成为数量上单一并与类属保持同一的事物。”[①] 由于坚持形式与质料、本质与存在在个别事物之中的不可分离性，他反对把共相解释为现实存在，认为共相只是心灵之中的抽象本质的意义。苏阿雷斯在认识论中更多地吸收了奥康主义的观点，但仍未放弃温和实在论的立场。

《论合法性》阐明了托马斯的自然律理论，然而，苏阿雷斯生活在

---

① 《形而上学论辩集》，1 卷 5 题 6 条 15 款。CHP，Ⅲ（Part 2），p. 181。

与托马斯不同的时代，经院哲学的政治理论正面临着绝对王权和新教改革派的挑战。一些新教国家的君主运用“君权神授”的口号为自身合法性辩护，宗教战争环境中的国家之间关系也需要国际法的说明。苏阿雷斯运用自然律解决这些现实问题的一个关键是关于法律（lex）和权利（ius）的区分。他对“法律”的定义是：“正义和正确意志的行动，它使下级按上级意愿去履行义务。”[①] 这是一个带有意志主义色彩的定义，但他用“正义”和“正确”限制合法的意志，这与奥康认为上帝的自由意志就是神圣律的观点大相径庭。苏阿雷斯说，上帝的意志不是任意，他所意愿的是善，并且不包含逻辑矛盾。奥康说，只要上帝愿意，像谋杀、盗窃这样的行为也是善。按苏阿雷斯的标准，“谋杀”、“盗窃”这些字眼的意义与“善”是不相容的，不可能被上帝所意愿。此外，上帝意志是正义的，这表现在：他所意愿的善是公共利益，体现公共利益的法律应是共享这一利益的所有人共同认可的，这些人在法律下平等地分享这一利益。上帝的意志表现为不成文的自然律，铭刻在人的心灵之中。人类制定的成文法依据自然律，符合上帝意志的正确性、正义性才是真正的合法性。

那么，什么是权利呢？苏阿雷斯的定义是：“每人对他所有、或应归于他的东西具有的某种道德力量。”[②] 比如，个人对他所有的财产有占有权，雇工对应付的报酬有工资权。法律和权利的一个重要区别在于，法律规定的利益对于每一个人是平等的，但是，每一个人实际享有利益的权利却是不平等的。为什么会出现这样的差别呢？苏阿雷斯解释说，法律依照区分善恶的内在标准服从上帝意志，权利依照人类社会的外在状况服从上帝意志。比如，自然律要求人人平均占有财产，但没有规定或禁止财产的私有。人们在一定的社会条件下采用私人占有财产

① 《论合法性》，1卷5章24节。CHP，Ⅲ（Part 2），p. 203。
② 《论合法性》，1卷2章5节。CHP，Ⅲ（Part 2），p. 204。

方式，并且在历史中出现了财产的不平等现象。在这样的具体环境中，个人有财产权，盗窃他人财产是违反权利的行为，即不道德行为。苏阿雷斯承认，在一般情况下，权利也被当作一种法律。但区分权利和法律对于解决现实中的合法性问题至关重要。

例如，国际法不是法律，而是权利。只有在理想的国际政治联合体中，所有国家才享有平等的利益。在人类现实条件下，战争和奴隶占有制是一个国家为了维护既得利益的权利，不能按照自然律来判别战争和奴隶制的合法性。再如，一个国家的宪法是法律，而不是权利。宪法是社会成员之间的约定，他们为了改善自己的处境，同意平均地把某些利益转让给政府，共同地服从政府。宪法是利益均等的人们之间的平等协议，并保护他们的公共利益，因而是来源于自然律的法律。如果政府不再代表人民的利益，人民推翻它是否合法呢？《论合法性》没有从原则上回答这个问题。在《捍卫公教会和使徒信仰》这篇反对英王詹姆士一世的论文中，苏阿雷斯针对“君权神授”的说法，指出君主的合法性是人民赋予的，詹姆士一世违反公教会信仰的行动不代表人民利益，应该被推翻。再如，统治者，不管是教皇还是君主所具有的统治权力属于权利范畴，不受法律约束。苏阿雷斯认为统治者不是为公众利益服务的管家，人民一旦把利益转让给统治者，他便具有运用一切有效手段达到公共利益的权利，统治权的依据是风俗、习惯等具体社会条件，而不是法律。苏阿雷斯据此拒斥了用宗教会议限制教皇统治权的改革主张。他对王权的限制和为教权的辩护出于同一立场，但我们也无须专从他的政治立场出发评价他的政治哲学。他的理论已经包含着社会契约论的因素。令人感兴趣的是，《论合法性》出版 40 年之后，霍布斯在 1651 年出版的《利维坦》中也是用社会契约论反对清教徒的君权神授论的，后来只是通过洛克的改造，社会契约论才在新教徒中流传开来。

尾声　中世纪之后

中世纪之后的基督教哲学主要指天主教哲学。宗教改革之中和之后产生的基督教各宗派从一开始就割断了与经院哲学传统的联系，加上它们都生成在哲学已与神学分离开来的文化环境之中，因此，在天主教继承的经院哲学之外，再也没有形成一种独立的“新教哲学”。当然，这样说并不否定不少新教徒对近、现代哲学的个人贡献，也不否定一些新教神学家从流行的哲学流派中吸收了某些哲学观点。

中世纪之后的天主教哲学是对经院哲学的继承、发展和变形。它在历史进程中经历了三个阶段：17 世纪的经院哲学，法国大革命期间的传统主义，19 世纪开始兴起的新经院哲学。

1. 17 世纪的经院哲学

经院哲学在 17 世纪的文化气氛和时代精神之中显得不合时宜，但却没有销声匿迹。相反，经院哲学在未受宗教改革运动触动的天主教国家，如西班牙、葡萄牙和意大利等地仍然根深蒂固；即使在新教国家或新教与天主教参半的国家，经院哲学在大学中以顽强的生命力抵抗着新思潮的传播；各修会的学校是经院哲学的最后阵地，中世纪哲学的典籍在这里被整理、注释和出版。下面分别介绍这三方面情况。

经院哲学复兴运动在西班牙和意大利势头不减。苏阿雷斯之后的西班牙经院哲学的主要代表人物是耶稣会会员冈察雷斯（Gonzalez，死于 1661 年）、阿尔冯斯（Alphonsus，死于 1640 年）以及瓦留斯（Vallius，死于1622年)、卢比斯(Rubius,死于1615年)、德·门多察(De Mendoza,死于1651年)。他们除了在自然法理论方面作了深入研究之外,在其他方面很少有创新思想。多米尼克会修士圣托马斯的约翰,原名让·彭梭特(Jean Poinsot,1589～1644年)可能是唯一的现在仍有影响的17世纪西班牙经院哲学家,他在康巴拉和卢汶大学毕业之后,成为西班牙国王菲利浦四世的顾问和忏悔神父。著有《托马斯哲学教程》《神学教程》《形式逻辑纲要》等系统性的论著。他的逻辑教程不仅恢复了已被拉谬主义者取消了的亚里士多德逻辑体系,而且介绍了中世纪逻辑家的特殊贡献——指代理论。他还明确地表达了后来被当代语言学家乔姆斯基所称的"笛卡儿语言学",即普遍语法的思想。按经院哲学术语,逻辑研究的对象是"第二意向"的"理性实在"(entia rationis)。就是说,逻辑研究的是所有理性心灵的普遍结构,体现这一结构的语法原则在所有自然语言的语法中起着统一的规范作用,构成了不同语言表层结构的深层结构。逻辑对语言深层结构的研究区别于对动物语言行为的机械论解释。圣托马斯的约翰的逻辑理论表现了中世纪语言哲学与近、现代理性主义语言学之间的连续性。

经院哲学复兴运动在意大利以圣伊纳爵创办的罗马学院为中心。17世纪罗马学院的著名教授有瓦斯奎兹(Gabriel Vasquez,死于1604年),著有《形而上学论题集》《神学大全注》。阿拉曼(Cosmus Alamannus)于1618年至1623年间出版的《哲学大全》是一部全面介绍托马斯哲学的重要著作。茅鲁斯(Silvester Maurus,死于1687年)所著的《哲学论题集五卷本》总结了13世纪以来经院学者对亚里士多德著作的注释,具有引文准确、解释清楚的独到之处。

17世纪大学的哲学课程仍以亚里士多德哲学为主要内容,所用教程大多是经院学者的注释。比如,17世纪中叶到18世纪初期剑桥大学的《大学生指南》中说哲学学生必须读亚里士多德全部著作和托马斯的两部大全，这不仅是为了获得知识，而且是为了适应大学三年级实行中世纪式的论辩训练的需要。书中说："阅读亚里士多德不仅使你在注释者的帮助下学习如何进行论辩，而且帮助你学习希腊文，学习其他一切学问之冠，不在某种程度上熟悉他的著作的人不配被称作学者。"[①] 需要指出，这时大学中所用的注释本已不是中世纪的著作，而是当时经院学者的作品，其文体和风格更适应时代需要。由于经院哲学在大学哲学教育中的地位，我们不难理解为什么大多数近代哲学家都对经院哲学进行了尖锐批判，他们所批判的对象并不是中世纪经院学者的本来思想，而是他们同时代人所解释的经院哲学。

在大学里与经院哲学争夺阵地的主要哲学派别是笛卡儿主义。笛卡儿在《形而上学的沉思》成书之后送到巴黎大学征求意见，出版时附录了对七组批评意见的反驳。其中第一组卡特鲁斯（Caterus）、第二组麦尔塞纳（Mersenne）以及第六组反驳意见代表了经院哲学家的立场。他们对笛卡儿"我思故我在"的第一原则、关于上帝存在的先天证明、以清楚、明白观念为标准的真理观以及关于灵魂不朽的证明的缺陷都进行了诘难。后来笛卡儿主义在法国和尼德兰的大学传播时也引起论战。在亚里士多德主义势力较强的巴黎、卢汶大学，经院哲学成功地抵御了笛卡儿主义，但在荷兰的莱顿、乌托勒克大学，笛卡儿主义获胜，荷兰因此而成为笛卡儿主义的第二故乡。

大学中的经院哲学家还面临着抵御新兴自然科学的任务。1624年巴黎大学神学院请求议会禁止使用新的科学和哲学观念批判亚里士多德主义。1671年，在国王干预下，议会规定在大学以亚里士多德教导为准绳。卢汶大学教授冯·维尔登因为组织了一场围绕哥白尼学说而展开的论辩而受到制裁。直到17世纪末，卢汶大学李莫格斯在《作为

---

① CRP，p. 836.

托马斯教条的哲学》一书中还在声称："哥白尼体系是不能接受的，它被正确地当作轻率的理论加以排斥，因为它教导说地球运动而不在世界的中心。"① 经院哲学不合时宜地反对新科学与新哲学反而使自身陷入困境，它的追随者越来越少，逐渐退出大学讲坛。这是一个历史渐进的过程，人心的向背起到决定性作用。无怪中世纪哲学史家沃尔夫说："征服经院哲学的是人的缺乏，而不是思想的缺乏。"②

天主教各修会在自办的经院中对中世纪经院哲学家、尤其是被奉为本修会博士的哲学家的著作进行了历史性研究。多米尼克会的克罗齐（Anthony Clothe，1628 ～ 1720 年）是托马斯主义的积极倡导者，他出版了《神学大全第三集注》，重申追随托马斯为本修会的纪律，并在 1701 年于罗马建立了一些研究托马斯的学术机构。司各脱全集瓦丁本于 1639 年出版，推动了对司各脱主义的研究。西班牙、葡萄牙、意大利、法国和捷克等地出现了不少重要论著。如葡萄牙学者马塞多（Macedo，1612 ～ 1692 年）所著《托马斯与司各脱学说异同比较综述》、意大利学者伯朗卡图（Brancatus，1594 ～ 1681 年）为司各脱的《牛津评注》作了 8 卷本的注释，法国学者法兰森（Franssen，1620 ～ 1711 年）的《司各脱学术研究》是一部颇有影响的力作，赫尔洛尼姆于 1720 年出版的《神学大全》按托马斯同名著作结构汇集司各脱著作。除托马斯和司各脱之外，安瑟尔谟、大阿尔伯特、根特的亨利等人著作在这一时期被各修会编辑、整理。这些工作为后来的历史研究打下坚实的基础。

2. 法国大革命期间的传统主义

经院哲学在经历了两个世纪的衰败之后，终于在法国大革命期间

---

① De Wulf, *History of Medieval Philosophy*, Vol 2, Dover, New York, 1926, p. 313.

② Ibid，p. 314.

完全覆灭。革命政权推行的政教分离政策取消了教育中的神学内容，经院哲学课程随之被取消。国家没收教会和修会财产，使经院哲学失去了最后庇护所，不但教会学校和修院被关闭，连天主教大学也不能幸免，如卢汶大学于1792年至1833年间被关闭，学校财产收归国有。经院哲学消失在学术界之后，基督教哲学以反启蒙运动的传统主义思潮方式流行。这股思潮的代表人物有约瑟夫·德·麦斯特尔（Joseph de Maistre，1753～1821年）、维孔特·德·博纳尔（Vicomte de Bonald，1754～1840年）以及罗伯特·德·拉门奈（Robert de Lamenais，1782～1854年）等人。麦斯特尔在大革命高潮中写的《对法国的思考》（1796年）认为革命是上帝对人类罪恶的惩罚，革命者是不自觉地执行神圣天意的工具。他说：人的“行为既是自愿的，又是必然的”。[①]一切摧毁基督教和君主制的革命行动只是为了最后抬举基督教和君主制，因为历史受人类不知道的秘密力量的支配。麦斯特尔认为法国大革命是启蒙运动的产物，他指出启蒙运动发端于法兰西斯·培根，因为“现代哲学完全是培根的女儿”。[②]这一种哲学在他眼里是“人类精神最无耻的一个阶段，十足的实际无神论体系”。[③]他着重批评了社会契约论、人民主权论、民主制以及自然宗教，认为无论法律、政权、宗教都不只是人类理性的产物，在理性之外还有神圣的启示。博纳尔坚持政教合一制度的合理性，他说宗教团体和政治社会的关系犹如意志和行动的关系一样密不可分。他用“三位一体”的结构类比社会结构，说宗教社会是上帝、神甫和信徒的三位一体，家庭社会是父亲、母亲和子女的三位一体，政治社会是国家、长官和公民的三位一体。博纳尔否定启

① 《对法国的思考》。CHP，Ⅸ（Part 1），p. 21。

② 《培根哲学考查》。CHP，Ⅸ（Part 1），p. 22。

③ 《彼得堡之夜》。CHP，Ⅸ（Part 1），p. 22。

蒙主义的哲学，得出“欧洲尚无哲学”的结论。[1] 他区分了“理念型”的人和“妄想型”的人，前者指柏拉图以降的“启蒙整个世界的人”，后者指贝尔、伏尔泰、狄德罗、孔狄拉克、爱尔维修和卢梭这些自命的启蒙学者，他们是感觉主义者、经验主义者和唯物主义者。他期待的哲学是“关于上帝、人和社会的科学”。[2] 这门科学所研究的首要对象是语言。因为人是使用语言的动物，语言使人之为人，同时使人生活于社会之中。然而，语言不是人类固有的，它是圣道的礼物。因此，语言是表现上帝、人和社会三者关系的基本事实。

拉门奈在《论对宗教事务的冷漠》中批判了无神论者认为道德基础是理性、而不是宗教的观点。他指出宗教的伦理意义在于克服个人主义，对宗教的冷漠必然危及社会利益。他还辩护说，宗教不但有社会效用，而且是真理。他的主要证据是语言，人类各种自然语言中都有“神”这一概念的事实说明这一概念的意义不是人创造出来的，而有神秘起源，来自神向人类祖先的启示。拉门奈对法国大革命的结果采取了一种现实主义的态度，说君主制是“可尊敬的历史纪念品”。[3] 他虽然不赞成大革命，但指出路易十四实行的政教合一的绝对王权统治是激起革命的原因，革命后的政教分离的民主制有利于教权的独立。他主张在天主教内部以教皇为唯一的权威。他于 1830 年创办《未来》报宣传“教皇无错论”和政教分离主张，后一主张引起教皇格列高利十六世不满，他在一些公函中谴责了拉门奈向大革命让步的立场。

法国大革命期间和之后，天主教内部出现了新的护教思潮。这股思潮有两个特点：一是不满足于传统的经院哲学的辩护方式，甚至进而批评经院哲学陈旧和无能；二是利用当时流行的社会和哲学思潮，

---

① 《道德科学对象的哲学研究》。CHP，Ⅸ（Part 1），p. 24。

② 同上书，p. 25。

③ 《论宗教和社会及公民秩序的关系》。CHP，Ⅸ（Part 1），p. 32。

使之与基督教信仰与教义相调和。比如，浪漫主义作家夏多勃里安（Chateaubriand，1768～1848年）在1802年出版的《基督教真谛》中说："基督教最有诗意和人性，最赞赏自由、艺术和文学。"除了美学的理由之外，"其余一切辩护都已穷尽，现在也许已经无用。现在谁还读神学著作呢？"[①] 总之，基督教的真谛在于美。巴黎高师的哲学教授奥列-拉普鲁（Olle-Laprune，1839～1898年）在《论道德确定性》中指出宗教信仰和道德确信的联系，引用康德的道德哲学说明道德责任蕴含着自由，道德秩序的维持要求个人灵魂不死的信仰。他的学生莫里斯·布隆代尔（Maurice Blondel，1861～1949年）说："从来没有严格意义上的基督教哲学。"[②] 中世纪的基督教哲学不过是伪装的神学。他说，基督教信仰不是哲学的前提，而是哲学的结论。他要求信仰者积极参与近代哲学，从其内部发展出符合信仰的道理。他提出的行动理论吸收了莱布尼茨、斯宾诺莎和康德的一些观点。法国另一位基督教哲学家拉伯松尼尔（Laberthonniere，1860～1932年）说："每一种哲学学说都旨在给予生活、人的存在以意义。"[③] 在此意义上，基督教是真正的哲学，但不排斥其他哲学学说。他编辑的《基督教哲学年鉴》以及对希腊哲学、笛卡儿主义和实证主义的研究都体现了积极的对话精神。在德国，赫尔麦斯（Georg Hermes，1775～1831年）、根特尔（Gunther，1783～1863年）和弗罗沙默尔（Frohschammer，1821～1893年）分别在康德、费希特与黑格尔哲学中寻找论证基督教信仰合理性的观点，企图在德国唯心主义基础上建构新的基督教哲学。

上述哲学家为基督教所作的热忱辩护却未得到罗马教廷的认可；相反，他们对传统的经院哲学的批判态度以及对近代哲学的积

---

① 《基督教真谛》。CHP，Ⅸ（Pad 1），p. 28。
② 《论护教的信》。CHP，Ⅸ（Part 2），p. 16。
③ 《笛卡儿研究》。CHP，Ⅸ（Part 2），p. 31。

极评价引起了教廷的不安。1835年教廷谴责了赫尔麦斯的康德主义立场，1844年迫使以攻击经院哲学方法著称的包坦（Louis Bautain，1796～1867年）撤销观点。教廷在一些文告中还谴责了“现代主义”的倾向，这是指企图使天主教学说现代化的企图，它主要表现为使用新教历史学家的历史批判方法解释《圣经》的做法。然而，不加区分地谴责现代主义也反映了教会人士对布隆代尔等人的哲学所持的不满态度。在反对现代主义同时，天主教会也没有坚持经院哲学传统的信心和兴趣，自法国大革命之后似乎放弃了以经院哲学为意识形态的企图。耶稣会的罗马学院甚至不设哲学课程。据1830年罗马学院的一位学生写道，这里灌输的信条全是对亚里士多德的鄙视。在这种形势之下，天主教会内的有识之士认识到思想现代化的必要性；另一方面，思想现代化又不能偏离经院哲学的传统。如何适应西方现代社会的文化，恢复经院哲学并与现代哲学和科学积极对话？这成为摆在天主教会面前的一个重大课题，新经院哲学在解决这个问题过程中应运而生。

3. 新经院哲学

新经院哲学是天主教的现代意识形态，同时又是现代西方哲学的一个派别。它的起源和性质应从两个方面加以考察。作为天主教的意识形态，它的兴起和发展与罗马教廷的倡导、支持分不开，它的一些学说在不同程度上贯彻或体现了教皇的决策和政策；作为西方哲学的一个派别，新经院哲学继承了托马斯主义，在与其他哲学派别的对话中力图求同存异，吸收现代哲学和科学成果，它有自身的历史发展线索和内在逻辑机制，不能把它简单地归结为天主教会的思想工具。

罗马教廷对复兴经院哲学必要性的认识经历了由不自觉到自觉、由态度冷漠到热心提倡的过程。促使教廷态度转变的人物最早可追溯到西班牙加泰罗尼亚的红衣主教博克索多（Boxadors），他在1757年发出的一封公函中要求开展托马斯主义的研究。当地耶稣会成员马斯坦积极响应这一号召。1767 年耶稣会被驱逐出西班牙，马斯坦带着复兴托马斯主义的思想来到意大利。他于 1799 年至 1806 年在皮亚琴察的教会学院传授托马斯主义。他的一个学生布泽提（Buzzetti，1777 ～ 1824 年）把皮亚琴察变成学习托马斯主义的中心。两个耶稣会成员多米尼诺和索蒂从这里把托马斯主义的影响带进罗马教廷，特别是索蒂的学生达泽利奥（d'Azeglio，1793 ～ 1862 年）于 1824 年接任罗马学院院长之后，在力所能及的范围之内传授托马斯主义，但无论在教廷，还是在耶稣会内部，都有一股反对托马斯主义复兴的势力，达泽利奥未能长久维持他的地位。直到 1848 年欧洲各国都发生革命的形势下，教廷的认识才趋向一致。在庇护九世的支持下，耶稣会创办《天主教社会》杂志，实行返回经院哲学的办刊方针，并把这一方针作为抵制现代主义、推行“教皇无错论”的政策的一个重要组成部分。

在教廷逐渐转向复兴经院哲学政策的同时，教会学校内的思想争论也导致同样的结果。在德国，克留特根（Kleutgen，1811 ～ 1883 年）为了反对赫尔麦斯所援引的德国唯心主义，诉诸经院哲学的认识论中的客观主义思想，主张利用长期被忽视了的思想遗产来阐明信仰的客观性和理性。在法国，在反对教会学校内部笛卡儿主义思潮的争论中产生出新经院哲学的观点。在比利时，教会人士的笛卡儿主义与柏拉图、奥古斯丁思想结合在一起，形成了与亚里士多德和托马斯思想相对立的“本体主义”。在布鲁塞尔与卢汶展开的本体主义与传统经院哲学的争执因教廷的干预而成为新经院哲学诞生的契机。19 世纪 60 年代，教廷对这种争论进行干预，在教廷的喉舌《天主教社会》刊物上出现了谴责本体主义为泛神论和非理性主义的文章。此时的教廷已感到用一个统一的哲学体系统一教会思想的迫切性。

1878 年，教皇利奥十三世登位。他原名伽奥阿基诺 · 佩奇，年青时在达泽利奥执掌的罗马学院中受到经院哲学的启蒙教育；19世纪40年代，他作为教皇派驻布鲁塞尔的使节目睹了传统主义与本体主义的争论；1846年起他就任意大利的普鲁吉亚大主教，重视哲学与神学的教育。这些经历使他认识到恢复经院哲学传统的重要性。1879年8月4日，他发出《永恒之父通谕》，号召重建托马斯主义。这一事件标志着新经院哲学或新托马斯主义的诞生。教皇深知本体主义势力在卢汶大学依然存在，他指示比利时大主教在卢汶设立托马斯哲学讲座，神父麦西埃（Mercier，1851～1926年）为该讲座第一位教授。麦西埃组织了"圣托马斯高等哲学课程"讲学团，并与1889年应教皇要求创建了卢汶高等哲学研究所（又称圣托马斯学院），该所主办的《新经院哲学评论》是新托马斯主义的主要刊物。

新经院哲学之"新"表现为以下一些特点。首先，通过中世纪哲学史的研究确立经院哲学的传统。当代第一流的中世纪哲学史家几乎全属于新经院哲学派，比如，德·沃尔夫（De Wulf，1867～1947年）在1894年至1939年长达45年的时间内任卢汶中世纪哲学史教席教授，他所著的《中世纪哲学史》为这一领域的权威著作。他去世之后以他姓名命名的"德·沃尔夫研究中心"是中世纪哲学史的一个国际研究中心。法国哲学家埃齐厄纳·吉尔松（Etienne Gilson，1884～1978年）于1921年至1932年间任巴黎大学中世纪哲学史教席教授，他一生著述达七百多部（篇），既包括中世纪哲学史著作，如《中世纪基督教哲学史》《中世纪哲学精神》《基督教精神与哲学》等，又包括对奥古斯丁、托马斯、波那文图拉和邓·司各脱等主要哲学家研究的专著。值得注意的是他的《论中世纪思想对笛卡儿体系形成的作用》一书论证了中世纪哲学和近代哲学的连续性。德国哲学史家马丁·格拉伯曼（Martin Grabmann，1875～1959年）发掘、整理了大量前所未知的历史资料。他的《经院方法史》和三卷本的《中世纪史》以丰富的资料扩展了中世纪研究的领域。卢汶学派的冯·斯亭伯格（Van Steenberghen）对 13 世纪经院哲学中亚里士多德主义和奥古斯丁主义关系的研究清楚地显示出经院哲学与古希腊哲学的渊源关系。可以说，正是通过新经院学派的中世纪哲学史研究，中世纪哲学才获得了与古代哲学和近代哲学相匹配的平等地位。

新经院哲学家认识到经院哲学覆灭的一个重要原因是不合时宜地反对自然科学，他们一方面显示自然科学与中世纪思想有连续性的历史证据，另一方面论证托马斯主义与现代科学原理的协调性。早在 20 世纪初，法国科学史家皮埃尔·杜海姆在十卷本的《从柏拉图到哥白尼的宇宙理论史》中说明了哥白尼革命的中世纪思想背景。安尼列斯·麦尔（Anneliese Maier）在《经院学说与新科学联系》一书中说明 14 世纪以后经院哲学的经验科学思想是以伽利略为代表的新科学的直接基础。法国新经院哲学家雅克·马利坦（Jacques Maritian，1882～1973 年）在《自然哲学》一书中调和宗教信仰和自然科学原理。他在《知识的等级》一书中进一步宣称，经院哲学对世界的内在本体的探索被自然科学外在化，自然科学理论是用量化方式处理哲学而获得的部分成果。为了把托马斯主义原则运用于自然科学，卢汶学派还在 20 世纪上半叶建立了心理学、物理学等项科学实验室。有些人还用经院哲学术语表达实验结果，比如说化合物中的元素以"形式的方式"、而不以"真实的方式"存在着。

新经院哲学继承了经院哲学的形而上学传统。马利坦在《哲学概论》一书中把"存在之为存在"的传统意义归结为本质、实体和实在，并在"上帝"的意义上把三者统一起来。吉尔松和英国哲学史家安东尼·肯尼（Anthony Kenny）突出了托马斯学说中存在与本质的区别。新经院哲学家还对康德学说进行了研究。卢汶学派创始人麦西埃对康德有特殊兴趣。另一位成员麦利切尔（J. Marechal，1878～1944 年）

在《形而上学的出发点》一书中分析康德先验哲学出发点，得出了康德的理论哲学禁止谈论的形而上学结论。他的方法被人称作“先验论证法”，即从一个先验原则的可能性条件出发论证一个形而上学原则的必然性。康德本人曾用这一方法论证人类先验知识的可能性，使用这一方法论证康德所反对的理性形而上学，则是新经院哲学的一项创造。

新经院哲学另一研究领域是逻辑。然而，使用经院哲学方法在逻辑领域作出开创性工作的哲学家却是两个最终与罗马教会断绝关系的天主教徒：布伦坦诺（Franz Brentano，1838 ～ 1917 年）和马泰（Anton Marty，1847 ～ 1914 年）；前者影响了华沙学派的领袖列斯尼也夫斯基，后者影响了华沙学派另一创始人卢卡西维茨。新经院哲学另一个著名逻辑学家是瑞士弗莱堡大学教授波亨斯基（Joseph Bochenski），他把逻辑作为哲学研究的出发点，最近的思想趋向英美语言分析哲学。

新经院哲学虽然继承了经院哲学的问题和研究对象，但却没有采用经院哲学的方法。康德的先验论证方法、胡塞尔的现象学方法和英美哲学的逻辑分析方法都被吸收进去。方法论的更新使新经院哲学能够与现代西方哲学其他流派展开对话，为经院哲学传统注入生机；但同时也淡化了原来属于经院哲学的一些重要特征。1965 年梵蒂冈第二次大公会在“现代化”的总方针下制订了哲学多元化的目标，新经院哲学分化加剧，更多的人转向现象学和存在主义，现在已很难看出新经院哲学的独立性。虽然教皇约翰·保罗二世于 1980 年召开的第八届国际托马斯主义大会上，又发出适应时代需要加强新托马斯主义研究的号召，但是，与教皇利奥十三世在 1879 年发出的号召相比，现在已经产生不出强烈反响。新经院哲学的衰落有两个主要原因：一是现代西方哲学中“非意识形态化”趋向的冲击，新经院哲学很难维持天主教会意识形态的地位；二是 20 世纪西方哲学处于全面危机之中，在这一总趋势之中，新经院哲学不可能长久繁荣。随着新经院哲学的没落，已有近二千年历史的基督教哲学是否行将终结了呢？这一问题的答案可能取决于对另一范围更为广泛的问题的回答：哲学是否会终结？当前西方哲学界围绕这一问题的讨论方兴未艾。我们相信，只要西方哲学不会终结，已与哲学结下不解之缘的基督教哲学就一定会找到新的表现形式。事实上，基督教哲学的重心现在已经移到了美国。“基督教哲学家协会”（Society of Christian Philosopher）是美国哲学会（APA）最大的分支机构之一，现有一千多成员。他们能否谱写基督教哲学的新篇章，我们将拭目以待。[①]

① 参见迈尔威利·斯图沃德编：《当代西方宗教哲学》，周伟驰等译，北京大学出版社，2001 年。

参 考 文 献

I. 外文原著和资料辑

Cassirer, E. , *The Renaissance Philosophy of Man*, Chicago University Press, Chicago, 1954.(《文艺复兴时期人的哲学》)

Gilby, T. , *Saint Thomas Aquinas: Philosophical Texts*, Oxford University Press, London, 1960.(《圣托马斯・阿奎那哲学原著》)

Grant, E. , *A Source Book in Medieval Science*, Harvard University Press, Cambridge Mass, 1974.(《中世纪科学资料辑》)

Hyman, A. & Walsh, J. , *Philosophy in the Middle Ages*, Hackett Publishing Company, Indianapolis, 1974.(《中世纪哲学》)

Kretzmann, N. & Stump, E. , *The Cambridge Translation of Medieval Philosophocal Texts*, vol. 1, Cambridge University Press, Cambridge, 1989.(《中世纪哲学原著剑桥译本》,第一卷)

Lerner, R. & Mahdi, M. , *Medieval Political Philosophy*, Cornell University Press, New York, 1963.(《中世纪政治哲学》)

McKeon, R. , *Selections from Medieval Philosophers*, 2 vols. , Charles Scribner's Sons, New York, 1929.(《中世纪哲学家文选》,2 卷)

Migne J.-P., *Patrologiae Cursus Completus*, Series Latina, 221 vols. , Paris, 1844 ~ 1864.(《教父学全集》,拉丁系列,221 卷)

Roberts, A. & Donaldon, J. , *The Ante-Nicene Fathers*, 81 vols., Christian Literature Company, Buffolo, 1885.(《尼西亚会议之前的教父》,8 卷)

Schaff, F. Wace, H., *A Select Library of the Nicene and Post-Nicene Fathers*, 14 vols., Christian Literature Company, Buffolo, 1887.(《尼西亚会议期间及其后的教父

文库》, 14卷)

Shapiro, H. , *Medieval Philosophy*, Modern Library, New York, 1964.(《中世纪哲学》)

Thorndike, L. , *University Records and Life in the Middle Ages*, Columbia University Press, New York, 1944.(《中世纪大学的记录和生活》)

Wippel, J. F. & Wolter, A. D. , *Medieval Philosophy*, The Free Press, New York, 1969. (《中世纪哲学》)

New Catholic Encyclopedia, 15 vols., The Catholic University of America, Washington, 2003.(《新天主教百科全书》, 15卷)

II. 外文研究专著

Afnan. S. M., *Avicenna, His Life and Works*, George Allen & Unwin, London, 1958 (《阿维森纳:生平和著作》)

Armstrong, A. H., *The Cambridge History of Later Greek and Early Medieval Philosophy*, Cambridge University Press, Cambridge, 1967.(《剑桥晚期希腊和早期中世纪哲学史》)

Bettoni, E., *Duns Scotus*, Greenwood Press, Westport, 1978.(《邓·司各脱》)

—, *Saint Bonaventure*, Greenwood Press, Westport, 1964.(《圣波那文图拉》)

Chenu, M. D., *Nature, Man and Society in the Twelfth Century*, University of Chicago Press, Chicago, 1968.(《十二世纪的自然、人和社会》)

Copleston, F., *A History of Philosophy*, vols. 2&3, Image Books, New York, 1962.(《哲学史》, 第2、3卷)

De Wulf, M., *History of Medieval Philosophy*, 2 vols., Dover, New York, 1926.(《中世纪哲学史》, 2卷)

Gibson, M., *Boethius, His Life, Thought and Influence*, Blackwell, Oxford, 1981.(《波埃修:生平、思想和影响》)

Gilson, É., *History of Chritian Philosophy in the Middle Ages*, Random House, New York, 1955.(《中世纪基督教哲学史》)

—, *The Spirit of Medieval Philosophy*, Charles Scribner's Sons, London, 1936.(《中世纪哲学精神》)

Grabmann, M., *Die Geschichte der Scholastischen Methode*, 2 Bande., Herdersche Verlagshandlung, Freiburg, 1909.(《经院方法史》, 2卷)

Grane. L., *Peter Abelard*, Allen & Unwin, London, 1970.(《彼得·阿伯拉尔》)

Hauréau, B., *Histoire de la Philosophie Scolastique*, 2 vols., Durand et Pedone-Lauriel, Paris, 1872.(《经院哲学史》,2 卷)

Hopkins, J. M., *A Companion to the Study of St. Anselm*, University of Minnesota Press, Minneapolis, 1972.(《圣安瑟尔谟研究导读》)

Kenny, A., *Aquinas*, Oxford University Press, Oxford, 1980.(《阿奎那》)

Knowles, D., *The Evolution of Medieval Thought*, Longmans, London, 1962.(《中世纪思想的演化》)

Kretzmann, N., *The Cambridge History of Later Medieval Philosophy*, Cambridge University Press, Cambridge, 1982.(《剑桥晚期中世纪哲学史》)

Leff, G., *Medieval Thought*, Penguin Books, Harmondsworth, 1958.(《中世纪思想》)

—, *William of Ockham*, Manchester University Press, Manchester, 1975.(《奥康的威廉》)

McEvoy, J., *The Philosophy of Robert Grosseteste*, Clarenden, Oxford, 1982.(《罗伯特·格劳斯特的哲学》)

Maurer, A., *Medieval Philosophy*, Random House, New York, 1962.(《中世纪哲学》)

Marenbon, J., *Early Medieval Philosophy*, Routledge & K. Paul, London, 1983.(《早期中世纪哲学》)

Meagher, R. E., *Augustine: An Introducation*, Harper & Row, New York, 1978.(《奥古斯丁导论》)

Michael, H., *Medieval Thought*, Macmillan, London, 1985.(《中世纪思想》)

O'Meara, J., *Eriugena*, The Mercier Press, Cork, 1969.(《爱留根纳》)

Quinn, J. F., *The Historical Constitution of St. Bonaventure's Philosophy*, Pontifical Institute of Mediaeval Studies, Toronto, 1983.(《圣波那文图拉哲学的历史建构》)

Schmitt, C. B., *The Cambridge History of Renaissance Philosophy*, Cambridge University Press, Cambridge, 1988.(《剑桥文艺复兴时期哲学史》)

Steenberghen, V. F., *The Philosophical Movement in Thirteenth Century*, Nelson, Edinburgh, 1955.(《十三世纪的哲学思潮》)

—, *Aristotle in the West*, 2nd., Nauwelaerts, Louvain, 1970.(《亚里士多德在西方》,第 2 版)

—, *Thomas Aquinas and Radical Aristotelianism*, The Catholic University of America Press, Washington, 1980.(《托马斯·阿奎那和激进的亚里士多德主义》)

Ueberweg, F., *Grundriss der Geschichte der Philosophie*, B2, 11th ed., Ernst Siegfried Mittler, Berlin, 1928.(《哲学史教程》,第2卷,第11版)

Weinberg, J., *A Short History of Medieval Philosophy*, Princeton University Press, Princeton, 1964.(《中世纪哲学简史》)

Weisheipl, J. A., *Friar Thomas D'Aquino*, Doubleday, New York, 1974.(《托钵僧阿奎那·托马斯》)

Williams, P. L., *The Moral Philosophy of Peter Abelard*, University Press of America, Lanham, 1980.(《彼得·阿伯拉尔的道德哲学》)

III. 中文专著和翻译

埃克哈特:《埃克哈特大师文集》,荣震华译,商务印书馆,2003年。

安瑟伦:《信仰寻求理解》,溥林译,中国人民大学出版社,2005年。

奥古斯丁:《论三位一体》,周伟驰译,上海人民出版社,2005年。

奥卡姆:《逻辑大全》,王路译,商务印书馆,2006年。

北京大学哲学系外国哲学史教研室编译:《西方哲学原著选读》(上下卷),商务印书馆,1982年。

波纳文图拉:《中世纪的心灵之旅》,溥林译,华夏出版社,2003年。

伯尔曼:《法律与革命(第一卷):西方法律传统的形成》,贺卫方等译,法律出版社,2008年。

布克哈特:《意大利文艺复兴时期的文化》,何新译,商务印书馆,1979年。

陈斯一:《存在与试探:奥古斯丁的〈忏悔录〉》,台湾基督教文艺出版社,2021年。

陈廷忠:《苦痛与智慧:〈约伯记〉与生命难题》,宗教文化出版社,2010年。

陈驯:《创造与恩典:奥古斯丁〈创世记字义解释〉中的神学人类学》,宗教文化出版社,2012年。

陈越骅:《跨文化视野中的奥古斯丁:拉丁教父的新柏拉图主义源流》,浙江大学出版社,2014年。

褚潇白:《空间叙事与终末意识:古典时代晚期基督教文学研究》,中国社会科学出版社,2016年。

董尚文:《阿奎那存在论研究:对波埃修〈七公理论〉的超越》,人民出版社,2008年。

段德智编:《哲学人生:陈修斋先生90周年诞辰纪念文集》,人民出版社,2011年。
傅乐安:《托马斯·阿奎那基督教哲学》,上海人民出版社,1990年。
黄裕生:《宗教与哲学的相遇:奥古斯丁与托马斯·阿奎那的基督教哲学研究》,江苏凤凰出版集团,2008年。
黄裕生主编:《中世纪哲学史》(中国社科院学术版八卷本《西方哲学史》之第三卷),江苏人民出版社,2013年
李锦纶:《奥古斯丁论善恶与命定:摩尼教的影子作用》,石敏敏译,中国社会科学出版社,2012年。
李猛主编:《奥古斯丁的新世界》,上海三联书店,2016年。
林国基:《神义论语境中的社会契约论传统》,上海三联书店、华东师范大学出版社,2005年。
林美茂:《灵肉之境:柏拉图哲学人论思想研究》,人民出版社,2008年。
刘春阳:《审美与救赎:奥古斯丁美学思想研究》,安徽教育出版社,2016年。
刘素民:《托马斯·阿奎那自然法思想研究》,人民出版社,2005年。
——《阿奎那:大家精要》,云南教育出版社,2012年。
——《托马斯·阿奎那伦理学思想研究》,中国社会科学出版社,2014年。
刘玉鹏:《自净其心:普罗提诺灵魂学说研究》,浙江大学出版社,2008年。
罗跃军:《基督教早期希腊教父思想中的三位一体问题初探》,黑龙江大学出版社,2012年。
穆尔:《基督教简史》,福建师范大学外语系编译室译,商务印书馆,1989年。
彭小瑜:《教会法研究:历史与理论》,商务印书馆,2003年。
佘碧平:《中世纪文艺复兴时期哲学》,人民出版社,2009年。
石敏敏:《古代晚期西方哲学的人论》,中国社会科学出版社,2007年。
司各脱:《论第一原理》,王路等译,道风书社,2004年。
孙帅:《自然与团契:奥古斯丁婚姻家庭学说研究》,上海三联书店,2014年。
唐逸:《理性与信仰:西方中世纪哲学思想》,广西师范大学出版社,2006年。
托马斯·阿奎那:《反异教大全》(四卷),段德智等译,商务印书馆,2017年。
托马斯·阿奎那:《神学大全》(五卷),段德智等译,商务印书馆,2010年。
汪子嵩、范明生、陈村富、姚介厚:《希腊哲学史》(第1~3卷),人民出版社,1988~2003年。
汪子嵩、陈村富、包利民、章雪富:《希腊哲学史》(第4卷),人民出版社,2010年。

王涛:《主教的书信空间:奥古斯丁的交往范式在〈书信〉中的体现》,南京大学出版社,2011 年。

王晓朝:《基督教与帝国文化:关于希腊罗马护教论与中国护教论的比较研究》,东方出版社,1997 年。

——《罗马帝国文化转型论》,社会科学文献出版社,2002 年。

——《教父学研究:文化视野下的教父哲学》,河北大学出版社,2003 年。

王晓朝主编:《信仰与理性:古代基督教教父思想家评传》,东方出版社,2001 年。

威利斯顿·沃尔克:《基督教会史》,孙善玲等译,中国社会科学出版社,1991 年。

文聘元:《中世纪思想史》(上下册),商务印书馆,2021 年。

吴飞:《自杀与美好生活》,上海三联书店,2007 年。

——《心灵秩序与世界历史:奥古斯丁对西方古典文明的终结》,生活·读书·新知三联书店,2013 年初版,2019 年修订版。

吴功青:《上帝与罗马:奥利金与早期基督教的宗教-政治革命》,上海三联书店,2018 年。

吴天岳:《意愿与自由:奥古斯丁意愿概念的道德心理学解读》,北京大学出版社,2010 年。

夏洞奇:《尘世的权威:奥古斯丁的社会政治思想》,上海三联书店,2007 年。

徐龙飞:《形上之路:基督宗教的哲学建构方法研究》,北京大学出版社,2013 年。

——《循美之路:基督宗教本体形上美学研究》,商务印书馆,2017 年。

——《永恒之路:奥古斯丁本体形而上时间哲学研究》,商务印书馆,2018 年。

——《法哲之路:论马丁·路德宗教改革作为法哲学》,商务印书馆,2019 年。

——《立法之路:本体形上法哲学与国家政治思想研究》(三册),商务印书馆,2020 年。

徐弢:《托马斯·阿奎那的灵魂学说探究:从基督教哲学角度的一种解释》,上海人民出版社,2007 年。

杨克勤:《圣经修辞学:希罗文化与新约诠释》,宗教文化出版社,2007 年。

——《圣经文明导论:希伯来与基督教文化》,宗教文化出版社,2011 年。

约翰·马仁邦主编:《中世纪哲学》(劳特利奇哲学史第 3 卷),孙毅等译,中国人民大学出版社,2009 年。

约翰·马仁邦:《中世纪哲学:历史与哲学导论》,吴天岳译,北京大学出版社,2015 年。

张涵:《俗世的朝圣者:奥古斯丁人性论探讨》,上海三联书店,2013 年。

章雪富:《斐洛思想导论(I):两希文明视野中的犹太哲学》,中国社会科学出版社,2006年。
赵敦华:《基督教哲学1500年》,人民出版社,1994年(第一版),2007年(第二版)。
——《西方哲学通史(第一卷):古代中世纪部分》,北京大学出版社,1996年。
——《圣经历史哲学》(上下卷),江苏人民出版社,2011年。
——《中世纪哲学十讲》,复旦大学出版社,2020年。
赵敦华、傅乐安主编,吴天岳审校:《中世纪哲学:西方古典哲学原著选辑》(上下卷),商务印书馆,2013年。
曾庆豹主编:《重读奥古斯丁〈忏悔录〉》,台湾基督教文艺出版社,2012年。
周伟驰编:《奥古斯丁的基督教思想》,中国社会科学出版社,2005年。
周伟驰:《记忆与光照:奥古斯丁神哲学研究》,社会科学文献出版社,2001年。

人名索引

〔说明〕1. 条目按中译姓氏的汉语拼音顺序排列，不同姓氏条目不列名字。
2. 有些姓名采用现代英语拼法，拉丁文拼法见书内。

B

C

D

F

G

H

J

K

L

M

N

P

Q

S

T

W

X

Y

Z

中-英-拉丁-希腊文术语对照表

〔说明〕 1. 条目以中文、英文、拉丁文、希腊文术语对照方式列出，少数词条无希腊文。

2. 主词条以中文汉语拼音为顺序，并列主词条用 * 表示，比如，“形式 * 质料” 表示 “形式与质料”，分条目用/表示，分词条中～代表主词条，如 “存在” 的分词条 “非～” 代表 “非存在”，主词条 “intellectus” 的分词条 “～ agens” 代表 “intellectus agens”。

中文	英文	拉丁文	希腊文
A			
爱	love	amor, caritua, dilectio	ἔρος, αγάρη, φιλέω
B			
本质	essence	essentia	τί ἐστί, οὐσία, ἦν εἶναι
必然	necessary	necessarium	ἀνάγκη
变化	change	mutatio	μεταβολή
* 运动	motion	motus	κίνησις
辩证法	dialectitic	dialectica	διαλεκτική
表述	predicate	predicare	κατηγορίαι
超越	transcendent	transcendere	ἐπέκεινα
抽象	abstraction	abstractio	ἀφαίρεσις
创世	creation	creatio	γένεσις
* 从无到有～		～ ex nihilo	

（续表）

中文	英文	拉丁文	希腊文
～被造物	creature	creatura	κτίσμα
词项 * ～逻辑	term terminist logic	terminus terminologia logica	ὅρος
此性	thisness	haecceitas	
存在 * 自有～ * 必然～ * 非～，无	exist ～ in itself necessary ～ non-being, nothingless	esse, ens ipsum esse ～ necesse nihil	ὑπάρχειν τὸ μὴ ὄν
存在者	a being	ens entia	ὄν, ὄντα
D 单义性	univocal	univocus	συνώνυμος
德性	virture	virtus	ἀρετή
定义 * 属 * 种 / 种差	definition genus species specific difference	definition genus species ～ diffidens	ὁρισμός γένος εἶδος διαφορά
E 恶，邪恶	evil, vice, wickness	mulus	κακών, πονηρία
恩典	grace	charis	χαηίς
F 法 / 自然法	law natual law	lux, ius lex naturalis	νόμος ἄγρᾶφος νομός
范畴，陈述 反思	category, predicate reflection	categoria repercussus	κἄτηγορῐ́αι ἰνδάλμα
分有 分离	participation separated	paticipatio saparata	μέθεξις χωριστον
符号	sign	signum	σημεῖον
复活	resurrenction	resurectio	ἀνάστασις

（续表）

中文	英文	拉丁文	希腊文
G 概念 个体 共情，同情	 concept individual sympathy	 conceptus singularis humanitas	 ἔννοια, νοητών καθέκαστον συμπάθεια
感觉 / 内～ / 外～ / 通感 / ～材料	sensation inner ～ external ～ common ～ ～ date	sensus ～ interni ～ externi ～ communis sensibillia	αἴεθηεις αἴσθημα
个体 * 这个	individual	individiduum	τόδε τι
共相 / 殊相	universal particular	universal particularis	καθογου καθέκαστον
关系	relation	relatio, partitio	σχέσις, μερισμός
光	light	lux	φέλλος
光照	illumination	illuminatio	
归纳	induction	inductio	ἐπἄγωγή, συνἄγωγή
H 和平	 peace	 tranquillitas	 εἰρήνη
和谐	harmony	harmonia	ἁρμονία
话语	words	verbum	ῥῆμα
怀疑	skeptic	scepicus	σκεπτικός
回归	return	returnum	επιςπροφή
活动	act	actus	ἐνέργεια
J 基体	 substrate, subject	 subictum, substratum	 ὑποκειμένων
记忆	recollection	memoria	μνήμη
经验	experiment	experientia	ἐμπειρία

（续表）

中文	英文	拉丁文	希腊文
精神 / 灵 / 气息	spirit, breath	spititus	πνεῦμα, θυμός
K 科学 * 实验～ * 证明～	 science experimental ～ demonstrative ～	 scientio ～ experimentalis ～ demonstralis	 ἐπιστήμη πράκπικέ ἀπόδειχς
快乐	pleasure	delectatio	ἡδονή
L 类比	 analogy	 similitudo	 ἀναλογία
理解	understanding	intelligere	διάνοια
理论	theory	theoria	θεορία
理念 * 形式	Idea*form	idea, forma	ἰδέα, εἶδος
* 型相 * 原型	morph*pattern 	 prototype	μορφή ὑποτύπωσις
理性 / 推理 / 合理的	reason reasoning reasonable	 ratio 	νοῦς λόγισμός λογικός
理智 / 主动～ / 被动～ 统一～ / ～对象 / ～活动	intellect active ～ possibe ～ intelligible intellection	～ intellectus ～ agence ～ possibilis intelligibilis intelligentia	νοῦς ～ ποιητικός ～ παθητικός νόημα νόησις
连续	continunity	continuum	συνεχές
良心	conscience	conscientia	
良知	conscience	synderesis	ςυνείδηςη
灵魂 ～不朽 ～转世	soul immortality ～ ～ transformation	anima immortalitate ～ 	ψυχή ἀθάνᾶτος ～ μεταμψυχόςις
领悟	apprehension	apprehension	κατάληψις

（续表）

中文	英文	拉丁文	希腊文
流溢	emanation	fluere	ἔκλαμψις
逻各斯 * 道	Word	logos	λόγος
逻辑 旧～	logic old ～	logica ～ vetus	
新～ 现代派～	new ～ modernlist ～	～ nova logica modernorum	
M 矛盾 * 对立	contraries, opposites	contrarius, adversus	ἐνάντια
美	beauty	bonas	καλός
名称	name	nomen	ὄνομα
命题	proposition	praepositiō	κρίσις
模仿	imitate	imitarl	μίμησῐς
模式，样式	mode	modus	τύπος
目的	end	finis	τέλος
N 能力	capacity	facultas	δυνατέω
O 偶然	contingent	contigens	σῠμβεβηκός
偶性	accident	accidens	σύμπτωμα
P 判断 朋友 谱系	judgement friend genealogy	judicamentum amicus, genealogia	κρίνειν φιλος γενεαλογία
Q			
倾向，禀赋	disposition	dispositio	διάθεσις
情感	affection	affectio	πάθος
区分 * 组合	division composite	divisio componēre	διαίρεσις σύνθετον

（续表）

中文	英文	拉丁文	希腊文
权力	power	regnum	
权利	right	iusite	
确定	certain	certitudo	βέβαιος
缺乏	privation	privation	ἔλλειψις
缺陷	defect	defectus	στέρησις
R 人类 人	 human man	 humanus homo	 ἀνθρώπινος
肉身＊身体 / 肉身化 ～有形的	body incarnation corporal	corpus incarnatio corporeus	σῶμα ἐνςὰρκωσις σῶμαπιος
S 世界，宇宙 思辨	 world, contemplation	 cosmos contemplatio	 τὸ πᾶν, κόσμος θεορία
思虑	deliberation	deliberatio	βούλευσις
三段式	syllogism	syllogismus	συλλογισμός
三位一体 实体 / 同一实体	Trinity substance consubstance	tranitas substantia consubstantia	 οὐσία ὁμοούσιον
/ 相似实体	simi-substance	simisubstantia	ὁμοίούσιον
善	good	bonum	αγαθών
神	God	Deus	θεός
神迹	miracle	miracula	σημεῖον
审判	judge	judicare	κρίσις
神-人	God-man	Deus homo	θεάνθρωπος
神学 / 自然～ / 教义～	theology natural ～ dogmatical ～	theologia ～ naturalis ～ dogmaticalis	θεόςλόγος
审慎	prudence	pruddentia	φρόνησις
生活	live	vita	ζάω

（续表）

中文	英文	拉丁文	希腊文
* 生命	life		ζωή
世界 * 宇宙	world, cosmos	saeculum, mundus	κόσμος
时间	time	tempus	χρόνος
事物	thing	res	πρᾶγμα
是 * 这一个 * 是这个 * 其所是 * 因所是	to be that which is what it is why it is	esse, est quod est quo est quid est	το είναι τόδε τι τί ἐστίν
属性	property	quiddity	ἴδιον
数学	mathematics	mathematica	μαθηματικά
死亡	death	mors	φθορά
T 太一 * 一 * 单一	 One	 unum	 ἓν, μονάς
天意 * 命运	Providence Fate	provindentia fātum	πρόνοιᾰ θέσφατον, μοῖρα
W 位格 唯名论 * 实在论	 Person nominalism realism	 persona nomiales reales	 ὑπόστᾰσις
位置	place	locus	ποιόν
无神论	atheism	atheisme	ἄθεος
无限	infinite	indefinitas	ἀπείρων
X 协调 现实 * 潜在 星辰	 concord reality potential star	 concordia veritas potentialis stella	 συμφωνία ἐντελέχεια δύνᾰμισ ἄστρον
想象 * 形象 * 印象	imagination image impression	cognitatio imago, eikon impressio	φαντασία εἰκών, εἴδωλον τύπος

（续表）

中文	英文	拉丁文	希腊文
心 心灵	heart mind	herte, cride aminus	καρδία νοῦς
信仰	faith	fides	πίστις
形式 / 实质性～ / 形体～ * 质料 / 原初～ / 能指～	form, morph substantial ～ corporeal ～ matter primary ～ designate ～	forma ～ corporeitatis materia ～ prima ～ signata	εἶδος, μορφή ὕλη
行动	act	actus	πρᾶξις
幸福	happiness	felicitus, beatitude	εὐδαιμονία
具有	have	habēre	ἔχω
选择 / 自由选择 学术 学说 学问 学艺 / 三科 / 四艺	choice free ～ acdeimic doctrion learning liberal arts 	arbitrium liberum ～ scholarstic doctria paideia trivium quadrivium	προαίρεσις
Y 延伸	 extension	 porrectio	 πρόοδος
意向	intention	intentiones	συναίσθησις
意志，意欲	will, willing	valuntas	βούλησις, ἔκων
* 自愿 * 不自愿	voluntary involuntary	voluntarius invitas	ἑκούσιον κούσιον, ἀπροαίρετον
永恒	eternity	aeternitas	αἰών
欲望	desire, appetite	appetitio	ἔφεσις, ἐπιθυμία
预知	foreknowledge	praedestinatio	πρόγνωσις

（续表）

中文	英文	拉丁文	希腊文
原因 / 自因 / 动力因 / 目的因 / 形式因 / 质料因	cause ～ by itslf effective ～ final ～ formal ～ material ～	causa ens ～ sui ～ efficiens ～ finalis ～ formalis ～ materalis	αἴτιος κινοῦν τέλος εἶδος ὕλη
元素	element		στοιχεια
原则，本原	principle starting point	principum	ἀρχή
Z			
责任	responsible	rationem reddere	καθήκον
哲学	philosophy	philosophia	φιλοσοφία
真理 / 真	truth true	veritas	ἀλήθειᾶ ἀληθής
拯救	salvation	salūs	σωτηρία
证成，称义	justification	iustificatio	
整分论	mereology		
正当	right	rectitude	δίκη
正义	justice	iustitia	δικαιοσύνη
证据	evidence	evidentia	ἐναργῆς
证明 / 先天～ / 后天～ / 因此之故 / 既然如此	demonstration so that since that proper	demonstratio a prior ～ posteria ～ quia quid	αποδειχις
知觉	percept	percipere	αἰσθάνεσθαι
智慧 * 实践智慧	wisdom practical wisdom	sapientia	σοφία φρόνησις
知识 * 灵知	knowledge gnoisis	cognition, notitia	ἐπιστήμη γνωστός

（续表）

中文	英文	拉丁文	希腊文
* 认识	cognition	cognition cogitare	γιγνώσκειν
指称，意义	reference, meaning	significatio	σημαίνοντα
指代	supposition	suppositio	
质型论	hylimorphism		
智慧	wisdom	sapientia	σοφία
种质理性	seed	rations seminales	λόγοι ςπερματκοί
自然 * 本性	nature	natura	φύσις
/ 能生的自然 / 被生的自然		～ naturans ～ naturate	
自我 * 我是	self I am	ego sum	ἐγώ Ἐγώ εἶμι
自由 状态	liberty state	libertus status	ἐλευθερία πάθος
罪 罪行	sin crimine	pecceare, delignguēre maleficium, facinus	τημα κοῦργος
做	do	facere	πράσσω